谨以此书纪念孔子逝世两千五百周年

覓聖記

上

韦力 著

齊魯書社

图书在版编目（CIP）数据

觅圣记 / 韦力著. -- 济南：齐鲁书社, 2021.8
ISBN 978-7-5333-4464-1

Ⅰ. ①觅… Ⅱ. ①韦… Ⅲ. ①孔丘（前551–前479）
– 人物研究 Ⅳ. ①B222.25

中国版本图书馆CIP数据核字(2021)第130148号

策划编辑　刘玉林
责任编辑　孔　帅　昝婷婷
装帧设计　刘羽珂　高　杰

觅圣记
MI SHENG JI
韦　力　著

主管单位	山东出版传媒股份有限公司
出版发行	齊魯書社
社　　址	济南市英雄山路189号
邮　　编	250002
网　　址	www.qlss.com.cn
电子邮箱	qilupress@126.com
营销中心	（0531）82098521　82098519　82098517
印　　刷	山东临沂新华印刷物流集团有限责任公司
开　　本	700mm×1000mm　1/16
印　　张	68.5
插　　页	4
字　　数	877千
版　　次	2021年8月第1版
印　　次	2021年8月第1次印刷
标准书号	ISBN 978-7-5333-4464-1
定　　价	386.00元（上、下册）

自　序

2021年4月11日是孔子逝世2500周年。十余年前，我就想到了这个特殊的日子，故从2012年开始，以寻访孔子遗迹作为对他的祭奠。但计划一度因为意外受伤而中辍，一年后我逐渐恢复，当时觉得距2021年还有较长的一个时段，故暂缓孔子遗迹寻踪，便把主要精力用在了其他主题的寻访上。

到了2019年，我决定集中主要精力用于寻访孔迹，但刚跑了大半年就赶上了新冠肺炎疫情，无法到各地探访遗迹。疫情暴发半年多以后，各地防疫措施未见放松，然而我觉得再耽误下去，恐怕难以完成寻访计划，于是紧盯疫情报道，看到哪里确诊病例清零，就奔向哪里。但疫情诡异多变，经常出现反复，有时在寻访途中看到某地出现新疫情，因为担心困在外地，当即中断寻访回京，故十几趟的孔迹寻踪没有一趟能按计划完成。

在此期间，我与一些朋友谈到自己心中的焦急，有朋友劝我说，这部书即便错过了今年，也丝毫不影响孔子的伟大。但我觉得人生还是需要一定的仪式感，2500周年是一个重要节点，以目前的医学发展来看，即使人类能够再长寿，恐怕也难赶上下一个整年份，比如孔子逝世3000周年纪念。因为疫情影响，我无法圆满地跑完计划中列出的孔门与孔迹，但还是努力地把重要遗迹尽量访到，而后将其截稿，以此纪念这位伟大的圣人。

为何要纪念孔子？这个问题很容易回答：在中国古代名人中，没有谁能有孔子那么大的社会影响力，他在世之时，就受到弟子们的景仰。子贡说他："他人之贤者，丘陵也，犹可逾也；仲尼，日月也，无得而逾焉。"他的三传弟子孟子则称："自有生民以来，未有孔子也。"司马迁在《史记》中第一次为孔子立传，引用了《诗经》中的"高山仰止，景行行止"一语来评价他对孔子的景仰之情。司马迁接着说："虽不能至，然心向往之。余读孔氏书，想见其为人。"

此后历代都对孔子推崇备至，尤其是宋代理学家视孔子如日月，朱熹甚至说："天不生仲尼，万古长如夜。"如果上天没有诞生孔子，不知人类还要在黑暗中摸索多久。孔子对中国的教育史和文化史所做出的贡献难以用语言来形容，这正如柳诒徵在《中国文化史》中的总结："孔子者，中国文化之中心也。无孔子则无中国文化。自孔子以前数千年之文化，赖孔子而传，自孔子以后数千年之文化，赖孔子而开。"

其实孔子对后世的影响不仅仅限于中国，他对东亚甚至东亚之外的很多国家都有过重要影响，例如日本古学派创始人伊藤仁斋在《论语古义》中评价说："夫子之德实为超迈群圣，夫子之道高于天地。"美国学者甘霖甚至认为："孔子不独为一国之圣人，实为万国之圣人。"这样的评语太多太多，无法于此一一罗列，这样一位伟大的人物，在其逝世2500周年的重要日子里，我仅写了这么一本小书来纪念他，虽然这种纪念方式有如在大海里添入了一滴水，但我也只能用自己小小的行动来纪念这位伟人。

为什么要用寻访遗迹的方式来纪念孔子呢？两千余年来，研究孔子思想的著述汗牛充栋，但以探访孔子遗迹的方式来纪念他的著述并不多，更何况随着时间的推移，与他有关的遗迹也在渐渐消失，虽然有些是旧址重建，但毕竟与历史的真实有了一定的区别。我的寻访之旅是以白描的方式写出我的所见所闻，虽然这个探访之旅仅是时间轴上的一个微小节点，却是一个真实的存在，当我面对一些遗迹时，真正理解了孔子所言“祭如在”的含义：他真实地出现在了那里，我能感受到他身上散发出的光和热，这种辐射能量使我的心为之激荡。

这些年来我也读了一些关于孔子的著述，有些重要观念简直是先得我心，但这些所感所获主要是知识与观念，它们没有真实的温度，想来这就是读书与探访的最大区别吧。这更加让我认同古人所说的“纸上得来终觉浅”。当然，如果不读圣贤书，寻访之旅亦无从谈起，毕竟先有源后有探，两者不可偏废。以读书—寻访—再读书—再印证的方式，最能深刻理解圣贤思想之精髓，比如曲阜的“三孔”，我已瞻仰过多次，但每去一次都会有新的感受，这使我对一些儒家观念的理解也变得更为客观。

应该把哪些遗迹列入寻访规划，或者说哪些遗迹能够代表或涵盖孔子生平及其思想，在寻访之初我会颇费思量。关于孔子遗迹，历史文献中以《圣迹图》流传最广，我原本想按图索“迹”，然而在落实寻访地点时，发现图中所载事迹有一半以上找不到痕迹，故只能另觅他法。我开始从《论语》《孔子家语》《史记》等重要著述中寻找重要事件发生地，虽然有些重要事迹难以落实到具体地点，但大致上可以勾勒出与之相关的地点。

就现有的遗址看，孔子讲学及出仕地均可寻得，他周游列国的一些地点亦有留存，为了能够系统梳理孔子的身世，故其先祖以及他的出生地亦列入寻访目标。孔子思想能够流传后世，跟他的弟子竭力宣传有着重要关系，故而，我把孔子弟子的遗迹也纳入寻访计划。司马迁在《史记》中说："（孔子）以诗书礼乐教，弟子盖三千焉，身通六艺者七十有二人。"此即后世所说的孔门七十二贤，这些贤人乃三千弟子中的出类拔萃者，理应把他们都纳入寻访计划中。然而七十二贤有遗迹者仅三十余位，与这些先贤有关的遗迹分处在山东、河南、安徽、江苏、甘肃、陕西、江西、四川等省份。近些年来，我将这些孔门遗迹一一访得，从宏观上理解了孔门的地理分布。

关于七十二贤的生平，历史记载资料较少，其中一半以上的弟子仅存名与字，事迹阙如，然而有些儒学大家虽未受过孔子亲炙，但他们在宣传孔子思想上起到过巨大作用，比如孟子、荀子以及孟子的弟子万章等，将这些人列入寻访计划中，更能够看到孔门思想传播的完整性，因此我也寻到了他们的遗迹，并将相关之文作为附录列于本书之后。

正因为孔子对后世有着如此重大的影响，故千余年来中国各地建起了几千座文庙和孔庙，所以寻访文庙与孔庙也是纪念孔子的重要方式。我的探访孔子遗迹由三个部分组成：一是孔子及其先人遗迹，二是孔子弟子及其再传弟子遗迹，三是文庙与孔庙。我将前者命名为《孔迹》，中者命名为《孔门》，后者命名为《孔庙》，以此组成“孔子三部曲”。

然而在实际探访过程中，我发现文庙与孔庙遗迹有几百处之多，而孔迹与孔门仅几十处遗迹，比例相差悬殊，原本打算仅选省级孔庙和文庙纳入三部曲中，但这又涉及近三十个省份，虽然疫情暂歇，但并未结束，防疫措施亦未放松，跑遍各个省份在短期内难以实现，斟酌再三，最终将《孔庙》拿出，今后单独成书，此次仅将《孔迹》与《孔门》合为一书先行出版。

但是，在编纂书稿的过程中，齐鲁书社刘玉林先生提议：应当将曲阜孔庙列入本书《孔迹》部分，这是因为曲阜“三孔”孔府、孔庙、孔林已然成为纪念孔子的不可或缺之地，我觉得他的建议很有道理，于是不拘于体例，将曲阜孔庙纳入本书中。

我的写作方式是通过描述与孔子或孔门弟子有关的事件，同时转述前人对这个事件的看法及评价之语，记录我寻访此遗址的过程、心境以及客观境遇，并感恩朋友们为我的寻访所给予的帮助等，这种混杂方式是否能得到读者的接受，对此我心怀忐忑，等待着读者的评判。文中所用史料，尤其是早期文献，有一定的异文，因本书并非文本考据，故在使用时会择通行说法而从之，文本中的异体字也尽量改为通行字，敬请方家明鉴。

韦　力

2021年4月11日

目录

覓聖記

孔迹

寿丘、少昊陵：孔氏始祖，无字丰碑

关于孔子的先祖以及相应的递传，清黄本骥在《圣域述闻·大成殿正位》中有如下简述：

> 至圣先师孔子，其先出自黄帝子玄嚣。玄嚣子曰蟜极，蟜极子曰帝喾，是为高辛氏。生子契。封于商。传十三世至汤，而有天下。传二十九世，至纣亡国。周武王封微子启于宋，四传有弗父何，逊国于弟鲋，祀世为宋卿。何生宋父周，周生世父胜，胜生正考父。考父历事戴、武、宣三公，以恭称。得《商颂》十二篇于周太师，归以祀其先王。考父生大夫孔父嘉，五世亲尽，别为公族，乃以字为孔氏。鲁桓公二年（前710），太宰华督弑其君与夷及孔父。孔父生肇圣王木金父，肇圣王生裕圣王睪夷父，睪夷父或作祈父，其子诒圣王防叔，畏华氏之逼而奔鲁，孔氏始为鲁人。诒圣王生昌圣王伯夏，昌圣王生至圣父启圣王叔梁纥。

王后娶颜氏，祷于尼丘之山，以鲁襄公二十二年（前551）庚戌之岁十一月庚子日，生孔子于鲁昌平乡陬邑，实周灵王之二十一年也。生而首上圩顶，因以命名，及字云孔子。

孔子乃黄帝之子玄嚣之后，黄本骥将孔子的家世一路排列下来，然而中间隔了很多世，也未点明孔子是黄帝的多少世孙。对于这样的排列，《孔子家谱序跋宗图》首先说：

轩辕本有熊国君之子，姓公孙，因长于姬水，又姓姬。居轩辕之丘，遂名轩辕。代神农为天子，以土德王，故曰黄帝。生子玄嚣。

玄嚣姓己，名挚，又名玄嚣。继父为天子，修太昊之法，故曰少昊。以金德王，又号金天氏。葬于曲阜之云阳山，又号云阳氏，又号青阳氏。

此谱将每一世都详列了出来，我仅节选最后一部分如下：

衍字仲思，号曰微仲，为宋公。生子稽。

稽为宋公。生子申。

申谥丁公，为宋公，生子恭。

恭谥闵公，为宋公，生子何。

何字弗父，嫡长当立，其叔父炀公强自立。何弟鲋祀弑炀公而立兄，辞不受，乃自立，是为厉公。何遂为宋卿。生子周。

周字宋父，为宋卿。生子世。

世字子胜，为宋卿。生子正。

正字考父，为宋卿，佐戴、武、宣公。三命益公（恭）。有圣人之德。适周，得《商颂》十二篇于太师，归以祀其先王。至圣祖编诗，又亡其七篇。生子嘉。

嘉字孔父，为宋殇公大夫。自弗父至孔父，五世亲尽，别为公族，遂异子姓而以字为姓，盖孔姓之始。

对此，刘奉光在《孔子出身考》中将每代逐一数了下来，他认为孔子乃黄帝的第四十八世孙，由此而确认，孔子乃黄帝之后。然而关于黄帝的出身以及后世的递传，各种文献有不同说法。《国语·晋语四》中称："昔少典氏娶于有蟜氏，生黄帝、炎帝。黄帝以姬水成，炎帝以姜水成。成而异德，故黄帝为姬，炎帝为姜，二帝用师以相济也，异德之故也。"

按照这种说法，黄帝和炎帝的父亲是少典，母亲是有蟜氏。对于这段话，韦昭在注中称："姬、姜，水名。成，谓所生长以成功也。"因为黄帝在姬水而成，炎帝在姜水而成，所以他们就分别有了姬姓和姜姓。这样推论起来，孔子又是少典之后，但少典的父亲是谁，我未查到相应史料。黄帝是"三皇五帝"之一，孔子为黄帝之后，可见孔子出身是何等之高贵。

在这里，需要叙述一下"三皇五帝"的概念。按照司马迁《史记》中的说法"古有天皇，有地皇，有泰皇"，司马贞在《史记索隐》中解释说"泰皇当人皇"，可见"三皇"是指天皇、地皇、人皇。司马迁虽有这样的论述，但他的《史记》以《五帝本纪》为首篇，说明他只能确认五帝的存在，而三皇只是一个遥远的传说。

正是因为出自传说，故后世对于三皇具体是谁有着不同的说法。《白虎通》中认为三皇乃伏羲、燧人、神农，孔安国《尚书序》中却认为三皇是伏羲、神农、黄帝，韩非子《五蠹》中说是伏羲、燧人、有巢氏，可见三皇究竟是哪三位，历史上没有达成统一意见。

对于五帝也同样如此，《史记·五帝本纪》中认为五帝是黄帝、颛顼、帝喾、尧、舜，《礼记·月令》则认为五帝是太皞、神农、黄帝、少皞、颛顼，《尚书序》则认为五帝是颛顼、高辛、少昊、帝尧、帝舜。郑玄在注《中候敕省图》时，认为黄帝、金天氏、高阳氏、高辛氏、陶唐氏、有虞氏为五帝，但他实际列出了六个名字，其中的金天氏就是少昊，对此，郑玄的解释是德合五帝座星者称帝，而这六位俱合五帝星座，所以他要列出六位。但是，什么是五帝星座，郑玄未曾说明。

从这些历史记录来看，只有孔安国把黄帝列为三皇之一，其余均将黄帝排在了五帝当中，其中郑玄把黄帝之子少昊也列为五帝之一，而少昊就是前文讲到的玄嚣。关于这一点，《大戴礼记·帝系》中有着同样说法："少典产轩辕，是为黄帝；黄帝产玄嚣，玄嚣产蟜极，蟜极产高辛，是为帝喾；帝喾产放勋，是为帝尧；黄帝产昌意，昌意产高阳，是为帝颛顼；颛顼产穷蝉，穷蝉产敬康，敬康产句芒，句芒产蟜牛，蟜牛产瞽叟，瞽叟产重华，是为帝舜；及产象，傲；颛顼产鲧，鲧产文命，是为禹。"

从这些排列看，黄帝、少昊、帝喾、颛顼、尧、舜、禹都是一家人，似乎这些历史名人都是兄弟父子关系，一代一代接续了下来。但是《礼记·祭法正义》引《春秋命历序》载："炎帝曰大庭氏。传八世，合五百二十岁。黄帝，一曰帝轩辕。传十世，二千五百二十岁，次曰帝宣，曰少昊，一曰金天氏，则穷桑氏。传八世，五百岁，次曰颛顼，则高阳氏，传二十世，三百五十岁。次是帝喾，即高辛氏，传十世，四百岁。"

少昊陵文保碑

由此看来，这些古代的帝王相互之间都隔着很多世，那如何解释古人的排列呢？清孔广森在《大戴礼记补注》中说："本其族姓所自出……往往非父子继世。"看来不能把上古的一代代传承视为父子相接，更何况，黄帝究竟是哪里的人，后世学者有着不同的说法。最离奇的则是1894年法国人拉克柏里在《古代中国文化西源考》中认为黄帝是古巴比伦人，对于这种说法，何炳松在《中华民族起源之新神话》中予以驳斥，认为这是西洋人新撰的《山海经》，因为文中所言穿凿附会，经不住推敲。1995年第2期的《北方论丛》发表了胡远鹏的《中华民族的“人文初祖”轩辕黄帝史迹钩沉》一文，经过他的推论，黄帝是匈牙利人，或者是俄罗斯人，但这种说法同样遭到了其他学者的反驳。

虽然任何事情都可以进行大胆猜想，但毕竟还需要小心求证。远古的历史因为没有文献记载，很难说清具体的情形，在没有文字的时代，历史只能靠口头传说。传说不等于非历史，虽然传说故事可能有层累式的叠加，但也可能有所本，不能因传说故事中有不可靠的成分，就全盘否定传说，否则的话，上古史就会变得一片空虚。西谚有云，罗马城不是一天建成的。同样地，中华民族的灿烂文化也不是一瞬间爆发自一个基点，它也是在漫长的递传过程中逐渐形成宏大的文明系统，黄帝的故事想来也是如此。

更何况，中华民族以炎、黄为傲，《史记·历书》中称：“盖黄帝考定星历，建立五行，起消息。”关于何为“起消息”，皇侃认为：“乾者阳，生为息；坤者阴，死为消也。”看来黄帝制定了天文律历，所以孙中山在1912年1月2日发布的《改历改元通电》中说：“中华民国改用阳历，以黄帝纪元四千六百九年十一月十三日，为中华民国元年元旦。”

这更加凸显了中国人尊奉黄帝为始祖的传统理念，也正因为黄帝对中国人如此重要，所以后世才把孔子的家世一直接续到黄帝那里。所以说，要梳理与孔子相关的遗迹，首先要从黄帝讲起。

关于黄帝的诞生地，一直有着不同的说法，其中之一是曲阜说。唐张守节在《史记正义》中说："黄帝有熊国君，乃少典国君之次子，号曰有熊氏，又曰缙云氏，又曰帝鸿氏，亦曰帝轩氏。母曰附宝，之祁野，见大电绕北斗枢星，感而怀孕，二十四月而生黄帝于寿丘。寿丘在鲁东门之北，今在兖州曲阜县东北六里。"

这一段记述称黄帝出生在寿丘，而寿丘位于曲阜东门之北。然而因为黄帝对于中华民族来说太过重要，所以不少地方都自称黄帝诞生或发祥于他们那里，比如天水、长沙、新郑等。我不能否定这些说法，但因为这本书的主题是关于孔子，既然要讲述孔子跟黄帝的关系，我当然要去寿丘朝拜黄帝。

关于黄帝出生于寿丘，除张守节所言外，司马贞在《史记索隐》中引用了西晋皇甫谧在《帝王世纪》中所言："黄帝生于寿丘，长于姬水，因以为姓。居轩辕之丘，因以为名，又以为号，是本姓公孙，长居姬水，因改姓姬。"宋乐史在《太平寰宇记》中亦称："寿丘高三丈，在县东北六里。按皇甫谧《帝王世纪》云：'黄帝生于寿丘，长于姬水，居轩辕之丘。'"

寿丘位于今日曲阜市东4公里的旧县社区内，2019年12月12日，我乘出租车前往此处。旧县社区已经与曲阜市区连在了一起，只是这一带的建筑较为低矮，在入社区前看到了新立的石牌坊，上书"寿丘"二字。沿着牌坊向前行驶500多米，看到一片古建筑院落，司机把车停在此处，我走上前先去拍文保碑，虽然这里是全国级的文保单位，文保内容却是景灵宫碑，另一侧的文保碑则为"仙源县故城"。

今日阳光充足，有一些老人坐在门口晒太阳、聊天，还有几位

老人们在享受暖阳

在打扑克，我站在旁边看了一会儿，没有看懂玩法，几位老人抬起头来向我憨厚一笑，我马上说自己只是想来看看寿丘和少昊陵，众人纷纷告诉我入内即可。

我进入院中，感觉里面的面积并不小，只是因为冬天的原因，显得有些荒凉。这里没有游客，寂静得连鸟声都听不到。我在门口看到了介绍牌，从平面图上看，这个景区分为三部分，我走进的地方是一个巨大的花园，两侧为景灵宫遗址，难怪门口的文保碑那样写。从花园的北门穿过，有一段长长的道路，后面的一个院落方是寿丘和少昊陵。如此窄长的景区，看来往返一趟要用不少的时间，我希望司机能到后面那个院落去等我，可惜我忘了记下他的电话。

前一个院落已经看不到建筑，只是中间有个大的水塘，水塘东、西两侧各有一块10多米高的巨碑，右侧的那一块像是破碎之后重新黏合在一起的。

这里的巨碑乃宋真宗命人所立，大中祥符五年（1012）十月，九天司命上卿保生天尊降到了延恩殿，此前八日，宋真宗梦到过这位天尊，天尊跟他说："吾人皇九人中一人也，是赵之始祖，再降，乃轩辕皇帝，凡世所知少典之子，非也。母感电梦天人，生于寿丘。后唐时，七月一日下降，总治下方，主赵氏之族，今已百年。皇帝善为抚育苍生，无怠前志。"（宋李焘《续资治通鉴长编》）

原来是黄帝托梦给宋真宗，并且自称是赵氏始祖，宋真宗听到后当然很高兴，于是特意在宫内建了一座庙宇来祭祀黄帝，"有司言圣祖母未有宫殿，望遣官于兖州曲阜县寿丘奏告，从之"（宋李焘《续资治通鉴长编》）。

经官员奏请，宋真宗就在曲阜寿丘建起了景灵宫，同时为黄帝修建寿丘。而黄帝之子少昊的陵也修建完成，同时还立了四块巨大的碑。元周伯琦在《重修景灵宫碑》中写道：

> 大碑四通，谚云"万人愁"者是也，其中二碑广二十三尺，阔半之，厚四尺；赑屃高十有三尺，阔半之，厚四尺，龟趺十有八尺。另二碑广二十有四尺，阔半之，厚四尺，赑屃高十有八尺，阔十有六尺，厚四尺，龟趺十有九尺，无文字，意者未成，而金兵至也。陵曰寿陵。

明朱国祯在《涌幢小品》中有记载，其文谈到少昊陵时称：

右侧的无字碑

在曲阜县东北八里，陵前有石坛、石像，有石碑四。高广各二十余尺，龟趺亦长二十尺，其上无字，盖宋时所造。碑成未镌，金兵至，遂寝，亦奇踪也。《史记》：少昊葬云阳。颜师古注云：云阳，山名，在曲阜。今陵在平地，无山形。陵前又有大石，方广丈许，旧为土壅。嘉靖末，水泛始出。其文云：奉敕修，仙源县景灵宫太极观于大中祥符五年(1012)三月一日奉安圣祖，遂为大帝立石。圣像，盖宋真宗时所建，老氏之官也。

可见当时有四块碑，但上面都没有刻字，因为碑石立起后还没有来得及刻字，金兵就打来了，所以刻字之事就未能进行下去。然而我在这个院落中见到的碑只有两块，对于该碑尺寸和重量，何宇在《三孔之外的曲阜》一文中说："此碑名为'万人愁'，通高16.95米，碑身重360吨，是孔庙里最大的清康熙御碑的六倍。龟趺高2.8米，我从下面都摸不到它的下巴。碑上无字，亦名无字碑。湖西岸的碑大小与'万人愁'碑一样。"如此体量的巨碑，为什么碎成了这么多块，曲阜东方圣城编辑委员会编《东方圣城曲阜》中介绍说："乾隆十三年（1748年），清高宗弘历东巡至曲阜朝拜孔子前，山东大吏因寿丘巨碑无文字，恐触圣怒，将景灵宫门外的几幢巨碑击毁，并与两侧巨碑一起埋入土中。"

这个理由匪夷所思，乾隆皇帝看到无字碑为什么会生气，细想之间的逻辑关系，也许是因为金人打来了，所以碑文未能刻上去，而满族人亦属后金，曲阜当地官员担心乾隆皇帝产生联想。另外两块碑去了哪里，我未查到相应的史料。但是《曲阜县志》记载此碑

被砸痕迹

毁于康熙时期："清圣祖东巡，山东大吏因碑无字，恐触圣怒，击碑埋土中。"这块碑碎成了100多块后被埋入地下，直到1991年，这些碎石才被挖出，重新拼接后竖立了起来。

围着湖探看一番，而今湖内已干涸见底，我看到残荷剩下的枯枝。转到北侧时看到一个小门，我决定先到后面去看少昊陵。走出北门，后面有一条几百米长的道路，路的两侧种着一些古柏，路左侧是一个村庄，右侧是田地。

正中是享殿

路的尽头即少昊陵所在的院落，这里不收门票，院中也有一些古柏。神道的正中有一座享殿，享殿内有神龛，里面供奉着少昊的牌位，神龛顶上有一方御匾，上书"金德贻祥"。各种资料上说这是乾隆皇帝御笔，然其字迹与寻常见到的乾隆笔体有异，有可能是一遍一遍描绘的结果。在里面未能看到少昊或者黄帝的塑像、画像

少昊牌位

等。享殿的外墙嵌着20多块刻石，感觉均是明清时代所刻。

从享殿的右掖门穿入里院，里院的面积跟前院大小相仿佛，院落正中有一个金字塔状的建筑，这就是著名的寿丘。不少的文献都将这座金字塔称为少昊陵，比如《东方圣城曲阜》中写道：“少昊陵，是中国罕见的具有独特建筑风格的古帝陵寝。陵为正棱台形，底大上小，系用形状相同的一块块长方形石块一层层砌垒而成，因此人称‘万石山’。陵顶为平台，状如削顶金字塔。陵基阔28.5米，四面斜坡，各高15.2米，垂直高度12.2米，宝顶方12米。”

但是梅和勒·庆吉在其专著《跟着孔子去旅行》中谈道：“在宋元以前的文献中，一直把寿陵作为黄帝的出生地，没有任何疑义。可明以后却发生了变化，此变化源自一次错误。”这是什么样的错误呢？文章接着写道：“明洪武三年（1370），‘遣使访先代陵寝，命各行省具图以进’。结果曲阜县令误将寿陵当少昊陵上报后，朝廷下令‘曲阜祀少昊’。曲阜县令怕被追究欺君之罪，只好将错就错，把寿陵圈入少昊陵，从此寿陵就误以为是少昊陵了。”

这种外形奇特的陵墓，我在国内的其他地方都未见到过，感觉包在塔外的这些石块其实没有10000块之多，何宇在《三孔之外的曲阜》中给出了准确的数据：“正中即为那座著名的宋代石台，以2662块磨光石料整齐拼砌而成，经过一千年的风雨，仍然严丝合缝，光滑完整，较之古埃及的大石堆垒精致很多。这就是寿丘，人文初祖黄帝的诞生之地。在这座伟大历史坐标的正上方，是一座黄琉璃瓦的精致小殿。”

遗憾的是，而今我的腿无法爬到塔顶上去瞻仰那个精致的小庙，据说里面有一尊汉白玉雕像，以前误认为供奉的是少昊，后来

金字塔式建筑——寿丘

经过考证，那尊像是黄帝。

寿丘北侧20米就是少昊陵，此陵乃一个大土丘，旁边立着介绍牌。关于该陵建造于何时，《阙里志·古冢》载：“少昊庙，在少昊陵前，不记创始。宋真宗幸鲁，大建宫殿，以道教守之。古树丰碑，林立栉比，金元亦加修葺。”《东方圣城曲阜》中说：“少昊陵最早是一座土冢，建于何时，无明确记载。宋代大中祥符元年（1008），宋真宗赵恒赴泰山行封禅礼之后，专程来此朝拜祭祀，成为第一位亲祭少昊的帝王。”

少昊陵前没有享殿，除了墓碑，也看不到其他刻石，墓丘的后方还有一个略高大的土堆，历史文献记载，这叫云阳山，唐颜师古在注《帝王世纪》时明确地说：“云阳山，在曲阜。邑人谓今陵后一丘为云阳山。”

这座山也太矮了，仅仅是一个土丘。但山不在高，有圣则名，因为有两位始祖在这里，他们将当地的人文历史往前追溯了许多年。

瞻仰完寿丘和少昊陵原路返回，在路上我看到了景灵宫遗址碑，据说此宫在元代时毁于火，而今只能看到几块残石。重新从北门进入前面的院落，而后从右侧去参观另一块巨碑。此碑同样十分高大，但碑的下方隐隐刻着“庆寿”两个大字，按照《东方圣城曲阜》上的记载，元顺帝至正七年（1347），孔子五十五代孙克钦聘请方士潘道瑾为景灵宫主持，筹银要对景灵宫进行重建。重建的景灵宫也很辉煌，故有不少的道士前来朝拜：“75岁的燕山道长任筠轩见宫门前仰卧的巨碑尚未镌字，感到惋惜，遂于城内一碑下端书写

几块残石

镌刻了‘庆寿’两个楷书大字，硕大深厚，各高1.9米，宽1.7米，字体遒劲秀美，上有横行古篆跋文‘一人有庆，万寿无疆，克昌厥后，纲纪四方’16字，旁有纵行古文题书‘燕山任竑轩七十五岁书，辛泉后人杨桓阳篆’18字。”

然而我细看此碑碑面，仅看到大大的“庆寿”二字，未能看清另外16个小字，难道因为这几个字，这块碑就不用砸碎了吗？继续细看碑面，发现上面也有修补痕迹，想来当时可能也一并砸碎埋入地下了。但是《东方圣城曲阜》中称：“这些还没刻字的长眠大碑及还没来得及负重的龟趺也未免遭劫，其中一碑被粉为数块，刊‘庆寿’的碑还算幸运，只断为三截。最可惜的是那只像重型坦克一样大的龟趺被炸为碎块，已面目全非了。”

细看赑屃，果然有接补的痕迹，但是何人所砸，就难知其详了。我走出一段距离，远远地看着这两块大碑，真想听听它们亲自

景灵宫遗址碑

讲述近千年来都目睹过什么样的场景。明代著名诗人李东阳在《谒少昊墓》一诗中，也同样感慨此碑不能刻上应该有的文字：

古称少昊氏，云是五帝先。
册典既茫昧，氏名仅流传。
建都鲁城东，遗址有轩辕。
至今高原上，陵树郁成阡。
丰碑不刻字，遗恨宣和年。
……

夫子洞、梁公林：圣人诞生，父兄归处

2019年12月12日，参观完尼山书院，我前去寻找夫子洞。在书院门口有一个指示牌，所指方向有一条窄窄的小径通向山脚下，这是一条壕沟，应当是雨水冲刷出来的沟壑，而今被人用碎石在沟中铺出一条小路。小径的坡度有些陡，两边也没有护栏，走在上面要

沿此下行

小心翼翼。

大概走到中段的位置，看到了夫子洞遗址文保碑，然其仅是市级文保单位。圣人诞生之洞，怎么也应当是“国保”，我边替孔子鸣不平，边继续下行。这条壕沟内有不少巨大的石块，沟的两侧还有一些粗壮的柏树，有些石块像是人为叠在一起，给人一种矫揉造作之感。10余分钟后走到了平地，这里应当已经是山脚下，路的两边所种柏树颇为纤细。

夫子洞遗址文保碑

再往前走便见到了一片广场，但我并未看到夫子洞。站在原地张望一番，我看到树林的缺口处有一块随形石，上面写着“垂长还乡植楷记”。此字令我大喜，因为昨日我在孔林之内没有认出哪些树是楷树，而这种树在近千年来已然成为与孔子有关的唯一重要的树种，看来眼前的这片树林就是楷树林。我站在那里仔细辨认一番，感觉这些树跟圆柏没什么区别，再仔细张望，树林中还有其他的一些树种，说不定是我认得不对。

沿着缺口穿入了林中，入口很狭窄，然前行10余米后，眼前是一个两亩地大小的广场，这种豁然开朗之感让我想起了《桃花源记》中的相关记述："复前行，欲穷其林。林尽水源，便得一山，山有小口，仿佛若有光。便舍船，从口入。初极狭，才通人。复行数十步，豁然开朗。土地平旷，屋舍俨然。"能与前贤同感，我颇觉惬意。

夫子洞标碑

这块平地全部用石条做了硬化，我向四周张望一番，并没有宽阔的入口，看来这里不是停车场，想来应该是祭奠孔子时举行仪式之地。广场的后方立着一块圆头碑，上刻"夫子洞"，旁边有木制的护栏。走到近前，方看清楚护栏之内有个不足一人高的山洞。此前我看到过一些老照片，洞口并没有这些护栏，如今护栏表面涂的油漆已经剥落，看来洞口早已封起，无奈只能尽量探头向内张望。

总体感觉这应该是天然洞穴，地面的不规则石块显然是后来铺装的。距洞口1米多的地方，有一块较平的石板，想来那就是孔子诞生之地。

洞内的石板

孔子为什么会诞生在这荒野中的山洞呢？这件事当然要从孔子的父母讲起。孔子的父亲名叫叔梁纥，原本是宋国的贵族，孔氏的先人孔父嘉因为被华督所害，故其后人逃难来到了鲁国，从此失去了贵族身份。叔梁纥是当地的一位武士，《左传》中载："丙寅，围之，弗克。孟氏之臣秦堇父辇重如役。偪阳人启门，诸侯之士门焉。县门发，陬人纥抉之以出门者。"

鲁襄公十年（前563），鲁国人跟从晋国人一起讨伐偪阳小国，偪阳守城的人打开了城门，于是鲁、晋联军冲入城内。其实偪阳人打开城门是一计，因为联军刚冲进一部分人，城上的将士就把闸门放了下来。看来偪阳人想要关门打狗，没想到鲁国陬县人叔梁纥却用双手托住了闸门，这才使得险些被关在城内的士兵得以安全退出，这足以说明叔梁纥是孔武有力之人。

其实叔梁纥的勇敢不只是双手托举闸门。七年之后，叔梁纥六十多岁时，他仍然能勇敢地带兵打仗。《左传》上记载了鲁襄公十七年（前556）叔梁纥参加的一场战争："齐人以其未得志于我故，秋，齐侯伐我北鄙，围桃。高厚围臧纥于防。师自阳关逆臧孙，至于旅松。陬叔纥、臧畴、臧贾帅甲三百，宵犯齐师，送之而复。齐师去之。"

齐国人入侵鲁国的北部边界，同时包围了防城，当时鲁国大夫臧纥被困在防城之内，于是鲁国派出军队前去求援。但这支军队走到旅松的时候不敢前进了，因为他们知道齐军很强大。想来臧纥在城内得信后颇为焦急，而那时叔梁纥正带领军队守卫防城，他看到情况紧急，便与两名将领带着300名勇士在黑夜冲出齐军包围圈，护送臧纥来到了鲁军驻扎之地旅松。由此可见，叔梁纥是何等之勇敢；而更为彪悍的是，叔梁纥率领勇士好不容易冲出齐国包围圈，但他考虑到这会更加削弱防城官兵的实力，他竟然又带着这支军队原路杀回防城，继续在那里坚守城池。

可能是叔梁纥在千军万马中往返冲击之事被齐军得知，再加上防城并不容易攻打下来，于是齐军退兵，而这一仗也让各地的诸侯听闻了叔梁纥的勇猛，因此宋胡仔在《孔子编年》中称叔梁纥"以勇力闻于诸侯”。

然而，这么勇猛的叔梁纥也有他的心病，《孔子家语·本姓解》中简述了叔梁纥世谱，而后提到：

> 虽有九女，而无子。其妾生孟皮，孟皮一字伯尼，有足病，于是乃求婚于颜氏。颜氏有三女，其小曰徵在。颜父问三女曰：“陬大夫虽父祖为士，然其先圣王之裔。今其人身长十尺，武力绝伦，吾甚贪之，虽年大性严，不足为疑。三子孰能为之妻？”二女莫对。徵在进曰：“从父所制，将何问焉？”父曰：“即尔能矣。”遂以妻之。徵在既往，庙见，以夫之年大，惧不时有男，而私祷尼丘山以祈焉。生孔子，故名丘，字仲尼。

叔梁纥已经有了九个女儿，其妻却未生一子，于是叔梁纥另外纳妾，此妾给他生了个儿子，此子起名为孟皮，但孟皮患有脚病，这无法替叔梁纥家撑门面，于是叔梁纥想再娶。那时颜氏有三个女儿，叔梁纥向颜氏提出希望娶其中一个女儿。颜氏问三个女儿谁愿意嫁给叔梁纥，似乎他很在意叔梁纥的出身，他首先夸赞了叔梁纥乃贵族之后，又说此人长得很魁梧，更重要的是他武艺绝伦，所以他十分看好叔梁纥，但同时，颜氏也告诉女儿们叔梁纥的问题是年纪有些大，不过这没有什么紧要。大女儿和二女儿都不愿意嫁给上了年纪的叔梁纥，只有三女儿颜徵在表示愿意听从父亲的安排，于是颜徵在嫁给了叔梁纥。

颜徵在见到叔梁纥后，感觉丈夫年岁太大了，很担心生不出儿子，于是就私自前来尼丘山祷告，后来果然生了个儿子，此子就是孔丘。对于这件事，司马迁在《史记·孔子世家》中载：“孔子生鲁昌平乡陬邑。其先宋人也，曰孔防叔。防叔生伯夏，伯夏生叔梁纥。纥与颜氏女野合而生孔子，祷于尼丘得孔子。鲁襄公二十二年而孔子生。生而首上圩顶，故因名曰丘云。字仲尼，姓孔氏。”

正是因为司马迁这段话中的“野合”二字，后世争论了两千多年。关于何为“野合”，大多数人理解就是野外媾和，如果确实如此的话，孔子就有了私生子之嫌，《孔子家语》中的记载也就并无其事。这显然影响了圣人的形象，于是有不少的大学者拼命为此解释，而解释方法之一，就是从另外的角度来诠释何为“野合”。唐司马贞在《史记索隐》中的解释是：

> 今此云野合者，盖谓梁纥老而徵在少，非当壮室初笄之礼，故云野合，谓不合礼仪。故《论语》云“野哉由也”，又“先进于礼乐，野人也”，皆言野者是不合礼耳。

司马贞说，因为叔梁纥上了年纪，而那时的颜徵在年仅15岁，老夫娶少妻，这是不合礼仪之事，所以司马迁说他们是野合。为此，司马贞还举出了《论语》中另外用到的“野”字的例子，以此证明自己的解读是有出处的。但崔适在《史记探源》中认为这种说法“谬甚”，因为“老夫得其女妻，从未闻谓之野合”。

唐张守节在《史记正义》中的解释则为：“男八月生齿，八岁毁齿，二八十六阳道通，八八六十四阳道绝。女七月生齿，七岁毁齿，二七十四阴道通，七七四十九阴道绝。婚姻过此者，皆为野合。故《家语》云：‘梁纥娶鲁施氏女，生九女，乃求婚于颜氏，颜氏有三女，小女徵在。’据此，婚过六十四矣。”

张守节从人的生理角度来解释野合，他说男子16岁就通了阳道，64岁时阳道就断绝，女子14岁时通阴道，49岁时绝经，如果男女过了这两个时段而婚姻，就被视为野合。

但有人认为这两种解释都不准确，刘奉光在《孔子出身考》中说：“其实，‘野合’在孔子时代的意义就是野外结合、配合。《左传·定公十年》记载：齐鲁会盟于祝其，齐侯将宴享鲁公，孔子为相，辞谢说：‘嘉乐不野合。飨而既具，是弃礼也。’‘嘉乐’，晋杜预注为‘钟磬也’。唐孔颖达疏曰：‘不野合者，谓宴享正礼当设于宫内，不得违礼而行，妄作于野耳。’显然，‘野合’在此是指礼乐在野外奏合，并无所谓婚礼违制之义。”

刘奉光认为野合就是野外交媾，并且他在文中还谈到了这种不婚而交的群婚制是春秋时代的遗习，为此举出了《周礼·地官》中的记载：“仲春之月，令会男女。于是时也，奔者不禁。若无故而不用令者罚之，司男女之无夫家者而会之。”

如果确实如此的话，那司马迁将孔子列入《孔子世家》就有些难以解释，因为司马迁对孔子特别推崇，这样说来，他不太可能会把孔子写成私生子，故骆承烈在《孔子出身解》中就提出了这样的论断：“司马迁以刑余之身修《史记》，不但把孔子比作王公列于‘世家’，还多次赞扬‘仲尼厄而修春秋’，把自己比作不得志的孔子，因此他不会对孔子大不敬。当他经过实地调查写《孔子世家》

时，就把采集到关于孔子的传说记入，因此‘野合’似不应有蔑意。”

那么骆承烈认为“野合”作何解呢？他在文中列出了四种可能，认为“野”字可以作“郊外”讲，也可以作“民间”讲，比如现在常用的“在野”之词，所以他认为“野合”只是指这种做法不合当时的礼仪。骆承烈在文中又引用了其他人的不同说法，比如蔡尚思在《孔子思想体系》中所言：“所谓‘野合’，只能是指这位少女在野外被老奴隶主叔梁纥强奸，迫使她怀孕而生孔子。”但骆承烈同时称：“即使孔子是个私生子，也不应成为他的耻辱。”

早在西晋时，张华在《博物志·异说》中就对叔梁纥有斥责之意：“叔梁纥，淫夫也；徵在，失行也；加又野合而生仲尼焉。”张华倒是没说叔梁纥强奸颜徵在，他是将这两个人一并斥责，显然他认定这两人是自愿野合。

清人桂馥在《札朴》中专门对“野合”的意义进行了探讨：“《史记》梁公野合而生孔子。案：野合言未得成礼于女氏之庙也。《昭元年》传‘楚公子围娶于公孙段氏，郑行人请墠听命。楚太宰曰围布几筵，告于庄、共之庙而来，若野赐之，是委君贶于草莽也。又使围蒙其先君。’杜《注》‘告先君而来，不得成礼于女氏之庙，故以为欺先君。’馥谓墠在城外，除地行婚礼即野合也。故曰野赐之。”

桂馥的解释比较妥帖，他认为野合是指没有到女方的家庙去举行仪式，为此他举出了《左传》中的例子。对此，清梁玉绳在《史记志疑》中有着另外的看法：“古婚礼颇重，一礼未备，即谓之奔，

尼山

谓之野合。故自行媒、纳采、纳征、问名、卜吉、请期，而后告庙。颜氏从父命为婚，岂有六礼不备者。《檀弓》疏及《索隐》《正义》以婚姻过期为野合，亦无所据。盖因纥偕颜祷于尼山，而为之说耳。”

梁玉绳说古代婚礼的礼数很多，只要做得稍不完备就被视为野合，然而颜徵在是听父命而嫁给叔梁纥的，怎么可能礼数不备呢？同时他也认为两人因为年岁差得太多而被称为野合，是没有根据的说法。他认为这个说法的源头是叔梁纥带着颜徵在前往尼山祷告生子，所以才被人称为野合。而崔适在《史记探源》中又有另一番解释：

案此文疑本作：纥与颜氏女祷于尼丘，野合而生孔子。于尼丘埽地为祭天之坛而祷之，犹《诗》所谓“以弗无子”也；

> 遂感而生孔子，犹《诗》所谓“履帝武敏歆”也。故曰野合。《高祖本纪》：其先刘媪尝息大泽之陂，梦与神遇，是时雷电晦冥。太公往视，则见蛟龙于其上，已而有身，遂产高祖。即《诗》齐、鲁、韩、《春秋》公羊学家所谓，圣人皆感天而生。此所谓野合而生也。《三代世表》：张夫子问于褚先生曰：“《诗》言契、后稷皆无父而生，今诸传记咸言有父，得毋与《诗》谬乎？”褚先生曰：“《诗》言契生于卵、后稷人迹者，欲见其有天命精诚之意耳。鬼神不能自成，须人而生，奈何无父而生乎？”即此所谓纥与颜氏女祷于尼丘，野合而生孔子也。太史公以受命帝王尊孔子，故云尔。

崔适认为，叔梁纥和颜徵在前往尼山祷告感动了天地，这就像一些古代名人的出生都有着神秘色彩一样，圣人乃感天而生，这就是野合。

古人对于孔子出生的神秘化也有过相应的记载，比如《春秋纬·演孔图》中称：“孔子母徵在，游于大泽之陂，睡，梦黑帝使请己。己往，梦交，语曰：‘汝乳必于空桑之中。’觉则若感，生丘于空桑之中。”（《后汉书·班固传》李贤《注》引）而《论语撰考谶》中则说：“叔梁纥与徵在，祷尼丘山，感黑龙之精，以生仲尼。”（《礼记·檀弓》孔颖达《疏》引）

如果这种神秘传说确有其事的话，那么孔子之父也就不是叔梁纥了。更为难解的是，如果前人所说的野合都有道理的话，那么颜徵在为什么把孔子生在这荒野中的山洞里呢？

张岱年主编的《孔子百科辞典》收骆承烈所撰词条称：“夫子洞，又称‘坤灵洞’，相传孔子生于此洞内。位于尼山东石崖下。传孔母颜徵在祷于尼山而得孔子。生孔子前路过此地，腹中疼痛，进洞内临产生下孔子。以前洞内有象征性的石床、石枕等，现洞前有李予昂题‘夫子洞’碑一幢。尼山一带多年来还流传许多孔子出生前后的故事，均旨在增加孔子神话与灵异色彩。”

山东邹县地方史志编纂委员会办公室编《邹县旧志汇编》记载了古文献中对于夫子洞的描述：“在城东北尼山东麓，下临沂水。久为沙壅，不见洞口。干宝《搜神记》称孔子所生，今名孔窦是也。按汉建宁二年鲁相史苍（晨）碑称孔渎。渎，窦假借字，当即此洞，今称夫子洞矣。一名坤灵洞。旧志：尼山坤灵洞有三门，中为一室，广可两楹。内有石床、石枕、石几。元皇庆间庙户管用吉成入而见之。邹尹司居敬因刻孔子石像于中，即此也。按司尹在元元贞，非皇庆也。”

早在东晋时，干宝在《搜神记》中就有对夫子洞的记载，如此说来，该洞早已存在。以此也可说明，此洞并非空穴来风的人造景点。按照《邹县旧志汇编》中所言，洞内面积不小，里面还有孔子石像，可惜我如今无法入内一看究竟，只能站在洞口东拍西拍。这里可拍之处甚少，而我注意到小广场的后方摆着三个介绍牌，走近细看，都是关于当地地质的介绍，比如说夫子洞是第四系残坡积层，这样的介绍完全体会不到孔子之伟大。

拍照完毕后走出树林，后方有很宽的水泥路，然那里大门紧闭，出租车司机曾跟我说，这才是原来的入口。如果由此口走到夫子洞，不过是200米的平路，也许管理者认为这样的走法不能体会到颜徵在生孔子的艰难，所以必须从另一侧进入园区，而后一路从山沟走下来。但是在山下的这个出口旁边有个巨大的停车场，而进停车场的大门也关闭着，这种规划岂不是浪费？

既然这里出不去，只能沿着另一条路重新向山上走，此路可能是为汽车而修，因此没有台阶，走在这样的坡路上，我的腿最为难受，但也只能边抱怨边向上走去。本来还想着走到出口向那里的工作人员抱怨几句，小亭子里的人却不知去了哪里。

12月14日，我又前往梁公林去探访叔梁纥与颜徵在的墓，那里同时也葬着孔子的哥哥孟皮。对于此处的基本情况，王志民主编的《山东省历史文化遗址调查与保护研究报告》中写道：“梁公林墓群亦称启圣王林，公布时代为自周至汉代，位于曲阜城东13公里处兖岚公路以南的防山乡梁公林村村东，南倚防山，北临泗水，是孔子父亲叔梁纥、母亲颜徵在、兄长孟皮的墓地。后世因尊孔父为梁公，故称‘梁公林’，又因元文宗曾加封叔梁纥为‘启圣王’，故梁公林亦称‘启圣王林’。”此文同时称梁公林的总面积达到2.8万平方米。

今天的出租车司机姓韦，看上去不足30岁。小韦告诉我，曲阜有个韦家村，姓韦的人不少，而他原本在兖州矿务局工作，他说在地底下挖煤一干就是大半天，工作很艰苦，于是转为开出租车。因其开车时间较短，故对我的寻访地点不熟悉，我们除了用手机导航，同时也边走边问。

今日的寻访方向是出城后一路向东，开出不长时间就来到了防山镇。此镇的中心有一条河流，河堤做了硬化，然河里面除了荒

梁公林入口

草看不到一滴水。资料上说曲阜地区水源丰沛，也许我来的不是时候，因为我并没有看到这种景况。

开出镇后不远，在路边看到了梁公林桥的标牌，标牌的侧旁就能看到石墙内的古树。可惜入口不在这里，小韦驶入右转之路时，这条路的路口却用一堵石墙封了起来，有人在石墙旁又挤出一条土路，但小韦说他的车过不去，无奈只好请他将车停在原地，我下车步行向南前去寻找入口。

走出200余米右转，有一段几十米长的新铺柏油路，柏油路另一侧未作整修，可见这一侧是专门为梁公林所铺装。梁公林的门口未见看守者，大门敞开着，我径直走入了院内。里面古柏森森，中轴线的正前方即为正殿。关于此正殿的名称，孔子五十一代孙孔元措在《孔氏祖庭广记》中称“今墓前有齐国公庙”，而明弘治年间陈镐所修的《阙里志》则称：“启圣林在县东二十里，叔梁大夫与颜氏合葬墓是也，墓前有齐国公庙，廊庑重门俱备，金明昌甲辰衍

享殿

圣公元措立石表，其神道谥津高翮书，墓之东南三步许伯皮墓在焉，永乐间知县希范立石。”

由这些记载可知，此殿名叫齐国公庙，我走到近前时，看到了享殿的介绍牌，享殿大门紧闭，透过玻璃向内张望，看不到任何情形。介绍牌中称：“殿内供奉启圣王和启圣王夫人木主。”享殿前的神道上矗立着一组石像生，既有旧物也有新刻。

而后我从右边的掖门穿过继续向后走，在这里看到了叔梁纥墓。介绍牌中写明这是孔子父母合葬墓，墓前的石碑为孔元措所立。此墓旁边几米处另有一座小的坟丘，墓碑上刻着“圣兄伯尼墓”。可见孟皮也葬在了这里，而孟皮的墓碑做过修补。1983年3月7日的《中国新闻》刊发了记者袁崇和、通讯员宿传登所撰《孔子父母及兄长的墓地梁公林修复》一文，此文中写道：“十年内乱中，梁公林遭到严重破坏。去年，山东省人民政府拨出专款，由曲阜县文物管理委员会主持重修梁公林，重砌了五百多米长的围墙、内墙和甬道，修复了墓碑、供桌和翁仲、文豹、角端、望柱等四对石仪，翻修了林门、享殿和两座掖门，并对原有建筑进行复原彩绘。”

看来当年梁公林中被破坏的不只是孟皮墓，其他的也均遭到了损毁，而我所见者乃20世纪80年代修补后的状况。

关于孔子父母的合葬，《礼记·檀弓上》记载：

> 既得合葬于防，曰：“吾闻之，古也墓而不坟；今丘也，东西南北之人也，不可以弗识也。”于是封之，崇四尺。孔子先反，门人后，雨甚。至。孔子问焉，曰：“尔来何迟也？”曰：“防墓崩。”孔子不应。三。孔子泫然流涕曰：“吾闻之，古不修墓。”

孟皮墓

对于孔子合葬父母的重要意义，《曲阜地名志》中说：“孔子为祭祀父母，主张将父母合葬在一起。当时的社会风俗，夫妇不合葬。孔子说：‘吾闻古者墓而不坟，今某东西南北之人也，不可以弗识也。’但孔子不知其父葬在何处，所以其母死后，停殡在‘五父之衢’。等挽父之母告知后，遂合葬于防山之麓，即今梁公林，并‘封之冢四尺’，就是在墓上筑了个大坟头。于是，墓而坟、夫妇合葬，便由孔子开了先河，他的弟子皆行仿效，从此流行下来。”

如上所言，孔子将父母葬在一起很不容易，主要是因为他并不知道父亲原本葬在哪里，故母亲去世后，他找不到父墓所在。司马迁在《史记·孔子世家》中载：“丘生而叔梁纥死，葬于防山。防山在鲁东，由是孔子疑其父墓处，母讳之也。孔子为儿嬉戏，常陈俎豆，设礼容。孔子母死，乃殡五父之衢，盖其慎也。陬人挽父之母诲孔子父墓，然后往合葬于防焉。”

叔梁纥去世后，被家人葬在了防山，然而颜徵在生前并没有告诉孔子他父亲的墓所葬的具体位置。母亲去世后，孔子只是将母亲浅葬在五父之衢，挽父的母亲看到后，告诉了孔子叔梁纥的具体葬地，这才使得孔子将父母合葬在了一起。

古人很重礼仪，孔子怎么会不知道父亲墓的具体位置呢？此事引起了2000多年的争论，《礼记·檀弓上》记载：“孔子少孤，不知其墓，殡于五父之衢。人之见之者，皆以为葬也。其慎也，盖殡也。问于陬曼父之母，然后得合葬于防。”

这段话中“曼父”指的就是挽父，可见这些文献中都写明孔子用这种办法探听到了父亲墓的确切地点。但为什么母亲不告诉他父亲墓的具体位置呢？于是有人怀疑《礼记·檀弓》记载的真实性。三国时期的王肃明确地称："无此事，注记者谬！"（《礼记王氏注》）朱熹甚至要把《礼记·檀弓》的这段话删掉："《礼》经之谬，无过于此，亟当删之！"（《朱子语类》）

元陈澔在《礼记集说》中说："按《家语》，孔子生三岁而叔梁纥死，是少孤也。然颜氏之死，夫子成立久矣，圣人人伦之至，岂有终母之世，不寻求父葬之地，至母殡而犹不知父墓乎？且母死而殡于衢路，必无室庐而死于道路者，不得已之为耳，圣人礼法之宗主，而忍为之乎？"陈澔认为这种记载不可靠，因为颜徵在去世时，孔子已经长大成人，孔子特别讲究人伦之礼，他怎么可能不去打听父墓所在呢。母亲去世后，孔子怎么可能把母亲浅葬在宽阔的十字路口上呢。所以陈澔认为："此经杂出诸子所记，其间不可据以为实者多矣！"

叔梁纥、颜徵在合葬墓

也有人在探讨颜徵在为什么不把叔梁纥的墓址告诉儿子，郑玄在注解《礼记》时称：“孔子之父陬叔梁纥与颜氏之女徵在野合而生孔子，徵在耻焉，不告。”又称：“慎，当作‘引’，礼家读然，声之误也。殡引，饰棺以輤；葬引，饰棺以柳翣。孔子是时以殡引，不以葬引，时人见者，谓不知礼。曼父之母与徵在为邻，相善。”郑玄还是认为，野合之事让颜徵在以为耻，所以她有可能也不清楚叔梁纥的具体葬地。但郑玄将《檀弓》的“慎”解为“引”字，孔子本应对母亲葬引，但他用殡引的办法得知了父亲的葬地，因为殡乃浅埋，棺盖在地面之上，这样可以引起他人的关注。

然而晋人张华有不同的看法，他在《博物志》中引用了《礼记》这段话后，接着评论说：“蒋济、何晏、夏侯玄、王肃皆云无此事，注记者谬。时贤咸从之。（周日用曰：‘四士言无者，后有何理而述之？在愚所见，实未之有矣。且徵在与梁纥野合而生事，多隐之，况我丘生而父已死，既隐，何以知之？非问曼父之母，安得合葬于防也？’）”

明郝敬在《礼记通解》中认为，这种记载是污蔑孔子之语：“此侮圣灭礼之言，何但齐东野人之语耳！父早死，终母之世不识父墓，何以为子？五父之衢，是道旁也，岂殡柩之所？子不识父墓，而问诸行道人，不已悖乎？自六经道丧，百家横议，惑世诬民，不可胜数。郑玄之徒，一切以为圣经，附会其说而不折诸理，可怪也！”

对于这件事，钱穆在《孔子传》中的解释为：“孔子父叔梁纥葬于防，其时孔子年幼，纵或携之送葬，宜乎不知葬处。又古人不墓祭，岁时仅在家祭神主，不特赴墓地。又古人坟墓不封、不树、不堆土、不种树，无可辨认。孔氏乃士族，家微，更应如此。故孔子当仅知父墓在防，而不知其确切所在。及母卒，孔子欲依礼合葬其父母，乃先浅葬其母于鲁城外五父之衢。而葬事谨慎周到，见者认为是正式之葬，乃不知其是临时浅葬。故曰盖殡也，非葬也。邹曼父《史记》作挽父，挽是丧车执绋者，盖其人亲预孔子父之丧事，故知其葬地，其母以告孔子。此事距孔子母死又几何时则不详。时孔子尚在十七岁以前，而其临事之慎密已如此。”

钱穆认为叔梁纥去世时孔子年幼，即使带着他一起送葬，他也记不住具体的地点，而且古人祭祀时，有时也不到墓地，仅在家中祭奠牌位。更何况，古人的墓有时并不堆砌坟丘，也不种树作为标志，故时间长了很难找到原址。然孔子在母亲去世后想将父母合葬，所以他才将母亲的墓浅葬在通衢之上，以便有人告诉他父墓的具体地址。

不论具体情形如何，毕竟孔子找到了父亲的墓，然后将父母合葬于此。对于他坚持这么做的原因，侯文学在《孔子早年的身份认同——从〈史记·孔子世家〉之孔子殡母、合葬、要经说起》一文中认为：“孔子合葬父母与为母服丧之举，一方面是欲明确自己的族属、身份，践行周代传统之‘士’的人格；另一方面表现的是孔子欲为母亲求得名分之意，而他以此表达对于母亲的孝思之情也在其中。在周文化视域下，两者密不可分。”

周公庙：吾老矣！久不梦周公

《淮南子·要略》中称："周公受封于鲁，以此移风易俗。孔子修成、康之道，述周公之训，以教七十子，使服其衣冠，修其篇籍，故儒者之学生焉。"

这段话讲述的是周公旦对孔子思想的巨大影响。虽然在孔子之前已有儒家存在，后世却将孔子视为儒学的创始人，而孔子儒学思想的形成，有很多方面是继承了周公旦的观念。清周悦让在《倦游庵椠记》中说："永平中，太学始行释奠。周、孔并尊。"可见周公、孔子思想的一致性。

《论语·八佾》中载："子曰：'周监于二代，郁郁乎文哉！吾从周。'"以此可见，孔子对西周社会是何等之向往。《论语·述而》中又载："子曰：'甚矣吾衰也！久矣吾不复梦见周公。'"

孔子晚年感慨说，他感觉自己老了，因为他有好长一段时间没有梦到周公了。这些也同样说明周公思想对孔子思想的影响力。故赵逵夫在《先秦文学与文化研究丛书》的"序言"中说："其实，这些学术祖师的思想也不是凭空产生的，老子上承容成，孔丘上承周公旦。”鲁小娜在《孔子对周公旦思想的传承与发展》一文中总结说：“周公旦对‘上天’与‘上帝’心怀敬畏之心，所以恪守事奉之礼。同时，他不断提到‘命’与‘天命’，是为了树立一个具有最高权威的‘上帝’观念，用以警示天下万民。孔子则努力将周公旦的‘命’与‘天命’等……思想转入到哲学世界里来，试图探索上天与实际人生之间存在的一些偶然性与必然性之间的规律。这是孔子的创新之处。”

北宋之后，周公、孔子并称的局面渐渐变成了孔子、孟子并称，以前孟子说过“孔子之谓集大成”(《孟子·万章下》)。这句话成了后世评价孔子最常用的一句褒奖之语，章学诚却认为“集大成者，周公所独也”(《文史通义·原道上》)。

章学诚说集大成的人物是周公而非孔子，他为什么给出这样的论断呢？章学诚也知道人们会对他提出这样的反问，于是他解释说：“集之为言，萃众之所有而一之也。自有天地，而至唐、虞、夏、商，皆圣人而得天子之位，经纶治化，一出于道体之适然。周公成文、武之德，适当帝全王备，殷因夏监，至于无可复加之际，故得藉为制作典章，而以周道集古圣之成，斯乃所谓集大成也。”

因为周公具有重要的地位，他能够利用自己的权力来实施自己的政治主张，所以章学诚认为周公才是集大成的人物。为什么不能给出孔子这样的称呼呢？章学诚接着说：“孔子有德无位，即无从得制作之权，不得列于一成，安有大成可集乎？”

孔子的德行世人皆知，但他未曾处在高位，故无法推行自己的思想，所以章学诚说：“非孔子之圣逊于周公也，时会使然也。”既然如此，那为什么孟子还给出那样一句评语呢？章学诚认为："孟子所谓集大成者，乃对伯夷、伊尹、柳下惠而言之也。恐学者疑孔子之圣与三子同，无所取譬，譬于作乐之大成也。故孔子大成之说，可以对三子，而不可以尽孔子也。以之尽孔子，反小孔子矣。何也？周公集羲、轩、尧、舜以来之大成，周公固学于历圣而集之，无历圣之道法，则固无以成其周公也。孔子非集伯夷、尹、惠之大成，孔子固未尝学于伯夷、尹、惠，且无伯夷、尹、惠之行事，岂将无以成其孔子乎？夫孟子之言，各有所当而已矣，岂可以文害意乎！"

其实周公也未真正成为王，或者说，他只是做过摄政王。周公名旦，他是周文王的第四子，是周武王的同母弟弟，后世称他为周公。周文王去世后，武王继承了王位，而周公与召公、太公作为辅政大臣，那时商王朝还没有完全灭亡，于是周公旦辅佐武王统一天下。武王继位第二年，由周公辅行，在孟津会盟八百诸侯，经过这样的联合，再加上几年的养精蓄锐，后来发动了牧野之战，由此而击溃了商军，因此说，周公在武王灭商的过程中起到过重要作用。周武王在克殷三年后去世了，而后由成王继位，但那时的成王幼弱，故周公成了辅政者。

关于周公是否当过摄政王，后世学者有不同的看法。王国维在《殷周制度论》中认定周公继承武王而摄政称王，顾颉刚也持同样的观点，他在《周公执政称王——周公东征史事考证之二》中称："武王死后，周公奉了武王的长子诵继位，是为成王。为了这个新造的大邦还没有稳固，内忧外患接叠而来，非有一个才干和威望兼全的人担负起领导的责任不可，所以就由周公执行王政。周公既站在王的地位，发挥王的权力，人们口头上也就称他为‘王’，史官记录他的文告时也就写作‘王若曰’。”

杨宽也认为周公当了摄政王。他在《西周史》中写道：“这时周公出来摄政，而且称王，是十分必要的。不称王，不足以号令诸侯以及周的所有贵族。”同时杨宽还认为：“实际上，周公不仅是‘权代王’，当时周公‘践天子之位’，就是掌握着天子的权力。《大诰》的王，无疑是周公。”

有的学者仍然认为周公虽然摄政，却未称王。杨向奎在《宗周社会与礼乐文明》中持这种观点：“周公并没有‘称王’，但在成王初年曾经摄政，所有成王时《周诰》都是周公代成王宣告而称王，周公没有自己称王。”朱凤瀚在《〈召诰〉、〈洛诰〉、何尊与成周》一文中亦称：“‘周公摄政’未必是称王，而是辅佐成王，实际主持王朝政事。不宜轻易否定众多史籍所载周公摄政之事与周公在周初历史的重要作用。周成王在周公摄政时期已亲自参与东征，但未主持朝政。至《洛诰》所记周公摄政七年，致政成王，成王初次主持大祭祀于洛邑，是为成王元祀，即亲政元年。”

也有的学者认为周公既没有摄政，更没有称王，马承源根据《小臣单觯》《禽簋》两件青铜器铭文的记录来说明，周公践祚称王是《史记》讹传。彭裕商在《西周青铜器年代综合研究》中说道：“周公既于武王死后出走在外一年多，还归后在平叛战役中也只是成王的辅相，并非全军最高统帅，完全看不出有任何摄政的迹象，故所谓周公摄政，实际上是不存在的。”既然如此，那如何解释后世所说的周公摄政一事呢？彭裕商认为：“周公摄政说是战国晚期对周公事迹层层加码的结果。”

为什么要作以上的辨析呢？因为这涉及周公的人品问题。有人说他辅佐成王其实是想篡位，如果这是事实的话，那么周公的完美形象将会坍塌。而周公旦一向被视为儒学的启蒙性人物，周公的一些观念尤其是他制定的礼制，对孔子及儒学有着重大影响，如果周公旦在人品上有亏大节的话，这将无法支撑儒学的核心思想。

关于周公人品的历史争论，主要源于《尚书·金縢》的记载。该文前半部分是：“既克商二年，王有疾，弗豫。二公曰：‘我其为王穆卜。’周公曰：‘未可以戚我先王。’公乃自以为功，为三坛同墠。”

武王灭商后的两年，周武王生了重病，太公和召公要去为周武王祷告，周公阻止了他们的行为，而是自己设立三坛进行祷告，他在祝词上说自己有很多才能，可以去服侍鬼神，所以愿意代替武王去死，还在三王的灵位前分别进行了占卜，而全部得到了吉兆。回来后，周公就把这篇祝词藏在了柜子里，并且用金属制成的带子将其封了起来，转天，武王的病果然就好了。

但不久后武王还是去世了，《尚书·金縢》中写道：“武王既丧，管叔及其群弟乃流言于国，曰：‘公将不利于孺子。’周公乃告二公曰：‘我之弗辟，我无以告我先王。’周公居东二年，则罪人斯得。于后，公乃为诗以贻王，名之曰《鸱鸮》。王亦未敢诮公。”

武王去世后，武王的几位弟弟想争夺王位，但朝政由周公代管，于是武王弟弟管叔等人散布流言，说周公对成王不怀好意。

周公听闻传言后对太公、召公说，如果我现在不回避，就没法向先王交代。于是他躲避到东方住了两年，最终干掉了造谣的人。后来周公又给成王写了一首名叫《鸱鸮》的诗，成王读后也未责备周公。

周公像

此后的一场天灾让成王了解了周公的为人："秋，大熟，未获。天大雷电以风，禾尽偃，大木斯拔，邦人大恐。王与大夫尽弁，以启金縢之书，乃得周公所自以为功代武王之说。二公及王乃问诸史与百执事。对曰：'信，噫！公命，我勿敢言。'王执书以泣，曰：'其勿穆卜。昔公勤劳王家，惟予冲人弗及知。今天动威以彰周公之德，惟朕小子其新逆，我国家礼亦宜之。'王出郊，天乃雨，反风，禾则尽起。二公命邦人，凡大木所偃，尽起而筑之。岁则大熟。"

这年的秋天，庄稼长得不错，但还未开始收割时，突然雷雨交加，同时刮起了大风，长在地里的庄稼都被刮倒了，很多大树也被连根拔起。这种大的灾难令民众感到恐慌，成王和大臣们都穿戴好朝服准备进行占卜，当他们打开封固的柜子时，看到了周公当年的祝词，内容是愿意以自己为人质替代武王去死。

二公和成王问诸史和执事之官这是怎么回事，他们回答说确有其事，但当时周公下令不允许说出去，所以他们一直不敢说。成王看着祝词流下了眼泪，后悔自己对周公的怀疑，于是亲自去迎接周公还朝。当成王刚走出郊外，天就下起了雨，风也反向刮了起来，地里的庄稼也竖起来了，于是这一年得到了好收成。

对于《尚书·金縢》的记载，古今学者们有着各种各样的解读，比如周公为什么不让召公和太公去为周武王占卜，而要独自进行卜问。郑玄认为，周公知道武王得的不是大病，所以他认为用不着让二公去占卜。既然如此，那为什么周公自己要占卜呢？郑玄并没有说清楚。南宋蔡沈在《书经集传》中替周公作了相应的解释，他认为二公卜问只是想了解一下武王是否能安，但这是敏感时期，二公的占问依例要在宗庙中举行，如此盛大的占卜容易引起“人心动摇”，所以周公要独自在庙外进行占卜。

《尚书·金縢》还涉及另一个问题，那就是武王去世后，为什么其他几个兄弟要猜忌周公。对此，孔颖达在《尚书正义》中解释说：“殷法多兄亡弟立，三叔以周公大圣，又是武王之弟，有次立之势，今复秉国之权，恐其因即篡夺，遂生流言。不识大圣之度，谓其实有异心，非是故诬之也。但启商共叛，为罪重耳。”

按照商代的规矩，王去世后一般由弟弟来继位。《史记·管蔡世家》中记载，武王有十位同母兄弟，长子是伯邑考，次子为武王发，三子是管叔鲜，四子方为周公旦。虽然武王有这么多兄弟，但是以周公的影响力为最大，而今周公又摄政，所以管叔、蔡叔等人担心他会篡位，故他们组织在一起发动叛乱。后来管叔、蔡叔等人被杀，周公听到后也很悲伤，于是就写了那首《鸱鸮》。

有人认为，管叔、蔡叔其实就是周公杀的。孔颖达在《尚书正义》中说：“成王信流言而疑周公，管、蔡既诛，王疑益甚，故周公既诛三监，而作诗解所以宜诛之意。其诗云：‘鸱鸮鸱鸮，既取我子，无毁我室。’《毛传》云：‘无能毁我室者，攻坚之故也。宁亡二子，不可以毁我周室。’言宜诛之意也。”周公杀了管叔、蔡叔，成王对他更加戒备，于是他写了那首诗来解释自己的良苦用心。

然而细论起来，这件事又有着悖论。周公杀兄弟，似乎与他所强调的礼制相违背，而成王怀疑忠心耿耿的周公，也说明了他没有识人之才。为此，后世儒学家想尽各种办法来解释，但毕竟难以弥合二难问题。真相究竟如何，我们只能期待更多的出土文献来印证了。但周公的影响力是毋庸置疑的，比如钱穆在《周公与中国文化》中说：“中国古史所传述之圣人，如尧舜禹汤文武，其人其事，传说之色彩常胜于纪实。若论人物个性在中国历史上之明显表现，而具有真实重大之影响者，则应自周公始。”

对于周公的贡献，《孟子·滕文公下》中有如下褒奖之语：“昔者，禹抑洪水而天下平，周公兼夷狄、驱猛兽而百姓宁，孔子成《春秋》而乱臣贼子惧。《诗》云：‘戎狄是膺，荆舒是惩，则莫我敢承。’无父无君，是周公所膺也。我亦欲正人心，息邪说，距诐行，放淫辞，以承三圣者。岂好辩哉？予不得已也。”

周公对于礼法的制定最为后世所看重。陆贾在《新语》中说：“周公制作礼乐，郊天地，望山川，师旅不设，刑格法悬，而四海之内，奉供来臻，越裳之君，重译来朝。”夏曾佑在其专著《中国古代史》中说："孔子之前，黄帝之后，于中国有大关系者，周公一人而已。"而杨向奎在《周公摄政与成王建国》中甚至给出了这样无以复加的评语："没有周公，不会有武王灭殷后的一统天下；没有周公，不会有传世的礼乐文明；没有周公，就没有儒家的历史渊源；没有儒家，中国传统的文明可能是另一种精神状态。"

关于周公在礼制方面对孔子的影响，钱穆在《周公与中国文化》中称："今论周公在中国史上的主要活动，及其对于中国传统文化之主要贡献，则厥为其制礼作乐之一端。周公制礼作乐之具体设施，及其重大涵义所在，在孔子时，殆不仅所谓心知其意，而必有可以确切指说，并又可以自信其能具体重见之于当世者。"

也许正是这样的原因，孔子对周公极其尊崇，以至于他晚年因为梦不到周公而十分伤心。然而关万维在《先秦儒法关系研究》中说："梦周公在春秋，似乎是一种文化。"而后他举出了《左传·昭公七年》"襄公之适楚也，梦周公祖而行"的例子。据此，关万维说："此梦周公之例，早在孔子之前。因此，孔子之梦周公，并非特例，很可能是当时的流行文化。"

无论梦周公有着怎样的历史深意，但到后来，梦周公渐渐变得通俗化，甚至有人用此来开玩笑，比如《笑林广记》中载有这样一个故事：

> 一师昼寝，而不容学生瞌睡。学生诘之，师谬言曰："我乃梦周公也。"明昼，其徒亦效之，师以戒方击醒曰："汝何得

如此？”徒曰：“亦往见周公耳。”师曰：“周公何语？”答曰：“周公说，昨日并不曾会见尊师。”

虽是笑语，但正说明了孔子梦周公之事在后世有着何等大的影响力，而人们普遍默认孔子的这段话证明了他对周公的推崇。恰好，周公的封地就在曲阜，《史记·周本纪》中称：“（武王）封弟周公旦于曲阜，曰鲁。”《史记·管蔡世家》中又称：“武王克殷纣，平天下，封功臣昆弟。于是……封叔旦于鲁而相周，为周公。”然而，司马迁在《史记·鲁周公世家》中又说：

> 封周公旦于少昊之虚曲阜，是为鲁公。周公不就封，留佐武王。……其后武王既崩，成王少，在强葆之中。周公恐天下闻武王崩而畔，周公乃践阼代成王摄行政当国。管叔及其群弟流言于国曰：“周公将不利于成王。”周公乃告太公望、召公奭曰：“我之所以弗辟而摄行政者，恐天下畔周，无以告我先王太王、王季、文王。三王之忧劳天下久矣，于今而后成。武王蚤终，成王少，将以成周，我所以为之若此。”于是卒相成王，而使其子伯禽代就封于鲁。

后来修纂的《曲阜县志》则本于此说：“武王十三年定天下，封公于少昊之墟曲阜，公不就封，留相武王，成王即位，命世子伯禽就封于鲁。”

周公受封时，因还要辅佐武王，故没有来到封地。成王即位后，他命儿子就封于曲阜。伯禽来到封地，在曲阜建起了太庙，以此来祭祀周公。王鹤鸣、王澄、梁红合编的《中国寺庙通论》中称："曲阜的周公庙，始建于周武王时期，原是周公长子伯禽受封做了鲁国国君之后，在国都中心建立的太庙，周公去世后，这里成为祭祀周公的所在。鲁国灭亡后，庙宇也随之破败荒废，直到北宋大中祥符元年（1008），周公被追封为文宪王后，才在鲁国太庙的旧址上重修周公庙，以后元、明、清各代不断增建修葺形成现在的格局。"

2019年12月12日，我再次前往曲阜寻找孔子遗迹，周公对孔子有着这么大的影响力，因此周公庙也是我的寻访目标之一。一早乘车前往此处，门前冷冷清清，看不到一个游客。门口的文保碑虽然是国家级的，其文保内容却是"曲阜鲁国故城"。我事先在网上查得，鲁国故城在周公庙的后方，但那里不对外开放。既然如此，文

周公庙门前不见游客

保碑为什么要立在周公庙门前呢？我不知道这里的管理者要费多少口舌向游客解释不开放的缘由。

文保碑的旁边还立有一块新碑，上面用线描的形式勾勒出“鲁国之图”。仔细看这张图，在曲阜北城墙内正北的位置有文宪王庙，如此说来，文保碑上所说的鲁国故城应当指的就是文宪王庙后方的城墙。这张线描图的另一侧则是周公庙的文保碑，同样是全国级的文保单位。

昨日参观“三孔”时我买了通票，上面标明通票包括周公庙，然而周公庙门前的收费亭贴着“免费参观”的字样，看来是新近出台的优惠政策。中轴线的正前方也有棂星门，其制式与各地孔庙相同，如今此门成了周公庙的入口大门。我在一份介绍资料上看到，周公庙的“棂星门”三个字出自乾隆皇帝之手，但眼前所见的三个字也与寻常所见的乾隆笔体有差异，也许是摹刻时变了形。

棂星门

在棂星门前看到有十几位当地人坐在那里晒太阳，其中一人看我手持相机，问我要不要请他做导游。我笑着向他解释说，此

暖暖的冬阳

次只是来补拍照片。这位老人很和蔼，他说不请他做导游也没问题，但最好还是认真读一下介绍牌再入内参观。我感谢其美意，然后乖乖地站在周公庙的介绍牌前细看上面的文字。上面提及周公庙就是鲁太庙，乃鲁国的祖庙，始建于鲁立国之初。郭克煜等人所著《鲁国史》中说："伯禽，周公旦长子，又称禽父，是鲁国的始祖。"可见太庙的确是伯禽所建，只是后来鲁国被楚国所灭，太庙也随之被毁。

到西汉初期，周公被封为元圣，故再建的周公庙又被称为元圣庙。北宋真宗时期，周公被追封为文宪王，朝廷派人在鲁太庙的旧址上重建了文宪王庙，而后经过宋、元、明、清六次修建，形成了现在的规模，占地面积为42亩。

沿着中轴线一路向内走，在第一进院落中间的位置，我发现左、右两侧各有一座牌坊，上面分别刻着"制礼作乐""经天纬

制礼作乐牌坊

地”，前者说明了周公对礼乐的贡献，后者则是对他的贡献的评语。沿着中轴线一路向内，路两侧松柏森森的景象，让行走其中的人感到十分惬意。

二进院落侧旁的古碑

在第二进院落内，路两侧各有一个碑亭，这里的赑屃制式与他处不同，因为它托着一条长长的“辫子”，但即便是满族人的赑屃，似乎也未见这种刻法，因此我不知道这只赑屃是否为特殊品种。在路的两侧还看到一些古碑，但有些碑的字迹已经磨泐不清。

一路走到了元圣殿，此乃周公庙的主殿。周公端坐在正中的神龛内，侧旁的神龛内则坐着伯禽。可惜这里不让入内参观，仅能站在门口拍照。我从资料上查得，元圣殿内有金人像和金人铭牌，但我所见到的元圣殿内，仅在右侧有一尊新的塑像，原来的金人像不知去了哪里。

元圣殿

当年孔子是来过这里的，《孔子家语·观周》中记载："孔子观周，遂入太祖后稷之庙。庙堂右阶之前有金人焉，三缄其口。"

按照文献记载，金人背后有着长长的铭文。对于金人铭的作者，宋王应麟在《困学记闻》中认为应当是出自黄帝："《皇览·记阴谋》：黄帝金人器铭，武王问尚父曰：五帝之诫可得闻乎？尚父曰：黄帝之戒曰：吾之居民上也，摇摇恐夕不至朝，故为金人，三封其口，曰：古之慎言。"

正是这个原因，孔子看到金人时会有十分尊崇之神态。按照资料记载，在第二进院落的东侧原本有一座名叫"问礼堂"的大殿，此乃源于《论语·八佾》中所载："子入太庙，每事问。或曰：'孰谓陬人之子知礼乎？入太庙，每事问。'子闻之，曰：'是礼也。'"

如今的周公庙内已经看不到孔子的遗迹，然而他实实在在曾来此庙祭拜，这正说明了孔子礼的观念与周公一脉相承。有意思的是，后来孔子地位崛起，曾一度跟周公形成了竞争的势态，比如唐高祖武德二年（619），李渊令国子学建立周公庙和孔子庙各一所，将周公庙立于国学之中。虽然周公比孔子生活的年代早得多，然而在国学内为周公建庙，比孔子晚了200多年。

虽然如此，至少周公庙和孔子庙可以并存了。然而几年之后，唐太宗就改变了父亲的做法，因为房玄龄等人建议："诏停以周公

周公庙的中轴线

为先圣，始立孔子庙堂于国学，以宣父为先圣、颜子为先师，大征天下儒士以为学官。”（王溥《唐会要》卷三五《褒崇先圣》）这些大臣明确提出，以前数代都是以孔子为先圣、颜回为先师，所以应当停止祭祀周公，专门祭祀孔子，同时让颜回配享。

这种状况当然引起了周公后代的不满，周公后人当即向朝廷表示，自己的祖上对传统文化也做出了贡献，所以应该能与孔子并提，如今的周公庙十分破败，这是因为祭田很少，也就无力对周公庙进行维修。周公后人感慨说，现在的状况，周公不但不能与孔子并提，甚至还比不上孔子的弟子，真希望朝廷能够考虑到周公的重要贡献，把周公的地位提高一些。

事实是，社会意识形态的变迁确实不是周公后人能够改变的，到如今，“三孔”占据了曲阜大片的土地，周公庙却孤零零地处在一个安静的角落，在这里，不但看不到成队的旅游团，甚至连散客也看不到一两位。面对此况，我也唯有一声叹息。

斗鸡台：孔子仕齐，始作俑者

司马迁在《史记·孔子世家》中有如下一段记载："孔子年三十五，而季平子与郈昭伯以斗鸡故得罪鲁昭公，昭公率师击平子，平子与孟氏、叔孙氏三家共攻昭公，昭公师败，奔于齐，齐处昭公乾侯。其后顷之，鲁乱。孔子适齐，为高昭子家臣，欲以通乎景公。"

孔子35岁时正值鲁昭公二十五年（前517），这一年发生了一件很搞笑的事，季平子跟郈昭伯因为斗鸡赌博而得罪了鲁昭公，于是昭公发兵讨伐季平子，季平子就联合孟孙氏、叔孙氏共同攻打昭公。昭公战败，奔逃到了齐国，齐国把鲁昭公安置在乾侯。此后不久，鲁国就发生了动乱，孔子也离开鲁国来到了齐国，做了高昭子的家臣，而他的目的是想通过高昭子见到齐景公。

孔子在齐国果然见到了景公，景公向其问政，孔子讲出了著名的"君君、臣臣、父父、子子"的主张。齐景公听闻后十分赞赏孔子的理念，后来再次向孔子问政时，孔子告诉他为政之要在于节省财力，景公闻言很高兴，打算把尼溪的田地分给孔子。但这件事受到了晏婴的阻止，齐景公听从了晏婴的建议，等他再见到孔子时，不再问有关礼的事情了。某天，景公对孔子说，我无法给您像鲁国给季孙氏那样的待遇。在那个时段，齐国还有人想加害孔子，孔子听到了这个消息，于是离开齐国又回到了鲁国。

孔子在齐国的时间将近三年，在此期间，他未能实现自己的理想。其实，孔子前往齐国的目的除了想在齐国谋职，另一个想法是想动员齐景公出兵帮鲁昭公复国，虽然这两个目的他都未能达到，但仕齐这件事，是他生平大事之一，而此事的缘起竟然是一场斗鸡。

关于斗鸡事件，《史记》中也有记载。此事发生于鲁昭公二十五年（前517）春，司马迁在《史记·鲁周公世家》中这样描绘该事件的本末：

> 季氏与郈氏斗鸡，季氏芥鸡羽，郈氏金距。季平子怒而侵郈氏，郈昭伯亦怒平子。臧昭伯之弟会伪谗臧氏，匿季氏，臧昭伯囚季氏人。季平子怒，囚臧氏老。臧、郈氏以难告昭公。昭公九月戊戌伐季氏，遂入。平子登台请曰："君以谗不察臣罪，诛之，请迁沂上。"弗许。请囚于鄪，弗许。请以五乘亡，弗许。子家驹曰："君其许之。政自季氏久矣，为徒者众，众将合谋。"弗听。郈氏曰："必杀之。"叔孙氏之臣戾谓其众曰："无季氏与有，孰利？"皆曰："无季氏是无叔孙氏。"戾曰："然，救季氏！"遂败公师。孟懿子闻叔孙氏胜，亦杀郈昭伯。郈昭伯为公使，故孟氏得之。三家共伐公，公遂奔。己亥，公至于齐。齐景公曰："请致千社待君。"子家曰："弃周

公之业而臣于齐，可乎？”乃止。子家曰：“齐景公无信，不如早之晋。”弗从。叔孙见公还，见平子，平子顿首。初欲迎昭公，孟孙、季孙后悔，乃止。

季平子和郈昭伯在斗鸡，为了能够取胜，两人事先都做了手脚。季氏在自己的鸡上“芥鸡羽”，有人解释说季氏在其鸡的翅膀上抹芥末，以此让对方的鸡睁不开眼，但是孔颖达在《左传注疏》中引用了郑众的注释：“介，甲也，为鸡着甲。”郑众认为这是给鸡翅装铠甲之意，但按照这样的解释，岂不把作弊变成了明目张胆？而春秋时期是否有芥末，这也是一大问题。

郈昭伯也非正人君子，他在斗鸡爪子上安装了金属钩。《史记》中没有记载两人斗鸡谁胜了，但季平子十分生气，打了郈氏，想来应该是季氏的鸡战败了。郈氏觉得季平子也同样作弊了，于是他产生了怨恨的情绪，此时正赶上臧昭伯的弟弟臧会以前因造假诬陷臧氏后藏匿在了季平子家，为此臧昭伯把季平子家人囚禁起来，季平子于是囚禁了臧氏的家臣，臧昭伯、郈昭伯一起到鲁昭公那里告状。鲁昭公于是出兵讨伐季平子，攻下了季平子的宫室。

季平子登台去见鲁昭公，他说自己犯的只是小错，不应当被诛杀，并提出迁居沂上。鲁昭公不答应，季平子又要求把自己囚禁在鄪邑，昭公也不答应，季平子提出他带着五辆车流亡国外，昭公仍然不答应。虽然有人替季平子求情，但昭公一律不听，郈昭伯还在旁边鼓动昭公说，一定要杀死季平子。

叔孙氏有位家臣名叫戾，他问众人季氏灭亡了或者季氏存在，这两种情况哪种对我们更有利，大家都说没有季氏就没有叔孙氏，于是戾决定出兵去救援季氏，他们很快就击败了昭公的军队。此时郈昭伯作为鲁昭公的使臣来到了孟懿子家，孟懿子听说叔孙氏打了胜仗，于是借机杀掉了郈昭伯，而后孟懿子、叔孙氏、季孙氏三家共同出兵征伐昭公，鲁昭公只好逃到国外，而后来到了齐国。

转年春，齐国攻伐鲁国，占领了郓邑后让鲁昭公居住在了那里。后来齐景公想护送鲁昭公回国，但因各种原因，最终鲁昭公也未能返回鲁国。昭公三十二年（前510），他在乾侯去世了，鲁国人拥立昭公的弟弟宋为国君，这就是鲁定公。

因为一场斗鸡，惹出了这么大的一场战争，最终还让鲁国的国君死在了国外，这个故事听起来是何等之荒唐。然而斗鸡之事是远古传统，并不是季氏和郈氏的发明。宋岳珂在《桯史》中说："夏桀始设侏儒倡优戏，周偃师始造傀儡，宣王始养斗鸡，楚雄渠造弄丸，勾践始为弄潮。"

按照岳珂的说法，是周宣王发明了斗鸡，看来斗鸡原本是贵族游戏，后来渐渐成为古人的赌博游戏。但鲁昭公因斗鸡之事讨伐季氏还有一层原因，这件事还要从鲁桓公说起。鲁桓公有四个儿子，长子同继承了君位，他就是鲁庄公。桓公的另外三个儿子是庆父、叔牙和季友，他们被称为"三桓"，后来三桓势力越来越强大，渐渐左右了鲁国的朝政。这三家又此消彼长，但季氏的势力最为强大，故季平子控制了朝政，让鲁昭公成了没有多少权力的傀儡，因此，鲁昭公要借斗鸡事件除掉季平子。可见斗鸡事件只是个引子，然鲁昭公没想到的是，自己最终没能取胜，还死在了国外。

鲁国的斗鸡台正是这个历史事件的起源地，关于此台的位置，宋乐史在《太平寰宇记》中说："斗鸡台，二所，高一丈五尺，相去各四步，在高门内，县南三里。《左传·昭公二十五年》：'季、郈之鸡斗，季氏介其鸡，郈氏之为金距。'注云：'二家相近也。'"

看来斗鸡台位于曲阜县城的高门内。关于高门是哪个门，清顾祖禹在《读史方舆纪要》中说："僖二十年春，新作南门。《传》曰：书不时也，本名稷门，僖公更高而大之，故名高门。定十年，齐人陈女乐文驷于鲁城南高门外，即稷门矣。门内有斗鸡台二所，昭二十五年，季、郈之鸡斗。《括地志》：斗鸡台二，相距十五步。是也。"

原来高门就是稷门，因为此门很高大，所以又叫高门。顾祖禹明确地说当年季氏与郈氏斗鸡的那个台子就在稷门内。

接下来则要查证曲阜的稷门在哪里。孔繁银在《曲阜的历史名人与文物》中也谈到了《太平寰宇记》中的记载，文中同时说："《寰宇记》又云，斗鸡台高一丈五尺，相去各四步，在高门内县西三里。根据记载，昭公台、庄公台、斗鸡台，均在城西北。1977年和1978年，山东省考古研究所集中考古技术人员，对此地进行全面钻探，并进行了大面积的考古发掘，台中心确实是夯土台，周围则是密集的古代墓葬。"对于斗鸡台的具体位置，该文又说道："《曲阜鲁国故城》报告称，斗鸡台墓地位于鲁城西南部，县农林局院内。墓地北面由于新修公路，没能钻探，地下范围不明。南面旧东西路截断在苗圃以北农林局宿舍区，西面不超过县农林局西院墙，东面可能在农林局的东邻县种子站院内。在农林局院内进行较详细的钻探，发现古墓葬49座，特别是在院内斗鸡台的东北、东和东南部墓葬分布比较密集。在南部的办公楼和宿舍区之间也有墓葬发现。发掘墓葬28座，绝大部分未见随葬品。从几座有陶器的墓葬来看，其年代从西周初年至春秋初期，与鲁昭公斗鸡台吻合。”

看来当年的斗鸡台位于如今的曲阜市农林局院内，于是我在网上又查询一番，虽然也有的文章说斗鸡台确实处在曲阜市农林局院中，我却查不到斗鸡台的照片，所以不确定这种说法是否准确。

此前的一段时间，我跟随国家图书馆的饶权、张志清两位馆长前往曲阜参加祭书活动，此活动的举办地点在曲阜的孔子博物馆，由此而得以结识该馆副馆长杨金泉先生。杨馆长带领众人参观了该馆正在举办的相关展览，他对馆藏文物和历史事件的熟悉程度给我留下了深刻的印象。

2019年底，我在国家图书馆古籍分馆开会时，恰好与孔子博物馆馆长郭思克先生邻座，于是我跟郭馆长说过几天自己将前往曲阜，寻访一些与孔子有关的历史遗迹，郭馆长问明地点后称没问题，到曲阜后由他来安排。

2019年12月14日，我已在曲阜寻访了五天，此次行程的最后一个寻访点就是斗鸡台。我给郭馆长打电话，向他请教斗鸡台是否确实在曲阜市农林局院内。郭馆长说曲阜市农林局早已搬迁到其他地方，那里的现况如何他不清楚，不巧他正在外地开会，让我联系杨金泉馆长，并且告诉我，杨馆长当年就在曲阜的文物部门工作，他更了解当地的历史遗迹。于是我立即联系杨馆长，杨馆长说自己主管曲阜文物部门大约有七年的时间，为此，他勘察过当地许许多多的历史旧址，但从未找到过斗鸡台。

杨馆长所言让我有些泄气，说不定那个著名的斗鸡台早已消失在历史的尘埃中。杨馆长劝我别着急，因为他认识当地许多老文物工作者，他说总能打听到相应的线索。当天晚上，杨馆长告诉我，他打听到了斗鸡台大约的位置，明天一早带我前往寻找。

这一带叫校场路

转天一早下起了雨，我在酒店内拿了一把伞打车前往杨馆长所说的地点。此处有一条不宽的马路名叫校场路，我站在一个门楼下避雨，同时等着杨馆长到来。展眼望去，这一带都是低矮的平房，仅有一个老城楼立在街口上，我猜测这是不是修复过的稷门，走到近前看了看，没有看到任何标志牌。这一带处于曲阜老城区的边缘，在附近探看一番，街面上都是一些很小的门面房，看不到任何历史遗迹，这让我又开始担心此程寻访不会有什么结果。

对面的仿古门楼不是稷门

杨金泉馆长打车赶了过来，他说今天馆里正在开会，但他惦记着与我的约定，故而匆忙赶来。他说已经了解到斗鸡台还存在一小块遗迹，但是被包在了某个院落中，我们只能一家一家寻找。

我们走过一个小的停车场，来到了停车场旁的第一个小门面房，杨馆长说我们从这里打听起。此门面房门楣上写着“手撕大骨头”字样，因为下雨的原因，推拉门是关着的，杨馆长推开门，门的里侧是一节柜台，柜台后面站着一位三十岁上下的年轻人。杨馆长问他斗鸡台是否在这里，那人愣了几秒钟后看了我们几眼，伸手把推拉门推到了另一侧，而这一侧的柜台是一个小小的入口，然后他说进来吧。说完后，年轻人向店的内侧走去。

难道斗鸡台会在这小店内？从外观看上去这个店面太小了，我不太相信要找的历史遗迹会在这里面，但杨馆长说进去看看再说，于是我二人侧身进入柜台内。我看到里面有十几平方米大小，墙角有一口煮骨头用的器皿，旁边有个单人床，床侧有两扇木屏风，上面挂着仿制的塑料绿藤。看来这个小伙子还挺讲究生活情调，虽然以店为家，但依然要营造一个雅致的角落。

穿过房间，后面是他做骨头的操作间，这里有些脏乱，看来吃客确实不能参观饭店的后厨，还好我今天也不是来吃骨头的。穿过这窄窄的操作间，终于进入了后院。

斗鸡台处在此店后院

生活中不缺乏情调

骨头店后厨

后院的面积比想象的大

杨馆长细看碑文

没承想后院的面积跟前面的门面房完全不成比例，我感觉这里占地超过了200平方米，面积至少是前面门面房的几倍，真可谓是别有洞天。这个后院正中有一个几十平方米大的土包，年轻人说这就是斗鸡台。

这么容易就找到了目的地，让我又喜又惊，但是土丘的前方堆满了垃圾袋，杨馆长问他为什么不清理掉，年轻人喏喏地说还没来得及拉走。杨馆长又问他，怎么证明这是斗鸡台，此人称上面有一块文保碑。杨馆长闻言立即跃上此台，而后爬到顶端去观看，回头告诉我：“果然是！”

这个土台虽然不高，但上面满是落叶，因为下雨，上面很是湿滑。杨馆长不知道我腿上有假肢，根本踩不上这湿滑的土台，只是专心地在那里细看刻石，同时寻找着相关的遗迹，而我则在下面观察地形，试图找到缓坡以便登顶查看。

我注意到土台的左侧有一块几十平方米大小的平地，平地的后方有一个缓坡，我决定从那里登台。但刚刚迈上那块平地，瞬间就感到身体沉了下去，我立刻意识到这下面是水坑，然而为时已晚，因为双脚均已踏入其中，污水迅速没过了半身，但脚还是没有着地，一瞬间闻到了水中散发出的臭气。我第一反应是迅速把手中的相机用力抛了出去，否则的话，我前几天所有的寻访照片都有可能会化为乌有。

此时杨馆长和那位年轻人已经看到我沉入坑中，他们迅速冲了过来，我大声告诉二人不要再往前走，同时努力让上身伏下来以便增大受力面积。臭水坑内的气味令我无法呼吸，我突然意识到这里面有沼气，若吸入此气很可能会晕在里面，如果呛入口鼻更将面临生命危险，于是放慢了挣扎的动作，同时寻找可抓之物。此时杨馆长拉住了我的一只手，但我因为踩不到底所以无法使力。正在此紧急时刻，我瞥到臭水坑旁有电线杆斜拉的钢丝，于是借着杨馆长的手用力向上探伸，终于抓住了钢丝，由此而阻止了身体的下沉。那位小伙子也过来跟杨馆长一同拉住我另一只手，终于把我拉了上来。

此时我的身上已臭不可闻，杨馆长厉声问那人为什么不告诉我们那里有粪坑，那人喏喏地解释："我还没来得及说话，他就踏进去了。"杨馆长又问他为什么会在文保点的旁边挖粪坑，此人的声音更小了，我根本没有听清他的解释。我赶紧找到相机，看到相机的表面已经沾上了污水，立即把相机的内存卡取了出来，让小伙子拿来一个塑料袋包裹几层放入兜中，接着问他有没有水龙头。杨馆长说现在是数九寒天，不能用凉水冲洗，我说不冲洗那一身的大粪怎么行动啊，于是坚持让小伙子找水。

果然院中有水管，小伙子接上胶皮管，我让他先冲洗相机，杨馆长说相机着水就毁掉了，我觉得不冲洗如何拎着走啊。冲完相机后，我让小伙子捏住水管的一半以便增大冲击力，先冲洗我身上的衣服，他也说水太凉了恐怕要感冒，我只好粗声粗气地跟他说都这样了还怕什么感冒。于是他对着我一通猛冲，总算把表面的污垢清理完大半。

因为下雨，这一日是曲阜最冷的一天，虽然雨中没有风，但我还是浑身打战，转身回望那个粪坑，上面满是落叶，完全看不出这是个陷阱。年轻人明白我的意思，马上说他很快会弄上护栏。而杨馆长则告诉他，这样偷着排污的行为是违法的，必须要将此坑清理掉。那个年轻人站在那里吓得不敢吭声。

此刻我开始在想如何进行下一步的行动了，因为已经买了中午12点由曲阜返回北京的高铁票，但是这一身的臭气根本无法让我乘火车，故决定先到超市去买一身衣服换上再说。于是我们走出这家骨头店，站在路边拦车，杨馆长说要带我前往附近最大的超市去买衣服。此刻我的嗅觉已经变得麻木，但满身的臭气使得出租车司机的嗅觉更加灵敏，我刚一上车司机就说太臭不拉，杨馆长告诉他这是重要客人，必须拉，司机无奈只得把四扇车窗全部摇下来，而后满脸不高兴地把我送到了超市的对面。杨馆长要陪我进去买衣服，然而我知道他是在开会期间抽空跑出来陪我寻访，于是请他继续乘车返回馆中开会，而我则独自走入了超市中。

我在超市的一楼找到卖服装的区域，很快，一身的臭气成功引起了大家的侧目，我问服务员有没有合适的衣服，她说你这么臭不能试穿，无奈我只好买下最大号的外裤及保暖裤，还买了一双最大号的旅游鞋。不能试也就罢了，我结账后走到马路边，想了想没有出租车愿意拉我，于是我步行走回酒店，在路上用手机修改了车次，以便有充足的时间来处理自己身上的臭气。

我所住的那家酒店还真不错，竟然没人阻止我进入店中。我回到房间立即洗澡，同时浸泡在热水中以便让寒气散发出来。接着把那身脏衣服放在浴缸内冲洗一番，而后找来熨斗在房间内将这些衣服熨干，但无论怎样清洗都无法清除掉衣服上的臭气，只好用洗衣袋层层包裹而后放入包中。

折腾完毕后赶到高铁站，在候车的过程中，我还是能闻到自己臭气熏天，于是开始担心邻座的感受，幸运的是，我的座位旁边竟然没有坐人，车厢内也空着一半座位，可能是前后座的人闻到了不雅的味道，纷纷移到了他处，这反而让我觉得心安一些。到达北京后上了出租车，那位出租车司机刚开出不远就问我为什么这么臭，而到此时，我才注意到原来旅行包内的那个塑料袋破了。这让我开始好奇自己为什么要把这些臭衣服带回来，我觉得经过沼气的熏蒸，我的智商大为降低，故而当我下出租车时，首先找了个垃圾桶把那些脏衣服全部塞到里面。从千里之外带回臭衣服再扔掉，我为自己的举措哭笑不得。

而此前，我在高铁站闲坐等车时，用微信在朋友圈发出了粪坑历险记，众人纷纷跟帖点赞，那通热闹比我之前发的任何一个帖子都要火，兄弟们的幸灾乐祸令我哭笑不得。然而我的“粪不顾身”确实是寻访中的一段奇事，于是有朋友安慰我说大难不死必有后福。后福在哪里我不知道，但大难不死还能把臭衣服背回来再扔掉，这倒是个事实。幸运的是，回来后把内存卡插入电脑中，我发现内存卡竟然完好无损，寻访所拍摄的照片也都保存了下来，只是相机废掉了。

这台相机跟随了我多年，见证了我寻访路上的艰难坎坷，如今因粪而寿终正寝，让我对它有些歉疚。而一切安定下来之后，我心中又升起了一个遗憾，那就是因为粪坑事件，没能拍到斗鸡台上的碑，看来下次故地重游时，还要补拍上这块重要的碑。

垂杨观礼处：季札葬子，孔子观礼

孔子所处的春秋时期，被称为礼崩乐坏的时代，因为那时周王室已经衰微，周礼也渐渐不被人尊崇，诸侯之间相互征战，社会秩序混乱。面对此况，孔子提出了“克己复礼”的观念，他所要复的“礼”，指的就是周礼。

孔子为什么不推崇比周礼更早的商礼或者夏礼呢？这是因为与前两代的礼比较起来，周礼更为完善。当年周朝灭掉商朝后，周公在商礼的基础之上创造出了周礼。钱穆在《周公与中国文化》中说：“今论周公在中国史上之主要活动，及其对于传统文化之主要贡献，则厥为其制礼作乐之一端。”《礼记》中有《乐记》，故乐是礼的一部分，周公制定和推行的礼乐对中国文化影响至深，所以钱穆认为：“若论人物个性之在历史活动中，明显居有主动地位，而此等历史，又确可视之为信史者，就中国古史言，其人其事，皆当自周公始。”

这段话讲述的是周公在中国历史上极其重要的地位，而周公制定的周礼为什么那么有价值呢？李泽厚在《寻求中国现代性之路》

中写道："其特征确是将以祭神（祖先）为核心的原始礼仪，加以改造制作，予以系统化、扩展化，成为一整套习惯统治法规（'仪制'）。"

因此，周礼是孔子所能看到的最为完备的礼仪，并且他十分了解周礼是如何衍化而成的。《论语·为政》中载：

> 子张问："十世可知也？"子曰："殷因于夏礼，所损益可知也；周因于殷礼，所损益可知也；其或继周者，虽百世，可知也。"

子张问：今后十代的礼制能够预知吗？孔子说：商代承袭夏代的礼制，夏礼中废除和增加的内容通过商礼可以了解到；周代继承的是商代的礼制，同样，商礼中废除和增加的内容也可以通过周礼了解到。依此类推，今后若继承周代的礼制，即使过一百代，也同样能够知道当时的状况。

在孔子看来，夏商周三代的礼制，是在继承和修订的基础上逐步完善起来的，因此说，在他那个时代，周礼是最为完备的。孔子是鲁国人，而鲁国乃周朝的属国，当年周公旦长子伯禽被封到鲁国时，就开始推行周礼，故而鲁国是传承周礼最完备的国家。《太平御览》载："晋韩宣子聘鲁，观书于太史氏，见《易·象》与《鲁春秋》，曰：'周礼尽在鲁矣。'"为此，孔子说过这样一句著名的话："周监于二代，郁郁乎文哉，吾从周。"（《论语·八佾》）

孔子在幼年之时，就对周礼十分感兴趣。《史记·孔子世家》

载："孔子为儿嬉戏，常陈俎豆，设礼容。"孔子长大之后，对于社会秩序的混乱有了进一步的认识，使得他更加强调礼的重要性。但孔子所处的那个时代，诸侯、卿大夫中很多人僭越礼制，周天子式微，无法制止诸侯们的僭越行为，同时诸侯国之间互相征伐，当时的社会已是君不君、臣不臣的状况。孔子说："天下有道，则礼乐征伐自天子出；天下无道，则礼乐征伐自诸侯出。自诸侯出，盖十世希不失矣；自大夫出，五世希不失矣；陪臣执国命，三世希不失矣。天下有道，则政不在大夫。天下有道，则庶人不议。"（《论语·季氏》）

孔子感慨道：天下有道的时候，制作礼乐和出兵打仗都是由天子来做决定；天下无道时，这两件重要的事情则下移到由诸侯来做决定了。但是由诸侯来做这样的决定，过不了十代就会垮台的，如果由大夫来做决定，很少有经过五代不垮台的，由陪臣来掌握国家政权，很少有三代不垮台的。如果天下有道的话，国家政权就不会落在大夫手中，老百姓也就不会整天讨论国家大事。

在孔子看来，如果要使社会安定祥和，就不应发生这种僭越礼制的行为，应该把最重要事情的决定权归还于天子，只有这样才是有道的社会。想要实现这个理想，首先要恢复周代的礼制，而这正是他强调复周礼的原因所在。

虽然孔子所处的时代已经少有人坚持周礼，但周礼也没有完全断绝，为此，孔子特别在意重要人物按照周礼来做事。鲁昭公二十七年（前515），因为一件事，让孔子观看到了周礼中的丧礼。

这一年，季札从齐国返回吴地时，他的长子去世了，季札决定就在去世的地方安葬其子。孔子早就听闻季札的大名，于是就带着弟子们前去观礼。此事记载于《礼记·檀弓下》：

> 延陵季子适齐，于其反也，其长子死，葬于嬴、博之间。孔子曰："延陵季子，吴之习于礼者也。"往而观其葬焉。其坎深不至于泉，其敛以时服。既葬而封，广轮掩坎，其高可隐也。既封，左袒，右还其封，且号者三，曰："骨肉归复于土，命也。若魂气则无不之也，无不之也。"而遂行。孔子曰："延陵季子之于礼也，其合矣乎！"

延陵季子就是季札，他是吴王的第四子，也是诸子中最具才干的一位，因此吴王想让他继承王位，三个兄长也同意这一点，但季札坚决不接受。后来又发生了一系列事情，在此过程中，季札始终坚持自己的观点。为了避免父子、兄弟残杀，他"去之延陵，终身不入吴国"(《公羊传》)。因此，他被称为"延陵季子"。

孔子听说季札的长子要葬在嬴、博之间，他对弟子们说，季札是吴国讲求周礼的人，我们应当前去观看他如何按照周礼的规定来葬其子。

孔子观察得很仔细，他看到季札葬子时所挖的地穴并不深，因为穴内没有泉水涌上来。季札长子入葬时，身上也没有穿着华丽的服装，仅穿着当季的衣服，在埋葬时，也仅是把地穴边上的土填了回来，其所填之土刚刚把墓穴掩盖起来。墓穴封好之后，季札袒露着左肩，围着墓转了三圈，哀号三声，他说人的肉体终究有一天会回归大地，这就是人的命，但人的灵魂并不会因此而消失。仪式举行完毕后，季札又按照他的行程继续出发。孔子看完后感慨说：延陵季子的做法，完全符合周礼的规定啊！

可见孔子对周礼中的丧礼十分熟悉，他前来观看的目的，就是要看看周礼中的丧礼是如何具体操作的，通过这样的观摩，来印证历史资料所载。

因为这件事记载于《礼记》中，故后世对孔子观礼处极为重视，这个观礼处就处在季札长子墓旁。对于此墓的位置，郦道元《水经注》中记载：

> 奉高县，汉武帝元封元年立，以奉泰山之祀。泰山郡治也。县北有吴季札子墓，在汶水南曲中。季札之聘上国也，丧子于嬴、博之间，即此处也。《从征记》曰：嬴县西六十里，有季札儿冢，冢圆，其高可隐也。前有石铭一所，汉末奉高令所立。无所述叙，标志而已。自昔恒蠲民户洒扫之，今不能。然碑石糜碎，靡有遗矣，惟故趺存焉。

孔子观礼处碑

此墓在明代中期被水所淹。嘉靖《莱芜县志》载："延陵季子长子墓，在县北三十里。吴季札使齐，其子死，葬于嬴、博之间，即此。前有碑可考，近年间为水所没。"当时的莱芜县令陈甘雨经过调查考证，确认季札长子墓处在口镇垂杨村，他找到之后在此立了使齐伤感碑。

明代隆庆年间，莱芜知县傅国璧在垂杨村建立了垂杨书院，立有孔子观礼碑和孔子观礼处碑。而今这些原碑不知去了哪里，但傅国璧所撰观礼碑原文见载于《莱芜县志》中。傅国璧在此碑文中首先写道："天下不可一日无礼，犹不可一日无孔子。夫孔子者，礼之宗也。何有于观入太庙，每事问，观礼问礼皆礼也。季札，吴之文人而习礼者。"

傅国璧认为孔子是礼之宗主，而吴国的季札乃习礼之人，正是这个原因，孔子前来此地观礼。接下来，该文引用了《礼记·檀弓下》中的那段话，之后又写道他是如何找到和建设观礼处的：

> 仿古礼者记之，断碑古迹填没水涯，年纪无考。余近搜莱志，访耆硕，得兹地隶邑西北三十里许集名吐子口，则知为延陵季子葬子之地。吾孔子于斯焉观之，叹曰：延陵季子之于礼，其合矣乎！孟止有亭，安仙有寺，贤哲芳迹，犹托以不朽。矧吾孔子于昭之神，配天参地，灵泽畅溢，实系后思。乃即其所观之地，捐俸旁易，接旧申明亭址新构堂三间，东西房各三间，厨、井、磨各一。其所门匾"垂杨书院"四字，外树

“孔子观礼处”五字石碑，周围垣以砖甓。

因为季札长子墓已经没于水中，相应的刻石也难以觅得，傅国璧先是从《莱芜县志》上搜集史料，之后又找当地的饱学之士进行印证，终于找到了季札长子葬地，由此也就确定出了孔子观礼之处。在傅国璧看来，这处遗迹太重要了，于是他就捐出一笔钱把原址位于观礼处的寺观移走，在此址上新建了三间房及其他设施，院内就是垂杨书院，院外立有孔子观礼处碑。落成之日，上千人前来观摩，傅国璧十分高兴，于是特地写下此文来记录这件盛事。

对于该墓后来的情况，宋继荣在《孔子观礼处遗址》一文中写道：“季札子长子墓位于村西南的高台地上，西临莱明路，西南隔

一块窄长之地

路为港里村，南临港里河，黄沙土地。原址地北、西两面有乌江泉水，形成大池塘（百姓叫乌江），南汇入港里河。塘北是春秋时齐国至鲁国之间的大道，村中和塘两岸生长着较多的杨柳树，风景十分秀丽。墓封土原高约6米，下方上圆，周有大柏树林。1967年，村民将封土运到南边的港里河岸边造了地。在距地表几米深的地方，挖到了墓道。据目击者回忆，墓呈甲字形，南为墓室，北为墓道。墓有前后两室，每间东西长约3.5米，宽约2.5米，深约4米。墓壁用砖砌成，顶发碹，底铺大方砖。墓室地板上存着较厚的淤泥，没有发现任何随葬品。墓道高约2.8米，宽约0.6米，长约10米。墓道和墓室保存基本完好，后用土掩埋。墓砖有四出头纹，应该是汉代重修墓。”

不知道此文撰于何时，亦不知该墓是否还有痕迹在，但我查得垂杨村确实有孔子观礼处碑，于是2020年12月14日在刘玉林先生的

孔子像及孔子观礼处碑

带领下，我们前往此处探看该遗址。此程由李洪武开车，我们先驶入山区，探看了青石关，而后转到山的另一侧一路下行，驶入一片平原地带时看到了垂杨村。

刚驶入该村的一条小街，就在街边看到了这处遗址。没费任何周折找到目的地，这让我们节约了不少时间，心中颇为惊喜。只是文保碑前紧贴着一辆车，我们三个试了试也没推动此车，只能侧着拍摄文保碑。刘玉林则到后方去探看，他转了一圈，回来告诉我说垂杨书院没有复建，也没有找到季札长子之墓。

而今的观礼处占地100余平方米，沿着小街辟出了一块窄长条，正中立着孔子像，像的右侧则是那块孔子观礼处碑。我感觉碑额为后配，碑座的赑屃是新刻之物。石碑和孔子像背后的墙上有两幅壁画和一幅书法，其中右侧一幅是孔子周游列国图，但那幅图上仅画着孔子坐在牛车中，行进在一片旷野中，仅有一株垂杨，有一位童子在赶牛，没有一个弟子陪伴左右，这份执着令人感慨，画的前方已经有了几间房屋，想来那就是春秋时的垂杨村。

垂杨一株

孔子像背后的墙上书写着上千字的文章，其落款是“孔子经典名句，丁酉年秋月，垂杨居士周广涛书”。这些名句虽然朗朗上口，但我觉得如果能摘录一些孔子对于

《孔子讲学》壁画

礼的论述，或者摘录《周礼》《礼记》上的原文，似乎比摘录这些名句更为贴切。

这段文字左侧还有一幅壁画，上书“孔子讲学”，绘制的图案是孔子坐在松树下，拿着一卷竹简正跟弟子们比划，看来他是在讲书对文化传承的重要作用，而他应该讲的只是形式并非内容。如果是这样的话，孔子应当算是版本学家的鼻祖，如果不是这样的话，他应该打开竹简，给弟子们讲解内容。

在这块空地上还有一块“重立孔子观礼碑记”，上面刻有多个捐款芳名，说明这个村子里的人至今仍以孔子在此观礼为荣。

仿山阿谷：三试浣女，借以观风

也许是时代的原因，孔子对妇女多有贬斥之语，比如他说：“唯女子与小人为难养也，近之则不孙，远之则怨。”（《论语·阳货》）此语如何解读，后世有各种各样的说法，但无论如何解释，都不能跨越那个时代。2500多年前，妇女的地位确实是低下，然而有一件事能说明孔子虽然对女人有偏见，但他经过一系列考察之后，还是能通过某位女子所为，来确定当地民风之淳朴。

著名的《圣迹图》中，有一幅名为《阿谷停云》，这个故事记载于《韩诗外传》《孔子家语》《列女传》中，所载内容大同小异，就时间论，应该以《韩诗外传》为最早。我先将这个故事的原文引用如下：

孔子南游，适楚，至于阿谷之隧，有处子佩瑱而浣者。孔子曰：“彼妇人其可与言矣乎！”抽觞以授子贡，曰：“善为之辞，以观其语。”子贡曰：“吾，北鄙之人也，将南之楚，逢天之暑，思心潭潭，愿乞一饮，以表我心。”妇人对曰：“阿谷之隧，隐曲之汜，其水载清载浊，流而趋海，欲饮则饮，何问妇人乎？”受子贡觞，迎流而挹之，奂然而弃之，促流而挹之，奂然而溢之，坐，置之沙上，曰：“礼固不亲受。”子贡以告。孔子曰：“丘知之矣。”抽琴去其轸，以授子贡，曰：“善为之辞，以观其语。”子贡曰：“向子之言，穆如清风，不悖我语，和畅我心。于此有琴而无轸，愿借子以调其音。”妇人对曰：“吾，野鄙之人也，僻陋而无心，五音不知，安能调琴？”子贡以告。孔子曰：“丘知之矣。”抽絺纷五两，以授子贡，曰：“善为之辞，以观其语。”子贡曰：“吾，北鄙之人也，将南之楚。于此有絺纷五两，吾不敢以当子身，敢置之水浦。”妇人对曰：“客之行，差迟乖人，分其资财，弃之野鄙。吾年甚少，何敢受子？子不早去，今窃有狂夫守之者矣。”《诗》曰：“南有乔木，不可休思。汉有游女，不可求思。”此之谓也。

孔子带领弟子们南游楚国，路过一个叫“阿谷之隧”的地方，看到一位妇女戴着玉瑱在河边洗衣服，也有的文献中说是在井边洗衣服。也许是希望了解当地的民风，孔子对这位妇女有了兴趣，可能他觉得自己年岁稍大，于是命弟子子贡前去与这位妇女交谈。孔子命子贡前往，想来是这位弟子风流倜傥、一表人才，他拿出一个杯子递给子贡，嘱咐子贡，你要用巧妙的语言跟她搭讪，听听她怎样回答。

子贡遵从老师的嘱托走到妇女身边，自我介绍说是从北边来的人，准备前往南方的楚国，走到这里时赶上天气炎热，很想喝一杯清凉的水，希望能给他舀一杯水，以便浇灭他心头之火。妇女回答："阿谷之隧的水弯弯曲曲，河面很宽阔，河水有的地方清，有的地方浊，但最终都会汇在一起流向大海，你想喝就舀水喝好了，何必要问我呢？"

妇女虽然这样说，但还是接过了子贡递过来的杯子，她逆着河水舀了一杯后又倒掉，想来这是清理杯子之意，之后她又顺流舀满了一杯水，而后把这杯水放在沙滩上，跟子贡说："按照礼，男女授受不亲，我不能亲手把水杯给你，所以只能把杯子放在这里你自己拿。"

子贡从沙滩上拿着杯子回来交给了孔子，把刚才的经历以及女子所言都转告给了老师。孔子只是说他知道了，没有表态，接着又拿出一张琴来，拔掉琴轸后递给子贡，同时说："你再去跟她交谈，看看她说什么。"

子贡又来到了河边，跟妇女说："刚才我听到了你的话，真有清风拂面之感，这种说法很符合我的心思，恰好我这里有一张琴，没有琴轸，所以想请你帮我调调音。"女子闻言回答："我只是个乡村野人，没什么见识，更不懂五音，哪里会调琴呢？"子贡不知道再说什么，只好返回见孔子，把妇女所言告诉了老师。孔子又说我知道了，又拿出五匹细葛布交给子贡："你再去一趟，好好跟她说说，看看她这次说什么。"

不知道接连两次被拒是否伤到子贡的心，但是老师交代的事，他只能硬着头皮第三次前往。来到河边后，子贡又把自己的行程交代一遍，凭这一点可断定，子贡的心确实受到了不小打击，否则以他的巧舌如簧，不会重复说那两句话。要知道子贡在那个时代可是有名的外交家，周敬王三十五年（前485），齐国大夫田常准备攻打鲁国，鲁哀公觉得国力难以与之抗衡，于是派子贡前往制止。子贡在齐、吴、越、晋四国之间来回游说，仅凭三寸不烂之舌，就达到了乱齐、破吴、霸越、强晋的目的，使鲁国得以保全。《通典·间谍》中记载了唐李靖所言："夫战之取胜，此岂求于天地，在乎因人以成之。历观古人之用间，其妙非一：即有间其君者，有间其亲者，有间其贤者，有间其能者，有间其助者，有间其邻好者，有间其左右者，有间其纵横者，故子贡、史廖、陈轸、苏秦、张仪、范雎等，皆凭此术而成功也。"

李靖把子贡与苏秦、张仪视为一类人物，因为这些人一言可以兴邦，一言也可以灭国。由此可知，子贡的口才绝属天下一流，而今，他被老师逼着第三次去见那位女子，并且只派他一人前往，想来是想让他发挥善辩之才，没承想子贡跟女子交谈时却有点词穷的意味。

子贡第三次前来，显然气馁了很多，他说自己有五匹细葛布，但不敢说拿给对方做衣服，只称："我把它放在水边好了。"其言外之意，你愿意接受就拿去，不愿意接受就随便让别人捡走。

子贡所为令妇女不快："你这个人怎么这样啊，你只是路过此地，却三番五次地啰嗦来啰嗦去，现在又拿出你的财产丢在野外，我这么年轻，怎么能接受你的馈赠，你还是早点离开吧，说不定某人看到这种状况后会对你发怒的。"

细品这句话，看来妇女已经有了丈夫，她威胁子贡说要再纠缠下去，她丈夫可能要来“护花”。她是吓唬子贡还是实有其事，如今难以知之，但可以想到那一刻子贡的心理阴影面积有多大，千军万马在其舌下都能灰飞烟灭，在此他说不过一位小女子。《韩诗外传》没有继续描写子贡返回孔子身边时是如何汇报的，也没有写子贡汇报后孔子的态度，但这一部分在《列女传》中有记载：

> 子贡以告孔子，孔子曰：“丘已知之矣。斯妇人达于人情而知礼。”《诗》云：“南有乔木，不可休息。汉有游女，不可求思。”此之谓也。

子贡只好垂头丧气地返回到孔子身边，向老师汇报结果，但老师听到他的讲述后很兴奋，竟然在那里发了一通感慨。他说这个妇人既通人情又懂礼仪，由此而让孔子了解到当地之人何等重礼，接下来才是《诗经》上的那几句：南方有高大的乔木，不能在树下歇息啊。水边有游玩的姑娘，也不能去追求她。引用这句诗之后，《列女传》上还有结尾的颂：“孔子出游，阿谷之南。异其处子，欲观其风。子贡三反，女辞辨深。子曰达情，知礼不淫。”

看来孔子派子贡几次三番试探这位女子，是为了了解当地的民风，只是他用的手段不甚高明，竟然以丰仪来诱供，好在那位女子不为所动，堪称那个时代妇女的楷模。也正因为这件事反映了孔子在周游列国时不忘考察各地民风，所以后世不断转载这个故事。而阿谷之隧所在地区的人们也以此为荣，据说就是因为发生了这个故事，所以这一带的上空经常有云停留，于是就有了“阿谷停云”这

仿山旅游区牌坊

个著名的掌故。

阿谷停云的发生地在山东菏泽的仿山，而今仿山建成了旅游区。2020年12月16日，在刘玉林先生的带领下，我们前往此地探看阿谷之隧。行驶到这一带，始终没有看到山，以我的想象，仿山是一座大山，两山之间有水则称为谷，也有可能因为这一带是平原，竟然使不高的小山包也显得挺拔高大起来，但一直行驶到仿山游览区，我一点儿都没有看到地面的隆起。

刘先生在购票时，特意问售票员阿谷在哪里，售票员称仿山一侧的路就叫阿谷。但问题是仿山还没看到。走入院中，看到右手台子上有几座大殿的屋顶，于是我们先往这里探看。

大殿下面有土台，高度不足10米，土台下方还有一排排的碑石，有上百块之多，但基本上都是新刻之碑，最高大的一块上面刻着“周曹国受姓始祖曹公振铎及二十五代国君之陵”，看来这是周朝曹国的国君墓地。《通志·氏族略》称："曹氏，叔振铎，文王子而武王弟也。武王克商，封之于陶邱，今广济军定陶是也。振铎后十四世桓公二十五年，鲁隐公之元年也。至二十四世伯阳立，为宋景公所灭，时鲁哀公八年也。"

许多新立之碑

叔振铎是周文王的儿子、周武王的弟弟，武王灭商后，叔振铎被封在这一带，所封之国名曹国。后来曹国被宋景公所灭，但曹国墓地保留了下来。当年孔子带领弟子离开卫国，南行时来到曹国，因为崇拜周公，故带领弟子前来拜谒曹国国君叔振铎之墓，就是在这里发生了"阿谷停云"的故事。

自叔振铎后，其族人就以国为姓，于是叔振铎被奉为曹姓始祖。光绪二十八年（1902），曹云祥在其所撰《曹氏族谱序》中说："周兴，以封建为列国，后世传宗而受姓者，类皆本其封国之初为

叔振铎碑

姓氏。即如余宗曹氏流传，海内不一族，族不一家。其载在世系之可考核者，约皆出自曹叔振铎，为文之昭。”

有意思的是，曹云祥在此序中还点出一些历史名人冒为曹姓，他所点之人竟然是曹操。虽然曹操在历史上名声略差，但毕竟也算名人，没想到曹氏族谱却不愿意收他，可见古代宗族制度在人们心目中的地位是何等之高，不容亵渎。

这些墓碑前有仿山墓群文保碑，文保碑左边则是登上墓丘的台阶。而今墓顶上盖起了一些庙宇，一一看过去，均是佛寺，最顶上的一座大殿所悬匾额为“西周故国”。每座大殿内都有人看守，均提示我殿内不能拍照，故只好一路走下去。

仿山之矮出乎想象，回来查资料方得知，此处既然称仿山，也就是仿佛像山而并非山的意思，实际就是一座大丘。只是不知道孔子来此游览时，那个大丘会不会比现在高一些。我一路走下来，感觉仿山是纵长形，站在顶上望另一侧，却看不到另一侧也有同样一座土丘，如果没有的话，何以称为谷呢？

不管怎样，还是先看完再说。在仿山顶上至少有十几座仿古建筑，每一座所悬匾额都不同。这里佛教信仰之盛超乎想象，但是每个殿内供奉的佛像又不相同。令我最意外的是，这里有座百神殿，走入观览，里面密密排着上百尊神像，每尊神之间几乎没有缝隙。这一段时间，所到景点都会标明人与人之间要保持一米以上的距离，看来神仙不用，而最奇特的是，里面还供奉着孙悟空。我围着这些神像转了一圈，虽然能够领略这些神像制作得颇为精美，却无法捋顺他们如何能共处一殿。

台阶顶端就是仿山高度

从仿山下来，继续向后走，下面有一座新建之楼挡住了去路。从侧边绕过去，另有一座围墙，围墙的左侧是一块高地，这里有祈福洞，门口写着“进洞五元，发财十年”。我感觉这一块是仿山的另一座山，此山的高度超不过4米，称其为山实在连勉强都够不上。但从孔子时代这里就叫仿山，也是无奈之事。

下面是阿谷

沿着这一侧的台阶向下走，不到两层楼就是平地，而今这里修起了围墙，穿过围墙，进入一个院落，这里有新修的水景名曰龙门。想来这里就是当年阿谷女浣衣之地，只是河道干涸了，只能以此水景示意一下。

站在这里探看一番，进入这个景点的正中之路就应当是当年的阿谷，我们沿着阿谷向景区大门口走去。穿过那排楼房，进入另一个院落，在此院看到了仿山道教研究中心。如此说来，高的那座仿山是佛，低的这边为道，佛、道和谐共处，颇为难得。我看到《曹氏族谱》中有一段赞语，起首几句为：

君起盘古，人始亚当。
循流溯源，实理之常。
世代承继，派别枝分。

有姓有氏，以正人伦。

曹始振铎，为文之昭。

看来不仅是佛、道能够融合，盘古和亚当也能并举，这才叫人类的大和谐。

我在此处拍照时，看到了穿过的那排楼房内走出几位妇女，感觉她们有些眼熟，细想之下就是刚才在百神殿内吃饭的那几位。我上前与她们打招呼，向她们了解一些情况，这些人告诉我她们就住在这里，还说这里的佛寺都不收费，但是愿意捐钱做功德除外。看来古今确实不同，我无子贡之才，亦无子贡之貌，却能轻易地从这些妇女口中了解到未曾听闻的故事，不知道孔老夫子听闻后会发出怎样的感慨。

不知道这是不是浣衣处

仿山古井

沿着阿谷继续向外走，一路上还经过了多个殿宇，在观音大殿后看到了仿山古井。介绍牌上说此井不知建于何年，然而刘邦在彭城大败后只身匹马逃出重围，被楚军穷追，就是跳入这口枯井得以活命。

如果在秦末时这口井已枯，说明当年孔子来此时必见过此井。我站在井边向内探望，看到井的中央用铁丝拴着一个金属盆，盆内有一只金蟾围着一串古钱，金蟾头顶上还悬着一口小铜铃。我大致明白了用途：用金属币击打铜铃就能发财，只是不知发财的是谁。

遗憾的是，一路看下来，各种标牌上都没有介绍阿谷，更没有谈到2500多年前的那个著名的故事，真希望有关部门能够接受我的建言，于此立牌，以便让人了解这段有趣的历史。

费县季桓子井：挖井得羊，执以问孔

春秋晚期，鲁国的实权落在了三桓手中，三桓乃季孙氏、叔孙氏和孟孙氏，因为这三家都是鲁桓公的后代，故被称为“三桓”。三桓之中以季孙氏势力最大，他们祖孙三代季平子、季桓子、季康子接续担任鲁国的正卿，其实就是鲁国的实际执掌者。

孔子幼年丧父，为了生活，他在年轻时就到季氏家族去做事，当时他的工作是管理仓库和马匹等杂物，也会做一些文书性的工作，因为其工作勤勤恳恳，得到了季平子的赏识。某次，季平子设宴招待鲁国名士，孔子也被邀请入席，但季平子的家臣阳虎认为孔子身份低下，在宴会上羞辱了孔子，两人由此而交恶。

后来孔子发现季平子无视周之礼法，明明是正卿的身份，却在祭祀时用上了天子的八佾之礼，孔子对这种僭越行为十分生气。后来季平子果然驱逐了鲁国国君鲁昭公，将鲁国的实权完全掌握在了自己手中。

那时的鲁国只是东周的诸侯国之一，季平子是鲁国国君手下的官员，由于他势力越来越大，不把鲁国国君放在眼里，甚至连东周的天子也不放在眼中。季平子的这种做法，令他的手下也随之效仿。阳虎本是季平子的家臣，但季平子去世后，阳虎囚禁了季平子的接班人季桓子。

鲁定公五年（前505），季平子去世，季桓子成为鲁国正卿，他的家臣阳虎和公山不狃势力强大，不把季桓子放在眼中，季桓子只好依靠另一位家臣仲梁怀。因为有主公的支持，仲梁怀敢于顶撞阳虎。《左传·定公五年》记载：

> 六月，季平子行东野。还，未至，丙申，卒于房。阳虎将以玙璠敛，仲梁怀弗与，曰："改步改玉。"阳虎欲逐之，告公山不狃。不狃曰："彼为君也，子何怨焉？"既葬，桓子行东野，及费。子泄为费宰，逆劳于郊，桓子敬之。劳仲梁怀，仲梁怀弗敬。子泄怒，谓阳虎："子行之乎？"……乙亥，阳虎囚季桓子及公父文伯，而逐仲梁怀。冬十月丁亥，杀公何藐。己丑，盟桓子于稷门之内。

季平子去世后，阳虎准备用美玉予以陪葬，仲梁怀不同意，于是阳虎想驱逐仲梁怀，他将这个想法告知公山不狃，但不狃不同意阳虎所言，认为仲梁怀的做法是替国君着想。安葬完毕后，季桓子巡视东野，到达费地时，见到了费地宰子泄，季桓子对子泄比较尊重。子泄慰劳仲梁怀，但仲梁怀没有回敬之意，这令子泄很愤怒，私下对阳虎说，你不是要把他赶走吗？

九月二十八日，阳虎囚禁了季桓子和公父文伯，同时驱逐了仲梁怀。转年，阳虎又挟持鲁定公和三桓在周社进行盟誓，又迫使季桓子交出执政权，之后他摄政三年。在此期间，阳虎在很多地方受到三桓的牵制，因此决定暗杀季桓子。

鲁定公八年（前502）十月，季桓子祭祀完毕走出僖公神庙，乘车前往郊外的蒲圃参加宴飨活动。在前往的路上，阳虎的车行驶在季桓子车的前面，阳虎的弟弟阳越的车跟在季桓子车的后面，以此将季桓子夹在中间。季桓子感到了危机，他跟驾车人林楚说，你的祖先都是季氏的忠臣，你也应当效仿他们呀。

林楚听到这句话后认为季桓子知道了暗杀计划，他只好跟季桓子说：我听闻这个消息太晚了，现在阳虎当政，鲁国很多民众都支持他，我如果违反他的命令，将必死无疑，我跟他们拼命，也无法保护您。

季桓子说现在不迟，你想办法把我送到孟孙氏那里。林楚觉得没有把握，但在季桓子的鼓励下，他还是拼命驾车甩掉阳虎与阳越的围追堵截。一路上阳越放箭，但未射中季桓子和林楚，等到阳越冲到孟孙氏的府第门口时，阳越被里面射出的箭杀死了。

阳虎看到自己的暗杀计划败露了，率人冲入公府挟持了鲁定公，然后组织军队攻打孟孙氏。在这危急时刻，孟孙氏成邑宰公敛处父率援军赶到，与阳虎交战于南门，而后又打到了棘门，最终打败了阳虎，阳虎逃往齐国。

平定阳虎叛乱之后，鲁定公开始重用孔子，使他在很短的时间内就由中都宰升为大司寇，并且“由大司寇行摄相事”。当时鲁定公是鲁国的国君，季桓子是正卿，接下来就是孔子，可见他当时是鲁国的三把手之一。权力在手，孔子可以施展自己的纲领，他用三个月的时间就使鲁国的面貌大为改变。

孔子在这么短的时间内能够做出如此成绩，这令齐国担心鲁国会成为威胁，经过商议，他们决定用美人计来离间鲁君与孔子的关系。《史记·孔子世家》载：

> 齐人闻而惧，曰："孔子为政必霸，霸则吾地近焉，我之为先并矣。盍致地焉？"黎钼曰："请先尝沮之；沮之而不可则致地，庸迟乎！"于是选齐国中女子好者八十人，皆衣文衣而舞《康乐》，文马三十驷，遗鲁君。陈女乐文马于鲁城南高门外。季桓子微服往观再三，将受，乃语鲁君为周道游，往观终日，怠于政事。子路曰："夫子可以行矣。"孔子曰："鲁今且郊，如致膰乎大夫，则吾犹可以止。"桓子卒受齐女乐，三日不听政；郊，又不致膰俎于大夫。孔子遂行，宿乎屯。而师已送，曰："夫子则非罪。"孔子曰："吾歌可夫？"歌曰："彼妇之口，可以出走；彼妇之谒，可以死败。盖优哉游哉，维以卒岁！"师已反，桓子曰："孔子亦何言？"师已以实告。桓子喟然叹曰："夫子罪我以群婢故也夫！"

经过一番治理，鲁国的商人不敢漫天要价了，甚至连掉在路上的东西也没人敢拾捡。鲁国繁荣的消息传到了齐国，有人认为如果孔子继续辅政下去，鲁国一定能够称霸，到那时说不定鲁国会吞并齐国。甚至有人建议，是不是先割让一些土地给鲁国，以便与之搞好关系。黎钼则认为不必要先这样做，他提出先用糖衣炮弹去腐蚀鲁国君臣，这一招不管用时，再割让土地给鲁国不迟。

齐君同意黎钼的建议，于是从齐国挑选了80位美女，给她们穿上华丽的衣服，同时教她们学会跳舞，另外还奉上120匹骏马，然后将这些一并送给鲁定公。齐国的做法是先把这些美女和骏马排布在鲁国南门外，季桓子身着便服一遍一遍去观看，他受不了诱惑，决定接受，而后他连国家的政事都不想管理了。子路看到这种情形，跟老师说：我们还是离开吧。

但是，孔子还希望能够继续治理鲁国，他跟子路说：鲁国马上要举行郊外祭祀了，如果典礼后能够按照礼制把祭肉分给大夫们，那么我们还可以留下来。季桓子接受了齐国的美女之后，三天不问政务，在郊外祭祀结束后，也没有把祭肉分给大夫们。这令孔子很绝望，于是他离开了鲁国。当天有个叫师己的乐师来为孔子送行，他替孔子抱不平，孔子也很郁闷，于是唱了一首歌，歌词大意是：那些妇人的口可以把大臣和亲信撵走，而亲近那些妇女能够败事亡身。

师己返回后，季桓子问他孔子说了些什么。师己详告当时状况，季桓子有些后悔，长叹一声说：孔子是怪罪我接受了齐国的那一群美女啊。

孔子离开后，季桓子继续执政鲁国，然而鲁国始终没有什么起色。对于后来的情形，《史记·孔子世家》载：

秋，季桓子病，辇而见鲁城，喟然叹曰："昔此国几兴矣，以吾获罪于孔子，故不兴也。”顾谓其嗣康子曰：“我即死，若必相鲁；相鲁，必召仲尼。”后数日，桓子卒，康子代立。已葬，欲召仲尼。公之鱼曰：“昔吾先君用之不终，终为诸侯笑。今又用之，不能终，是再为诸侯笑。”康子曰：“则谁召而可？”曰：“必召冉求。”于是使使召冉求。冉求将行，孔子曰：“鲁人召求，非小用之，将大用之也。”是日，孔子曰：“归乎归乎！吾党之小子狂简，斐然成章，吾不知所以裁之。”子赣知孔子思归，送冉求，因诫曰“即用，以孔子为招”云。

鲁哀公三年（前492）秋天，季桓子已经病重，乘车出门时看到了鲁地，他感慨：原本国家要兴旺起来了，但因为我得罪了孔子，才没有实现国家兴旺的目标。他回头对嗣子季康子说：我死了之后，你一定会接管鲁国的国政，到那时一定要召回孔子。

几天后季桓子去世，季康子继承了他的职位，丧事办完后，季康子准备召回孔子，但大夫公之鱼说：以前的国君鲁定公曾重用过孔子，但有始无终，被诸侯耻笑，此次你再重用他，如果做不到善终，就会遭到诸侯们的再一次耻笑。季康子说：那召谁才好呢？公之鱼建议召冉求。于是季康子派人召回冉求。孔子说这次鲁国召冉求必会重用。显然这件事也引起了孔子的思乡之情，他决定也返回鲁国。子贡很了解老师的心态，他在送冉求时嘱咐：你一旦被重用，一定要把老师请回去。

公元前484年，季康子提拔冉求做了家臣，然后让冉求请孔子回鲁国，于是孔子结束了14年周游列国的生活。

从以上的叙述看，季氏家族三代都与孔子有着密切关系，尤其季桓子与孔子有过很多交往，并且很重视孔子。当年孔子提出隳三都的计划，就得到了季桓子的支持。但是季桓子的私邑费邑宰公山不狃反对隳都，与叔孙辄等人发动叛乱，率费邑人攻入鲁国都城，把鲁定公和三桓围困在季氏府第的武子台上。在这危急时刻，孔子组织军队进行反击，终于打败了费人，公山不狃和叔孙辄逃到了齐国。

这些患难与共的经历使得季桓子特别看重孔子，可惜他因为贪恋美色，令孔子失望而去。季桓子一直后悔自己的轻率之举，他甚至说，如果当时不受美色诱惑，继续重用孔子，鲁国必定会强大起来，可惜一切都晚了。他的继承者季康子虽然把孔子请回了鲁国，也多次向孔子问政，却对孔子所说的为政以德、轻徭薄赋等重要观念不予采纳，反而加重了税赋。这些都令孔子很失望，于是孔子回到书斋，把精力用在了编纂《春秋》一书上。《孟子·万章下》载孟子所言：

> 孔子有见行可之仕，有际可之仕，有公养之仕。于季桓子，见行可之仕也；于卫灵公，际可之仕也；于卫孝公，公养之仕也。

孟子认为，出来为官有几种情况，有时候是见道可行而出来为官，有时候是因为礼遇不错而出来为官，还有时候是因为国君养贤而出来为官。就季桓子而言，孔子出来为官属于第一种情况。可见孟子认为季桓子与孔子有思想一致的地方，而这一点应该体现在希望鲁国更加强大上。

然而孔子曾经说过的一番话，似乎与以上的观念有矛盾之处。《论语·阳货》中记载：

> 公山弗扰以费畔，召，子欲往。子路不说，曰："末之也已，何必公山氏之之也？"子曰："夫召我者，而岂徒哉？如有用我者，吾其为东周乎？"

公山弗扰就是公山不狃，他是季氏费邑宰，也就是季桓子食邑的掌管者。季桓子继任季氏宗主后，没有重用公山弗扰，于是公山弗扰渐生叛心，想召孔子加入他对抗三桓的队伍，孔子准备应召前往。

子路闻讯后颇不高兴："您没地方去也就罢了，为什么一定要去公山弗扰那里？"子路的意思是说，孔子跟季桓子有很好的关系，而今季桓子手下的人搞叛乱，孔子怎么能跟这样的人走到一起？孔子却回答：他让我去，难道是白白让我去？假如有人重用我，"吾其为东周乎？"

这一句看似简单，却是后世争论不休的话题。从字面意思看，这句话可翻译为如果有人重用我，我就能恢复东周的盛况。但问题是，当年犬戎攻周，幽王死，西周灭亡，太子宜臼继位，称周平王。周平王看到都城镐京已破败，于是迁都洛邑，此即东周。但东周国势衰微，已经难以掌控天下，到了孔子的时代，东周已经有了

200多年的历史，天下已被诸侯分割，所以孔子想恢复的不太可能是东周的状况。

为了说通其中之矛盾，后世解经家想了不少的办法。魏何晏在《论语集解》中说："兴周道于东方，故曰东周也。"这是从地理方位来解读，何晏认为鲁国处在周朝的东方，那么孔子所说的"东周"二字就可以解读为东方之西周，因为孔子要恢复的是周公之道，而周公为西周人。韩愈也持这种观点，他在《论语笔解》中说："仲尼畏三桓，不欲明言往公山氏，又不容顺子路当季氏，故言吾为东周。东周，平王东迁，能复修西周之政，志在周公典礼。不徒往也，非子路所测。"

但是这种解释太过牵强，宋孙奕在《示儿编》中给出了另一种解读："乎，反辞也。言公山氏如用孔子，则必兴起西周之盛，而肯复为东周之衰乎？"

在孙奕看来，孔子这句话的最后一字是"乎"，也就是说孔子这是正话反说，孔子的意思是如果公山弗扰重用他的话，他一定要恢复西周的制度，怎么可能去兴东周呢？

且不论孔子所说的意思是西周还是东周，但是，他应公山弗扰之召，显然有道义上的问题，这也正是子路不高兴的原因。如何解读孔子的反常所为，这也是后世学者颇费心思的地方。比如崔述在《洙泗考信录》中索性否定了这件事，认为此事根本不存在：

> 《春秋传》云："季氏将隳费，公山不狃、叔孙辄帅费人以袭鲁。入及公侧，仲尼命申句须、乐颀下伐之，费人北。"然

则是弗扰叛而孔子伐而败之耳。……又按《左传》，费之叛在定公十二年夏，是时孔子方为鲁司寇，听国政。弗扰，季氏之家臣耳，何敢来召孔子！……《公羊传》曰：“孔子行乎季孙，三月不违。曰：‘家不藏甲，邑无百雉之城。’于是帅师隳郈，帅师隳费。”然则是主隳费之议者，孔子也。弗扰不肯隳费，至帅费人以袭鲁，其仇孔子也深矣，必不反召之。弗扰方沮孔子之新政，而孔子乃欲辅弗扰以为东周，一何舛耶？

在孔子的动员下，季桓子同意拆除费邑的城墙，公山不狃反对这么做，于是与叔孙辄率领费人偷袭鲁国国都。后来孔子组织军队打败了他，所以崔述认为公山弗扰特别恨孔子，他怎么能召孔子去理政呢？因此，崔述的结论是“此乃必无之事也”。

费邑城墙的遗址

但是，《论语》中既然有这样的记载，断然否定此事，似乎也难以成立。虽然司马迁在《史记·孔子世家》中转引了《论语·阳货》的这段记载后，又加了一句“然亦卒不行”，也就是说孔子跟子路解释了他前往公山弗扰那里的真实意图，但出于各种原因，他最终没有成行。然而，没有成行不等于孔子没想成行，于是有的学者就从孔子为什么想去的角度来替圣人讳。比如元金履祥在《通鉴前编》中说：

> 公山不狃以费畔季氏，佛肸以中牟畔赵氏，皆家臣畔大夫也。而召孔子。孔子虽卒不往，而云欲往者，盖大夫畔诸侯而陪臣以张公室为名也。子韩晳曰：“大夫而欲张公室，罪莫大焉。”此当时流俗之言也。抑大夫而欲张公室，亦名义也，故欲往以明其可也。然二人者皆以己私为之，非真可与有为也，故卒不往，以知其不可也。

金履祥认为公山不狃所为是家臣叛大夫，孔子前往的目的，是因为那时的三桓以大夫之身叛诸侯，所以孔子想借家臣之力来打击大夫，以此恢复鲁国国君的地位，然孔子经过深一层考量后，认为想借公山弗扰之力来打击大夫，恢复鲁国国君的地位不容易实现，所以他就没有前往。

明儒王鏊在《震泽长语》中也持这种观点：“尝疑公山不狃之叛也，而孔子欲往。然不狃叛季氏，非叛鲁也；孔子欲往，安知其不欲因之以张公室乎？按《左传》，吴将伐鲁，叔孙辄劝之。不狃曰：‘非礼也，君子违不适仇国，未臣而有伐之，奔命焉，死之可也。君子不以所恶废乡，今子以小恶而欲覆宗国，不亦难乎？’及吴使不狃将，故道险由武城，其不忘故国如此。则其以费叛也，非以张公室乎？余故表而出之，以明孔子欲往之意。”

王鏊认为公山不狃叛的是季氏，并非叛鲁国，孔子前往公山不狃处，很有可能是想借机来恢复鲁君的地位。

钱穆给出了另一种解释，他认为公山弗扰召孔子前往之时，还没有叛乱：“弗扰即不狃，谓其以费畔，乃指其存心叛季氏。而孔子在当时讲学授徒，以主张反权臣闻于时，故不狃召之，亦犹阳虎之欲引孔子出仕，以张大反季氏之势力。孔子闻召欲往者，此特一时久郁之心遇有可为，不能无动。因其时不狃反迹未著，而其不阿季氏之态度则已暴露，与人俱知。故孔子闻召，偶动其欲往之心。子路不悦者，其意若谓孔子大圣，何为下侪一家宰。但孔子心中殊不在此等上计较。故曰：‘如有用我者，吾其为东周乎。’孔子自有一番理想与抱负，固不计用我者之为谁也。然而终于不往。其欲往，见孔子之仁。其终于不往，见孔子之知。”（钱穆《孔子传》）

既然《论语》中已经写明公山弗扰“费畔”，那如何解释成那时还没叛呢？钱穆认为那时的公山弗扰已经有了叛季氏之心，但还未付诸行动，所以只是属于“心叛”。当时孔子讲学授徒，他一向反对三桓控制鲁国朝政，正因如此，公山弗扰召其前往，以便共同商议如何来打击三桓势力。

孔子明白公山弗扰的心态，这正是他动心之处。那时公山弗扰还没有表现出造反的迹象，但他不阿附于季桓子则世人皆知。

子路不高兴，是因为老师已经名满天下，为何还要去服务一位家臣。但孔子从不计较这些小节，他心中所想所念是恢复周礼。所以钱穆认为，孔子打算前往公山弗扰那里，是出于仁心，但最终没有前往，则是出于理智。

还有一种解释，是称孔子并非真心要与公山弗扰合作，他只是对外放出这样的风，而其放风结果果然奏效，鲁定公和季桓子平定叛乱后，开始重用孔子。但这种解释显然是没有依据的揣测，否则，季桓子就不会后悔没有重用孔子，去世前也就不会留下那样的遗言。

其实孔子与季桓子还有一层关系：季桓子的食邑费邑跟孔子也有一定关系。孔子的始祖微子启被周成王封为宋国国君，当时的国都在商丘。启的十一世孙防叔被太宰华督父的后人所逼迫，从宋国逃往了鲁国，担任防邑大夫。防邑是孔氏家族从宋国来到鲁国后的第一个定居处。

春秋时，鲁国有两个防邑，分别称东防和西防。清郑环在《孔子世家考》中称：“防，邑名。鲁有东、西防，此当为东防，在今兖州府费县东北。”钱穆在《孔子传》中说：“鲁有东

费县故城文保碑

防、西防，防叔所治为东防，在今费县东北。”可见，孔子的祖上居住于费县，而费县即季桓子之费邑。

当年季桓子在费邑打井时，从地下挖出一奇怪的动物，为此物向孔子请教，此事记载于《国语·鲁语下》：

> 季桓子穿井，获如土缶，其中有羊焉。使问之仲尼曰："吾穿井而获狗，何也？"对曰："以丘之所闻，羊也。丘闻之：木石之怪曰夔、蝄蜽，水之怪曰龙、罔象，土之怪曰羵羊。"

季桓子在打井时，从地下挖出一个土缸，里面有个动物长得像羊，他派人去请教孔子时说：我们家挖出一条像狗一样的东西，这是什么？孔子以他的博学告诉对方：我觉得你家挖出来的应该是羊，因为我听说木石变成的妖怪叫夔和蝄蜽，水中的怪物则是龙和罔象，而土里的怪物就是羵羊。

但羵羊是什么东西，没人能够说清楚。郑岩在《孔子辨坟羊解》中说："商周时期常见有铜、玉、石、陶、木等各种质料的动物造型，大多数为写实，制作精细，其中羊型文物也有发现。史前时期的各种动物造型的小件器物也时有出土，如新近湖北荆州天门出土的动物陶塑，随手捏成，形象生动，活泼可爱，但这类作品有的不求细节的刻画，失之粗率，以致难以分辨动物的种类。季桓子穿井所得，似狗似羊，书中虽未谈及质料，也无从推考其年代，但估计便是这类粗率拙朴的陶质或石质的小件动物雕塑。"

如果季桓子挖出的仅是个陶制或石制的动物雕塑，这太影响孔子的判断力了，如果是那样的话，季桓子也用不着找人向孔子去请教。更何况，古代有不少从土里挖出动物的记载，比如《尸子》说："地中有犬，名曰地狼；有人，名曰无伤。"《夏鼎志》中载："掘地而得狗，名曰贾；掘地而得豚，名曰邪；掘地而得人，名曰聚。聚，无伤也。此物之自然，无谓鬼神而怪之。然则贾与地狼，名异，其实一物也。"

可见，古时候人们从地底下挖出的东西五花八门，甚至还能挖出人，但究竟是活物还是死物，前人没说。季桓子在费邑打井时挖出怪物之事，历史上却有记载，更难得的是，他打的那口井一直留存于后世。《费县读本》编委会所编《费县读本》中记载，唐天宝九载（750）县尉赵光对季桓子井做了维修，而后又写了篇《古井铭》刻石立碑，其文曰："费城之井，昭然道周；土缶旧得，石于今修。征大《易》之不改，垂一善于千秋。"

后来这块石碑湮没了，到北宋绍圣四年（1097），《古井铭》又被人挖了出来。当时的知县逄完重新将此碑竖起，另外又写了篇《古井记》，刻石后立在井旁：

> 井面圆甃，盈澄新湛，莫测其底，临视惊战。唐贤赵公之铭，土昧已久，今洗而扶之，以旌其美。绍圣四年丁丑二月丙辰朔，朝奉郎、知县事逄完记。

但是这两块碑后来被人运走了，《费县读本》载："清嘉庆二十二年（1817），胡世琦担任费县知县，他看了刻有赵光的《古井铭》和逄完的《古井记》的石碑，十分喜爱，卸任之时竟然将其带走。后来只好重新镌刻了一通石碑，镶嵌在县署仪门壁间。”

好在嘉庆十三年（1808），督粮道孙星衍和费县知县郭志青曾在季桓子井旁又立起一座石碑，碑上刻有钱泳所书“季桓子得羵羊之井”。而今，该碑仍立于原处。

2020年12月15日，乘李洪武之车，由刘玉林带路，我们从南武城前往费县故城。路上飞驰1个多小时，刘先生已经在车上联系好了当地的朋友，等我们到达约定地点时，远远看到路边停着几辆车。走到近前，车上的人全部走了出来，通过介绍，得知前来者乃费县宣传部部长段晓莉、费县人大常委会副主任杨东霞，另外还有费县上冶镇党委书记等六七位，但所来之人为清一色的女士。费县当地有这么多爱文化的女士，令人觉得欣喜。

钱泳所书刻石

季桓子井遗址

寒暄过后，众位领导带路，我们先去探看季桓子井，几辆车缓缓前行，转到了西外环路的另一侧，而后停在了大路边的一个小口上。护栏下方有一条土路，沿此前行20多米，土路的左手边有一块区域，该区域用护栏围了起来，当地专家介绍，这就是季桓子井。

走到近前，看到护栏围着的地方约有200平方米，地面全都铺装了砖，中间的位置有一些石块和碑刻。走入护栏之内，我先去拍文保碑，无意中看到碑上所刻之字乃“重点保护水利工程设施遗迹（遗址）”，颁发单位是临沂市水利局。这样的保护碑我第一次见到，于是向段部长请教，她说上次带外地专家来看此井时还没有这块碑，她问几位工作人员，几人均称水利局并没有告知此事，段部长于是让相关人员去了解这是怎么回事。

我忙着探看季桓子井，在空地内转了一圈，仅看到一些奇怪的石块，石块上立有钱泳所书的那块碑，侧旁还有一块季桓子井碑，余外未曾看见他物。于是我踩着石块的缝隙向上面探看，虽然石块上面长满了植物，但还是能看出顶上没有井口。

杨主任告诉我，井口不在此处，而后她带着我们走出这片区域。向西走了不到100米，我看到有一块塌陷之地，这个坑的直径有20多米，已经被人种上了庄稼，但总体上还是能看出塌陷的状态。杨主任说，此处就是季桓子井，因为时代久远，历年坍塌，所以井口被封住了。

如果不是有知情者带领，我肯定无法找到此井的真正遗址。展眼望去，这一片田地种满了钻天杨，且在大路边没有立指示牌，无数的车辆从旁边经过，他们绝不会想到这里有一口在历史上如此有名气的古井。

季桓子井碑

参观完季桓子井，接下来我们去探看费邑古城墙。车开出去不远便停在了路边，而后我们登上了高大的土坡，杨主任说这就是当年费邑的城墙。清光绪《费县志》载："《左传·僖公元年》：'赐季友汶阳之田及费'，始为季氏邑。《襄公四（七）年》：'夏，城费'，至

季桓子井原址

春秋后有鄪国，亦即此‘费’也。汉因之，置费县，属东海郡。后汉属泰山郡。晋属琅琊郡，刘宋因之。元魏太和间移治祊城。此城废。”

站在残存的城墙上，可以看到旁边新修的水闸，下面是宽阔的浚河。据说当年的费邑就是以浚河为护城河。当年孔子通过子路拆掉了费邑的城墙，可惜最终未能实现他的理想。明万历年间礼部主事周京在游览费邑故城时写了一首名为《过鄪城》的诗：

司寇昔相鲁，三桓不可训。

嗟哉姬运衰，彼妇摇其唇。

南游且嘲凤，西狩终获麟。

悠悠东周意，千载徒酸辛。

浚河

历史不能假设，但我还是忍不住要假设一次，如果孔子隳三都能够成功的话，他会不会实现自己的理想呢？

感叹之余，我却发现费县古城墙旁没有文保碑，专家说因为费县故城遗址很大，文保碑没有立在这里。他们听闻我要拍文保碑，于是纷纷上车，开出了10余公里，在一片开发区的道路边终于找到了此碑。因为文保碑处在路边，过往的车辆溅起的泥水糊满了该碑，一位工作人员觉得这样拍照不美观，特意拿出纸巾把文保碑擦干净再让我拍。当地人的爱乡之情，给我留下了深刻印象。

巨野获麟台：圣人伤心地

孔子撰写《春秋》是在鲁哀公十四年（前481），绝笔于“春，西狩获麟”。何以绝笔于此？经学家对此有不同的解读。《穀梁传》载：“十有四年，春，西狩获麟。引取之也。狩地，不地不狩也。非狩而曰狩，大获麟，故大其适也。其不言来，不外麟于中国也。其不言有，不使麟不恒于中国也。”

西狩获麟

穀梁赤讲到了鲁哀公十四年（前481）春天，鲁国人在鲁西地区打猎时，捕获了一只麒麟，这只麒麟为什么要来这里？它是被圣人吸引而来。按照惯例，打猎要记载具体地点。如果不记地点，就表明没有打猎，没有打猎却记载为打猎，这说明捕到麒麟是件大事。

但孔子记述这只麒麟时没有使用“来”字，就等于说孔子拒绝承认麒麟是中原诸侯国的祥瑞之物，不用“有”字，则表明孔子不愿意承认中原诸侯国不经常见到麒麟。

这种解释显然是《穀梁传》所独有。《春秋》原文中仅五个字，《穀梁传》却解读出这么多的信息，并且分析了孔子每一个字的特殊含义。相比较而言，作为古文经派的重要著作《左传》，对于这五个字的解释就更像一篇实况记录：

> 十四年春，西狩于大野，叔孙氏之车子钼商获麟，以为不祥，以赐虞人。仲尼观之，曰：“麟也。”然后取之。

左丘明说在鲁哀公十四年（前481）春，于西部打猎时，叔孙氏的驾车人子钼商猎获了一只麒麟，他认为不吉利，将麒麟赐给了管山林的人。孔子看后说，这是麒麟，然后取走了这只麒麟。

相比较而言，《公羊传》上的记载则由此阐述出了思想意义：

> 十有四年。春，西狩获麟。何以书？记异也。何异尔？非中国之兽也。然则孰狩之？薪采者也。薪采者则微者也，曷为以狩言之？大之也。曷为大之？为获麟大之也。曷为为获麟大之？麟者，仁兽也。有王者则至，无王者则不至。有以告者曰：“有麕而角者。”孔子曰：“孰为来哉！孰为来哉！”反袂拭面，涕沾袍。颜渊死，子曰：“噫！天丧予。”子路死，子曰：“噫！天祝予。”西狩获麟，孔子曰：“吾道穷矣！”

公羊高以其特有的问答风格来讲述这件事的重要意义，他首先问《春秋》为什么要记载这件怪异之事？接下来又说捕获麒麟的人是一位打柴者，但是打柴人地位低下，他猎获麟不能用“狩”字，因为只有天子和诸侯打猎才能用这个字。既然如此，那为什么《春秋》用到了“狩”字呢？这显然是为了尊重，这是要尊重谁呢？这是为了尊重麒麟，因为麒麟是祥瑞之兽，只有当天下出现圣明的君主时才会出现麒麟，否则的话，麒麟就会躲得很远。有人跟孔子说猎获了一只像獐一样但有角的动物，孔子听闻后开始唠叨：“它为谁而来呢？”边卷起袖子边擦眼泪。此前颜渊去世时，孔子哀叹：这是天要亡我。子路去世时，孔子又哀叹：这是上天要断绝我。当他听到获麟这件事时，孔子哀叹：我的道已经到了尽头。

公羊高的这段叙述，详细讲述了孔子听到获麟后的感慨。这种说法被司马迁所采用，《史记·孔子世家》中写道：

> 鲁哀公十四年春，狩大野。叔孙氏车子钽商获兽，以为不祥。仲尼视之，曰：“麟也。”取之。曰：“河不出图，洛不出书，吾已矣夫！”颜渊死，孔子曰：“天丧予！”及西狩见麟，曰：“吾道穷矣！”喟然叹曰：“莫知我夫！”子贡曰：“何为莫知子？”子曰：“不怨天，不尤人，下学而上达，知我者其天乎！”

而《孔丛子》一书在讲到这个故事时，出现了更多的细节：

> 叔孙氏之车卒曰子钽商，樵于野，而获兽焉。众莫之识，以为不祥，弃之五父之衢。冉有告夫子曰：“有麕而肉角，岂天下之妖乎？”夫子曰：“今何在，吾将观焉。”遂往，谓其御高柴曰：“若求之言，其必麟乎。”到视之，果信。言偃问曰：“飞者宗凤，走者宗麟，为难致也。敢问今见，其谁应之？”子曰：“天子布德，将致太平，则麟凤龟龙，先为之祥。今周宗将灭，天下无主，孰为来哉？”遂泣曰：“予之于人，犹麟之于兽也。麟出而死，吾道穷矣！”乃歌曰：“唐虞世兮麟凤游，今非其时来何求？麟兮麟兮我心忧。”

此文称子钽商捕获麒麟后不知这是什么动物，他认为不吉，扔在了大道边。冉有看到后向孔子描绘这只动物的外观，孔子决定前去观看。他在路上跟高柴说，按照冉有的描绘，这可能是只麒麟。等到现场时，果然如其所言。言偃说鸟中之王是凤，走兽之王是麒麟，这都是很难见到的瑞兽，而今却出现了，这说明了什么呢？孔子告诉他，如果天子有贤德，天下太平，就会出现四灵，今天周王室将要灭亡了，天下将出现无主的状态，麒麟为什么要来呢？说着说着，孔子哭了起来。他说自己像麒麟，而今麒麟已死，说明他的理想也无法得以实现了。而后，孔子唱起了一首《麒麟歌》。

这段记述把获麟之事跟政治预言联系了起来，孔子看到麒麟之死，由此联想到周室之亡，而他克己复礼的想法再也不能实现了，所以他就将自己不断修订的《春秋》一书绝笔于获麟。为此，后人又把《春秋》称为《麟经》或者《麟史》。

总体而言，今文经学家把孔子视为一位先知，他不但预言了周室的灭亡，同时还预测出是刘姓人统一了天下。何休在《春秋公羊解诂》中说："言汉姓卯金刀，以兵得天下。""卯""金""刀"合起来就是"劉"字，所以何休称孔子知道了"刘季当代周"，果然刘邦与项羽大战，最终刘邦取得胜利，建立了汉朝。同时，何休称：

> 夫子知其将有六国争强，纵横相灭之败，秦项驱除，积骨流血之虐，然后刘氏乃帝，深闵民之离害甚久，故豫泣也。

在何休看来，孔子预知战国七雄会争霸天下，最终强秦灭六国，被杀之人血流成河，孔子想到这一点，于是哭了起来。

晋干宝就是根据《春秋公羊解诂》中所言，编出了《孔子夜梦》一篇，记录在了《搜神记》中：

> 鲁哀公十四年（前481），孔子夜梦三槐之间，丰、沛之邦，有赤氤气起，乃呼颜回、子夏同往观之。驱车到楚西北范氏街，见刍儿打麟，伤其左前足，束薪而覆之。孔子曰："儿来！汝姓为谁？"儿曰："吾姓为赤松，名时乔，字受纪。"孔子曰："汝岂有所见乎？"儿曰："吾所见一禽，如麕，羊头，头上有角，其末有肉。方以是西走。"孔子曰："天下已有主也。为赤刘。陈、项为辅。五星入井，从岁星。"儿发薪下麟，示孔子。孔子趋而往，麟向孔子，蒙其耳，吐三卷图，广三

寸，长八寸，每卷二十四字。其言：“赤刘当起日周亡，赤气起，火耀兴，玄丘制命，帝卯金。”

孔子修《春秋》，制《孝经》，既成，斋戒，向北辰而拜，告备于天。乃洪郁，起白雾，摩地，白虹自上而下，化为黄玉，长三尺，上有刻文。孔子跪受而读之，曰：“宝文出，刘季握。卯金刀，在轸北。字禾子，天下服。”

麒麟献书

干宝的这个故事是想说明刘邦建立汉王朝乃天命所授，而这些故事都本自西狩获麟。对于孔子见麟而泣，后世也有一大堆的演义，其中一个说法是称孔子原本就是苍龙之后，并且在孔子未出生时，就有一只麒麟衔着玉书来到孔子家。十六国前秦王嘉在《拾遗记》中写道：

夫子未生时，有麟吐玉书于阙里人家，文云：“水精之子，系衰周而素王。”故二龙绕室，五星降庭，征在贤明，知为神异，乃以绣绂系麟角，信宿而麟去。

为什么要把孔子与龙、麒麟联系起来呢？缘于此乃儒家所重视的四灵和五精。关于“四灵”，《礼记·礼运》中写道：“何谓四灵？

麟、凤、龟、龙谓之四灵。故龙以为畜，故鱼鲔不淰。凤以为畜，故鸟不獝。麟以为畜，故兽不狘。龟以为畜，故人情不失。”关于“五精”，《大戴礼记·曾子天圆》中写道：“毛虫之精者曰麟，羽虫之精者曰凤，介虫之精者曰龟，鳞虫之精者曰龙，倮虫之精者曰圣人。”由此来说明，孔子是圣人，而获麟是孔子一生中最重要的事件之一。

关于获麟的地点，《左传》上记载为“西狩于大野”。而“大野”在何处？西晋杜预在《注》中说：“大野，在高平巨野县东北大泽是也。”《东周列国志》中说：

> 周敬王三十九年（前481），鲁哀公狩于大野，叔孙氏家臣钼商获一兽，麇身，牛尾，马蹄，头上有一肉角，怪而杀之。孔子叹曰：“仁兽，麟也，孰为来哉？”使弟子埋之。是为麒麟冢。

孔子感叹完毕后，就让弟子把那只麒麟埋在了发现之地。因为这件事十分重要，故唐武德四年（621），朝廷下令将巨野改名为麟州。至今，巨野县政府招待所仍名麟州大酒店。当年埋麟之处，后世多有记载，郑恢主编的《事物异名分类词典》载：

> [获麟堆]获麟台的别称。《史记·孔子世家》“狩大野”张守节正义引唐·李泰等《括地志》：“获麟堆在郓州巨野县东十二里。《春秋》十四年《经》云‘西狩获麟’。《国都城记》

云：‘巨野故城东十里泽中有土台，广轮四五十步，俗云获麟堆。’”

而今巨野县将获麟冢所在之地称为麒麟镇，该镇又将获麟的具体地点称为获麟集村。我从网上查得获麟集村附近有一座瑞麟寺，麒麟冢就在寺内。对于该寺的沿革，朱传成在《试论麒麟文化源于山东巨野》一文中写道：

有“广轮四五十步”的“西狩获麟”之麒麟冢，还有唐翰林学士韦表微所撰《麟台碑铭》刻石；宋时在麟台西建“西极寺”，明改为“瑞麟寺”；元代孔子五十三世孙孔浩任巨野尹，三年后致仕，在“麒麟冢”西安家，并建“春秋书院”，以为孔子“灵爽必栖于此”，欲世居以供养，遂代代奉春、秋祀事；明嘉靖十四年（1535）进士张九叙斗书“麒麟冢”碑；明天启三年（1623），巨野知县方时化培麟冢，复麟台，置香案，并于麟冢东建“圣母殿”，殿后建“五圣祠”，“重修瑞麟寺功德碑”。

2020年12月17日，在刘玉林先生的带领下，我到菏泽去探访与孔子有关之遗迹，此次探访的重点之一就是麒麟冢。但我从网上查得的信息大多不确切，导航上并没有标示，于是我们向大致方向行驶，每过一个村落就停车打问。

在一望无际的田地中行驶一段后，我看到田野里有一处建筑，

一望无际的平原，远处即瑞麟寺

走到近前，看到大门上有“瑞麟寺”匾，门的右侧有麒麟台遗址文保碑。左侧还有一新刻之碑，上刻“获麟考”，碑的侧面用墨笔写着“无事禁止停车”。今日开车前来者是李洪武先生，他问我这里停车会不会有问题，我觉得我们前来寻访麒麟冢应该算是“有事”，于是告诉李先生停在这里没问题。他很相信我所言，毅然把车停在了这块碑前。

获麟考碑

瑞麟寺的山门安装了铁制的防盗门，看上去与墙上涂的佛教黄略显冲突，大门两侧各摆放着一只石刻麒麟。此刻防盗门开了一扇，我们三人走入院中，院落内静悄悄的，看不到一个人影，刘玉林连喊了几声都没有人回答。

瑞麟寺

他觉得我们私闯入寺不合适，还是要问明是否需要买票，于是他推开了右侧一间平房的门。我听到他在里面跟一位妇女在交涉，几分钟后脸色凝重地走出来。看来是遭到了拒绝，刘兄告诉我说，里面有一位看寺的妇女正在洗脚，她问刘是否来烧香，刘兄告诉她只是来看麒麟冢，妇女说那你们别看了。我问刘兄人们为什么要来这里烧香，他说院里有一座庙专管求子。

不求子不让入庙，这是什么规定？我想想还是拍了再说，于是招呼二人继续入院。在这个院落中看到几间小庙，走入其中，看到里面供奉着许多不认识的神仙，院中还有几间殿宇似乎没有完工，寺庙总体格局不大，与我想象中的瑞麟寺有很大反差。

穿过小庙向左转，在这个院落的左侧看到一排石碑，碑后有一土台高约2米。顺台阶登上土台，平台之上又有一土堆，土堆前有一块破碎的古碑，该碑用水泥和砖头做起一碑券。细辨上面的字迹，上两个字能明确地看出是“麒麟”，下一个字隐隐约约像是“冢”字，看来找对了地方。

麒麟冢碑

麒麟冢是一个直径3米多的土堆，该土堆处在平台之上，土堆的周围种着一些松柏，只是这些树都没有上年龄的，显然是近些年新补种的。大名鼎鼎的麒麟冢，竟然是如此模样，太出乎我的意料。

里面是否真的埋着麒麟，而今难以知之，但麒麟究竟是何物，今人也没有达成统一意见。有人说是东北的四不像，也有人说是非洲的长颈鹿，这些解释都有失文雅。有意思的是，后世几乎没人见过麒麟，但人人知道它是瑞兽，比如韩愈在《获麟解》中说：

> 麟之为灵，昭昭也。咏于《诗》，书于《春秋》，杂出于传记、百家之书，虽妇人小子，皆知其为祥也。

但韩愈同样说：

> 然麟之为物，不畜于家，不恒有于天下。其为形也不类，非若马牛犬豕豺狼麋鹿然。然则，虽有麟，不可知其为麟也。

角者吾知其为牛，鬣者吾知其为马，犬豕豺狼麋鹿吾知其为犬豕豺狼麋鹿。惟麟也，不可知。不可知，则其谓之不祥也亦宜。

这种动物跟什么都不像。其实何止是麒麟，“四灵”中的龙与凤也没人见过，人们只见过乌龟。如果“四灵”都是臆造动物，那何以不把乌龟也替换成一个人们未见之物呢？如此推论起来，说不定“四灵”原本都存在于世间，只是后来灭绝了，仅遗留下来了龟。

麒麟冢

我跟刘玉林拉杂地胡乱聊着一些话题，他也是第一次看到麒麟冢，同样感慨此冢之简陋。正在此时，突然听到身后有声响，一对年轻男女走入麒麟冢侧旁的一个小庙，在门口点起香，而后在那里跪拜，之后又转到麒麟冢前，点上香跪拜。

我好奇于这是拜什么，走进那个小庙内，看到里面供奉的是娘娘像，娘娘像左右站有童男童女。刘玉林说这显然是来求子的，民俗有“麒麟送子”一说，果然在此庙前的空地上又看到了一尊新刻的麒麟雕像。

两观台：孔子在此处杀了少正卯？

近两年，我在查与孔子有关的遗迹时，竟然找到了孔子诛杀少正卯之地两观台的信息。2500多年过去了，这处遗迹依然处在曲阜市内，而当我再次来到山东寻访孔子遗迹时，这里成了我在曲阜的第一个寻访点。

2019年12月11—15日，我在曲阜市区周围做了五天的历史遗迹

体育公园内的锻炼人群

寻访。此程住在了朋友所开的一家酒店，该酒店旁边是面积颇大的体育公园，这几日出出入入，每天都看到公园里有不少的休闲人群，可能是暖冬之故，曲阜的这些天完全没有入冬的感觉。我从网上查得两观台遗址距酒店仅有1公里的路程，决定效仿公园内锻炼的人群，以散步的方式前去探看两观台。

关于两观台的位置，胡远在《鲁都五台》中说：“两观台自舞雩台北去，在今城东南角外，传说是鲁国故城正南门外两观台的遗址。当年，这里是最繁华的地方，所以，鲁国的国君筑此台，常登台上观察都城内外之景况。”

如今曲阜城内恢复了古城墙，以方位论，两观台确实在城的东南角外，这里看上去像曲阜的新区，在规划上比老城区内规整许多，尤其这巨大的公园已然成为附近居民的锻炼场所。今日一大早，我就隐隐地听到公园广场内有喊口号的声音，故特地穿越公园

奇特的锻炼方式

去看看。

从人群上看，公园的西南角至少分成了两派，一派站在水泥地上蹦跳，还有一派站在树林内不知做什么操，我看到他们每人都是作揖状一动不动，每过几秒钟还会喊出一句，但我听不清他们喊的是什么咒语，想来跟吐故纳新有关吧。

我穿过公园继续北行，路过百意购物中心，昨日回城较晚，曾于此处的肯德基就餐。今日再过此处，肯德基店正在进行拆除。虽然这事与我无关，但屁股坐过的地方总让人有一丝的留恋，于是忍不住问施工人员为什么将其拆掉，对方只是说他们是施工队，只负责拆，其他情况不了解。

想到几十年前，北京大前门斜对过开了第一家肯德基店，开业当天我也去凑热闹，而排队入店的人群已然望不到头，不知有多少位警察在那里维持秩序。几个小时后我终于进到店面，却完全不知如何点餐，所点之物也颇不合胃口，但里面人声鼎沸的状况让自己觉得它一定好吃。后来肯德基和麦当劳在中国开了无数的店，我是“垃圾食品”的拥趸，跟随着它们吃遍神州。也许是情感上的依赖，故见拆此店还是有些惋惜，虽然我也没在此店中占股份。

酒店门前的孔子像

购物中心的北侧是龙泉精品酒店，该酒店的门前安放着一尊孔子雕像，原本以为该店与孔子有些关系，但经过数天的寻访，发现如今的曲阜很多单位门前都摆放着一尊孔子像。看来孔子已是曲阜当地各行各业的代言人，只是让他站在大堂经理的位置整天迎来送往，似乎与孔子的身份不相匹配。

从龙泉酒店右转向东前行，这条宽阔的主干道名叫有朋街，曲阜的不少路名都来自《论语》，但有朋街更让人觉得亲切，这是因为路名含蓄地表达了欢迎远道客人之意，显然比“北京欢迎您”更有文气。

此时是早上8点多，有朋街上车很少，两侧的店面大多也未开门，可见曲阜人生活之悠闲。当地朋友告诉我，曲阜的定位乃以旅游为主，故这里不发展工业，这使得当地人的收入与山东的其他城市相比有些差距。看来要想得到优美的环境，就需要为之付出相应的代价。然而作为一名游客，我走在这悠闲的城市内，还是觉得十分惬意。

走出1公里左右，跨过一座小桥，河里面的生态看上去很自然。查得的资料显示，过河不远就是两观台，站在桥上望过去，却看不到相应的遗迹。恰好旁边有一家医院，我想起睡觉药带得不够，进医院问之，我所说的两种药这里都没有，而我向药房工作人员打听两观台在哪里，他顺手向内一指，我疑惑地走过去，原来那里是重症监护室。

走出医院，我看到一辆面包车，车上的大喇叭正在通知路边的流动摊贩撤离，想来他们对自己辖区内的方方面面了如指掌，于是走上前敲车门，里面的人摇下窗户警惕地问我想干什么。这让我意识到手中的相机令其反感，于是我先盖上镜头盖，而后递上寻访

小桥风景

单，车内的五六个人传看一遍，其中有一人肯定地告诉我说："你再往前走100米或者500米就到了。"

此人给出的量程幅度有些大，但至少是在我能接受的范围之内。我谢过他们的指点，沿着此路继续向前走。路两侧的门面房在过河之后全部由两层变成了一层，并且有了城乡接合部的感觉。两观台距我所住酒店的距离，比我想象的远许多，2500多年前就有一座古台处在这里，这么多年过去了，这里还是没能发展起来，这与历史记载相符吗？孔佾主编的《曲阜市地名志》中第八编第六章的名称为"雉门与两观台的位置考"，一个"考"字既说明了作者撰文之谨严，也说明了其具体位置并不是板上钉钉。果然该文第一句就是："雉门与两观台的位置，久有争议。"而后此文摘引了历史文献记载：

《左传·定公二年》：“夏五月壬辰，雉门及两观灾。”“冬十月，新作雉门及两观。”杜预注：“雉门，公宫之南门；两观，阙也。”杨伯峻《春秋左传注》中说：“两观在雉门两旁，积土为台。台上为重屋曰楼（非今居人之楼也）。可以观望，故曰观。……悬法于其上，故亦曰‘象魏’。”

以上记载均未说明两观台的具体方位，但好在后来的出土发掘确定了两观台的具体位置：

1978年山东文物考古工作者对鲁国故城进行系统勘察，并出刊报告专集《曲阜鲁国故城》，其中载：“雉门是南东门（此说亦欠妥），雩门是南西门。”（指周鲁国故城）又说“宫城的南有干道直通南东门，南东门外口两侧，紧靠城垣的夯土台基，可能就是‘两观’的基址”。考古工作者发现这条干道为九号干道，直通鲁故城内的宫城之雉门。由此可以说明鲁故城的南东门与宫城的雉门是两个门，都在九号干道上。以上诸书均把两门混淆为一个门了。《阙里志》《曲阜县志》均记载：两观台在曲阜县东南三里。原有石碑，上刻“两观台”三字，今已不存。我们认为“两观”在鲁故城南东门外，并见有“两观的基址”。此地还有原石碑，上写：“戮少正卯处。”与史书记载的“孔子摄行相事，诛少正卯于两观之下”是一致的。所以两观台的地址就在此处，是顺理成章的了。

既然有专家的确认，那么我的寻访也就不用怀着忐忑之心。迎着阳光大步前行，我在路边看到了龙虎洗车城的招牌，但再往前走，过了一个小绿灯，有朋街就改名为圣阳路了。同是一条东西通衢，为什么起两个路名呢？更有意思的是，附近各个商店的名称大多都有“龙虎”二字。我向路边的一位大爷求教，他说旁边是龙虎小区，所以附近的商店都冠以此字样，而后大爷顺手往后一指，那就是龙虎小区。我顺着他的手望过去，看到该小区前有一个几亩地大小的广场，广场的正中立着一块刻石，直觉告诉我，这就是我要找的两观台，于是立即奔了过去。

这个广场全部铺装了马路便道用的灰砖块，其左右横长，四围没有任何的饰物和活动器材，广场的正中有三级台阶，刻石就在这块平台的中心位置上。走到该台的前方，果然上面刻着大大的“两

广场正中立着一块刻石

两观台碑

观台”字样。见此大喜，我终于找到了几十年来熟悉的地名。

但两观台实在没什么可拍的，除了正面的三个字，背面没有刊刻任何的介绍文字，我围着广场兜了一圈也未找到介绍牌。然而细想之下，说不定这正是当地文物部门做事之严谨，因为孔子到底是否真的于此杀了少正卯，这件事也争议了2000多年。转念思之，无论孔子是否杀过少正卯，但两观台总算是曲阜历史上的名台，还是应当立个说明牌，以便让人们了解其历史沿革。

关于孔子诛少正卯之事，最早出自《荀子·宥坐》：

> 孔子为鲁摄相，朝七日而诛少正卯。门人进问曰：“夫少正卯，鲁之闻人也，夫子为政而始诛之，得无失乎？”孔子曰：“居！吾语女其故。人有恶者五，而盗窃不与焉：一曰心达而险；二曰行辟而坚；三曰言伪而辩；四曰记丑而博；五曰顺非而泽。此五者有一于人，则不得免于君子之诛，而少正卯兼有之。故居处足以聚徒成群，言谈足以饰邪营众，强足以反是独立，此小人之桀雄也，不可不诛也。是以汤诛尹谐，文王

诛潘止，周公诛管叔，太公诛华仕，管仲诛付里乙，子产诛邓析、史付，此七子者，皆异世同心，不可不诛也。《诗》曰：‘忧心悄悄，愠于群小。’小人成群，斯足忧也。”

孔子当上鲁国司寇的第七天就诛杀了少正卯，他的这个做法令弟子们不解，其中有位弟子说，少正卯乃鲁国的名人，您为何刚从政就把他杀了，这样做似乎有些不妥。孔子闻言后仔细地向弟子们讲解了他的司法观念，他认为有五种罪恶是必须判以死刑的，而这位少正卯五罪皆有之，这样的人怎么可能不杀呢？而后孔子又列举了五位历史大名家诛杀七位大臣之事，以此说明自己所为是正确的，并且他还举出《诗经》中的诗句，来比喻小人横行天下是何等让人担忧。

对于这件事，《孔子家语·始诛》中也有记载。该文首先称：“孔子为鲁司寇，摄行相事，有喜色。仲由问曰：‘由闻君子祸至不惧，福至不喜。今夫子得位而喜，何也？’孔子曰：‘然，有是言也。不曰“乐以贵下人”乎？’于是朝政七日而诛乱政大夫少正卯，戮之于两观之下，尸于朝三日。”后面的部分则基本与《荀子·宥坐》相同，故不再录。

《孔子家语·始诛》所载的这段话比《荀子·宥坐》中的记载多了些感情色彩，其称孔子当上司寇后颇以得官为喜，这似乎是想说明孔子言行不一致，并且将门人直接点明为子路。子路依然以他那直率的语风质问老师，为什么当这样一个官就会面露喜色。孔子当然要向弟子解释一番。文中记载，他还是诛了乱政的大夫少正卯，并且点明所诛之处就在两观台下，还将少正卯陈尸三日。

但是按照刘向《说苑·指武》中的说法，孔子诛少正卯之处却载为“东观”：“孔子为鲁司寇，七日而诛少正卯于东观之下。门人闻之，趋而进，至者不言，其意皆一也。子贡后至，趋而进。”向宗鲁在《说苑校证》中经过考证，认为“东”字乃“两”字之讹，因为东观不见于先秦典籍，其为汉代建筑。看来孔子诛少正卯之处依然是两观。

司马迁在《史记·孔子世家》中也载有此事：“定公十四年（前496），孔子年五十六，由大司寇行摄相事，有喜色。门人曰：‘闻君子祸至不惧，福至不喜。’孔子曰：‘有是言也。不曰“乐其以贵下人”乎？’于是诛鲁大夫乱政者少正卯。与闻国政三月，粥羔豚者弗饰贾；男女行者别于涂；涂不拾遗；四方之客至乎邑者不求有司，皆予之以归。”

司马迁在这里点明了发生此事的时间为鲁定公十四年（前496），并且说当时孔子56岁，只是他把孔子所任司寇一职改为大司寇，而实际上孔子并未做到这个职务。即便如此，他依然记载孔子得此职后很高兴，而其喜形于色的状况令弟子们提出了疑问。但司马迁说，孔子诛少正卯后，又进行了一系列变革措施，使得鲁国出现了社会治安良好、蒸蒸日上的局面，以此说明孔子杀少正卯的正确性。

从以上的记载来看，孔子并没有说出少正卯究竟犯了什么具体的罪而被诛，因为孔子所举出的例子都是比喻式的，并且都是道德层面的问题。那么，为什么孔子一上台就要杀掉此人呢？王充在

《论衡·讲瑞》中给出了间接答案：

少正卯在鲁，与孔子并。孔子之门，三盈三虚，唯颜渊不去，颜渊独知孔子圣也。夫门人去孔子归少正卯，不徒不能知孔子之圣，又不能知少正卯，门人皆惑。子贡曰："夫少正卯，鲁之闻人也。子为政，何以先之？"孔子曰："赐退，非尔所及。"夫才能知佞若子贡，尚不能知圣。世儒见圣自谓能知之，妄也。

王充说少正卯在鲁国是跟孔子齐名的教育家，看来他的授课方式颇受人们的欢迎，以至于孔子的很多弟子都跑到少正卯那里去听讲，有一段时间，孔子身边仅剩下颜回一人。正是因为王充的这段记载，有人推测孔子是怀恨在心，有一天他终于掌管了司法部门，于是公报私仇，上台的第七天就找借口把少正卯杀了。

如果这件事真如王充所言，那么孔子的形象将大打折扣，他一向以仁义为标榜，却在少正卯这件事上如此言行不一，这怎么能让弟子们敬服呢？于是有人认为历史上的这段记载有问题。根据现有的文献，第一次对此提出疑问之人乃宋代大儒朱熹，他在《舜典象刑说》中称：

若少正卯之事，则予尝窃疑之。盖《论语》所不载，子思、孟子所不言，虽以《左氏春秋》内、外传之诬且驳，而犹不道也，乃独荀况言之。是必齐鲁陋儒愤圣人之失职，故为此说，以夸其权耳。吾又安敢轻信其言，而遽稽以为决乎？

朱熹怀疑历史上根本不存在孔子诛少正卯之事，他认为如果历史上实有其事的话，这么重要的事情《论语》肯定会记载，但《论语》无一字提及此事，子思和孟子也没有提到这件事，即使是记载那段历史颇为详尽的《春秋左氏传》，仍然没有提及这件事，唯独荀况载入书中，所以朱熹推测这件事属于子虚乌有。

为什么朱熹会在事情发生1500多年后提出这样的疑问呢，当今学者站在今人的立场上来揣测朱熹的动机，有人认为南宋庆元年间，朱熹受到了政敌韩侂胄及其党羽的攻击，这些人指朱熹所讲之学乃“伪学”，并提出对朱熹“加少正卯之诛”，是借这个典故想置朱熹于死地。朱熹于是针对此写出了翻案文章，以此来说明政敌所引的典故在历史上根本不存在。因此，这些学者认为朱熹写此文的目的不是为圣人辩诬，而在于自救。

朱熹真是因为这个缘由才写此文吗？我特别想知道做出这种推论的人能够举出怎样的证据来，可惜我读到的这类文章，除揣测之外，看不到史证。反而是朱子首提此疑问之后，有不少的人接续了这个话题，比如金人王若虚就赞同朱熹的观点，他在《五经辨惑》中说：“孔子诛少正卯事，谁所传乎？其始见于荀卿之书，而《吕氏春秋》、刘向《说苑》、《家语》、《史记》皆取而载之，作《王制》者，亦依仿其意，著为必杀之令。后世遂信以为圣人之大节，而不复疑。以予观之，殆妄焉耳。刑者，君子之所慎，不得已而后用。”

王若虚注意到仅有《荀子》一书载有此事，之后的其他文献也“取而载之”，其言外之意，《吕氏春秋》《说苑》等书不过都是转载《荀子》一书上所言。王若虚首先认为对于判人死刑之事，君子一向十分慎重，这样做都是不得已而为之，孔子怎么可能干这样的事呢？

此后明清两代有不少学者都否认孔子诛少正卯之事，明陆瑞家在《诛少正卯辨》一文中提出了自己的观点，清代的尤侗、阎若璩、江永、范家相、孙志祖、崔述、梁玉绳等人都从各个角度来驳斥此事。相比较而言，崔述在《洙泗考信录》中所言最为详尽，比如他说道：

> 余按《论语》，季康子问政于孔子曰：“如杀无道，以就有道，何如？”孔子曰：“子为政，焉用杀？”哀公问社于宰我，宰我对曰：“周人以栗，曰使民战栗。”孔子曰：“成事不说，遂事不谏，既往不咎。”圣人之不贵杀也如是，焉有秉政七日而遂杀一大夫者哉！

崔述是通过《论语》中所载孔子反对用杀立政的观点，来驳斥孔子刚任司寇就杀少正卯，接下来崔述又谈到各种文献中并没有记载少正卯乱政的史实，同时《荀子》之前的文献中也未出现少正卯之名，如果他是位名人的话，为什么这些资料不记载呢？如果他是位碌碌无名之辈，那孔子怎么可能拿他来开刀呢？

接下来崔述又讲到了春秋时诛杀大臣并非易事：

春秋之时，诛一大夫，非易事也，况以大夫而诛大夫乎？孔子得君，不及子产远甚，子产犹不能诛公孙黑，况孔子耶？《家语》又载孔子言云：“殷汤诛尹谐，文王诛潘正，周公诛管、蔡，太公诛华士，管仲诛傅乙，子产诛史何。”按：尹谐等五人之诛，不见经传，皆不足信。

根据以上文献记载，少正卯也是位大夫。按照一般的说法，少正是氏，卯是名，而春秋时期，大正是国君下属的司法官员，少正是诸侯下属的司法官员，因此少正卯应当是担任过少正职位官员的后代。王士禛在《池北偶谈》中另有说法：“少正卯其人名卯，而官少正也。当时鲁、郑皆有少正之官，列于卿，故子产亦称少正。按《氏族博考》云，以官为氏者有公正、宗正、少正、正令等。盖卯官少正，其后列国为此官者，子孙因以为氏耳。”

王士禛说此人名卯，官少正。如其所言不差的话，那么少正卯相当于今天人们惯常称呼的张处长、李部长等。如此说来，少正卯有可能跟孔子同朝为官，孔子随意杀自己的同事，显然这不合规制。所以崔述提出在春秋时期，诸侯处死一位大夫都是一件很不容易的事情，更何况大夫处死大夫呢？而后崔述又提到《荀子·宥坐》中所载孔子举出的五位名人诛杀七位大臣之事，认为这种说法也不足信。既然如此，为什么《荀子》上会有这样的记载呢？崔述认为：

此盖申、韩之徒言刑名者诬圣人以自饰，必非孔子之事。且其所谓“言辨行坚，荧众成党”云者，正与《庄》《韩》书中訾儒者之语酷相类，其为异端所托无疑。而世人皆信之，是助异端以自攻也。故余不得不辨。

崔述说这个故事是申子、韩非子等人想通过污蔑圣人来彰显自己学派，他认定这段记载是杜撰的。此后有不少学者也认为《荀子》所载有误，比如钱穆在《孔子行摄相事诛鲁大夫乱政者少正卯辨》中也分析了汤诛尹谐等七事，认为这里所说的几件事，有的属于不类，有的属于误传，还有些属于伪造。为此，钱穆认为这种说法“盖犹非荀卿之言，而出于其徒韩非、李斯辈之手”。他认为这个故事是韩非、李斯等人伪造的。同时，钱穆将《荀子·宥坐》和《荀子·非十二子》中所载孔子提出的五项罪名进行比较，他发现诛卯事件是荀子之徒在《荀子·非十二子》的基础上杜撰出来的。

对于钱穆的结论，白平在其所著《儒学洗冤录》中有《孔子杀少正卯，是韩非编出来的？》一文，该文提到了荀子的观念，而后说道：“最早提出对宣扬‘邪说奸言’者实施诛杀主张的，却正是荀子本人。”但白平也提及《荀子》一书并非荀子本人一手写成，里面有其弟子补缀成分，“《宥坐》以下的五篇，都是些零散材料的缀集，恐怕不是出自荀子之手”。所以白平觉得：“在荀子在世时，这个故事还没有被人编出来。”而此前，唐君毅在《孔子诛少正卯传说之形成》中也有一系列推论，其最终结论则是这件事乃“法家之徒所著”。

徐复观在《一个历史故事的形成及其演进——论孔子诛少正卯》一文中对该事件进行了详细论证，他从少正卯的身份地位下手进行分析，同时谈到这个故事的产生背景，乃儒家受到了法家思想的渗透。而后他分析了诛卯故事的次序演进过程，认为：“孔子诛少正卯的故事，酝酿于战国末期的法家思想（以韩非为代表），成立于秦政焚书坑儒之世，盛传于两汉之间，一直到《孔子家语》，而故事的演进才算完成，因把《家语》的同一材料窜入于《史记》的《孔子世家》而其影响乃更为扩大，这是与法家思想及专制政治有密切关连的故事。”匡亚明在《孔子评传》中则明确地指出“孔子诛少正卯实无其事”。

但反对的声音一直存在，有人认为孔子诛卯实有其事。吴虞在其所撰《对于祀孔问题之我见》一文中称：“非圣无法之禁，少正卯之诛，实儒家诛锄异己最严厉之手段；中国学术之不发达，即由于此。”同时他又在《儒家主张阶级制度之害》一文中说：“盖孔氏之七日而诛少正卯，实以门人三盈三虚之私憾。所以一朝权在手，便把令来行。梁任公亦谓此实孔氏之极大污点矣。自孔氏演此丑剧，于是后世虽无孔氏，而所诛之‘少正卯’遍天下。”

除了否定和肯定两种态度，还有第三种态度，其中以孙星衍的观点最为特别。他在《孔子诛少正卯论》一文中首先说：

> 孔子有两观之诛，及治鲁七日诛少正卯，见《汉书·刘向王尊传》，亦见诸子书。夫少正卯，鲁之闻人，罪无死法，两观非行戮之地，孔子不能专杀，何为有此过情之举？此非夹谷却莱兵比也。

孙星衍首先肯定历史上确实有诛卯事件，但他认为少正卯是鲁国名人，孔子不可能这么容易就把他杀了，更何况两观台也不是行戮之地。既然如此，那为什么会有这样的记载呢？孙星衍接着写道：

> 考《周书》称“王命大正正刑书”，则知大正若司寇，少正或其佐；郑亦有少正，国侨曾为之。孔子既为司寇，则与少正同僚，卯有重名，其才足以乱法，孔子新掌刑禁，非责之朝堂，使一国知少正之为政，似是而非，则国不治，令不行；故亟责之于两观。两观者，宫阙悬像之所，于此申明法禁，在朝言朝义也。诛，责也。其在《论语》云：“于予与何诛。”齐桓公之会诸侯，犹有无专杀大夫之禁，鲁君不能七日杀少正卯，何况孔子？然则为此言者，传之过，或不明诛字之义也。

孙星衍认为少正乃大正之副手，如此说来，少正卯乃孔子的同僚，然而少正卯名声不好，孔子成为领导后就对他进行了惩戒。孙星衍最重要一点是把“诛”字解释为“谴责”，故他认为以前人们说孔子杀少正卯的原因就是不明白“诛”字为何意，为此他举出了《论语·公冶长》中的一句：“宰予昼寝。子曰：‘朽木不可雕也，粪土之墙不可杇也！于予与何诛？’”

“朽木不可雕也”这句话实在太有名了，这正是孔子骂宰予的话。宰予白天睡觉，令老师十分生气，以至于让老师骂出了这句名言。但这句话的最后，孔子却说“何诛”，显然他不会因为宰予睡觉之事而把宰予杀掉，这句话的意思是说，我对这样的人还有什么可责备的呢？可见“诛”绝非“杀”之意。其实在《论语》之前也有这样的例子可举，比如《礼记·杂记下》：“某之子不肖，不敢辟诛，敢不敬须以俟命。”郑玄在注中称：“诛，犹罚也。”

因此，孙星衍认为孔子诛少正卯的故事真相，是在两观或宫阙内悬像来谴责少正卯。如此说来，孔子并未在两观台杀少正卯，但按照孙星衍的说法，至少孔子在两观台谴责过少正卯，因此，这里依然是这个著名历史事件的发生处。

冬阳

我站在冬阳之下，端详着两观台遗址，想象着孔子谴责少正卯时的面容，突然觉得这一带如今叫龙虎社区也有些道理，当年发生在这里的事情，不也是一场龙虎斗吗？

临淄晏婴墓：孔子适齐，晏婴沮封

流传至今的各种圣迹图中，均有“晏婴沮封”一帧，这个故事本自《史记·孔子世家》上的一段：

> 景公问政孔子，孔子曰：“君君，臣臣，父父，子子。”景公曰：“善哉！信如君不君，臣不臣，父不父，子不子，虽有粟，吾岂得而食诸！”他日又复问政于孔子，孔子曰：“政在节财。”景公说，将欲以尼溪田封孔子。晏婴进曰：“夫儒者滑稽而不可轨法；倨傲自顺，不可以为下；崇丧遂哀，破产厚葬，不可以为俗；游说乞贷，不可以为国。自大贤之息，周室既衰，礼乐缺有间。今孔子盛容饰，繁登降之礼，趋详之节，累世不能殚其学，当年不能究其礼。君欲用之，以移齐俗，非所以先细民也。”后景公敬见孔子，不问其礼。异日，景公止孔子曰：“奉子以季氏，吾不能。”以季、孟之间待之。

齐景公向孔子请教管理国家的办法，孔子告诉他：君要像君，臣要像臣，父要像父，子要像子。齐景公夸赞孔子讲得很有道理，他也觉得这四者若各不像的话，即使有充足的粮食，也无法吃得到呢。

某天，齐景公又向孔子问政，孔子说：管理国家重在节约财物。景公闻言很高兴，准备把尼溪的田地封赐给孔子。晏婴闻听后跟齐景公说：儒家人士善于言辞，但不善于用法度来规范；这些人大多高傲自大，不能用他们来教育百姓，更何况儒者讲究繁冗的礼节，花巨资厚葬死人，不能把这种习俗推广于齐国。周王室衰落后，周礼有了残缺，而今孔子特别讲求周礼，但学习这些礼节会很麻烦，如果国君打算用这套礼节来改造齐国，在我看来，不是治民的好办法。

齐景公认为晏婴说得对，自此之后接见孔子时，虽然还是很尊重孔子，但不再向他请教礼的问题。某天，齐景公跟孔子说：我无法做到按季氏上卿的规格来接待你。自此之后，他就按照鲁国季孙氏和孟孙氏之间的规格来接待孔子。显然，他对孔子的热情度降低了很多，与此同时，孔子在齐国的一些建议影响到了一些人的利益，《史记·孔子世家》中接着写道：“齐大夫欲

晏婴沮封

害孔子，孔子闻之。景公曰：‘吾老矣，弗能用也。’孔子遂行，反乎鲁。”

当时齐国的一些大夫竟然想害孔子，消息被孔子听到了，齐景公却跟他说：我老了，不能再重用你了。于是孔子离开齐国，返回了鲁国。

由这段记述可见，齐景公原本颇为看重孔子的理政才能，但在晏婴的游说下，改变了对孔子的看法，原本想给孔子的封赐也取消了，此即“沮封”之意。当时齐国朝中有人注意到了齐景公的态度，于是想乘机落井下石，孔子觉察到事不可为，于是返回了鲁国。

晏婴为什么要这么做呢？后世学者有各种各样的看法，但大多数看法本自《晏子春秋·外篇》中所载的一段：

> 仲尼之齐，见景公而不见晏子。子贡曰：“见君不见其从政者，可乎？”仲尼曰：“吾闻晏子事三君而顺焉，吾疑其为人。”
>
> 晏子闻之曰：“婴则齐之世民也，不维其行，不识其过，不能自立也。婴闻之，有幸见爱，无幸见恶，诽誉为类，声响相应，见行而从之者也。婴闻之，以一心事三君者，所以顺焉；以三心事一君者，不顺焉。今未见婴之行，而非其顺也。婴闻之，君子独立不惭于影，独寝不惭于魂。孔子拔树削迹，不自以为辱；穷陈、蔡，不自以为约。非人不得其故，是犹泽人之非斤斧，山人之非网罟也。出之其口，不知其困也。始吾

望儒而贵之，今吾望儒而疑之。”

仲尼闻之，曰：“语有之：‘言发于尔，不可止于远也；行存于身，不可掩于众也。’吾窃议晏子而不中夫人之过，吾罪几矣。丘闻君子过人以为友，不及人以为师。今丘失言于夫子，夫子讥之，是吾师也。”因宰我而谢焉，然仲尼见之。

齐景公三十一年（前517），鲁昭公躲到了齐国，此后不久，孔子也来到了齐国，他在此做高张的家臣。正是通过高张，孔子见到了齐景公。但孔子没有去拜见当时替齐景公执政的晏婴。子贡问老师：您为什么只去拜见齐国的国君，而不拜见执政者？孔子称，他听说晏婴侍奉三位君主都很顺利，因此怀疑他的为人。

孔子所言被晏婴听到了，为此晏婴用一大段话来予以辩解。他说自己用一颗正直的心来侍奉三位君主，因为这样才会顺利，如果他用三心来侍奉一位君主，就不会这么顺利。现在有人不观察我的行为，就指责我顺利地侍奉三位君主。这种说法是不对的。前人说过，君子独自站立时要对得起自己的影子，独自睡眠时要对得起自己的灵魂。孔子在游学时被人拔掉大树而驱逐，导致被迫离开，本人不认为这是受到了侮辱。他在陈国、蔡国之间七天没饭吃，也不认为这是窘困。所以说，不明白事情的原委就指责别人，这就如同居住在水边的人指责刀斧没有用，住在山上的人认为渔网没有用一样，每人都站在自己的角度来看问题，这显然不客观。我原本对儒者十分尊重，现在看到他们这样想问题，真让我开始怀疑这些人的为人。

晏婴的这番话也传到了孔子的耳朵里，他承认私下议论晏婴的过失是不恰当的，但他解释说自己依然尊重晏婴，而后他先派弟子宰予前去见晏婴，代自己表示歉意，然后又亲自去拜见了晏婴。

如果这段记载无误的话，看来晏婴沮封之事是孔子有错在先。他到达齐国后，只拜见国君而不拜见执政者，当弟子问原因时，他明确地称自己不见晏婴的原因是怀疑对方人品不好。更为不幸的是，这段话被其他人听到了，还传到了晏婴的耳朵里。这当然令晏婴很不高兴，难怪齐景公想重用孔子并给其封赏时，晏婴要出言阻止。

然而这件事需要进一步分析，比如晏婴在辩解时，提到了桓魋拔树的故事，但这件事是在孔子周游列国时发生的，也就是晏婴沮封之后发生的，晏婴不可能预知此后发生的事情。同时，这段叙述中还提到了孔子的两位弟子子贡和宰予，按照司马迁在《史记》中所载，子贡比孔子小31岁，宰予比孔子小29岁。孔子此次前往齐国的时间是齐景公三十一年（前517），此次他在齐国待了一年多的时间，那时的孔子年纪在34岁到35岁之间，子贡和宰予此时应是几岁的小孩子，他们还不是孔子的弟子，也不可能跟随孔子来到齐国，所以《晏子春秋》中的这段记载有可疑之处。

然而各种文献上记载，晏婴和孔子见过很多次面，为什么会出这样的问题呢？其实从《晏子春秋》中就能找到出现该问题的原因。《晏子春秋·外篇》载：

仲尼游齐，见景公。景公曰："先生奚不见寡人宰乎？"

仲尼对曰：“臣闻晏子事三君而得顺焉，是有三心，所以不见也。”

仲尼出，景公以其言告晏子，晏子对曰：“不然。非婴为三心，三君为一心故。三君皆欲其国之安，是以婴得顺也。婴闻之，是而非之，非而是之，犹非也。孔丘必据处此一心矣。”

此处也是记载孔子到达齐国后，先去拜见齐景公，但不是子贡发问，而是齐景公问孔子，你怎么不去见见我的宰相？孔子的回答依然很干脆，他说自己怀疑晏婴的人品。孔子出去后，是齐景公传闲话，把孔子所言告诉了晏婴。晏婴同样予以了驳斥，他说孔子所说的话近似于诽谤。

这段记载中没有了子贡，也就不存在孩童时的子贡跟孔子前往齐国，同时传话人改为齐景公，并且晏婴的辩解之语中也没再提到孔子困于陈、蔡之间及桓魋拔树等事。故这段记载完美地避开了上一段中的矛盾之处，同时《晏子春秋·外篇》中还记载了晏婴的反击：

仲尼相鲁，景公患之，谓晏子曰：“邻国有圣人，敌国之忧也。今孔子相鲁，若何？”晏子对曰：“君其勿忧！彼鲁君，弱主也；孔子，圣相也。君不如阴重孔子，设以相齐。孔子强谏而不听，必骄鲁而有齐，君勿纳也。夫绝于鲁，无主于齐，孔子困矣。”居期年，孔子去鲁之齐，景公不纳，故困于陈、蔡之间。

孔子当上了鲁国的实际国相，齐景公闻讯后很担心，他对晏婴说：邻国若有圣人辅佐，这对其他的国家构成了威胁。现在孔丘做了鲁国的国相，这该怎么办？

晏婴出主意说：您不要担心，而今鲁国国君是个昏庸无能的君主，孔丘的确是位有管理能力的贤才，您不如私下里表示对孔丘的尊重，放出风去说您想请孔丘来做齐国的国相，如果孔丘劝谏鲁君时对方不听，孔丘肯定会离开鲁国来到齐国，到那时您再拒绝接纳他。此时他既与鲁国断了关系，在齐国又得不到重用，这样就把他困住了。

晏婴的主意很损，但很管用。一年后，孔子果然离开鲁国来到了齐国。齐景公还记着晏婴的主意，故他不接纳孔子，而后就发生

晏婴冢大门

了孔子被困在陈、蔡之间的事。

但这段记载也经不住推敲，孔子在鲁定公十年（前500）任大司寇，《史记·孔子世家》载："定公十四年，孔子年五十六，由大司寇行摄相事。"可见孔子以大司寇之职来行宰相之事是在鲁定公十四年（前496），而晏婴去世于齐景公四十八年（前500），此年即鲁定公十年。

看来晏婴借机报复孔子之事其实不存在，但是孔子没有受到齐景公的封赏这件事是存在的，只是原委似乎与晏婴无关。《孔子家语·六本》中载：

> 孔子见齐景公，公悦焉，请置廪丘之邑以为养。孔子辞而不受，入谓弟子曰："吾闻君子当功受赏。今吾言于齐君，君未之行而赐吾邑，其不知丘亦甚矣。"于是遂行。

此处称齐景公要赏赐孔子封地时，是孔子主动提出不接受，他跟弟子们解释说：君子无功不受禄，他只是跟齐景公谈了一番话就受到封赏，孔子认为齐景公太不了解他的为人了，于是就离开了齐国。

那么孔子因为晏婴身仕三朝而怀疑其人品，这件事是否存在呢？根据历史记载，这件事确实是事实。晏婴出身名门，齐灵公二十六年（前556），晏婴的父亲晏弱去世后，晏婴继任齐国上大夫，此后历仕齐灵公、齐庄公、齐景公三朝，主持朝政的时间超过了40年。

远望晏婴冢

在孔子看来，这三朝齐君的观念都不同，晏婴却都能得到重用，这说明晏婴一定是曲意奉承，否则的话，不可能受到三朝国君的重用。其实这件事不只是孔子有疑问，在齐国当朝的大臣中也有人问过晏婴。《晏子春秋·内篇》载：

> 梁丘据问晏子曰："子事三君，君不同心，而子俱顺焉，仁人固多心乎？"
>
> 晏子对曰："婴闻之，顺爱不懈，可以使百姓，强暴不忠，不可以使一人。一心可以事百君，三心不可以事一君。"
>
> 仲尼闻之，曰："小子识之！晏子以一心事百君者也。"

梁丘据问晏婴：您先后侍奉过三位君王，每位君王的性格都不同，但他们都很重用您，难道您具备多种心性吗？晏子回答说：我认为一个人就要用一种心性去侍奉多位君王，如果这个人三心二意，恐怕连一个君王也侍奉不好。

孔子听闻此事后，却对弟子们说：你们要好好记住晏子所言，晏子是能够一心一意侍奉好多位君王的人。

如此说来，孔子是夸赞晏婴以一心侍多君，他怎么会因为晏子侍三朝而不去见他呢？

晏婴的确有着独特的君臣观。《左传》载：

> 崔武子见棠姜而美之，遂取之。庄公通焉。崔子弑之。
>
> 晏子立于崔氏之门外。其人曰："死乎？"曰："独吾君也乎哉，吾死也？"曰："行乎？"曰："吾罪也乎哉，吾亡也？"曰："归乎？"曰："君死，安归？君民者，岂以陵民？社稷是主。臣君者，岂为其口实？社稷是养。故君为社稷死，则死之；为社稷亡，则亡之。若为己死，而为己亡，非其私昵，谁敢任之？且人有君而弑之，吾焉得死之？而焉得亡之？将庸何归？"门启而入，枕尸股而哭。兴，三踊而出。人谓崔子："必杀之。"崔子曰："民之望也，舍之得民。"

齐国贵族崔杼看到棠姜长得很美丽，把她娶了回来，但齐庄公与棠姜私通，这令崔杼很生气，于是设计把齐庄公杀了。

晏婴闻讯后立即赶往崔家，他站在崔家门外时，身边的人问他：您要为国君而死吗？晏婴说：国君难道是我一个人的国君吗？我为什么要为他去死？身边的人问他：您是否要逃走？晏婴说我又没有什么过错，为什么要逃跑？身边人又问他：您为什么不回家？晏婴说：国君死了，我要去哪里呢？

接下来晏婴说了一段重要的话，他认为国君是百姓的国君，怎么能凌驾于百姓之上呢？而作为君主的臣属，难道只是为了一份俸禄吗？大臣更应当做的是协助君主管理好国家，所以如果君主是为国家而死，那么做臣子的也应当跟他一同赴死，如果君主为国家而逃亡，做臣子的也应当陪同逃亡，但如果君主是为自己的私事而死、而逃亡，那只有他私自宠爱的人才会跟他共同赴难，而今有人杀掉了自己的君主，我怎能为君主而死、而逃亡呢？

这段话充分表达了晏婴的君臣观。当崔家的门打开时，晏婴进去抱着齐庄公的尸体放声大哭，悲痛过后而离去。崔杼的手下看到此况，认为晏婴太不把崔杼放在眼里，建议杀掉晏婴，但崔杼说晏婴是百姓景仰的人，如果放了他可以得到民心。

《左传》中还记载了晏婴仰天长叹的一句话："婴所不唯忠于君，利社稷者是与，有如上帝。"晏婴明确地说，他不只是忠君，更多者是忠国，更何况齐庄公之死乃因其私通人妻而被对方所杀。暂且不论这件事是对还是错，首先这纯粹是个人私事，所以晏婴才发那样一通感慨的话，他觉得自己是为社稷而生、为社稷而死的人，怎能为君主的私事而死呢？这也就解释了他何以能够一生历三君，而三君都重用他的原因。就这个角度而言，孔子后来赞赏他的所为应该是真的，因为他一生侍三君而不见之事恐怕是假的。

虽然晏婴忠于社稷之心高于一切，但他同样懂得维护国君的威信。《晏子春秋·内篇》载有齐景公命令大批齐国百姓给他修筑一座大台之事，因为工程浩大，到了寒冬季节仍不能停工，这使得很多百姓受冻受饿。

当时晏婴正在出使鲁国，齐国百姓盼望着这位贤相回国后能够阻止君主的所为。晏婴听闻了这件事，当他见到齐景公时，以唱歌谣的办法来表达百姓之苦。齐景公马上明白了晏婴所指，立即答应工程下马。可见晏婴是一位体谅百姓的人，所以那么多齐国百姓盼望着他能替人们说话，但这样的话岂不等于在说齐景公不懂得体恤百姓？以自己之贤来衬托出君主之不贤，这显然不是为臣之道。《晏子春秋·内篇》接下来写道：

> 晏子再拜。出而不言，遂如大台，执朴鞭其不务者，曰：“吾细人也，皆有盖庐，以避燥湿，君为壹台而不速成，何为？”国人皆曰：“晏子助天为虐。”晏子归，未至，而君出令趣罢役，车驰而人趋。

晏婴感谢了齐景公能够纳谏而体恤百姓，转身出宫就奔大台而去，到达现场后，他并没有立即宣布君主同意罢役的好消息，而是拿起一根木棍去鞭打那些消极怠工的人，他边打边说：我们都是普通人，然都有房屋住，可以遮风挡雨，而今国君要修筑一座大台，你们却不努力将其干完。晏婴的举措令现场的人十分吃惊，纷纷说晏婴变了，现在帮着老天在作恶。

晏婴离开现场后还没有到家，齐景公的命令就传达到了工地。君主下令停止此工程，众人闻言十分高兴，纷纷快速离去。可见晏婴是有意让这些服劳役的百姓体味到君主的善心，他用恶行来作陪衬，以此让人们对比出君主是有善心的，但他没有告诉百姓是自己想办法劝慰君主体恤百姓而停工的。显然，他在用自己的方式来维护君主的权威。

这件事被孔子听到后，发出了如下一通感慨：“古之善为人臣者，声名归之君，祸灾归之身，入则切磋其君之不善，出则高誉其君之德义，是以虽事惰君，能使垂衣裳，朝诸侯，不敢伐其功。当此道者，其晏子是耶！”（《孔子集语》）

孔子说：古代真正懂得做大臣的人，会把好名声归给国君，把坏事揽在自己头上，他们在朝上会相互探讨国君做的不足之处，出门却极力赞赏国君道德仁义。所以，这样的大臣哪怕是侍奉懈怠的君主，他们也能把国家治理好。而今看来，只有晏子能做得这么完美啊！

其实很多文献中都记载了孔子夸赞晏婴之为人，比如《孔子家语·辩政》中称：

> 子贡问于孔子曰：“夫子之于子产、晏子，可为至矣。敢问二大夫之所自为，夫子之所以与之者。”孔子曰：“夫子产于民为惠主，于学为博物。晏子于君为忠臣，于行为恭敏。故吾皆以兄事之，而加爱敬。”

子贡明确地说：老师您对子产和晏婴推崇备至，我想请教他们两人最大的优点是什么，您为什么这样夸赞他们。孔子说：子产对百姓很仁慈，学问又很广博。晏子对君主而言，是位忠臣，又能勤勉做事，所以我把他们两人都视为兄长，故对他们既爱戴又敬重。

可见，晏婴是对孔子影响较大的一位人物，孔子与之有交往，且发生过一些小误会，但这并不影响孔子对晏婴的崇敬之心。

现存晏婴墓位于山东省淄博市临淄区齐都镇永顺村。2020年12月13日，我从北京乘高铁到达济南西站，见到了齐鲁书社的刘玉林和李洪武两位先生。此刻虽已是下午，但为了节约时间，刘先生已经安排了三个寻访点，于是我们出站后，由李洪武开车，逐一寻访此三个地点，而今日最后一个寻访点就是晏婴墓。

导航上有此地点，开到这一带时，眼前是一片旷野，以至于我们怀疑走错了路。拐上一条小径，远远地看到田地里有一个院落，刘玉林以其专业知识判断，那里应当就是我们的寻访目标。走到近前时，果然如其所言。

晏婴生平介绍文化墙

而今晏婴墓园装上了大铁门，我在网上查得的照片上却无此门，好在这个门开着人行出口，穿入其中，没有看到管理人员。

整个临淄墓群一并申报为国家级文保单位

大门的正前方有三块古碑，每一块都装上了新碑券，每块碑之间立有文保碑，此处为国家级文保单位，总名称是“临淄墓群”，括号中注明该处是晏婴冢。看来临淄有多座古墓，它们是一并申报全国重点文物保护单位的。

墓的左右两侧各有一堵新墙，上面嵌着一些新复制的汉画像，另外有一段晏婴生平介绍，虽然是竖读，然却是左起，这种不古不今的刊刻方式，总会给人以别扭感。

我沿着晏婴冢转了一整圈，冢上长满了荒草，无法登上去探看，但我看到有人登顶踩踏的痕迹，冢上还长着一些古树，在向阳的一面，于寒冷季节还能长出一些绿枝条。转了一圈之后，我又回到了门前，于此看到一块刻石上刊有一段话：

> 事齐灵、庄、景公，敢于犯颜直谏，匡正国君之谬，尚节俭且能力行，身为辅宰，食不重肉，妾不衣帛；性机敏，善辞令，奉使楚国，临大节而不辱。晏子死后墓于故宅旁。

可见晏婴去世后，葬在了他家的宅院旁。《水经注》对此事也有记载：

> 北门外东北二百步有齐相晏婴冢宅。《左传》：晏子之宅近市，景公欲易之，而婴弗更，为诫曰："吾生则近市，死岂易志？"乃葬故宅。后人名之曰"清节里"。

冢上荒草

可见晏婴葬在了距齐国故城北门不远处，于是我们参观完晏婴墓，就前去探看齐国故城，果然开出不远就看到田野中有一个不大的院落，门口的告示牌上写着"临淄齐国故城考古遗址公园城垣遗址简介"。从照片看，遗址面积很大，眼前所见却是这么小的院落，刘玉林告诉我，此遗址处在地下，这里仅是入口，前些年他曾来此处参观过，可惜今日再来此地，却上了锁。

故城遗址看不到了，但李洪武说刚才前来晏婴墓的路上看到路边有一个文保碑，他没有注意上面写的什么名称，于是我们沿此路退回几百米，看到绿化带旁有一个小房间，房屋旁有土路可通。将

桓公台建筑遗址文保碑

车开入其中，驶出不到100米，在平地上看到有一个大土台，文保碑上写着“桓公台建筑遗址”。

看来这里也是齐国古建筑，文保碑的后方有登台的木楼梯，于是我们三人顺着台阶一直登上了台顶。而今台顶用木板搭起一平台，透过树的缝隙，可看到远处的临淄城。按照刘玉林的估计，当年的桓公台一定比现在高许多，站在这里可看到很远的地方。想来当年晏婴也一定登上过此台，站在这里可以看到他的住宅。只是不知道孔子是否登过该台，以他的性格，如果登上此台后，肯定会感慨一句：登桓公台而小齐。

孔子入周问礼碑：儒道纷争，究有其事

老子乃道家鼻祖，孔子是儒家学派的创始人，很多历史文献都记载孔子曾前往洛邑向老子请教多方面的问题，最为主要者，是他向老子请教礼的问题。此事引起了儒、道两家长期的争论，有人说此事为真，亦有人称这是道家编出来的。

对此事提出反对意见者，主要是儒家。韩愈在《原道》中说：

> 周道衰，孔子没，火于秦，黄老于汉，佛于晋、魏、梁、隋之间。其言道德仁义者，不入于杨，则入于墨；不入于老，则入于佛。入于彼，必出于此。入者主之，出者奴之；入者附之，出者污之。噫！后之人其欲闻仁义道德之说，孰从而听之？老者曰："孔子，吾师之弟子也。"佛者曰："孔子，吾师之弟子也。"为孔子者，习闻其说，乐其诞而自小也，亦曰"吾师亦尝师之"云尔。不惟举之于其口，而又笔之于其书。噫！后之人虽欲闻仁义道德之说，其孰从而求之？

自从周王室衰落，孔子去世以后，秦始皇焚书坑儒，道家学说盛行于汉代，佛教盛行于晋、魏、梁、隋之间。这个时段谈论道德、仁义者，不是属于杨朱学派，就是属于墨子学派，不学道就学佛，但无论归入哪一家，必然会轻视另外一家。每一学派中人都认为自己的学派最为正确，于是就贬低其他的学派，这种状态使后人无法知道仁义、道德学说。道家会说孔子是我们老师老子的弟子，佛家也会说孔子是我们老师的学生，研究儒学的人已经习惯于这些说法，还用这些荒诞的言论来轻视自己的学派，承认自己的老师孔子曾向佛、道两家学习，这种承认不只停留在口头上，有些儒家人士还把佛、道两家污蔑本门派的话写入书中。这种状况令韩愈痛心疾首。

从韩愈所言即可了解到孔子向老子请教学问，令道家人士何等之骄傲。韩愈尤为痛心的是，有些儒家人士也把这段话记录下来，这就等于承认孔子是老子的弟子。

有些儒家不满于道家人士的自得，比如宋叶适在《习学记言》中称："司马迁记孔子见老聃，叹其犹龙。遁周藏史，至关。关令尹喜强之著书，乃著上下篇，言道德之意，非礼家儒者所传也。以庄周言考之，谓'关尹、老聃，古之博大真人'，亦言孔子赞其为龙，则是为黄老学者借孔子以重其师之辞也。"

叶适首先谈到《史记·老子韩非列传》中所载的一段话：

孔子适周，将问礼于老子。老子曰："子所言者，其人与骨皆已朽矣，独其言在耳。且君子得其时则驾，不得其时则蓬累而行。吾闻之，良贾深藏若虚，君子盛德，容貌若愚。去子之骄气与多欲、态色与淫志，是皆无益于子之身。吾所以告子，若是而已。”孔子去，谓弟子曰：“鸟，吾知其能飞；鱼，吾知其能游；兽，吾知其能走。走者可以为罔，游者可以为纶，飞者可以为矰。至于龙，吾不能知其乘风云而上天。吾今日见老子，其犹龙邪！”

司马迁说，孔子前往周地向老子请教礼的问题，老子告诉他说：“关于你所说的礼，倡导它的人骨头都已烂没了，只有他的言论流传下来，况且君子机会到了就要驾车出去做官，机会不到时就像蓬草一样随风飘转。我听说善于经商的人要把货物藏起来，好像他没有什么货，品德高尚的君子外表看起来也像愚钝的人一样，因此建议你去掉身上的骄气和过多的欲望，不要表现出志向远大的样子，这些对你自身没什么好处。我能说的就这些了。”

孔子离开后，对弟子们感慨说：“鸟如何飞，鱼如何游，兽如何跑，这些我都知道，我也知道怎样捕捉这些飞禽走兽，至于龙我就不懂了，因为它乘风而来腾云驾雾。我今天见到的老子就如同一条龙啊！”

叶适起首一句，讲的就是《史记》中记载的这段故事，这个故事明确地说孔子到周地特意向老子请教礼的问题，于是老子说了一堆劝慰的话。孔子回来后大为感慨，其言外之意，老子的思想太宏大了，他不能完全把握。但在叶适看来，这个故事乃黄老学派人物借孔子之名来抬高老子的地位。

叶适这个结论是何以得出的呢？他没有举出证据，但是这种说法流传甚广。比如顾颉刚在《秦汉的方士与儒生》中说："老子为什么会成为孔子的老师？我以为这不是讹传的谣言，乃是有计划的宣传。老子这个学派大约当时有些势力，但起得后了，总敌不过儒家。他们想，如果自己的祖师能和儒家的祖师发生了师弟的关系，至少能耸动外人的视听，争得一点学术的领导权。于是他们造出了一件故事，说孔子当年到周朝时曾向老子请教过，但他的道力不高，而且有些骄矜之气，便给老子痛骂了一顿。他知道自己的根柢差得多，羞惭得说不出话。回得家来，只有对老子仰慕赞叹。"顾先生的这段话讲得很生动，但同样未给出相应的证据。

相比较而言，《庄子》一书中记载了大量孔子入周拜见老子之事，并且记载了孔子请教的一些具体问题，比如如下一段：

> 孔子西藏书于周室。子路谋曰："由闻周之征藏史有老聃者，免而归居，夫子欲藏书，则试往因焉。"孔子曰："善。"
>
> 往见老聃，而老聃不许，于是翻十二经以说。老聃中其说，曰："大谩，愿闻其要。"孔子曰："要在仁义。"老聃曰："请问，仁义，人之性邪？"孔子曰："然。君子不仁则不成，不义则不生。仁义，真人之性也，又将奚为矣？"老聃曰："请问，何谓仁义？"孔子曰："中心物恺，兼爱无私，此仁义之情也。"老聃曰："意，几乎后言！夫兼爱，不亦迂乎！无私焉，乃私也。夫子若欲使天下无失其牧乎？则天地固有常矣，日月固有明矣，星辰固有列矣，禽兽固有群矣，树木固有

立矣。夫子亦放德而行，循道而趋，已而至矣；又何偈偈乎揭仁义，若击鼓而求亡子焉？意，夫子乱人之性也！”

孔子想把自己的著作收藏在周天子的藏书室中，为此事，他与子路商量，子路称，他听说周天子那里有位叫老聃的人负责收藏图书，此人已退休在家，您想把藏书放在周天子的书库内，不妨找老聃去问问。

孔子入周问礼乐至此碑

孔子去见老聃，老聃不同意他的请求，于是孔子把自己所著的十二部书向老聃简要解说。老聃认为孔子讲得太烦琐，他让孔子说出主题思想。孔子说要点是仁义。于是老聃就问仁义的概念，孔子说出了自己的理解，而老聃评价说，孔子所言近于虚伪。老子认为对人慈爱是一种私心，无私才是真正的自私，天下万物都有其固定的处世方式，顺应自然就是最好的，用不着一定要提倡仁义，这种做法是扰乱了人的天性。

对于孔子向老子请教之事，《庄子》中还有如下一段流传甚广的故事：

孔子谓老聃曰：“丘治《诗》《书》《礼》《乐》《易》《春

秋》六经，自以为久矣，孰知其故矣，以奸者七十二君，论先王之道而明周、召之迹，一君无所钩用。甚矣夫！人之难说也？道之难明邪？”老子曰：“幸矣，子之不遇治世之君也！夫六经，先王之陈迹也，岂其所以迹哉！今子之所言，犹迹也。夫迹，履之所出，而迹岂履哉！夫白鶂之相视，眸子不运而风化；虫，雄鸣于上风，雌应于下风而风化。类自为雌雄，故风化。性不可易，命不可变，时不可止，道不可壅。苟得于道，无自而不可；失焉者，无自而可。”孔子不出三月，复见，曰：“丘得之矣。乌鹊孺，鱼傅沫，细要者化，有弟而兄啼。久矣夫，丘不与化为人！不与化为人，安能化人。”老子曰：“可，丘得之矣！”

孔子对老聃说，他研究“六经”已经很长时间了，对这六部经书十分熟悉，本想用这些知识来辅佐一些君主，但没有一位君主重用他，这让孔子感慨自己的思想太难传播了。然而老子跟他说，幸好你没有碰到太平年代的君主，“六经”只是先王的遗迹，哪里是他们行为的准则？自然界一切生物都有其规律，本性不能改，命运不能变，这就是道。如果不依道来办事，怎么做都是不对的。

于是孔子回家后三个月闭门不出，经过认真思考之后，他又去见老子，告诉老子自己懂得了一切事情要顺其自然，如果不与造化为伍，就无法教化他人。老子闻言感叹说，你终于得道了。

显然，以上说法出自道家，一者表明老子比孔子高明得多，二者说明儒家的鼻祖孔子也崇尚道家观念了。但是孔子是不是真的见过老子呢？后世有不同说法，比如许地山在《道教史》中说：

> 《史记》记老子为孔子底前辈，就当纪元前五百年前后底人物，而在传后又载老子以下八代底子孙，说假仕于汉孝文帝，假子解为胶西王卬太傅，因家于齐。胶西王死于汉景帝三年（西纪前一五四），今以三十年为一代推算起来，从西纪前一百五十四年上推二百四五十年老子便成为西纪前四百年前后底人物。这与孔老会见底传说底年代相差约一百年。司马迁采用俗说。以老子寿长百六十岁或二百余岁，表面虽可免于矛盾，但这样长寿，于事实上恐怕不能有。

经过这番推论，看来孔子见到老子的可能性不大，但为什么历史文献中记载了那么多孔子见老子的故事呢？许地山认为："孔老会见底事情恐怕是出于老庄后学所捏造。"

如果这些记载均出于后世老庄学者所言，孔老会见这件事就不能够成立，但问题是有些儒家文献中也记载了孔子见老子事。比如《孔子家语·观周》中说："孔子谓南宫敬叔曰：吾闻老聃博古知今，通礼乐之原，明道德之归，则吾师也。今将往矣。"

此处引用了孔子的自道，孔子自称听闻老聃是一位博古通今的人物，想前往拜其为师。余外，还有很多文献都有类似记载，可见孔子见老子很可能确有其事。既然孔子对老子那么崇拜，他为什么不直接放弃儒家思想，相信道家呢？晋代葛洪在《抱朴子·内篇》中就以设问的形式予以了回答：

或曰："仲尼亲见老氏而不从学道，何也？"抱朴子曰："以此观之，益明所禀有自然之命，所尚有不易之性也。仲尼知老氏玄妙贵异，而不能挹酌清虚，本源大宗，出乎无形之外，入乎至道之内，其所咨受，止于民间之事而已，安能请求仙法耶？忖其用心汲汲，专于教化，不存乎方术也。仲尼虽圣于世事，而非能沉静玄默，自守无为者也。故老子戒之曰：'良贾深藏若虚，君子盛德若愚，去子之骄气与多欲，态色与淫志，是无益于子之身。'此足以知仲尼不免于俗情，非学仙之人也。夫栖栖遑遑，务在匡时，仰悲凤鸣，俯叹匏瓜，沽之恐不售，慷慨思执鞭，亦何肯舍经世之功业，而修养生之迂阔哉？"

葛洪说有人问他孔子既然亲自见了老子，并且向老子请教了那么多问题，那么他为什么不信道呢？葛洪的回答是：从这点来看，更能说明人们接受自然而然的命运，孔子知道老子的思想玄妙、高贵，与自己的思想有较大差异，但是他又不能接受清静无为的思想，所以他向老子请教的问题只是些人世间的俗事，没有向老子请教求仙求道的问题。因为孔子最着急的事情就是如何用儒家思想来教化民众，他并不想求得仙方来解救自己。葛洪认为，孔子虽然是人世间的圣人，但他做不到清静无为，这正是老子告诫他要像经商的人那样把自己的货物藏起来，劝孔子去掉身上的傲气和俗念。

孔子的身上确实有着这些问题，他整天忙忙碌碌地想着如何拯救社会，同时感叹自己不被人重用，无法施展自己的思想，这样的人怎能舍弃治理天下的功业，而去修长生不死之术呢？

这种解释虽然也是出于道家言，但葛洪说得有一定道理，孔子是入世思想，他要把自己一腔的智慧服务于社会，服务于民众，并不关心自身是否能够成仙成道。孔子只要见到有智慧的人，就向对方请教，这恰恰表明了他虚怀若谷的一面。

其实孔子前往周地不仅仅是拜访老子，他还要考察许多事情、查看一些古文献。比如《孔子家语·观周》中记载了孔子入周时的细节：

> 与孔子车一乘、马二匹，竖子侍御，敬叔与俱。至周，问礼于老聃，访乐于苌弘，历郊社之所，考明堂之则，察庙朝之度。于是喟然曰："吾乃今知周公之圣，与周之所以王也。"

对于这段话，李巍在《故事演义与学派关系——孔子问礼于老子的再考察》一文中将其分为了五节，由此可以看出孔子前往周地有五个目的，除了第一个目的是向老聃请教礼的问题，另外还有四个考察目的。故李巍认为："'问礼于老聃'虽为孔子探察'周公之圣与周之所以王'的行程之首，但其主要行程却都无关老子。也就是说，孔子对周公遗制的了解不只来自老子，甚至也不主要来自老子，那么所谓'问礼'的故事，就很像是由拜见老子与寻访周制这两种素材拼合起来的。"

这里且不谈论孔子入周的其他目的，单就孔子前去向老子请教礼的问题就有难解之处。《礼记·曾子问》中载：

> 孔子曰："昔者吾从老聃助葬于巷党，及堩，日有食之，老聃曰：'丘！止柩就道右，止哭以听变。'既明反，而后行。曰：'礼也。'"

《礼记》乃儒家文献，上面却记载了孔子向老子请教礼的问题，可见儒家大多承认孔子拜见老子事。但问题是，孔子向老子请教的很多问题是有关礼的，而老子反对礼，比如《老子》第三十八章中载："故失道而后德，失德而后仁，失仁而后义，失义而后礼。夫礼者，忠信之薄，而乱之首。"

在老子的观念中，道、德、仁、义、礼是从高到低的不同层次，以道为最高，礼为最低，他甚至认为讲礼是出现祸乱的开端。正因这个原因，后世怀疑孔子问礼于老子的真实性。比如《宋元学案》中载叶适所言："然则教孔子者，必非著书之老子，而为此书者，必非礼家所谓老聃，妄人讹而合之尔。"

在叶适看来，给孔子讲礼的那个人与《道德经》的作者不是同一个老子，他认为这是后世的妄人把两个老子合二为一了。朱子的弟子郭德元问老师："老子云：'夫礼，忠信之薄而乱之首。'孔子又却问礼于他，不知何故？"

针对这个问题，朱子回答说："他晓得礼之曲折，只是他说这是个无紧要底物事，不将为事。某初间疑有两个老聃，横渠亦意其如此。今看来不是如此。他曾为柱下史，故礼自是理会得，所以与孔子说得如此好。只是他又说这个物事不用得亦可，一似圣人用礼时反若多事，所以如此说。《礼运》中‘谋用是作，而兵由此起’等语，便自有这个意思。”（《朱子语类》）

朱子说他起初也对此有疑惑。朱子首先承认孔子向老聃请教问题之事，但又觉得老聃很不看重礼，孔子不可能向他请教这种问题，故而他怀疑历史上可能有两个老聃。朱子还说张载也有过这样的怀疑。但经过仔细分析，朱子认为这种猜测是错的，他觉得老聃既然做过周朝的史官，那么他对礼制当然会很熟悉，所以孔子才会向他请教礼。

如何解释老子懂礼又反对礼的问题呢？吕思勉在《先秦学术概论》中给出的答案是：“或以《老子》书上道德而贱仁义，尤薄礼，因疑此老聃与作五千言者非一人，亦非。知礼乃其学识，薄礼是其宗旨，二者各不相干。”

吕思勉也说《老子》一书在观念上贬低礼，以至于让人怀疑孔子请教的老聃跟写《道德经》的老聃不是一个人。这种猜测不对，在吕思勉看来，老聃懂礼是他的学识，反对礼则是他的观念，二者并不矛盾。故黄梓根、张松辉在《关于孔子问礼于老子的几点认识》一文中说：

> 老子反对礼，却又摆脱不了礼的影响。任何人都只能生活在现实世界中，只要是生活在现实中，就难免要生活在矛盾和无奈中，理想和现实是永远无法完全一致的。老子生活在一个礼的现实世界里，生活中处处会碰到礼。况且，老子还是周朝

的史官，他又怎么能与“礼”脱得了干系呢？所以老子虽然反对礼，又不得不以礼行事。

孔子见到老子时，他所请教的不单是礼，还涉及其他方面，老子的一些道家观念当然对孔子也有影响。

但是，儒、道影响应当是彼此的，后世道家均以鼻祖给孔子讲课为荣，岂不知这种为荣的方式也会把儒家观念融入道家思想中。顾颉刚在《秦汉的方士与儒生》中写道：

> 借了孔子的嘴判定了老、孔的高下，显见他们的门徒之间也是这等比例，道家的身价就可提高。想不到他们这种宣传不但如了愿，竟至超过了预期，而使儒家承认为事实；又不但如此，而使儒家也增加了一段故事，说孔子曾向老子问过许多礼制，把老子也儒家化了。

孔子入周问礼见老聃的地方，乃今日之洛阳，而今那里还有相应的标志在。2020年9月18日，我乘横山小为的车从郑州前往洛阳探访历史遗迹。我跟着导航很快找到了孔子入周问礼碑，见此大感激动，因为孔子入周问礼乃孔圣人一生中的重要事件之一。2500多年过去了，至今还能找到问礼之处，这是何等之难得。

关于此碑之来源，洛阳博物馆所编《洛阳名胜古迹》一书中称：“孔子入周问礼碑，位于洛阳市老城东关大街北侧。阴刻‘孔子入周问礼乐至此’九个大字，为清朝雍正五年（公元1727年）河

古碑被栏杆封了起来

南府尹张汉和洛阳县令郭朝鼎所立。”可见该碑仅是雍正年间刊刻，但即便如此，如果不是这两位有识之士，恐怕孔子见老子之地就再无痕迹了。

这块碑嵌在青砖盖起的门楼内，碑的两侧各有一门洞，但门洞里用砖砌死了，以我的猜测那里曾经有另外两块古碑，只是如今碑不知去了哪里。孔子问礼碑的碑顶上有碑额，细看碑额文字，上刻“重修文庙之记”，看来碑额和碑身不是一回事。

我的自言自语引起了一位路人的好奇，此人看上去五十多岁，他自称也好访古，今日特地赶来看这块碑，但他没有留意到碑额上的字，而旁边的人告诉他，这些都是原配。而后这个人指了指小街对面的商户。

至此时，我方注意到商户门前摆着一张方桌，方桌旁坐着三个人，其中一位男士正直瞪瞪地望着我，一脸的不高兴。此人告诉我说，这当然是原配，他从小就住在这里，那块碑一直没有变过。我问他碑额上的字是怎么回事，他说此碑后面原本就是文庙，只是文庙几十年前被拆掉了。我说这正说明了碑额乃文庙某块碑上物，不知何故被移到了问礼碑上。

碑额是文庙碑的旧物

赑屃已残

此人认为我在跟他抬杠，站起身来一脸怒容地向我解释近几十年来这一带的变化。横山小为担心我跟他吵起来，马上过来劝架。其实我倒希望通过这样的激将法，听他讲出更多史料上不见载的细节，毕竟今日从他那里还了解到了一些文庙的变迁史。

拍照完毕后，我向此人请教老子故宅怎么走，因为我查得洛阳二十四中家属院内有此遗迹。此人立即兴奋起来，详细告诉我如何前行能找到这个地方，他建议我不要开车，但我还是觉得按其所言的距离走过去太远，于是驱车前往。

跟着导航转来转去，兜了几圈也未能找到目标，无奈又回到起点，那位指路人看我又开了回来，跟在场的几位朋友都笑了。我问他听说王城公园才是真正的孔子见老子的地方，此人称以前的王城公园是周王室所在，那是老子的办公处，老子在那里接待孔子就像是在办公室里接待客人，但这附近才是老子的居住处，所以孔子在这里见老子的次数应该更多。他的比喻颇为形象，只是我不敢向他请教何以知之，担心再次引起他的愤怒，只好又一次开车前去寻找老子故宅，但那一带停不下车来，且问过的几个人均不知这一带有老子故宅，无奈只好离去。

郕城遗址：三都三隳，唯此得存

鲁定公十二年（前498），鲁国发生了隳三都事件，这是孔子在鲁国摄政后办的最大的一件事，也是他一生中最有影响力的事件之一。所谓“隳”，就是拆除之意，“三都”乃指鲁国三位大夫的城堡，即叔孙氏的郈邑、季孙氏的鄪邑和孟孙氏的郕邑。

周代实行贵族采邑分封制，各个诸侯国的大夫都有自己的食邑，然而这些大夫都居住在国都，而后委派家臣管理食邑。为了国家安全，这些食邑实行兵农合一制度，在平时，他们是为贵族耕种的农夫，一旦有战事，这些人就会拿起武器参加战斗。随着时代的发展，这些食邑的实力越来越壮大，纷纷建起了高墙，同时因为这些食邑里既有粮食又有军队，于是士大夫委派的家臣们成了真正的实权派。

原本这样的结构使得士大夫有了与国君抗衡的实力，但让士大夫们未曾想到的是，他们委派到食邑内的家臣渐渐有了与士大夫相抗衡的力量，这就使得周天子—诸侯王—士大夫—家臣之间的关系变得复杂起来。

鲁昭公五年（前537），三桓家四分公室，他们将鲁国的人口和领土分为四份，将其中的四分之一归鲁国国君，剩下的三份归季孙氏、孟孙氏和叔孙氏，而实际上，鲁国国君所得的四分之一也由季孙氏代管。如此说来，鲁国国君已经一无所有，完全被控制在三桓手中。但是三桓又被他们的家臣所控制，比如在阳虎叛乱前，季孙氏家族的经济、政治实权都掌握在家臣阳虎手中。

孔子一直想恢复鲁国国君的实际地位，要想实现这个目标，就要削弱三桓的实力，而削弱三桓的实力，就要从他们的食邑下手。孔子由大司寇行摄相事后，很想解决三桓问题，而他采取的办法，就是利用三桓想打击家臣的心思。

按照周朝的规定，大夫家不允许有兵甲武器，所属食邑的城墙有具体的规定：高不能过一丈，长不能过百雉。古人一雉为三丈，百雉则为三百丈长。当时季孙氏、孟孙氏、叔孙氏三家食邑所建的城墙都超过了这个规定，于是孔子向鲁君建议应当拆除掉三处食邑城墙超高的部分。那时的鲁国国君已经是个空架子，这样的决定必须得到三桓的同意，而三桓也顾忌到尾大不掉，竟然同意了孔子的提议。

三桓同意的原因，跟郈邑的叛变有直接的关系，郈邑乃叔孙氏的采邑。鲁定公时，郈邑宰是叔孙若，他是叔孙氏的庶子，字公若，被人称为若公。鲁定公十年（前500），叔孙氏的家主叔孙昭子去世了，叔孙昭子在遗嘱中提出立叔孙武叔作为叔孙氏的继承人，尽管叔孙若反对，但叔孙武叔还是成了家主。

叔孙武叔继任后，叔孙若一直不服，于是叔孙武叔就指使家臣南公暗杀叔孙若。南公派人发暗箭射杀叔孙若，但没有射中。叔孙武叔看到阴谋失败，害怕叔孙若知道是自己安排的，于是就派叔孙若去做郈邑宰。

而后，叔孙武叔又暗中让郈邑的马正侯犯继续暗杀叔孙若，然而侯犯不愿意干此事，叔孙武叔就指使侯犯手下的御夫暗杀了叔孙若。叔孙若死后，郈邑却被侯犯所掌控，并不听从叔孙武叔的指挥，于是叔孙武叔调集军队，联合孟无忌去攻打郈邑。由于郈邑城墙坚固，没有攻打下来，叔孙武叔又与司正南公向齐国借兵攻打郈邑，还是没有攻下来。

叔孙武叔秘密召见郈城内的工师壤驷赤，叔孙武叔对壤驷赤说，郈邑的反叛不仅威胁到了叔孙氏家族，同时也是鲁国的祸害。壤驷赤回答说，他的心如同《诗经·唐风·扬之水》一篇所写，言外之意会听从叔孙武叔的安排，但是对这件事必须严格保密。

壤驷赤回到郈邑后，对侯犯说，郈邑处在齐国与鲁国之间，搞独立是不可能的，而今已经背叛了鲁国，那就要设法归顺齐国。侯犯听从他的建议，把郈邑的户口名册送到齐国要求接管，但壤驷赤私下里放出话说，如果齐人接管了郈邑，就会把郈邑里的人迁到别处去。郈邑人闻听此言情绪激动，当齐国使者来郈邑谈判时，郈邑发生了骚乱，侯犯看控制不住局面，于是逃亡到了齐国。

这件事也使齐国感到他们无法真正控制郈邑，又把郈邑的户口名册交还给了鲁国，这使得叔孙武叔得以收回郈邑，但郈邑人仍然不听叔孙武叔的指挥。此时孔子已经安排一些弟子去做三桓的家臣，比如季孙氏家臣就是子路，于是孔子委派子路去实施隳都计划。孔子首先提出要隳郈邑，叔孙氏赞同这个建议，叔孙武叔任命子路为郈邑宰，而后子路率人进入郈邑，将郈邑城墙的高度削减了三尺，之后叔孙武叔又任命壤驷赤担任郈邑宰。

隳三都的第一个目标实现了，孔子想再接再厉，继续削减另两个食邑的城墙高度。《左传·定公十二年》载：

> 仲由为季氏宰，将堕（隳）三都。于是叔孙氏堕（隳）郈。季氏将堕（隳）费，公山不狃、叔孙辄帅费人以袭鲁。公与三子入于季氏之宫，登武子之台。费人攻之，弗克。入及公侧。仲尼命申句须、乐颀下伐之，费人北。国人追之，败诸姑蔑。二子奔齐。遂堕（隳）费。将堕（隳）成，公敛处父谓孟孙："堕（隳）成，齐人必至于北门。且成，孟氏之保障也，无成，是无孟氏也。子伪不知，我将不堕（隳）。"
>
> 冬十二月，公围成，弗克。

隳三都的第二个目标就是隳费（鄪），季孙氏同意这个计划，但费邑宰公山不狃和叔孙辄不同意。他们觉得若费邑的城墙被拆，会让他们处于危险境地，所以当季桓子的军队前来拆费邑城墙时，公山不狃和叔孙辄带领费人避实就虚，直接去攻打鲁国都城曲阜。他们攻入曲阜后，包围了季武子台，而且已经打到了鲁定公身边，在危急时刻，孔子沉着冷静，指挥司马申句须和乐颀率兵冲下季武子台。此时鲁国军队从外面包围了叛军，费人看形势不好，立即撤退，鲁国军队一直追赶费人到姑蔑，并在那里打败了费人的军队。

公山不狃和叔孙辄只好逃到了齐国，于是费邑的城墙被拆毁。

接下来将是拆毁郕邑的城墙，郕邑是孟孙氏的食邑，郕邑宰是公敛处父。此人十分聪明，他已经猜到了孔子隳三都的真实目的，便跟孟懿子说一旦郕邑的城墙被隳，齐国人一定会打到北门，况且郕邑乃孟孙氏坚强的后盾，没有郕邑就没有孟孙氏，所以绝不能毁掉郕邑，但既然你已经答应隳城之事，现在你就佯装不知，我坚决要保卫郕邑。

处在田野中的郕邑遗址

孟懿子听从了公敛处父的建议，没有拆毁郕邑，于是鲁国国君派兵包围郕邑，但因为郕邑城墙坚固而没有被攻破，至此，隳三都的计划以失败而告终。

这位公敛处父确实非凡人，当年阳虎叛乱时，他曾有功于孟孙氏。《左传·定公八年》载：

> 阳虎劫公与武叔，以伐孟氏。公敛处父帅成人，自上东门入，与阳氏战于南门之内，弗胜。又战于棘下，阳氏败。阳虎

> 说甲如公宫，取宝玉、大弓以出，舍于五父之衢，寝而为食。其徒曰：“追其将至。”虎曰：“鲁人闻余出，喜于征死，何暇追余？”从者曰：“嘻！速驾，公敛阳在。”公敛阳请追之，孟孙弗许。阳欲杀桓子，孟孙惧而归之。

阳虎劫持鲁定公和叔孙武叔来攻打孟孙氏，公敛处父率领郕邑人从东门进入，在南门里与阳氏的军队作战，但没有打胜，而后他们又转战棘下，终于打败了阳虎。当时阳虎脱掉战甲，以为高枕无忧了，他的手下害怕公敛处父率军追来，孟懿子却阻止了公敛处父追赶阳虎的想法。由此说明公敛处父作战勇敢且有头脑，这也是孟懿子听从他建议的原因。

季桓子和叔孙武叔看到郕邑没有被毁，他们也渐渐醒过味来，于是又把鄪邑和郈邑拆掉的城墙恢复起来，其最终结果使得三都之隳均未成功。孔子这么大的计划未能完成，这令后世爱他的人心有不甘。崔述在《洙泗考信录》中说：

> 《史记·孔子世家》围成之事，在去鲁前，缘其以去鲁为十四年故也。今去鲁既在定十二年秋冬之间，而《春秋》书围成，乃在是年之十二月，则其在去鲁之后无疑也。且不知其弗克而辄围之，围之弗克，而遂置之；轻举妄动，有始无终，皆非圣人所为，不待辨而明者。

崔述经过考证，认为包围郕邑之事，实际是发生在孔子离开鲁

树林中的文保碑

国之后的事情，其言外之意，如果孔子那时仍然执掌鲁国朝政，绝不会这样有始无终，他一定会把郕邑拿下。但是孔子的确主导了隳三都事件，汉何休在《春秋公羊传解诂》中说：“郈，叔孙氏所食邑。费，季氏所食邑。二大夫宰吏数叛，患之，以问孔子，孔子曰：‘陪臣执国命，采长数叛者，坐邑有城池之固，家有甲兵之藏故也。’季氏说其言而隳之。”

当年的三桓都受到家臣之乱的困扰，尤其是季孙氏和叔孙氏两家，比如季孙氏在鲁昭公十二年（前530）有南蒯之乱，叔孙氏在鲁昭公五年（前537）有竖牛之乱，所以三桓对家臣利用城堡壮大实力的做法十分有戒心。按照何休的说法，季孙氏和叔孙氏是主动来问孔子怎样解决这个困扰，于是孔子借机提出了隳三都计划。

为什么说是“借机”呢？因为孔子更大的目的是想要恢复鲁国国君的实际领导权，但他不能把这个想法告知三桓，因为正是三桓瓜分了鲁国国君的实力，只是三桓没想到他们各自的家臣又侵占了自己的实力，于是孔子名义上帮着三桓打击家臣，实际上是在削弱三桓的实力。《朱子语类》载有如下一段对话：

> 问："今欲出来作事，亦须成败有命，无必成之理。"曰："固是。且如孔子所作，亦须见有必成处。但有小人沮之，则不可是天。孔子当时在鲁，全属季桓子。其隳三都，是乘其机而为之，亦是难。"

朱熹说实现任何事都不容易，孔子的隳三都计划，乃孔子借机而为之。朱熹甚至明言："夫子隳三都，亦是瞒着三家了做。如季氏已隳术中，及围成，公敛处父不肯，曰：'若无成，是无孟氏也！'遂连季氏唤醒。"

正因为公敛处父洞察到了孔子的动机，坚决予以抵抗，因为抵抗的成功唤醒了季桓子，致使三家都明白了孔子的真实目的。那么为什么三桓在开始时没有怀疑孔子的真实动机呢？苏轼认为："隳名都，出藏甲，而三桓不疑其害已，此必有不言而信，不怒而威者矣。"（《论孔子》）

看来那时的孔子已经很有威信，所以三桓没有怀疑孔子是冲着他们来的。假如孔子成功地完成了隳三都计划，其结果会怎样呢？童书业在《春秋左传研究》中说："盖孔子之图，在客观上实行中央集权官僚制度。如孔子之谋成，则孔子及其弟子得掌鲁政，彼辈受谷禄，无封土，无宗法关系，实为最早之官僚。孔子改革之历史意义，在此部分废弃'宗法封建'关系而实行不彻底之中央集权官僚制度也。"

遗憾的是，历史没有假如，隳三都毕竟失败了。三桓也明白了孔子的真实目的，继续和平相处已然不可能，于是孔子找借口离开鲁国，开始了他的周游列国之旅。

2020年12月18日，我前往探看郕城遗址，其址位于山东省宁阳县东庄乡南故城村与西故城村之间。当日乘齐鲁书社小徐的车，由孔帅先生带领，我们从汶上县出发，开行近两个小时，于村边看到了成城故城文保碑。两个文保碑分别写着“成城”和“郕城”，可见对于“成”“郕”这两个字，当地亦混用。

文保碑处在一片树林中，后面是无尽的田野，站在此处看不到古城墙的痕迹。沿着一条小径开出约500米后，在田野中看到高大的土堆，想来那就是我的寻访目标。但是从这一侧找不到通向古城墙的道路，小徐拐上了一条土路，行驶出100多米，因地上有大坑无法通车，只能由孔帅带我步行探看。

在田地里踩着田埂路，向着那个大土堆走去。走出200余米，

无法登顶

叽叽喳喳

终于来到了近前，然上面长满了荒草，且形成了几层台地，我二人围着台地转了一整圈，找不到登顶的小径，只能远远看到顶上有一个标志塔。

我们在另一侧找到了稍微宽阔的田埂路，路边有一些杨树，树上站着几百只鸟，我走到近前，它们并不惊起，只是在那里叽叽喳喳地议论着什么，想来是在嘲笑这两个傻子为什么要试图爬上这个大土丘。我能听出它们声音中的不屑，于是拾起一个土块投向树枝，但这些鸟竟然一只也没有飞走，这份淡定令我沮丧。

我们最终也没找到登顶之处，只好原路返回，走到文保碑附近时，方看到后面也刻有文字，上面写着“郯城故城，东周至汉代故城址”，且列明了四围的保护范围，同时写明了相关法律责任。

齐鲁夹谷会盟处：重要政绩

孔子一生最大的外交政绩，应当就是齐鲁夹谷会盟。关于何为会盟，毛清均在《夹谷会盟古址新考》一文中称："会盟是春秋时期周天子与各诸侯国之间或各诸侯国之间以及诸侯国内卿大夫之间相互协调关系，聚会结盟的重要礼仪。"该文同时指出因春秋时期各诸侯国之间的关系错综复杂，故会盟频繁，仅《春秋》一书就记载了大小会盟450多次。但公元前500年的夏天，齐、鲁两国在夹谷举行的会盟，由于孔子以相礼身份参与其中，在这次会盟中表现出了卓越的政治和外交才能，故此次会盟被很多典籍所记载。

对于此事，《左传》中的记载如下：

> 夏，公会齐侯于祝其，实夹谷。孔丘相。犁弥言于齐侯曰："孔丘知礼而无勇，若使莱人以兵劫鲁侯，必得志焉。"齐侯从之。孔丘以公退，曰："士，兵之！两君合好，而裔夷之俘以兵乱之，非齐君所以命诸侯也。裔不谋夏，夷不乱华，俘

不干盟，兵不逼好。于神为不祥，于德为愆义，于人为失礼，君必不然。”齐侯闻之，遽辟之。

将盟，齐人加于载书曰：“齐师出竟，而不以甲车三百乘从我者，有如此盟。”孔丘使兹无还揖对，曰：“而不反我汶阳之田，吾以共命者，亦如之。”齐侯将享公，孔丘谓梁丘据曰：“齐、鲁之故，吾子何不闻焉？事既成矣，而又享之，是勤执事也。且牺、象不出门，嘉乐不野合。飨而既具，是弃礼也。若其不具，用秕稗也。用秕稗，君辱，弃礼，名恶，子盍图之？夫享，所以昭德也。不昭，不如其已也。”乃不果享。

齐人来归郓、讙、龟阴田。

鲁定公十年（前500）夏季，定公在祝其也就是夹谷与齐景公进行会盟。此次会盟由孔子做相礼，犁弥对齐景公说：孔子这个人懂礼但缺乏勇武，如果派莱地的人用武力来挟持鲁侯，一定能达到目的。齐景公听从了犁弥的建议。

孔子看情况不妙，于是带着鲁定公退下盟坛，而后对士兵们进行了鼓动和说服工作，同时谴责了用东夷之人作乱的举措。齐景公闻言后觉得理亏，于是就让莱地人退下了。

准备盟誓时，齐国人又突然提出：要在盟书上增加条款，条款要求齐军在出境作战时，鲁国必须派兵协同。孔子提出要把齐国占领鲁国的三个地方归还给鲁国，以此来作为对应条款。之后齐景公准备设享礼招待鲁定公，孔子则反对这样做，他讲出了一些礼制上的要求，最终使得这场招待会没能举行。而后齐国人归还给鲁国所占领的郓地、讙地、龟阴之地。

对于此事，《公羊传》和《穀梁传》都有记载，但这两部书说的更多是相关的背景，并未对事件进行细节性的描述。比如《穀梁传》中写道："离会不致，危之也。危之则以地致，何也？为危之也。其危奈何？曰：颊谷之会，孔子相焉。"

但观点不一致，这是不用祭告祖庙的，为什么呢？这是为了表达当时的情况已危及鲁定公的安全。这段记载是在分析《春秋》上为什么要记载"公至自颊谷"一句。

相比较而言，司马迁在《史记·孔子世家》中对于夹谷会盟细节的描写十分生动。从总体来看，司马迁对于夹谷会盟的描写本自《左传》，但是《左传》没有把这个故事讲圆，司马迁将其缺失部分一一补完，比如说齐国和鲁国为什么要举行这次会盟、此次会盟是由哪国提出来的。对此，《史记》中的回答是："定公十年春，及齐平。夏，齐大夫黎钼言于景公曰：'鲁用孔丘，其势危齐。'乃使使告鲁为好会，会于夹谷。"

此处所说的黎钼就是《左传》上所说的犁弥，他跟齐景公说鲁国重用孔丘，国家逐渐会强盛起来，这会威胁到齐国，犁弥提出应当与鲁国举行一场会盟，借机达到遏止鲁国上升势头的目的，于是两国进行商定，决定在夹谷举行会盟。

鲁国国君同意此事后，决定让孔子来做会盟的相礼，孔子提出："鲁定公且以乘车好往。孔子摄相事，曰：'臣闻有文事者必有武备，有武事者必有文备。古者诸侯出疆，必具官以从。请具左右司马。'定公曰：'诺。'具左右司马。"

孔子对此事进行了仔细的思考，他向鲁定公建议文备和武备都要做好相应的准备，同时提醒说：古代的诸侯离开自己的疆域时一定要带上文臣武将。鲁定公采纳了孔子的建议，配备了左、右司马，带着军队前往夹谷。

关于会盟时的状况，《左传》中只是记载孔子跟士兵们说了一大段话，他为什么要这么说，《左传》中没有交代，《史记》中则描绘得很详细：

> 会齐侯夹谷，为坛位，土阶三等，以会遇之礼相见，揖让而登。献酬之礼毕，齐有司趋而进曰："请奏四方之乐。"景公曰："诺。"于是旍旄羽袚矛戟剑拨鼓噪而至。孔子趋而进，历阶而登，不尽一等，举袂而言曰："吾两君为好会，夷狄之乐何为于此！请命有司！"有司却之，不去，则左右视晏子与景公。景公心怍，麾而去之。有顷，齐有司趋而进曰："请奏宫中之乐。"景公曰："诺。"优倡侏儒为戏而前。孔子趋而进，历阶而登，不尽一等，曰："匹夫而营惑诸侯者罪当诛！请命有司！"有司加法焉，手足异处。

在会盟之前，有人先在夹谷的会盟地点用土筑起了土坛，坛高三级，齐景公由相国晏婴陪侍来到此地。仪式开始后，两国国君登坛互献礼品，此时齐国的司仪快步跑上前向国君提出要演奏四方之乐，齐景公表示同意，于是一下子就上来了许多莱地人，他们手持兵器，在那里呐喊，以此来恐吓鲁定公。

孔子看出了齐国的企图，立即引导鲁定公退下，然后命令鲁国的士兵攻上去，同时他登上盟坛厉声说道："两国国君正在举行友好会盟，可是却有华夏之地以外的夷狄人来搞这种名堂，这么做是对神灵的不敬，是丧失道义的行为，我请求相关人员立即处置此事！"

齐国的司仪只好让这些人退下，但是齐国乐队没有退下，他们看着齐景公和晏婴的眼色。齐景公听到了孔子义正词严的话，顿生惭愧之感，只好摆手让乐队退下。但不一会儿，齐国的司仪又跑上前提出要奏宫中之乐，齐景公表示同意，于是又上来一队齐国的倡优和侏儒组成的乐队。

孔子立即又冲上盟坛喊道："让这些无知的小人来惑乱诸侯，此乃死罪，请有司立即行刑。"鲁国的刑法人员立即上前砍杀这些倡优。

关于后来的情形，《史记·孔子世家》中写道："景公惧而动，知义不若，归而大恐，告其群臣曰：'鲁以君子之道辅其君，而子独以夷狄之道教寡人，使得罪于鲁君，为之奈何？'有司进对曰：'君子有过则谢以质，小人有过则谢以文。君若悼之，则谢以质。'于是齐侯乃归所侵鲁之郓、汶阳、龟阴之田以谢过。"

鲁国人的所为吓得齐景公脸色都变了，会盟结束回国后，他跟大臣们说："鲁国是用君子之道来辅佐国君，而你们拿夷狄之道来教我，使我得罪了鲁君，这该怎么办？"有位官员出主意说："君子有了过错，就应当用实际行动来向对方认错；只有小人犯了错，才会用花言巧语来遮掩。"于是齐景公就将之前侵占的三个鲁国城池退还给了鲁国。

经过司马迁这样一写，使得夹谷会盟一事的起因、经过、结果显得十分完整，细节的描写也具有戏剧性，让人读来有惊心动魄之感，并凸显出了孔子在夹谷会盟时所起到的巨大作用。孔子通过他的所为，使鲁国收复了失去的领土，也彰显出了自己的智慧与超强的外交才能。

钱穆在《孔子传》“疑辨八”中提出了一些质疑，比如《穀梁传》中说道：“优施舞于鲁君之幕下。孔子曰：‘笑君者罪当死。’使司马行法焉，首足异门而出。”对于这段话，钱穆明确地称“恐其事不可信”，同时他对司马迁所分析的齐鲁会盟起因也表示怀疑：“又此次之会，似乃鲁欲和解于齐，乃《史记·孔子世家》有齐大夫犁钼言于景公曰：‘鲁用孔丘，其势危齐。’一若齐来乞盟于鲁。过欲为孔子渲染，疑亦非当时情实。”

在钱穆看来，司马迁为了突出孔子在齐鲁会盟的重要作用，在描写上有些过分渲染，对于齐国为什么归还那三块地给鲁国，钱穆也认为跟那次会盟关系不大：“郓、讙、龟阴之田皆在汶阳，本属季氏。前一年阳虎以之奔齐，至是鲁、齐既言好，齐欲与晋争霸，欲鲁舍晋事齐，故归此三地之田。既不为惧鲁之用孔子，亦不为齐君自悔其会于夹谷之不义无礼而谢过，《左传》记载甚明。过分渲染，欲为孔子夸张，反失情实，遂滋疑辨。”

事情究竟如何，今难以知之，但是齐鲁夹谷会盟的确是历史上极具名气的一个事件，写孔子当然要写到此事。

当年的会盟之地夹谷究竟在哪里，后世有着不同说法。毛清均在其文中总结出赣榆、淄川、新泰谷里、莱芜和博山五种说法。每一种说法都有历史文献记载，比如南朝宋裴骃在《史记集解》中引东汉服虔所言："东海祝其县是也。"唐杜佑在《通典》中亦称："怀仁，东魏置义塘郡，有夹山，即夹谷，齐鲁会处。"

但赣榆处在江苏，此地非齐鲁交界处，顾炎武认为不可能到那里举行会盟。他在《山东考古录》中说："愚尝以为疑赣榆在春秋为莒地，与齐、鲁之都相去各五六百里，何必若此之远。当时景公之观不过曰'遵海而南，放于琅琊'而已，未闻越他国之境。"顾栋高也认可这种说法，他说道："赣榆北至曲阜有三百余里，而齐更在鲁北，齐强鲁弱，岂能屈驾至鲁之南境而与会？鲁又何苦越其国都而会齐于国之南鄙邪？"（顾栋高《春秋大事表》）

高峡平湖

关于山东淄川说，《大明一统志》上称：“夹谷山在淄川县西南三十里，旧名祝其山，其阳即齐鲁会盟之处，萌水发源于此。”这里提到了祝其，因为《左传》中称“公会齐于祝其”，《大明一统志》上认为祝其是山名，毛清均在文中引用裴骃在《史记集解》中所言，经考证后认为：祝其的本意为大簸箕，谷里的地形像一个大簸箕，故可以称为祝其。

关于山东莱芜说，顾炎武在《日知录》中称：“而《莱芜县志》则又云：‘夹谷在县南三十里，接新泰界。’未知其何所据，然齐鲁之境正在莱芜。”宣统《莱芜县志》亦称：“夹谷，连新泰县界之夹谷峪。《春秋·定公十年》‘公会齐侯于夹谷’即此。”

钱穆在《孔子传》中引用了《左传》中所言，而后明确地说“此夹谷在山东泰安莱芜县”，但未给出这种说法的依据。然我觉得

无人采摘的红柿子

既然有这样的记载，总要到当地一探究竟，故2020年12月14日，跟随刘玉林先生，由李洪武开车前往莱芜镇绿矾崖村去探看齐鲁会盟处。刘兄说他事先联系到了该村退休教师邢业友先生，因为邢先生这些年来一直在研究夹谷会盟之地。

当日天气晴好，驶入山区后，并未感受到太大的风，沿途所见有大片的柿林，颇为粗壮，树枝弯弯曲曲，上面还挂满了柿子，树下也落得一地金黄。看到这么多柿子摔裂在地上颇为可惜，李洪武说今年柿子的价格太便宜，以至于村民都雇不起采摘人，只能任其烂掉。

我们在柿子林中开行了十几公里，其面积之大可想而知，李洪武还注意到每棵柿树上都绑着古树名木保护牌。如此说来这是一片古柿林，如果动脑筋将其利用起来，岂不是很好的卖点？我们在行驶途中还看到一个面积不小的水库，这里既不缺水，又有古林木，这么好的景致，有如山中花开，不知道王阳明看到这种景致时，会不会又升华出更为深邃的哲学理念。

绿矾崖村名碑

绿矾崖村处在大山深处，两山相夹，村子沿着河边的平地而蜿蜒，而今河水清澈见底，可见当地环境保护得很好。村边的一个小广场上沿墙绘制了一些壁画，第一块竟然就是

《夹谷会盟》壁画

夹谷会盟。余外，也都是与会盟有关的场景。最有意思的是，其中一块壁画绘制的是《中国古今地名大辞典》。看来该村为了证明这里是真正的会盟地，确实下了不小的功夫。

在广场一个背风的角落，有几位村民在玩扑克牌，他们看我在这里拍照，其中一人站起来问我找谁。在进村之前，刘玉林已经给邢业友打过电话，邢先生说他在村部等候。故我回答前来找村部，此人又问我到村部找谁，刘玉林说是找村支书，此人回答说，村支书早就在村部等你们了，而后给我们指出前往村部之路。

我们穿过一座小桥，在桥的右侧看到了牌坊，牌坊为三开间四柱式，正中刻着“齐鲁夹谷会盟遗址”。牌坊之前站着两人，其中一位指挥李洪武把车停在旁边的空地上，我们下车打招呼，其中较年轻的一位是村支书，年龄稍长者则是邢业友。邢先生自称70多岁了，但看上去比实际年龄要小10岁左右。他看到我们只是微笑着挥了挥手，让我们到村部内说话，而我看到遗址后颇为兴奋，忙着赶过去拍照，可惜牌坊的方向是逆光。于是我穿过牌坊走到对面，没想到牌坊背面是空白的。

牌坊后有一条甬道，走出20余米后有一座孔子雕像，雕像的左侧有一口古井，井旁还有插辘轳的石架，可惜石架残了一耳。

等我拍照完毕后，村支书带我等前往村部。邢业友介绍说，冬天农闲期间，有时村部没人，为了节约能源，这里平时不烧炉子，听说我们要来，村支书让人特意生了火。当我们走入办公室时，里面果然充满了暖意。

以古井为标志

落座之后，邢先生开始讲述他是如何考证出这里是真正的齐鲁会盟处的。然而他浓重的乡音我大多数听不懂，于是请刘玉林先生来与邢先生交谈，并且做相应的录音，而后根据录音大致整理出了如下的对话。

齐鲁夹谷会盟处牌坊

邢业友谈到（以下简称“邢”）：经过我30多年的考证，用双重证据——《东周列国志》《左传》记载，可以确定这里才是真正的夹谷会盟处。

刘玉林问（以下简称“刘”）：有没有考古依据？

邢业友先生

邢：2009年有考古队在这里发掘过，并且这里的齐长城是我发现的，就是我在寻找夹谷会盟证据时无意间找到的。齐鲁会盟的北边应当是齐国和鲁国的分界线，所以在那里建有城墙。凡是平坦的地方长城都被拆了，被村民用作建筑材料盖房了。孔子的主要功绩就是收回来三座城，我现在找到了龟山。龟山就是云台山，就是齐、鲁两国的界山，春秋早期时，这里叫平山。在平山修筑了平王城，这是公元前601年修建的。另外我还找到了鲁长城，鲁长城在莱芜境内，从东到西有100多公里长。

刘：你发现了鲁长城，报告了有关单位，现在批下来是文保单位了吗？

邢：刚报上去，夹谷会盟选在这里，就是因为这里是鲁国的边界，因为齐国强，鲁国弱，在这里办比较放心。鲁国国君不敢到齐国参加会盟，选这里进行会盟，是因为这个地方离齐国国都二百里路，离鲁国国都大约也是二百里路，所以选择这个地方举行会盟比较合理。因此，这里符合《东周列国志》的记载，而此志的前身是《列国传》。《东周列国志》上所载有不少与《左传》相同，所以这本书还是有史料价值的。

我问到除了《东周列国志》上所载，还有没有其他的实物证据，比如说古代的碑记和刻石。邢业友回答说：“前一段时间发现了一块唐代的残碑。”他又讲述了从唐代设莱芜县的起因，以及后来改称博平的历史变迁，并且到长安四年(704)又恢复了莱芜县之称。恢复之后，又有人来到夹谷会盟处，在此立了这块碑。唐人之所以立碑，是因为此前这里还有一块碑，孔子去世后，鲁国官方派人来此立碑。唐代的这块碑虽然上面和下面都残了，但中间剩余的文字有“唯此会盟在此故”，这里修建孔子庙就是因为夹谷会盟在此。

刘：你怎么知道这块残碑是唐代的？上面有落款吗？

邢：这是中国社会科学院唐晓霞考证出来的。碑文中还谈到这座孔子庙在当时每天来祭祀的不下百人，细品此碑的文意，应该是在孔子去世之后就建立了这座庙，并且碑文说在建立孔子庙的转年，就树立了夹谷会盟碑。这说明唐代官方在此立这块碑，是转述了当年鲁国官方所立夹谷会盟碑上的所载文字。

金大定年间，莱芜县的区域发生了一些变化，为了确认夹谷会盟处，莱芜官方又来此地立了一块碑，这块碑村内的老人都见过，1960年时，这块碑被砸掉了。现在找到了一块残石，上面仅剩四个字，已经不能说明问题了。但是立这块碑的事情在《莱

依山而建的村庄

芜县志》中有记载，上面也提到了这里是春秋齐鲁会盟处。

但是，当地人只知道这里是夹谷村，却不知道这是当年的会盟处。1990年，我们学校组织大家到曲阜参观一天，我听对方介绍时提到孔子一生最大的政绩就是参加了齐鲁夹谷会盟。在孔子的坚持下，鲁国收回了失去的三地，这是伟大的功绩，所以他逝世后，鲁国才会在这里立这块碑来纪念此事。

刘：孔子庙庙址现在能够考证出来吗？

邢：就在刚才你们看到的那口井的旁边。我们当年小时候还见到过这座庙，但人们不知道这是孔子庙，仅听说本村古代叫夹谷村。本村人都认为那个庙是土地庙，2016年出土了那块碑，人们才知道那不是土地庙，而是孔子庙。

刘：那个庙有多大？

邢：庙很小，是用整块石头凿出来的，“文革”中认为这是土地庙，所以就把它砸掉了。当年金代立的那块碑就在井的西边。

刘：夹谷会盟当年所建的土台子还有没有遗迹？

邢：因为是半圆形的土台，经过2000多年的风雨，早就没有了痕迹。

刘：地址能够确认吗？

邢：能够确认，现在那一带已经变成了菜园子，没有痕迹了。《莱芜县志》上记载着夹谷会盟在此处，再加上残碑的记载，所以我有了双重证据，同时《左传》上还有记载，上面谈到了会盟处在祝其，祝其就是祝其山，但这两个字形容不出山的形貌特征，本应该是柱齐，《左传》上是根据同音字写出来的。经过我详细的考察，这一带的山各自有名称，东边青龙山，西边凤凰山，北边有龟山，夹谷村附近的山都有名称，唯有东南方向的这座山上像是有两个石柱，并且这两个石柱一样高，一样高的石柱就是柱齐啊。当年顾炎武来这里找祝其山没有找到，就是因为“祝其”二字形容不出山是什么样。祝其山就在夹谷的东侧。

在交谈的过程中，村支书不断地给炉子加炭，我大多数时间插不上嘴，只能观看村部内的设施，但是在这里没有看到介绍夹谷会盟的文字。

在采访的过程中，邢业友谈到该村专门建有会盟纪念馆，我一直想到那里看看相关情形。采访结束后，村支书及邢业友带领我等穿入村中，我看到这里有不少用石块砌起的老房子，它们透显出

石砌老房子

的韵味，远比村里新盖的砖瓦房好得多。在向阳的一面，有些村民蹲在墙根晒太阳，此情此景让人感觉不到时光的流逝。

在村中看到一座小庙，门旁的刻石上写着“白衣庙记”，旁边还有一块石头，上面刻着“创修白衣观音行宫助缘信女”，可见这是一座佛寺，此寺的后方有一院落，院门上挂着“绿矾崖村史馆”的匾额。村支书打开锁，我等走入院中，这个院落100多平方米，地面未硬化，院内仅两座平房，房的外立面未做涂装。

我们先进入第一展室，在此看到了线描的孔子庙图，上面写明该庙于1969年被拆除。但是从所绘的情况看，那座庙下面的台基是砌起来的，也许上面的庙体是用整块石头雕造而成，这样的庙还真没见过。此图的右上角画有井的示意图，可见原来的夫子庙处在那口古井的左侧。

在第一展室内看到了一张放大的照片，这就是邢业友所说的唐代残碑，他站在这里又向我们详细讲述了该碑上残存文字的重要性。另外，我们在这里还看到了邢先生所发现的鲁长城照片。

之后我们又参观了第二展室，这里面放着一些手工农具，还有

拆除前的孔庙示意图

几盆绿植，这间房屋内十分阴冷，盆栽之物仍然活着，其生命力之顽强也令我感慨。第二展室主要是该村的近代史，里面既有英雄照片，也有当今考上大学的学子照片。这样一座小小的村落，有这么多值得骄傲的历史。我跟刘玉林感慨说，如果每个村都有像邢业友先生这样的人，那么很多被历史掩埋的重要事件就能被发掘出来，也能被后人所铭记。

虽然说有多地都自称是夹谷会盟之地，究竟哪一个是真的，学界对此争论不休，但是这样的争论正说明了人们对历史的重视，也说明了今人对孔子的崇敬，所以不管这种争论孰是孰非，有这样的争论在正是令人欣喜之处。

泉林：子在川上处

《论语·子罕》云："子在川上曰：逝者如斯夫，不舍昼夜。"这句话太有名气，以至于后世不断地引用和吟唱。早在汉代，董仲舒所写的《山川颂》中就引用孔子的这句话来印证他的感慨："水则源泉混混沄沄，昼夜不竭，既似力者。盈科后行，既似持平者，循微赴下，不遗小间，既似察者。循溪谷不迷，或奏万里而必至，既似知者。障防山而能清净，既似知命者。不清而入，洁清而出，既似善化者。赴千仞之壑，入而不疑，既似勇者。物皆困于火，而水独胜之，既似武者。咸得之而生，失之而死，既似有德者。孔子在川上曰：'逝者如斯夫，不舍昼夜。'此之谓也。"

董仲舒的这篇赋，上篇咏叹大山的高耸挺拔，下篇则描绘水流的源源涌出，他说江河之水的来源是山上的小溪，这些溪流穿越山谷，勇往直前地奔向大河，它们不为任何障碍所阻，像接到命令似的必达目的地。有些污浊的水在流动的过程中也渐渐变得清洁，这有如一种质的转变。万物全被火所困，唯有水能战胜火，万物因水而生，失去了水就会死亡，这正是水之德所在。而在此文的结尾，董仲舒正是用了孔子的这句话，来总结他所撰此文的主题思想。

宋郭茂倩编撰《乐府诗集》中有《石流》篇：

> 石上流水，湔湔其波。发源幽岫，永归长河。瞻彼逝者，岁月其偕。子在川上，惟以增怀。嗟我殷忧，载劳寤寐。遘此百罹，有志不遂。行年倏忽，长勤是婴。永言没世，悼兹无成。幸遇开泰，沐浴嘉运。缓带安寝，亦又何愠。古之为仁，自求诸己。虚情遥慕，终于徒已。

此文也谈到了孔子在川上的感叹，《艺文类聚》中所收李尤的《经桡铭》同样引用这句“子曰”：“瞻之在前，忽焉在后。进新习故，不舍于口。子在川上，逝者如斯。及年广学，无问不知。”余外，还有太多太多引用之语，这些都说明了孔子的这句感叹能够引起后人的共鸣。每当人们感慨岁月流逝时，都会不由自主地吟诵他老人家的这句话。

孔子所站的“川上”具体在哪里，后世有不同的说法。说法之一是孔子站在洙水之滨，也有的说是泗水之滨，还有一种说法是站在曲阜城南沂水河边，第四种说法则是站在尼山上，第五种说法则为徐州之吕梁洪，第六种说法则是泗水县的泉林景区。

对于这些说法，较为集中者，首先是尼山夫子洞小山顶上建的那个观川亭，我去朝拜夫子洞和尼山书院时看到了那个小亭子，然而站在亭前四望，看不到任何的河川溪流，也许地质变化使得当年的溪流已经了无痕迹。但泗水泉的泉林景区至今还水流汹涌，并且历代有许多名人咏叹此处景色之佳。

关于泗水的情况，车吉心主编的《齐鲁文化大辞典》中有如下概要：“泗水发源于泗水县陪尾山。西流经泗水、曲阜、兖州，折南至济宁东南鲁桥镇入南四湖。古泗水自鲁桥以下，南流经江苏省沛县东、徐州市东北，东南流至清江市西南注入淮河。自传说大禹治水起，至北宋止，泗水一直为山东通向江浙的重要航道，对南北文化、物资交流起了重要作用。金后自徐州以下一段为黄河所夺。元后，鲁桥、徐州一段，成为京杭运河的一部分，泗水之称，从此即局限在上游鲁桥以上一段。明隆庆、万历间，先后在湖东开新运河，下接泇河以通运。沛县至徐州一段故道，不久即淤为平地。清咸丰五年（1855年），黄河北徙，金、元以来为黄河所占夺的徐州以下一段故道，亦淤废。此后，泗水中、下游便与运河合流。”

泉林景区门前广场

因为泗水一直流到了徐州，这也就是第五种说法的来源，但徐州一段为下游，现已被淤为平地。泗水的发源地则是泗水县的陪尾山，而今那里依然名为泉林景区，并且那里还有乾隆御书的“子在川上处”碑。故而，我觉得将那里确认为孔子川上之叹地较为靠谱。

2019年12月14日，我从曲阜乘小韦的出租车前往泗水，出去府城一路向东，沿途全是平原，1个多小时后，进入泗水县城。此地距我在曲阜所住酒店有100余公里，但因路面情况较好，一路极为顺畅。

泉林景区很好找，因为导航上标有明确的地点，我们把车停下后，步行走到景区门口。从外观看上去，这里建造得像一座行宫，红墙黄瓦，颇有皇家气派。当年乾隆皇帝九次驻跸于此，所以这里建有一处行宫，后来行宫荒废了，眼前所见乃仿制的建筑。

因为景区处在主干道的路边，故纵向无法拓展成大的广场，横向修成了专用的绿化带和停车场，从停车场走到大门口有200多米的距离。沿途在路边看到几方侧倒的玉玺造型，其中之一的印文是“受命于天，既寿永昌”，这是李斯为秦始皇所刻的传国玉玺之文，将此玺仿制于此，不知有何意义。毕竟这

侧倒的传国玉玺

方玉玺后来失踪了，康熙皇帝和乾隆皇帝都没见过此玺。这方仿制玉玺印钮上的那个神兽仰面朝天地躺在那里，姿势虽然很难受，却可以让过路的人能看清印文。

我来此的目的很明确，主要就是想看看那块“子在川上处”碑。我买票进入园中，先在示意图上寻找一番，示意图上没有标出这个著名景点，而景区的尽头就是行宫遗址，遗址则为陪尾山。看来景区占地面积巨大，如果在里面胡乱寻找，不知要耽误多少时间，于是转身回到售票处问工作人员此碑所处的位置。对方立即告诉我，一直前行，就在趵突泉旁。

趵突泉不是在济南吗？我的疑问让工作人员略感不满，他说这里才是正根。我又想起之前所查资料，上面都说泗水的发源地在陪尾山，但站在景区高台阶上向内望去，却看不到园内有山。工作人员肯定地告诉我，往里面走就看见了，而我找的那块碑就在陪尾山脚下。

谢过工作人员，我一路向内走去，在路边又看到一个告示牌，上面描绘的是当年泉林景区行宫的风貌，可惜我来到此处时，已然看不到当年的恢宏场景了。但是沿途看到很多破碎的太湖石，这一定是当年园林假山上的旧物，看到它们被人当成了砌墙之物，还是不由得感慨一番。

示意图上标出了陪尾山的位置，于是我找准方向继续向前走，四围的景色只能以荒凉来形容。我来的不是时候，院中所见大多是干枯的荒草。虽然园林修复者又种植了一些松柏，但这些树长得太慢，面对萧飒的冬景，它们也无力回天。

向前再走二三百米，又看到一座古石桥，桥下的水清澈见底，

古石桥

更为难得的是，水中长满了翠绿的水草。在数九寒天中这里的水看不到一丝冰凌，于是我用手指试探了一下水温，感觉并不冰手，看来这果真是地下水，有地温的加持，水才不会那样凉。

一路上所见有多个大水池，河边的垂柳并未受水温的影响，枝条上看不到一丝的绿意。虽然景区内很空旷，但并无凉风吹来，我站在水边心情不悲不喜，突然之间产生一种倦怠感，便找了一块巨石坐下来，只是望着眼前平静的水面，而我沉思时间可能有些长，小韦忍不住提醒我，等找到要看的碑后再休息。

前行不远，在路边看到了指示牌，第一个就是在川处，想来这是我此行的寻访目标所在，下面还标着珍珠泉、黑虎泉等名泉，这些名泉我在济南都看到过，济南距此有二三百公里的路程，难道这些泉有地下暗河相通？

再往前走，我看到了一个面积不小的广场，广场右侧有个新做

子在川上处碑

的仿古小亭，亭后的土坡上立着一块碑，上面刻着的正是“子在川上处”。见此让我有些兴奋，终于找到了目标，而后转到此刻石背面，上面用双钩方式刊刻着乾隆皇帝写的一首诗：

泉林子在川上处，成诵髫龄记忆明。
五十望墙犹未入，东西归蹙又逢晴。
门庭熟路无须问，轩榭前题有若迎。
胜地良辰扶翠辇，高年憩赏足娱情。

此诗的落款为“乾隆壬午春正月下浣”，此乃乾隆二十七年（1762）所写。乾隆皇帝对泉林景区颇为喜爱，他歌咏此景区的诗作多达118首，比如他还写过一首在川处的诗：

泛海犹然来往续，印心何异镜开奁。
千秋川上徘徊者，谁解宣尼道体拈。

我在这里探看一番，仅找到乾隆皇帝刻在此处的这一首诗。继续在这里探看，那个陪尾山实在是太小，估计高度超不过20米。而今余在此山的建筑仅有那个观泉亭了，此亭乃新建，但从环境看，应当是处在原亭的旧址，看来孔子就是站在小亭的这个位置发出了那句著名的感慨。

站在亭内向前方望去，前方10米左右有用石条砌起来的河渠，河渠内的水从地下冒出来，水势果真很汹涌。吴济夫所撰《子在川上处——泉林》一文给出了这样的数据："泉林所在的陪尾山东靠蒙山，北依徂徕山，地质结构特殊，岩层储水丰富，诸泉透过石灰岩、砂岩断层喷涌而出，水源充沛稳定，涌流量每秒1.3立方米，昼夜总涌水量为8万—12万立方米。"

站在水边下望，水流十分干净，如果将其灌装入瓶，其水质应该在瓶装水的质量之上。这样的比较虽然有些功利，但久处水资源匮乏的北京，现在看着这些白花花的水就这样流走了，还是觉得有一些浪费。

陪尾山对面是高大的御碑

陪尾山的对面有一块高大的御碑，碑上所刻乃康熙皇帝第一次来此游览时所作的《泉林记》。他在此记中写道："岁之冬月，舆卫北还，抵于泗水东境，距其县治五十里。陪尾山之阳，众泉出焉。石窦嶜岈，清流荡潏，下合沂泗，远波悠然，相传为子在川上处云。旁有古寺，厥名泉林；陂阤幽旷，树木茂密……"

康熙皇帝也说这里是子在川上处，而该碑背面刊刻的则是乾隆二十一年（1756）乾隆皇帝首次来到泉林时所写的《泉林二首并记》。

御碑的侧旁有一棵高大粗壮的银杏树，旁边的介绍牌称此树有1500多年的树龄，南北朝时这里建造了一所泉林寺，此树乃当时所种。想来康熙皇帝和乾隆皇帝在此居住时都会仰望这棵高大的银杏树，但树龄再长也无法接续上2500多年前的孔子。然而这棵银杏不

银杏树

景区内的古碑

同凡俗，其不仅年岁大，介绍牌上还说："相传该株银杏树为泰山碧霞元君之化身，当地百姓多为子嗣祈福，求子、求学、求姻缘。每年正月十五日、三月二十八日庙会，成群结队的人到此祭树，求得福寿安康，风调雨顺，五谷丰登。"

可惜我来的时日不对，无法目睹这样的盛况。我在此树前看到了一堆瓷像，看造型是各种神仙，密密地挤在一起，没有摆列开，他们身上披的红斗篷也掉了色，想来赶上那两个节日时，有人会给他们换上新斗篷。这些瓷像摆在一个古老的石座上，石座前有一块新刻石，上书"天官君星在"。

佛像右侧的空地上还有几块石碑，但没有康熙御碑那么高大，阳光将树影投在碑面上，显现出一种迷离感。当年李白跟杜甫似乎也在这个景区内游览过，当杜甫离去时，李白写了首《鲁郡东石门送杜二甫》：

醉别复几日，登临遍池台。
何时石门路，重有金樽开。
秋波落泗水，海色明徂徕。
飞蓬各自远，且尽手中杯。

看来这两位大诗人在此喝了几顿大酒，也把景区内的池台栏杆阅遍，他们看着秋水流逝，于是有了一番感慨。我来的时段比他二人晚了一个季节，但因为这里泉水温度高，也能看到泗水之源奔流不息的景象。当年乾隆皇帝观看泉水之逝时，也想到了泗水之源不舍昼夜地离去，于是作了首七绝《泉源》：

四泉流作泗河源，乳窦灵根今古翻。
混混从无舍昼夜，是之取尔子舆言。

但是这样的感慨总让人觉得太过沉重，这就如我刚才坐在石头上不悲不喜地看着泉水时的心境，相比较而言，我更喜欢白居易的那首《长相思》：

汴水流，泗水流，流到瓜州古渡头。吴山点点愁。
思悠悠，恨悠悠，恨到归时方始休。月明人倚楼。

不清楚白居易是否来过泉林景区，但他既然写到了泗水，就应当知道孔子的感慨处在这里，但他能化感慨为思念，写出这样脍炙人口的一首词。但这首词还是有着点点愁意，远不如朱熹的那首《春日》：

胜日寻芳泗水滨，无边光景一时新。
等闲识得东风面，万紫千红总是春。

残碑断碣

一向板着面孔的朱夫子，竟然能写出这等欢快之诗，看来那天心情很不错。然而我在景区内继续探访时，看到了许多残破的石构件，这种景况让我想象着它们当年遭受到怎样的粗暴待遇。一切终将会逝去，活在当下是何等之重要。等到春天时，我再来体会朱熹子所说的万紫千红吧。

卫灵公家：南子的艳闻

卫灵公生年不详，去世于灵公四十二年（前493）。关于他的出生及名字，《史记·卫康叔世家》中有如下一段描绘：

> 初，襄公有贱妾，幸之，有身，梦有人谓曰："我康叔也，令若子必有卫，名而子曰'元'。"妾怪之，问孔成子。成子曰："康叔者，卫祖也。"及生子，男也，以告襄公。襄公曰："天所置也。"名之曰元。襄公夫人无子，于是乃立元为嗣，是为灵公。

当年卫襄公有位小妾很受宠幸，她怀孕后梦见有人自称康叔，告诉她会生个儿子，此子将做卫国的国君，并且告诉她要给这个儿子起名元。妾醒后感到惊讶，于是向孔成子讲述了这件事。孔成子告诉她说：康叔是卫国的始祖。等此妾生下一个男孩后，襄公认为这是上天的安排，于是给此子起名为元，因为襄公的夫人没有生男孩，于是就把元立为了嫡子。襄公九年（前535），卫襄公去世了，元继位后就是卫灵公。

卫灵公三十八年（前497），孔子来到卫国，灵公按孔子在鲁国任职时的工资标准给他发俸禄。孔子周游列国去的第一个国家就是卫国，卫灵公能给他这样的待遇，说明他对孔子颇为看重。但后来双方发生了矛盾，孔子便带领弟子们离开了卫国。因为后来发生了匡人围困事件，孔子又想回到卫国。《史记·孔子世家》记载："孔子使从者为宁武子臣于卫，然后得去。"

看来孔子为了二次前往卫国，还想了个小办法，他先让身边的一个人到卫大夫宁武子的家中去工作，通过这层关系，使他解了匡人之危。对于后来的情况，《史记·孔子世家》中又写道：

> 去即过蒲。月余，反乎卫，主蘧伯玉家。灵公夫人有南子者，使人谓孔子曰："四方之君子不辱欲与寡君为兄弟者，必见寡小君。寡小君愿见。"孔子辞谢，不得已而见之。夫人在絺帷中。孔子入门，北面稽首。夫人自帷中再拜，环佩玉声璆然。孔子曰："吾乡为弗见，见之礼答焉。"子路不说。孔子矢之曰："予所不者，天厌之！天厌之！"居卫月余，灵公与夫人同车，宦者雍渠参乘，出，使孔子为次乘，招摇市过之。孔子曰："吾未见好德如好色者也。"于是丑之，去卫，过曹。

孔子离开匡地，前往一个叫蒲的地方，在那里待了一个多月，还是返回了卫国，寄居在蘧伯玉家。卫灵公有个叫南子的夫人，她派人跟孔子说："各国的君子，凡是愿意跟卫国建立友好关系者，必定会派人来见我，而我也愿意接见他们。”因为孔子早就听闻南子有不好的名声，他想谢绝此事，但经过一番考虑，他还是前去见南子。

南子接见孔子时，特意做了个帷帐遮挡一下，孔子进门后，就冲着帷帐行礼，南子也在帐中回拜，因为她佩戴了很多首饰，孔子能够听到那些玉器发出的撞击之声，以此推测出南子回了两拜。

南子接见孔子时谈了什么或做了什么，各种文献未见记载，司马迁也未着一字，于是给后世留下了很大的想象空间。但司马迁记载了孔子回来后与子路的对话，孔子解释说：我本来不愿意见南子，现在既然不得已见了，那就应当还她的礼。子路对此事很不高兴，孔子跟他指天画地发誓说：“我若做了什么不对的事，上天一定会厌弃我！一定会厌弃我的！”

此后孔子带着弟子在卫国住了一个多月，某天卫灵公与夫人南子同乘一辆车，由宦官陪伴左右出宫，而后让孔子坐在第二辆车上跟从，他们招摇过市，很是拉风。此事亦记载于《孔子家语》中：“灵公与南子同载，孔子载副车，招摇过市。卫人歌之曰：‘同车者色耶，从车者德耶。’”面对此况，孔子很生气，他说从来没有见过有人喜好道德能像喜好美色这样。于是孔子开始厌恶卫灵公的所作所为，而后离开卫国前往曹国去了。

司马迁的这段记载颇具戏剧性，《史记》果然如鲁迅所言，乃“无韵之《离骚》”，这部书既是历史史实之记载，又是一部精彩的文学作品。其实孔子见南子这段事，在《论语·雍也》中也有记载，原文仅如下几个字：

子见南子，子路不说，夫子矢之曰："予所否者，天厌之！天厌之！"

尽管司马迁发挥出了那么大一篇文章，但是后来研究这段事的人大多还是根据《论语·雍也》中的这段话，虽然此话很短，但涉及多个问题。从大的版块来说，可分为三节，一是孔子去见南子，二是子路对这件事不高兴，三是孔子给子路发誓他没做坏事。当然这三件事之间都有必然联系。

南子是春秋时期著名的美女，她本是宋国的公主，但各种文献上都说她"美而淫"，主要原因是说她与自己的哥哥公子朝私通。南子后来嫁给了卫灵公，卫灵公对她十分宠爱，颇让人匪夷所思的是，卫灵公知道南子与公子朝之间的关系，他不但不生气，还想办法成全他们。因为卫灵公多次邀请公子朝来卫国办公事，以便创造机会让其与南子私会。

卫灵公为什么这么大度，这事不好说，一者可能是胸怀宽广，二来还有一个原因，便是卫灵公宠爱一位名叫弥子瑕的男宠。《韩非子·说难》载："异日，与灵公游于果园，食桃而甘，以其余献灵公。灵公曰：'爱我忘其口味以啖寡人。'"

某天，弥子瑕陪卫灵公到果园游玩，弥子瑕伸手就摘下一个蜜桃食用，当他吃到一半时，想起了身边的卫灵公，于是把另一半递给卫灵公让他同享。卫灵公很高兴，夸赞弥子瑕说你能忍住馋把可口的蜜桃让给我，这是对我的真爱。

这就是著名成语“断袖分桃”中的分桃故事，可见卫灵公确实有龙阳之好，但他同时也宠爱着南子，用今天的话来说，灵公应当是双性恋。

想来卫灵公和南子在生活上口味独特，超越了大多数人能够接受的下限，于是大家对他二人议论纷纷。孔子当然听闻过这些事，这正是他踌躇于见不见南子的原因。为什么要踌躇呢？之前孔子在匡被围，周游列国并不顺利，虽然卫灵公私德有问题，但是他对孔子不错，比如《史记·孔子世家》中载：

> 卫灵公闻孔子来，喜，郊迎。问曰：“蒲可伐乎？”对曰：“可。”灵公曰：“吾大夫以为不可。今蒲，卫之所以待晋楚也，以卫伐之，无乃不可乎？”孔子曰：“其男子有死之志，妇人有保西河之志。吾所伐者不过四五人。”灵公曰：“善。”然不伐蒲。

卫灵公听说孔子前来卫国，十分高兴，亲自到郊外迎接。可见，他是真心尊重孔子的。当然卫灵公也有具体的事情要请教孔子，因为他知道孔子在蒲住了一段，所以问孔子那个地方是否可以讨伐，孔子说“可以”。这种回答可能让卫灵公有些意外，他说卫国的大夫都告诉他不可以讨伐，因为蒲乃防御晋、楚两国的屏障。孔子告诉卫灵公，蒲地的男子是何等效忠卫国，而当地的女子也想保卫她们的家园，孔子说应当讨伐的人只是四五位叛乱的头领罢了。卫灵公闻言后认为孔子说得好，但没有去派兵讨伐蒲。

且不论卫灵公有没有采取孔子的意见，至少这段事足以说明卫灵公对孔子很看重，否则的话，就不会征求孔子的意见。想来孔子也知道卫灵公看重他，这正是孔子回到卫国的主要原因。

孔子来到卫国当然是想在此实现自己的理想抱负，要做到这一点，必须通过国君。卫灵公宠爱南子，而今南子要接见他，孔子当然可以拒绝。拒绝的结果就会使得自己无法实施抱负，这应当就是他踌躇之后还是去见南子的原因。

问题是，南子为什么要见孔子呢？按照司马迁的说法，那时的南子左右着朝政，各国政要来到卫国时，她都要见一见，所以她才给孔子传那段话。但是司马迁没有记载下来她见到孔子之后说了些什么，给后世留下了足够大的想象空间。比如有人认为南子与公子朝之间的事令太子蒯聩很生气，于是蒯聩在一次宴会上安排刺客准备刺杀南子，后来那位刺客反悔了，无论蒯聩怎么给他使眼色，他都不动手。南子看出了蒯聩的企图，立即跑到卫灵公的身边说蒯聩要杀她。蒯聩见事情败露，只好逃亡到宋国，后来又去了晋国。

南子明白蒯聩出逃后，终有一天会回来，她担心被秋后算账，所以要寻找更多的支持者，而孔子为人选之一。清王崧在《说纬》中则认为，南子急着要见孔子，更多的是为了保持自己的地位："然《史记》舛误最多，揣其情事，当在出公辄时。辄之立，南子主之。晋赵鞅纳蒯聩于戚，与之争国。辄恐其位不固，欲用孔子以镇服人心，故子路有'卫君待子为政'之言。"

这种说法只能是猜测，因为没有任何史料佐证，但这不失为一种可能。如果这种推论能够成立的话，南子与孔子相见，两人各有各的目的。但问题是子路为什么对此事不高兴呢？难道他不明白老师的良苦用心？因为《论语》和《史记》上都是同样四个字：子路不说。何以解之，后世阐述出各种意见。对于孔子为什么向子路发誓，也同样各有各的说法。

从总体上来说，这些后世阐述绝大多数都是站在维护孔子的名誉角度来解读，因为南子的声誉太差了，孔子去见这样的人，显然有损光辉形象，于是爱护他的人纷纷做出维护式的解读。而最直接的办法，就是否认孔子去见过南子，《孔丛子》中的一段话就持这种观点：

> 平原君谓子高曰："吾闻子之先君亲见卫夫人南子，又云南游过乎阿谷，而交辞于漂女，信有之乎？"答曰："士之相保，闻流言而不信者，何哉？以其所已行之事占之也。昔先君在卫，卫君问军旅焉，拒而不告。色不在己，摄驾而去。卫君请见，犹不能终，何夫人之能觌乎？古者大飨，夫人与焉，于时礼仪虽废，犹有行之者。意卫君夫人飨夫子，则夫子亦弗获已矣。"

平原君问孔子弟子高柴，听说你老师亲自去见过南子，真有这事吗？高柴没有正面回答，他只是说老师在卫国时，卫灵公问他军旅之事，老师拒绝回答，卫灵公不断地问，老师就驾车而去。高柴的意思是，您看卫君跟他谈事，他都能离席而去，更何况卫君的夫人想见他。

这段叙述中，高柴从根本上否定了孔子见南子之事，但他给出的论据是孔子跟卫灵公的另一件事，以此否彼，似乎构不成因果关系。更何况，《论语》《孔子家语》《扬子法言》《淮南子》等许多书中都载有此事，想把此事彻底推翻，显然不容易。

于是有人想出了另一种解释：孔子见的是男人而非女人，那就是孔子所见的南子不是卫灵公夫人，南子指的是南蒯。宋孙奕在《示儿编》中持这种主张，他说南蒯是季孙氏的家臣，后来占据费邑以叛季氏。看来这位南蒯虽然是男的，但人品也有问题，孔子为什么要见这样的人呢？孙奕认为这就如同孔子去见公山弗扰一样，因为公山弗扰也是叛臣。

此后何孟春《余冬序》、焦竑《焦氏笔乘》、顾起元《说略》等均持这种观点。但王应麟在《困学纪闻》中反驳说："以《传》考之，昭公十二年南蒯叛，孔子年方二十有二，子路少孔子九岁，年方十三，其说凿而不通矣。"

王应麟考证出南蒯去世于鲁昭公十二年（前530），当时孔子才二十二岁，子路十三岁，他们两人不可能为见南蒯事有什么争论，更何况如果孔子见的是南蒯而非南子，子路有什么不高兴的呢。

既然否定不了孔子见的是南子，那么另一些学者就要解释通孔子去见国君的夫人是合乎礼制的。朱熹就持这种观点，他在《论语集注》中说："古者仕于其国，有见其小君之礼。"

朱熹认为在古代时，如果士大夫出仕于某国，是有见国君夫人之礼。其言外之意，孔子去见南子，是合乎礼法的。但是，他没有给出这种说辞的依据。为此，清初毛奇龄抓住这一点来反驳他：

卫神灵国君碑

"古并无仕于其国见其小君之礼，遍考诸《礼》文，及汉、晋、唐诸儒言礼者亦并无此说，惊怪甚久。及观《大全》载朱氏《或问》，竟自言是于《礼》无所见，则明白杜撰矣。"

毛奇龄很认真，他查了各种历史文献，都没有查到朱熹所说的古已有之的做法，所以毛奇龄认为，这种说法是朱熹杜撰出来的。朱熹在《论语或问》中还谈到了古大飨之礼的问题，也就是举行大飨时国君之妇也参加。毛奇龄经过查证，也没有发现这种说法的出处。更何况，如果孔子见南子是合乎礼法的，那么子路还有什么理由不高兴呢？孔子又为什么要指天画地地跟子路发誓呢？

这件事困惑了后世学者两千余年，比如清赵翼在《陔余丛考》中直接说："《论语》惟'子见南子'一章最不可解。"可见他并不满意前人对此的各类解释。赵翼接着说："圣贤师弟之间，相知有素，子路岂以夫子见此淫乱之人为足以相浼而愠于心？即以此相疑，夫子亦何必设誓以自表白，类乎儿女之诅咒者？"

赵翼认为孔子与他的弟子相互间很了解，既然那样的话，子路为什么因为老师见淫乱的南子而不高兴呢？同时，孔子为什么要在那里发誓表白，而这种发誓方式又那么接地气。

看来这的确是个问题，于是后世就从训诂上来做新的解释，把

“孔子矢之曰”的“矢”字解释为誓，但是老师向弟子发誓，显然也难以说通，于是又有人就把“矢”字解释为陈，这样的话，就可以把发誓改为陈述。孔子向子路陈述一件事，就变得很正常了。

接下来要解释孔子在发誓时先说的那句，也就是解释“予所否者”或“予所不者”中的“否”或“不”字究竟是何意。钱穆在《论语新解》中给予了如下总结：

> 否字各解亦不同。一曰：否谓不合于礼，由于道也。孔子对子路誓曰：我若有不合礼，不由道者，天将厌弃我。一曰：否，乃否泰否塞之否。孔子对子路曰：我之所以否塞而道不行者，乃天命厌弃我。盖子路之不悦，非不悦孔子之见南子，乃不悦于孔子之道不行。至于不得已而作此委曲迁就也。故孔子告之云云，谓汝不须不悦也。一曰：否，不也。孔子指天而告子路，曰：我若固执不见，天将厌弃我。细会文理：仍以第一说为是。

钱穆总结出一种解释方式，认为“否”是不合于礼的意思，根据这种训诂方式，可以把孔子的发誓解读为：我若有不合于礼、不合于道的事情，上天将厌弃我。第二种解释则认为“否”是困厄之意，孔子对子路说：我之所以困顿而难推行我的道，这是由于上天厌弃我。如果按这种解读方式，就可以说明子路不高兴不是因为孔子去见南子，而是因为他感叹于老师的思想得不到推行，而孔子告诉他，你用不着为这个不高兴。还有一种解释认为“否”乃“不”

之意，孔子指着天说：我若坚持不去见南子，天将厌弃我。

钱穆列举了三种之后，认为第一种更接近于事实。赵翼也持这个观点，他在《陔余丛考》中说：“窃意子路之不悦，与‘在陈愠见，君子亦有穷乎’之意正同，以为吾夫子不见用于世，至不得已作如此委曲迁就，以冀万一之遇，不觉愤悒侘傺，形于辞色。子乃直告之曰：予之否塞于遇，实是天弃之而无可为何矣。”赵翼认为：“如此解似觉神气相贯。”

相比较而言，刘宝楠在《论语正义》中把前人的这些观点综合起来，替孔子做出了较为完美的解释：

> 窃谓南子虽淫乱，然有知人之明，故于蘧伯玉、孔子皆特致敬，其请见孔子，非无欲用孔子之意，子路亦疑夫子此见为将诎身行道，而于心不说，正犹公山弗扰、佛肸召，子欲往，子路皆不说之比。非南子淫乱而有此疑也。夫子知子路不说，故告以予若固执不见，则必触南子之怒而厌我矣。天即指南子。

刘宝楠认为南子虽然淫乱，却有识人的才能，所以对遽伯玉、孔子特别尊重，南子召见孔子，也有重用孔子之意。子路怀疑孔子因此屈身就道，成为南子一派的人，故感到不高兴。这就正如公山弗扰、佛肸召见孔子，孔子前往时，子路都不高兴一样。因此，子路的不高兴，不是怀疑老师跟南子有其他问题。而孔子向子路发誓，是说如果我坚持不去见南子，必然会引起南子之误而厌恶我，所以孔子发誓时说的两个“天厌之”，这里的“天”字指的是南子。

经过这样一解，孔子的高大形象得以维护，但是整部《论语》中唯一沾色的一段话，就被这些学者解读没了。如此解读方式，令很多人不爽，于是在20世纪20年代，林语堂编了一出名为“子见南子”的独幕剧。司马迁描绘孔子见南子的那一段尽管很详细，但一个字也没谈到南子的长相与衣着，林语堂当然要在这里补上：“南子出来在锦帘后就座，隐约可见一副粉白的小脸，头上留着高高的卷形髻发，额前留髦，两旁鬓垂，鬓下一对重叠耳环，身穿蓝绣服，备极富丽。”

在此剧中，南子讲到她许多的设想，比如要创建六艺研究社，她请孔子来指导此社，每半月开会一次，并且说“茶点一切，由我尽义务供给”。同时南子还提出男女同学问题：“我个人一定加入，

卫灵公冢

也必定请几位姑姊妹加入，男女同学，一来节省先生的时间，省得另教我们一班妇女；二来对于茶点一切，我也可以躬亲照料，省得难免有照应不周，包你甜淡酸辣，都能适中，寒热冷暖，无不相宜。”

剧中的孔子对这种提议先表示沉默，不得已时又说：“男女有别，这是三代相传，周公制定的。”同时还要求学生的服装要穿得整齐一点。

在这出剧中，南子一直在开导孔子：“我想饮食男女，就是人生的真义，就是生命之河的活源，得着这河源滚滚不绝的灌溉，然后人生能畅茂向荣。男女关系是人之至情，至情动，然后发为诗歌，有诗歌然后有文学。”孔子受到了很多感染，他感慨说：“行年五十六，到今日才明白艺术与认识人生。是的，这才是真正的诗，真正的礼，真正的乐。”

此剧上演后，引起了孔氏后人的不满，他们到法院状告上演此剧的山东省立第二师范学校，致使该校校长被撤职。这件事在社会上也引起不小的轰动，可见人们对这段故事是何等之有兴趣。

遗憾的是，而今已查不到南子墓在哪里，如果能去探看她的墓，我想在其墓前会以八卦的心来观察她墓上的一草一木。历史没给我这类人留下这样的机会，但卫灵公墓留了下来，惠民地区地方史志编纂委员会所编的《惠民地区风物综览》中有张传华撰《卫灵公冢》一文，该文称：

卫灵公冢位于高青县高城镇卫灵公村北，现封土高约7米，周长135米。据《高苑县志》记载，该冢世代相传叫“卫灵公冢”，冢前的“卫灵公村”即因此得名。明、清两代，冢前有“卫灵公庙”，每岁有庙会，香火颇盛。

卫灵公村

2020年12月13日，在刘玉林先生的带领下，由李洪武开车，我们前往淄博市高青县卫灵公村。跟着导航开到了该村附近，这一带看过去，已变成了宽阔的街区，完全看不到古墓，想找人打问，沿途却看不到行人，于是请李洪武开车慢慢前行。

无意间注意到街面上有个灵公馒头副食超市，看到“灵公”二字令我很兴奋，于是立即下车拍照。猛然间从店内冲出来一位男士，一脸警惕地问我为什么要拍照，刘玉林马上向他解释我们是来找卫灵公墓，因为找不到墓也看不到村牌，所以他同车的这一位看

斜阳古冢

到“灵公”二字就兴奋了起来。那位店主奇怪地看了我一眼，可能觉得我是神经病，不欲计较，转身回店了。但我觉得没有达到目的，尾随入店，问他卫灵公冢在哪里。这人看我说话还算正常，于是又转身出店，用手向东一指：“你往前走206米，见到一条小道，一直往前开就看到了。”

李洪武感慨于这位店主给出的数据如此精准，于是按他所言边走边看手机导航上的距离，果然在差不到2米时看到前方有一条窄窄的村路。我注意到拐弯处有一家单县羊肉汤，于是跟刘玉林提出回来时到这家吃饭。刘兄很有耐心地跟我说，时间还早，你再忍忍，我们争取到一个城镇吃饭。

沿此路北行，不足200米后驶到了村外，在一片田野中看到一高冢，走到近前，看到了卫灵公墓文保碑。

冢上长了些杂树和荒草，此刻已经下午4点，斜阳照在上面，有一种说不出的苍凉。我不清楚南子是否也合葬于此，墓的周围都拉起了铁丝网，只能围着这座土冢东看西看。在其西侧看到一块新刻的卫神灵国君碑，下面还刻着卫灵公的生平。看来当地人已经把他奉为神灵，碑下的空地上还有祭祀后焚烧的痕迹。

正在此时，一位妇女走了过来，很严肃地问我们来干什么。刘玉林向她解释说来寻找卫灵公墓。她继续追问为什么要找此墓，我说想知道南子是否也在里面。妇女闻言脸露不快之色，她说卫灵公当然是男的。

刘玉林马上向她解释一番，我以恶作剧的心态看刘兄如何能够跟这位妇女讲清这段历史，果然那位妇女听不到一半就打断了刘兄的话，说他们附近的人都很崇敬卫神灵，每到初一、十五有很多人

锄地的村妇

来此祭拜。刘兄问她为什么当地人这么崇拜卫灵公，妇女回答说："他是灵君啊，当然很灵了。"这句回答令人绝倒。

站在斜阳下，望着这个大土冢，想象着卫灵公与南子当年的琴瑟相和，这是何等奇葩的一对，虽然历史上对他们有各种各样的评价，但他们在身后依然帮助着乡人。张传华在文中写道："该冢昔日规模甚大，清光绪二十一年（1895年）黄河泛滥成灾，水淹卫灵公村，该村200余名村民为避水害，皆聚集栖宿在冢顶之上尚有盘旋余地，由此可见昔日该冢的封土规模。"

看来我所见到的卫灵公冢只是当年规模的一小部分，对于此冢，明嘉靖《青州府志》载："卫灵公墓在县（高苑）东北二十五里，春秋灵公薨于正寝，墓在此未详。"

卫灵公去世后，不葬在卫国，为何要葬在此处呢？这件事让专家们继续考证去吧，我来此只是寻找一段遗迹，来寄托自己对那个时代的感慨。在我拍照的过程中，那位妇女就在对面的田埂上锄地，不时地抬头望我一眼，警惕之心始终没有放下。刘玉林则说，村民有这种意识值得赞赏，毕竟盗墓贼太多了。

闻韶处：三月不知肉味

“三月不知肉味”，这句流传甚广的成语本自《论语·述而》：“子在齐闻《韶》，三月不知肉味，曰：‘不图为乐之至于斯也。’”

按照惯常的解释，这句话是说孔子在齐国听闻了《韶》乐，十分喜爱，以至于接下来的三个月都陶醉其中，甚至吃不出肉的美味。司马迁在《史记·孔子世家》中也讲到了这件事：

> 孔子年三十五，而季平子与郈昭伯以斗鸡故，得罪鲁昭公，昭公率师击平子，平子与孟氏、叔孙氏三家共攻昭公，昭公师败，奔于齐，齐处昭公干侯。其后顷之，鲁乱。孔子适齐，为高昭子家臣，欲以通乎景公。与齐太师语乐，闻《韶》音，学之，三月不知肉味，齐人称之。

司马迁把孔子听《韶》的时间定在三十五岁那一年，即公元前516年，也有人说是公元前517年。因为鲁国内乱，国君逃往齐国，孔子也前往齐国避难，他起初是做高昭子的家臣，孔子个人的打算是想通过高昭子的渠道来接近齐景公。正是在这个阶段，他听到了《韶》乐。司马迁在讲述这段时加了“学之”二字，也就是孔子十分喜欢《韶》乐，于是他开始学着如何演奏《韶》乐。孔子学习得很刻苦，以至于三月不知肉味，他的刻苦得到了齐国人的称赞。

孔子为什么对《韶》乐如此痴迷？这是因为《韶》乃先王之乐。《说文解字》称：“韶，虞舜乐也。《书》曰：‘《箫韶》九成，凤皇来仪。’从音，召声。”《淮南子·氾论训》中亦称：“尧大章，舜九韶，禹大夏，汤大濩，周武象，此乐之不同者也。”

可见《韶》乃舜时所创，对于具体的创制人，崔广庆在《孔子闻〈韶〉考》一文中先讲到了《韶》乐的创制者，以及《韶》乐的重要地位：“相传为帝喾时之咸黑所创，舜时质又为之修作（《吕氏春秋·古乐》篇）。至此之后《韶》便当作舜的代表乐而流传，它

孔子闻韶处碑

与黄帝之《云门》《大卷》，《尧》之《大咸》，禹之《大夏》，商汤之《大濩》，周武王之《武》被并称为六代之乐（《周礼·大司乐》郑注、贾疏）。并且有周之降，鲁国和陈、杞之类的‘圣人’之后的国度也保存着其中一部或数部乐曲（《周礼·大司乐》郑注、贾疏，《左传·襄公二十九年》杜注）。”

但该文经过相应的考证后，认为孔子听到的应该不是远古时所创造的《韶》乐，文中引用了杨朱的感慨之语：“太古之事灭矣，孰志之哉？三皇之事，若存若亡；五帝之事，若觉若梦；三王之事，或隐或显，亿不识一。当身之事，或闻或见，万不识一。目前之事，或存或废，千不识一。”（《列子·杨朱》）而后称：“按此理解自帝喾至战国几千年之间如果保存一部乐曲，其难易程度是可想而知的。”接下来文中又引用了康有为在《孔子改制考》中的所言：“乐声要眇，其传最难，以其音节铿锵，寄之于声，易于变失。”

然按照康有为的说法：“黄帝《咸池》、尧《大章》、舜《大韶》、禹《大夏》、汤《大濩》、文王《象》、武王《武》皆孔子作。”既然《韶》乐也是孔子创作的，那他何以还三月不知肉味呢？

这里且不管康有为的武断，因为少有人会以他所言作为立论依据。然而孔子重视古乐，确实有其道理。儒家的核心经典为六经，《乐》为六经之一，《汉书》中称：“六经之道同归，而礼乐之用为急。”

正因为乐的重要性，使得孔子在研究乐方面下了不少的功夫。《史记·孔子世家》中载：

> 孔子学鼓琴师襄子，十日不进。师襄子曰："可以益矣。"孔子曰："丘已习其曲矣，未得其数也。"有间，曰："已习其数，可以益矣。"孔子曰："丘未得其志也。"有间，曰："已习其志，可以益矣。"孔子曰："丘未得其为人也。"有间，有所穆然深思焉，有所怡然高望而远志焉。曰："丘得其为人，黯然而黑，几然而长，眼如望羊，如王四国，非文王其谁能为此也！"师襄子辟席再拜，曰："师盖云文王操也。"

此事在《孔子家语》《韩诗外传》中都有记载，孔子跟师襄子学琴曲分为五个阶段，后世学者将此称为五种境界。后来孔子系统地整理了《诗经》，其整理的目的，按照《史记》中所载为："皆弦歌之，以求合韶武雅颂之音。礼乐自此可得而述，以备王道，成六艺。"

由以上可知，孔子把古乐视为儒家最重要经典之一，所以下大功夫学习研究整理。那么，当他第一次听到《韶》乐时，为之陶醉，为之废寝忘食，也就成了顺理成章之事。

但是，后世有些学者认为，即使孔子喜爱《韶》乐，也不至于三个月不吃肉。可是《论语》中写明是"三月"，于是后人研究时，就在"三月"上做文章，比如韩愈在《论语笔解》中认为，"三月"这两个字有可能是在传抄过程中讹为了一个字，此字就是"音"，因为古书是竖写，"三月"在竖写的过程中成了一个"音"字。此后程颐也持这种观点："圣人不凝滞于物，安有《韶》乐虽美直至三月不知肉味者乎？'三月'字误，当是'音'字。"

但是，朱熹不赞同程颐的解读方式：“问：程子改‘三月’为‘音’字，如何？曰：以《史记》考之，则习之三月而忘肉味也。既有‘音’字，又自有‘三月’字，则非文之误矣。”（《论语或问》）

有弟子问朱子，程颐把“三月”改为“音”字对不对，朱熹说查《史记》中所载，因为多了“学之”二字，则说明孔子是学习《韶》乐三个月，并不是听到《韶》乐三个月而废寝忘食不知肉味。

朱熹是想通过《史记》中多出来的“学之”二字来解释通“三月”之事，总之他认为“三月”不误，这与程颐的观点不同。但问题是，司马迁在《史记》中所载的这段话应是本自《论语·述而》，因为《论语》在前，《史记》在后，故《史记》中多出的“学之”，有很大可能是司马迁添上去的，朱熹以司马迁所言为依据来解之，似乎忽略了原始文本。

后来朱熹对此又做出了一种解读：“《史记》‘三月’上有‘学之’二字，‘三月’当点句，盖是学《韶》乐三月，非三月之久不知肉味也。”（《朱子语类》）朱熹又从句读角度予以解释，他认为《论语》中所载的那一句应当读成“学之三月，不知肉味”。

余外还有一种解释方式，则是认为“月”字乃“日”字之讹。元陈天祥在《四书辨疑》中说：

> 以“三月”二字并一，却为牵强，“闻韶”下亦不须更有“音”字。王滹南曰：“或言‘月’为‘日’字之误”，皆可不必，当姑阙之。

陈天祥不同意韩愈的合字法，因为他觉得“闻韶”二字之后用不着加一个“音”字，同时引用了金人王若虚的观点。王氏认为“日”讹为了“月”，当为“三日不知肉味”。

现代学者于省吾赞同王若虚的观点，他也认为“三月”应该是“三日”，为此，他引用了《淮南子·主术训》中的一段话“夫荣启期一弹，而孔子三日乐，感于和；邹忌一徽，而威王终夕悲，感于优”来佐证。但王虹霞在《“三月不知肉味”辨正》一文中指出：“即使古文献里有日月两字错写的现象，也并不能直接证明《论语》日月两字必然错写。”为此，该文举出了《论语》中三则“三日”皆指日，比如：“祭肉不出三日，出三日，不食之矣。”同时，“三月”也有指月的记载，例如“回也，其心三月不违仁”。

也就是说，“日”字有可能讹为“月”，但也有可能是正确的，因此，并不能确指此处的“日”字讹为了“月”。

以上所疑，只是时间的长短问题，后世学者则想从量上来予以解读。有的当代学者还想从质上做出新解，比如陕西师范大学音乐学院陈四海、段文所撰《“三月不知肉味”新解》，根据《乐记》中的一句“曲直、繁瘠、廉肉”来形容歌声特色，而后做出如下解读：

> 以上两则史料（《乐记》《艳异编》）给了我们一个重要的启示：“三月不知肉味”中的“肉”应该解释为歌声、音乐，只有这样解释，“肉”与《韶》乐相对仗才合乎情理，顺理成

章，才能突出《韶》乐在诸多音乐作品中“尽善尽美”的无与伦比性。

此段话中提到的《艳异编》，乃指明代刊刻的《艳异编》卷四十鬼部五《田洙遇薛涛联句记》中的故事。该文中有如下一段：

> 美人讶其久不来，恐有他遇，乃作《折齿曲》怨之。会洙母疾愈，复入斋。是夕，即造美人所。美人迎谓曰：“何别久也？”洙以实告。美人曰：“三月不违人，今违人三月矣。”洙戏之曰：“三月不知肉味，知肉味在今夕矣。”谈谑间，出前曲示洙。……

陈四海、段文以此来说明“三月不知肉味”的“肉”字乃指歌声，这种解读方式确实有新意，只是《田洙遇薛涛联句记》中的这

齐风壁画

一段乃男女调情之语，比如其将《论语》中的“不违仁”有意讹为“不违人”，更何况调笑中的“知肉味在今夕矣”，已然是赤裸裸的勾引之语。然无论怎样读这句话，我都读不出“肉”是歌声之意。

总体而言，后世大多学者还是从《韶》乐之美来解读孔子的痴迷。比如魏何晏在《论语集解》中说：“周生烈曰：孔子在齐，闻习《韶》乐之盛美，故忘于肉味也。”

孔子在周游列国后，返回鲁国，说了一句：“吾自卫反鲁，然后乐正，《雅》《颂》各得其所。”可见孔子刻苦研究音乐，就是为了传承儒家观念。

关于孔子在齐闻《韶》之地，《临淄县志》载：“相传嘉庆年间（1796—1820），于城东枣园村，掘地得古碑，上书‘孔子闻韶处’。后又于地下得石磬数枚，遂易村名为韶院。至宣统年间（1909—1911），古碑已无下落。本村父老恐古迹淹没无传，故另立石碑，

韶院村民欢迎您牌坊

院内的大银杏树

仍刻‘孔子闻韶处’。”

所幸这块碑留存至今，2019年4月25日，在刘玉林先生的带领下，我前往淄博市齐都镇韶院村去探看这处遗迹。

进入该村前，就看到了别致的齐韶路路牌，村入口处有着彩旗飘飘的大红牌坊，上书“韶院村民欢迎您”。牌坊下有韶院村村牌，旁边的墙上绘制着一些竹简和春秋时的车马图。稍作打扮，瞬间让这个村落有了文化氛围，而此刻空气中弥漫着梧桐花的香味。我跟刘玉林说，如果牌坊旁是一个熟肉店就好了，时不时飘来的肉味，能让人更深刻地体会到孔子的专一。

在村内遇到两位村民，经其指点，很快找到了“孔子闻韶处”碑。此碑处在一个独立的院落内，但院落锁着大门，好在铁栅栏能够把相机的镜头伸进去，里面的景致一览无余：约100平方米大的院落空空如也，仅在院落的后方正中立着那块著名的“孔子闻韶处”碑，碑身嵌入墙内，碑座露出10余厘米，然碑座仅是块方石。

我在此前想象过，这块名碑应该是压在一个巨大的赑屃身上。此碑的两侧对称着各嵌有一块小碑，但碑面黑乎乎的看不清文字，从石质看不似古碑，应该是“孔子闻韶处”碑的介绍牌。我真想入院内看看上面到底写了什么东西。

走到远处回望过去，闻韶处旁还有一个院落，这个院内长着一棵大银杏树，树下还有房屋，不清楚里面有没有介绍资料。刘玉林听闻我的唠叨之语，马上到附近找村民打问钥匙在谁手里，可惜过路的几人都不了解情况。

绝妙的注脚

我们开车在村内东转西转，也许是来的时间不对，转悠了十几分钟，竟然没有碰到一个路人。我看到村内的沿街墙上都绘制和书写着一些与孔子闻《韶》有关的图案与文字，其中当然有“三月不知肉味”一句，这句话上面还有“尽善尽美”的评语。此语倒是解读了“三月”的重要性：既然要达到尽善尽美，三天的时间显然不够。

那么我寻找孔子闻韶处，仅来过这一次而未能进门也很正常，期待下次来时能够入院一探究竟。

汶上次邱：中都宰，初仕地

鲁定公九年（前501），孔子被任命为中都宰。李曰春在《半部〈论语〉治天下——孔子谈领导力》中说："孔子是有确切记载的汶上县第一任县长，汶上是孔子为政生涯的起始地，也是其治国理政思想的实践地。"

此前的一年，因为发生了阳虎叛乱，鲁国国君很希望能提拔一位有才干的人来稳定政局，于是派孔子任中都宰，以此来考验和观察孔子的执政能力。孔子到任后，根据当地的实际情况进行了一系列治理，使得当地的社会面貌有了重大改观。《孔子家语·相鲁》中载：

> 孔子初仕，为中都宰，制为养生送死之节：长幼异食，强弱异任，男女别涂，路无拾遗，器不雕伪。为四寸之棺、五寸之椁，因丘陵为坟，不封不树。行之一年，而西方之诸侯则焉。

中都旧址在汶上县朱家庄村一带

孔子到任后制定了一系列措施，既保障民生，也节约财力。比如他在吃饭问题上不搞平均主义，让长者和幼童吃不同的食物，同时根据每个人的能力来承担不同的任务，为了防止社会出现治安问题，还让男人和女人在走路时各走一边。

经过一系列治理，当地民风大变，即使东西丢在路上，也没人据为已有。在生活方式上，人们不再追求浮华的雕饰，安葬故去的亲人时也实行薄葬，不会建起高大的坟，也不会在坟旁种很多树来侵占耕地。他的这些措施仅实行了一年就已经大见成效，以至于很多诸侯国听闻后纷纷予以效仿。

其实孔子的这些措施均是本自古代的礼制，比如“长幼异食”，是根据《礼记·王制》中的记载：“五十异粻，六十宿肉，七十贰膳，八十常珍，九十饮食不离寝，膳饮从于游可也。”

这段话的意思是说，50岁的人在饮食问题上应该比壮年的好，

60岁的人就应当储存一些肉食，70岁的人不能缺少粮食，80岁的人要吃一些珍美的食品，到90岁时，就应当在处所和常去之地储备一些饮食，以此做到老有所养。

关于男女别途，《礼记·王制》中的规定是："道路，男子由右，妇人由左，车从中央，父之齿随行，兄之齿雁形，朋友不相逾。"

在大路上，男人走右边，女人走左边，车走中间。但每一侧的行人都相向而行，不知道会不会撞来撞去，想来那个时代人口数量少，应该不会出这样的问题，而这种规定无形中减少了治安问题。当然这是那个时代的观念，今日讲求男女平等，不再会有这样的分行方式。但孔子所处的时代，讲求周礼，当然要求男女别途。

关于孔子在改变社会道德风俗上的所为，汉刘向在《新序·杂事》中说：

> 鲁有沈犹氏者，旦饮羊饱之，以欺市人。公慎氏有妻而淫，慎溃氏奢侈骄佚，鲁民之鬻牛马者善豫贾。孔子将为鲁司寇，沈犹氏不敢朝饮其羊，公慎氏出其妻，慎溃氏逾境而徙，鲁之鬻马牛不豫贾，布正以待之也。

鲁国沈犹氏每天早晨把羊肚子里灌满水然后再卖羊，以此欺骗买家。公慎氏的妻子在外面与人私通，慎溃氏则仗着有钱到处欺凌他人，鲁国的一些牛马贩子也喜欢做一些小手脚。当他们听说孔子因为治理中都很有业绩，将被提拔为司寇时，沈犹氏也不敢再往羊肚子里灌水了，公慎氏将其妻休掉了，慎溃氏赶紧离开鲁国跑到了别处，而鲁国的那些不法牲口商贩也变得按质论价。这些都显现出孔子进行道德教育的结果。

春秋末年，厚葬之风盛行，孔子认为这种风气浪费社会资源，于是他在中都时规定一个人去世时只能用一棺一椁，不许层层套用，同时规定了棺和椁所用木材的厚度，以此制止社会上铺张浪费、互相攀比的行为。

在葬地的选择上，孔子规定不许葬在农用地上，应当以丘陵为墓，因为山丘上不能耕种，同时也不要在墓旁栽种一些树木。对于这个规定，后人有些不理解，认为“不树”乃指不要在墓前立高大的墓碑和墓表。但春秋时期，似乎还没有立碑的习俗，总之，孔子是在强调不要让死人跟活人争食。

但是，儒家又最讲孝道，孔子在这方面也有他的纠结。《礼记·檀弓上》载：

> 孔子既得合葬于防，曰：“吾闻之，古也，墓而不坟。今丘也，东西南北之人也，不可以弗识也。”于是封之，崇四尺。孔子先反，门人后，雨甚；至。孔子问焉，曰：“尔来何迟也？”曰：“防墓崩。”孔子不应。三。孔子泫然流涕曰：“吾闻之：古不修墓。”

孔子在防山为父母修了合葬墓，他解释说：虽然古代只筑墓而不起坟，但是像我这样一个四处流浪的人，怎么也要为父母的坟做个标记啊。于是他在父母墓上起了四尺高的坟丘。等他回家时，外面下了很大的雨，门人回来得比较晚，孔子问怎么回事，门人说：防山的坟墓塌了，我修好后才返回。孔子听闻此言默不作声，而后又哭了起来，他再次强调按照古礼是不能起坟丘的。

可见他对这件事是何等之纠结，一边要孝敬父母，一边还要遵奉古礼，所以他就想出了折中的办法，那就是修坟不要大，不要占用耕地，墓旁也不要种一些树来遮挡庄稼的生长。这是很好的环保意识。

在环保方面，孔子颇能自律，比如《论语·述而》中说："钓而不纲，弋不射宿。"也就是说在捕鱼的时候不要用大网把鱼全部捞尽，射鸟的时候也不要射正在飞回鸟巢的鸟，因为它要去给小鸟喂食。

总之，孔子的很多理念在中都任上得以实现，以至于让一些诸侯认识到儒家观念不只是说说，同样能够应用于社会。另外，孔子的所为也表现出他有着很强的执行力。

正是因为孔子在中都所表现出的治理能力，他受到了鲁定公的重视。《孔子家语·相鲁》中载：

> 定公谓孔子曰："学子此法以治鲁国，何如？"孔子对曰："虽天下可乎，何但鲁国而已哉！"于是二年，定公以为司空，乃别五土之性，而物各得其所生之宜，咸得厥所。
>
> 先时，季氏葬昭公于墓道之南，孔子沟而合诸墓焉。谓季桓子曰："贬君以彰己罪，非礼也。今合之，所以掩夫子之不臣。"由司空为鲁大司寇，设法而不用，无奸民。

鲁定公对孔子说："如果用你治理中都的办法来治理鲁国，你认为能行吗？"孔子很有信心地回答："用这套办法来治理天下都没有问题，岂止治理好一个鲁国呢！"于是两年后，鲁定公把孔子提拔为司空，孔子又根据他所管理之地的土地性质，将其分为山林、川泽、丘陵、高地、沼泽五类，此种分类方式再配套相应的种植方式，使得各种作物都得到了很好的生长。

此前季平子把鲁昭公葬在了鲁国先王陵墓的墓道南边，这使得鲁昭公不能和先君葬在一起，显然这是季平子泄私愤的行为。孔子做司空后，派人把鲁昭公与先君的墓圈在了一起，然后对季平子的儿子季桓子说："你父亲的这种行为是破坏礼制，我现在这么做，是帮你父亲抹掉罪名。"

朱家庄村牌坊

此后，孔子由司空升为了鲁国的大司寇，他在此任上制定了一系列法律，然而由于他的道德管理到位，使得这些法律反而派不上用场。

孔子担任中都宰的地方，乃今日山东汶上县的次邱镇，其大致范围在次邱镇湖口、朱家庄、茶庙一带。2020年12月27日，由李洪武开车，由刘玉林先生负责安排行程，我们前往这一带探看相关遗迹。

行驶到朱家庄一带时，眼前是一望无际的大平原，在一条小路上看到了朱家庄村石牌坊。沿此路开出1公里后，看到了另一座石牌坊，上刻“大儒世泽”字样。开到朱家庄村时，于村口处看到了一对石雕麒麟，且在此处一房屋的墙上看到了彩绘的《圣迹图》，于是我们在这里停车，步行沿着朱家庄外围的墙边走边观赏壁画。

于此看到的第一幅壁画就是《孔子宰中都》，此图所绘乃孔子坐在影壁前，正与几位弟子或者幕僚交谈。孔子看上去一脸的严肃，像是在谈重要的问题。可惜这堵墙上凌乱地拉了一些电线，我在拍照时无法避开这些干扰物。

《孔子宰中都》壁画

接下来又看到了《孔子讲学图》，后面还有《钓鱼台》的图像，

《钓鱼台》壁画

旁边有文字介绍了该台的位置，据说此台是孔子在工作之暇钓鱼之处。

一路前行，沿途所见的墙壁大多绘有壁画，走出100余米后，看到路牌写着“崇圣古道”。我跟刘玉林感慨朱家庄人十分看重孔子曾在此任职的经历。果然前行不远，就看到一堵墙上画着大大的孔子像，旁边写明这里是“孔子初仕地”，另一边还写着“先师讲学处”。

边走边看，我注意到路边的路灯形象奇特，上端做成了广场灯的式样，下方却有两个吊篮，不知此有何功用。在路边遇到一位摘棉花的老人，我向他请教吊篮的功能，老人摇摇头说不知道。我再问他本村还有哪些与孔子有关的遗迹，老人往前指了指，建议我到村内去看。

继续前行，看到一条入村的小路，其路牌为“讲书堂街”。这条街边也是满墙壁画，路边还种着一些观赏树，树上结满了小红果，看上去像海棠，细端详又发现不是，不明白是什么特殊的树种。

在村中心位置我看到了一块影壁上绘着孔子钓鱼台、讲书堂规划图，见此有些心凉，说明这些遗迹还没有恢复。果然前方有一个

规划图

大土坑，想来这里会建设完成后灌满水，以便形成钓鱼台的样子。池上有一小桥，桥的左侧已经完成了池底硬化，我们决定先到这一带去探看。

前行不远，前方就有一仿古院落，院落前的影壁因为热胀冷缩的原因，有些砖脱落了。转入此院中，看到正房挂有“孔子讲书堂”的匾额。想来这应是刚恢复的圣泽书院。马兴才在《汶上孔庙及孔子宰中都建置遗址》一文中称：“圣泽书院原名讲书堂或讲堂，在县城西南二十五里马踏湖畔。乃孔子宰中都时，政暇与弟子及县民讲学传道之所（当时县城在今之县城西二十五里次邱乡——民国初年时犹名讲堂区或讲堂乡）。”

可见讲堂就是当年的圣泽书院，其处在马踏湖畔，如此说来，门前刚做完湖底硬化的那个池塘就是马踏湖。对于该书院当年的情形，马兴才在文中写道：“早期碑刻有北魏孝明帝孝昌二年丙午（公元526年）重修残碑一通。唐代有吴道子画宣圣兖公小像，东海徐浩篆额石刻一方及程浩撰文，颜真卿书《夫子庙堂记》碑一通。宋哲宗元祐四年（公元1089年），南阳周师中作宰于邑，又加以修建，王尧年为之记。元至元三十年（公元1293年）东平教授马栎庵得地十二亩，为之扩修，藏书千余卷于其中。后邑人督水少监马之贞又倡建大成殿三楹及门庑庖池，塑孔子及十哲神像。明嘉靖时县令吴瀛以堂临湖畔，渐次就湮，乃迁堂址于现城内西南隅太仆寺南。更名圣泽书院。而原址于清乾隆二年（公元1737年）因外扩湖堤二千一百八十四丈，堂迹碑刻俱没于水中。”

虽然这些遗迹不在了，但今日能够恢复此湖，还在湖边建起此讲堂，也体现出了该村的现任领导十分重视传统文化遗迹。也许是天冷的原因，我们来到此讲堂时，这里的每间房都锁着门。其中一间侧房名叫中都拾忆馆，这个名称起得很好，以此让今人知道：如今的这个小村庄在当年是何等之重要，本村人都要以此为傲，共同拾起当年辉煌的记忆。

中都拾忆馆

我们继续到村内去探看，在村中的一堵墙上看到了《朱氏思圣北迁图》，上面有一段文字介绍，说按照《朱氏宗谱》所载，孔子宰中都1800年后，宋代大儒朱熹的苗裔从徽州婺源迁往中都，住在

《朱氏思圣北迁图》壁画

了马踏湖一带，所居地起名朱家屯。“明永乐年间朱氏昌盛公率族迁至钓鱼台，更名朱家庄。”

这段话让我了解到了该村村名的来由，同时也让我疑惑：刚才所看到的那个新挖的人工湖有可能不叫马踏湖，但马踏湖在哪里呢？我却不知向何人请教。然马兴才在其文中写道：“钓鱼台在今马踏湖畔，讲堂遗址之南。”既然如此的话，那么与墙上写明的“此后朱氏一族居钓鱼台之侧”就有了矛盾：他们从马踏湖搬到了钓鱼台，但马兴才又说钓鱼台就在马踏湖畔。我很想找人问一问，是不是当地还有另一个马踏湖，可惜未找到知情人。此墙旁边还有一个大土坑，此坑的面积比讲书堂前面的那个还要大。如此说来，这个坑不是马踏湖就是钓鱼台前的那个湖。

其实不仅是朱子的后裔迁居到了此村，有不少孔子的后裔也住在这里。马兴才在其文中写道：“孔子后裔，迁汶上者居多，素称县内名门望族。据《阙里志》及《孔氏家谱》记载：明嘉靖年间，孔子六十三代嫡系有六支，其中二、五、六三支均迁居汶上。据传因六十四代衍圣公纳奸相严嵩孙女为原配夫人，该三支不同意而迁汶，其后，曲阜长支六十四世衍圣公孔尚贤二子早殇，无人继承，乃过嗣汶上二支六十五世孔衍植，承袭衍圣公爵位。故汶上之孔与曲阜之孔，同属嫡系正支。且迁居汶上之各支，每一代中分别享有世袭太常寺、五经博士、六品官者各一人（品级均高于县令）。历任县官，以师相称，格外尊敬，唯命是听。故汶上孔庙，屡经扩建增修，富丽堂皇，优于别县。”

左侧水塘，我以为是马踏湖

继续往前走，我们在村中看到一休闲广场，其侧旁的一块石头上刻着“孔子文化广场”字样，石头的旁边还安放着一些健身器材，器材后方有墨笔所绘的壁画，题图为“化行中都”，后面一段

孔子石雕像

文字讲述的是孔子在此搞思想建设的内容，村内还有一些壁画分别介绍了孔门四配。

广场的另一侧有一尊孔子石雕像，雕像基座上记载的内容依然是孔子在中都宰任上所做的贡献，其中也提到了男女别途。但是，在21世纪似乎再宣讲这样的观念，应做出合理的解释，否则容易引起女权主义者的强烈抗议。不过对女权的理解也随着时代不同而有所变化，此前看到有些城市的地铁设置出了女性专用车厢，据说这种做法很受女士欢迎。如果推而广之，实行孔子的观点，让男女分左右而行，是否也会受女士欢迎呢？看来同样一件事，做法相同、想法不相同就会产生另外的结果。

舞雩台：是风干台还是求雨地?

2019年12月13日，这一日的寻访点是曲阜西边的一些遗迹。从事先做的功课看，舞雩台离我所住酒店不远，原本打算哪天得闲散步到这里，但今日当我们的车在等红绿灯时，我看到了舞雩台的标牌，还是忍不住让司机停到附近，我下车前去拍照。

舞雩台北侧广场

舞雩台的一侧在干道边，但那里不能停车，司机兜了一圈停到了舞雩台的北侧，他说原本这个土台子没这么大，自从修成广场之后，入口改在了北边。虽然停车处距离舞雩台不远，但要穿过一个全部铺装了石条的广场，登上几个台阶后一路向前走，感觉这是整修后的中轴线。

全部用栏杆包围

走到土台的近前，这里已经用石栏杆围了起来。我沿着边缘一路向前走，绕着土台走了整整一圈，完全没有找到入口。如果不让游客登上的话，至少应当设一个锁上的门，否则的话，相关人员如何登台查看和维修呢？我的腹诽并不影响栏杆的牢固，这一圈走下来，我发现舞雩台是个正方形，每条边的长度都超过了100米。我曾经看到过舞雩台的老照片，不知那照片是何时所拍，照片上的舞雩台四围全是田地，土台看上去更近似于圆形，当时拍照的时间应当是冬季，因为台上稀稀拉拉的有几十棵没有树叶的树。当时四围也没有栏杆，从一个角度看过去，有登台的坡面。

当我想到那张老照片时，顿然有了主意，我沿着栏杆边走边看，果然在西北角附近看到那边的坡度较缓，这应当就是老照片上显现的那个登台缓坡。神奇的是，我看到这个缓坡上有人为踩出的小径，这说明人们仍然从这里登台。眼前的石栏杆上也有多次翻越后留下的踩踏之痕，看来这是今人登台的主要途径。我决定效仿这些“前贤”，马上把相机挎在脖子上，向四周张望一番，附近看不到一个人影儿，于是赶紧双手抓住栏杆一用力翻了过去。

人为踩过的小径

翻过栏杆，以防被人看到，我迅速沿小径向上攀登。看来封闭起来也有好处，我发现小径的两侧地面上长满了丛生的绿植，现在已是冬季，舞雩台上的树已经树叶落尽，但地面上的这些小草依然顽强地生长着，如果任人踩踏，它们也许活不到冬季。

小径直通台顶，如果以广场为水平线的话，我感觉残存至今的

舞雩坛碑

圣贤乐趣碑

舞雩台高度不超过10米。今日台上无人，因为有树丛的掩护，我在上面的寻访颇为从容。我隐约走到了台的正中央，展眼四看，在树丛内发现了一块碑。走到近前，原来这里有两块新的刻石，前面的一块高约2米，上面刻着三个大大的楷体字“舞雩坛”；后面的那块碑略矮，上面刻着“圣贤乐趣”，同样是楷体字。两块碑的背面并无介绍文字，后一块碑的前方有一个大坑，里面满是落叶，不清楚下方的状况，但从这些落叶的形状与颜色看，似乎不是台上之物。

继续向前走，所见全是杂树，再未能找到其他刻石，同时又发现了一个坑，从坑的形状看，感觉是人为所挖，但其中一个坑已经将一棵树的树根挖开了一半，不像是专业人员所为。余外找不到什么可拍摄之物，只好原路返回，依然从栏杆处翻出。我注意到西北角之处整修出一块绿地，绿地的前方是一些新的建筑，走入绿地之中探看一番，同样未找到介绍舞雩台的文字。

上车后，我将所见情况告诉司机小韦，他说自己路过这个土台无数次，但从来没有上去过。我告诉他，此台不远处应当有一条河，他说确实如此，而后带我抄近路穿过一个集市，前行100余米就来到了河边，这应当就是沂水。我请小韦将车停在桥上，我下车拍摄周围景色。这是一座新修的桥，桥下水面颇为宽阔，能看得出这一段的河堤做过整修。也许是水流太过和缓的原因，水面上长着很多水草，虽然已经褪去了绿色，但它们仍顽强地站立在原处，等待着春天的再次蓬勃。

沂水

小韦问我何以知道这里有一条河，我告诉他这是古书上的记载，当年孔夫子的几个弟子就是到这条河中游泳，那个时候应该不流行泳裤，他们可能是裸泳，这些人上岸之后颇为洒脱，因为他们并不急着擦干身子，而是走到舞雩台之上用风来吹干身体。小韦闻听我所言后，顿时来了精神，向我讲起小时候在河里裸泳的爽快经历，他感叹说，原来古人也这么干。

古人是否真的这么干呢？有人认为真的如此，也有人认为这种说法很荒谬，态度的不同决定了解释方法的不同。

这个故事本自《论语》。《论语》中的文字一章一节，大多短小精炼，其中《论语·先进》章最后一篇的“四子侍坐”，是这部千古名著中最长的一篇，有315字之多，内容不只是谈论裸泳之事，还对孔子弟子的志向有着重要的记载，故我先将该篇转录如下：

子路、曾皙、冉有、公西华侍坐。子曰：“以吾一日长乎尔，毋吾以也。居则曰：‘不吾知也！’如或知尔，则何以哉？”

子路率尔而对曰：“千乘之国，摄乎大国之间，加之以师旅，因之以饥馑；由也为之，比及三年，可使有勇，且知方也。”

夫子哂之。

“求，尔何知？”

对曰：“方六七十，如五六十，求也为之，比及三年，可使足民。如其礼乐，以俟君子。”

“赤，尔何如？”

对曰：“非曰能之，愿学焉。宗庙之事，如会同，端章甫，愿为小相焉。”

“点，尔何如？”

鼓瑟希，铿尔，舍瑟而作，对曰：“异乎三子者之撰。”

子曰："何伤乎？亦各言其志也！"

曰："莫春者，春服既成，冠者五六人，童子六七人，浴乎沂，风乎舞雩，咏而归。"

夫子喟然叹曰："吾与点也！"

三子者出，曾皙后。曾皙曰："夫三子者之言何如？"

子曰："亦各言其志也已矣！"

曰："夫子何哂由也？"

曰："为国以礼，其言不让，是故哂之。唯求则非邦也与？安见方六七十如五六十而非邦也者？唯赤则非邦也与？宗庙会同，非诸侯而何？赤也为之小，孰能为之大？"

某天，子路等四位弟子陪老师坐着，孔子说不要因为我年纪比你们大一点，你们就不敢在我面前讲话，平时你们常说别人不了解自己，但假如有人想了解你们，那你们该怎样来表达自己的志向呢？

显然孔子是想通过这种办法让四位弟子放松心情，表达出自己的志向。四位弟子中子路年纪最大，性格也最直爽，他率先讲出了自己的治国安邦之略。可以看出他的想法是希望治理一个国家，他说自己用三年工夫可以将一个小国变得兵强马壮。

孔子听完子路的表达后，只是"哂之"，这里的"哂之"作何解，后世有不同看法，关于这一点稍后再来讨论。孔子接着点名让冉有来表达志向。冉有显然比子路谦逊一些，他所说的国家面积变得更小，他说用三年时间也可以把这个小国治理好，但他的治理只是物质生活的富裕，至于精神生活的建设，那也只能另请高明了。

孔子又问公西华，公西华的回答变得更谦逊，他说自己仍待努力学习，如果有可能的话，他愿意到宗庙里做祭祀工作，如果诸侯会盟朝见天子时，他愿意穿着礼服做一个赞礼人。

孔子对这两位弟子的回答未做评论，他接着问曾点，那时曾点正在弹瑟，他听到老师的问话后停止弹瑟，放下瑟直起身来回答说，我的志向跟刚才三位同学有所不同。这说明他在弹瑟的同时也在静听别人的讲述，孔子鼓励他说没关系，不过是聊聊个人志向而已，于是曾点描述了这样一个画面：在暮春时节，人们已经穿上了春装，他和五六个成人、六七个儿童到沂水中洗澡，然后到舞雩台上去吹风，身体干爽后，他们就唱着歌回家去了。

孔子听完曾点的话后，大表赞同。等三位弟子出去后，曾点借机问老师，他怎样评价三位同学的志向。孔子说也不过是聊聊天而已。曾点接着问，那你为什么笑子路呢？孔子解释说，治理国家要讲礼让，他的话一点都不谦让，所以我笑他，但他们所讲的其实都是想治理国家。

前贤们对于这段话有着不同解读，以上是最为常见的一种。从总体来说，这段文字可以分为三个部分，这三部分被学者总结为“孔子问志”“四子言志”“孔子评志”。但是如何解读孔子的观点，尤其孔子说的那句“吾与点也”，则是争论的焦点，以至于徐复观在《中国艺术精神》中说这已经成为“两千年来争论不决的一件公案”。

对于曾点说的那番话，后世学者将其逐字逐句解释。经学有着今文经学和古文经学之分，两家对于曾点的这番话都予以了解读，并且差异较大。今文经学家认为曾点描绘的就是一场春游活动，古文经学家则认为曾点所讲乃雩祭之礼。对于前者，何晏所编《论语集解》中以包咸的说法较为流行：

> 莫春者，季春三月也。春服既成，衣单夹之时。我欲得冠者五六人，童子六七人，浴乎沂水之上，风凉于舞雩之下，歌咏先王之道，而归夫子之门。

包咸认为所谓的暮春就是晚春三月，五六个成年人带着六七个未成年人一起到沂水中游泳，然后再回到舞雩台上风干，他们心满意足后唱着歌就回去了。他们为什么唱歌呢，因为他们觉得自己得到了先王之道，得入孔子之门。

因为包咸曾为帝师，故他对《论语》的解释颇具权威性，所以包咸的解读被汉代今文经学家普遍接受。梁皇侃在《论语义疏》中也本持这种解释："沂，水名也。暮春者既暖，故与诸朋友相随，往沂水而浴也。风，风凉也。……沂水之上有请雨之坛，坛上有树木，故入沂浴，出登坛，庇于树下逐风凉也。……浴竟凉罢，日光既稍晚，于是朋友咏歌先王之道，归还孔子之门也。"

进入宋代，仍有人本持包咸的解读方式，比如邢昺在《论语注疏》中注释"浴乎沂，风乎舞雩"时说："浴乎沂水之上，风凉于舞雩之下。"

这种解读直到今天仍然很通行，但是古文经学家不这么看，比如郑玄说：“沂水出沂山，沂水在鲁城南，舞雩在其上。馈，馈酒食也，《鲁》读‘馈’为归，今从《古》。”（《论语古注·论语郑氏注》）

《论语》一书与其他经学著作类似，流传后世者在版本上有区别，后世将其归为《古论》《齐论》《鲁论》。郑玄看到《鲁论》上所写为“泳而归”，而《古论》上写为“泳而馈”，他认为《古论》是对的。为此，汉孔安国对曾点所言做出了这样的解读：

> 鲁设雩祭于沂水之上。暮者，晚也，春谓四月也，春服既成，谓四月之服成也。冠者、童子，雩祭乐人也。浴乎沂，涉沂水也，象龙之从水中出也。风乎舞雩，风，歌也。咏而归者，咏歌馈祭也，歌咏而祭也。

孔安国认为曾点所讲乃一场祭祀活动，曾点所说的几位大人和几位儿童，其实都是雩祭时的乐人，他们只是涉过沂水，并不是在里面游泳。而“风乎舞雩”中的“风”

舞雩坛遗址

字也不是风干，而是指唱歌。

雩祭是古人祈雨的一种专用祭奠方式，我国古代是农业社会，能够适时下雨方能保证农业的收成，所以孔安国认为曾点的志向就是要主持鲁国的雩祭活动。他的这个观点被王充所本持，王充在《论衡》中进一步解释说：

> 鲁设雩祭于沂水之上。暮者，晚也；春谓四月也。春服既成，谓四月之服成也。冠者、童子，雩祭乐人也。浴乎沂，涉沂水也，象龙之从水中出也。风乎舞雩，风，歌也。咏而馈，咏歌馈祭也，歌咏而祭也。说论之家，以为浴者，浴沂水中也，风干身也。周之四月，正岁二月也，尚寒，安得浴而风干身？由此言之，涉水不浴，雩祭审矣。
>
> 《春秋左氏传》曰："启蛰而雩。"又曰："龙见而雩。"启蛰、龙见，皆二月也。春二月雩，秋八月亦雩。春祈谷雨，秋祈谷实。当今灵星，秋之雩也。春雩废，秋雩在。故灵星之祀，岁雩祭也。孔子曰："吾与点也！"善点之言，欲以雩祭调和阴阳，故与之也。使雩失正，点欲为之，孔子宜非，不当与也。

王充这段话的前半部分基本上转录了孔安国所言，他进一步批判了今文经学家的解读，王充认为周朝的四月乃正岁的二月，那时天气还有些寒冷，当然河水也会很凉，这就不能到沂水中游泳，更不可能到舞雩台上吹干身体。他认定今文经学家的解读是不对的，又引用了《左传》上的说法以证明自己的推论正确。

那么孔子为什么要赞赏曾点所言呢？王充认为雩祭是为了调和阴阳。孔子重礼，他们所处的时代，春天的雩祭可能已经被停掉了，曾点的意思是想恢复雩祭之礼，同时希望这样的礼仪搞得正规一些，所以曾点所言得到了孔子的表扬。

但是，曾点的那句话中明确说“浴乎沂”，将“浴”字解释为沐浴似乎更为准确，那如何来把这句话说通呢？唐韩愈和李翱在《论语笔解》中解决了这个问题：“‘浴’当为‘沿’字之误也。周三月，夏之正月，安有浴之理哉？”

他们从字形上认为“浴”字在传抄的过程中抄错了，其实原文乃“沿”字，“沿乎沂”就没有游泳那码事了。清俞樾认为这种解读很有道理，他在《群经平议》中称：“世传韩昌黎《论语笔解》皆不足采，惟此经‘浴’字谓是‘沿’字之误，则似较旧说为安。”

进入宋代，理学兴起，周敦颐启发二程，让他们去寻孔颜之乐。程颢进一步探讨了曾点之乐，他将“吾与点也”这句话拔得很高：“孔子‘与点’，盖与圣人之志同，便是尧、舜气象也，诚‘异乎三子者之撰’，特行有不掩焉者，真所谓狂矣。子路等所见者小。子路只为不达‘为国以礼’道理，所以为夫子笑；若知‘为国以礼’之道，便却是这气象也。”（《二程集》）

程颢认为孔子赞赏曾点所言正是自己所想，这是缘于曾点所描绘的景象乃尧舜气象，曾点能直白地说出这样的话，程颢用一个“狂”字来概括，因为子路达不到这样的境界，所以被老师笑。

程颢所言受到了朱熹的赞赏，朱熹在《四书或问》中说：“夫以所居之位而言，其乐虽若止于一身，然以其心而论之，则固蔼然天地生物之心，圣人对时育物之事也，夫又安有物我内外之间哉！程子以为与圣人之志同，便是尧、舜气象者，正谓此耳。”

然清代时，汉学盛行，不少的学者都批评宋儒所言都是空谈，比如程廷祚在《论语说》中首先把宋代理学与魏晋清谈相并提，而后称：“宋人好高论，而不肯密察于理，遂谓曾点与圣人同志，又曰便是尧舜气象，是此章专重曾点，而前后记序之详均无谓矣。”

程廷祚批评宋儒只在那里发挥“吾与点也”一句，而不看全章所讲。清代考据学发达，故有些学者开始逐字解读原文中的一些字词，比如子路“率而对曰”中的“率”应当作何解呢？翟灏在《四书考异》中认为：

> 按“率”字，诸字书训义颇多，独未有以“轻遽”为训。若“卒”之读仓末切者，《广韵》却训“急遽”。皇本作“卒尔”，与《孟子·梁惠王》“卒然”义正相合。今之作“率”，似形近致讹。

翟灏也是从字形之讹来解读“率”字，认为“率”字应当是“卒”字，这样就显得子路没有那么鲁莽。但既然如此，那为什么“夫子哂之”？刘宝楠在《论语正义》中引用了宋翔凤对“哂”字之解：

> 《说文》：“弞，笑不坏颜曰弞。从欠，引省声。”《说文》无“哂”字，作“弞”为正，“矧”是假借。凡笑以至矧为度，过此则坏颜，且失容，故曰“笑不坏颜”，非微笑之谓。曾皙

亦以夫子有异常笑，故问之尔。

对于“哂”字的解释大概分为两派，一派认为“哂”作讥笑解，另一派则认为“哂”作微笑解。虽然都是笑，但态度差异很大。若是前者，那就与当时的语境有些冲突，因为孔子先说了一番话，他让每位弟子谈谈自己的志向，子路刚说完就受到他的讥笑，显然孔子不会这么做。但若解释为微笑，就与那三位弟子离开后，孔子跟曾点评价他们所言相矛盾。既然讥笑和微笑的解读都有问题，于是宋翔凤就想出了另一种解读，他认为“哂”字既不是讥笑也不是微笑，应当是不失容颜的笑。但这种笑代表了什么？宋翔凤并没有直接点明，他认为这是一种“异常笑”。

以上就是古代大家对于曾点之语的解读。对于这个故事发生的时间，也有着千古争论，归结起来，可分为三种：一种认为四子侍坐发生在孔子周游列国之前，钱穆就持这种观点；另一种认为此事发生在周游列国的途中，林义正等人持这种观点；还有一种认为此事发生在孔子周游列国之后，宋胡仔持此观点。

三种观点的推论方式，大致是从这四位弟子的年龄入手，比如公西华比孔子小32岁还是42岁，按照《史记·仲尼弟子列传》上的说法则为后者，《孔子家语》也这么说。但公西华如果比孔子小42岁，那么《论语》上所载的一些事情就无法成立。钱穆先生在《先秦诸子系年》中转引了清金鹗对公西华年龄问题的探讨：

《论语》子华使于齐，冉子与其母粟五秉，即夫子之粟。此盖夫子为司寇时，故有粟如此之多。又与原思为宰同时，故类记之也。若少孔子四十二岁，则是时方十二三岁，安能出使乎？四字或为三之讹。子路、曾皙、冉有、公西华侍坐，此以齿序。冉有少二十九，子华少三十二，序于冉有之下，亦自合也。

金鹗提到了《论语·雍也》中的“子华使于齐”篇，他推断孔子在做鲁司寇时才能有很多粮食，因为孔子任鲁司寇时五十出头，如果公西华比孔子小42岁的话，那他将是一位十二三岁的孩子，孔子怎么可能派公西华出使齐国呢？所以金鹗推论，文中的“四”字乃“三”字之讹。这样的话，公西华比孔子小32岁，很多事情就好解释了。而钱穆认为金鹗的推论很正确：“金说甚是。《论语·侍坐章》当在子路为季氏宰之先。今姑以鲁定公十一年，时孔子年五十三，子路年四十四，曾皙年当三十许，冉有年二十四，则子华年二十一也。”钱穆推论出四子侍坐这件事应该发生在鲁定公十一年（前499），也就是孔子53岁前。

学界对于四子侍坐这段故事的考证，还涉及其他许多方面，比如曾点鼓瑟的情节，有人就认为是为了显现出曾点之狂，因为别的弟子都在遵从老师所言阐述自己的志向，曾点却在那里自顾自地弹瑟。但李零认为：“孔子谈话，喜欢有人伴奏。但伴奏是伴奏，不能太吵。”（李零《丧家狗——我读〈论语〉》）

然而也有人说，曾点在那里弹瑟是孔子指使的，方观旭在《论语偶记》中持这种说法：“《少仪》云：‘侍坐弗使，不执琴瑟。’则点之侍坐鼓瑟，必由夫子使之。”

总之，《论语》中的这段记载在后世有着各式各样的解读，崔述更是直言这段记载全是后人伪托的，崔述的观点在民国时期甚至在当今也有支持者。但那舞雩台是实实在在的存在，郦道元在《水经注》中就有记载："沂水北对稷门，一名高门，一名雩门。南隔水有雩坛。坛高三丈，即曾点所欲风处也。"

静静流淌

看来那时的舞雩台高三丈，今日所见比郦道元所言略矮，但至少在他所处的北魏时期，人们已经认定舞雩台就是曾点所说的那个吹风处。李零在《读〈鲁国之图碑〉》一文中写道："孔庙离雩门最近，雩门外的大小沂河和舞雩台是孔子和他的学生散步游玩的地方。这个台子，位置在小沂河和大沂河之间，台上有明嘉靖四十五年（1566）《舞雩坛碑》，过去出土过东汉刻石，方方正正，只刻两'麃'字。此台经考古发掘，确实是个西周遗址，孔子当年见过的舞雩台。"

新郑宣圣台：丧家之狗

十余年前，李零先生出版了一部名为《丧家狗——我读〈论语〉》的专著，该书的出版在社会上引起很大反响。近些年传统文化复兴，对儒学尤其对孔子均持肯定态度，李零先生的这部书让很多人望名生义，以为是贬斥孔子的一部书，然细读该书，方明白他是要还孔子真面目，并非贬斥孔子。他在该书中系统地阐述了孔子是如何从常人变成圣人的，而孔子本人又是何等不愿意被贴上圣人标签。

李零在该书自序中说："在这本书中，我想告诉大家，孔子并不是圣人。历代帝王褒封的孔子，不是真孔子，只是'人造孔子'。真正的孔子，活着的孔子，既不是圣，也不是王，根本谈不上什么'内圣外王'。"

那么在李零眼中，孔子应当是怎样的一个人呢？他在序中给出的总结是："孔子不是圣，只是人，一个出身卑贱，却以古代贵族（真君子）为立身标准的人；一个好古敏求，学而不厌、诲人不倦，传递古代文化，教人阅读经典的人；一个有道德学问，却无权无势，敢于批评当世权贵的人；一个四处游说，替统治者操心，拼命劝他们改邪归正的人；一个古道热肠，梦想恢复周公之治，安定天下百姓的人。他很恓惶，也很无奈，唇焦口燥，颠沛流离，像条无家可归的流浪狗。”

这段话可谓是李零先生这部书的主旨，他把孔子视为一位努力服务于社会，四处碰壁的丧家狗。同时他说：“任何怀抱理想，在现实世界找不到精神家园的人，都是丧家狗。”可见，最后这句话方是该书的点睛之笔。

那为什么把像孔子这样有理想，又找不到精神家园的人形容成丧家狗呢？这种说法本自历史文献记载，李零在该书中列出了五处历史文献所载的同一件事，这些文献只是在个别字句上略有差异。比如《史记·孔子世家》上的一段记载是：

> 孔子适郑，与弟子相失，孔子独立郭东门。郑人或谓子贡曰：“东门有人，其颡似尧，其项类皋陶，其肩类子产，然自要以下不及禹三寸。累累若丧家之狗。”子贡以实告孔子。孔子欣然笑曰：“形状，末也。而谓似丧家之狗，然哉！然哉！”

《孔子家语·困誓》中的一段为：

> 孔子适郑，与弟子相失，独立东郭门外，或人谓子贡曰：“东门外有一人焉，其长九尺有六寸，河目隆颡，其头似尧，其颈似皋繇，其肩似子产，然自腰已下，不及禹者三寸，累然

如丧家之狗。”子贡以告。孔子欣然而叹曰：“形状末也，如丧家之狗，然乎哉！然乎哉！”

《白虎通·寿命》和《论衡·骨相》所载与以上两段长短相当，相比较而言，《韩诗外传》中的记载更为详尽：

孔子出卫之东门，逆姑布子卿。曰：“二三子引车避，有人将来，必相我者也，志之。”姑布子卿亦曰：“二三子引车避，有圣人将来。”孔子下，步。姑布子卿迎而视之五十步，从而望之五十步。顾子贡曰：“是何为者也？”子贡曰：“赐之师也，所谓鲁孔丘也。”姑布子卿曰：“是鲁孔丘欤！吾固闻之。”子贡曰：“赐之师何如？”姑布子卿曰：“得尧之颡，舜之目，禹之颈，皋陶之喙。从前视之，盎盎乎似有王者；从后视之，高肩弱脊，此惟不及四圣者也。”子贡吁然。姑布子卿曰：“子何患焉？污面而不恶，葭喙而不藉，远而望之，羸乎若丧家之狗，子何患焉？子何患焉？”子贡以告孔子。孔子无所辞，独辞丧家之狗耳，曰：“丘何敢乎？”子贡曰：“污面而不恶，葭喙而不藉，赐以知之矣。不知丧家狗，何足辞也？”子曰：“赐，汝独不见夫丧家之狗欤！既敛而椁，布器而祭，顾望无人。意欲施之，上无明王，下无贤士方伯，王道衰，政教失，强陵弱，众暴寡，百姓纵心，莫之纲纪。是人固以丘为欲当之者也。丘何敢乎？”

某天，孔子走出卫国的东门，在此遇到了著名的相面师姑布子卿。孔子对弟子们说：我还是下车步行吧，一位高人要给我相面，你们要记下他说了什么。姑布子卿也对弟子们说：赶快下车步行，有圣人来了。

这两路人马相距约一百步，他们迎面走向对方，而后擦肩而过，走过之后，姑布子卿又转身看孔子的背影。如此算来，姑布子卿正面看孔子五十步，又从背面看了五十步。这时子贡走了过来，姑布子卿问他刚才走过的那位是谁？子贡说：我是端木赐，刚才的那位是我的老师，他就是鲁国的孔丘先生。

姑布子卿听闻后说：原来是鲁国的孔丘，我听说过他的大名。子贡问他：你觉得我老师怎么样？姑布子卿给出了如下的比喻：你的老师额头像尧，眼睛像舜，脖子像大禹，嘴巴像皋陶，从正面看过去，有卿大夫的气势。然从后面看过去，他高耸着肩，背部有些瘦弱，没有那四位圣人的气势。

子贡听闻姑布子卿的评价略感失望，姑布子卿劝他说：你不要伤心，虽然你老师脸色黑了一些，但总体上看气色不错。尽管他的嘴长得有些突出，但还能看得过去，只是远远地看他的整体形象，有点像丧家之狗，所以你不要有太多担忧。

子贡回到孔子身边，把姑布子卿所言转告给孔子，孔子认同姑布子卿的整体形容，只是说自己比不上丧家狗。子贡很惊讶老师为什么会这么说，孔子解释：你见过丧家之狗吗？主人离世了，被收敛入棺椁中，棺前铺上布，等客人来祭祀。丧家之狗就守在棺椁旁，它看不到自己的主人，同时又想把主人救出来。而今天下礼崩乐坏，人们以为我要挽狂澜于既倒，可是我哪有这个能力呀？如此说来，我哪里比得上丧家狗？

《韩诗外传》中的记载比《孔子家语》要详细得多，故事情节也有区别，《孔子家语》与《论衡》《白虎通》《史记》中所载，都是说孔子前往郑国的途中跟弟子们走散了，他独自站在郑国的东门外等候弟子。而弟子们也在焦急地寻找老师，此时有个人跟子贡说：我在东门外看到一个大个子，并且形容了那个大个子的长相：此人眼睛细长，额头突出，他的头像尧，脖子像皋陶，肩膀像子产，但腰部往下比大禹短三寸。之后总结说：这个大个子看上去栖栖惶惶像一条丧家之狗。

子贡找到老师后，讲述了指路人所言。孔子听完却高兴地说：他把我的形象跟那些圣人相比，这可不敢当，但他说我像丧家之狗，这句形容绝对正确。但后世一些学者不承认古人的记载，比如崔述在《洙泗考信录》中说：

> 郑在宋西，陈在宋南，自宋适陈，必不由郑。且子产相郑，其卒不久，郑人或犹有及见者，尧、禹、皋陶千七百余年矣，郑人何由知其形体之详，而分寸乃历历不爽矣乎？至比圣人于狗，造此言者，信此说者，皆圣门之罪人也。此乃齐东野人之语，故今皆削之，而并为之辨。

崔述认为这种说法子虚乌有，他考证了孔子出游的路线，并且说那个人不可能知道尧、大禹、皋陶等人的身高和长相。其实更让崔述生气的是，这段文字把孔子形容成丧家狗。李零说他“什么都疑，就是不疑道统”，在李零看来：“辨伪学，不只是方法，也是思想。我们要知道，宋以来的辨伪，疑与不疑，莫不以卫正统、辟邪说为内在枢机（如兵书辨伪）。疑诸子，是要尊儒经；疑伪经，是要卫家法。遍伪群书，只在弃而不用，非所以甄别年代。其心与嬴秦焚书……同。”

那么李零先生如何解释这些文献中所载“丧家狗”一词呢？他在引用完五条典故后说：“‘丧家狗’绝非污蔑之辞，只是形容他的无所遇。”

那么“丧家狗”一词在这里究竟是何意呢？其他学者对此有不同看法，王景东在《“丧家狗”词义演变探微》一文中首先认为：“‘丧’有两个读音，平声有‘丧事’义项，去声有‘丧失’义项。‘丧家狗’最初意思指‘有丧事人家的狗’。”而后该文引用了《韩诗外传》中所载，之后又写道：“此处‘丧家之狗’为褒义，指‘有丧事人家的狗’，寓意遭遇祸难，但内心想要为主人效力的狗，姑布子卿认为孔子生于乱世，是乱世之能人，可以治理乱世，而孔子谦虚地认为‘丧家之狗’毕竟处于有秩序的环境，而自己身处乱世，王道衰颓，政教沦丧，因此自己并不是‘圣人’‘乱世能人’。”

以读音来解之：“丧”字读平声时，“丧家狗”一词就可解读为有丧事人家的狗；“丧”字读去声时，就可解为失去家的流浪狗。宋袁文在《瓮牖闲评》中说：“《家语》，‘累累然若丧家之狗’，‘丧’字当作去声，言失家之狗耳。故苏东坡诗云‘惘惘可怜真丧狗’，是矣。而元微之诗乃云‘饥摇困尾丧家狗’，又却作平声用，何也？案：丧家狗，据《韩诗外传》论文义应读平声，元稹诗盖本之。’”

按照《韩诗外传》中所载，丧家之狗应当解释为有丧事家的狗，而不是失去家的流浪狗。如此解之，更符合此词的原意，然后世所说的“丧家狗”已与其本意不同，基本上指的都是流浪狗。且不论哪一种解释方式，这个历史故事流传甚广，姑且信之。虽然崔述怀疑那个郑人何以能用四位圣人的形象来形容孔子，因为那些圣人都是传说中的人物，但民间传说自有其独特的形容方式，所以用不着以考据家的眼光来看待口头文学的准确性。

关于孔子与弟子走失之处，《史记》《白虎通》《论衡》中记载的都是在郑国的东门，《韩诗外传》所说似乎是在卫国东门，但也有人将其解读为郑国东门。当年郑国的东门乃繁华之地，《诗经·郑风·出其东门》中就有“出其东门，有女如云”之诗句。在熙熙攘攘之地，孔子与弟子走散，当然可能性最大，好在孔子的个子很高，按照《孔子世家》上的说法，他身长九尺六寸，有人说周代一尺合今天19.9厘米。如此算来，哪怕到今天，孔子也是位大个子，所以人们很容易注意到他，将其站在东门的消息告诉了他的弟子。

孔子当年在新郑东门所站之处，被后世称为宣圣台，孔子后来被封为至圣文宣王，于是有人在其停驻之处修起一座高台，以此来命名之。关于此台的情况，刘文学主编的《新郑县志》中写道：“宣圣台，位于郑韩故城东门外。相传孔子周游列国，曾在郑国国都东门外停留，因郑君不予接待，遂回车前往陈国。”同时，该文引用了《史记·孔子世家》中的那段话后又称：“当年孔子过郑停车的地方，明万历年间新郑县令陈大忠立‘孔圣辙环处’一碑，名其地为宣圣台。今废。”

然我从网上查得，近些年宣圣台又得以复建，于是在2020年9月17日前往新郑探看郑韩古城和宣圣台。此次寻访得到了郑州爱书人张长征及横山小为的大力帮助，今天正是他们两位带我前去探看这两处遗迹。

关于郑韩古城的来由，吴少珉、苏健、赵金昭主编的《河南古迹名胜辞典》中称：“公元前806年，周宣王姬静把他的兄弟姬友封到咸林（今陕西华县西北），国号郑。姬友，史称郑桓公。宣王的儿子幽王宠爱褒姒，政治腐败，郑桓公为自己安全计，把郑国的财资和奴隶迁到洛水以东的虢（即东虢，今荥阳一带）、郐（今新密、新郑境内）一带。后来，他灭掉郐国，他的儿子郑武公又吞并了虢。在原郐国境内建立了郑国的新都城。”《新郑县志》则说：“春秋战

郑风苑小区

国时期，郑、韩二国相继在此建都500多年，故名郑韩故城。城内宫殿及其他建筑早毁无遗，但大部分城墙完好。”

我们开车到达新郑后，先去探看郑国古城墙。跟着导航来到这一带，所行之路名叫烟厂大道，我发现河边有一新建的住宅小区名叫郑风苑，于是将车停到这一带后，步行到河边。而今这里修成了休闲景观，河上有管理人员在清洁杂生的水草，还有水鸟翱翔其间，一派岁月静好景致，让我难以体会孔子所言的郑声淫。

走到河对岸，在桥头看到了郑庄公雕像，他一脸严肃地端坐在那里，一点儿都不像是会说出“大隧之中，其乐也融融”的样子。看来从面庞解读帝王的心态，总会有太多的偏差。雕像对面有一座公园，名字也是郑风苑，不清楚这是不是同一开发商所为。

郑庄公像

公园不收费，我们三人走入其中，一路向下探看。走下高高的台阶来到了河边，沿河的石护栏上刻着古代线描像，同时配有故事文字。这是很好的一种宣传方式，可惜公园内静悄悄的，看不到一个游客。

河边护栏上的历史故事

景区路边立着不少高大的景观石，每块石头上都刻着一些字句。沿途还看到一些墓丘，但从石碑上看，没有古人。静悄悄的墓丘旁仅有一只猫守护其中，给这一带的凝重增添了活色。

走出约1公里，来到了公园的另一个大门，在此处方看到一段古墙。问这里的门卫，他说这就是郑国的古城墙。但我在这里找不到介绍牌，门卫对我的质疑颇为不满："我在这里住了大半辈子了，从小就知道这是郑国古城墙，有什么值得怀疑的。"

于是我不敢再怀疑，站在墙边开始拍照，但还是遗憾于没有找到介绍牌。拍照完毕后，原路返回，走出郑风苑公园时，无意间看

块头很大的文保碑

到绿化带里有块随形石上刻着字，但仅看到后面的“公园”二字。张先生走上前扒开绿植想看看上面到底刻着什么字，恰好在此时，我看到马路对面有一堵仿古影壁上写着“郑韩故城”。大感喜悦，于是三人穿过马路走到了影壁前。

溱水文保碑

这堵影壁建成了春秋时代门阙的样子，那块文保碑面积颇大，上面写明这是全国重点文物保护单位。影壁的后面则以中英文对照的方式介绍着郑韩故城的历史，但上面没有谈到宣圣台在哪里。

沿着河边路向内走，看到一块文保碑上写着“溱水”，想来这就是那条河的名称。我们开车沿着河边一路向前，没承想，走出500多米却是断头路。张长征问路人东门在哪里，经过一番打听，方知我们所找方向不对，于是按照路人所指方向，开入了新郑市区内。在大路的中间看到一处高台，以为那里是宣圣台，然此处景致却无路可通，只能站在路边观察，看到一面侧墙上写着“中华第一古都”字样，看来这里也是郑韩故城的一部分。

中华第一古都

上车继续前行，拐入一条小巷，东绕西绕，始终找不到宣圣台。正在焦急间，看到一个路口上有一堵石刻墙壁，上面刻着“孔子候东门”。三人见此大喜，于是找地方停车，走到近前细看。

石墙之后有约两亩地大小的广场，广场正中有一组雕像，其形

孔子候东门石壁墙

象乃孔子与弟子在说话，想来站他前面的就是子贡。雕像后面有一仿古门阙，上刻“孔子周游列国至此”字样。此阙的侧旁用木条仿制成竹简，上面刻着的正是丧家之狗的那一段原文。

在广场的另一侧还有两个井圈样的构件，张长征怀疑这是没有完工的绿化设施。不清楚这一带还要搞怎样的建设，期待下次来此地时，能够看到更多的景致。虽然这些景致是簇新的，但显现了当地人对这段重要历史的重视。当拍完照离开时，我才注意到孔子候东门小广场处在新郑的文苑路上。

叶公庙：赫赫功名，好龙所掩

关于孔子与叶公之间的交往，《论语》中有如下三段记载：

《论语·子路》："叶公问政，子曰：'近者说，远者来。'"

《论语·述而》："叶公问孔子于子路，子路不对。子曰：女奚不曰：'其为人也，发愤忘食，乐以忘忧，不知老之将至云尔。'"

《论语·子路》："叶公语孔子曰：'吾党有直躬者，其父攘羊，而子证之。'孔子曰：'吾党之直者异于是。父为子隐，子为父隐，直在其中矣。'"

《史记·孔子世家》中称："齐景公卒。明年，孔子自蔡如叶。"鲁哀公五年（前490），齐景公去世了。转年，孔子从陈国来到蔡国，他在此见到了叶公。当时叶公向孔子请教为政之道，孔子回答说：如果政治清明的话，国人会为之喜悦，同时能让远方的人来归附。孔子言外之意，施政的重要理念就是招揽贤才。

某次，叶公见到了子路，他想通过子路了解孔子的为人。子路不知如何全面概述老师的伟大，他见到老师时告诉了叶公所问。孔子听闻后跟子路说，你应当告诉他，我老师的为人是这样的：他学习知识时不知疲倦，教诲别人时不觉得厌烦，发奋钻研时会忘记吃饭，遇到欢乐之事也会忘掉忧愁，以至于不觉得自己的年岁越来越大了。

孔子的这段自评流传甚广，后世多以此来概括孔子之为人。孔子希望子路能告知叶公自己的自评，可见他对叶公之重视。

某天，叶公见到了孔子，他告诉孔子说：我们乡有位正直的人，他的父亲顺手牵走了别人家的羊，其子觉得父亲所为是错误的，于是他作为证人告发了父亲。孔子听闻后说：我们乡里的正直人士与你们乡的做法不同，如果儿子有过错，父亲会替他隐瞒过失，同样儿子也替父亲隐瞒过失，但他们这么做包含了正直的道理。

从这段叙述看，叶公所言更为大义灭亲，这才具有法治观念，孔子所言岂不是包庇坏人。但儒家最讲孝道，也会强调父父子子，故儒家在处理情和理的关系上，有自己的一套自圆其说的解释方式。

孔子为什么要跟叶公说这样一番话呢？或者进一步问，叶公为什么要问孔子这个问题呢？其实任何谈话都有一定的语境，抛开了语境，仅是孤零零地拎出其中一句话予以解读，显然不客观。但古语简洁，再加上孔子那个时代的史料都是记载在竹简上，竹简太过笨重，致使在记载时更要简洁。

虽然以上所引的第三段话已经有几十个字了，但想来叶公与孔子坐在一起交谈，不会仅是每人说一句话，他们所言前面一定有所铺垫，也就是背景交代，后面还会有观点的探讨与铺陈。那么，叶公为什么要问孔子这个问题，显然是跟他那时的一个心结有关。

春秋末年，楚国和吴国连年争夺地盘。鲁定公四年（前506），吴国联合蔡国和唐国共同讨伐楚国，当时叶公的父亲沈尹戌担任楚国的左司马，他带领军队抵抗入侵之军。沈尹戌与子常商定：由子常沿汉水驻守堵击吴军，他在淮河毁掉吴军的舟船。然而子常担心沈尹戌得了头功，于是不顾事先商量好的作战计划，提前渡过了汉水，致使楚军被吴军击败，沈尹戌战死。

吴国军队乘胜追击，攻占了郢都，叶公的母亲和弟弟后臧均被抢到了吴国。此后楚国大夫申包胥到秦国求救兵，他扶墙而泣七日，秦哀公终于答应出兵救楚，而后秦、楚两国联合打败吴国。叶公的弟弟后臧借机逃回楚国，但他没有把母亲一并带回来，这令叶公十分生气，决定不再与弟弟来往。

叶公为此与弟弟断交，他心里有自己的纠结，一边是母亲，一边是弟弟，想来这是他给孔子讲那个故事的背景原因。按理来说，儒家都讲孝道，比如鲁襄公二十五年（前548），郑国讨伐陈国，陈国大夫贾获“载其母妻”而逃，被认为是行孝之举。鲁哀公十六年（前479），孔悝出奔时载其母“伯姬于平阳而行”，也是孝道的表现。而叶公之弟后臧只身逃回楚国，置母亲于不顾，显然是违反孝道之举。

孔子强调孝道，他应当在叶公面前谴责后臧的行为，但他用另一个故事讲述了相反的观点。孔子当然知道后臧所为，也明白叶公讲这个故事的潜台词，但是，儒家除了强调孝道，还要讲个“义”字，孔子认为叶公不能因这件事再断绝兄弟之情。因此，孔子在此处所言具有特殊的背景。

按照历史文献记载，叶公是位识大局、懂大体的政治家，但今人提到叶公，永远会加“好龙”二字，该故事出自汉刘向在《新序·杂事》中的记载：

> 子张见鲁哀公，七日而哀公不礼，托仆夫而去，曰：“臣闻君好士，故不远千里之外，犯霜露，冒尘垢，百舍重趼，不敢休息以见君，七日而君不礼。君之好士也，有似叶公子高之好龙也。叶公子高好龙，钩以写龙，凿以写龙，屋室雕文以写龙。于是天龙闻而下之，窥头于牖，施尾于堂，叶公见之，弃而还走，失其魂魄，五色无主。是叶公非好龙也，好夫似龙而非龙者也。今臣闻君好士，不远千里之外以见君，七日不礼，君非好士也，好夫似士而非士者也。《诗》曰：‘中心藏之，何日忘之？’敢托而去。”

孔子的弟子子张去见鲁哀公，他等候了七天，哀公一直没有接待他，于是子张准备离开鲁国。他在临走时请人转告哀公：我听说您喜欢贤才，所以不远千里，冒着风霜雪露来投奔，没想到赶到此地时，您一连七天都不接见我，这让我觉得您的好士之名就如同叶公好龙。那位叶公自称喜欢龙，他将家里的各处都雕上龙，天上的龙听闻此人这么爱龙，于是特意来其家探望他，可是叶公见到了真龙，却吓得掉头就跑，看来这位叶公只是喜欢像龙的东西，而非喜欢真龙。

自此之后，“叶公好龙”就成了虚假爱好的代名词，而被人广泛使用，比如梁启超在《敬告国人之误解宪政者》中说：“叶公好龙，好其是而非者。”

但问题是，子张是从哪里听到叶公做过这么一件事呢？一者龙乃传说之物，天上不可能有一条龙听到了叶公所言而来探望他，二者真正的叶公是历史上一位举足轻重的人物，从史料记载来看，他很有大局观，不太可能整天在家里玩假龙。

历史上有名的白公胜之乱就是叶公平定的。白公胜是楚平王之孙，在楚国颇有名气。白公胜的父亲是太子，太子因遭谗言所害而逃到了郑国，后来被郑人所杀。当时白公胜正在吴国避难，楚国令尹公子申（字子西）提出召白公胜回国。叶公闻听此事后表示反对，《国语·楚语下》中记载了叶公对白公胜的评价之语：

> 其为人也，展而不信，爱而不仁，诈而不智，毅而不勇，直而不衷，周而不淑。复言而不谋身，展也；爱而不谋长，不仁也；以谋盖人，诈也；强忍犯义，毅也；直而不顾，不衷也；周言弃德，不淑也。是六德者，皆有其华而不实者也，将焉用之。

看来叶公很了解白公胜的为人。他坚决反对将此人召回楚国，但公子申不听，还是将王孙召回，同时让他驻守在白邑，故其被称为白公胜。白公胜回到楚国后，一心替父亲报仇，多次向公子申提出要讨伐郑国，但公子申拒绝了他的请求。

楚惠王十年（前479），吴国进攻楚国，白公胜击败吴军后，他以献捷的名义进入楚都，突然发动政变占领了王宫，杀死令尹公子申以及司马子期。子期乃楚昭王之兄，正是他与公子申立昭王妾越女所生之子章为楚惠王。在混战中，楚惠王被屈固救出，藏在楚昭王夫人府中，而后白公胜自立为王。

叶公闻讯后，哀叹于公子申不听他的劝告，方酿此杀身之祸。他组织军队包围郢都，很快就攻入了郢都，白公胜兵败自缢。白公胜之乱得以平息，接着叶公迎楚惠王复位。惠王认为叶公功劳甚巨，于是任命叶公为令尹和司马，集政权与军权于一身，全面掌握朝政。然而局势平定后，叶公提出功成身退，他向惠王建议让公子申之子宁和子期之子宽分别担任令尹和司马。

对于叶公所为，《荀子·非相》中予以高度夸赞："叶公子高，微小短瘠，行若将不胜其衣。然白公之乱也，令尹子西、司马子期皆死焉，叶公子高入据楚，诛白公，定楚国，如反手尔，仁义功名善于后世。"

虽然叶公的身材又瘦又小，但他以惊人的毅力平定了白公胜之乱。如此一位英武人物，不可能整天在居所内玩假龙。黄庭坚写过一首名为《春祀分得叶公庙双凫观》的诗：

春将祠事出门扉，宫殿参差缭翠微。

清晓风烟迷部曲，小蹊桃杏挂冠衣。

叶公在昔真龙去，王令何时白鹤归。

糟粕相传漫青史，独怀千古对容徽。

当年黄庭坚到叶县参观过叶公庙，他在那里感慨叶公有那么大的功绩，人们却只说他好龙的故事。黄庭坚认为该故事不可信，所以有“糟粕相传漫青史”之句。但不知为何，《叶县志·古迹》中却载：“玩龙台，在旧县城东，叶公好画龙，神龙下降即此地也。台前有墨池，俗传泚墨之所，今尚有遗址可寻。”

当年叶公所在之地即今日之叶县，叶县竟然有玩龙台，也就坐实了叶公确实有玩龙之事。当地人那么看重这位前贤，却不知他们所看重之事，其实是对叶公的亵渎。若叶公地下有知，不知会气成

叶邑故城文保碑

啥样。

而今，这座搞笑的玩龙台已经没有了痕迹，但叶公墓得到了叶氏后人的重修。2020年9月19日，在何新年先生的带领下，由横山小为开车，我们一同前往叶县探看历史遗迹。而今叶县县城已不在原来的位置上，原本的古县城现名叶邑镇。

从叶县县城开往叶邑镇有几十公里的路程，进入该镇的范围内，看到人们到处在马路上晒粮食，把道路占去了一半以上。晒粮者为了让车轮不敢轧到粮食，在马路上摆上很多酒瓶，其言外之意，你的轮胎不怕扎那就轧吧。这使得行车速度很慢。

何先生为了让我的寻访了解到更丰富的实况，特意联系了叶县宣传部部长孙利旺先生，不巧孙部长在京开会，但他答应晚上返回后见面，同时安排了叶县文旅局局长娄毅，原叶县文化局局长、叶县炎黄文化研究会会长李元芝，叶邑镇党委书记任会阁女士予以接待。

粮食晒在马路上

进入叶邑镇后，见到了诸位领导，寒暄过后，我们的车跟着几位领导的车一路前行。我在路边看到了叶邑故城文保碑，此乃国家级文保单位，旁边还有叶公问政处碑，显然这是说明当年叶公就是在叶邑向孔子请教如何理政之事。

很快驶出了村外，大约行进了2公里，在一片田地中，看到了叶公陵园，这里也立着全国重点文物保护单位碑。但我从史料上查得，这座叶公陵园是几十年前复建的，想来这块文保碑乃将整个叶邑故城作为文保单位，而非单指此陵园。

叶公陵园

从外观看过去，这里全是仿古建筑，匾额由叶选平所题。看来今日叶姓均视叶公为初祖。但实际上叶公并不姓叶，他姓沈名诸梁，字子高，前文提到他的父亲是沈尹戌。楚平王时，沈诸梁封于叶，以叶为食邑，故后世称其为叶公。

叶公陵园匾额

叶公去世于公元前439年，终年89岁，这在今日也算长寿之人，更何况是在2500多年前。他去世后，其后裔有的姓沈，有的姓叶，但叶姓是从叶公开始的。《梅州叶氏族谱》中有《始祖诸梁公传略》一文，该文中写道：

沈诸梁，是春秋五霸之一楚庄王的曾孙沈尹戌之子。沈尹戌因被封于沈鹿（今湖北省钟祥县与京山县之间）而得姓。其后裔以封地叶为姓。《风俗通》载：“楚沈诸梁，字子高，食采于叶，因氏焉。”沈诸梁以地为姓，成为叶氏始祖。据宋名相叶梦得与元丞相亦愚先生的修谱序，均明载：“叶氏别于沈，自子高始；沈氏别于姬，自聃季始；而姬氏别于公孙，应自黄帝公孙轩辕之玄孙姬弃始。”沈诸梁为叶姓始祖，是以“封于叶邑”为史实的，其裔孙均以封地叶为姓。

关于叶公墓，《始祖诸梁公传略》中介绍说：

叶公墓坐落在河南省叶县旧县乡古中洲叶邑西北约3里的澧河之畔，《后汉书郡国志》载：“叶公沈诸梁冢，近县祠之曰‘叶君丘’。”二千五百多年来墓丘经风雨冲刷，水土流失，土丘几乎变成平地，1985年清明节，在叶县政府重视与支持下，叶氏裔孙重新培土，堆成3米高、方圆40米的墓丘，县政府还为其立了一块“廉政爱民”碑。1994年后，县政府在经济较紧张情况下，先后投入300多万元，建成“叶公陵园”，作为向群众进行中华民族传统美德教育的教材，并列为县级文物保护单位。

论政殿

果然在叶公陵园门厅上看到了“叶公沈诸梁简介”，以此说明今日叶姓也知叶公原姓沈，但他们依然将沈诸梁视为叶姓的开创者。

孔子与叶公论政

祾恩殿

在众位领导的带领下，我边听他们介绍叶公事迹，边参观园内的建筑，其中之一就是论政殿，该殿内有塑像，正是孔子与叶公促膝谈话的场景。从塑像的开脸看，那时的孔子和叶公都很年轻，叶公能向孔子请教治国理政的问题，说明了他对孔子的看重。

叶公金身像

沿着中轴线继续向里面走，穿过长长的甬道，来到了祾恩殿，这是祭祀叶公的主殿。殿内的叶公像满是金身，开脸是其晚年形象。

接着去瞻仰叶公墓，此墓以青砖做围，墓顶

叶公墓

长着一些树和荒草。按照《始祖诸梁公传略》中所载："叶公墓由长青松柏簇拥着，站在墓顶中心高处低头发声，能听到墓中的回音，实属罕见，可谓是风水宝地也。"

我原本想登墓体验一下这种神奇现象，但念及站在古人墓顶上乃不恭之举，于是放弃了这个想法。而后跟几位领导前往叶公陵园管理所，在这里看到了许多展板，上面有许多有关叶公的介绍材料，同时还看到当地开发出的叶公酒。这里还有几个展柜，里面摆放的是各地新修的叶氏族谱，以此可见叶氏后裔之繁盛。之后又跟随任会阁书记参观了当地的考古发掘成果展，在这里看到了不少青铜器和陶器，听到专家的讲解，更感慨于叶县文化底蕴之丰厚。

晒书台：竹简需要晒吗？

晒书台又名书台寺，上蔡县地方史志编纂委员会所编《上蔡县志》中称："书台寺遗址位于县城北15公里华陂乡陈蔡铺村西南。相传孔子周游列国时，途中遇雨，书被淋湿，曾在陈蔡铺村西南一高台上晒过书。后人为尊敬孔子，于明代在此兴建一座书台庙，庙内有石坊一座，上书'孔子晒书处'。庙东北7米有一石块包砌、拱角飞檐的八角棱形晒书亭。遗址北部土层中，发现有蚌壳、兽骨、石器及陶片，商、周时期的器物亦有出土。"

古代藏书家，尤其是南方藏书家都有晒书的习惯，这是因为纸质书在雨量充沛地区很容易吸潮，而潮湿最容易导致书生虫霉烂，但竹简需不需要晒，我未查到史料记载。不过，古人在用竹子作为文字的载体之前，也需要先做一番处理，这个处理步骤叫作汗青。清王渔洋曾在《池北偶谈》中转录《清溪暇笔》中所言："古者书用竹简，初稿书于汗青。汗青者，竹之青皮如浮汗，以其易于改抹也。既正，则杀青而书于竹素。杀，去声，削也。言杀去青皮而书于竹白，则不可改易也。"

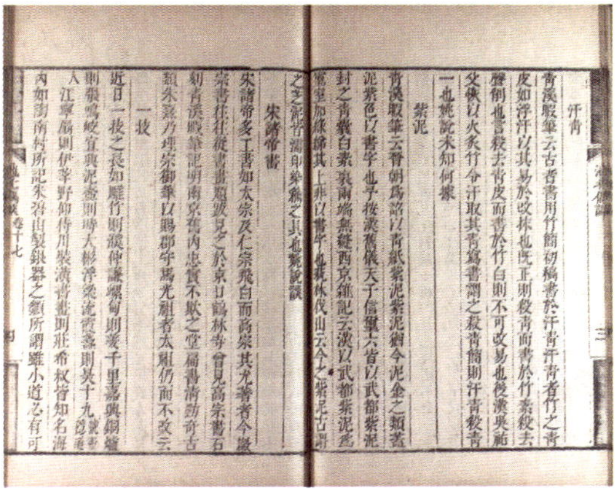

《池北偶谈》二十六卷 清王渔洋撰 清刻《王渔洋遗书》本

经过处理后的竹简写上文字变成书后，是不是还会受潮，我未查到相应记载与解释，而有记载称孔子当年读书韦编三绝，说明他读的肯定是竹简书，他带着这些沉重的书周游列国，想想真不容易。一旦遇上雨，这些竹简淋湿后，是否会字迹模糊，或者说需不需要晾晒，因为所读有限，我也不甚清楚。但既然上蔡县有孔子晒书台，说明孔子晒书也非空穴来风，于是我决定前往此台探看。

2021年2月27日，我在上蔡县先找到了漆雕开的墓，而后开车前往陈蔡铺村，导航上仅有此村地址，却无晒书台，于是开到此村附近向路边商户打问，众人纷纷告我晒书台在哪里，可见此台在当地很有名气。驶下省道，开入陈蔡铺村，在村中位置左转，这条路变得极狭窄，仅可容下一辆车，路的两侧是田地和水塘，一旦遇到迎面会车，完全无法错让。

在村内继续打问，众人告知晒书台在田地里，于是驶出村继续在窄路上行驶。这一带是平原，平整的田地一望无际，走出约500米，远远地看到田地里有几间房屋，于是奔那里而去。开到近前，窄路不见了，在路边看到了孔子晒书台文保碑，原来这条路是专门为晒书台而修。

在路的顶头位置有一块小平地，占地100余平方米，空地的后侧建有几间房屋，屋顶覆盖着红色铁皮瓦，感觉像简易房。房侧边的田地里立着几块碑，文保碑是用水泥制作的，落款时间是1995年。旁边还立有一块大的石质文保碑，上刻“孔子晒书台（书台寺遗址）”，落款时间则为2018年。

两块文保碑

余外的三块碑，其一是功德碑，此乃新刻，还有一块碑上的文字已完全无法辨识，中间的一块则为“漆雕氏后裔为孔圣人捐资树碑”，上面写明：

孔子为天下文官祖。历代帝王师其高足弟子漆雕开在孔子游历陈蔡时，断粮七日，漆雕开为救恩师下鸿隙湖采莲不幸遇难，其精神受历代尊崇。二〇一四年农历十一月一日，晒书台为纪念孔子贰仟五百五十六周年，隆重举行开光庆典。

下面列出了十八个人的名字，每个都姓漆雕，比如漆雕世英、漆雕大安、漆雕发星等。还有一位漆雕志刚，此名极具时代性，跟如此古老的姓氏排在一起，多少有点魔幻。而这也说明了漆雕开有许多后人仍住在华陂镇，并且不忘先祖之师，特意来此立碑。这种做法令人感佩，只是他们所选的碑石可能有点小问题，因为上面出现了很多的白点，影响了应该有的肃穆之感。

三块功德碑

接着去探看书台寺，此寺的装饰颇不像寺院，因为门窗用的都是金属卷帘，门窗都关闭着，只可看到门前用砖头垒起一个简易的焚烧炉。从残存的纸灰和泪烛看，祭拜的人还不少，门柱上的对联已经脱落，窗户的卷帘上贴着一纸通知："疫情期间进殿佩戴口罩，请自觉消毒，禁止燃放鞭炮。"毛笔字写得不错，能够感觉到书写者曾经临过帖。

小广场的顶头位置有一尊观世音菩萨像，此像立在1米多高的石台上，台前的香炉插满了香，看来此处的香火比前面那个房间旺盛得多。这尊观世音菩萨像身披斗篷，露天站立，因为风吹日晒，斗篷已经掉色。

在香炉之前还有一张残破的长条桌，应该是几十年前小学生用过的课桌，显然桌子已变形，上面用塑料杯供着三杯水，虽然我也

简易焚烧炉及卷帘上的通知

不能确定原来放的是不是酒，至少此刻闻起来已没有酒味。

除此之外，我看不到可拍照的痕迹，尤其找不到孔子晒书台。以我的想象，后人总要给他搭建一个土台或者石台，以此更符合历史记载。站在小广场向四周探望，我也没感到书台寺所占的位置比四周略高，晒书台会不会另有其地？

正踌躇间，走来了一位老人，他热情地跟我打招呼，而后跟我说了一番话，可惜他乡音浓重，我未能听明白。于是我大声地问他这里是不是晒书台，他用力地点点头，看来找的地方没错，于是我猜测说不定晒书台就处在这几间房子内，我问老人哪里能找到开门人，他又说了一番话，看到我仍然是一脸茫然，于是用手做上掀状，我大致明白原来他是让我自己去打开门。

看来卷帘门没有上锁，我走上前用力掀起，果然打开了。里面供奉的也是一尊菩萨像，菩萨像的左侧挂着一幅寿星像，下面有三尊小的瓷菩萨，左侧墙边有两张简易桌，墙上写着“四天王”三个字，算是代表了四大金刚，但桌上仅摆着一尊一拃长的关公像，看来这里不太讲究比例。

另一侧的情况也是如此，有张供桌上贴着八仙过海画像，画像下面也摆放着很小的瓷像，感觉像是玉皇大帝和王母娘娘，余外还有其他几尊小瓷像，但我仍然找不到任何与孔子和晒书台有关的实物和文字。我无奈地走出此庙，转身再把卷帘门拉上。

老人家一直站在院外看着我的举措，我走出后继续问他旁边的那间房子会不会有孔子遗迹。我问他时没有抱什么希望，老人还是指了指那间房，我不清楚他所指为何意，但我还是走上前如法炮制把卷帘门拉开，没承想这个门已损坏，仅拉起三分之一就不动了，我看到里面还有一扇铁门，通过缝隙向内张望，这层铁门上着锁。

我看到那位老人略带微笑地望着我，想来他刚才提醒我这里进不去，而我还是做了无用功。记得以前看过一幅漫画，两个盗贼费尽力气砸开一扇门，结果里面还有一层，他们一层层地砸下去，里面除了门还是门。我忽然觉得这个神秘的房间里面，说不定就有晒书台遗迹，可惜我无法进内一探究竟。为了表示自己的修养，我努力地把卷帘门再拉下来，然而门却卡住了，无论怎样摇动都拉不下来。老人也不帮忙，只是定定地看着我，这让我无法揣摩他的心态，于是一咬牙飞起一脚踹在卷帘门侧旁，门果然顺利地拉了下来。老人的脸上显现出欣慰的笑容，转身慢慢往回走了。我猜测老人是看到我从村内开车前往此地，担心我有什么不轨的行为，经过

田野中的坟丘

一番观察，觉得我也搞不出什么名堂，这才放心地返回。

然而真正无奈的是我，因为我的判断得不到印证，只好围着晒书台周围探看一番，远远地看到田野内有一些坟头，坟丘都不大，应该也与晒书台无关。我猜测这块小平地应当就是晒书台遗址，只是后人又在上面建起了书台寺。而今除了那两块文保碑，已然找不到与孔子有关的任何痕迹，真希望今后再来时，能够看到恢复后的这处圣迹。

洙泗书院：先师讲学删《诗》《书》之所

洙泗书院是曲阜四大书院之一，它的地位比较特殊，相传这里是孔子周游列国后回到曲阜讲学及删《诗》《书》之处。此事见载于宋孔传的《东家杂记》：

> 庙北五里曰先圣学堂，泗水缠其北，洙水由其南。《皇览》云：诸弟子房舍井瓮犹存，周敬王三十六年，孔子自卫反鲁，于此删《诗》，序《书》，定《礼》《乐》，系《周易》，至周敬王二十八年。鲁人西狩获麟而作《春秋》，因曾参孝行以缥笔而作《孝经》，二经既成，孔子于此堂下斋戒，面北斗而拜，告备于天。紫微于是降光于此堂。鲁记所载：孔子讲堂者是也。昔汉光武东巡过鲁，坐孔子讲堂，顾指子路，谓左右曰：此吾大仆之室也。今学已废，遗址存焉。

从此记载可知，早在曹魏时期编纂的《皇览》中就对该讲学处有记载。对于此事，《阙里文献考》中亦有记载："汉时诸弟子房舍、井瓮犹存。建武五年，光武帝击破董宪于昌虑，还，过鲁，坐孔子讲堂，顾指子路室，谓左右曰：‘此吾太仆之室也。’”

对于洙泗书院的情况，乾隆《曲阜县志》中称：“尼山为至圣诞生之地，洙泗乃至圣设教之区，历朝建有书院，并设世宫奉享祀。《阙里文献考》云：‘书院者，本为春秋讲学而设也。今朝祀虽肃，而弦诵之声无闻。戾厥旨矣。’顾名思义，是所望于主鬯者，余谓守土者，亦与有责焉。余治曲之一月，奉勘尼山，祭学田之缺额者，得祭田大亩一十三顷五亩有奇，学田大亩一十一顷二十八亩有奇。越二年，请于大吏以淫祠之田，为洙泗书院，篝火不果，行诚不能，无望于后之君子矣。”

洙泗书院大门

洙泗书院不同于惯常人们理解的书院性质，因为该书院的主要功能是祭祀而非讲学。《续修曲阜县志》中称：“曲阜书院之设，名目繁多，其关于祭祀者，如尼山书院、洙泗书院、春秋书院、石门书院、圣泽书院、中庸书院，内有地址。不在本县而同列入此志者，重圣迹也。至于教授生徒，造就人材，专为教育而设之书院，则有两学书院、昌平书院。”

洙泗书院原名先师讲堂，正是因为孔子在这里给弟子们上课，方有此之称呼。但也正因为如此，少有人敢到这里来开课授徒。然这件事也并不绝对，比如时鉴总编的《孔孟之乡名人名胜名产》一书在讲到洙泗书院时称：“洙泗书院是孔子设堂讲学的地方，从汉代起，历代名儒以在此讲学为荣。”而后文中提到宋代理学家朱熹在此讲学，还曾留下千古绝句：

> 胜日寻芳泗水滨，无边光景一时新。
> 等闲识得东风面，万紫千红总是春。

是何人将孔子讲堂改名为洙泗书院以及该书院后来的沿革情况，邓洪波、彭爱学主编《中国书院揽胜》一书中简述道：“金时为独立院落，元初毁废，仅存遗址。元至元三年（1337年）孔子55代孙孔克钦，时任曲阜县尹，以旧址创建书院，命名‘洙泗’，以53代孙孔滨为山长，

洙泗书院文保碑

奉祭祀。明代嘉靖三年（1524年），天启七年（1627年）均进行过修葺。明正德二年（1507年）改山长为国子监学录，以孔氏保任。正德六年（1511年）刘六、刘七农民起义军‘焚洙泗讲堂之门’，书院被毁。嘉靖三年（1524年）巡按御史李献捐资重修，以后又经多次复加补葺，在书院神道上立‘洙泗书院’石坊。1986年，洙泗书院收归文物部门管理，1987年大修，重建围墙。1992年公布为山东省文物保护单位。”

关于刘六、刘七起义的背景，王克奇所著《山东政治史》中讲述了明正德三年（1508）当时的政治背景，而后称：“这一年的冬十月，爆发了更大规模的刘六、刘七的起义。刘六（刘宠）、刘七（刘宸）是直隶霸州（州治在今河北霸县）人。当时河北等地区的农民深受朝廷马政之害。政府指定养马户饲养种马，缴纳马驹，以备随时取用。养马户如有过失，需要包赔损失。为此苛政，‘小民卖田产鬻男女以充其数，苦不可言’，史称‘江南之患粮为最，河北之患马为最’，是当时两大弊政之一。正德五年十月，刘六、刘七率数百人在霸州起义，获得了当地民众的支持。史称：‘诸穷民响应之，旬日有众数千人，屡败官兵。’六年正月，刘六、刘七率军进入山东地区，得到当地民众响应，出现了‘山东居民，凡贼过之处，则乐于供给，粮草器杖皆因于民，弃家从乱者比比而是。官军所过之地，即闭门逃遁，棰楚驱逼，犹不肯前’的情形。由此可见当时民心之向背。”

看来社会环境的变化使得一些平民开始造反，这支起义军进入曲阜后，很快攻入孔庙，将孔庙内的藏书楼奎文阁里的书基本烧光了。对于这段事，王克奇在该书中写道："刘六、刘七率领的起义军，于正德六年秋自河北进入山东，连破日照、海丰、寿张、阳谷、丘县、宁阳、曲阜、沂水、泗水、费县等10城。义军在攻破曲阜后进占孔庙，'秣马于庭，污书于池'，将奎文阁藏书'焚毁殆尽'，反映了他们对传统文化的反叛。之后起义军转而攻占济宁，焚漕运舟船千余艘。次年四月，进入胶东地区，明军10余万人在登州合围起义军，刘六、刘七率精骑突围，再由山东折回河北，进至香河、宝坻、玉田诸县，转攻武清，大败明军，杀参政王杲，威胁北京。朝廷发重兵堵截，起义军转战冠县、平原、邳州等地后南下。这时，河南刘惠、赵鐩所率的起义军被镇压，刘六等孤军奋战，率众经河南进入湖广地区。在黄州兵败，刘六与其子投水自杀。"

关于刘六、刘七起义军破坏洙泗书院的情况，《曲阜县志》中载："……突入曲阜县……虐焰所及，不崇朝县治为墟。是夕，移营犯阙里，秣马于庭，污书于池，祭器亦被残毁，又焚洙泗讲堂之门。次日乃去。"

明嘉靖三年（1524），巡按御史李献捐资重新修复洙泗书院，并且在正殿内祭祀先圣、四配、十二哲，可见洙泗书院又具有文庙的属性。关于当时洙泗书院的情况，明嘉靖二年（1523）进士姚文炤写过一首名为《洙泗书院》的诗：

道出乾坤外，院留洙泗间。
麟踪不可见，凤翼几时还。
礼乐嗟新定，诗书忆旧删。

百川纷坎赴，正派在曾颜。

看来那时的洙泗书院状况还不错，而姚文炤在参观洙泗书院时想到了孔子于此书院删《诗》《书》之事。对于这件事，后世多有争论，关于孔子删《诗》的说法，最早出自司马迁《史记·孔子世家》：

古者诗三千余篇，及至孔子，去其重，取可施于礼义，上采契、后稷，中述殷、周之盛，至幽、厉之缺，始于衽席，故曰："《关雎》之乱，以为《风》始。《鹿鸣》为《小雅》始，《文王》为《大雅》始，《清庙》为《颂》始。"三百五篇，孔子皆弦歌之，以求合《韶》《武》《雅》《颂》之音。礼乐自此可得而述，以备王道，成六艺。

司马迁说孔子把3000多首删掉了十分之九，剩下的就是我们今日可见到的305首的《诗经》。也许孔子的删改幅度太大了，后世对此多有争论。不管他究竟删了多少首，而洙泗书院被视为他删《诗》的具体地点，这就足以显现该书院的伟大。

明嘉靖年间虽然书院被修复了，但修复后的洙泗书院在清初时又毁于天灾。《曲阜县志资料·自然地理志》中载："清康熙五十三年，夏五月烈风大雨雹，洙泗书院毁。农历五月二十二日大风拔木，屋瓦皆飞。雨雹大如梨，其厚盈尺，一望如雷，寒气袭人，盛夏如深秋，孔林树死一千余株，碑碣仆者以百十计，洙泗书院石坊全覆。”

被毁的洙泗书院很快得以修复，乾隆《曲阜县志》载：“庙制大成殿五间，祀先圣、四配、十二哲，东西庑各三间，前为讲堂三间，又前为书院门三间，四周缭以重垣，有石碑曰洙泗书院。”

2012年的洙泗书院牌坊

2012年2月21日，我第一次前去探访洙泗书院。打的前往，我在前行路上看到了洙泗书院牌坊，而该牌坊下面有一级台阶，看来只能从此下车步行前往。司机小丰发现地上有车辙，他说可以绕过去，但我还是决定于此下车，一是为了拍摄牌坊周围的情况，二者也是为了表达我对孔子的尊重。好在走过牌坊不远，就来到了书院门前，但是大门紧闭，小丰用力敲击一番，里面没有回应。我扒着门缝儿也看不清里面的情形，只能站在墙外拍几张照片后遗憾离去。

2019年12月13日，我再次乘车前往洙泗书院，那个牌坊还是横在路边，但台阶前已经被人垫了一些土，以便车能开过，牌坊上的红字已经掉了颜色。这次司机小韦本想直接开过，但牌坊前停着一辆三轮车。他不知何意，停车后走过去探看情况，而后他站在那个三轮车后用力把车推到了一边，上车后告诉我说那辆车坏了。

2019 年的洙泗书院牌坊

我们此次的运气还不错，因为洙泗书院开了门。虽然这里不收门票，但院落里也看不到一个游客。在大门的左侧看到了洙泗书院介绍牌，从示意图上得知，这里仅两进院落。然而这个介绍牌上的文字与一些文献记载有差异，我摘录如下：

> 洙泗书院是春秋时期孔子讲学著述的地方，周敬王三十六年（前484年），孔子返鲁，与众弟子讲道于洙泗之间，删

《诗》《书》，定《礼》《乐》，赞《周易》，为传承和传播中华文化，培养优秀人才，做出了巨大贡献。汉时故址犹存，宋时名为“仲尼燕居堂”，元初已毁。

洙泗书院重建于元顺帝至元三年（1337年），成为纪念和祭祀孔子的场所。后经历代修葺，清康熙五十四年（1715年），经六十七代衍圣公孔毓圻重修达到现在的规模。洙泗书院坐北朝南，南北长136米，东西宽99.4米，四周围筑以墙，前有神道。旧时建筑分三区，东区有更衣厅，西区前有礼器库，后有神庖、神厨，中区前后两进院落，有大门、讲堂、大成殿和两庑等，“文革”时期部分建筑倒塌，现仅存中区建筑。1985年被列为济宁市文物保护单位，1992年被公布为山东省文物保护单位。

洙泗书院讲堂

总体感觉修复后的洙泗书院面积不大，而第一进院落中的讲堂从外观看上去也是普通的清代建筑。讲堂大门紧闭，看不到里面的情形。我又从右路掖门进入第二进院落，在这个院落中有两棵古柏，剩下的都是近些年栽种的松树。院落的正堂也称为大成殿，两侧的配房同样叫两庑，这显然是文庙的制式。这里同样大门紧闭，只能从介绍牌中得知大成殿内有先圣、四配、十二哲，不知道具体是塑像还是牌位，但两庑的七十二贤明确写着是牌位。

金黄落叶

接着往前走是后院，后院内已无古树，唯有一棵小小的银杏树落了一地金黄，给这寒冷的冬季平添了些许暖色。

颛臾国：反复往辩，国阻来颛

《季氏》是《论语》一书中较长的一篇文章，内容是孔子与他的弟子冉有、子路反复商谈鲁国大夫季康子要灭掉颛臾国之事。以内容论，这篇文章大概可以分为三段，其第一个段落为：

> 季氏将伐颛臾。冉有、季路见于孔子曰："季氏将有事于颛臾。"
>
> 孔子曰："求！无乃尔是过与？夫颛臾，昔者先王以为东蒙主，且在邦域之中矣，是社稷之臣也。何以伐为？"

季氏是季孙氏的简称，这里指的是季康子，名肥。季孙氏与孟孙氏、叔孙氏同为鲁桓公之后，这三家合称三桓。到孔子时代，三桓已经把持鲁国国政达167年之久。在这期间，鲁君与三桓有着一系列的明争暗斗。三桓以季孙氏一家势力最大，故历代鲁君都想除掉季孙氏。

季康子的食邑地在费邑，此地附近有个小国名叫颛臾，乃鲁国的附属国，然而季康子想灭掉此国。按照后人研究，季康子想灭掉颛臾国的主要动机，是担忧颛臾国主会帮助鲁哀公削弱自己的实力，故要找理由灭掉该国。那时冉有和子路在做季康子的家臣，季康子与二人商讨了此事，当然也有可能正是冉有和子路给季康子出的主意。

但冉有和子路毕竟是孔子比较看重的两位弟子，他们觉得这件事情还是应当向老师汇报，于是见到老师时说季孙氏准备讨伐颛臾。孔子闻言立即显现出不高兴的态度，虽然文中没有描绘孔子的脸色，但从他说话的语气中能够感觉出来，老先生语气看似和缓，其实已经带有怒气。

孔子首先对冉有说，这件事恐怕我要责备你了，那颛臾国是周之先王封的东蒙主，并且在鲁国的疆域之内，因此颛臾乃鲁国的藩

当年的颛臾国就建在这平原上

属国，为什么要讨伐它呢？

关于颛臾国，按照后世学者的研究，此国乃鲁国的异姓附庸国，也有人说颛臾是鲁国的同姓附庸国。周朝建立之初实行分封制，鲁公伯禽代周公旦受封于东夷，他在少皞之墟建立了鲁国。鲁国建立后，势力很快强大起来，附近的很多小国渐渐成为鲁国的附庸国，颛臾国就是其中一个。

其实到春秋中期，鲁国仍然在兼并这些小国，例如《左传·襄公四年》载："冬，公如晋听政，晋侯享公。公请属鄫，晋侯不许。"鲁襄公利用朝晋诸侯蒙主的机会，向晋侯提出把鄫国归属于鲁，当时晋侯没有答应，此后随行的鲁大夫孟献子经过一番活动，终于让晋侯同意把鄫国归属鲁国。对于这件事，杜预在《春秋左氏传集解》中说："鄫，小国也。欲得使属鲁，如须句、颛臾之比，使助鲁出贡赋。"

看来鄫国也是像颛臾那样的小国，但鲁国为什么要争取这样的小国呢？按照杜预的说法，鲁国得到这样的小国就能得到更多的贡赋，看来争取小国更多者是从经济利益来考量的。

颛臾虽小，却也是一个古国。梁皇侃在《论语义疏》中引孔安国所言："颛臾，宓牺之后，风姓之国。"该国的历史可以上溯到上古时期的宓牺氏，因为颛臾国离蒙山很近，所以鲁国的历代国君就委托颛臾国负责东蒙山神祭祀活动，这就是孔子所说的东蒙主。看来颛臾国完成了安分守已、尽职尽责地完成鲁国所交代的祭祀任务，且并未出过什么差错，所以孔子才说："为什么要讨伐它呢？"

《论语·季氏》上接下来的一段对话则是：

冉有曰：“夫子欲之，吾二臣者皆不欲也。”

孔子曰：“求！周任有言曰：‘陈力就列，不能者止。’危而不持，颠而不扶，则将焉用彼相矣？且尔言过矣。虎兕出于柙，龟玉毁于椟中，是谁之过与？”

冉有看老师不高兴了，于是立即找借口说，灭掉颛臾是季康子的意思，我跟子路都不希望这么做。孔子一听，就知道冉有在找借口，于是他既引经据典，又用比喻来教育这两位弟子。孔子首先引用了古代史官周任说过的一句名言：有能力胜任就担任那个职位，如果不能胜任就该早点辞职。孔子接着又说出一个比喻：如果一位盲人遇到了危险而不去扶持，看到他快跌倒时又不去搀扶，那么要这个搀扶的人有什么用呢？更何况，你的这个借口也不对，这好比老虎和犀牛从笼子里跑了出来，占卜用的龟甲和祭祀用的玉器在匣子里被毁坏了，你说这是应该怨管理者，还是应该怨笼子和匣子呢？

孔子用层层递进的方法来陈述自己责备两位弟子的理由，他所言让两位弟子无法再找借口。《论语·季氏》中继续写到他们之间的对话：

冉有曰：“今夫颛臾，固而近于费。今不取，后世必为子孙忧。”

孔子曰：“求！君子疾夫舍曰欲之而必为之辞。丘也闻有国有家者，不患寡而患不均，不患贫而患不安。盖均无贫，和无寡，安无倾。夫如是，故远人不服，则修文德以来之。既来之，则安之。今由与求也，相夫子，远人不服而不能来也；邦分崩离析而不能守也；而谋动干戈于邦内。吾恐季孙之忧，不在颛臾，而在萧墙之内也。”

冉有觉得再跟老师兜圈子已经没有用了，于是他只好直说，这个颛臾国的城墙太坚固了，并且此国靠近季孙氏的封地，如果现在不拿下此国，一定会成为后患。

从冉有的这句话能够感受到他是支持季康子灭掉颛臾国的，从其语气上甚至可以猜测，讨伐颛臾国的主意说不定就是他出的。

冉有所言令孔子更不高兴，他说君子最讨厌那种不肯直说自己的想法而偏偏要找借口的人。接下来孔子开始阐述自己的观念，他说拥有邦国封邑的诸侯和拥有家族封邑的大夫，他们不担忧贫困而担忧分配不均匀，不担忧人少而担忧不安定，如果财富分配得公平合理，就不会出现贫穷，上下和睦，就不担心人少，社会安定，国家就没有被倾覆的危险。如果能做到这些，而远方的人仍然不归服的话，那就进一步修治文教德政来使他们归附，已经归附者也要让他们安居乐业。而今你两人辅佐季康子，远方的人不来归顺，你们也做不到让他们来归顺，国家处于分裂的状况，你们也不能让国家统一，反而在国境之内发动战争，这种不明智的做法，我恐怕季康子的忧虑不在颛臾国而在鲁国内部吧。

孔子的这段话十分有名，有多个成语出自这段话，比如“分崩离析”“大动干戈”“祸起萧墙”等。关于何为萧墙，郑玄在注《论语》时说：“萧之言肃也。墙谓屏也。君臣相见之礼，至屏而加肃敬焉，是以谓之萧墙。”可见萧墙乃指朝中的一个屏风，君臣在此要谈政事，所以萧墙代指朝廷。方观旭在《偶记》中说：“俗解以萧墙之内为季氏之家，不知礼天子外屏，诸侯内屏，大夫以帘，士以帷，则萧墙惟人君有耳。卿大夫以下，但得设帷簿……季氏之家安得有此？”

看来有些人认为萧墙之内乃指季康子家中，方观旭认为这种说法不对，虽然季康氏势力很大，但他毕竟只是大夫，不可以用屏，因此孔子所说的“萧墙之内”乃指鲁国国君的办公处。孔子的意思是说，这件事再闹下去，有可能颛臾国会与鲁君联合起来对付季康子。

孔子与两位弟子的对话到此就完结了，两位弟子回去后是否劝说季康子不再讨伐颛臾，已经不得而知，而最终季康子是否灭掉了颛臾，也无文献记载。在流传至今的史料中，虽然季康子想讨伐颛臾一事仅有这一段记载，然而这段对话却让人们由此而记住了这个小国。

两块文保碑

孔子是否去过颛臾国，我未查到相应史料，但是颛臾国的遗迹至今仍在，故而在山东寻访时，我当然要前往那里一探究竟。

颛臾国故城遗址位于山东省平邑县柏林镇贾庄村西南、固城村东北的浚河故道西岸。2019年12月14日，我从曲阜乘出租车前往该地。一路上走的是国道，约2个小时就开到了贾庄村，导航上没有颛臾故城遗址，于是我在村边见人就问，竟然问不出所以然。我担心是自己的口音问题，因为我也不知道山东话怎么念这几个字，故请司机小韦前去问之。

此时迎面走来一位中年妇女，我跟小韦说尽量要问男人，然在路边仅此一人，故小韦上去用当地方言与之交流。没想到此人一转身指着旁边的田间树林说：“你们找的是这里吧。”顺其手指望过去，果然看到一个文保碑状的刻石，向前走了一段路，看清上面写着的果然是“颛臾故城遗址”。

此时那位妇女也跟了过来，她跟我二人说，这就是个土墙，里面没有宝。这让我意识到村里人为什么都不告诉我们这个遗址的具体位置，看来当地人已经有了很强的文物保护意识。我打趣地跟她说：“你怎么知道我们要来挖宝？”她看了我一眼，认真地回答说：“你们不想挖宝，开车跑这么远干啥？”她的话引起了小韦的好奇心：“你怎么知道我们从远处开来的？”“你开的是曲阜的车呀。”天啊，这位妇女有如此的见识，令我二人大为刮目。

我站在路边边拍照，边问她怎么知道这处遗址，她说：“旁边就是我们家的地，你进地里拍照，走地埂，别踩庄稼。”说完，她骑上电动三轮车掉头驶去。

土城墙上种着的杨树

眼前所见的颛臾国已经变成了一片田地，而这一带是平原，颛臾国的土城墙残存的高度不等，有的地方不足2米，有的地方大约有两层楼高，使得城墙在这坦荡如砥的平原上显得颇为突兀。而今城墙上种着一些杨树，从树龄看仅是近几年所种，余外还种了一些果树。我爬上城墙边走边看，走出了几百米，在城墙上没有看到残砖断瓦。此刻虽然已是深冬，但今日无风，我站在这古城墙上，欣赏着阳光照在杨树上所落下的斑驳树影。

回到侧墙的入口处时，我看到了文保碑背面的介绍文字，上面讲述着颛臾国的历史，也谈到了该国“自周初分封，便代表周天子主祭蒙山。主祭处为蒙祠，位于万寿宫西邻”。

由此让我想往蒙祠一探究竟，而小韦说，他前些年去过蒙山，距此处不远，我们站在路边就已清晰看到，于是立即上车驶往那里。

关于颛臾国建国于何时，我未查到文献记载。按照皇侃的说法，风姓乃东夷部落的首领，太皞也就是伏羲氏之后，此国的历史要比鲁国早得多。在西周初期，成王封该国首领为颛臾王，到春秋时期，该国成了鲁国的附庸国，到战国时期，齐国灭掉了鲁国，想来颛臾国也并入了齐国。接下来秦灭齐国，颛臾国也就完结了。如果从西周算起到战国末年，颛臾国君世袭东蒙主已长达800年之久。

开出10余公里后，来到了蒙山脚下，这里已经建成了巨大的景区。可能不是旅游旺季的原因，这里的几个大停车场上都空空荡荡，以至于小韦不愿意进入停车场，他觉得交停车费冤枉，于是停在路边等候我，我步行穿过停车场前去探看。

远远地看到一个巨大的石牌坊，走到近前方看到上面刻着“万寿坊”三个字，石牌坊是新做的，总体上雕刻还算用心，看来牌坊后面就是万寿宫。我还是想先去找找蒙祠，于是沿着万寿宫的西侧

蒙山脚下

广场上的大鼎

向山脚下走去。

在景区前面的广场上看到了一个巨大的石鼎，不知是何寓意，石鼎的后面是宽阔的步行道。我在路边看到了简易的旅游纪念品市场，这个市场分列几排，地面是黄土，棚子也颇为简陋，除了店主，看不到一位游客，看来这里要热闹起来还有待时日。

再往前走就到了蒙山景区入口，在这里我依然没有找到蒙祠。景区的工作人员看我在门口徘徊，提醒我要购票入内。我问他蒙祠在哪里，他说不清楚，这让我猜测蒙祠会不会已经包在了景区里面。管理人员说山上确实有几个庙，但此时走到那里就下班了，需要乘游览车前往。

我决定还是要上山一看，因为这里也是孔子登临之地，孟子曾言："孔子登东山而小鲁，登泰山而小天下。"关于东山和蒙山的关系，清郭翘楚在《古蒙神祠考》中说：

> 尝考天下名山，以蒙名者有二。《禹贡》：梁州“蔡蒙旅平”，西蒙也，在今四川雅州府名山县；徐州“蒙羽其艺”，东蒙也，绵亘我费之西北百有余里，以其居鲁之东，故又曰东山。孟子所称“登东山而小鲁”是也。

四川雅安也有一座蒙山，为了与此蒙山有所区分，故四川那座叫西蒙，这座叫东蒙，又因此山位于鲁国之东，所以又叫东山。郭翘楚明确地说，这就是孟子所说的孔子登临过的东山，看来孔子登上了东山的山顶，他站在那里感慨说，展眼望去，感觉到鲁国的面积也不是那么大。

我决定登上东山去体验一把孔子的感慨，然而工作人员告诉我说登山的电瓶车要等坐满人后才会开。放眼望去，站在景区门口的游客只有我一位，这要等到何时才能凑满人。工作人员又称，如果等半小时还没有游客，此车也可以拉我上山。然而此刻天已近晚，我不想让小韦等的时间太长，于是决定不再上山去体会孔子的感慨，而是接着去找蒙祠。

我注意到大门附近有游览图，走过去细看，介绍的

景区介绍牌

却是“地理发展历史”，再看展板的标题，原来这里是联合国教科文组织世界地质公园，这个展板从46亿年前地球的形成讲起。这些基础知识我来不及在这里慢慢学习，我注意到另一侧还有介绍展板，走近细看，这里是龟蒙景区导游图，在上面也未能找到蒙祠。

难道此祠已被拆掉了？于是我走到万寿宫西侧去探看，远远地看到一棵古槐下有两个人，准备走过去打问。没承想走到近前才发现这是一组塑像，塑像按真人比例大小制作，每人身上戴着大红花，感觉像革命英雄。然而塑像前没有介绍牌，塑像旁边有万寿宫西门，门旁挂着“中共山东省委蒙山旧址”的匾额。由此入院，看到了相应的文保碑，但在院里也没有看到蒙祠。

由此进入万寿宫

我在万寿宫内寻找一番，看到院内所建的庙宇都是新近修复的，总体占地面积不小。回来后查资料，方知万寿宫原名玉虚观，乃贾文创建于北宋徽宗年间，光绪《费县志》载有贾文创建玉虚观的起因：

尝于一夜间，闻有人于默中语："明旦，神仙纯阳真人吕先生过此。"成公洒扫以待，果有一衣青巾道者至门壁画鹤。成公即诣瞻礼。道者云："汝可从我游。"言讫，忽不见。成公即于所居大石敷座，寂然有似神游者，七日始觉。询其动止，云："一道友携往，至所如见有宫阙状，有大山，古祠侧老果树大石下，云：'汝可来此营葺道宇。'"

某天，贾文在夜间听到有人告诉他，明早吕洞宾将从这里过。于是贾文立即洒扫等待吕洞宾的到来，次日他果然见到了吕祖，并与之神游七日，后来吕祖告诉他，可以在此建造道观。

能够受到吕洞宾亲炙，想来这件事传闻在外。政和六年（1116），贾文得到了徽宗皇帝的召见，还得到了御赐紫衣的荣耀。等他返回蒙山时，就建起了玉虚观。到金代时，玉虚观改名为佑德观，到明代则改为了万寿宫。

这么说来，蒙祠的建造时间要比万寿宫早得多，因为郦道元在《水经注》上就有记载："治水东流径蒙山下，有蒙祠。"我没能找到蒙祠所在，但想来当年颛臾国王带人来此祭祀蒙山，应该就处在这里。郭翘楚在《古蒙神祠考》中说：

若夫东蒙，脉连泰岱，雄峙海表，出敛云雨，产育百物，

万寿宫牌坊

为民生利赖。故周先王封伏羲之裔，建国颛臾，附庸于鲁，得主其祭，每年四举：春东、夏南、秋西、冬北。迄今坛壝犹在。今之颛臾王庙基，即其夏祭坛也。

每年颛臾国主都会四次来此祭拜蒙山，想来当年的祭典也颇为隆重，可惜我今日运气不佳，未能看到蒙祠，只能在万寿宫内观览一番而离去。

春秋书院：孔子著《春秋》处

儒家经典以六经为核心，六经中的最后一部是《春秋》，而《春秋》是孔子的作品。孔子对《春秋》一书的著述类型究竟是“编”还是“作”，后世有不同的看法，但对于该书的伟大意义却世所公认，没有异议。

对于《春秋》一书的价值，康有为在《春秋董氏学·自序》中写道：

> 道教何从？从圣人。圣人何从？从孔子。孔子之道何在？在六经。六经粲然深美，浩然繁博，将何统乎？统一于《春秋》。《诗》《书》《礼》《乐》并立学官，统于《春秋》，有据乎？据于《孟子》。孟子述禹、汤、文、武、周公而及孔子，不及其他；《书》惟尊《春秋》。

康有为所说的道与教，当然指的是儒学，他用《公羊传》的撰写方式，以一问一答层层递进来阐述《春秋》的重要意义。他在这段话中提到了孟子对孔子的推崇，同时强调孟子认为《春秋》乃五经中最重要的一部。

孟子对《春秋》的推崇，这基本是后世的共识。王博在《中国儒学史·先秦卷》中说："在早期儒家经典之学中，孟子的一大贡献是对《春秋》重要性的认识。作为六经中的一部，《春秋》在《论语》中并没有被提到。郭店竹简中两次涉及《春秋》，显示出至少在战国早期，它已经进入到儒家的经典系统。孟子对于《春秋》的认识，首先是以之为孔子所作。"

对于孔子著《春秋》的原因，孟子认为是："世衰道微，邪说暴行有作；臣弑其君者有之，子弑其父者有之。孔子惧，作《春秋》。《春秋》，天子之事也。是故孔子曰：'知我者，其惟《春秋》乎！罪我者，其惟《春秋》乎！'……孔子成《春秋》，而乱臣贼子惧。"（《孟子·滕文公下》）

孟子说孔子所处的时代世道衰微、邪说横行、礼崩乐坏，孔子担心社会环境越变越糟，于是就写了《春秋》一书。这部书有着微言大义，包含着孔子对这些恶人的谴责。而在那个时候，记述国家大事乃天子命史官做的事，孔子这样做属于私下撰史，他本人也清楚他的做法可能引起后世的诟病，但孔子仍然强调如果人们要想了解他的话，那就读《春秋》吧。孟子同时说，《春秋》一书写成后，让很多恶人受到了震慑。

正因为孟子把《春秋》的作用看得如此之大，所以他将《春秋》一书视为批判异端的武器。他在《孟子·滕文公下》中说道："圣王不作，诸侯放恣，处士横议，杨朱、墨翟之言盈天下。天下之言，不归杨，则归墨。杨氏为我，是无君也；墨氏兼爱，是无父也。无父无君，是禽兽也。公明仪曰：‘庖有肥肉，厩有肥马，民有饥色，野有饿莩，此率兽而食人也。’杨、墨之道不息，孔子之道不著，是邪说诬民，充塞仁义也。仁义充塞，则率兽食人，人将相食。吾为此惧。闲先圣之道，距杨、墨，放淫辞，邪说者不得作。作于其心，害于其事；作于其事，害于其政。圣人复起，不易吾言矣。昔者禹抑洪水而天下平，周公兼夷狄、驱猛兽而百姓宁，孔子成《春秋》而乱臣贼子惧。”

孟子说他所处的时代，杨朱、墨子的理论横行天下，杨朱强调人人为己，墨子强调兼爱他人，但人人为己就使君臣之义不存在，兼爱他人也就将自己的父亲与他人的父亲没有区别对待，这种无父无君的主张，如同禽兽。所以孟子要坚决地站出来，维护儒家学统，与杨朱派、墨子派进行战斗。他的主要理论依据就是靠《春秋》一书，他将这部书的价值等同于大禹治水、周公平天下。由此可见，孟子把《春秋》一书看得极其高大，而这样的观念被司马迁所本持。司马迁在《史记·孔子世家》中写道：

> 子曰：“弗乎弗乎，君子病没世而名不称焉。吾道不行矣，吾何以自见于后世哉？”乃因史记作《春秋》，上自隐公，下讫哀公十四年，十二公。据鲁，亲周，故殷，运之三代。约其文辞而指博。故吴楚之君自称王，而《春秋》贬之曰“子”；践土之会实召周天子，而《春秋》讳之曰“王狩于河阳”，推此类以绳当世。贬损之义，后有王者举而开之。《春秋》之义

行，则天下乱臣贼子惧焉。

孔子感叹说，君子最担忧之事是自己的思想不能传播于后世，我的观念不被时君所认可，后世拿什么来了解我的观念是对是错呢？于是他就根据鲁国的史书撰写出了《春秋》一书。该书从鲁隐公元年（前722）写起，一直写到了鲁哀公十四年（前481），其中包含了鲁国12位国君。这种著述方式，乃以鲁国为中心来撰写，同时尊奉周王室为正统，以殷商旧事为借鉴。

春秋书院牌坊

对于孔子的文笔，司马迁认为《春秋》一书文辞简约而旨意广博。关于如何简约，司马迁在文中举出了例子，比如吴、楚之君自封为王，在《春秋》一书中不称其为王，只是贬称其为“子”；践土之会时，诸侯召周天子来与会，这显然是诸侯对周天子的不尊，于是《春秋》中将这段事写成周天子前往河阳去打猎。诸如此类的写法，体现了孔子对历史事件的评判，这就是后世所称道的微言大义，这种写法令乱臣贼子读到都害怕了起来。所以司马迁又在文中说道："孔子在位听讼，文辞有可与人共者，弗独有也。至于为《春秋》，笔则笔，削则削，子夏之徒不能赞一辞。弟子受《春秋》，孔子曰：'后世知丘者以《春秋》，而罪丘者亦以《春秋》。'"

孔子对《春秋》一书下了很大功夫，以至于他的弟子们都提不出任何修改建议。写完这部书后，孔子将其传给了弟子。他同时称，后世了解我要通过《春秋》，但怪罪我也是因为《春秋》。

可见，孔子对其所作《春秋》一书有着高度的自信，而后世的评价也确如其所言，《春秋》成了儒学最重要的经典之一。比如西汉初年，陆贾在《新语》中就多次提到《春秋》一书的重大意义。他在《新语·术事》中说：

> 道近不必出于久远，取其致要而有成。《春秋》上不及五帝，下不至三王，述齐桓、晋文之小善，鲁之十二公，至今之为政，足以知成败之效，何必于三王？故古人之所行者，亦与今世同。立事者不离道德，调弦者不失宫商，天道调四时，人道治五常，周公与尧、舜合符瑞，二世与桀、纣同祸殃。文王生于东夷，大禹出于西羌，世殊而地绝，法合而度同。故圣贤与道合，愚者与祸同。怀德者应以福，挟恶者报以凶，德薄者位危，去道者身亡。万世不易法，古今同纪纲。

陆贾认为，真正的道理就包含在日常的生活之中，用不着舍近求远，认真体会就能感觉得到，孔子所撰的《春秋》一书虽然没有提到三皇五帝，仅仅说的是齐桓公、晋文公的一些小功劳，以及鲁国十二君的执政情况，但是根据这些记载，就足以体会到国家兴衰成败的原因，何必非要一直追溯到三王时代呢？古人治理国家的办法和今世也没有太大区别，因为德政离不开道义，这就如同弹琴离不开五音。这些都说明了陆贾对《春秋》一书的看重。

如此说来，学好《春秋》乃治国安邦的基础。西汉刘向在《说苑·君道》中称："夫天之生人也，盖非以为君也。天之立君也，盖非以为位也。夫为人君，行其私欲而不顾其人，是不承天意，忘其位之所宜事也。如此者，《春秋》不予能君而夷狄之。郑伯恶一人而兼弃其师，故有'夷狄不君'之辞。人主不以此自省，惟既以失实，心奚因知之？故曰：'有国者不可以不学《春秋》。'此之谓也。"

可见刘向认为《春秋》乃国君的必读书，因为孔子曾说过："夏道不亡，商德不作；商德不亡，周德不作；周德不亡，《春秋》不作。《春秋》作，而后君子知周道亡也。"（《说苑》）

但是，如此重要的一部书，孔子究竟是著还是编呢？后世对此有不同的看法，因为在孔子之前就已经有一部书也叫《春秋》，比如《隋书·经籍志》中称："《春秋》者，鲁史策书之名。"杜预《春秋左氏传序》中说："《春秋》者，鲁史记之名也。"王充在《论衡》中也说："《春秋》者，鲁史记之名，《乘》《梼杌》同。"而刘知几甚至猜测说："《乘》与《纪年》《杌》，其皆《春秋》之别名者乎？”

看来早期的史书有不少都被称为《春秋》。北宋孙奭在《孟子注疏》中解释说：“《春秋》其名有三，自晋国所记言之，则谓之《乘》，以其所载以田赋乘马之事，故以因名为《乘》也；自楚国所记而言之，则谓之《梼杌》，以其所载以记嚚凶之恶，故以因名为《梼杌》也；鲁以编年，举四时，记为事之名，故以因名为《春秋》也。”

看来晋国的史书名《乘》，楚国的史书名《梼杌》，而鲁国的史书名《春秋》，它们的性质是一样的。大儒朱熹对此有如下解读：“《乘》，义未详。赵氏以为，兴于田赋乘马之事，或曰：取记载当时行事而名之也；《梼杌》，恶兽名，古者因以为凶人之号，取记恶垂戒之义也；《春秋》者，记事者必表年以首事，年有四时，故错举以为所记之名也。古者列国皆有史官，掌记时事，此三者皆其所记册书之名也。”（朱熹《孟子集注》）

刘知几引用《墨子》中所言：“吾见百国《春秋》。”可见以前叫《春秋》的史书很多，但这些书大部分都失传了。清赵翼在《陔余丛考》中说：“《春秋》，鲁史记名。韩宣子聘鲁，见《易象》与《鲁春秋》，此孔子未修以前《春秋》也。然不独鲁史以此为名也，《国语》楚庄王问教太子之法于申叔时，对曰：‘教之以《春秋》，而为之耸善抑恶焉。’晋羊舌肸习《春秋》，悼公使之教太子。”

看来孔子对《春秋》这一书名不具有发明权，因为此前也有人写《春秋》，但孔子所作的这部《春秋》，从内容角度而言，是不是他的作品呢？后世对此同样有争论，比如章学诚在《文史通义》中说："韩宣子之聘鲁也，观书于太史氏，得见《易象》《春秋》，以为周礼在鲁。夫《春秋》乃周公之旧典，谓周礼之在鲁可也。《易象》亦称周礼，其为政教典章，切于民用而非一己空言，自垂昭代而非相沿旧制，则又明矣。"

章学诚明确地说，《春秋》一书的最早作者是周公旦。那么孔子会不会另外写一部鲁国国史而后把它定名为《春秋》呢？对此，章学诚持否定态度，他在《校雠通义》中说："六艺非孔氏之书，乃《周官》之旧典也。《易》掌太卜，《书》藏外史，《礼》在宗伯，《乐》隶司乐，《诗》颂于太师，《春秋》存乎国史。夫子自谓'述而不作'，明乎官司失守，而师弟子之传业，于是判焉。"

章学诚明确地称，六经不是孔子的作品，这些都是周朝的书，而后他简述了六经所记的内容，同时强调孔子曾经说过自己"述而不作"，既然是这样的话，那么《春秋》一书肯定不是孔子的作品。

章学诚的这种说法，主要目的是给自己强调的"六经皆史"来找依据，但他的观点不为今文经学家所承认，因为今文经学家认为孔子所作的《春秋》与之前的《春秋》不同，因为孔子所撰《春秋》只是记载了鲁隐公之后200多年的鲁国史。

那么孔子所作的《春秋》是根据鲁国的史料编辑了一番，还是另外创作了一部书呢？对此，同样有争论。如前所言，孟子认为孔子是"作《春秋》"。"作"自然理解为著，《公羊传》本持这种观点："（孔子）制《春秋》之义，以俟后圣。"

从这个角度来说，孔子的确是著《春秋》，只是他参考了鲁国的史料。杜预在《春秋左传序》中持此观点："仲尼因鲁史策书成文，考其真伪，而志其典礼。上以遵周公之遗制，下以明将来之法。”

近代经学家皮锡瑞反对杜预的说法，他在《经学通论》中说：“《春秋》之旨晦，而孔子之道不尊，正由此等谬说启之。据孟子说，孔子作《春秋》是一件绝大事业，大有关系文字。若如杜预经承旧史、史承赴告之说，止是钞录一过，并无褒贬义例，则略识文字之钞胥皆能为之，何必孔子？即曰‘据事直书，不虚美，不隐恶’，则古来良史，如司马迁、班固等，亦优为之，何必孔子？孔子何以有‘知我’‘罪我’‘其义窃取’之言？孟子何以推尊孔子作《春秋》之功，配古帝王，说得如此惊天动地？与其信杜预之说，夺孔子制作之功，以归之周公，曷若信孟子之言，尊孔子制作之功，以上继周公乎？”

皮锡瑞认为，如果孔子只是编纂鲁国史，那他为什么还要自称知我者、罪我者都在《春秋》一书呢？其实古人有时候在谈论观点时并不严谨，比如唐刘知几在《史通·内篇·题目》中先说在上古时期就已有《春秋》一书：“上古之书，有三坟、五典、八索、九丘，其次有《春秋》《尚书》《梼杌》《志》《乘》。”之后他又说：“逮

春秋书院中的孔子像

仲尼之修《春秋》也，乃观周礼之旧法，遵鲁史之遗文；据行事，仍人道；就败以明罚，因兴以立功；假日月而定历数，借朝聘而正礼乐；微婉其说，志晦其文；为不刊之言，著将来之法，故能弥历千载，而其书独行。”（《史通·内篇·六家》）

以此可见，刘知几既肯定以前有《春秋》之书，同时也认为孔子另外写了一部《春秋》。而孔子所撰的《春秋》包含了自己很多的思想和判断，这足以说明孔子所撰《春秋》是著而非编。虽然此书与历史重名，但孔子所撰绝不同于那些书，故徐复观在《中国经学史的基础》中说：“《春秋》之所以入于六经，是因孔子从鲁史中取其义。离开孔子所取之义，则只能算是历史中的材料而不能算是经。”

历史上争论的另一个问题，则是孔子作《春秋》一书是只参考了鲁国史，还是同时参考了其他史书。前者的观点被大多学者所本持，比如苏轼在《学士院试春秋定天下之邪正论》中说：“（孔子）于是因鲁史记为《春秋》，一断于礼。”然而今文学家则认为孔子作《春秋》时，除鲁国史外，还参考了其他史书。孙瑴编《古微书》中认为：“闵因叙昔孔子受端门之命，制《春秋》之义，使子夏等十四人求周史记，得百二十国宝书。”

按照以上所说，孔子作《春秋》以鲁国史为主，同时参考了一百二十国史书，但后世学者从《春秋》一书中发现其仅提到了五十多国，如果再加上戎、夷等也不过六十国，那为什么有一半的国家的事迹没有在《春秋》中体现呢？徐彦在《公羊义疏》中解释道：“其初求也，实得百二十国史，但有极美可以训世，有极恶可以戒俗者，取之；若不可为法者，则弃而不录，是故止得六十国也。”

徐彦认为孔子得到的史料确实是有一百二十国之多，但孔子翻阅之后，认为有些史料不符合自己所强调的微言大义，所以弃而不用。但事实是否真的如此呢？其实赞同者和反对者都拿不出证据，只能站在各自的立场上进行评说。

孔子作《春秋》主要是依据鲁国的史料，对于这一点后世基本没有争论，但孔子是从哪里看到鲁国史书的呢？说法之一是孔子曾前往周王宫去看书，司马迁在《史记·十二诸侯年表》中就持这种观点：“是以孔子明王道，干七十余君，莫能用，故西观周室，论史记旧闻，兴于鲁而次《春秋》。”

也有人说孔子没有亲自到周王室去看书，只是派他的弟子们前去周王室取书。朱彝尊在《经义考》中引闵因所言：“孔子受端门之命，制《春秋》之义，使子夏等十四人求周史记，得百二十国宝书。九月经立。”

班固也认为孔子没有前去周王室观书，他只是在鲁国跟左丘明一同观看史料：“以鲁周公之国，礼文备物，史官有法，故与左丘明观其史记，据行事，仍人道，因兴以立功，就败以成罚，假日月以定历数，借朝聘以正礼乐。”（《汉书·艺文志》）

孔颖达在《春秋左氏传序疏》中记载了汉代公羊学家的说法：“孔子将修《春秋》，与左丘明乘如周，观书于周史，归而修《春秋》之经，丘明为之传，共为表里。”这段话称孔子跟左丘明一同前往周王室去看书，回来之后撰写出了《春秋》，但是《春秋》一书写得太过简约，左丘明担心后人读不懂，于是就对《春秋》做了详细的注释，这就是《春秋左氏传》。

但是，元代经学家郝经反对这种说法，他在《春秋三传折衷·序》中说道："《严氏春秋》又引《观周篇》云：'孔子将修《春秋》，与左丘明乘如周，观书于周史，归而修《春秋》之经，丘明为之传，共为表里。'此又妄焉者也。圣人修经，不敢公传道之，口授弟子，岂与其徒公然如京师，探天子之史而观之，以讥贬当世，必不然矣。圣人修经，高弟如曾、闵，文学如游、夏，而皆不与，岂独与丘明共之乎？亲受传旨犹不敢与，又况与圣人同时并修，分为经传乎？故此为尤妄焉者也。"

郝经认为孔子与左丘明共同前往周王室观书之事纯属子虚乌有，而后他讲出了自己的理由。那时孔子作完《春秋》之后，担心招来灾祸，只是用口传的方式教授弟子在世上流传，既然如此的话，他怎么敢公开前往周王朝首都去看史料呢？而他更不可能让左丘明来为《春秋》作《传》。

关于孔子作《春秋》的时间，历史上同样有争论。司马迁在《史记》中就有不同说法，比如他在《十二诸侯年表》中说："是以孔子明王道，干七十余君，莫能用，故西观周室，论史记旧闻，兴于鲁而次《春秋》，上记隐，下至哀之获麟，约其辞文，去其烦重，以制义法，王道备，人事浃。"

此说乃称孔子在周游列国之后，因为得不到施展自己政治抱负的机会，所以他回到鲁国后撰写《春秋》一书，把自己的思想融会其中。孔颖达在疏《春秋·鲁哀公十四年》时说："贾逵、服虔、颍容等皆以为孔子自卫反鲁，考正礼乐，修《春秋》，约以周礼。”

可见这三位大家都认为孔子是从卫国返回鲁国后，撰写了《春秋》一书。然而司马迁在《太史公自序》中又说孔子是在陈、蔡间被围时撰写了《春秋》：“孔子厄陈、蔡，作《春秋》；屈原放逐，著《离骚》；左丘失明，厥有《国语》；孙子膑脚，而论兵法；不韦迁蜀，世传《吕览》；韩非囚秦，《说难》《孤愤》；《诗》三百篇，大抵贤圣发愤之所为作也。”

徐彦在《公羊义疏》中说：“孔子厄陈、蔡之时，始有作《春秋》之意，未正作；其正作，犹在获麟之后也。故《家语》云：‘晋文之有霸心，起于曹卫；越王勾践之有霸心，起于会稽。夫陈、蔡之间，丘之幸也。’庸知非激愤厉志，始于是乎者？是其有意矣。”

徐彦认为孔子厄于陈、蔡之时有了撰写《春秋》的想法，但那时并没有动笔，孔子正式写此书是在获麟之后。司马迁在《史记·儒林列传》中也有这个说法：“西狩获麟，曰‘吾道穷矣’。故因史记作《春秋》。”

西狩获麟的时间是鲁哀公十四年（前481）春，看来这是孔子完成《春秋》的时间。黄开国在《公羊学发展史》中持这种观点：“《春秋》是孔子为拨乱反正而作，而孔子拨乱反正的想法从开始到见于《春秋》的成书，应该有一个过程。厄于陈、蔡孔子开始有了著《春秋》的想法，自卫返鲁是孔子作《春秋》的开始，而西狩获麟则是孔子作《春秋》的完成。”

关于孔子回到鲁国撰写《春秋》的地点，《曲阜县志》中称：

“春秋书院即春秋台，在城东南十里西邹村，士人又谓即息陬。任昉《述异记》云孔子作《春秋》于此。宋时立庙设像以本村市税为祭祀之用，以庙学官主其祭，后人随时修葺。乾隆辛卯圣裔立石以记之。”孔佾主编《曲阜地名志》中讲道：

据今发现的民国十三年（公元1924年）石碑记载：“盖闻息陬乃圣人还辕之乡，麟经为百世不易之法。后人大恩其教泽，遂就其地建立‘春秋书院’，内奉圣象，配先贤先儒。在本村设集收税以为祭祀岁修之费，复结社八家以经理之，由来久矣。”

可见息陬村乃孔子作《春秋》之处。在宋代时，人们于此处立了一块“孔子作春秋处”的碑，而后根据此碑又建成了春秋书院。对于两者之间的关系，《孔子故里史迹考略》（第1辑）中讲得更为形象：

曲阜城南十五里的息陬村北，旧时有春秋书院，书院内曾立“孔子作《春秋》处”碑一座，任昉《述异记》谓孔子作《春秋》即在此地。按公元前483年，孔子六十八岁时自卫返鲁。据传在他进鲁城前，曾在陬地稍一休息，故后世遂把此地命名“息陬”（一说有东陬、西陬）。这里既是孔子的故乡，又距鲁城不远，在此教学和整理鲁国的历史（即作《春秋》或编《春秋》），地既清静，去鲁都查阅资料又甚方便，《春秋》充分体现出他的思想主张，既用作学生教学的教本，又是可贵的历史资料。

2012年2月22日，我在曲阜地区寻访，早7点乘上出租车出城向东南方向开行9公里，到息陬村去寻找孔子晚年作《春秋》之处。司机小丰称以前路过此村时看到过标志，故当日未费周折就在马路边看到立在街边的“孔子作春秋处”碑。

石碑从石质到字迹显然是后仿的，然而石碑的后面却放着一块雕刻精美的碑额，估计是原碑已被砸碎，仅余碑额而后补刻此碑者。碑后为春秋宾馆，是简陋的当代楼面，碑额的右侧有七八个用水泥做的小棺材堆在地上，问小丰此为何物，其告诉我是用来放骨灰盒然后再来埋葬的，因为不让用棺材土葬，所以村民就

孔子作春秋处碑

2012 年息陬村村景

改进成了这个样子。

进村内寻找旧迹，转一圈未见有任何值得一看者，只是街砖甚为奇特，是用青石雕造的一个个古钱，有泰和通宝、同治通宝、大中通宝等，看不出来排列规律。此街面为浮雕形式，走在上面颇为硌脚，选这种图案修路而不管车在上面的颠行，估计村民们是希望每天都走在金钱大道上吧。当年孔子在此处作《春秋》，而今的村民却在此每日踏钱而行，这可能就是时代的巨变吧。

2019年12月12日，我再一次前往息陬村去寻找春秋书院。资料上说该书院在原址上复建了起来，但司机告诉我，新建的春秋书院不在春秋宾馆的位置，与之大约有1公里的路程。我决定还是先去看春秋书院。司机把车停在了一条大路旁边，远远地看到路旁的广场上有一个新作的牌坊，上写“春秋书院”字样。

我于此下车，沿着牌坊一路向内走，在广场之后看到两个城阙，却看不到书院的踪影，于是站在这里问路人。其中一人说，孔子著《春秋》那块碑还在春秋宾馆门前，另一个人则告诉我，那块碑已经搬到了春秋书院门前，而春秋书院就是沿着牌坊下的路一直向里走。我想了一下，决定先在这一带探访一番。

果然前行不远就看到了春秋书院导览全景图，上面介绍了春秋书院的沿革，以及孔子在此著《春秋》的历史，右旁则是平面图，从上面可以看到书院处在这条街的最深处。这条街有五六百米的长度，街的两侧全部是仿古建筑，但街上基本没有游客，看来这里刚刚打造完毕，部分一楼店面已经开张，但里面既无售货员也无买主。

边走边看，其中两家的招牌上写着“活字印刷”和“碑拓”字样，这是我感兴趣的内容，于是入内探看。里面摆放着一些春秋时

活字印刷店和碑拓店

代的矮桌，同时还有木活字排印的版面，从桌上的墨色看，这是让人体验古代印刷技术。

再往前看，还有卖仿古武器的商店，里面有弓箭、长矛等，其中专有一室设计成了射箭棚，想来射箭也是儒家所强调的“六艺”之一，以此来让人们体验传统技艺之妙处。这些店铺的共同之处就是看不到任何的管理人员，我参观了几个店铺，都未看到摄像头，这对游客是何等信任，也许这就是大同社会的路不拾遗吧。

仿古街的中段有一座小亭，匾额上写着“春秋明堂”，我感觉这像是杏坛。此亭旁边的一间店铺写着“孔子春秋展览馆”，走入其中，里面的墙上悬挂着一些彩色《圣迹图》，另外还有一些古书书影，这同样是我有兴趣的观看点。然而我还惦记着春秋书院，于是沿着空空荡荡的仿古街继续向前走。

巨大的毛笔

又走了200多米，终于走出了仿古街，眼前是一座小的石拱桥，在石拱桥前的侧墙上有春秋书院简介。仿古街与书院之间隔着一条河，穿桥而过，是一个广场，在广场的右侧我注意到一个高大的树干上吊着什么，走过去细看，原来是一支几米长的毛笔。不知道这是不是暗喻着春秋笔法，这样的毛笔挂在这里，不知道乱臣贼子们看到了会不会恐惧。

熟悉的那块碑

毛笔的后方就是春秋书院山门，山门的旁边立着“孔子作春秋处”碑，此碑看着十分眼熟，细想之下，不就是七年前我在春秋宾馆门前看到的那一块吗？怎么会搬到这里来呢？我想起刚才问路之人告诉我，春秋宾馆门前还有这块碑，难道当时刻了两块？但另一个人当时告诉我，那块碑搬到了这里。

带着疑问我进入院中，参观一番，院落不大，仅有一进，正房乃大成殿，里面的孔子像和四配塑像体型都不大，十二哲既无塑像也无牌位，只是藻井和梁柱的彩绘显得颇为热闹。

两侧的厢房关着门，我向其中一间张望时，里面走出一位中年人，他和蔼地问我有什么事，我向他请教门口那块碑的情况，此人立即激动了起来，他说这里就是春秋书院旧址，当年那块碑就立在此处，后来书院被毁后那块碑没人管，前些年就被一位村民拉到了

春秋书院大门

他的家里。再后来建起春秋宾馆时，那块碑就立在了附近，但那里绝不是春秋书院旧址。书院恢复之后，他们想把那块碑拉回来立在原处，但那位村民坚决不干，张口要一大笔钱，他的开价太高，商量了多次才给了他10000元，于是把这块碑拉回来了。

原来有这样的掌故在，而这位知情人还另向我讲到了一些细节，看来一事之成是何等之难，今日春秋书院又在原处建立了起来，想来用不了多久，这里将成为热爱传统文化者的重要打卡地之一。

子路问津处：滔滔天下，丘不与易

《论语》中重要的话比比皆是，但今人喜好者，大多是隽永的短句。《论语》中较长的段落除了《先进》篇中的“四子侍坐”，就属《微子》篇中的如下一段了，这一段里面就有人们喜爱的短句：

> 长沮、桀溺耦而耕。孔子过之，使子路问津焉。长沮曰：“夫执舆者为谁？”子路曰：“为孔丘。”曰：“是鲁孔丘与？”曰：“是也。”曰：“是知津矣。”问于桀溺。桀溺曰：“子为谁？”曰：“为仲由。”曰：“是鲁孔丘之徒与？”对曰：“然。”曰：“滔滔者，天下皆是也，而谁以易之？且而与其从辟人之士也，岂若从辟世之士哉？”耰而不辍。子路行以告，夫子怃然曰：“鸟兽不可与同群，吾非斯人之徒与而谁与？天下有道，丘不与易也。”

这段话的曝光率极高，有人认为这个故事批判了孔子对劳动人民的诬蔑。但若按照历史上一些名儒的解释，他们似乎误读了这段话。

对于这段话的大体意思，先串讲如下：长沮、桀溺两个人在一起耕田，孔子周游列国时走到了两人耕田的附近，眼前横着一条大河，孔子师徒一行不知如何渡河，也不知道是谁看到了这两位耕田人，于是孔子命子路前去寻问渡口在哪里。

子路奉命前往，他向这两位耕者寻问附近的渡口在哪里，两人没有回答，长沮反问子路：驾着车子的那个人是谁？子路老实地回答说那是孔丘。长沮接着问是鲁国的孔丘吗？子路回答是，然而长沮却说：他是知道渡口在哪里的人。

子路从长沮那里问不出结果，只好转而问桀溺，桀溺问他是谁，子路告之，桀溺又问他是不是鲁国孔丘的学生，子路说是的。桀溺闻言后称：而今社会纷乱，洪水滔天，天下都变成这样了，谁能改变得了呢？你却跟随着像孔丘那样避人的人，还不如跟着我们这样避世的人呢。说完后，两人不停地耕种，不再跟子路说话。

子路无奈，只好原路返回，并且把他与长沮、桀溺的对话原原本本地告诉老师。孔子闻言后愣了一会儿，而后叹口气说：我们不能跟鸟兽待在一起，如果再不跟天下人待在一起，那又能跟谁在一起呢？如果天下太平，我就不会和你们一起来从事改变现实的工作了。

从传统的解读方式来说，长沮与桀溺是两位隐者，而隐者的处世姿态是避世，以洁身自好为人生的价值观，这种观念更多地被概括为出世。而孔子的观念，也就是儒家的观念，更主要的是入世。因此说，长沮、桀溺一章主要表达的内容，就是出世观与入世观的碰撞。

为何这两位隐者叫这样奇怪的名字？刘宝楠《论语正义》引金履祥《论语集注考证》说：“长沮、桀溺字皆从水，子路问津，一时何自识其姓名，谅以物色名之，如荷蒉、晨门、荷蓧丈人之类。盖二人耦耕于田，其一人长而沮洳，其一人桀然高大而涂足，因以名之。”

金履祥认为子路前去向两位耕者请教渡口在哪里时，并没有问两位耕者的姓名，然将这段话记录于《论语》时，为了区分两人所言，需要给他们每人取个名字，所以取名者就按照这两位隐者的形象各取一名。因为问的是如何渡河的事情，所以他们名字中都加了水字旁，对于这样的猜测，刘宝楠认为“金说亦甚有理”。

有人不同意这种解读方式。俞樾在《古书疑义举例》中说：“夫二子者，问津且不告，岂复以姓名通于吾徒哉？特以下文有问答，故为假设之名以别之。曰‘沮’曰‘溺’，惜其沉沦而不返也。桀之言‘桀然’也；‘长’与‘桀’，指目其状也。以为二人之真姓名，则泥矣。”

俞樾认为子路向两位隐者打问渡口，对方都不告诉他，也就更不可能把自己的名字告诉他。但是下文中子路分别与两位隐者有问答，很容易搞混，所以给他们各取了一名字。对于所取之名的意思，俞樾有他的理解。他认为两位隐者名字中的后两个字乃取名人感叹二人坚决避世沉沦，前两个字乃形容他们的外观，因此这绝不是两位隐者的真名。可见俞樾部分同意金履祥所言，但他认为两人名字的水字旁并不是因为问渡口，而是站在入世者的角度来评价两位出世人。

关于此段话的第二个话题，则是孔子为什么带着一群弟子，还需要自己亲驾牛车。对此，朱熹在《论语集注》中的解释是："执舆，执辔在车也。盖本子路御而执辔，今下问津，故夫子代之也。知津，言数周流，自知津处。"

朱熹认为原本是子路负责驾驶牛车，此时老师命他前去打听渡口，故孔子暂时接过缰绳，以至于令长沮认为孔子是驾车人。长沮问完后并不回答子路所问，他只是带着嘲讽的口吻说：孔丘应该知道渡口在哪里。其言外之意是说：人们不都认为孔子是圣人吗？他应当无所不知。

长沮为什么要以这种口吻说话呢？何晏在《论语集解》中引用何休所言："士有避人之法，有避世之法。沮、溺谓孔子为士，从避人之法；己之为士，则从避世之法。"

何休认为士人处世有两种方式：一是感觉到与某些人无法相处，不如避而他就，这是避人之法；第二种则是看透世事，认为一切都没有意义，不如躲进山林，此乃避世之法。在长沮、桀溺看来，孔子带着弟子们周游列国就是避人，而他们不问世事耕种于田野，这就是避世。

子路返回后转告了长沮、桀溺所言，孔子闻言后"怃然"，刘宝楠在《论语正义》中引用《三苍》中的解读："怃然，失意貌也。"程树德在《论语集释》中引用焦循《孟子正义》中所言：

乃《说文》心部云："怃，爱也。韩郑曰怃。一曰不动。"

《尔雅·释言》云："怃，抚也。"《广雅·释诂》既训抚为安，又训抚为定，安、定皆不动之义。盖夫子闻子路述沮、溺之言，寂然不动，久而乃有"鸟兽不可同群"之言。此夷之闻徐辟述孟子之言，寂然不动，久而乃有"命之"之言。

焦循先谈到了古代典籍对"怃"字的解释，大体意思是说"怃"乃安之意。孔子听闻子路复述的两位隐者之言后，有一刻愣在那里一动不动，过了一会儿，他才说出了"鸟兽不可同群"这句话。

几十年前批判孔子，讲到这句话时主要有两个批判点，一是劳动人民识破了孔子是假圣人，其言外之意，如果他是真圣人的话，他应当知道渡口在哪里。这种批判方式，乃混淆思想性与现实状况，这就如同说孔子不会种地，就等于他一无是处一样。

第二种批判方式就是针对孔子说的那句"鸟兽不可同群"，有人认为这是孔子诬蔑劳动人民为鸟兽的铁证。但前人对这句话的解读不是这样，何晏在《论语集解》中引用孔安国的解读是："隐居于山林，是与鸟兽同群也。吾自当与此天下人同群，安能去人从鸟兽乎？"

孔安国认为隐士居住于山林。两千多年前，人类对自然的破坏还很小，山林中有很多的飞禽走兽，隐居于山林就近似于与这些鸟兽为邻而居。因此，孔子所说的"鸟兽"二字是实指，而非贬斥他人之语。但儒家秉持的是入世思想，入世就是要与人为邻，当然就不能躲在深山中与鸟兽为邻。

对于这段话的解读，南齐沈驎士在《论语训注》中所说的一段话颇具代表性：

> 世乱，贤者宜隐而全身，圣人宜出以宏物，故自明我道以救大伦。彼之绝迹隐世，实由世乱；我之蒙尘栖遑，亦以道丧，此即彼与我同患世也。彼实中贤，无道宜隐，不达教者也。我则至德，宜理大伦，不得已者也。我既不失，彼亦无违，无非可相非。且沮、溺是规子路，亦不规夫子。谓子路宜从己，不从仲尼也。自我道不可复与鸟兽同群，宜与人徒，本非言彼也。彼居林野，居然不得不群鸟兽，群鸟兽，避世外，以为高行，初不为鄙也。但我自得耳，以体大居正，宜宏世也。

在沈驎士看来，社会动荡时，聪明的人应当隐居而保全自身，有责任感的人应当入世来改变社会的混乱状况。这两种做法其实都不错，况且桀溺规劝子路跟随自己去隐居，但他没有规劝孔子。同时孔子所说的不能与鸟兽同群，而应当融入社会，说的是自己，并非指长沮、桀溺。更何况，就那个时代而言，以避世为高行，跟鸟兽同邻乃高行的表现，完全没有贬义。

如何解读孔子所说的“天下有道，丘不与易也”一句呢？沈驎士将其解读为：“言天下人自各有道，我不以我道易彼，亦不使彼道易我，自各处其宜也。”

按照沈驎士的看法，孔子这句话的意思是说，无论出世还是入世，各有各的道理，我不想拿自己的入世之理来与对方交换出世之理。也就是说，他坚持要把自己的价值观服务于社会，不愿意为了一个好名节而避居山林。从这个角度来说，孔子更具社会责任感，但他也不反对别人的洁身自好。

对于这段话，朱子的解读是："怃然，犹怅然，惜其不喻己意也。言所当与同群者，斯人而已，岂可绝人逃世以为洁哉？天下若已平治，则我无用变易之；正为天下无道，故欲以道易之耳。"（《论语集注》）

朱子认为怃然就是怅然状，孔子之所以怅然，是叹息于两位隐者未能理解自己的入世观。在孔子看来，只有人值得同群，不应当为了一个好名声而避世，如果天下已然太平，那也用不着我再费力去改变它。正因为天下无道，所以我才努力地游走于各方，以期能够改变社会人心败坏的状况。朱熹在《论语集注》中又引用了程子所言："圣人不敢有忘天下之心，故其言如此也。"

只有心怀天下的人才能说出那样一番话，当时桀溺跟子路说：而今天下已乱，诸侯中无贤者，你老师将跟谁去改变这乱世，而使它能够治平呢？然而孔子周游列国达14年之久，至少在这个时段内，他不放弃任何实现自己理想的机会。孔子能够事先预知他的理想不会被这些诸侯接受吗？以理来推，他还是对此抱有希望的，如果他真能预知未来，可能就没有勇气坚持走下去；14年后，他也就不会返回鲁国，以著《春秋》来寄托自己的思想。

但这样的解读，似乎不能使孔子的形象更为高大，故康有为在《论语注》中说："盖圣人之来斯世，明知乱世昏浊而来救之，非以其福乐而来享之也。故治世去之，乱世救之，特入地狱而救众生。

斯所以为大圣大仁欤！恻隐之心，悲悯之怀，周流之苦，不厌不舍，至今如见之也。”

在康有为看来，孔子是明知不可为而为之，既然身逢乱事，他还是要尽自己的能力来改变这种状况，因为圣人来到世上不是为了享福的。康有为在论述时甚至用到了“入地狱而救众生”一语，来体现孔子积极入世的价值观。

正因为孔子有这样的恻隐之心、悲悯之怀，所以尽管四处碰壁，吃尽苦头，但他仍然坚持走下去。故康有为夸赞孔子大圣大仁。

虽然孔子最终没能得到真正的施展机会，但是作为一个知识分子，孔子还是努力地把自己认为有价值的思想贡献于社会，这显然是一种有责任心的表现。对这样的人应该大力表彰，而不是嘲讽讥笑甚至批判。

对于《论语·微子》中的这段话，后世还有一个较大争议的地方，那就是子路问津的那个“津”具体指的是哪个渡口。按照汉郑玄在注中所言“津，济渡处也”，他把“津”字做字面解释，说津就是渡口，但究竟是哪个渡口，看来郑玄也不清楚。

正因为如此，历史上就出现了多个子路问津处，而今有湖北武汉新洲、山东鱼台县桀溺里、河南柘城县刘家沟、河南叶县子路问津处、河南新蔡县关津乡等多个说法。究竟哪个是正确的，每个地方的学者几乎都能写出论文来论证己处为真、他处为伪，比如柏俊才先生所撰《“子路问津”处在今武汉新洲考》一文，题目代表观点，该文引用了《括地志》中所言：“黄城山，俗名（苦）菜山，在许州叶县西南二十五里。《圣贤冢墓记》云：‘黄城山即长沮、桀溺（所）[耦]耕处，下有东流水，则子路问津处也。’”接着又考证黄城山究竟在哪里，而后指出这种认定方式之讹。

关于子路问津处在武汉新洲的证据，柏俊才在文中引用了如下文献所载：

> 《大清一统志》云：“问津书院，在黄冈县治北九十里。”
>
> 《湖广通志》云：“孔子河在县北九十里，孔子山前，昔孔子自陈、蔡适楚至此问津。”
>
> 《弘治黄州府志》云：“问津书院在县北九十里孔子河，相传孔子自陈、蔡适楚过此。士（土）人尝掘地得石刻，有‘子路问津处’五字。”

既然有这些记载，所以我最早把新洲列为了子路问津处，关于这个问津处的遗迹，皮明庥主编的《武汉通史》（秦汉至隋唐卷）中称：“公元前164年，汉文帝立刘安为淮南王，立都六安，邾县为属（邾县即今武汉市新洲区）。约在公元前164—前122年间，当地庶民在孔子山附近耕地时掘出一块石碑。碑上刻有‘孔子使子路问津处’八个大字，字体为秦隶。为纪此事，淮南王刘安命在发掘地建一亭，将石碑立于亭内，同时，在孔子山旁孔子河滨修建孔子庙，设私学（即问津书院前身）。”

我从网上查得子路问津处的那块石碑现藏于该地问津书院内。2012年4月13日，我在湖北寻访，原想打车到这里，然而今日运气

问津书院中的孔子像

不佳，一直没能拦下出租车。有一辆电动三轮车停到了我的面前，我告诉三轮车主几个去处，他满口答应。行驶过一段后我发觉车速真的太慢了，问三轮车主能否开快点，他反问我怕不怕翻车。看来三个轮子是不如四个轮子安稳。驶出一段路后，看到路边停着一辆空出租车，我果断请三轮车主停车，结账后乘上了那辆出租车前往该地。

进入新洲境内不远，看到了问津书院指示牌，拐入小径后，看到一尊孔子铜像，铜像旁边还立着“问津书院修复问津广场建设效果图”。看来这里正在扩建中，来到书院门前时，果然比预想的小很多。

走入正殿，看到了里面供奉的孔子像，大殿旁还有仲子祠，里面是子路的塑像。相对的一侧则是隐士祠，里面有长沮、桀溺的牌位。这两位隐士坚决不告诉子路渡口在哪里，而今把他们供在此处，不知道孔子愿不愿意。但是明邹元标在《问津书院记》中说道："余尝谓长沮、接舆、荷蒉者，皆深知夫子一以凤称，一以有心，叹一以知津许。长沮之知夫子可知，特其道不同，故不相为谋耳！"

至少邹元标认为，长沮、桀溺等隐者在心里知道孔子是一位有情怀的智者，但是隐者的思想与孔子不同，所以他们才有意说那样的话。如果这种解释不错的话，其实长沮、桀溺恐怕也不愿意陪在孔子像旁。

我来此的目的之一是要看那块出土的古碑，在参观过程中遇到一位管理者，我问他该碑在哪里，他上下打量了我一番，问我从哪里来，来这里的目的是什么。我一一据实交代，看来我的回答令其满意，于是他拿出钥匙带我到一间不起眼的房间，打开入内，原来是一间陈列室，之后他开始滔滔不绝地向我讲解着这里才是真正的子路问津处以及原因所在。

孔子使子路问津处碑

那块碑处在展览室的正中，因为没有碑座，只用砖块固定在那里。细看上面的字迹，正中刻着"孔子使子路问津处"，余外碑面上没有上下款，左右两侧刻的是

另外几块古碑

花饰，碑的背面支撑着简易木架，木架的另一侧同样支撑着一块碑，木架的两边也侧立着十余块大小不一的古刻石，想来这是等到书院修复后，再将其固定到某处。

端详问津碑，无论其制式还是磨泐程度，均不像千年古碑，看来这是后世翻刻的一块。我向工作人员求证，他没有正面回答我。

新洲之行终觉不惬意，且不论那块碑翻刻于何时，但其已不立在原地，故不知当年问津之地的现况。2021年2月26日，我从北京驱车前往河南南部寻访，此次来到了驻马店市新蔡县，我在此县寻找到两处遗迹后，已是下午五点半。此时的天色已渐暗，用手机导航查之，新蔡县关津乡关津集竟然距新蔡县城仅7公里，为了节约时间，我决定前往当地碰一下运气。

开车来到关津集，这里像一个小镇，仅有一条主街，此即106国道。因为连日下雨，有一段国道因为地势低洼积满了半尺深的水，每辆车呼啸而过，溅起的泥水让雨刷忙不过来。然而导航上能够显示出子路问津处，说明该地点颇具名气。

关于该地为何叫关津，《驻马店地区古今地名释要》编委会所编的《驻马店地区古今地名释要》中说："新蔡县关津乡人民政府驻地。在古吕镇南5公里。汝河南岸，京广公路两侧。公元前522

年，孔子自楚返蔡路过此地问津，故称‘官津’。后人衍称‘关津’至今。”然而孔子在周游列国时并不是官，为什么要将他经过的渡口叫官津呢？此书未作解释。

尚世英主编的《中华人民共和国地名词典·河南省》中对此另有解释：“新蔡县关津乡人民政府驻地。在古吕镇南6公里，汝河右岸。据传宋以来官绅把持渡口榨取民财，人称‘官津’。清末，演为‘关津’。”同时又称：“村南公路南侧有子路问津处，石碑存县文化馆。”

按此说法，那块碑已经拉到县文化馆去了，但是我在网上查到了石碑立在原地的照片，是将该碑又搬回了原处，还是另刻了一块，看来只有实地探访方能得知，好在河南省文物局编的《河南文物》上有如下说法：

> 子路问津处碑：位于关津乡集市南。清代。碑高2.00米，宽0.60米，厚0.16米。清乾隆五年（1740年）立。据载此处原有问津台，是为纪念春秋时期孔子自楚及蔡，使子路问津之事而建，明末毁于兵燹。清乾隆年间知县王大吕于故址撰立碑记1通，上书“子路问津处”5字。碑今存完好。

这里所说的古碑乃乾隆年间所刻，但我到达该乡后，在街面上看不到相关指示牌。因为地面的积水，我又无法下车去打问，只好开车慢慢前行。看到某个店铺门口站着几个人，我小心把车靠在路边，降下车窗先向他们表达不下车问路之歉意，而后打问那古碑在哪里。

过路车压在水面上的声音盖过了我的发问，故我打开车门准备下车小心走近，没承想此时一辆车毫不减速飞奔而过，泥水瞬间溅了我一身，同时因为我刚打开车门，车的仪表盘上也糊满了泥水。我担心车的电路受损，迅速找纸巾擦拭，如此狼狈地折腾一番，让那几位看了个满眼。其中一位年轻人颇为好心地走过来，问我刚才说什么，当他听闻我要找问津碑时，他为之一乐，而后向前方一指，告诉我说沿那个小巷走过去就是。

以往我出门开车主要用百度地图导航，但有多位友人说高德地图更方便，于是此趟出门第一次使用该地图，但是其所导航之处仅是大概位置，走到附近时仍需要打听，而我为此换得了一身泥水。在这阴沉的天中，无处可换衣服，我只能忍受着湿漉漉的冰凉，继续寻访问津碑。

将车停到了一个车库门口，我注意门锁上落满了灰，这里应该长久未曾开门。于是下车步行前去找问津处，此小巷无名，距离关津乡公交站牌约50米，入口处有一座两层红砖楼。小巷的宽度不足3米，地面是土路，因为下雨，泥泞不堪，我只好扶着墙小心翼翼地向前走。

泥泞的小巷

走到中途时，突然听到了狗从喉咙中发出的低呜声，低头一看，一只小狗坐在院门前望着我。此院大门上着锁，小狗眼神努力地露出凶相，以期吓退我这位不速之客，但我从中看出了它的惶恐不安。我本想摸摸它的头安抚一下，然它极力躲避，只好向它摆摆手，以表达我借道的谢意。

我见犹怜

小巷长约50米，后面是大片的旷野，在旷野的边缘上立着一块碑，想来这就是我要寻访的目标。这一带地面更为湿滑，细看之下，没有脚印，至少说明这些天未曾有人来过此处。我踏着泥水向前走，两脚上沾着的泥越来越厚，附近也找不到树枝刮掉这些泥，只得继续咬牙往前走，几次都险些滑倒，好在均有惊无险。

终于走到了该碑的正前，此碑以双钩形式刻着“子路问津处”字样，未见上下款。碑的背面被封了起来，不知道原碑是否有文字，碑的四周做了碑券，但显然是用水泥和红砖所制。我在周围探看一番，未见文保碑，也无说明牌，同时也没有找到其他刻石。尤其奇怪者，我在这里并没有看到河，只是碑后有一片沼泽地，再往后是一个面积不大的池塘。

沿着池塘边的小径小心前行，一边是一些干枯的芦苇，靠村庄的一侧则种着一些油菜花。走出100余米，仍然看不到河，看来随着历史变迁，当年孔子所渡之河已经没有了痕迹。

子路问津处碑

站在这里望着阴沉的天，心中有一种难以名状的落寞。当年孔子带领弟子们周游列国，一路上恓恓惶惶，风餐露宿，他所驾牛车上不知是否有篷，即使有，也难做成无缝遮雨篷，哪能像今天搭一块塑料布那么容易。当年他来到此处时，想来那天没有下雨，否则长沮、桀溺也不会在这里耕地。他让弟子去问渡口时，对方却不肯告诉他，其心中之难受可想而知。

我在这里慢慢探看，夕阳西下，说不清自己在找什么，也许是想辨识一下哪块地是长沮、桀溺耕种过的，但找到了又如何呢？孔子做有价值的事情都得不到他人的理解，我跑到千里之外来找一块古人耕种之地，却被溅了一身泥水，寒风吹在身上冰凉异常，是什么心思支撑我走在这泥泞之路上？作为小人物的我，无法望到圣人的项背，但踵其足迹来表达我的敬意，也是我仅能做到的吧。

孔府：天下第一家

鲁哀公十六年（前479），孔子去世了，转年，哀公将孔子故宅的三间房改建为祭孔之庙，该庙由孔子后人管理。东汉永兴年间，朝廷派员管理此庙，之后又经过历代的重修和扩建，渐渐形成了庞大的孔庙建筑群。

孔庙成为国家重要的祭典之地，故孔子后裔就从孔宅迁出，但他们依然住在孔庙附近，其所住之处被称为孔府。孔府与孔庙相邻，对于两者的关系，郭引强主编的《华夏文明的核心——古代都城》一书中有如下简述："孔庙东侧是孔府，旧时称衍圣公府，是历代衍圣公的官署和私宅。自西汉以来，历代统治者在尊孔的同时，对其子孙也着意眷顾。汉代封孔子嫡裔为奉

圣府匾额

祀君、关内侯，唐代封文宣公。宋仁宗至和二年（公元1055年）封孔子47世孙孔宗愿为衍圣公，‘衍圣公’封号即始于此。徽宗时又改为世袭衍圣公。明时衍圣公列文臣之首，为正一品大员。统治者在对孔子嫡裔加官晋爵的同时，对其住宅也不断地维修和扩建。孔子嫡长子原住‘袭封宅’，即孔子故宅。宋宝元年间依附孔庙更建新府第，称衍圣公府。明洪武十年（公元1377年）敕命建新府于今址，经明清两代数次扩建，并于明弘治十六年（公元1503年）将衙署移于宅第前，形成了现今前衙后宅的格局。”

孔府的建筑规模同样很庞大，王谦所著《大孔府》中介绍说：“孔府始建于西汉景帝年间，经明、清两代的逐步扩建而达到有史以来的最大规模，总面积十六万平方米，有楼、堂、厅、房四百六十三间，前后九进院落，分左、中、右三路布局。东路为一

重光门

贯堂、慕恩堂、家庙等；西路为客厅院，是衍圣公读诗习礼和接待客人的地方，又称西学，主要建筑有红萼轩、忠恕堂、安怀堂、花厅等；中路为官衙、住宅合一建筑，前为官衙，后为内宅，主要建筑有大门、二门、重光门、大堂、二堂、三堂、前上房、前堂楼、后堂楼和后花园等。”

如此庞大的规模，仅次于帝王家，然而以其家族延续的时代来看，中国历代帝王难与之相比。孔氏后裔人数之多，仅在曲阜一地就有这样的数量：“据1990年曲阜市人口统计，孔姓人口10余万人，约占全市部人口的1/5。曲阜全县有520个姓氏，以孔姓人口居首，几占全部人口的10%。以至鲁西南一带有‘无孔不成村’的谚语。”（李景明《孔子家族全书·家族世系》）到如今，孔氏家族国内外人数已超300万。

这么多的孔氏后人，唯有衍圣公被视为正脉，这也就是衍圣公府及孔府广受关注之处。这么庞大的府第，需要有极强大的经济实力来支撑运作。早在北宋时期，孔府就拥有了大片的田产，北宋之前，孔子后裔以列侯名义食采邑。从宋真宗大中祥符元年（1008）开始，孔府得到赐田，之后的金、元两朝也陆续得到赐予，到元末时，孔府的赐田累计将近千顷。

因为赐田太多，不可能集中于曲阜一地，明永乐五年（1407），皇帝赐田73顷，这些田地处在滋阳和济宁两处。清顺治年间，孔家又得到赐田，衍圣公府祭田已经有了2000多顷，这些祭田大部分处在山东，分布于兖州、曹州、泰安三府十余州县，余外，江西、河南、河北等省还有一些祭田。这些祭田的收入，支撑着孔府各方面的开支。

就属性而言，衍圣公府可谓是公私兼顾的建筑群。在明代时，衍圣公的爵位为上公，秩为一品，那时的衍圣公府已经有了很大的规模。明陈镐撰、孔胤植等增补的《阙里志》中载："袭封衍圣公府，附圣庙东，与庙墙临。洪武十年衍圣公希学奉敕创建，弘治十六年重修。其制：头门三间，二门三间，二门内有仪门，仪门之北正厅五间，东西司房各十间，后厅五间，穿堂与正厅相连，退厅五间，东西廊房各五间，左为东书房，右为西书房，退厅东南为家庙，祀高曾祖祢五代衍圣公；退厅之后为内宅，楼阁房室不能俱载。"

从此时起，衍圣公府就具有了官府的属性，因为此府下设六个办事机构，称为六厅，六厅分别设在孔府大堂前东西两侧的厢房内。从东厢北面数起，首先是知印厅，此厅掌管衍圣公府的印信，为此设有知印官，其秩为七品，此官在明洪武二年（1369）经皇帝批准而设置。接下来是典籍厅，此厅保管历代帝王赏赐的书籍和皇帝的御笔，另外负责整理典章制度，同时管理和训练祭孔大典时用到的赞礼生，典籍官同样是七品。而后是管勾厅，此厅掌管孔府的祭田及地租收入，还负责筹办祭祀用的祭品，此厅设屯田管勾官一名，而早在元延祐四年（1317）就有此官之设，在清代时，该官为正七品。西厢房依次为掌书厅、司乐厅和百户厅，前两者为正七品官，百户厅因为掌管着林、庙的守卫，庙、户宰杀等事务，故百户官的职位较高，其相当于正四品。

由以上这些可见，衍圣公府近似于官府设置，它可以处理一些地方事务，然而有些职权范围若与地方政府有冲突，大多是以地方政府为准。从这个角度来说，衍圣公府又属于半官府性质。

虽然衍圣公贵为朝廷正一品官员，可谓贵极人臣，但其并不参与国家事务的管理，他的职责只有一项，那就是祭孔。这样的工作性质颇为奇特：祭奠自己的祖先就是自己的工作职责。那么这份工作的性质究竟属于国事还是家事呢？毕竟有些事情还要讲求公私分明，可能是出于这样的原因，祭孔被分为国祭和家祭两种，但祭孔的时日大多被固定了下来，如果遇到国祭与家祭是同一天时，那也不能合二为一，会在国祭之外再办一场家祭。这样算下来，衍圣公每年祭孔的活动有50多场，想一想这个工作量，也算是个体力活。

这么多的祭祀活动，加在一起想来耗资巨大，故祭祀的费用除了来自衍圣公府，皇帝和地方官员也有赞助，同时这也是皇帝要不断赏赐给孔府祭田的原因所在。早在西汉永光元年（前43），汉元帝就赏给孔子十三代孙孔霸食邑，以此作为祭孔费用。而对于皇帝所赏祭物，最早见载于《史记·孔子世家》："高皇帝过鲁，以太牢祠焉。"刘邦在当上皇帝的第十二年，路过曲阜时，用祭天大礼来祭祀孔子，同时

圣人之门匾额

封孔子九世孙孔腾为奉祀君，此乃皇帝祭孔第一例。到东汉明帝永平十五年（72）时，皇帝举行祭孔活动，同时将孔门七十二贤一并祭祀。

自此之后，祭孔活动越搞越复杂，比如唐玄宗时，祭孔乐用宫悬，舞用六佾，而六佾乃由36人组成的乐队，此乃诸侯规格。到明孝宗时，又提格到八佾，也就是由64人组成乐队，这乃天子的规格。但规格越高花费也越大，每搞一次祭祀都需要大笔的银两，如果是皇帝亲临曲阜祭孔，则花费更为庞大，这些都说明了衍圣公的工作范围虽然较小，但他需要筹集到大笔的资金，方能将孔府支撑下去。

毕竟孔子是中国两千多年来的圣人，其后裔所具有的崇高地位非他人可比拟，为此，很多达官贵人都愿意与孔氏家族联姻。到明清两代，此事尤甚，尤其进入清代，有不少高官都通过联姻的方式与孔家搭上关系。孔子第六十六代孙孔兴燮，他在顺治五年（1648）袭封衍圣公，之后晋少保兼太子太保，乃从一品的官衔，他的夫人冯氏就是少保兼太子太师、中和殿大学士兼礼部尚书冯铨的孙女。虽然冯铨被视为贰臣，但他毕竟是正一品的高官。

孔子第六十七代孙孔毓圻在康熙六年（1667）袭封衍圣公，他的夫人张氏乃兵部尚书张铉锡的长女，而张铉锡为从一品官。第六十八代孙孔传铎在雍正元年（1723）袭封衍圣公，其夫人王氏乃礼部尚书王崇简的孙女，王崇简为从一品。王崇简的儿子，也就是王氏的父亲王熙则是保和殿大学士兼礼部尚书，而王熙为正一品。孔传铎有四个女儿，长女孔淑静乃武英殿大学士兼工部尚书王顼龄的儿媳妇，而王顼龄乃正一品官。

以上这些都说明了孔府在朝中的重要地位，通过这种联姻也能相互借势，但孔府的联姻也不仅仅只看对方那些贵极人臣的地位，毕竟孔子乃文化的化身，孔氏后裔对此当然也很重视。比如孔子第七十代孙孔广棨在雍正九年（1731）袭封衍圣公，他的夫人何庆霄是礼部右侍郎何国宗的次女，何国宗为正二品。孔广棨的长女孔德荣是刑部尚书张照的儿媳妇，而张照是著名的书法家，同时他还是孔广棨岳父何国宗的书法老师。

孔府中精美的太湖石

衍圣公后裔同样在文化方面也有一些重要人物，比如孔传铎之子孔继汾为乾隆十二年（1742）的举人，原本在军机处行走，做过户部广西司主事。乾隆皇帝来阙里时，孔继汾“充引导官，以讲书称旨，遂蒙特用，手校刊版为家塾读本”（孔德成《孔子世家谱》）。

孔继汾有多部著作传世，其为后世广泛使用者乃《阙里文献考》一百卷，此书为其代表作，此外，他还撰写过《文庙乐舞全谱》两卷、《劻仪纠谬集》三卷等。

孔继汾有七个儿子，其中长子孔广林和次子孔广森在学术上很有成就，他们两人在经学方面有着很深的研究。寒斋藏有孔广林著作稿本，书内丹铅并下，批校累累，可见其用功之深。

孔毓圻的孙子孔继涵也是乾隆时期著名的学者，孔继涵为辛卯恩科进士，他与著名学者戴震有着密切的关系。孔继涵有五个儿子，其中长子孔广栻在文献搜集方面颇有成绩。次子孔广根娶了戴震的女儿。孔继涵刊刻过多部戴震的著作，乾隆十四年（1749），戴震把研究《尔雅》的书稿藏在了孔继涵家。乾隆四十二年（1777），戴震在临去世前完成了《声类表》，此书也被孔继涵刊刻在《微波榭丛书》中。受戴震的影响，孔继涵也写出了相应的学术著作，比如《考工车度记补》《林氏考工记解》《解勾股粟米法》等。

对于孔继涵与戴震相互探讨学术之事，卢文弨在为《戴氏遗书》所写序言中称："荭谷嗜学若饥渴之于饮食，尤好表章古人之遗文坠简，尝校梓唐人所为五经文字、九经字样，讹者正之，疑则阙之。东原见而喜其精审，为之作序，固宜其臭味之无差池也。今不以死生易虑，而亟为版行其遗书，以公诸天下之同为是学者。"

荭谷乃孔继涵之号，他求学若渴，尤其喜欢研究古代文字学，戴震很喜欢他的治学态度，故为其书作序。孔继涵对戴震也特别推崇，故在戴震去世后将其著作予以刊刻。

衍圣公府也与一些著名学者进行联姻，比如毕沅的三女儿毕怀珠嫁给了七十三代衍圣公孔庆镕，另一个孙女毕景桓又嫁给了孔庆镕的儿子孔繁灏，而孔繁灏是第七十四代衍圣公。虽然这是近亲结婚，但也说明孔家强大的吸引力。

阮元娶的正是七十一代衍圣公孔昭焕的孙女，他们成婚于嘉庆元年（1796），当时阮元任浙江学政，后来阮元成为一代学宗，而孔氏家族正是通过阮元与许多著名学者有了密切关系。同时孔广森在经学上的研究也对阮元有所影响，故阮元在《仪郑堂文》的序言中赞誉孔广森说："检讨聪颖特达，旷达逸才，经史小学，沈览妙解，所学在《大戴礼记》《公羊春秋》，尤善属文，沈约萧统，可与共论，录《仪郑堂文》二卷。"

孔广森的这部《仪郑堂文》也是由阮元予以刊刻的。阮元不仅对孔广森青睐有加，对孔广林也特别欣赏，在《小沧浪笔谈》中夸赞孔广林说："专治郑康成氏一家之学，裒辑遗经，手自校录为郑学四十二卷。凡《周易》《尚书》《论语》《孝经》……靡不一一采集群书，折衷订正，末作叙录一卷，以发明作者之旨与述者之意。海内治经之人留心郑学者如常博斯可谓专且勤矣。"

但是，与官员、学者的联姻显然都比不过与皇家联姻来得更为硬气，而孔府还真有类似的传说。七十六代衍圣公孔令贻的女儿孔德懋写过一本《孔府内宅轶事——孔子后裔的回忆》，其中一节的名称就是"公主下嫁孔府"。该文写道："乾隆有个女儿，是孝圣贤皇后所生，对她十分钟爱。这位公主脸上有块黑痣，据相术说这块黑痣主灾，破灾的唯一办法是将公主嫁给比王公大臣更显贵的人家，这就只有远嫁孔府了。因为只有衍圣公可以在皇宫的御道上和皇帝并行，皇帝到曲阜后，也要向衍圣公的祖先孔子，行三跪九叩大礼，这都是别的王公贵族所没有的荣耀。因此，乾隆第一次来孔府时，就说定将女儿下嫁孔府。但满汉不能通婚，为了避开这个族规，乾隆便将女儿寄养在中堂大人于敏中的家中，然后又以于家闺秀的名义嫁给第七十二代衍圣公孔宪培。孔府的后人称她为于夫人。”

乾隆皇帝的女儿下嫁孔府，由此可见孔府的崇高地位，就算是皇帝也要认可的。

孔宪培乃孔昭焕的长子，其原名孔宪允，按照骆承烈等编的《孔府档案选》所载，乾隆三十二年（1767），孔昭焕准备了一份进京朝见时的皇帝问答底稿，其中写道：“臣有四子、四女，长子宪允年十二岁，聘定于敏中之女，现读《诗经》，从浙江庚辰科举人沈启震读书。臣家中事务有旧时家人办理，臣自己不时查察的。”

院门重重

由这段话可知，早在乾隆三十二年之前，孔昭焕就与于敏中订下了子女婚事。按照同治十一年（1872）刊刻的《孔氏大宗谱》载：“七十二代宪培，字养元，号笃斋。乾隆三十五年赐二品冠服，四十八年袭衍圣公，诰授光禄大夫。乾隆二十一年七月十九日辰时生，五十八年十一月初五日未时卒，年三十八。夫人于氏，金坛人，文华殿大学士兼户部尚书敏中第三女，乾隆二十年十月十三日卯时生，道光三年十二月二十八日丑时卒，年六十九。无子，育同母弟宪增长子庆镕为嗣。”

可见孔宪培所娶的确是于敏中的第三个女儿，并非乾隆皇帝的公主，余志群所撰《否“乾隆公主嫁孔府”说》一文则谈到当时乾隆皇帝对衍圣公颇有看法，故无联姻可能。杜家骥在《乾隆之女嫁孔府及相关问题之考辨》一文中，首先根据清代玉牒的记载，认为乾隆帝并无公主嫁至孔府之事，同时谈到于夫人生前的遭遇，以此判断于夫人确实是于敏中之女。既然如此，那为什么会有乾隆公主嫁孔府这样的传闻呢？杜家骥认为这是由于当时结婚场面太过宏大，所以人们有了这样的误会。

骆承烈在《也谈“乾隆公主嫁孔府”说》一文中则认为，虽然皇帝跟衍圣公之间有矛盾，但也可以相互利用，故不能否认将公主嫁到孔府之事。唐延军、毕孝珍在《孔氏家族与皇权政治》一书中则称：“乾隆下嫁爱女于孔氏家族，虽然没有确切的史料记载，但种种迹象表明，嫁入孔氏家族的这位于氏夫人，确实有着非同寻常的身份。无论于氏是何种身份，是否是乾隆的女儿，都说明乾隆皇帝和孔氏家族有着非同寻常的关系，大清王朝和孔氏家族早已形成了事实上的政治联姻。”

有些事的确难以解释清楚，因为孔府对于夫人去世后的举措非同寻常。孔勇在《“夫人”何以成“公主”？“乾隆公主嫁孔府”说及相关问题新辨》一文中写道：“为表孝思和追念，孔庆镕在孔府内建造‘慕恩堂’，奉祀于夫人，并从苏州请来名师，为于夫人和孔宪培制作‘行乐图’，还原他们在世时的生活样态。此后，每逢年节和于氏生辰忌日，衍圣公均会前往‘慕恩堂’叩头祭拜。至光绪年间，衍圣公孔令贻的日记中即常有‘慕恩堂叩头’‘扫慕恩堂’等活动记录。这种隆重的追祭之举，是过去府内从未有过之事，故常常被后人解读为于夫人身份特殊，将其描述成乾隆帝公主或义女。否则的话，又怎会在逝后受到如此重视呢？”

如何解释这种行为呢？孔勇的推论是：“一方面，孔庆镕幼龄承爵，诸事多倚赖嗣母于夫人照料办理，自当感念其养育之恩。对此，道光年间刊刻的《阙里孔氏诗钞》就已提到，称孔庆镕‘自九岁袭爵，历事三朝，悉蒙恩礼，有逾常数。性至孝，母于太夫人卒，祀画像于慕恩堂，如事生礼，终其身不懈’。另一方面，也是更重要的原因，即孔庆镕是清代衍圣公之中唯一以嗣子身份而获承祧大宗的一位，他后来一系列的尊荣、显贵，可以说均由此开启。虽然孔庆镕继嗣的客观原因在于孔宪培无子，但当宪培早逝后，于夫人的主导作用仍不可忽视。因此，所谓‘慕恩’者，一是慕养育之恩，二则是慕承祧之恩。”

对于这件事，大多数人还是宁信其有，故各种介绍孔府的资料上都会讲到这个故事，比如孔继泉所撰《孔府深深》一文，谈

六代含饴匾

到了孔府的三堂上方悬挂着乾隆皇帝手书的“六代含饴”匾。孔府得到此匾的缘由，乃乾隆公主珊兰嫁到孔府后，仍然有着皇帝女儿的娇气，因此和婆婆的关系很不好，乾隆皇帝来孔府时，女儿告状，婆婆也告状，皇帝也难断家务事，于是挥毫写下“六代含饴”。因为当时孔府正好六世同堂，皇帝认为能有这样的兴旺家族不容易，言外之意是劝她们要和和美美过日子，孔家人看到此匾后就再也不闹了。

关于于夫人的情况，孔继泉在文中写道：“于夫人和孔宪培生有两个女儿，都因天花早夭。孔府在孔林东墙外建娃娃林（也称小姐林）一处，埋葬了这两个女孩。娃娃林建院落一处，东西配房各三间，大门楼一间，石鼓门枕一对，二门三间，林墙高筑。娃娃林专设林户，逢二女生日忌日，都照例领香烛纸供祭奠。娃娃林直到‘文革’期间被毁。”

关于于夫人去世后的情况，孔继泉在文中有这样的细节描写："于夫人死后，其儿子（由孔宪培胞弟孔宪增之子过继）第七十三代衍圣公孔庆镕为其建专祠慕恩堂。慕恩堂共五间，东耳室二间，单独院落，东配房三间，南厢房六间，大门楼一间，小便门一间。正堂明间正中暖间一间，内挂于夫人夫妇画像，前设供案，供案上有景泰蓝五供。东里间为于夫人夫妇的卧室，北端玲珑透雕暖阁内，正中紫檀木雕顶子床一张，上铺兰花缎被褥，床边东端坐有衍圣公孔宪培像，西端坐于夫人像。头面是从苏州用纸浆泥塑粉饰做成，和真人一模一样。每天有四个男佣人值班焚香叩头。两个女佣人，每天晚上把被褥铺开，早晨再把被褥叠好，和伺候活人一样。东二间设有饭桌，每天照例三开饭。早晨到厨房领点心、稀饭、鸡蛋等，用托盘端到饭桌上，中午和下午有酒席。遇有年节还设摆大件酒席。这些饭菜供奉一小时即撤掉。撤下来的饭菜，全归慕恩堂佣人。慕恩堂的佣人轮流往家带饭菜也成了孔府的旧例。"

这些都说明于夫人在孔家的地位非同一般，那么公主嫁孔府这件事究竟是有还是没有呢？想来探究下去也没啥必要了，毕竟"天下第一家"的声名其实远超历代君王。历代的皇帝有那么多的女儿，她们所嫁大多是那时的显赫家族，到今日，人们能知道几个呢？但孔门的影响力跨越时代，至今依然是人们津津乐道之事。

2019年12月11日，我再一次参观了孔庙，参观完后从其侧门穿出，孔庙的外墙外有一条长长的旅游纪念品街，沿着此街一路向前走，路的尽头就是孔府。沿途的商贩不断招揽着生意，主要推销的生意乃刻印章，并且称两分钟就能刻好，而报出的价钱便宜得出奇，我看了一眼堆在那里的印章石，质感像是塑料混合物。

进入孔府同样需要安检，我将所带物品放入安检仪时，看到旁边挂着“邻里守望，志愿服务”牌，上面的主图是雷锋，下面写着“德不孤，必有邻”，并用括号注明此语出自《论语·里仁》，这样的结合可谓穿越。

沿着中轴线一路向内走，首先参观了大堂及六厅，大堂之内布置成了公堂的格局。从大堂穿过，后方是一条长长的回廊，在回廊的中段看到两排红色长椅。原本以为这是供游客歇脚之处，无意中看到旁边的介绍牌上写明这叫阁老凳，这个名称的来由乃因严嵩曾经坐过，于是它成了“第一批全国廉政教育基地”。高善东主编的《邹鲁文化随谈》中写道：“明朝权臣严嵩的孙女嫁给六十四代衍圣公孔尚贤，与孔府有了亲戚。但严嵩却是个贪官，他受贿卖官，臭名昭著。后来，严嵩的劣迹被御史邹应龙弹劾，世宗朱厚熜下旨治

孔府大堂

阁老凳

罪，严嵩慌忙跑到孔府，想托姻亲衍圣公向皇帝说情。但衍圣公却避而不见。严嵩在孔府的通廊里冷坐多时，自觉无趣，只好悻悻而返。至今，在孔府里还摆放着几百年前的那条严嵩坐过的红漆靠背长凳，作为警戒。”

看来与权臣联姻也有很大的风险，一旦姻亲出了问题，就会影响到孔圣人后裔的名声，当时的衍圣公能让严嵩坐冷板凳，也说明他颇识时务。此厅的顶棚位置悬挂着两方匾额，下方为“诗书礼乐”，一望即知出自乾隆皇帝之手，将此匾悬挂在长凳之前，不知有怎样的寓意。

孔府的面积的确很大，我一路走下来，记不得自己穿过了几个院落，在其中一个大院内，看到了多块造型优美的太湖石，每块石头的座盆也刻得颇为精细，不知道这是不是孔府旧物，在此院后方的正厅内，我看到了那块著名的“六代含饴”匾。

阎老凳前的诗书礼乐匾

再往后走就是内宅，内宅的侧墙上有一个石槽，导游仔细地向游客们讲解着该石槽的作用。原来这个石槽的作用就是不让家中女眷与外人有接触，方法是往这个石槽倒水，里面的人可以接用槽中之水。我想到曲阜当地水源丰富，为什么不在内宅直接打井，而要从外面取水倒入内宅呢？我向那位导游请教，她瞥了我一眼没有回答，从其眼神看出，她鄙夷我这种蹭听还好意思提问的人。

内宅正前方的门厅有一个影壁，上面彩绘着一只神兽，资料上称这块影壁名叫犾壁，对于犾这种动物，高善东在文中介绍说："犾是传说中龙的第九个儿子，以贪著称。它不吃肉，也不吃草，专吃金银财宝，而且妄想将天下宝物据为己有，连'八仙过海'中八位神仙漂洋过海的法器都拢到自己手中。这还不罢休，它甚至想把太阳一口吞下。最后，在拼命逐日的过程中掉进东海，葬身汪洋。"

狳壁

看来这不是个好动物，不知道当年严嵩来此时是否见过此物，但今人见到了，估计难收贪念，因为我听到过路的游客边走边感叹孔府之大，同时计算着曲阜房地产的均价。

孔府内有几块碑颇为有名，我最想找到的则是那块著名的口语碑，但我一直走到后花园，也未能找到它的踪影。此碑虽然只是明初所刻，却有着传奇的故事性。

洪武元年（1368），朱元璋称帝不久，就下诏给孔府，命令孔子第五十五代孙孔克坚前往南京朝见。那时朱元璋并没有平定天下，故孔克坚还在观望中，于是假托有病，派儿子孔希学前往南京面圣。

朱元璋本想通过此事来表达他统治的正统性，但衍圣公没有亲自来，显然令朱元璋不满意，于是他就又给孔克坚下了一道谕旨："闻尔抱风疾，果然否？"看来朱元璋怀疑孔克坚称病是托辞，所以他又明确地在谕旨中写道："若无病而称疾，则不可。"

孔克坚收到谕旨后，吓了一身冷汗，日夜兼程赶往南京去朝见。洪武元年（1368）十一月十四日，朱元璋在谨身殿接见了孔克坚，有意思的是，孔克坚回来后就刻了这块碑，碑文的上半段记载的就是他们之间的谈话：

> 圣旨："老秀才近前来，您多少年纪也？"
>
> 对曰："臣五十三岁也。"
>
> 上曰："我看您是有福快活的人，不委付您勾当。您常常写书与您的孩儿。我看资质也温厚，是成家的人。您祖上留下三纲五常垂宪万世的好法度，您家里不读书是不守您祖宗法度，如何中？您老也常写书教训着，休怠惰了。于我朝代里，您家里再出一个好人呵不好？"

朱元璋所言确实有朱氏特色，而孔家人能将其原话刻在碑上，也是其有意思之处，看来我下次到孔府时，还要好好找一找，一定要亲见此碑方觉得踏实。

曲阜孔庙：文庙之首，规制完备

曲阜孔庙为历代文庙之首家，它是已知孔庙中规模最完备、体量最大的一家。关于这座孔庙创建的时间，历史资料未有确切记载。司马迁在《史记·孔子世家》中称："故所居堂弟子内，后世因庙藏孔子衣冠琴车书，至于汉二百余年不绝。"

曲阜至圣庙牌坊

鲁哀公十六年（前479），孔子去世了，他的弟子们为他举办了一场隆重的葬礼，而后弟子们又将孔子生前用过的物品搜集在一起，在孔子的故宅内建了一座庙藏于其中，此即孔庙最早之来由。关于建造这座家庙的时间，孔子第四十七代孙孔传在《东家杂记》中称："鲁哀公十七年，立庙于旧宅，守陵庙百户。"

如果孔传所言不错的话，历史上第一座孔庙建造于孔子去世的第二年，即公元前478年。然而这座孔庙颇为简陋，清孔继汾在《阙里文献考·林庙》中说："先圣之没也，弟子葬于鲁城北泗上。既葬，后世子孙即所居之堂为庙，世世祀之，然茔不过百亩，封不过三版，祠宇不过三间。"

历史上第一座孔庙就是三开间的一座小房子，而庙里面的情形同样未见载于史料。曲英杰在《曲阜孔庙建制考述》一文中推测说："依汉魏时期鲁城内所立孔庙之制推测，孔子居堂很可能原为三间，中为厅堂，东为寝室，西为讲堂。改为庙后，因孔子生前于讲堂内讲授时是面东而坐，故绘孔子像于讲学西墙。又于桌几上置放礼器，以备祭祀之用。其他遗物当大部分收藏于寝室内，依照原样摆放；而乘车似当放于中厅。如此庙制，虽不很正规，但可使人睹物思情，具有极强的亲切感。"

关于这座文庙后来的情形，曲英杰在文中又说道："因孔子旧宅立庙始于何时，于史无载。由汉安帝延光三年（公元124年）祭祀孔子于阙里后不再见有关这方面的记载，而汉桓帝永兴元年（公元153年）所立乙瑛碑已言在今址'立庙'等推测，极有可能是在此三十年之内，而最有可能是在汉顺帝在位期间。"而后此文引用了

《乙瑛碑》上所载："鲁前相瑛书言：诏书'崇圣道，勉□艺，孔子作《春秋》，制《孝经》，□□五经，演《易》系辞，经纬天地，幽赞神明'，故特立庙。"

由此可知，该座文庙乃奉旨而立。对于这座文庙的情形，北魏郦道元在《水经注·泗水》中载："庙屋三间，夫子在西间，东向；颜母在中间，南向；夫人隔东一间，东向。……庙有夫子像，列二弟子，执卷立侍，穆穆有询仰之容。汉魏以来，庙列七碑，二碑无字，栝柏犹茂。"

自从东汉明帝下诏在国学郡县学校内祭孔子后，就不仅曲阜一处有孔庙了，全国有不少的学校都建有孔庙。贞观四年（630），唐太宗下诏："州、县学皆作孔子庙。"（《新唐书·礼乐志》）自此之后，曲阜孔庙也得以扩建。《旧唐书·高宗本纪》记载了乾封元年（666）唐高宗东巡时来到曲阜祭孔庙，皇帝下诏说："其庙宇制度卑陋，宜更加修造。"唐玄宗在开元十三年（725）东巡时亦来祭孔，孔传在《东家杂记》中写道："封禅回，幸孔子宅。遣使以太牢祭其墓，给复近墓五户。令天下州、县立庙。赐百户洒扫，充春秋飨奠。因广大本庙。"

关于此时孔庙的规模，孔毓圻、金居敬等纂的《幸鲁盛典》上称："至唐，扩正庙为五间，两庑二十余间。后为寝庙，前为庙门。"

唐玄宗不但下令扩建了孔庙，同时他还封孔子为文宣王。《旧唐书·玄宗本纪下》载，开元二十七年（739）八月："制追赠孔宣父为文宣王，颜回为兖国公，余十哲皆为侯，夹坐。"宋真宗赵恒在大中祥符元年（1008）先封孔子为玄圣文宣王，在大中祥符五年（1012）又“改谥玄圣文宣王曰至圣文宣王”，故后世又称孔庙为文庙。

在宋代，曲阜孔庙的规模得以完备。孔道辅为孔子第四十五代孙，他在宋真宗天禧二年（1018）任大理寺丞知仙源县，主孔子祠事。他给皇帝上奏章称，祖庙的规制与孔子的名声不相符，应予以扩大。他的请示得到了皇帝的批准。天禧五年（1021），孔道辅又请求封禅行殿的余材用于修建孔庙。对于此祠扩建后的结果，《阙里文献考》中载：“庙门三重，次书楼，次唐宋碑亭各一，次仪门，次御赞殿，次杏坛。坛后乃正殿，又后为郓国夫人殿；殿东庑为泗水侯殿，西庑为沂水侯殿。正殿西庑门外为齐国公殿，其后为鲁国太夫人殿。正殿东庑门外曰燕申门，其内曰斋厅，厅后曰金丝堂。堂后则家庙，左侧神厨。由斋厅而东南客馆，直北曰袭封视事厅，厅后为恩庆堂，其东北隅曰双桂堂。凡增广殿庭廊庑三百十六间。”

看来此时的孔庙已经颇具规模，董喜宁在其专著《孔庙祭祀研究》中称：“这一次开创的孔庙规模成为奠基之作，以后的扩建大局基本定位于此。”对于此次扩建的费用来源及相关的修造人员，《东家杂记》载：“天禧五年，奉圣旨下转运司支破官钱，并拨兵士、工匠修葺本庙，及于夫子之后选差朝官一人。是时传大父中宪方任太常博士，被选监修。因乞封禅行阙余材，皆橡、樟、梗、梓之属。自是殿宇益加宏壮。”

进入金代，孔庙的建制再次提高。孔元措在《孔氏祖庭广记》中称：“金修庙制度：正殿、廊庑、大中门、大成门、郓国夫人殿，自皇统、大定以来建之，其制犹质素。至明昌初，增后位、城殿，殿庑皆以碧瓦为缘，外柱以石，刻龙为文，其藻栱之饰涂以青碧。每位皆有阁。至于栏槛帘栊并朱漆之。齐国公位与正殿同。又创二代、三代祖殿、毓圣侯殿、五贤堂、奎文阁之属，焕然一新，与夫厅堂、黉舍、门庑凡四百余楹，方之前古，于此为备。”

元代初年，蒙古兵南下，如此辉煌的一座孔庙基本化为灰烬。明陈镐纂修的《阙里志·历代碑记》中载：“阙里祠宇毁于金季之乱。”

朱元璋登基后，在洪武十年（1377）就派人去维修孔庙。洪武二十年（1387），朱元璋又命工部派千余名工匠去维修孔庙。为什么他对孔庙如此重视呢?《阙里文献考》中记述了朱元璋所言：“孔子之功于天地并立，故朕命天下通祀以致崇报之意。而阙里又启圣降神之地，庙宇废而不修，将何以妥神灵昭来世？尔工部其即为修理以副朕怀。”

明成化十九年（1483），孔庙再次得以扩建，此次最重要的突破，是将孔庙的主殿——大成殿由面阔七间改为九间，自此之后，曲阜孔庙始终是这样的规制，而这次的孔庙扩建达五年之久。可惜这座刚刚建成的宏伟庙宇在弘治十二年（1499）六月十六日夜被一把大火烧光了。弘治皇帝闻听此况，立即拨款予以重建，此次重建从弘治十三年（1500）春开始，到弘治十七年（1504）夏得以恢复旧观。

对于火后重建的孔庙，李东阳在《重建孔子阙里庙图序》中有如下详细描绘：

庙之制：中为大成殿，十楹，崇八丈，邃有奇，广倍。其半为左右庑，百余楹。后为寝殿，八楹。前为告坛。又前为奎文阁，楹视寝数，崇略与殿等。又前为门四重，中为桥三。殿之左为家庙，后为神厨，前为诗礼堂，为神库，又前为燕申门。殿之右为启圣王殿，后为寝，前为金丝堂，又前为启圣门，前左右为斋室。室之外为快睹、仰瞻二门，与观德、毓粹二门而四。又左右为钟鼓楼，与角楼而六。阁之前后为碑亭各四，前四亭则本朝御制，而祝敕诸文皆附焉。惟坛及楼及中门仍旧，自余或创或盖，并以新制，材干坚厚，构缔完整。象设端伟，绘饰华焕，悉臻其极，盖一代之盛典，天下之大观，皆备于此。

曲阜孔庙经过此次建设后，在明代只是做一些修补工作，未再进行大规模建设。到清代时，因为多位皇帝前往曲阜祭典孔子，故孔庙的规模又得以再次扩大。然而在雍正二年（1724），该孔庙再次被火烧毁，皇帝立即下令予以重新修建，此次修建皇帝拨款15.76万两白银。对于这场灾难，雍正皇帝颇为自责：“今阙里圣庙被灾，岂朕尊师重道之诚，有未至欤？朕在谅暗之中，素服斋居，无庸更事，减膳撤乐，惟谨拟亲诣国学文庙，虔申祭奠，宣读告文，以展朕局蹐不安之诚。”（《世宗宪皇帝上谕内阁》）

雍正皇帝检讨说是不是自己尊师重道做得不够才有此灾，为此，他还额外开恩允许文庙正殿正门用皇家专用的黄琉璃瓦，而两庑则用绿琉璃瓦，还可以用黄瓦镶嵌两庑的屋脊。

雍正初年，孔庙失火被烧毁后，其实有不少人愿意捐款重修，但雍正皇帝不同意这样的请求，他依然坚持由朝廷来出钱修建，而一些地方孔庙如果有人愿意捐款则可以量力而行，他并不阻止。雍正皇帝下谕旨后，工部却同意山东巡抚陈世倌捐银四万两之请。雍正皇帝闻讯后斥责这种行为，并明确地说“捐银之处不准行”。

雍正皇帝为什么要这样坚持呢？董喜宁在其专著中说：“雍正的批示不惟爱惜民力，更有着深层次的原因，这就是阙里孔庙修葺所显示出来的尊荣和权力。”

晚清时期，曲阜孔庙再次遭到损毁。同治元年（1862），捻军进入尼山书院和洙泗书院，将一些房屋拆毁、祭物损坏，但被毁后的孔庙再次得以修复。

在“文革”中，孔庙受到破坏，但总体格局未毁，经过维修后，成为今日人们前往曲阜游览时的必去之地。

近十年来，我每次到曲阜时，都会到孔庙内瞻仰一番。2019年8月6日，文化和旅游部安排相关部门在曲阜举办了全国性的晒书活动，我有幸参加了这场活动，而该活动的第一场议程就是举行祭孔大典，这让我完整地亲身体会了祭孔活动的各个细节，但那次活动是身处其中，无法从容地拍下全过程。为此，几个月后，我特意于12月11日来到曲阜重新将孔庙瞻仰一番。

高铁的普及确实缩短了城与城之间的距离，我12点钟从北京南站乘车，两点多就到达了曲阜，到酒店放下行李，出门打车前往孔庙。司机好心地把我拉到“万仞宫墙”附近，他说这样可以让我少走一些路，然而他的好心，却让我错过了拍万仞宫墙前面那段长长

万仞宫墙

的甬道。上次的祭孔活动就是参加人员排成纵队沿此神道庄重地走向万仞宫墙，那种仪式感确实能增加人们对孔子的崇敬之情。

万仞宫墙门前没有售票厅，有不少妇女站在旁边招揽导游生意，我向她们解释说自己只是来拍照，其中一位好心的导游告诉我往回走，右侧不远处有售票点，我在售票处买了“三孔”联票，而后又回到了万仞宫墙前。

宫墙外侧有一条河，宫墙看上去更像是曲阜古城的城门，其他地方的孔庙所见的万仞宫墙基本是影壁式的。想来这座城池式的宫墙应是建于明代，因为之前每次战火都会波及孔庙。由于孔庙处在阙里，而阙里并不在曲阜城内，县城内的城墙有士兵把守，但阙里孔庙却没有，故明武宗想出了防范孔庙被毁的办法，那就是将曲阜县城整体迁移到孔庙、孔府的周围。这样使得孔庙处在了曲阜县城之内，费宏在《城阙里记》中载有此事：

> 阙里与曲阜相去十里，故皆无城，而阙里尤为孤旷，守望无所恃焉。正德辛未，盗入兖。以二月二十七日破曲阜，焚官寺、民居数百，虐焰所及，不崇朝，县治为墟。是夕，移营犯阙里，秣马于庭，污书于池。虽庙宇林墓幸而无虞，然族属散走，神人震恐，岌岌乎危亦甚矣。监司议遣兵四百来戍：贼众我寡，又望风辄溃，于防御固无济也。维时今按察使潘君珍，方以佥事按行东兖，谓县庙必相须以守，盍即庙为城，而移县附之。

看来孔庙不可搬，县城却可以搬迁，为了保护孔庙，皇帝竟然以城救庙，这是何等之魄力。我记得上次祭孔时，第一场重要的仪式就在万仞宫墙前举行，仪式完毕后，礼仪官带众人穿过万仞宫墙向内走。本次穿行时，我还是觉得像是走过某个古城的门洞，其地面的石条也被磨得锃亮，不知道有多少人由此而踏入孔庙。

游客进入孔庙要过闸机，所带的物品也要进行安检，我只带着相机和一瓶水，但并没有像火车站那样要求喝一口水。穿过安检，首先见到的是“金声玉振”牌坊。这四个字出于《孟子·万章下》：“孔子之谓集大成，集大成也者，金声而玉振之也。金声也者，始条理也；玉振之也者，终条理也。”可见孟子对孔子有无以复加的推崇，而“金声玉振”一词也就成了各地孔庙褒奖孔子的标准语。

我站在此牌坊前时，日影已西斜，一座座的牌坊像是深幽的历

金声玉振牌坊

德侔天地牌坊

史隧道，瞬间让自己的思绪回到了两千五百年前。此牌坊书写人为明嘉靖年间的胡缵宗，他所刻之书寒斋藏有数种，然他的文集究竟叫《乌鼠山人集》还是《乌鼠山人集》一向有争论，但我手中的刻本的确是乌字，今日于此看到他的墨迹，另有一种亲切感萦绕于心头。

牌坊之后是棂星门，曲阜孔庙的棂星门与他处制式不同，因为其四根立柱的上端是华表的形制。之后又是几座牌坊。

第一个院落两侧各有一门，一个门上写着“德侔天地”，另一个则为“道冠古今”，然而有意思之处是，每个牌坊下面的石狮子造型很萌，它们给严肃的孔庙增添了活泼的气氛。

道冠古今牌坊

穿过至圣庙门，看到了我喜欢的森森松柏，有些大树根部已经外露。我从一篇研究文章上看到，出现这种情况的原因是土层下面的碎石瓦片太多。既然如此，那为什么这些树还能活这么久呢？不知道是科学出了问题，还是这些树下的环境被迫改变，但树比人长寿，不知道有多少前贤的目光都曾经落在这些粗壮的大树身上。

穿过大中门，左侧是那块著名的弘治碑。此碑是孔庙内明碑中最高大的一块，站在碑前仰望，果然有气势。再往前走就是奎文阁，门口的介绍牌称，这里曾经是淮海战役曲阜会议旧址，华东野战军前敌委员会曾在这里开了20多天的会议，不知那时的奎文阁里还有没有藏书。而今，该阁的一楼布置成了出售旅游纪念品之处。

高大的明碑

再往前走，有一个面积巨大的院落，这里有多座碑亭，故被称为“十三碑亭”区。很多碑亭内都陈列着多块碑，这些碑大多是历代皇家所立，其中最重要之一是元大德十一年（1307）《加封孔子诏碑》。骆承烈汇编的《石头上的儒家文献——曲阜碑文录》中收有该碑内容：

上天眷命，皇帝圣旨：盖闻先孔子而圣者，非孔子无以明。后孔子而圣者，非孔子无以法。所谓祖述尧舜、宪章文武、仪范百王、师表万世者也。朕纂承丕绪，敬仰休风。循治古之良规，举追封之盛典，加号大成至圣文宣王。遣使阙里，祀以太牢。於戏！父子之亲，君臣之义，永惟圣教之尊。天地之大，日月之明，奚罄名言之妙。尚资神化，祚我皇元。主者施行。

此碑文对孔子给予了无以复加的夸赞，上面的褒奖之语为后世所广泛引用。其中一个碑亭内则有康熙二十五年（1686）所立的御制碑，1935年兖州王小隐所著《圣迹导游录》中介绍说：“碑高二

十三座御碑亭

先师手植桧

丈九尺五寸，其基重凡十二万觔（斤），自北京西山选材制就以后，由河北通州（今河北省通县）运河登舟南下，至张秋镇（原山东寿张县东北）再以牛车载至曲阜，计用牛五百头。”

如此巨大的碑石是如何从北京运到曲阜的，成岳、崔璐所撰《古运河与老济宁见证的“孔庙碑王”》一文中于此做了详细记载，为了运送此碑，沿途官员动用了大量的人力、物力，该碑装船后先运到了济宁，而后在深冬用水泼地，待其结冰后用牛拉作牵引：“每头牛都有一人管理，每5头牛还加一个仆人。前面有人打着旗子，鸣锣开道。还有车子运输着粮食、牛饲料以及炊具、草鞋之类。总共用了有600多人和500多头牛。”

这么浩大的队伍从济宁运到曲阜花了15天的时间，让我好奇：泼水结冰后的路面，牛走在上面不会打滑吗？也有可能会加宽路面，只让中心部分有冰，两侧无冰之处则是牛和人走的路。

碑亭的后方为大成门，进入此门有棵并不粗壮的古树贴门而立，古桧旁立着一块碑，上刻“先师手植桧”。回来查资料方得知，当年孔子的确在此处种了一棵桧树，可惜那棵树在明代时失火烧死了。若干年后，又在树下冒出了新枝，于是就长成了今天看到的这棵树。这让人想到“生生不息”这个成语，也许这正体现了儒学思想在中国顽强的生命力。

接下来我参观了东庑，这排长长的房间内立着许多座规制大小一样的神龛，每个神龛里摆放着四个牌位，这同样体现了儒家思想之伟大。

而后登上月台前去瞻仰大成殿，我每次来到大成殿门前，都会惊叹于那精美的龙柱，虽然在其他孔庙内也看到过这种制式，但总觉得不如此处的精美。如今大成殿已不对游客开放，只能站在门口

大成殿

隔着栏杆向内拍照，可以看到孔子端坐在神龛之内，而他的面前摆放着多种祭器。

关于孔子的容貌，历史资料多有记载，《荀子·非相》说：“仲尼之状，面如蒙倛。”《白虎通义·姓名》则说：“孔子首类鲁国尼丘山。”把一个人的头形容成山状，这让人脑补其具体形象，然《史记·孔子世家》则说：“孔子长九尺有六寸，人皆谓之长人而异之。”看来孔子是个大高个，这个很容易想象。《太平御览·人事部》中转载的文献又将孔子的高度略有拔高：“孔子长十尺，大九围，坐如蹲龙，立如牵牛，就之如昴，望之如斗。”

但如今端坐在那里，难以显现他身高的优势，然而以前祭孔用的物品则是摆放于地，苏东坡在《私试策问》中说：“古者坐于席，故笾豆之长短、簠簋之高下，适与人均。今土木之像，既已巍然于上，而列器皿于地。使鬼神不享，则不可知；若其享之，则是俯伏匍匐而就也。”

东坡聪明过人，什么事情都能成为他调侃的对象，他说孔子端坐在上面，难以享受神龛下面的供享，如果孔子想吃的话，只能匍匐在地上，想想那种行为太过滑稽。故明丘濬在《大学衍义补·秩祭祀》中说：“古者席地而坐，故俎豆置于豆间之地，斯为宜矣。今既塑为高像，而坐于倚榻之间，而所谓俎豆者，仍置于地。此苏氏所以有‘匍匐就食’之讥也。然既为今人之座，则当用今人之案。”

孔子的时代还没有如今高起的坐椅，只是席地而坐，所以祭器摆在地上没有问题，到如今孔子已坐在了椅子上，而椅子摆在神龛内，所以苏东坡才会这样调侃孔子。但正因为如此，人们想出了改进的办法，就是把祭器摆在供桌上，这样便于孔子伸手就能够得到。

但有一度，各地的孔子像大部分被去掉改换成了牌位。明洪武十五年（1382），南京国子学建成后，朱元璋下令“去塑像，设木主”（陈镐纂修《阙里志·祀典》），然这种做法并未推广开来。到明嘉靖九年（1530），皇帝将此事在全国推广，很多地方都毁掉了孔子像，而毁像的理由，是为了提高理学地位，因为立偶像是受佛教影响。

其实在皇帝下令之前，有些地方官员已经开始这么做了，比如明天顺六年（1462），苏州知府林鹗就私自将文庙内的孔子像改换为木主，他的理由是：“孔子生于佛教未入中国前，乌识所谓泥像哉？”而丘濬在《大学衍义补·秩祭祀》中亦称：“塑像之设，自古无之，至佛教入中国始有也。三代以前，祀神皆以主，无有所谓像设也。”

到嘉靖年间，在皇帝的命令下，全国开始推行此事。徐三重在《采芹录》中说道：“至嘉靖间，肃皇帝稽古法先，始毅然诏天下，

孔子像

文庙尽撤塑像，易以木主，数百年陋妄敝事一旦尽革。”

但好在曲阜文庙内的孔子像未被毁，但因无法入内细看，我不知道这尊雕像是古已有之，还是后来重新塑造的。

孔子像的两侧各有两个神龛，里面端坐的是颜子、曾子、子思、孟子。关于四配的形成，元郝经在《续后汉书》中说：“初，汉世祠孔子无配享者，其后以七十二弟子配，又其后特以颜子配，又以孔子所称颜子以下十人者为十哲，庙貌坐配。后又升孟子与颜子左右并配，皆南向，号称入室。升曾子以备十哲，东西向，号称升堂。七十子配于东西序，后又以左丘明等二十二人配食七十子之列。于是，典礼之盛轶古帝王名臣矣！”

四配之后还有一排神龛，里面应当是十哲或者十二哲，因为大成殿两侧灯光较暗，我看不清里面究竟坐着多少位。

关于十哲的来由，乃本自《论语·先进》中所言的十位：“德行：颜渊，闵子骞，冉伯牛，仲弓。言语：宰我，子贡。政事，冉有，季路。文学：子游，子夏。”而孔子还曾说过：“从我于陈、蔡者，皆不及门也。”故而后世又将十哲称为“从于陈、蔡者”。对于十哲并称的首次提法，董喜宁认为最早出现在唐开元八年（720），国子监司业李元瓘的奏折中：“十哲弟子，虽复列像庙堂，不预享祀。谨检祠令：何休、范宁等二十二贤犹沾从祀，望请春秋释奠，列享在二十二贤之上。”

自此之后，十哲就从祀于大成殿中。但对于此事，前人有不同的看法，比如司马光在《十哲论》中就说过这样的话：“十哲于经无见，而学者多称之。国家祀孔子，十哲则祀于堂上，其余门人祀于东、西庑下，俎豆之数皆异焉。愚窃以为过矣。是十人者，孔子虽以四科第之，非谓门人之中唯十人为贤也。至于‘柴也愚，参也鲁，师也辟，由也喭’，岂谓唯此四人为不肖邪？以此观之，尊十哲非孔子意明矣。”程颢也认为：“四科，乃从夫子于陈、蔡者尔，门人之贤者，固不止此，曾子传道而不与焉，故知十哲，世俗论也。”（《二程集》）

宋理宗端平二年（1235），升子思为十哲之一，故此时的十哲变成了十一人，宋度宗咸淳三年（1267），曾参、子思升配享，同时进子张为十哲之一，故十哲又恢复为十人。康熙五十一年（1712），十哲中又增入了朱熹，乾隆三年（1738），又将有若列入，故十哲又被称为十二哲。

但是，孔子弟子中有七十二贤，把这些人拔为四配十哲后，其他的人就只能站在殿前两庑，而这些人被称为“从祀”。从祀人员一直在增加中，到1919年，颜元、李恭增入从祀，故从祀人数已达172位，而这就是我在东庑看到的那些牌位。在古代能够从祀于孔庙，乃无上之荣光，为了能够列入其中，很多人都会想尽办法。如此之争抢，搞得乾隆皇帝很烦，为此，他批评这些人说：“两庑从祀诸人，累朝互有出入。盖书生习气，喜逞臆断而訾典章，就其一偏一曲之见，言人人殊。考之前史，甚至有迎合时事，党护乡曲者。……祀典关系重大，若只凭其私心浅见，率议更张，忽进忽退，忽东忽西，成何政体？”（清庞钟璐《文庙祀典考》）

其实在文庙内的争论不只是是否列入从祀问题，列入后的排座次依然有着广泛的争论，这件事要从启圣祠的设立讲起。

寝殿内供奉着亓夫人牌位

大成殿之后为寝殿，按照介绍牌中所说，寝殿始建于宋天禧二年（1018），清雍正八年（1730）重建。是祭祀孔子夫人亓官氏的殿堂。之后去参观了启圣祠，而此祠的设立就是为了解决尊卑失序问题。

董喜宁说最早指出这个问题的人是洪迈，他在四配还未成形之前，就已经发现了堂上配祀与两庑贤儒在人伦关系上的位序错乱："自唐以来，相传以孔门高弟颜渊至子夏为十哲，故坐祀于庙堂上。其后升颜子配享，则进曾子于堂，居子夏之次以补其阙。然颜子之父路、曾子之父点乃在庑下从祀之列，子处父上，神灵有知，何以自安。所谓'子虽齐圣，不先父食'，正谓是也。又孟子配食与颜子并，而其师子思、子思之师曾子亦在下。此两者于礼、于义实为未然，特相承既久，莫之敢议耳。"（《容斋随笔》）

孔子的弟子中有几位是父子共同拜孔子为师，但因儿子的名气更大，所以儿子进入大成殿内配祀，而父亲却站在两庑从祀。比如颜回和曾子坐在殿内，而父亲颜路和曾点则站在两庑，这也显然有违中国人所讲求的人伦之理，故元熊禾就提出了这样的批评：“学莫大于明人伦，人伦莫先于父子，子坐堂上，父立庑下，非人道一日所可安也。”

但也有人认为太过强调这一点没意义。元许约在《建言五事》中说：“盖庙学乃国家通祀，犹朝廷之礼也。父为庶僚，子为宰职，各以其德与勋也，如遇朝会，殿廷班列，则父虽尊，安能超之子上哉？殊不知抑私亲而昭公道，尊道统以崇正学，乃所以明人伦也。”许约认为国家祭祀有如朝廷之礼，如果父子同朝为官，儿子官大，父亲职位低，故儿子排在前面没什么不对。

这样的争论始终未能平息，于是有人认为应当将颜路等父辈安置在启圣祠中。启圣祠原本是祭祀孔子的父亲叔梁纥的地方，因为叔梁纥在元代被加封为启圣王。启圣祠的设立也跟人伦问题有直接关系。明正德皇帝朱厚照没有儿子，继其位者乃堂弟朱厚熜，是为嘉靖皇帝，但朱厚熜即位后又想加封自己的生父为皇帝，于是在朝中引起了大礼仪之争，但重臣怎能争得过皇帝。嘉靖九年（1530），朱厚熜授意大学士张璁上书要梳理文庙祭祀礼仪，其提出取消孔子的王号和谥号，降低祭祀孔子等级，同时提议在学校内设置启圣祠来奉祠孔子的父亲叔梁纥。

这种做法显然是冲着大臣们反对他追封父亲为皇帝的报复，张璁还同时以颜回、曾参、子思、孟子之父进入启圣祠内作为叔梁纥的配享，以二程之父程珦、朱熹之父朱松和蔡沈之父蔡元定从祀。皇帝立即批准了张璁的建议，于是各地的学校和文庙内纷纷建起了启圣祠。

启圣祠虽然普及了，但里面的配享和配祀问题并未通行起来。进入清代，朝廷又将孔子的五世祖一一封之，雍正皇帝颁布谕旨称：

> 至圣先师孔子道冠古今，德参天地，树百王之模范，立万世之宗师，其为功于天下者至矣。而水源木本，积厚流光，有开必先，克昌厥后，则圣人之祖考宜膺崇厚之褒封，所以追溯前徽，不忘所自也。……朕仰体皇考崇儒重道之盛心，敬修崇德报功之典礼，意欲追封五代并享蒸尝，用伸景仰之诚，庶慰羹墙之慕。

皇帝有令，臣下立即商议。大臣们提议追封孔子先世五代为公，但雍正皇帝认为应更进一步，全部追封为王。于是封木金父公为肇圣王、祈父公为裕圣王、防叔公为诒圣王、伯夏公为昌圣王、叔梁公为启圣王，以往启圣祠内专祀叔梁纥，现在五代合祀，故更名为崇圣祠。

参观完崇圣祠，沿孔庙的另一侧往回走，又看到了杏坛，虽然此时日影渐斜，却又进入了两队游客，导游站在杏坛下用扩音器向一些外国人讲述着杏坛的历史。我听不懂他所讲，不知道他是否讲了宋天禧五年（1021）孔道辅修孔庙时建造杏坛的历史。《东家杂记》载：“先圣殿前有坛一所，即先圣教授堂之遗址也。……后世因以为殿。本朝乾兴间，传大父中宪监修祖庙，因增广殿庭，移大

杏坛

殿于后。讲堂旧基不欲毁拆，即以瓴甓为坛，环植以杏，鲁人因名曰杏坛。”

其实将孔子讲学之处以杏坛称之，乃本自《庄子·渔夫》中所言：“孔子游乎缁帏之林，休坐乎杏坛之上。弟子读书，孔子弦歌鼓琴。”

曲阜孔庙建起了杏坛，于是各地的孔庙纷纷效仿之，故有不少的文庙内也建有杏坛，比如南宋嘉定年间，淮安府学“植杏为坛”。元大德年间，福州路学“以其余力筑坛，树杏于亭之前”。看来不少地方真是在杏坛旁边种杏树，虽然曲阜孔庙杏坛乃各地杏坛之祖，但我在这里未看到杏树，只是在亭内看到一块杏坛碑。

孔林：世界上延续最久的家族墓地

2019年12月11日，当天下午继续孔迹寻访，参观完孔府，从侧门出来，门口有一位老先生问我去不去孔林，我问他何以知道我的心思，他说参观完孔府接着看孔林才是成龙配套。他让我在孔府后侧的一条大街上等候，1分钟后，他牵来了一辆马车。乘马车游览曲阜还是头一遭，老先生说在曲阜城内，这样的马车仅几十辆，是

乘坐此马车前往孔林

相关部门批准的，然而我却考虑到马粪会怎么处理的问题，但我留意了一路，那匹马也未曾排泄。

虽然已是冬季，但今日的曲阜阳光明媚，坐在马车上也没有凉风吹进来，老先生在前面一边驾着车一边不停地向我介绍着曲阜古迹的方方面面。我跟他说他已经忙了一天了，可以歇歇口，但老先生认真地跟我说，这是有规定的。他说乘马车有一个好处，那就是不用走前面长长的神道，他可以从侧旁直接绕到至圣林牌坊前。

孔林入口处需安检

从牌坊前下车，这里仍然要检票，还有个正式的安检。进入墓区为什么还要安检，我还真没弄明白其中的因果关系。但安检之后，其实还有一段长长的神道，这一段有电瓶车可乘坐，然而此时距关门还有一个小时，没有游客在车上等候，故我只能步行前往。

神道两侧是高大的柏树，两侧的墙外似乎看不到柏林，我好奇于墙两侧是什么单位在占用，但一路上也没有遇到一个当地人，以至于我的好奇心到今日也未能满足。神道的顶头位置像个城门楼，上书“至圣林”，没有书写者的落款。

好奇墙外有什么

从门洞穿过，方真正进入了孔林。此处门口站着七八位妇女，纷纷问我需不需要导游，我向她们解释说自己只是来拍照，但那些妇女依然和蔼地告诉我，从左侧走到孔子墓最近。这份修养让人觉得十分舒服，但我还是想先到右边看一看情形。

这是一条土路，前行100余米后，看到这里停放着大量的脚踏敞篷车，看来这是夏天游客们的代步工具。我正在拍照期间，突然发现有辆车在晃动，此时的墓园内几乎遇不到游客，故晃动的车吓我一跳，细看之下，有位年轻人正在那里捣鼓车，看来他想挑选一辆状况好的车来使用。他看到我举着相机，立即挥手示意，不让我拍照，这更让我怀疑他在这里的动机。此人看我站在原地不走，反

半埋入土中的小石狮

而耐不住性子，站起身转向另一个方向走去，而我继续沿着土路向前探看。

路的两侧全是坟丘，但所见墓碑没有古制。有只小石狮子下半身已经埋在了土里，不知道孔林之内有多少墓冢已无痕迹。曾招喜、张爱文编著的《中国导游十万个为什么·山东》有几节的内容提到了孔林，比如其中一个题目是“为什么说孔林是世界上延续时间最久、保存最完整的家族墓地？”我在幼年时期看不到更多知识性的读物，《十万个为什么》是那个时代儿童们最喜欢的读物之一，看来这类读物到今天依然有市场，而我也依然保留着翻看这类初级读物的习惯。

关于这一节的问题，本书中有这样一个段落：“最初墓地面积只有1公顷，到清朝康熙年间达到现在的规模，占地面积约2.5平方千米（3800亩），围绕孔林的林墙就有7000米长。林内有坟墓10万余座，树木10万余株，碑石3600余块，殿、门、坊、亭等明清建筑40余座。所以称得上是世界上延续时间最久、保存最完整的家族墓地，也是一处古老的人造园林，是研究我国墓葬制度改革的基地。”

沿着土路再往前走，看到一处院落，这是我上次来孔林时未曾得见者。走进院中静悄悄的，看不到一个人影，正堂的门口立着介绍牌，上面介绍这里叫思堂，介绍文字称："思堂始建于东汉时期，原为'斋厅'，后改为'思堂'，是祭祀孔子前三日主祭官、陪祭官沐浴更衣之处。"

思堂

可见东汉时期就已经有了这组建筑，历史足够久远，但我从外观看过去，这些房屋都是新近修复的，只有那几棵古树年岁不小。思堂院中的每个门都上着锁，我看不到里面的情形。

由思堂转入一条小路，前行30余米，由此左转，道路变得宽阔起来。沿此路前行30余米后看到一座高高的门，介绍牌上称这里为墓门，始建于明永乐十二年(1414)，清代予以重修。墓门的前方道路上排列着一些碑，这些碑大多进行过修补。穿过此门，在这里看到了前往孔子墓的神道，地面全部铺着砖，沿路是两排古树。介绍牌上称，这条路叫"孔子墓甬道"，这应当是今人的称呼方法。

沿着甬道前行，路两侧有四对石雕，《中国导游十万个为什么·山东》中对此予以了介绍，其称第一对石雕名叫望柱："望柱是进入天门的标志，它不同于华表，华表中间有云朵，而望柱没有。东望柱上有'孔老二'三个黑字，这是'文化大革命'的产物。因为望柱的石料渗透性好，墨迹已经渗透到石头里面，再也无法去除了。"

望柱

我果然在右侧那根望柱距地面不到1米的位置看到了"孔老二"字迹。为什么字迹写得这么低，想来这个人很矮。虽然没有留下他的大名，然而他写的这三个字显然比各个旅游景点上涂写的"某某到此一游"要有名得多。

该书中谈到的第二对石雕名叫文豹："文豹是传说中的神兽，神通广大，外形像豹子，腋下能喷火，温顺善良，笑容可掬，和蔼可亲。传说孔子读书时，文豹不仅两边作陪，而且捧书、研墨，为孔子服务。它们出自能工巧匠之手，既威猛，又温柔，满面春风地站在甬道两边，令许多游人情不自禁地拥抱它，亲吻它。”确如文中所言，这对石雕看上去颇为憨厚，但我觉得让它们在这里守墓，缺乏庄严肃穆感。万一某位祭孔的人有童心，看到这兄弟俩忍俊不禁，岂不有失体统？

文豹

第三对石雕名叫角端，这个角字我只是在江南的角直镇见到过，该镇的游客入口处还立着一尊石雕，介绍牌说那就是角。但角跟角端是否同一物我不清楚，以我的印象，它们长相不同，对于角端的本领，上文中写道：“‘角端’，也是一种想象中的怪兽。它头上长一只角，匍匐在地，究竟在干什么，使人难以琢磨。传说它的本领很大，日行一万八千里，通幽远之事，懂八方之言。孔子周游列国时，

角端

就由它拉车，既是很好的谋士，又是很好的翻译。直到现在，还有很多外语翻译人员站在它面前，毕恭毕敬地向它行礼呢。”

孔子的确周游列国，但他所到过的国家通用的都是汉语，应该用不到翻译，但它们给孔子拉过车，也是有意思的事。我以往未留意到这样的记载，不知道它们当时拉车是否也很欢快，而今它们常年蹲在这里，不知道开不开心，但从它们的面容看上去，似乎并无抱怨之色。

角端前方的那对石翁仲是在古墓旁边经常能够看到的摆设。这些石雕像通称为石仪，石仪之后是享殿，介绍牌上称：“享殿始建于明弘治十年（1497年），历代重修，为孔子墓前的重要附属建筑，是墓祭时摆放礼器祭品及宣读祭文的地方。1950年，朱德总司令曾在此殿召开重要的军事会议。”

翁仲

对于所开会议的主题，张顺清在《孔林变农场的悲剧》中写道："1950年10月30日，中国人民解放军第九兵团曾在享殿前召开抗美援朝军事动员大会，朱德总司令到场做了动员报告。"

走入其中，享殿的面积也就几十平方米，看来当年参加会议的人不会太多，但也有可能有很多听众是在享殿之外。而今殿内已看不到当年摆放的会议桌等，只摆放着一些旅游纪念品，一位工作人员坐在那里玩手机。

残存的楷木树桩

穿过享殿，在此看到了小亭子内那一截1米多高的树桩，这是子贡亲手所植，由此而成了儒家圣物。按照文献记载，孔林内有许多楷树，但除了这个树桩，我认不出哪一棵是楷树。对于此树名，东汉许慎在《说文解字》中称："楷，木也，孔子冢盖树之者，从木，皆声。"看来"楷"字在这里读"jiē"，而上次我听导游向游客讲解说，这叫"kǎi"木。然而对这个字的读音，我始终存有疑惑，因为宋人孙奕在《示儿编》中说："孔子冢上生楷，周公冢上生模，故后人以为楷模。"想来这是"楷模"一词的原始出处，也就是指孔林中的楷树和周公墓园中的模树，直到今天，"楷模"一词仍然流行，然第一个字却不读"jiē"。

为什么以孔子墓和周公墓上的两种树合成"楷模"一词呢？明

叶盛在《水东日记》中说："临川吴文正公澄问曰：'模、楷二字，假借乎？'曰：'取义也。'曰：'何以取木为义？'曰：'昔模木生周公冢上，其叶春青，夏赤，秋白，冬黑，以色得其正也。楷木生孔子冢上，其余枝疏而不屈，以质得其直也。若正与直可为法，则况在周、孔之冢乎？'"

看来模树颜色很正，楷树的树枝宁折不弯，由此"楷模"成为夸赞人品的专用之词。然而在参观周公庙时，我在院内也看到一些古树，同样认不出哪棵是模树。程霞在《模、楷二树形象略考》中介绍说："模树是生长于周公墓前的树木，《淮南草木谱》记载，模树具有树叶不调、四时不同的特殊性。楷树是生长于孔子墓前的一种树木，《植物名实图考》云：楷树俗名黄连木，木质坚硬，江西、湖广多有之，其用途有多种：木可以作笏、枕、棋，可制器；叶可作茶、蔬。"

此次前来特意仔细观察孔林内的树木，但我始终未找到与子贡手植楷树桩相像的树木。其实从历史记载来看，楷木是从其他地方移栽来的。西晋郭义恭在《广志》中说："夫子没，弟子各持其乡土所宜木，人植一本于墓而去，冢上特多楷木。楷本出南海，今林中楷木最盛，间有因风摧折者，人或得之以为手板。"

孔子去世后，他的弟子们都从各自的家乡带来树苗种在孔林之内。但郭义恭说楷木原产于南海，可是孔子的弟子中并没有南海人，宋周必大则认为楷树有可能出自西南氐羌："顷在长沙，见教授项公安世云：其妇翁任浚尝倅阶州，境内产楷槐。疑即此木。盖孔子时，武都属氐羌，未通中国。弟子自远方来携植墓林中，后世

转阶为楷，而音则同。”（周必大《文忠集》）

是哪位弟子带来楷木种在了孔子墓上，各种文献未见记载，但周必大也说此树的读音是“jiē”。朱熹在《朱子语类》中则称这种树只有孔子墓才有：“古之木，今有无者多。如楷木，只孔子墓上，当时诸弟子各以其方之木来栽，后有此木。今天下皆无此木。”

沿着神道一路向前行，还是没能认清哪棵是楷木。张岱在《陶庵梦忆》中称：“曲阜出北门五里许，为孔林。紫金城，城之门以楼，楼上见小山一点，正对东南者，峄山也。折而西，有石虎、石羊三四，在榛莽中。过一桥，二水汇，泗水也。享殿后有子贡手植楷。楷大小千余本，鲁人取为材、为棋枰。”

张岱明确地说，在他那个时代还有上千棵楷木，想来从张岱所处的明末时期距今日没有几百年，应该林中还有一些楷木，只可惜

孔伋墓

我不认识它们的真容。

神道的左边看到了孔伋墓，此墓碑上刻着“沂国述圣公”，后方仅半米处又有一块小碑，上刻“三世祖墓”。前方不远则是孔子的儿子孔鲤之墓，其墓碑形式与孔伋墓相同，前面大碑刻着“泗水侯墓”，后方则为“二世祖墓”。

孔鲤墓

继续前行几十米就看到了孔子墓，可见儿子孔鲤墓和孙子孔伋墓分别排在孔子墓前的左、右两方，这种墓葬布局据说是很讲究的“携子抱孙”。对于这种排法，张岱在《陶庵梦忆》中说：“享殿正对伯鱼墓，圣人葬其子得中气。由伯鱼墓折而右，为宣圣墓。去数丈，案一小山，小山之南，为子思墓。数百武之内，父、子、孙三墓在焉。”

我每次走到孔子墓前，都会有一种本能的崇敬感，今日再次走到墓的正前方，把相机放在旁边的小亭上，恭恭敬敬地向孔子三鞠躬。我注意到孔子墓前的供桌上摆放着三盘水果，此供桌的后面有一个石台，石台上依然供着五谷。

站在前方看过去，墓碑的下方被遮挡了一部分，挡住的恰好是“王”字的最末一笔，据说这种做法有掌故在。《老山东的趣闻传说》中写有康熙年间皇帝到孔林拜孔子时的情况：“当康熙帝走到孔子墓前准备跪拜时，却赫然发现墓碑上的字是‘大成至圣文宣

孔子墓

王之墓’，便略显尴尬，站在那里并不跪拜。祭祀的鼓乐已经奏起，康熙帝皱了皱眉，却仍然站着不拜，众人全都愣住了。这时《桃花扇》的作者，孔子第六十四代孙孔尚任立刻明白过来：皇帝是只拜师不拜王的。于是，他立即叫人拿来一匹黄绸，把碑文中‘文宣王’三个字盖住，并添上‘先师’两字，成为‘大成至圣先师’。改好之后，康熙帝才开始祭拜。为了以后不再出现类似的情景，孔子的墓碑前就建起了这道矮墙，墓碑上只露出‘大成至圣文宣干’，‘王’字的底下一横则看不见了。”

这个传说的真伪难知，但从现场情况看，石供桌的确起到了这样的作用。对于孔子墓冢的形状及后世维修情况，《中国历代名建筑志》中有如下简述：“孔子墓的形制尊重了他生前的选择，即采用‘马鬣封’的形制。孔子的丧事是由弟子公西赤主持的，棺，用四寸桐木板，椁则用五寸柏木板。棺椁的装饰则从内到外分别使用了夏商周三代的礼仪制度。这样做的目的是‘尊师且备古也’。当初的墓地‘高四尺，树松柏为志焉’。‘孔子冢大一顷。故所居堂，弟子内，后世因庙，藏孔子衣冠琴车书，至于汉，二百余年不绝。’其后历代增扩重修十六次，增植树株五次，东汉永寿三年（157），鲁相韩敕修孔子墓，造神门，建斋宿；南北朝时植树六万株；宋代拨调军士守卫；元至顺二年（1331）建林墙，筑林门；明洪武、永乐年间相继扩增，扩至占达十八顷；清康熙二十三年（1684），清圣祖康熙帝至孔林祭祀，应孔尚任之请扩地十一顷多，将孔林增至两百万平方米；雍正八年（1730）耗银25200多两重修门坊、林墙。孔子殁后，埋葬在鲁国都城北墙外洙泗之间，其子孙接冢而葬，两千多年从未间断。至今已延续2400多年，葬人近80世，林内墓冢累累，多达10万余座。”

端详一番，我还是看不出孔子墓形像是拱起的马背，也许重修后的孔子墓已经改变了形状吧。宋孔传在《东家杂记》中说道：“真庙东封，王钦若言：祭文宣王，诣坟设奠，得芝五本，诏遣入内殿头杨怀玉祭谢，复得芝草四本。”

看来孔子冢上曾经长出过灵芝，我今日站在这里仔细探看一番，除了看到上面的小草，未能找到任何特异之物。按照清王培荀在《乡园忆旧录》中所载：“孔圣墓生蓍草，然丛生五十茎者最难得，圣祖尝手折一茎玩之。”孔子冢上还有蓍草，康熙皇帝曾亲手折了一枝蓍草把玩，只是而今的孔子墓周围已经看不到蓍草的痕迹。

瞻仰完孔子墓，接着看旁边的子贡庐墓处。这间小房子面积也

子贡庐墓处

就是20平方米大小，不知道最初的面积是多大，当年子贡在这里住了六年，从这个角度而言，他对老师的尊崇超过了所有同学，但后世对于他的关注，更多是放在了他的经营能力方面。如果以生意人的观点来说，时间就是金钱，那时的子贡又不能靠网上经营，也不能连线他人来遥控运作，这都说明了子贡完全没考虑经营问题，他能于此孤寂地守墓六年，足见他对老师的情感有多深。

看完子贡庐墓处，继续在孔林内探看，沿途看到不少碑刻，只是未曾找到《大明文林郎曲阜世袭知县孔君墓表》，我寻找此墓表的原因是上面的文字用白话刻成。明洪武七年（1374），曲阜知县缺员，朱元璋下旨要在孔子后裔中挑选一位合格者来任此职。经过推荐，孔子第五十五代孙孔克伸前往南京接受皇帝的面试，而当时面试的内容，刊刻在了景泰六年（1455）所立的此墓表上：

> 上曰：“你晓得作诗吗？”对曰：“臣颇晓。”上曰：“颇晓即是晓的。礼部官，赐他纸笔，就以蒋山为题罢！”伸俯伏丹墀，须臾而成。其诗曰：“压尽群山素有名，巍巍雄势独峥嵘。数峰碧玉朝天阙，一带螺屏映帝京。云窦雨晴龙虎见，月岩风暖凤凰鸣。应知圣主无疆福，日听昆仑万岁声。”诗呈，上朗诵数四，喜动天颜。笑曰：“莫说你别才调，只这首诗，也讨个知县做。恁多官，将此诗与他传播天下。”

这是很有趣的记载，读这段话似乎能够看到当时朱元璋的形态，而有意思的是，元至大元年（1308），当时的皇帝也为孔林立了一块白话碑。蔡美彪所编《元代白话碑记录》中收录了《一三〇八年曲阜加封孔子圣旨致祭碑》，该碑的碑文中有如下文字：

> 唐宋以来，累朝代，孔夫子封赠的名儿，与来今日皇帝初登宝位，孔夫子的名号，教众学士商量与着呵，宣的一般奉圣旨商量了名儿，我行再奏者，钦此。六月初八日，香山司徒斡赤大学士、赵大学士、王大学士、安大学士奏：“如今众学士商量定：加封孔夫子作大成至圣文宣王。大都、上都、孔林差人依旧例致祭，牲加太牢，赍制词、香、祝文酒去呵，怎生。”奉圣旨准，钦此。七月十九日，中书省奏：“孔夫子加封名号，翰林集贤院官人他每的言语是的。一般降与圣旨，差人祭祀去呵，怎生。”奉圣旨，准钦此。至大元年三月二十三日，怀莱东壁集贤院使御史大夫脱脱丞相、集贤学士通议大夫师著奏：“加孔夫子与了词头宣命。如今与课银叁锭，表里缎子壹拾叁匹，并合用祭祀物件，差本院学士骑坐铺马，前往孔林祭祀去。更大都、上都合用祭物交与呵，怎生。奉圣旨，教省家与者。钦此。”差遣本院学士、嘉议大夫王德渊，于七月钦赍宣词祭物至于孔林，卜于十一日丁卯，与守土官奉训大夫兖州知州马禧、孔氏家长抚行三献礼，王德渊亲为祝文，宣赐银币，珍藏庙库。

这篇碑文虽然与那些文绉绉的上谕圣旨等绝然两类，但对于孔子的推崇表达得十分明确。

我继续在孔林内东看西看，如今已看不到破烂的墓穴，看来近些年相关部门对此进行过整修。清袁枚在《子不语》中曾经讲过这样一个掌故：

> 雍正间，陈文勤公世倌修孔林。离圣墓西十余步，地陷一穴，探之中空，广阔丈余。有石榻，榻上朱棺已朽，白骨一具甚伟。旁置铜剑，长丈余，晶莹绿色。竹简数十页，若有蝌蚪文者，取视成灰。鼎俎尊彝之属，亦多破缺漫漶。文勤公以为此墓尚在孔子之先，不宜惊动，谨加砖石封砌之，为设少牢之奠焉。

洙水桥牌坊

雍正年间，陈世倌在奉旨修孔林时，在孔子墓西侧十几米步远的地方发现一处地穴，他派人前去探看，原来是一座古墓，棺材已经腐烂，但骨架仍在，并且里面还有一些陪葬品。陈世倌认为该墓的历史应该在孔子墓之前，所以觉得不应惊动，于是命人用砖石把塌陷之处封闭了起来。如今我在孔子墓旁却未找到这处更老的古墓。

沿着神道走下去，一直走到了洙水桥旁。《中国历代名建筑志》中写道："洙水本是古代的一条河流，与泗水合流，至曲阜北又分为二水。春秋时孔子讲学洙泗之间，后人以洙泗作为儒家代称。但洙水河道久湮，为纪念孔子，后人将鲁国的护城河指为洙水，并修了精致的坊和桥。"

站在洙水桥上，可以看到河里还有一些水，当年孔子讲学于洙泗之间，明日我将去探看洙泗书院，几年前前往该书院时锁着大门，希望明日该门能为我所开。

覓聖記

孔门

颜回(一): 乐道安贫，贤哉回也

颜回字子渊，后世又称其颜渊。他是孔子最称许的弟子，故其又被视为儒学初创时期的重要人物之一。《论语·先进》中说：“德行：颜渊、闵子骞、冉伯牛、仲弓。”故其排在了孔门四科之一德行科的第一位。宋度宗时，祭孔以颜子、曾子、子思、孟子四人配享，后世称此为四配。孔庙的从祀是根据与孔子的关系远近，以及在儒学史上的影响大小来进行排位，其分为配享、配祀、从祀三级，以此可知，配享地位最高。《陋巷志》载：“汉高祖十二年，东巡狩过鲁，以太牢祀孔子，以颜子配享。”而颜渊被排在四配之首，故其一向被视为孔子弟子中最著名的一位。司马迁在《史记·仲尼弟

明绘本颜回像，台北故宫博物院藏

子列传》中把颜回列在七十二贤之首。

然而颜回在年轻时就去世了，关于颜回的生卒年，《史记·仲尼弟子列传》中说：“颜回者，鲁人也，字子渊。少孔子三十岁。”而其文中又称：“回年二十九，发尽白，蚤死。”

对于颜回去世的年龄，《孔子家语·七十二弟子解》中亦称：“颜回，鲁人，字子渊。少孔子三十岁，年二十九而发白，三十一，早死。孔子曰：‘自吾有回，门人日益亲。’回以德行著名，孔子称其仁焉。”

此处称颜回是31岁时去世的，司马贞《史记索隐》中引《孔子家语·七十二弟子解》中的所载则为：“年二十九而发白，三十二而死。”同样称颜回32岁去世者，还有《列子·力命》：“颜渊之才不出众人之下，而寿四八。”“四八”则三十二也，可见其去世之早。

关于颜回去世时孔子的年龄问题，司马迁说颜回比孔子小30岁，然而《史记·孔子世家》中又说了这样一段话：

> 鲁哀公十四年春，狩大野。叔孙氏车子钼商获兽，以为不祥。仲尼视之，曰：“麟也。”取之。曰：“河不出图，雒不出书，吾已矣夫！”颜渊死，孔子曰：“天丧予！”及西狩见麟，曰：“吾道穷矣！”喟然叹曰：“莫知我夫！”子贡曰：“何为莫知子？”子曰：“不怨天，不尤人，下学而上达，知我者其天乎！”

从此话中可得知，颜回去世于鲁哀公十四年，此与《公羊传》所载相同，而孔子去世于鲁哀公十六年（前479），可知颜回比老师去世早两年。关于孔子的年龄，《公羊传》和《穀梁传》均称孔子生于鲁襄公二十一年，到鲁哀公十六年去世时，孔子享年73岁。如果颜回跟老师的年龄差30岁的话，那么颜回去世的年龄应当是41岁。

如何解释记载上的矛盾之处呢？清初经学家阎若璩在《四书释地又续》中认为《史记》中所载“少孔子三十岁”的“三十”之下脱“七”字，也就是阎若璩认为颜回其实比孔子小37岁。而清代毛奇龄在《论语稽求篇》、崔适在《论语足征记》中通过一番考证后认为，《史记》中记载的“三十”应为“四十”之误，他们认为颜回其实比孔子小四十岁。杨伯峻在《论语译注》中采此说，然而钱穆经过一番考证，认定司马迁所载不误，颜回实际上就是比孔子小30岁。

关于颜回的年龄问题，且等专家们继续研究下去，但孔子对颜回的看重绝无异议，孔子夸赞颜回最著名的一段话，也是被后世引用最多的一句话则为《论语·雍也》中的一段：“子曰：‘贤哉，回也！一箪食，一瓢饮，在陋巷，人不堪其忧，回也不改其乐。贤哉，回也！’”

陋巷故址碑

孔子夸赞颜回的这段话直接成为宋明理学的起源，理学创始人周敦颐在理学上的贡献被后世总结为三点：一是《太极图说》，此说表达了周敦颐的宇宙观；二是《通书》，此说以“诚”为核心，后世视之为周敦颐的修养论；三是“孔颜之乐”，这一点被视为周敦颐的境界论。

这里所说的孔颜之乐就是指的《论语·雍也》中的这段话，周敦颐在《通书》中有如下表达：“颜子一箪食，一瓢饮，在陋巷，人不堪其忧，而不改其乐。夫富贵，人所爱也。颜子不爱不求，而乐乎贫者，独何心哉？天地间有至贵至富可爱可求，而异乎彼者，见其大而忘其小焉尔！见其大则心泰，心泰则无不足。无不足则富贵贫贱处之一也。处之一则能化而齐，故颜子亚圣。”

周敦颐说富贵人人所爱，颜子却超过了爱富贵的境界。颜回为什么能做到安贫乐道呢？这正是周敦颐给他的两位弟子不断提出的问题。《河南程氏遗书》载：“昔受学于周茂叔，每令寻颜子、仲尼乐处，所乐何事？”《河南程氏粹言》亦称：“子谓门弟子曰：昔吾受《易》于周子，使吾求仲尼、颜子之所乐。要哉此言！二三子志之。”

从周敦颐提出这个观念可知，他将孔子与颜子并提，并且在《通书》中明确地说颜子之圣仅次于孔子。也就是说孔子夸赞颜子安贫乐道，说明了颜回的生活态度也是孔子的追求，所以周敦颐方说这是孔颜乐处而非是颜子乐处。

最早将孔、颜并称应是出自《荀子·大略》：“虞舜、孝己，孝而亲不爱；比干、子胥，忠而君不用；仲尼、颜渊，知而穷于世。劫迫于暴国，而无所辟之……”

想来周敦颐将孔、颜并称的观念是本于此，他的着眼点主要是探求孔、颜所乐为何事，但他的两位弟子程颢、程颐通过认真体味，认为颜回的境界已经超过了安贫乐道。《二程集》中附记引用《胡文定公集》中的所载：“昔鲜于侁曾问：‘颜子在陋巷不改其乐，不知所乐者何事？’伊川却问曰：‘寻常说颜子所乐者何？’侁曰：‘不过是说颜子所乐者道。’伊川曰：‘若说有道可乐，便不是颜子。’”

孔颜乐处

程颐认为若只把颜子之乐视为乐道便是看低了颜子，他认为颜子之乐并非乐道，而是达到与道合二为一的境界，因为以道为乐也是一种功利，这正是他与周敦颐看法不同之处。按照二程的观点，颜回之乐本身就是一种自然行为，故将其解释为乐道就是看低了颜子。那么二程认为颜回因何而乐呢？《河南程氏遗书》载：“而颜子独乐者，仁而已矣。”

仁是孔子思想的核心，看来颜回果然是悟得了老师思想的精髓，《庄子·田子方》载：“夫子步，亦步也；夫子言，亦言也；夫子趋，亦趋也；夫子辩，亦辩也；夫子驰，亦驰也；夫子言道，回亦言道也；及奔逸绝尘，而回瞠若乎后者，夫子不言而信，不比而周，无器而民滔乎前，而不知所以然而已矣。”

成语“亦步亦趋”所本即此，颜回完全按照老师的思想来思索所有问题，并将老师视为泰山北斗，《论语·子罕》载：“颜渊喟然叹曰：‘仰之弥高，钻之弥坚。瞻之在前，忽焉在后。夫子循循然善诱人，博我以文，约我以礼，欲罢不能。既竭吾才，如有所立卓尔。虽欲从之，末由也已。’”

颜回视老师的思想为高山仰止，这也是孔子最为喜爱他的地方，而颜回平时向老师请教的问题也让孔子得以表达出他的核心思想，《论语·颜渊》载：“颜渊问仁。子曰：‘克己复礼为仁。一日克己复礼，天下归仁焉。为仁由己，而由人乎哉？’颜渊曰：‘请问其目？’子曰：‘非礼勿视，非礼勿听，非礼勿言，非礼勿动。’颜渊曰：‘回虽不敏，请事斯语矣。’”

礼和仁是孔子思想的精髓，他将这个观念传给了颜回。孟武伯曾问孔子，弟子中的仲由、冉求、公西赤是否做到了仁，孔子回答说：“不知其仁。”（《论语·公冶长》）可见孔子认为这几位弟子的思想境界仍未达到仁的高度，他却说：“回也，其心三月不违仁，其余则日月至焉而已矣。”（《论语·雍也》）

对于孔子的这段话，何晏在《论语集解》中解释说：“余人暂有至仁时，唯回移时而不变。”也就是说，其他的弟子偶尔也能达到仁的高度，但他们坚持不了多久，只有颜回能做到在三个月中仍不违仁。

为何做到三个月就能受到老师这样高的褒奖呢？皇侃在《论语义疏》中的解释是：“仁是行盛，非体仁则不能，不能者心必违之，能不违者唯颜回耳。既不违则应终，而止举三月者。三月一时，为天气一变；一变尚能行之，则他时能可知也，亦欲引汲，故不言多时也。故苞述云：‘颜子不违仁，岂但一时，将以助群子之志，故不绝其阶耳。’‘其余则日月至焉而已矣’，其余谓他弟子也，为仁并不能一时，或至一日，或至一月，故云日月至焉而已矣。既言三月不违，不违故知移时也。”

皇侃认为孔子所说的三月并非实指，因为一年中的三个月为一季，在季节变化时颜回还能不违仁，其言外之意是他能长久地不违仁，而不仅仅是三个月。

然而朱熹对颜子之乐的见解与二程略有差异，他认为颜子之乐主要在礼，《朱子语类》中载：

> （叔器）曰：“两日方思量颜子乐处。”先生疾言曰：“不用思量，他只道‘博我以文，约我以礼’后，见得那天理分明，日用间义理纯熟后，不被那人欲来苦楚，自恁地快活。而今只去博文约礼，便自见得。”

无论颜子是乐仁还是乐礼，这都是孔子的核心思想所在，《论语·雍也》："知之者不如好之者，好之者不如乐之者。"

孔子把学问分为三个层次：知之、好之、乐之。以此来层层递增，可见乐之境界最高，皇侃在《论语义疏》中对此三境界有如下解读："谓学有深浅也。知之，谓知学问有益者也。好之，谓欲学之以为好者也。乐，谓欢乐之也。"

颜子不改其乐，受到了"贤哉回也"的夸赞，因为进入乐学的高度很不容易，而孔子特别看重这一点，《论语·阳货》载：

> 子曰："由也，女闻六言六蔽矣乎？"对曰："未也。""居！吾语女。好仁不好学，其蔽也愚；好知不好学，其蔽也荡；好信不好学，其蔽也贼；好直不好学，其蔽也绞；好勇不好学，其蔽也乱；好刚不好学，其蔽也狂。"

孔子认为无论有怎样的喜好，比如好仁、好知、好信、好勇等，这些固然很好，但如果缺乏了好学，以上的品质都不能得以完美呈现。而孔子认为他的弟子中最好学之人就是颜回，《论语》中有两处记载了孔子夸赞颜回好学，《雍也》载："哀公问：'弟子孰为好学？'孔子对曰：'有颜回者好学，不迁怒，不贰过，不幸短命死矣，今也则亡，未闻好学者也。'"而《先进》也有相同的说法，只是问话人不同："季康子问：'弟子孰为好学？'孔子对曰：'有颜回者好学，不幸短命死矣。今也则亡。'"

当别人问孔子弟子中谁最好学时，孔子对不同的问者都给出了相同的回答。也正是因为好学，颜回受到了老师如此的褒奖之语。

而对于孔颜乐处的精髓所在，冯友兰在《中国哲学史新编》中以形而上的思维方式做出了如下解读："人一生都在殊相的有限范围之内生活，一旦从这个范围解放出来，他就感到解放和自由的乐……从'有限'中解放出来而体验到'无限'，从时间中解放出来体验到永恒。这是真正的幸福，也就是道学所说的'至乐'。"

孔子在回答鲁哀公和季康子的问话时，都赞叹颜回是何等的好学，但他同时也会哀叹颜回短命。孔子说颜回去世后，他未再见过，也未再听闻过还有谁能比颜回更好学。

但颜回的早逝与孔子无以复加的夸赞之语也存在悖论。孔子在《论语·雍也》中提出："知者乐水，仁者乐山；知者动，仁者静；知者乐，仁者寿。"既然仁者寿，那颜回显然是仁者，他为什么却那么短命呢？对于这个疑问，司马迁在《史记·伯夷列传》中有如下强烈的反问："若伯夷、叔齐，可谓善人者非邪？积仁洁行如此而饿死。且七十子之徒，仲尼独荐颜渊为好学。然回也屡空，糟糠不厌，而卒蚤夭。天之报施善人，其何如哉？盗跖日杀不辜，肝人之肉，暴戾恣睢，聚党数千人，横行天下，竟以寿终，是遵何德哉？"

伯夷、叔齐如此之高士，却最终被饿死，孔子三千弟子，其中有七十二贤，而孔子又最为夸赞颜回之好学，颜回过得却很穷困，而且还早早去世了，难道这就是人们所说的善有善报？但事实是像盗跖这样的恶人，为人是如此之残暴，他却能得以寿终。显然这是司马迁感慨自己的遭遇，为此他发出了天理不公的呐喊声。

如何解释颜回的早亡呢？朱熹对此的解释是："有人禀得气

厚者，则福厚；气薄者，则福薄；禀得气之华美者，则富盛；衰飒者，则卑贱；气长者，则寿；气短者，则夭折。此必然之理。”（《朱子语类》）

按照朱子的解释，人寿命的长短是天生注定，有人福厚，有人福薄。看来颜回属于后者，为此朱熹进一步解释说：“夫子虽得清明者以为圣人，然禀得那低底、薄底，所以贫贱。颜子又不如孔子，又禀得那短底，所以又夭。”

陋巷井

同样按照司马迁的反问，难道贤者就应当贫穷吗？因为孔子说颜回住在陋巷内，吃着很简陋的餐食，喝着井中的凉水，他的生活简单到了极点。然而刘郝霞在《颜渊二考》中则称颜回住在陋巷里并不是因为生活穷困，而是他有了归隐思想。《论语·先进》载：“子曰：‘回也其庶乎，屡空。赐不受命，而货殖焉，亿则屡中。’”孔子在这里将颜回与子贡对比，他说颜回生活很贫穷，子贡却有亿万家财。这种对比方式的确说明了颜回的生活境况很差，他的早亡跟其生活状况应该有一定的关系。

但是，颜回的贫穷应当是他在观念上的选择，《庄子·让王》载：

孔子谓颜回曰："回，来，家贫居卑，胡不仕乎？"颜回对曰："不愿仕。回有郭外之田五十亩，足以给飦粥；郭内之田十亩，足以为丝麻；鼓琴足以自娱；所学夫子之道者，足以自乐也。回不愿仕。"孔子愀然变容曰："善哉，回之意！丘闻之：'知足者，不以利自累也；审自得者，失之而不惧；行修于内者，无位而不怍。'丘诵之久矣，今于回而后见之，是丘之得也。"

孔子跟颜回说："你的生活状况太差了，为什么不出外为官？"颜回明确地说，他对当官没兴趣，就愿意过普普通通的生活。颜回的回答令孔子大为感慨，看来他赞同颜回以精神生活为最高追求目标。

关于颜回的世界观，《论语·公冶长》载："颜渊、季路侍。子曰：'盍各言尔志？'子路曰：'愿车马、衣轻裘，与朋友共，敝之而无憾。'颜渊曰：'愿无伐善，无施劳。'子路曰：'愿闻子之志。'子曰：'老者安之，朋友信之，少者怀之。'"

颜回与子路陪侍孔子时，孔子让他们谈谈个人的志向。子路率先说，他愿意把自己的好东西与朋友分享，即使朋友用坏了他也不以此为憾，而颜回的回答则是说自己不会夸耀个人的善行和功劳，可见颜回更在意的是人内心的修养。

孔子的弟子中子路以勇著称，与之相对，颜回以文著称。故后世文献大多将两人对比而谈，《韩诗外传》载：

子路曰："人善我，我亦善之。人不善我，我不善之。"

子贡曰：“人善我，我亦善之。人不善我，我则引之进退而已耳。”颜回曰：“人善我，我亦善之。人不善我，我亦善之。”三子所持各异，问于夫子。夫子曰：“由之所言，蛮貊之言也；赐之所言，朋友之言也；回之所言，亲属之言也。《诗》曰：‘人之无良，我以为兄。’”

通过子路、子贡和颜回的不同回答，我们可以看出颜回为人之贤。别人对他好，他以善回报，别人对他不好，他依然报之以善。能够做到这一点可谓难矣。关于子路和颜回，显然老师更喜欢后者，《论语·述而》载：“子谓颜渊曰：‘用之则行，舍之则藏，惟我与尔有是夫！’子路曰：‘子行三军，则谁与？’子曰：‘暴虎冯河，死而无悔者，吾不与也。必也临事而惧，好谋而成者也。’”

孔子对颜回的夸赞之语令子路有些吃醋，子路跟老师说，你若去指挥三军能靠谁呢？子路的言外之意是您不还得靠我吗。但孔子并未在语言上安慰子路，他明确地称自己喜欢有思想的军事家。程颐则认为颜回是孔子弟子中最勇敢的人，他的勇敢甚至超过了子路：“问：‘颜子勇乎？’曰：‘孰勇于颜子？’观其言曰：‘舜何人也，予何人也，有为者亦若是。’孰勇于颜子？如‘有若无，实若虚，犯而不校’之类，抑可谓大勇者矣。”（《二程集》）

颜回既有与孔子相像的思想，同时还懂得退让，他的这种为人态度也受到了同学们的尊重。《孔子家语·弟子行》中记载有子贡评论颜回之语：“夫能夙兴夜寐，讽诵崇礼，行不贰过，称言不苟，是颜回行也。”而《孔子家语·六本》中，孔子总结颜回有四种君子之行："回有君子之道四焉：强于行义，弱于受谏，怵于待禄，慎于治身。"

颜回在实行德义时很坚定，接受劝谏时很柔顺，他却不喜欢出外做官，主要心思用在了修养自身上。孔子得到这样一位弟子，不仅让他体会到得到了贤徒的快乐，同时他还说："自吾得回也，门人益亲。"（《史记·仲尼弟子列传》）可见颜回能够团结同学，相互促进，共同从老师那里学习知识。

乐亭碑

孔子是那么喜欢颜回，《论语·先进》载："颜渊死。子曰：'噫！天丧予！天丧予！'"颜回的去世令孔子大哭：这是老天要我的命啊。该篇中又载："颜渊死，子哭之恸，从者曰：'子恸矣！'曰：'有恸乎？非夫人之为恸而谁为？'"颜回的去世让孔子哭得太伤心，身边的人说您不要因此而伤到了自己的身体，孔子却回答说：我真的哭得很伤心吗，但是我不为这样的人伤心还能为什么人伤心呢？

孔子在如何葬颜回的问题上却有了异常举措，《论语·先进》载："颜渊死，颜路请子之车以为之椁。子曰：'才不才，亦各言其子也。鲤也死，有棺而无椁，吾不徒行以为之椁。以吾从大夫之后，不可徒行也。’”颜路是颜回的父亲，他也同样是孔子的弟子，颜路想厚葬儿子，但因其家贫，所以他跟孔子说希望老师能够卖掉自己的车，用这笔钱来给颜回做外椁。孔子却回答说：不管一个人有才能还是没才能，每个人都有自己的儿子，我的儿子孔鲤死了只有内棺没有外椁，所以我不能卖掉自己的车给你儿子去做外椁，因为我也曾做过大夫，是不可能步行的。

这段话跟以上的所载反差太大，既然孔子那么喜爱颜回，为什么颜路提出这样的请求，孔子却一口回绝呢？后世儒家认为不能将孔子的这种行为视为吝啬，其实孔子找出的理由只是一种托词，因为他反对厚葬，而颜回一生安贫乐道，不可能喜欢让人厚葬自己。

如前所言，颜回在生前特别能团结同学，故这些同学可能听到

颜子墓

了老师拒绝颜路的请求之事，于是他们提出凑钱来厚葬颜回，但孔子依然不答应。《论语·先进》载：“颜渊死，门人欲厚葬之，子曰：‘不可。’门人厚葬之，子曰：‘回也视予犹父也，予不得视犹子也。非我也，夫二三子也！’”

孔子拒绝门人厚葬颜回这件事，不能简单理解为孔子吝啬，因为他也反对弟子们凑钱厚葬颜回这个举措。但同学们对颜回的感情太深了，他们不听从老师的劝阻，依然厚葬了颜回。孔子闻讯后感慨：颜回视我如父亲，我却不能以儿子视之，出现这种情况不是我的过错，是你那帮同学们的所为呀。可见孔子拒绝厚葬颜回，确实是要维护颜回的信念，而这个信念也是孔子所本持者，这也就是后世将孔、颜并称的原因所在。故王阳明在《传习录》中明确地说：“见圣道之全者惟颜子。”而孟子甚至将颜回与大禹并称：“禹、稷、颜回同道。禹思天下有溺者，由己溺之也；稷思天下有饥者，由己饥之也，是以如是其急也。禹、稷、颜子易地则皆然。”（《孟子·离娄下》）

关于颜回所传之学，《韩非子·显学》开篇即称：“世之显学，儒、墨也。儒之所至，孔丘也。墨之所至，墨翟也。自孔子之死也，有子张之儒，有子思之儒，有颜氏之儒……”

可见孔子去世后，儒学分为八派，其中一派是颜氏之儒，但也有的学者认为颜氏并不是指的颜回，而其他学者对此多有反驳。章太炎认为：“庄生传颜氏之儒，述其进学次第。”提出了庄子的思想乃本自颜氏之儒的观点。郭沫若在《庄子的批判》一文中也持这种观点：“本是‘颜氏之儒’，书中征引颜回与孔子的对话很多，而且差不多都是很关紧要的话。”

但颜氏之学在北宋时经过周敦颐的提倡，由此愈发地被人们所重视。周敦颐在《通书》中称颜渊为大贤：“圣希天，贤希圣，士希贤。伊尹、颜渊，大贤也。伊尹耻其君不为尧舜，一夫不得其所，若挞于市；颜渊不迁怒，不贰过，三月不违仁。志伊尹之所志，学颜子之所学。过则圣，及则贤，不及则亦不失于令名。”

这种观念传导给了二程，《二程集》中对于孔子、颜子和孟子有如下比喻之语：“仲尼，元气也；颜子，春生也；孟子，并秋杀尽见。仲尼无所不包；颜子示‘不违如愚’之学于后世，有自然之和气，不言而化者也；孟子则露其才，盖亦时然而已。仲尼，天地也；颜子，和风庆云也；孟子，泰山岩岩之气象也。观其言，皆可以见之矣。仲尼无迹，颜子微有迹，孟子其迹著。”

张载认为颜回与孟子相比在志圣方面目标是一致的，如果不是颜子短命，他可能在思想研究修养方面能够有更高的成就：“颜孟有无优劣同异？颜子用舍与圣人同，孟子辨伯夷、伊尹而愿学孔子，较其趋固无异矣。考孟子之言，其出处固已立于无过之地。颜子于仁三月不违，于过不贰，如有望而未至者，由不幸短命故欤？”（《张载集》）明正德六年（1511），王阳明在《别湛甘泉序·壬申》中更进一步地提出：“颜子没而圣人之学亡。”

对于王阳明的观点，其弟子提出不少疑问，比如王畿明确地说老师的这句话是“险语”。王阳明对此有过专门的阐述，而这些都说明了颜子观念在后世影响之大。为了能真实体验到颜回的影响力，我计划前往曲阜探寻一番。

2012年2月21日，我前往曲阜寻访，这一天我坐三轮车在曲阜老城内转了三处寻访点，其中就有周公庙。

2012年的复圣庙门前

参观完周公庙走出时，那位骑三轮车的妇女仍在门口等候，问我是否想去看颜庙。这正是我要去探访的下一个目标，于是欣然上车前往。山东省曲阜市史志编纂委员会所编《曲阜市志》中介绍颜庙称：

> 颜子庙是祭祀孔子的弟子颜回的庙宇，位于曲阜城北门内东侧。原建于曲阜城东北三公里的五泉庄附近，1317年（元延祐四年）移建于陋巷故宅处，1328年（元致和元年）落成。明代多次重修，1507年（明正德二年）鼎新修建，奠定了现存规模。其后又多次修葺，1979年人民政府拨款60万元，进行了大修。

关于颜庙移建前的状况，张河、张振环所写《曲阜颜庙》一文称：“北宋熙宁年间（1068—1077），胶西太守孔宗翰，在陋巷故址围绕‘陋巷井’建亭、修庙。”

以此可见颜庙历史之悠久。进入其中参观，我先看到了颜子取一瓢饮的井，还有其以此为乐的乐亭，并且在颜子庙的正对面有一石牌坊，上书“陋巷”二字，将孔子的这句话逐点落实。关于此牌坊，《曲阜市志》中写道：

> 陋巷坊在颜庙前陋巷街北首。1594年（明万历二十二年）建。三间四柱式石坊，中二柱顶圆雕蹲兽，边二柱雕宝瓶。明间大额枋，花板无纹饰，小额枋浮雕云纹，顶刻火焰，其下为竖刻“陋巷”二字。稍间有楼，顶刻作瓦垄形。

颜庙内的正殿名为复圣殿，颜子像坐姿及穿戴与周公、孔子均大同小异，此殿正门的四个立柱也是雕龙石柱，只是未有镂空。参观完颜庙接着走入陋巷内，小巷两旁全部改成了商店，有

2012年陋巷坊后的街景

灌汤包店、水饺馆等，其中一块牌坊被一位老先生用帆布搭成了修车摊。我看其修车时姿态不急不缓，面庞祥和，颇有颜子以为乐的形象。

2019年12月12日，我再一次前去参观复圣庙和陋巷，此时复圣庙石牌坊前又加了一道铁栅栏，可见这里的文保单位已经对此进行了升级。12月12日到达曲阜时我没好意思打扰当地朋友，而是在孔庙门前买了“三孔”通票，卖票人特意提醒我通票还包含了颜庙、颜林等多个景点，进入颜庙时，并无人收费。

2019 年颜庙门前加了铁栅栏

沿着中轴线一路向下走，再一次看到了陋巷井。关于陋巷井，《曲阜颜庙》一文中介绍说：“复圣门里西侧，约礼门东，有陋巷井一眼，亦称颜井，相传为颜回当年汲水之井。外围以八角露天井亭，是宋神宗熙宁年间，胶西太守孔宗翰所建，苏东坡为此作记，以纪念颜回‘瓢饮’好学精神，清嘉庆年间重修。井北有明嘉靖三十年（1551）立的‘陋巷井’石碑。清康熙年间又在其正面字旁刻上年款，明万历六年（1578），济宁州知州孔弘复在井南又立有‘陋巷故址’石碑一幢。”

进入第二进院落，看到路的左右两侧各有一座碑亭，每座碑亭

颜庙里的古树

内陈列着多块古碑。这种摆放方式他处未见，想来是这些古碑无处陈列，故进行了合并同类项。

颜庙里的古树最能让人发怀古之忧思，虽然有些已枯死，但其直刺青天的枯枝依然给我以心灵震撼。此次在右侧的回廊内正举办“陋巷华光”展，主要是用展板的方式介绍着颜回的生平，最后“泽被后裔”栏则重点介绍了颜之推、颜杲卿、颜真卿、颜元等大名家。

再次走入复圣殿，颜子依然端坐在神龛内，而该殿的藻井正中则是一只蟠龙张着大口，不知这有着怎样的寓意。大殿的侧墙上以高浮雕的形式展现着颜子跟随孔子的一些场景，这是上次未曾得见者。

大殿之后则是寝殿，按照介绍牌中所言，寝殿始建于元延祐年间，原名夫人殿，明代又经过重建，这里是奉祀颜子夫人戴氏的地方。而殿内并无戴氏像，仅在祭台上摆放着戴氏的牌位，牌位两侧则有两根古老的木柱，看来这是修复此殿时拆下的木构件。

2019年12月14日，我乘车前去参观东颜林，这里是埋葬颜子及其父颜路等人之处。然而颜林大门紧闭，司机发现离颜林约50米处有一个独立的院落。我们前往此处时，迎面自院内走出一位中年人，他告诉我们颜林不对外开放，我努力向他解释此行之目的。此人颇为通情达理，掏出钥匙给我们打开了大门，伸手示意我们进入院内。

颜林内的情形跟我的想象有些差异，因为院中所见主要是一些杨树，沿着神道只栽种了几棵小柏树。开门人介绍说，颜林内原本也是松柏森森，后来有人把这里的树都砍光了，这些是近些年补种

颜林内的杨树

的一些树。

沿着神道边走边拍照，两侧的树林内看到了不少的新碑，看来这些墓主都是颜子之后。走到中段的位置，看到一块平地，新做的墓碑上刻着“兖国复圣公墓”，这正是颜回之墓，可惜后面仅是一个土堆，两侧也看不到各种刻石。在墓园内，还看到了颜路墓，但颜路墓碑与颜回墓碑一样都是新刻的。

偌大的墓园内静悄悄的没有声响，一路向下走，只看到荒冢累累。墓园面积之大超过了我的想象，但墓园破坏之严重，也令我感慨不已。此时那位管理者又径直向园中走去，我问他里面还有什么可以参观，他只是摇摇头。我忍不住又问他为什么向内走，他头也不回地说：“安全巡视。”有这样尽职尽责的管理者，多少让人有欣慰之感。

颜回（二）：后裔所建，结构独特

颜回是孔子最爱的弟子之一，《荀子·子道》中有如下一段记载：

> 子路入，子曰："由！知者若何？仁者若何？"子路对曰："知者使人知己，仁者使人爱己。"子曰："可谓士矣。"子贡入，子曰："赐！知者若何？仁者若何？"子贡对曰："知者知人，仁者爱人。"子曰："可谓士君子矣。"颜渊入，子曰："回！知者若何？仁者若何？"颜渊对曰："知者自知，仁者自爱。"子曰："可谓明君子矣。"

某天，子路来见老师，孔子问他如何理解智者和仁者的区别。子路说智者能使人了解自己，仁者能使人爱自己。孔子说做到这点可以算是士了。接着孔子又问子贡同样的问题，子贡认为智者了解别人，仁者爱别人。孔子评价说做到这一点，可以算是士君子了。接下来孔子以同样的问题问颜回，颜回的回答是智者了解自己，仁者爱自己。孔子说做到这点可以算是明君子了。

以上的评价，说明了孔子最赞赏颜回的解读，从这个角度也说明了他对颜回的喜爱。《韩诗外传》中有一段记载了孔子带领子路、子贡、颜回游景山时的一段对话，此对话方式与《论语》中《侍坐》一篇相类似。孔子说：君子登高必赋，你们几位每人谈谈自己的志向。子路依然是率而对之，他说自己最希望举着长戟横扫三军。孔子夸赞他是位勇士。子贡则说两国在交战时，他不带兵器不拿粮食就能解除两国的灾难。孔子夸赞他是能言善辩之士。但颜回不愿意说，孔子问他为什么，颜回说：刚才两位同学已经讲了他们的志向，所以我不敢讲。孔子说这只是每人说说个人的志向而已，于是颜回说了如下一段话：

> 愿得小国而相之，主以道制，臣以德化，君臣同心，外内相应。列国诸侯莫不从义向风，壮者趋而进，老者扶而至。教行乎百姓，德施乎四蛮，莫不释兵，辐辏乎四门。天下咸获永宁，蝖飞蠕动，各乐其性。进贤使能，各任其事，于是君绥于上，臣和于下。垂拱无为，动作中道，从容得礼，言仁义者赏，言战斗者死，则由何进而救，赐何难之解。

颜回希望自己能到一个小国做宰相，君臣上下同心，治理国家教化百姓，由此而让各诸侯国来追随道义。他希望用道行教化夷族，使他们放下武器不再战争，天下安定，每个人都按照自己的天性生存。推荐贤良，使能人得到重用，如果能达到这样的境界，那子路何必进军去拯救什么危亡？子贡何必去排解什么争端呢？

孔子听到颜回所讲后夸赞："圣士哉！大人出，小子匿，圣者起，贤者伏。回与执政，则由赐焉施其能哉！"孔子说能够做到这一点才是真正的圣明之士，如果德行高尚的人在社会上受到重视，那么小人物就会隐藏起来。这就是所说的圣人起，贤者伏。如果颜回能够在一个国家执政，那么子路和子贡哪里还有施展才华的机会啊!

对于颜回的一些观念，《荀子·哀公》中又有如下一段对话：

> 定公问于颜渊曰："东野毕之善驭乎？"颜渊对曰："善则善矣，虽然，其马将失。"定公不悦，入谓左右曰："君子固谗人乎！"三日而校来谒，曰："东野毕之马失。两骖列，两服入厩。"定公越席而起曰："趋驾召颜渊！"颜渊至，定公曰："前日寡人问吾子，吾子曰：'东野毕之驭善则善矣。虽然，其马将失。'不识吾子何以知之？"颜渊对曰："臣以政知之。昔舜巧于使民而造父巧于使马。舜不穷其民，造父不穷其马，是舜无失民，造父无失马也。今东野毕之驭，上车执辔，衔体正矣；步骤驰骋，朝礼毕矣；历险致远，马力尽矣。然犹求马不已，是以知之也。"定公曰："善！可得少进乎？"颜渊对曰："臣闻之：鸟穷则啄，兽穷则攫，人穷则诈。自古及今，未有穷其下而能无危者也。"

某天鲁定公问颜回东野毕是否善于驾车，颜回说他的确擅长，但他的马恐怕要丢失了。定公闻言颇不高兴，回家后他跟身边的侍臣说，原来君子中也有这样的小人。定公言外之意是颜回忌妒他人，在背后说别人坏话。

过了三天，管马的人向定公报告，东野毕的马跑掉了。此人还描绘了具体的情况，鲁定公闻言立即站起来说：快备车，我要召见颜回。颜回来到后，鲁定公问他前几天如何能预知东野毕的马要跑掉。颜回回答：我是根据自己处理政事的经验得知的，从前大舜极懂得教化人民，造父很懂得驭马，我看到东野毕在驾车时技术十分娴熟，他把马调养得很好，可是他的马经过长途奔波已经没气力了，但东野毕还是让马加快速度，马已经尽了力，如果对它不断地提高要求，这匹马一定会跑的。

颜回通过这样的比喻来说明不可以鞭打快牛，否则会产生相反的效果，鲁定公认为颜回讲得很好，希望他能讲得更清楚明了一些，于是颜回接着说："我听说，如果鸟急了的话就会啄，野兽被围困时就会抓，人处在困顿之中就会使诈。所以从古至今，虐待下属就会造成危险。"

以上的这段话表明颜回懂得人性，他认为做顺应人性的事，才是好的管理方法。荀子得儒门正传，所以他的论述更多的是从儒家的角度来解读颜回的思想。庄子为道家代表之一，故其在讲述颜回的故事时，会融入道家观念。比如《庄子·大宗师》中载有如下一段对话：

颜回曰："回益矣。"仲尼曰："何谓也？"曰："回忘仁义矣。"曰："可矣，犹未也。"他日，复见，曰："回益矣。"

曰："何谓也？"曰："回忘礼乐矣。"曰："可矣，犹未也。"他日，复见，曰："回益矣。"曰："何谓也？"曰："回坐忘矣。"仲尼蹴然曰："何谓坐忘？"颜回曰："堕肢体，黜聪明，离形去智，同于大通，此谓坐忘。"仲尼曰："同则无好也，化则无常也。而果其贤乎！丘也请从而后也。"

颜回跟老师说，他感觉自己的思想境界有了质的飞跃。孔子问他所说的飞跃具体指的是什么。颜回说：我已经忘却了您所强调的礼与乐。孔子闻言赞赏颜回的进步，但认为他依然还有进步的空间。

几天后，颜回再一次见老师时说，他有了进一步的长进，孔子问他长进的内容，颜回称，他已忘掉了仁和义。孔子仍然鼓励他，同时说他依然有进步的空间。之后颜回再次拜见老师时又谈到了自己的进步，他说这次进步的内容叫"坐忘"。孔子不知坐忘是何意，他颇为惊奇地问颜回。颜回说废弃强健的身体，丢掉灵敏的听觉和清晰的视觉，脱离身躯，同时抛弃智慧，从而使精神与大道浑然一体，这就是坐忘。孔子闻言后感慨：一个人能与万物融为一体就不会有偏私，顺应自然变化就不会偏执。你竟然达到了贤人的境界，我虽然是你的老师，但也很想追随你的境界。

庄子如何知道颜回跟老师有这样的对话，显然这件事无法查到原始出处，但坐忘的确是道家境界，至少庄子认为就某种程度而言，颜回的一些思想超过了孔子。

且不论实际情况如何，在汉代时，颜回确实受到了很高的推崇，尤其一些纬书视颜回为神人，比如《刘子新论·命相》中描绘颜回的形象十分奇异："颜回重瞳，皋陶鸟喙。若此之类，皆圣贤受天殊相而生者也。"

重瞳大约就是四只眼，汉字的创造者仓颉就是重瞳，另外楚霸王项羽也是重瞳，可见重瞳之人都是超一流的人物。但当代学者认为重瞳乃指一只眼上有两个瞳孔，是白内障的早期症状，这种解读方式让人大跌眼镜。鸟喙就是鸟的嘴，按照刘子的说法，长成这样的人有圣贤之相。汉班固在《白虎通·圣人》中亦称："颜回重瞳，皋陶鸟喙。"

那么重瞳好还是鸟喙好呢？北齐刘昼在《刘子新论·命相》中说："越王勾践，长颈鸟喙，非善终之象，而夏禹亦长颈鸟喙。"看来重瞳胜于鸟喙，也有人从颜回的名字上来解读他的奇异之处。《论语撰考谶》中说："颜回有角额，似月形。渊，水也，月是水精，故名渊。"

总之，颜回长相上异于常人，使他有超人之处的说法更有说服力。故颜回在孔门中的地位高于其他弟子，《论语摘辅象》中说："仲尼为素王，颜渊为司徒""子路为司空"。

自汉代之后，颜回受到历代帝王的推崇，他的后裔有一支居住到了宁阳县鹤山乡泗皋村，《颜氏族谱》载："颜氏五十二代孙颜仙、颜俊、颜和徙居宁阳泗皋村，五十四代孙泰安州太平镇巡检颜伟于至元十二年（1275）奉敕监修泗皋祖庙。"

颜氏后人奉皇帝之命在居住地修建了一座祖庙，自此之后，宁阳成为颜子之后最主要的居住地。由少平、常兴照等编著《山东文物丛书·建筑》一书中有《宁阳颜子庙》一文，该文中提及："数百年来，颜氏家族聚族而居，繁衍生息，至今已经发展到近千户，五千多人，成为泗皋村一大望族。”

2020年12月18日，由齐鲁书社孔帅先生带领，小崔先生开车，我们前往宁阳去瞻仰颜子庙和颜林。昨晚孔帅已经通过朋友联系了颜子庙的管理者，我们一早赶到时，这里已经打开了大门，于门口看到了宁阳颜子庙和颜林共同的文保碑。此处乃全国重点文物保护单位。

走入第一进院落，里面空空荡荡，只在中轴线两侧种了一些小柏树。清晨的微光给这些柏树罩上了淡淡的金晕，虽然有些落寞，却有一种神圣的光泽感。其实院落内也并非空无一物，我在右侧看到石拱门，虽然体量不大，但其制式似是元代所造。石拱门的两侧摆放着两根立柱，想来这原本应是一座石牌坊，毁掉之后有人把构件收集起来放在了这里。

石牌坊构件

复圣殿院落

走入第二进院落，此处乃正院，侧旁立有一块修祖庙捐资碑，该碑的落款是2001年，碑额上写明："为弘扬颜氏文化，保留历史文物泗皋颜氏复圣庙。维修由颜氏后裔投资，每人五元起，百元以下者编册存档，百元以上者刻碑留名。"下面分别列出了五百元、二百元和一百元的人名。所列人名均为颜姓，另外还有杏山村、东北村等村的捐款。看来凑出这笔钱很不容易，但也说明了颜氏后人在经济不富裕的情况下，依然不忘对祖宗的尊崇之情。

此院的正殿就是复圣殿，该殿从外观看过去体量颇小。登上月台，方看到门上着锁，孔帅正准备打电话，我突然听到右侧的院落中有人在说话。刚走到院门口，一位中年妇女迎了出来，孔帅报上所托之人的大名，妇女说已经接到了电话，欢迎我们来参观。

正说话间，跑过来一只浑身是土的小狗，它好奇地望着我等。

可惜我的零食都在车上，只好向它表达自己的遗憾之情。从聊天中得知，这位妇女是颜庙的管理者，她说平时少有人来，然而她仍然居住在这里。环顾此院，里面的房屋已然老旧，院落也未做硬化，四围堆放的都是一些杂物，清贫环境下的坚持最能打动人。但是，这里与修复的颜庙仅一墙之隔，颜庙的规整与此院的破败形成对比，让人总会忍不住发出感慨。

此人言谈之中无丝毫抱怨的语调，我跟孔帅私下感慨，这位妇女身上有颜子之风，她的确做到了“在陋巷，人不堪其忧，回也不改其乐”。

之后她带领我们来到复圣殿前打开了门，殿内正前方的神龛内供奉着颜子像，四围均为素墙，墙角放着柜式气体灭火装置。妇女解释，此殿虽小，但是梁柱结构很有特色，所以他们在防火方面特别重视。回来后我查资料，看到有多篇文章都在谈宁阳颜庙在建筑结构上的独特性，王志民主编的《山东省历史文化遗址调查与保护研究报告》一书中说：“颜庙坐北朝南，占地约五千平方米，内中仅存大殿和仪门两栋建筑。2001年，在保持原貌的基础上，大殿和仪门均由颜氏族人筹款重修。大殿虽只有三间，却使用大梁、平梁

颜子像

和顺梁共计十四架之多，且用料粗重。四架大梁全是用直径半米多的弯曲天然原木稍微加工做成，其弯曲度基本一致。六架平梁由四架弯曲大梁承托，除山墙内两平梁外，其余四架平梁均错处大梁。这就是‘二梁不在大梁上’的特殊建筑风格，体现了宋元时期的建筑特点。”

关于该庙的梁架结构，此文中介绍：“平梁由横在大梁上的顺梁承载，平梁和顺梁之间垫以斗拱。另外梁与梁之间、梁与檩条之间、檩条与坊之间都垫有斗拱，平梁上的蜀柱两侧用叉手支撑脊檩，蜀柱下垫有十字拱或合楂。因为明间的跨度较大，脊檩除用蜀柱和叉手支撑以外，还设计了8根斜撑承托在脊檩中间，用藻井形式的装饰手法进行处理，分散殿顶的重量。”因此，该文认为：“这种梁架结构在全国实属少见，有着十分重要的历史文物价值。”

复圣殿

如何解释颜庙会采用这样的建造手法？泰安市地方史志编纂委员会编《泰安历史文化遗迹志》中有如下讲述："对于当时采用这种建筑结构，有三种解释：一曰至元十二年（1275）开始修建泗皋村颜子庙时，时任兖州府府尹的一位颜氏官员，自以为当时在颜氏家族中官位最高，进京上朝申请专款修建祖庙非己莫属，当他在京城遇到一位官位、身份比自己高得多的颜氏官员时，感到非常羞愧，故在建庙时精心设计出'二梁不在大梁上'这一建筑结构，以示'人外有人，天外有天'，任何人不可傲踞他人以上之理；二曰沿袭了元代的建筑结构风格，二梁错位于大梁之上，从殿内仰头上望殿顶部就像是一顶圆圆的蒙古包，再加上木制的框架结构，犹如一个大大的蒙古包上面加上了檩条、椽子，盖上了黑瓦顶棚，可谓是唐宋元三代建筑风格的巧妙结合和顺延递结；三曰出于实用的要求，二梁错位于大梁之上，扩大了明间的面积，当地老百姓叫作'明三暗五'，即三间房子，实际上用梁来划分成五间，明间占三间，两头各一间。以当时的条件，能做出这样的跨度结构，且整个结构的受力分布如此之科学，反映了劳动人民的丰富智慧和创造才能。"

对于该庙建筑特色上的认定，《泰安历史文化遗迹志》上说："1994年春天，我国著名的建筑学家郑孝燮对颜子庙大殿进行鉴定，确认颜子庙大殿是真正的元代建筑，具有极高的文物价值。"同时此文又谈到了颜庙在近几十年的被毁与修复情况："1958年，颜子庙曾一度作为鹤山公社的机关驻地，庙门拆除，古柏伐掉，碑刻散失。'文化大革命'时期，大殿顶上蟠龙大脊和吻兽全被砸毁。1986年，省政府拨专款对大殿进行了抢救维修。2000年至2002年，再次维修大殿和仪门。2006年以来，省政府又拨专款，县乡也拨出配套资金，对颜子庙和长川书院进行复修和重建。”

因为大殿内没有灯光，难以看清此殿梁架结构的独特性，但看护者对此有一定了解，她向我三人讲解着有哪些重要的建筑学家特意到此看该庙的情况。同时她也说颜庙还未恢复当年的规模，而后她带我们走到侧旁一个院落，这里还是一片荒地，期待着这里能够修建起来。

妇女介绍，她们还搜集了不少的老料，之后她带我们到配殿，在那里果然看到了几根粗大的朽木。

林中所见古树

参观完颜庙，孔帅向她打听了颜林所在，而后我们驱车前去探看。颜林距颜庙仅有几百米，这里没有围墙，看过去是一片树林，此林处在丘陵上，我在旁边看到了颜林介绍牌，上称这里有2000多棵古树，自南宋颜氏后裔移居泗皋后建造此墓地，至今已有30余代。上面还说颜林所葬颜氏子孙皆为忠孝之辈，因为林中的神灵不允许不忠不孝之人葬入其中。为此，介绍牌上还讲了如下一个故事：

清代，有一颜氏子孙好赌，一夜只听有人来唤，说在颜林边的一棵大树下见面，谁知当是时，一大蛇将其勒于树上。第二天，只见赌徒悬尸树上，不见蛇之踪影。颜氏族长叹曰：不孝之子好赌，有违颜氏家规，故葬其林外一土坑内。

看来也不是所有颜氏后人都能葬于此，这种制度能保证颜氏后裔不仅读圣贤之书，同时在行动上也能符合儒家规范，这是一种很不错的制度。沿着小径走入林中，我看到一排排的新旧墓碑，另外还看到了一座石牌坊，感觉其制式与颜庙中所见相同。林中有一块鹤山地质公园介绍牌，上面重点介绍了楷树，说颜林中的楷树树龄均在几百年以上，最长者达到700年，可惜我在林中没有看到这么粗壮的古树。

古坊

颜林晨景

此时太阳已渐渐升高，林中飘着淡淡的雾气，从而更增加了一种苍凉感。眼前之树未见粗壮者，《山东省历史文化遗址调查与保护研究报告》上说："颜林为颜氏墓地，在泗皋村村西，占地一百六十余亩。颜林原有围墙，六七十年代，修大汶河时被全部拆毁。林内珍稀树木苍劲蓊郁，有楷树、红钱榆等古树木上千株，中药一百七十余种。林内有很多石碑，大都残败不堪，或者深埋在地下，只露出一个头，还有几个碑帽散落在草丛里。"

走出颜林时，在一座新修的小桥旁遇到一位老者，老先生抽着烟袋，见我走过来，愤愤不平地说着什么。孔帅马上上前与之交谈，我渐渐听明白老人在怒斥一些人修造颜林前的小河时，拆真建假。顺其所指，我看到河边有一些包浆很完好的石头，如果真把这些石头换走，将使得颜林的风貌大为失色。

曾点：风乎舞雩，尧舜气象

题目中的评语乃朱子在《论语集注》中引用程颢所言：“孔子‘与点’，盖与圣人之志同，便是尧、舜气象也。”

在程颢看来，孔子很欣赏曾点，因为曾点的最高理想与孔子相同，他们追求的是尧舜气象，当代学者则将其称为曾点气象。可见在宋儒那里，曾点的人生理想是何等之高大，已经达到了与孔子最高理想相并提的程度。在此之前，他却没有这么高的地位。

曾点又写作曾蒧，字子皙，故又被后世称为曾皙，他是曾参之父，为孔子早期弟子之一。《世本》中讲述到这一点：

> 曾氏，夏少康封其少子曲烈于鄫。襄六年，莒灭之，鄫太子巫仕鲁，去邑为曾氏。巫生阜，阜生皙，皙生参，字子舆，父子并仲尼弟子。参生元甲。

关于曾皙的情况，历史资料记载不多，早期文献中谈到曾点时，主要是讲述曾参时顺带提到其父曾皙，比如他用大木棍把儿子打昏之事。汉代王符在《潜夫论》中说：

> 今按鄗、毕之郊，文、武之陵，南城之垒，曾皙之冢。周公非不忠也，曾子非不孝也，以为褒君显父，不在聚财；扬名显祖，不在车马。

这段话是说曾皙去世后，曾参把父亲葬在了家乡南武城，但他实行的是薄葬，此乃儒家观念，所以这不是曾参不孝的表现。可见曾参在孔门中地位太高了，由此而遮挡了父亲的光芒。从某些角度来说，曾皙更多地像是在为儿子做衬托。

对于曾皙的性格，《孟子》一书中有如下一段问答：

平邑南武城曾林

万章问曰："孔子在陈，曰：'盍归乎来！吾党之小子狂简，进取不忘其初。'孔子在陈，何思鲁之狂士？"

孟子曰："孔子'不得中道而与之，必也狂狷乎！狂者进取，狷者有所不为也'。孔子岂不欲中道哉？不可必得，故思其次也。"

"敢问何如斯可谓狂矣？"

曰："如琴张、曾晳、牧皮者，孔子之所谓狂矣。"

"何以谓之狂也？"

曰："其志嘐嘐然，曰：'古之人，古之人。'夷考其行，而不掩焉者也。狂者又不可得，欲得不屑不洁之士而与之，是狷也，是又其次也。孔子曰：'过我门而不入我室，我不憾焉者，其惟乡原乎！乡原，德之贼也。'"

万章问孟子：孔子在陈国时感慨：我为什么还不回去啊，我乡里的后辈志大而狂放，积极进取而不忘本。孔子在陈国的时候，为什么会思念鲁国的狂士呢？

孟子回答：孔子曾说过如果不能与有中庸思想的人相结交，那就要结交狂放者和狷介者。狂放的人激进，狷介的人有些事不去做。可见孔子还是希望得到中庸的人，如果得不到，就只好思念狂放和狷介的人了。

万章进一步问什么才是狂，孟子举出琴张、曾晳和牧皮这三位，并且明确地说，孔子认为这三人就是狂。

万章又问孔子为什么说这三位是狂放之人呢？孟子的解释是：

这三人的理想都十分远大，你考察他们的行为时，却不能与他们的理想相吻合。

可见，就孟子的理解，曾点属于狂者，也就是说曾点的理想十分远大，却不切合实际。既然如此，孔子曾经感慨，他与曾点的理想相同，这不等于说孔子的思想也不切实际？

其实这件事，要具体问题具体分析，后世对曾点的评价关注点，至今集中在《论语·先进》中的那个著名段落。此段即极具名气的“子路、曾皙、冉有、公西华侍坐”。

某天，孔子由这四位弟子陪坐聊天，孔子问四位弟子的人生志向，子路、冉有、公西华分别阐述了自己的人生理想。按理来说，曾皙排在第二，他却没有按照年齿说话，老师在与三位弟子交谈时，他只是在那里弹瑟。老师等那三位弟子讲完后，只好点名让他说，于是有了下面那一段：

> “点！尔何如？”
>
> 鼓瑟希，铿尔，舍瑟而作，对曰：“异乎三子者之撰。”
>
> 子曰：“何伤乎？亦各言其志也。”
>
> 曰：“莫春者，春服既成，冠者五六人，童子六七人，浴乎沂，风乎舞雩，咏而归。”
>
> 夫子喟然叹曰：“吾与点也！”

宋儒高歌的尧舜气象，以及后世学者所说的曾点气象，都是解读自这段话。后世学者大多认为相比较与前三人所说的志向，曾点的政治理想更是一种超越，但这种解读基本是本自宋儒的观点。就古文经学家看来，这段对话并无那么多的深意。比如汉王充在《论衡》中说：

> 鲁设雩祭于沂水之上。暮者，晚也；春，谓四月也。春服既成，谓四月之服成也。冠者、童子，雩祭乐人也。浴乎沂，涉沂水也，象龙之从水中出也。风乎舞雩，风，歌也。咏而馈，咏歌馈祭也，歌咏而祭也。说论之家，以为浴者，浴沂水中也，风干身也。周之四月，正岁二月也，尚寒，安得浴而风干身？由此言之，涉水不浴，雩祭审矣。
>
> 《春秋左氏传》曰："启蛰而雩。"又曰："龙见而雩。"启蛰、龙见，皆二月也。春二月雩，秋八月亦雩。春祈谷雨，秋祈谷实。当今灵星，秋之雩也。春雩废，秋雩在。故灵星之祀，岁雩祭也。孔子曰："吾与点也！"善点之言，欲以雩祭调和阴阳，故与之也。

以王充的解读方式，他把曾点所言解读为一场春祭活动，其目的乃通过祭祀来求雨。孔子说他跟曾点的观点相同，是想通过春祭来调和阴阳。尽管这是古文经学家的观点，但汉代的今文经学家也仅把曾点所言解释为一场春游活动。

对于曾点所言进行拔高式的提炼，应当是本自南朝梁经学家皇侃在《论语义疏》中所言："'吾与点也'，言我志与点同也。所以与同者，当时道消世乱，驰竞者众，故诸弟子皆以仕进为心，唯点独识时变，故与之也。”

皇侃认为春秋末期礼崩乐坏，很多人都是以功利之心来奔仕途，孔子另三位弟子讲的都是仕途进取之事，只有曾点不这样实际，所以皇侃感慨：“唯曾生超然独对，扬德音起于风仪。其辞精而远，其指高而适，亹亹乎！固盛德之所同也。三子之谈，于兹陋矣。”

在皇侃看来，曾点与另三位同学相比，显然他的思想境界更高。自此之后，世人对于曾点之志的解读有了诸多变化，唐李翱在《论语笔解》中说：“仲尼与点，盖美其乐王道也。余人则志在诸侯，故仲尼不取。”

李翱从志向的大小来解读，孔子与曾点的志向是从周之道，另外三位弟子的志向则只在诸侯。因为志向不够远大，所以他们没有受到老师的夸赞。

对于曾点之声的高度重视始于二程，比如程颢说：“孔子‘与点’，盖与圣人之志同，便是尧、舜气象也，诚‘异三子者之撰’，特行有不掩焉者，真所谓狂矣。子路等所见者小。子路只为不达‘为国以礼’道理，所以为夫子笑；若知‘为国以礼’之道，便却是这气象也。”（《河南程氏遗书》）

在程颢看来，曾点先说他与另外三位同学的志向不同，这才是狂字的真正注脚，他认为子路的志向太小，所以被老师笑。孔子何以最为夸赞曾点？程颐认为：“子路、冉有、公西华皆欲得国而治之，故孔子不取。曾点，狂者也，未必能为圣人之事，而能知孔子之志。故曰：‘浴乎沂，风乎舞雩，咏而归。’言乐而得其所也。孔子之志，在于‘老者安之，朋友信之，少者怀之’，使万物莫不遂其性。曾点知之，故孔子喟然叹曰：‘吾与点也。’”（《河南程氏外书》）

对于二程的观点，朱熹有更进一步的解读，比如他说：“曾点见得事事物物上，皆是天理流行。良辰美景，与几个好朋友行乐。他看那几个说底功名事业，都不是了。他看见日用之间，莫非天理，在在处处，莫非可乐。”（《朱子语类》）

朱子把曾点的观念又与他所强调的礼联系了起来，以此说明曾点比另外三位同学境界要高。但朱子同时认为曾点虽然有尧、舜气象，但只停留在思想层面，能否真正做得到，则为另一回事：“曾点却只是见得，未必能做得尧舜事。”

总体而言，朱熹更多的是夸赞曾点志向之宏大，他在与弟子聊天时，对曾点有不同的说法，但在论注时，对曾点思想极其拔高。朱熹的这种做法受到了后世学者的批评。例如程树德在《论语集释》中说：

> 盖曾皙在孔门中不过一狂士，孔子不应轻许引为同志，一可疑也。既许之矣，何不莞尔而笑，而乃喟然而叹？二可疑也。果系夫子与之，何以后来又被训斥？三可疑也。可见夫子之意，完全感慨身世，自伤不遇。所谓与点者，不过与汝偕隐之意。而以为人欲净尽，天理流行，已属隔膜之谈。况又以为具备尧舜气象，岂非痴人说梦哉！

明代杨慎也谈到了这一点，他甚至说朱子在晚年意识到了他在写《论语集注》时不应当对曾点思想给予这等拔高："朱子易箦之前，悔不改此节注，留后学病根。"

自此之后，对于曾点那番话的解读，大多是本于理学家所言，但也有人会从另外的角度来做出分析。比如清袁枚在《论语解》中说："圣人无一日忘天下，而门下子路能兵，冉有能足民，公西华能礼乐……倘明王复作，天下宗予，与三子各行其志，则东周之复，期月而已可也。无如辙环天下，终于吾道之不行，不如沂水春风，一歌一浴，较浮海居夷，其乐殊胜。盖三子之言毕，而夫子之心伤矣。适曾点旷达之言，泠然入耳，遂不觉叹而与之，非果与圣心契合也。如果与圣心契合，在夫子当莞尔而笑，不当喟然而叹。"(《小仓山房文集》)

袁枚认为孔子始终没有忘记恢复周礼，子路、冉有与公西华所言的具体志向，如果能够实现的话，那么一定能很快恢复到东周时代，也就用不着孔子周游列国来宣传他的思想了。孔子带领弟子艰苦地周游列国后，还是不被任用，最终还是回到了他的家乡。所以当孔子问弟子的个人志向时，前三位弟子所言，令孔子听来颇为伤心，因为他们所言也是孔子想做的事，可惜无法实施。曾点却十分旷达，孔子听后忍不住感叹，他也很想进入此情此景。但这并不等于说曾点的描绘就真的是孔子的理想抱负，如果孔子真的想过曾点所描绘的生活状况，那么他听到曾点所讲后，一定会为之欢欣，而不应当是长叹一口气。

孔子当时究竟怎么想的，弟子们没有记下他的言论，这只能引起后世各种各样的解读。无论这些解读对与不对，都说明了曾点的观念广受后世所重视。虽然曾点的史料很少，但仅凭他那几句话，就成为孔子弟子中最为人熟识者之一。

如汉代王符所言，曾点去世后，他的儿子曾参将其薄葬在家乡南武城，而今那里依然有曾点墓。2020年12月14日，刘玉林与李洪武两位先生开车继续带我在山东境内寻访。将近傍晚时，刘先生说南武城距平邑县城有将近40公里的路程，按照行进路线，我们先路过平邑县城，当晚若住在这里的话，第二天早上就会赶几十公里的路，他建议我们住在平邑县郑城镇，因为南武城距此镇不到两公里。

相比较而言，冬季寻访效率较低，因为太阳早早就落山了，故早一点出门能够多寻访几处，于是我听从刘先生的建议，由李洪武开车，我们穿过平邑县城继续向前走。

今日大风降温，天上依然浓云密布，还没到5点，天就完全黑了下来。平邑县的这段路没有高速，省道、乡道车多路窄，因为视线不好，只能跟在大车后面慢慢地开。出县城20余公里后，汽车驶向了一条很窄的山路。此路没有路灯，路径随着山势起伏，在上坡下坡间灯光有盲区，虽然一天寻访下来已经很疲惫，但我们还是努力地瞪大眼睛观察着路上的各种细节。

路越走越荒凉，甚至有几公里前后均无车也无行人，刘玉林开始嘀咕，没有住在县城会不会是个错误的选择。然而已经开出了这么远，我建议坚持到底。好在又开出了几公里后，我感觉道路渐渐下行，远远地也看到了一些灯光。见到灯光就如同见到了希望，我精神也为之振奋了起来。

我们的车驶入了郑城镇，感觉这个镇的规模比想象的小太多：仅在一个国道的十字路口上有一些房屋，四外黑漆漆的，看不到亮光。在路上，刘玉林已经订了酒店，可是我们开到那家酒店时，看到所有房间都黑着灯，都觉得这种店不能住，于是开车在小镇上寻找。刚走出100米，我们看到一家小饭店亮着灯光，一天的折腾真可谓饥寒交迫，于是决定吃口热饭再说。

走入小饭店内，里面的几张桌子已经坐满了食客，老板娘把我们带入唯一的雅间。雅间没有窗户，反而让人觉得里面冰冷异常。老板娘却说这里有地暖，她一弯腰用手摸了摸地上的瓷砖，然后说："你看多热啊。"我三人下意识地摸了一下瓷砖，我的手顿时感到凉气逼人，李洪武立即嚷嚷起来，但老板娘跟没有听见一样，只是问点什么菜。

由于上述情况的发生，李洪武立即走入后厨，他想看看哪些食材新鲜，而后点了几样。洪武兄返回说，这是夫妻店，大厨仅一位，就是老板娘的丈夫。望着寒风呼啸的室外，我实在没有力气站起，只能坐在那里努力地喝热水。

吃饭完毕后，身上果然有了暖意，刘玉林夸赞老板厨艺不错。在攀谈中了解到，此家还开着酒店，就是饭店的楼上。我觉得一楼做饭，二楼的房间应该会暖和一些，于是提议就住在这里。二人赞同我的建议，于是拎包上楼，看到二楼有几个房间，我们所选三间号称"钻石大床房"的房间。我跟老板娘调侃说一床的钻石岂不硌得难受，老板娘不以为然：这就是个形容词，就是最高档的意思。

然而这样高档的房间没有暖气，仅仅有一个功率很小的分体空调，窗户的缝隙吹入的冷风使那个空调完全发挥不了作用。我只能把所有的衣服穿在身上和衣而睡，一晚上冻醒了三四回。早晨6点多天大黑之时，我实在受不了了，收拾行李下到一楼。李洪武和刘玉林已经坐在了那里，他们说整个晚上同样冻得没有睡着。

这个小镇处在山上，又赶上有寒流，如此叠加，冻得我头皮生疼。饭店内没有早餐，老板娘说她丈夫上午要睡觉，不能起来做早餐。无奈只好饿着肚子出门，我们找了家早点店，喝到了一种奇怪的汤——糁，而后开车奔南武城而去。

若隐若现的群山

果然如刘玉林所说，刚开出几分钟，就进入了南武城地界。因为起得早，地上的荒草有厚厚的一层白霜，远处的群山若隐若现隐在早雾中，这种景致如果不是起得早，是根本看不到的。旷野中虽然很寒冷，但眼前的美景令三人的心情为之愉悦。

前行不远，我们在旷野中看到了一座牌坊，驶到近前，牌坊上刻“南武城曾林”，看来这就是曾点墓。于是我们将车停在路边，穿过牌坊下的神道，一路走到了曾点墓前。

曾林牌坊

曾参墓

神道两侧没有石像生，路面也是新近铺装过的，墓前有个几百平方米大的广场，周围没有古碑刻。只是在墓丘前有一块高大的墓碑，上刻“宗圣曾子墓”，墓碑亦是新刻。此乃曾参之墓，此墓西侧约20米处，则是曾点墓。就墓丘的直径来看，曾参墓大于曾点墓，但是曾参墓丘上仅有一些荒草及几棵新种的小柏树，而曾点墓丘上则有几棵松柏，其粗壮程度高于曾参墓上的。

关于这两座墓的情况，临沂市政协文史和学习委员会、平邑县政协文史委员会所编《宗圣曾子》一书中称：

曾点墓位于南武城故城东北300米，现封土高6.5米，直径20米，底部用料石垒砌。曾参以孝著称，但简葬其父，历代传为佳话。东汉王符《潜夫论·浮侈》“南城之垒，曾晳之冢”即指此。清嘉庆十三年（1808年），著名学者山东督粮道孙星衍偕费县知县郭志青在此立先贤曾点墓碑一座，后下落不明。1991年，平邑县人民政府重立先贤曾点墓碑一座。

曾点墓东1500米处的曾参墓，原略低于曾点墓……1998年春，魏庄乡人民政府迁至曾点墓东北50米处重新修建。现墓葬封土高3.5米，直径10米，底部用料石垒砌。

可见，曾点墓原本就位于此处，只是做了重修，曾参墓则是从他处迁来者。然而在2012年，我曾在山东嘉祥寻访到一处曾参墓。究竟哪座墓是真的？《宗圣曾子》一书予以详细辨析，该书认定平邑县的这座才是真的。

曾点墓

如前所言，早在汉代，就已经记载曾参葬父曾点于南武城，但问题是嘉祥县也有一座武城山，《宗圣曾子》中提道：“《战国策》‘曾子处费’之费城，位于今费县上冶镇古城、西鄣城和宁国庄三村之间，西南距南武城30公里。鄫国故城呈正方形，总面积约2平方公里，城址至今清楚可见，为山东省重点文物保护单位。”

此处谈到费城有南武城，关于费城与平邑县的关系，《宗圣曾子》中写道：“唐贞观元年（627年）省武阳县并入费县，其后宋、金、元、明、清，南武城均属费县。1940年6月费县西南部地区新建费南县，1943年改名为费县（此时原费县改名温河县），1946年4月又改名为平邑县，时曾子故里南武城先后改属费南县、费县、平邑县。1947年8月，平邑县南部新置白彦县，时南武城隶属白彦县。1953年8月，白彦县撤销，南武城复归平邑县。”

那么为什么会有这样的分析呢？追其源头，乃司马迁在《史记·仲尼弟子列传》中所言：“曾参，南武城人，字子舆。少孔子四十六岁。孔子以为能通孝道，故授之以业。作《孝经》。死于鲁。澹台灭明，武城人，字子羽。少孔子三十九岁。状貌甚恶。”

而今南武城既有曾参墓，也有澹台灭明墓，司马迁说前者是南武城人，后者是武城人，让人理解为这是两个地方。但后世有些学者认为，这是司马迁在写澹台灭明原籍时，少了一个“南”字。

顾炎武在《日知录》中说：“《史记·仲尼弟子列传》‘曾参，南武城人’‘澹台灭明，武城人’，同一武城而曾子独加‘南’字。南武城故城在今费县西南八十里石门山下。《正义》曰：‘《地理志》定襄有武城，清河有武城，故此云南武城。’”同时，其认为：“史迁之传曾参曰‘南武城人’者，创加也，子羽传次曾子，省文但曰武城。而《水经注》引京相璠曰：‘今泰山南武城县有澹台子羽冢，县人也。’可以见武城之即为南武城也。”

余外，还有很多人做过相应的辨析，但问题是，在南武城村附近仍然有鄫国故城遗址，想来这里更应当是曾点、曾参的故里。

瞻仰完曾点、曾参墓，而后我们沿着大道开往南武城村，远远地看到了雄伟的曾子山。我在村边看到一个新修的广场，广场前方有一组雕像，这组雕像是四位古人，其中一位站着给其他三人讲课。雕像旁无介绍牌，讲课者身后有竹简状的背景墙，我读了几行，感觉不通顺，仔细观看，原来这卷竹简是从左向右读，上面介绍的是曾参的生平，可见讲课者应是曾参。

曾参讲课

广场侧旁用圆木修起一长廊，上悬“孝行廊”匾。广场中间位置有一随形石，上面刻着大大的“孝”字，这些说的都是曾参。那个随形石上裹着一块红布，细看之下，像是一位古人在行跪拜礼。

我们出村继续西行，前去探看曾子山，在山脚下看到新刻的石牌坊。可能是冬季的原因，除我三人外，空旷的景区看不到一个人影，阳光照在曾子山顶上，使得上面的几块隆起更显得壮观。刘玉林告诉我，这种山形被称作“崮”。

我远远地看到最右侧的崮顶有一小亭，用镜头拉近后，却看不到登上去的路径。回来后查资料，我方知曾子山上的崮叫印盒山。黄忠、韩忠勤主编的《沂蒙大观》有“曾子山”一章，此章中说道：“印盒山四面峭壁，独立成峰，方方正正，酷似印盒。顺一条从岩壁上凿出的小道攀铁索拾级而上，登临远眺，山城景色尽收眼底。印盒山山顶平坦，上有房基、门槽、石臼等遗痕。据说为明末清初农民起义军领袖王肖武之妹居住的地方。”

那么高的山我当然爬不上去，只能站在山脚下对其行注目礼。景区的右侧有一组房屋，上面挂着“游客服务中心”的牌子。我猜

崮上有小亭

回望来时路

测这个院落中应当有曾子山介绍专室，走入大门，没想到后面是旷野，除了这排房，这里并无一处院落。站在这块高地上，回望走过的路，真正地体味到了“蒹葭苍苍，白露为霜”。但在这里既看不到水，也看不到水边的伊人。

曾参：最讲孝道，述编《孝经》

司马迁在《史记·仲尼弟子列传》中说："曾参，南武城人，字子舆。少孔子四十六岁。孔子以为能通孝道，故授之业。作《孝经》。死于鲁。"正因为这段记载，使得后世认为曾参是孔子弟子中年岁最小者。

明绘本曾参像，台北故宫博物院藏

曾子的祖先做过鄫国国君，到了鲁襄公六年（前567）的秋天，莒国出兵灭掉了鄫国，其祖迁往了鲁国。曾参的祖父曾阜做过叔孙氏的家臣，但到了曾参父亲曾点那里，家况衰落了下来。

关于曾姓的来由，《世本》中载："鄫太子巫仕鲁，去邑为曾氏。"此事在道光《济宁州志·曾子世家》中也有记载："莒灭鄫，世子巫奔鲁，以曾为氏。"

此句之下又加按语说："古人字简，曾之从邑作鄫，不先于曾，故'去邑为曾'之说，不可据依。"

按照传说，鄫国的太子跑到鲁国之后就去掉了鄫字的右偏旁，由此而改姓曾，但《曾子世家》的按语中认为"鄫"之前已经有了"曾"字，故这种传说不可靠。

曾点是孔子的弟子，鲁定公十三年（前497），孔子开始周游列国，曾点没有一同前往。到鲁哀公六年（前489），孔子离开卫国前往陈国、蔡国的时候，曾点命儿子曾参前去投奔，于是曾参成为孔子的弟子。可能是因为曾参太过年轻，孔子并未重视曾参，他给曾参的评语是"参也鲁"。

关于曾参的故事，《韩诗外传》中有这样一段：

> 昔者孔子鼓瑟，曾子、子贡侧门而听。曲终，曾子曰："嗟乎！夫子瑟声殆有贪狼之志，邪僻之行，何其不仁趋利之甚？"子贡以为然，不对而入。夫子望见子贡有谏过之色、应难之状，释瑟而待之。子贡以曾子之言告。子曰："嗟乎！夫参，天下贤人也，其习知音矣。乡者丘鼓瑟，有鼠出游，狸见于屋，循梁微行，造焉而避，厌目曲脊，求而不得。丘以瑟淫其音。参以丘为贪狼邪僻，不亦宜乎！"《诗》曰："鼓钟于宫，声闻于外。"

某天，孔子在弹瑟，曾参和子贡在门外侧耳倾听，曲终之时，曾子感叹，老师的瑟声中有贪婪、邪僻的感觉，老师为什么突然变得这么实际？子贡说他听到后也有这种感觉，于是子贡径直入内，把曾子所言直接告诉了老师。孔子闻言赞叹：曾参真是个大贤人，他这么懂音乐。刚才我弹瑟的时候，突然出来了一只老鼠，一只猫看到后悄悄尾随，老鼠发现了猫后立即躲了起来。到口的美食吃不着，这令猫眼露凶光，在那里想办法抓住老鼠。而我恰好看到了全过程，不经意间把这种情感融进了音乐，没想到曾参能从我的瑟声中听出了问题，他的辨识力真是太好了。

从这段故事可知，曾参对音乐的熟悉，同时他也能通过一些细节来了解老师之心。孔子对曾参也颇为夸赞，但因为曾参太过年轻，所以孔子在评论最有成就的弟子时，所举出的德行、言语、政事、文学四科中没有曾参。曾参一直不遗余力地宣传孔子所传的孝道，因此战国中期之后，曾参受到了推崇。到唐宋时期，曾参被视为孔子学说的正传，韩愈在《送王秀才序》中首次提出："孟轲师子思，子思之学盖出于曾子。"这使得曾参成为承前启后的重要人物。

北宋二程认为曾子是孔子学说中唯一的正传："孔子没，曾子之道日益光大。孔子没，传孔子之道者，曾子而已。"众多名人的推崇，使得曾子在孔门中的地位越来越高。唐初，曾子没有配享在孔庙中，到了开元八年（720），曾子被列为十哲之后的第一名。宋政和三年（1113），曾子进入十哲，宋咸淳三年（1267），曾子又进入四配。曾子由此而成为孔门中最有影响力的人物之一。

曾子最突出的表现，可见于《太平御览》引《庄子》中的一段话，但不见于今本《庄子》，其文为："老子见孔子，从弟子五人。

问曰：‘前为谁？’对曰：‘子路，勇且多力。其次子贡为智，曾子为孝，颜回为仁，子张为武。’”老子接待前来拜访的孔子，他看到孔子带来五位弟子，于是问此五人为谁，孔子介绍：这是以勇敢著称的子路、以智慧著称的子贡、以孝闻名的曾参、以仁德闻名的颜回和以武勇闻名的子张。

如果这段记载确有其事的话，这说明孔子认为曾参最突出的特点就是孝。关于曾参的孝，《孔子家语》《说苑》和《韩诗外传》中都记载有如下一个故事：

> 曾子芸瓜而误斩其根。曾皙怒，援大杖击之。曾子仆地，有顷，乃苏，蹶然而起，进曰：“曩者参得罪于大人，大人用力教参，得无疾乎？”退屏，鼓琴而歌，欲令曾皙听其歌声，令知其平也。孔子闻之，告门人曰：“参来，勿内也。”曾子自以无罪，使人谢孔子，孔子曰：“汝闻瞽叟有子，名曰舜。舜之事父也，索而使之，未尝不在侧，求而杀之，未尝可得。小棰则待，大棰则走，以逃暴怒也。今子委身以待暴怒，立体而不去，杀身以陷父不义，不孝孰是大乎？汝非天子之民邪？杀天子之民，罪奚如？”以曾子之材，又居孔子之门，有罪不自知，处义难乎！

曾参在为瓜田除草时，不小心把瓜根锄断了，其父曾皙（即曾点）看到后大怒，他拎起一根大木棍打向曾参，曾参瞬间倒地昏死过去。过了一个时段，他才醒了过来，曾参醒后立即起身来到父亲面前，他说刚才因为做错了事，父亲用力来教训他，会不会把父亲累到了。他退下之后又强忍着疼痛在那里弹琴唱歌，想让父亲听到歌声，以此来证明自己没有被打伤。

孔子听到这件事后，颇为不高兴，他跟守门人说，等曾参来了不要让他进来。曾参觉得自己没做错什么事，于是他就请人去向老师请教，为何不让他进门。孔子讲到了舜的父亲瞽叟的故事，舜对他的父亲也很孝顺，只要父亲召唤，他都会来到身边，但如果父亲想杀他，他就跑得远远的；如果父亲拿小木棍打他，舜就让父亲打，如果父亲拿大木棍打他，舜就掉头就跑。这么做一是防备把自己打死了，二是不惹得父亲暴怒。曾参却不管那些，父亲暴怒了他还不跑，这么做的结果既让自己受伤害，也会把父亲陷于不义，这才是真正的不孝。更何况曾参也是天子的子民，其不躲避，让父亲杀害天子的子民，这不是让父亲得到很大的罪过吗？曾参听到孔子所言后确实认为自己做得不妥，于是他前往老师那里谢罪。

后世对这段话的评论主要有两点，一是曾点太狠了，儿子只是不小心锄断了一根瓜苗，他就把儿子打晕在地；二是曾参太迂腐了，孔子对他的批评是对的。想来，这件事也是孔子夸赞曾参在孝道方面做得很到位的原因。

曾子把对父亲的孝也推广到方方面面，他把老师等同于父亲，认为同样应当以孝的观念来对待。《吕氏春秋》载：

> 曾子曰："君子行于道路，其有父者可知也，其有师者可知也。夫无父而无师者，余若夫何哉！"此言事师之犹事父

也。曾点使曾参，过期而不至，人皆见曾点曰："无乃畏邪？"曾点曰："彼虽畏，我存，夫安敢畏？"孔子畏于匡，颜渊后，孔子曰："吾以汝为死矣。"颜渊曰："子在，回何敢死？"颜回之于孔子也，犹曾参之事父也。古之贤者，与其尊师若此，故师尽智竭道以教。

曾参说君子走在路上，就能够看出谁有没有父亲，谁有没有老师。那些无父无师之人真让人无奈。这说明了他侍奉老师跟侍奉父亲是一样的。某次，曾点派曾参去办事，曾参过了约定时间还没有回来，人们纷纷跟曾点说，恐怕你儿子死在外面了吧。然而曾点对曾参很有信心，他说自己还在，儿子怎么敢死呢。孔子在匡地被围，颜渊落在了后面，等他赶来时孔子说了句：我以为你死了呢。颜渊的回答是：老师在，我怎么敢死。故而《吕氏春秋》的撰写者说，颜渊对于孔子，就如同曾参对于父亲。

对于孝道的概念，《礼记》中载有许多曾子的所言，比如《内则》篇有如下一段：

曾子曰："孝子之养老也，乐其心，不违其志，乐其耳目，安其寝处，以其饮食忠养之，孝子之身终，终身也者，非终父母之身，终其身也。是故父母之所爱亦爱之，父母之所敬亦敬之。至于犬马尽然，而况于人乎！"

曾子认为敬重父母，就应当让父母内心高兴，不能做违背父母意愿的事，要让他们身心愉悦，起居安食，要想办法给父母弄来好的食物，直到孝子故去。曾参进一步解释，所谓终身不是指父母去世了，而是指孝子本人去世。所以父母喜爱之物，孝子也要喜爱，父母尊重的事情，孝子也要尊重。父母喜欢的狗和马，孝子当然也要喜欢，更何况父母喜欢的人呢。

对于孝道，曾子不但延展到了动物身上，他甚至认为对植物也应当如此，《礼记》中有如下一段：

> 曾子曰："树木以时伐焉，禽兽以时杀焉。夫子曰：'断一树，杀一兽，不以其时，非孝也。'孝有三：小孝用力，中孝用劳，大孝不匮。思慈爱忘劳，可谓用力矣。尊仁安义，可谓用劳矣。博施备物，可谓不匮矣。父母爱之，嘉而弗忘；父母恶之，惧而无怨；父母有过，谏而不逆；父母既没，必求仁者之粟以祀之。此之谓礼终。"

曾子认为树木要按照季节来砍伐，捕猎动物也要按照时节。曾子转述了孔子所言：砍一棵树、捕杀一只野兽，如果不按时节来做，这就不符合孝道。曾子认为孝有三等，为父母出力的孝是小孝，建立功业的孝是中孝，而没有任何欠缺的孝是大孝。对于这三孝所为，曾子做了简要的解释，同时他说父母如果喜爱自己，自己心中就应当高兴，父母要厌恶自己，自己心中要有恐惧感，但不能有怨言。父母有过错要婉言劝谏，但不能顶嘴，父母去世后，不要用不义的财物去祭祀，这才是孝心的善始善终。

对于孝的重要性，《大戴礼记·曾子大孝》中说：

夫孝者，天下之大经也。夫孝，置之而塞于天地，衡之而衡于四海，施诸后世而无朝夕，推而放诸东海而准，推而放诸西海而准，推而放诸南海而准，推而放诸北海而准。《诗》云："自西自东，自南自北，无思不服。"此之谓也。

孝是天下最大的纲常，因为孝立起来后能充满天地，横过来可以装满四海。自古至今，什么时候都不能缺少孝，因为孝放之四海而皆准。

正是因为曾子至孝，后世认为《孝经》一书跟曾参有直接的关系，但是关于《孝经》的作者问题，历代有不同看法。班固在《汉书·艺文志》中说："《孝经》者，孔子为曾子陈孝道也。"其意是说《孝经》是孔子的观念，孔子讲述给曾参，曾参记录下来，编为《孝经》一书。郑玄在《六艺论》中也认为《孝经》一书是孔子所作："孔子以六艺题目不同，指意殊别，恐道离散，后世莫知根源，故作《孝经》以总会之。"唐刘知几在《史通》中引用《孝经援神契》中所言："孔子曰：'吾志在《春秋》，行在《孝经》。'于是授《春秋》于左丘明，授《孝经》于曾子。"

如前所引，司马迁明确地说，《孝经》的作者是曾参，元熊禾在《孝经大义》序中亦称："孔门之学，惟曾氏得其宗。曾氏之书有二，曰《大学》，曰《孝经》。"明吕维祺在《孝经或问》中却说《孝经》是孔子和曾参共同完成的一部著作："曾子平日笃实，又能纯心行孝。此道非曾子不能传，故因闲居而谆谆言之，曾子退而笔记之也。然必有经孔子之笔削者。《史记·曾子传》云：孔子以曾参通孝道，与之共著《孝经》，近是。或谓孔子假曾子之问而自著之，或谓曾子之门人为之，皆非。”

清毛奇龄则认为《孝经》的作者既不是孔子也不是曾参，他认为《孝经》是春秋战国间的一些人物编纂的。他在《孝经问》中说：“旧谓《孝经》夫子所作以授曾子，又谓夫子口授曾子，俱无此事。此仍是春秋战国间七十子之徒所作，稍后于《论语》，而与《大学》《中庸》《孔子闲居》《仲尼燕居》《坊记》《表记》诸篇同时，如出一手。故每说一章，必有引经数语以为证。”《四库全书总目》也持这种观点：“今观其文，去二戴所录为近，要为七十子徒之遗书。使河间献王采入一百三十一篇中，则亦《礼记》之一篇，与《儒行》《缁衣》转从其类。”

司马光在《古文孝经指解序》中说：“圣人言则为经，动则为法，故孔子与曾参论孝，而门人书之，谓之《孝经》。”按照司马光的见解，《孝经》的作者是曾参的弟子所作，清崔述在《洙泗考信录》中也持这种观点。清姚际恒在《古今伪书考》中认为《孝经》一书“出于汉儒，不惟非孔子作，并非周、秦之言也”。胡适在《中国古代哲学史》中赞同姚际恒的所言：“一部《孝经》，称孔子为‘仲尼’，称曾参为‘曾子’，又夹许多‘诗云’‘子曰’，可见决不是孔子做的。《孝经·钩命诀》说的‘吾志在《春秋》，行在《孝经》’的话，也是汉人假造的诳语，决不可信。”

跟曾参有关系的另一部重要著作则是《大学》，《大学》本是

《礼记》中的一篇，北宋程颢、程颐兄弟从《礼记》中把《大学》一篇单独摘出来。对于《大学》的作者，二程认为该文是“孔氏之遗言也，学者由是而学，则不违于入德之道也”（《二程粹言》）。

南宋时，朱熹继承了二程的观念，把《大学》《中庸》《论语》《孟子》合编为“四书”，《大学》在“四书”中排在第一位。朱熹把《大学》分为经一章，传十章，并且说：“经一章，盖孔子之言，而曾子述之。凡二百五字其传十章，则曾子之意，而门人记之也。”朱熹认为《大学》中的经是孔子所言，同时由曾子记录下来的，而传十章则是曾子所言，曾子的门人记录下来的。朱熹所言以及“四书”的编纂，使曾子在儒学上的地位得到进一步的提升。

除了《孝经》和《大学》，与曾子有关的另一部著作则是《曾子》。《汉书·艺文志》中著录《曾子》十八篇，该书在宋代受到了重视，但该书部分失传了，到宋代时，十八篇余十篇，后人析为两卷。清嘉庆三年（1798），阮元将《大戴礼记》中的第四十九至五十八篇，共十篇抽出，定名为《曾子十篇》。无论是十八篇还是十篇，都有人怀疑这不是曾子所作，比如宋黄震在《黄氏日钞》中说：“曾子之书，不知谁所依仿而为之。言虽杂而衍，然其不合于理者盖寡。若云‘与父言，言畜子；与子言，言孝父；与兄言，言顺弟；与弟言，言承兄’。世俗委曲之语；而‘良贾深藏如虚’，又近于老子之学，殊不类曾子宏毅气象……特以‘天圆地方’之说为非，而谓天之所生上首，地之所生下首，上首之谓圆，下首之谓方，虽务博而未必然。”

鲁哀公十九年（前476），曾参为孔子守孝结束后，回到了家乡南武城。转年，曾点去世了，曾参又为父守孝，几年后，他开始在故乡设帐讲学。此后鲁国政局混乱，曾参带领弟子前往卫国，十年后，他又返回了鲁国。在卫国期间，曾参安贫乐道，《庄子》中写道："曾子居卫，缊袍无表，颜色肿哙，手足胼胝。三日不举火，十年不制衣，正冠而缨绝，捉衿而肘见，纳履而踵决。"

曾子的生活虽然很困苦，然而他直至去世前，还在坚持孔子所强调的礼。《礼记·檀弓上》载：

> 曾子寝疾，病，乐正子春坐于床下，曾元、曾申坐于足。童子隅坐而执烛。童子曰："华而睆，大夫之箦与？"子春曰："止！"曾子闻之，瞿然曰："呼！"曰："华而睆，大夫之箦与？"曾子曰："然，斯季孙之赐也，我未之能易也。元，起易箦。"曾元曰："夫子之病革矣，不可以变。幸而至于旦，请敬易之。"曾子曰："尔之爱我也，不如彼。君子之爱人也以德，细人之爱人也以姑息。吾何求哉？吾得正而毙焉，斯已矣。"举扶而易之。反席未安而没。

曾子病危时，他的弟子及儿子围在身边，有一位童子在旁边举着蜡烛，他无意间说曾子所躺的席子十分漂亮，很可能是高官用的。乐正子春马上制止童子，但曾子还是听到了，他解释这是季孙氏送给他的，因为病重没有换下来，他让儿子给他换席子。儿子说：你都病这么重了，不能再移动，等明天早上再换吧。曾子却教训儿子：你爱护我还不如这个童子，君子要从道德上爱护别人，小人则是用得过且过的迁就来表示爱护，我要合乎礼地死去。于是儿子就把父亲扶起来换了席子，席子换好后，曾参还没有躺安稳就去世了。

曾子牌位

关于曾子墓，《阙里志》卷十三《宗圣曾子》中说："成化元年，山东守臣上言：嘉祥南武山西南玄寨山之东麓有渔者陷入一穴中，得悬棺，其前有石碣，镌'曾参之墓'，奉诏封树丘陵。墓在嘉祥始此。"

但是有不少人反对这种说法，明王雅量在《曾子费人考实》中说："嘉祥古为大泽，《禹贡》曰'大野既潴'，即此地也。汉武帝时，河决，泄其潴水，后汉、魏以来皆未成邑。考之《春秋》，止闻鲁人'西狩于大野，获麟焉'，未闻至南武城也。尤可据者，武城，鲁下邑。今嘉祥虽属之鲁郡，然兖州以西在春秋为任地，非鲁下邑也。"

嘉祥县也有个武城，明代于慎行认为嘉祥武城与费县武城是两回事，因为前者立县的时间要晚得多。万历《兖州府志》中记载了于慎行的观点："今嘉祥县，《禹贡》'大野'之地，汉、晋、隋、唐为巨野县地，宋为麟州。金皇统中始于巨野山口镇置嘉祥县。其

嘉祥曾子故里牌坊

地有南武山，上有阿城，亦名南武城，乃今附会为费之武城，子游所宰之邑，曾子所居之武城，其谬甚矣！”

关于成化元年（1465）嘉祥南武山发现了曾子墓的石棺问题，顾炎武认为不可信，他在《山东考古录·考武城》中说：“或曰嘉祥之南武山有曾子墓，成化中有渔者陷入其穴，得石碣而封志之。夫曹县之冉堌，为秦相穰侯魏冉之冢而今人以为仲弓。如此之类，盖难以尽信也。”

但是，明朝的皇帝认为这个发现很重要，《宗圣曾子》一书中称：“嘉靖十二年（1533年）吏部侍郎顾鼎臣上疏，请访求曾子后裔，比照颜、孟二氏例，授翰林院五经博士，子孙世袭。十四年（1535年），得曾子五十九世孙曾质粹于江西永丰县，因山东守臣曾上言嘉祥县有悬棺，碣曰‘曾参之墓’，诏令曾质粹以布衣徙居嘉祥奉祀。十八年（1539年），授翰林院五经博士，准世世承袭，并赐予大量祭田、庙户。此后至1934年，曾质粹嫡裔世代承袭翰博，居嘉祥县主祀曾子。”

而后山东嘉祥有了曾子墓，同时有了一座曾子祠。此祠经过历代的增建，成为著名的曾子庙。虽然嘉祥曾子墓的真伪有争议，但这里的曾子庙是后世祭奠曾子最重要之地，八年前我曾往嘉祥县瞻仰过曾子墓和曾子庙。

2020年12月17日，我在山东境内探访孔门遗迹时，打算前往此处再去探看一番。此次的寻访得到了齐鲁书社刘玉林先生的大力帮助，他带领着我在山东境内找到了多处遗迹，而李洪武先生也一同前行。

也许是受疫情的影响，曾庙前偌大的停车场仅停有几辆车，这与我八年前来此的状况形成较大反差，且我感觉停在这里的车也不是游客的，因为我看到他们从车上搬下东西送入了庙中。

牌坊挂上了彩绸

庙门前的石牌坊上有人在挂彩绸，影壁两侧也竖起了彩旗，看来这里要举行活动。刘玉林先生前往买票，我们三人走入曾庙时却无人检票，看来大家都在忙着筹备活动。我们站在检票处喊了几声，还是无人搭理。在等候时，我留意观看了侧墙上的曾庙简介，上面提及曾庙最早建于周考王十五年（前426），原名忠孝祠。明正统九年（1444），重建后改称宗圣庙。经过历代扩建，形成了现在的规模。近些年曾宪梓等社会贤达人士捐资和地方自筹资金共千万余元，对曾庙进行了维修。

在我的印象中，曾宪梓先生旗下企业金利来所产领带十分有名。这些年我已经不习惯戴领带，不知这家企业现况如何，他捐出大笔资金来维修曾庙，想来他乃曾子之后。

柏树森森

既然无人检票，我等三人便直接入内参观。当年参观曾庙时，印象最深的是这里古柏森森，而今再次走入柏林中，还是有种喜悦之感。我看到树丛中有几只小松鼠在那里跳来跳去，真羡慕它们的无忧无虑。我的赞叹声得到了一位老者的回应，他说他仔细观察过，曾庙内总计有七只松鼠。在我看来松鼠长得都一模一样，不知这位老先生是如何区分出来的。

曾子坐在神龛内

我们先在树林中参观了涌泉井和御碑亭，而后沿着中轴线一直走到大殿前，此刻大殿的护栏上挂好了彩绸，还有些工作人员在主殿内进行布置。他们并不留意我们的参观过程，于是我走入大殿内拍摄各处细节。我看到端坐在神龛内的曾子头戴冠冕，跟在孔庙内看到的孔子形象颇为相像。

而后我去参观了莱芜侯殿，这里祭祀的是曾点，因为他在宋大中祥符二年（1009）被封为莱芜侯。介绍牌上称2004年此殿进行过落架大修，是由曾宪梓捐款修建。进入此殿，神龛内的曾点形象与曾参类似，只是胡子更长了一些，并且全白了，由此体现出他是父亲。其开脸却颇为慈祥，不像是会用大棍子把儿子打到昏死过去的人。

莱芜侯殿飞檐

在此殿的侧旁有一尊金色塑像，基座上写着“关内侯据公”，曾据是曾参的十五世孙，因其管理有功，西汉永光年间被加封为关内侯。看来他是陪祀于此。之后我们又参观了曾庙的另一路，在所宿斋看到几位工作人员拿着大铁棍隔着门在折腾什么，走近问之，原来是他们不小心把钥匙锁在了里面。这间房间盛放着明天举行祭典仪式时用的舞生服，所以他们必须要打开此门。但那根铁棍长度不够，几个年轻人折腾一番，显现出焦急之态。一同与我前来的李洪武先生走上前观看一番，然后双手用力一掰，门环开了缝隙，众人得以入内，并连声表示感谢。

参观完毕后，走出曾庙，我才看到工作人员在布置告示板，原来明天是曾子诞辰2525周年，这里要举行隆重的祭祀大典，那几位工作人员欢迎我们明日来参加大典活动。可惜我的行程安排得太满，只能于此遥祝大典圆满成功了。

陈亢：问一得三，力阻人殉

陈亢字子亢，又字子禽。《史记·仲尼弟子列传》中无陈亢，《孔子家语·七十二弟子解》列其为孔子弟子，并且说他“少孔子四十岁”。《论语》中有三个段落谈到了他，一是《论语·学而》：

> 子禽问于子贡曰：“夫子至于是邦也，必闻其政。求之与？抑与之与？”子贡曰：“夫子温、良、恭、俭、让以得之。夫子之求之也，其诸异乎人之求之与？”

陈亢问子贡：老师每到一个国家，总是能够提前了解到这个国家的政事。这种资格是他求来的呢，还是那个国君主动给他的呢？子贡说：老师为人温良、善良、严肃、节俭、谦逊，所以他才得到了这样的资格。他求的方法，或许与别人求的方法不同吧。

看来陈亢不了解老师的为人，以至于有人怀疑他究竟是不是孔子的弟子。清臧庸在《拜经日记》中说：“《史记·弟子列传》有原亢籍，无陈亢，盖原亢即陈亢也。郑注《论语》《檀弓》俱以陈亢为孔子弟子，当是名亢，字籍，一字子禽。籍，禽也，故讳籍字禽。否则亢言三见《论语》，弟子书必无不载，太史公亦断无不录。《家语》既有原亢字禽籍，不当复有陈亢子禽矣。明系王肃窜入。”臧庸指出《史记·弟子列传》中有原亢籍，无陈亢。他认为原亢就是陈亢。

二是《论语·季氏》载：

> 陈亢问于伯鱼曰：“子亦有异闻乎？”对曰：“未也。尝独立，鲤趋而过庭。曰：‘学《诗》乎？’对曰：‘未也。’‘不学《诗》，无以言。’鲤退而学《诗》。他日，又独立，鲤趋而过庭。曰：‘学礼乎？’对曰：‘未也。’‘不学礼，无以立。’鲤退而学礼。闻斯二者。”陈亢退而喜曰：“问一得三，闻诗，闻礼，又闻君子之远其子也。”

某天，陈亢问孔子的儿子孔鲤：您从父亲那里得到过特别的教导吗？孔鲤说没有。孔鲤同时又说：某天父亲一个人站在那里，我快步走过去，父亲问我是否学了《诗》，我说没有，父亲说不学《诗》怎么会说话呢，于是我就赶快去学《诗》；又有一天，父亲又是一个人站在那里，我快步走过去时，父亲问我是否学礼了，我回答说没有，父亲说不学礼就不能立身，于是我就赶快去学礼，我在父亲那里就得到了这两次教导。陈亢听到孔鲤所言后，大为高兴，他说自己本想问一件事，却得到了三个收获：一是知道了学《诗》，二是知道了学礼，三则是知道了君子不会偏向自己的儿子。

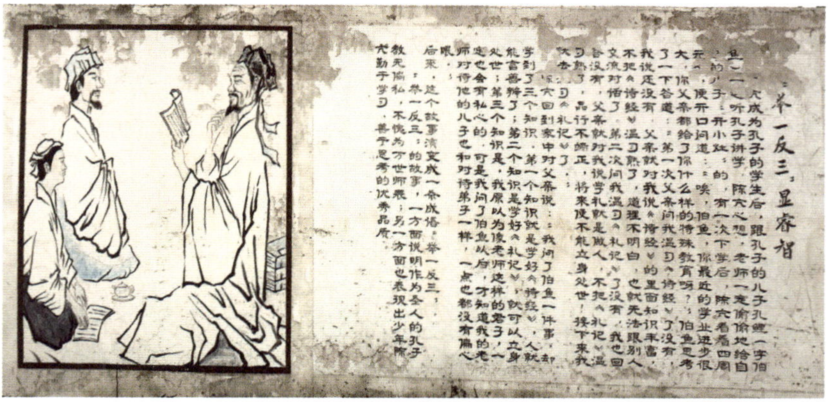

陈亢文化广场展示的陈亢与孔鲤对话

孔子为什么让儿子去学《诗》和礼呢？《大戴礼记·劝学》称：“孔子曰：‘野哉！君子不可以不学，见人不可以不饰。’不饰无貌，无貌不敬，不敬无礼，无礼不立。”

孔子强调君子首先要好学，同时还要懂礼，对此，《孔子家语·致思》中有更为详细的讲解：

> 孔子谓伯鱼曰：“鲤乎！吾闻可以与人终日不倦者，其唯学焉。其容体不足观也，其勇力不足惮也，其先祖不足称也，其族姓不足道也。终而有大名，以显闻四方、流声后裔者，岂非学之效也？故君子不可以不学，其容不可以不饬。不饬无类，无类失亲，失亲不忠，不忠失礼，失礼不立。夫远而有光者饬也，近而愈明者学也。譬之污池，水潦注焉，萑苇生焉，虽或以观之，孰知其源乎？”

孔子对儿子孔鲤说：能令一个人整天和别人谈天说地而不知疲倦的事物，大概只有学问吧。如果一个人的容貌不值得让人欣赏，勇气也不值得让人害怕，先祖也不值得让人称赞，家族姓氏不值得让人称道，但是这个人最终拥有伟大的名声，并且这个名声能够传闻天下，流传于后世，这就是学问的功效啊！所以君子必须学习，容貌也必须修饰。不修饰容貌就缺乏礼貌，不懂礼貌就失去别人的亲近，失去亲近之人就没人对你忠诚，没人忠诚就失去了礼仪，失去礼仪就不能自立。懂得修饰的人，远远地就能让人看到光亮，走近看时就更加明亮，这正是有学问所致啊。比如一个烂泥塘，雨水注进去后，芦苇就生长出来，虽然有人来观看，但有谁知道水的来源呢？

按照孔鲤的说法，其父并没有给予他特殊关照，这是否说明父亲不关心他呢？司马光在《家范》中说："远者，非疏远之谓也，谓其进见有时，接遇有礼，不朝夕嘻嘻相亵狎也。"

司马光在评价陈亢所说的"君子远其子"一句时称：所谓远，不是疏远之意，只是不要有太近的接触，否则的话，无法郑重地教导儿子。清刘宝楠在《论语正义》中认为："案：古者命士以上，父子皆异宫，所以别嫌疑，厚尊敬也。一过庭须臾之顷，而学诗学礼，教以义方，所谓家人有严君者，是之谓远。"

远古有教养家人的做法，父子不住在同一房屋内，以此来避嫌，同时也为了增加儿子对父亲的尊重之情。其实就这件事孟子有过专门的论述，《孟子·离娄上》载：

公孙丑曰："君子之不教子，何也？"孟子曰："势不行也。教者必以正；以正不行，继之以怒；继之以怒，则反夷矣。夫子教我以正，夫子未出于正也，则是父子相夷也。父子相夷，则恶矣。古者易子而教之，父子之间不责善。责善则离，离则不祥莫大焉。"

公孙丑问孟子：君子为什么不亲自教导儿子呢？孟子说：这是因为在理势上难以做到。因为教导儿子一定要用正道，但如果儿子不听教训，那么接下来自然就引起了父亲的愤怒。教训儿子的本意原本是爱儿子，但到了愤怒的程度，反而是伤儿子。假使儿子也反过来怨恨父亲用正道来教训他，他指出父亲所做的事也不一定都是按照正理。这种相互指责就伤害了彼此的感情，天伦关系受到伤害，所以古时的人都彼此换儿子去教育。因为父亲一定要责备儿子学正道，就会产生感情上的隔离，这是后果很严重之事。

当然以上所言主要是说孔子为什么很少教导儿子孔鲤，那么陈亢是什么心理要这样问孔鲤呢？朱子在《论语集注》中说："亢以私意窥圣人，疑必阴厚其子。事理通达而心气和平，故能言。品节详明而德性坚定，故能立。当独立之时，所闻不过如此，其无异闻可知。"

朱子对陈亢之问持批评态度，因为陈亢在发问前就已认定孔子一定会厚待孔鲤，给孔鲤"开小灶"。当他听到孔鲤所言时，方明白自己的心理设定是错误的。清黄式三在《论语后案》中亦称："以为远其子者，疑圣人必有不传之秘，特未尝传子也。后儒舍经文正训而求圣人不传之秘，正与子禽同意。”

在黄式三看来，有些儒生不仔细研究经文，而去揣测圣人有什么不传之秘，这种做法就如同陈亢的心理设定。故孙奇逢在《四书近指》中批评陈亢：“他人以为道有异，圣人原无所容其异也。他人见为子可私，圣人原无所容其私也。诗礼之训，伯鱼与弟子孰不闻？此外求异，私心也。遂以为远其子，亦私心也。陈亢到底未得分晓。”

《论语》中涉及陈亢的另一则内容出自《子张》篇：

> 陈子禽谓子贡曰：“子为恭也，仲尼岂贤于子乎？”子贡曰：“君子一言以为知，一言以为不知，言不可不慎也。夫子之不可及也，犹天之不可阶而升也。夫子之得邦家者，所谓立之斯立，道之斯行，绥之斯来，动之斯和。其生也荣，其死也哀，如之何其可及也？”

陈亢对子贡说：你为人太谦虚了，因为你对老师太恭敬了，老师哪里比你贤呢？子贡回答：君子一句话就可以知道他有知识还是没知识，所以说话要小心啊。夫子是难以企及的，就如同天空一样，不可能蹬着梯子上去。夫子如果执掌一个国家，他就能让这个国家立起来，将该国引上仁义之路，通过安抚感化，使百姓都来归附，通过政务活动，使社会安定和谐。他这样的人活着被百姓尊重，去世后百姓也会非常悲哀。这么伟大的人物，我怎么能比得上他呢？

从字面意思来看，陈亢的这句发问对孔子颇有不敬之意，对此，皇侃在《论语义疏》中的解读是："子禽当是见孔子栖遑不被时用，故发此不智之言。子贡抑之既竟，故此更广为陈孔子圣德不与世人同也。"

皇侃认为当时孔子周游列国得不到重用，所以陈亢才说出这种不理智之言，子贡特意用孔子的伟大来抑制陈亢的想法。元胡炳文在《四书通》中说："子禽之问凡三：始则疑夫子求闻政，次疑夫子之私其子，今则子贡贤于夫子，所见者每降益下。此篇子贡之称夫子者亦三：始则喻之以数仞之墙，次则喻之以日月，今则喻之以天之不可阶而升，其所见每进而益高。同一孔子弟子，所见何霄壤之邈如是哉？其死也哀，而子贡哀慕之心倍于父母，至庐墓者凡六年之久，则晚年所得于夫子者，盖益深矣。"

胡炳文指出，《论语》中记载三条陈亢的提问，第一条是陈亢怀疑孔子从哪里求得诸侯国的政事，第二条是他怀疑孔子偏私其子孔鲤，第三条则认为子贡贤于孔子。他的提问层层降低，而子贡对其师每次的夸赞都在升高。为什么子贡和陈亢都是孔子的弟子，见解却差得这么远？

陈亢当时为什么有此问？难得直接材料，但那时确实有一些人在质疑孔子，比如《论语·子张》载有叔孙武叔诋毁孔子之事，子贡当时就予以了反击，他把孔子比喻成太阳和月亮，以此说明没有人能超越老师的伟大。想来陈亢是受这种思潮的影响，也对老师的一些做法提出了疑问。但是，他的一些观念显然受到了老师的重大影响，比如《礼记·檀弓》载：

陈子车死于卫，其妻与其家大夫谋以殉葬，定，而后陈子亢至，以告曰："夫子疾，莫养于下，请以殉葬。"子亢曰："以殉葬，非礼也。虽然，则彼疾当养者，孰若妻与宰？得已，则吾欲已；不得已，则吾欲以二子者之为之也。"于是弗果用。

陈子车在卫国去世了，他的妻子和家宰打算用活人为他殉葬，陈亢是陈子车的弟弟，陈亢闻讯后赶了过来。陈子车之妻和家宰跟陈亢解释：陈子车有病，到地下后没人照顾他，所以准备用活人殉葬。陈亢回答：用活人殉葬不合礼仪，尽管如此，但我哥确实有病，应当有人去照顾他，然而除了妻子和家宰，谁还能照顾得更好呢？如果不能活人殉葬，正合我意，如果一定那么做，那就请你二人来殉葬吧。陈妻和家宰听到他的话后，马上打消了活人殉葬的想法。

由这段记载可以看出，陈亢很懂儒家礼法，想来他是从孔子那里学得的，同时他又很机智，懂得以其人之道还治其人之身，其做法让人想到了西门豹治邺。他为人很聪明，他不断向同门提问，也说明了他有质疑精神。对方的回答，使得他对一些问题有了进一步了解，这正是陈亢超人之处。

关于陈亢的遗迹，我从网上查得安徽蒙城县庄子祠内藏有陈亢故里碑，2021年2月25日，我开车前往蒙城庄子祠内寻访此碑。近几天一直在下雨，致使行进速度比往常慢了许多。赶到庄子祠时已是下午五点，停下车后，我飞奔到门口，方看清此处的闭馆时间是五点半。

雨中的庄子祠大门

我打着伞在祠堂内探寻，仅找到一块苏轼残碑，余外所见之物均为新建。正踌躇间，一位保安手持扩音器走了过来，扩音器重复着“要闭馆了，请游客离去”的声音。我走上前向他请教陈亢故里碑在哪里，因为扩音器的声音太大，他只好关掉听筒，当他听闻“陈亢”二字时，说从未听说过此人。我问他哪里还有古碑，他指向庄子祠的另一侧，于是我又到那里探看一番，依然没有找到。这位保安跟过来命我尽快离去，我辩称还没有到五点半，然而保安告诉我，现在是清场时间。我没有理会他的提醒，继续在草丛中探看，希望能找到古碑痕迹，可惜未能如愿，只好跟着保安走出了庄子祠。

我还是不死心，走到庄子祠门前的公交站，逐一问那些候车人。也许是下雨的缘故，这些候车人脸上均显现着不耐烦的神色，我打听一遍，无一人听说过陈亢。我猛然想起有可能自己的读音有误，似乎这个字在这里读“gāng”，于是换读音后再问一过，还是没人知道。刚才那位保安走了过来，他说看我在雨中一一问人太辛苦了，不如跟他回办公室去问一下祠堂的管理者。

我跟随保安走进售票处的房间内，里面坐着两位女士，年纪稍大的一位仔细看了我的寻访单，然后明确地告诉我，我所得到的消息不正确，因为这里没有陈亢故里碑。但她知道小辛集乡建有陈亢文化广场，而我的寻访单中也注明了这个寻访地。

如此一来，让我悬着的心放下来一半：至少说明陈亢文化广场确实存在。我谢过这几位好心人，跟着导航准备前往小辛集乡。导航显示庄子祠距该乡不到20公里，以现在的情况来看，赶到此乡时，天色不会很黑。

入内查看故里碑

我努力地在车流中挤来挤去，不幸的是赶上了晚高峰，再加上雨下个不停，车流十分缓慢。眼看着天色暗了下来，我却只开行了不足5公里，看来赶到该乡再拍照已无可能，故只好在蒙城县找了一家酒店住了下来。

办理入住后，我先到周围找吃饭之地，这些天来为了能挤出时间多寻访几个地点，我每天中午都不吃饭。此刻我已是饥肠辘辘，且一身疲累，很想吃几口热饭赶快休息。我刚走出酒店门口就看到了麦当劳，于是走进里面买份套餐狼吞虎咽起来，赶紧回到酒店写完了今天的日志，接着又规划了第二天的行程，直到困得睁不开眼方入睡。

第二天一早，我赶往蒙城县小辛集乡。我从网上查到的信息是该乡的中营村中西自然庄有陈亢文化广场，但也有其他帖子称此广场位于乡政府驻地。网上发帖不用文责自负，很难判断谁人所言正确，也许这正是寻访的意义之一吧。

我先将中西村设为目的地，跟着导航来到此处时却完全找不到广场的痕迹。好在天公作美，虽然没有放晴，但雨水有了暂时的停歇，让我得以在村内从容打听。大多数人没有听过陈亢之名，后来我终于问得一位明白人，他说土楼村好像有一个小的纪念广场，但是不是我所找，他就不清楚了。

不管怎样，我准备看过再说，于是按他所指路线前往此村。在田间道路上看到有一座孤零零的小房子处在水闸旁，我停车于此前去打问。我把寻访单拿给房子旁站着的一个20多岁的年轻人看，他却不接我的寻访单，只是不停地说着什么，然而其所说之话我一句都不懂。看他说话的样子十分激动，我不知哪里冒犯了他，正不知所措之时，从屋子里走出一位老人，他拄着拐杖走得很慢，能明显地看出他的腿受过伤。老人边走边向我喊："他不认字，不要跟他说。"这么大的孩子竟然不识字，令我略感吃惊，看来把带字的纸递给不识字的人就是一种冒犯。我马上表达了歉意，同时问老人土楼村怎么走。老人随手向前方一指，于是我赶快开车离去。

土楼村随形石

来到土楼村时，果然在田野里看到了一个窄长条的广场，这个广场上堆着几百个石磨盘和石槽，看来建设者有意在搜集有留存价值的旧物，但广场旁的随形石上只刻着"土楼欢迎您"，背后无字。我不清楚这是不是陈亢广场，即使是的话，也没有任何与陈亢有关的字样。

此时有一个中年妇女骑电动车从村中驶出，我快步跑到路上挥手把她拦了下来，向她请问这是不是陈亢文化广场。她却告诉我广场在乡里，她说那个广场上有个大个的陈亢雕像。她还说该广场上原本有个小型雕像，后来被别人拉走了，立在了某村的村口，她问我是否要看那个小雕像。既然有大的，我为什么要看小的呢？于是我问她大雕像如何能看到，她仔细地告诉我如何找到广场。然而她所说的转弯处太多，我实在记不住，问她可否带我前往。妇女告诉我，今天是元宵节，她出门采购一些食材，家里人等着做饭。我马上祝她节日快乐，也许是我的“厚脸皮”打动了她，她转身向村里喊了几声，过来了两位妇女，她跟此二人交代，请她们回家说一声，她会晚些回来，而后她骑上电动车飞快地向前驶去。

我原本想请她乘我的车然后再送她回来，没承想这位女士如此豪爽，于是在后面跟着她一路前行。驶过了两个村庄，之后进入小辛集镇，东转西转，而后她停到了一个广场前。我下车后看到广场侧旁有一块随形石，虽然上面的字已经掉了色，但隐隐地能够看出上书“陈亢文化园”字样。终于找对了地方，我郑重地向她表示感谢，她却热情地跟我说：“你先在这里拍照，我去多买点菜，今天是十五，请你到我家去吃饭。”

陈亢文化园

身在他乡为异客，这位妇女所言令我感动不已，我告诉她因为还有下一个寻访点，这些天来一直来不及吃午饭。我好奇于她何以知道这里有陈亢文化园，因为我记得她向那两位妇女交代一会儿回来时，对方回答“知道了会长”。我问她是什么会的会长，她不好意思地笑着说是妇女联合会会长。我催促她赶快回家，家人还等着她的食材。

陈亢雕像

等会长离开后，我先查看了这一带的情形，这个文化园分两个部分，中间一条大道通往市区中心，右侧建成了水榭，水面上用木条搭起了九曲桥。桥的尽头是一座小方亭，小亭无名，里面也没有碑记，看来是休闲广场。

休闲广场的另一侧是硬化过的平台，此平台约200平方米大，正中竖立着一尊石雕像，这就是会长告诉我的大个雕像。雕像两侧各安置了一堵宣传墙，上面画着几幅图案，并且有说明文字，细看文字，其实就是把《论语》上的那三段翻译成了白话文。比如把问一得三的那一段起名为“举一反三显睿智”。还有一段的题目是“鸣琴治邑坐无为”，其故事是讲陈亢从孔子那里学成之后，做了卫国单父宰，他做官时始终牢记温良、恭俭、谦逊，并且能够在其治邑举贤能、退不肖、轻徭赋。可见他把从孔子那里学到的美德用在了理政方面。

两堵影壁之后还有一小亭，上面悬匾“德政亭”，想来这也是夸赞陈亢以德治邑的美德。这些设施都说明了小辛集乡当地人以陈亢为荣。

澹台灭明（一）：以貌取人，失之子羽

早年颇喜翻阅张岱的《夜航船》，其中的隽永故事都令人解颐，也许是爱屋及乌之故，《夜航船》的序言我也一字不落地读过几遍。张岱在序中称："天下学问，唯夜航船中最难对付。"

张岱身处江南水乡，那个时代船是最主要的交通工具，坐夜船想来最无聊，故船客们讲故事应当是打发无聊时间的最佳方式，但讲故事总要腹笥五车，因此张岱说："盖村夫俗子，其学问皆预先备办，如瀛洲十八学士、云台二十八将之类，稍差其姓名，辄掩口笑之。彼盖不知十八学士、二十八将，虽失记其姓名，实无害于学问文理，而反谓错落一人，则可耻孰甚。故道听途说，只办口头数十个名氏，便为博学才子矣。"

看来，提前背过一些历史名人，总还是能唬人一下。我记得幼年时，小伙伴之间也以能背过水浒一百单八将的姓名、绰号为荣，在相互的较量中，若对方接不下来，或者是说错了某个字，总会被同伴们奚落一番。读张岱的这段话，可知没学问的人最喜欢五十步笑百步。而博学如张岱者，觉得能背过古代的一些名人字号最过肤

浅，因为背得再多也不过就是两脚书橱。以张岱的看法，两脚书橱与目不识丁没有太大区别。

对于张岱的这篇序言，我印象最深的当然是他讲的这个小故事："昔有一僧人，与一士子同宿夜航船。士子高谈阔论，僧畏慑，拳足而寝。僧听其语有破绽，乃曰，请问相公，澹台灭明是一个人，两个人？士子曰，是两个人。僧曰，这等，尧舜是一个人，两个人？士子曰，自然是一个人。僧人乃笑曰，这等说起来，且待小僧伸伸脚。"

对任何问题浅尝辄止，显然容易错漏百出，而我爱好广泛，亦正犯此病。高谈阔论之人，在其滔滔不绝中也最易露出破绽，故事中的士子想来最喜卖弄学问，以至于吓得同船的僧人畏缩不敢伸脚。然而言多必失，士子所言终于让僧人听出了破绽，于是僧人开始反击，僧人问对方澹台灭明是一人还是两人，对方肯定地告诉他，澹台灭明是两个人，而问尧舜时，他又肯定地说是一个人。于是"且待小僧伸伸脚"成为时常被后人引用的俗语。

其实我在幼年时并不了解澹台灭明为何人，稍长之后读到《论语》，方知其为孔门七十二贤之一。如果我当时在那艘夜航船中，肯定就没有伸脚的机会。但随着马齿徒增，我还是没弄明白一些古书所载之概念。

关于澹台灭明的事迹，后世流传最广者是《史记·仲尼弟子列传》中所言："澹台灭明，武城人，字子羽。少孔子三十九岁。状貌甚恶。欲事孔子，孔子以为材薄。既已受业，退而修行，行不由径，非公事不见卿大夫。"

司马迁明确地说澹台灭明相貌甚为丑陋，他想拜孔子为师，不知何故，至圣孔子却以貌取人，虽然收其为徒，却并不看重他。澹台灭明是个聪明人，老师的态度更激发他刻苦学习，决不把时间浪费在应酬方面，故而他不去游走于达官贵人之间："南游至江，从弟子三百人，设取予去就，名施乎诸侯。孔子闻之，曰：'吾以言取人，失之宰予；以貌取人，失之子羽。'"

学成之后，澹台灭明离开老师，他前往江西，在那里开门收徒，弟子达300人之多。他教出了不少有名的弟子，这件事传到了孔子的耳朵里，孔子颇为后悔地说：我因言语取人，为此未能发现宰予之才，我以貌取人，却同样失去了澹台灭明。自此之后，"以貌取人"成为广为流传的成语。

最早使用这个成语的人，应该还是司马迁，因为他在《史记·留侯世家》中再次使用："太史公曰：学者多言无鬼神，然言有物。至如留侯所见老父予书，亦可怪矣。高祖离困者数矣，而留侯常有功力焉，岂可谓非天乎？上曰：'夫运筹策帷帐之中，决胜千里外，吾不如子房。'余以为其人计魁梧奇伟，至见其图，状貌如妇人好女。盖孔子曰：'以貌取人，失之子羽。'留侯亦云。"

关于澹台灭明貌丑之事，《论语》中未见记载，但《史记》一书影响力太大了，故而澹台灭明成为颜值差而才气高的代名词。澹台灭明长得究竟有多丑，历史文献资料缺载，然而在司马迁之前，《大戴礼记》对此有记载："他日，宰我以语人，有为道诸孔子之所。孔子曰：'吾欲以颜色取人，于灭明邪改之；吾欲以语言取人，于予邪改之；吾欲以容貌取人，于师邪改之。'宰我闻之，惧，不敢见。”

看来孔子依然懊悔于以貌取人之事，这似乎也间接地说明了澹台灭明之丑。不知何故，《韩非子·显学》中的记载却与《大戴礼记》和《史记》中的叙说完全相反：“澹台子羽，君子之容也，仲尼几而取之，与处久而行不称其貌。宰予之辞，雅而文也，仲尼几而取之，与处而智不充其辩。故孔子曰：‘以容取人乎，失之子羽；以言取人乎，失之宰予。’故以仲尼之智而有失实之声。今之新辩滥乎宰予，而世主之听眩乎仲尼，为悦其言，因任其身，则焉得无失乎！”

韩非说澹台灭明长得一副君子相，以至于让孔子很看重他，但相处久了之后，孔子发现澹台徒有其表，所以孔子感慨，他因为以貌取人而差点认定澹台灭明秀外慧中。

韩非所言与《史记》所载大相径庭，这真让人大跌眼镜，难道是韩非搞错了？可是《韩非子》一书的成书时间在《史记》之前，如果以时间顺序说话，显然是司马迁搞错了。更为奇怪的是，《孔子家语》一书中的《子路初见》也证明韩非所载不误：“澹台子羽有君子之容，而行不胜其貌。宰我有文雅之辞，而智不充其辩。孔子曰：‘里语云：相马以舆，相士以居。’弗可废矣。以容取人，则失之子羽；以辞取人，则失之宰予。”而该书《七十二弟子解》中再次强调了澹台灭明的君子之姿：“澹台灭明，武城人，字子羽。少孔子四十九岁，有君子之姿。孔子尝以容貌望其才，其才不充孔子之望。然其为人公正无私，以取与去就，以诺为名。仁鲁为大夫也。”

余外，《孔子家语·五帝德》中还有这样一段记载：

宰我曰："请问禹。"孔子曰："高阳之孙，鲧之子也，曰夏后。敏给克齐，其德不爽，其仁可亲，其言可信。声为律，身为度。亹亹穆穆，为纪为纲。其功为百神主，其惠为民父母。左准绳，右规矩，履四时，据四海。任皋繇、伯益以赞其治，兴六师以征不序。四极之民莫敢不服。"孔子曰："予！大者如天，小者如言，民悦至矣。予也非其人也。"宰我曰："予也不足以戒敬承矣。"

他日，宰我以语子贡，子贡以复孔子。子曰："吾欲以颜状取人也，则于灭明改之矣；吾欲以辞言取人也，则于宰我改之矣；吾欲以容貌取人也，则于子张改之矣。"宰我闻之，惧，弗敢见焉。

明绘本宰予像，台北故宫博物院藏

某天宰予向孔子请教，大禹是个怎样的人。孔子仔细地向宰予讲解大禹高贵的出身以及他近乎神的德行，同时还讲到大禹是如何费尽心力教化百姓。而后孔子又感慨：五帝的功德大得像天那样无边无际，我无法向你一一描绘，更何况，你也没资格了解五帝的为人啊。

宰予闻言马上谦虚地说，自己的确没资格接受这样的教导。但几天之后，宰予把这件事告诉了子贡，子贡又将此事禀告给孔子。看来孔子不喜欢宰予随便传话，于是他又说出了那番感叹，他说自己原本想从长相来选人才，但自从澹台灭明之后他改变了初衷；他原本想从口才上选人才，但从宰予开始也改变了想法；他想从容貌取人，但从子张开始修正了想法。

孔子一口气评价了三位弟子，但让我费解的是，他谈到了澹台灭明的颜状很棒，又谈到子张的容貌很棒，那颜状和容貌有什么区别呢？以我粗浅的理解，澹台灭明的气质棒，子张的脸长得漂亮。不知道这是不是司马迁误解文献记载的原因所在，但若以这个思路想下去，似乎《韩非子》和《孔子家语》中的记载更为准确。

如果以此来解之，又会出现另一个矛盾，《论语》一书对澹台的记载仅有一条，是《雍也》篇中所载："子游为武城宰，子曰：'女得人焉尔乎？'曰：'有澹台灭明者，行不由径，非公事，未尝至于偃之室也。'"

言偃在做武城宰时，孔子问他：你在任上得到了哪些人才？言偃举出的唯一一人就是同门澹台灭明，他说此人十分懂事，虽然他们是同门，但澹台绝不利用同学关系来亲近领导，除非有公事商谈，他才会去见言偃，否则他绝不会出现在领导面前。

对于这段记载，后世多有评论，何晏在《论语集解》中认为言偃的这段话是夸澹台灭明"言其公且方"，张栻在《癸巳论语解》中则称："行不由径，则所趋无欲速见利之意。非公事未尝至于偃之室，则不苟徇于私情。"这些都说明了澹台为人之正直。朱熹在《论语集注》中既解字又解意："径，路之小而捷者。公事，如饮射读法之类。不由径，则动必以正，而无见小欲速之意可知。非公事不见邑宰，则其有以自守，而无枉己殉人之私可见矣。”而后朱熹又引用了杨氏对此事之评语：“为政以人才为先，故孔子以得人为问。如灭明者，观其二事之小，而其正大之情可见矣。后世有不由径者，人必以为迂；不至其室，人必为以简。非孔氏子之徒，其孰能知而取之？”

后世对澹台灭明的人品亦有很高之夸赞，刘宗周在《论语学案》中说：“灭明狷士也。即二事而观，则知其一言一动皆有成法，而其大节凛然有所不为。又如此得若人以端士习，表民风可矣。”

如此说来，澹台的人品十分高洁，也许正因为如此，司马迁才会记载孔子因为未能赏识澹台灭明而懊悔不已。这样的论述颇合逻辑，那么《韩非子》和《孔子家语》中所载又如何解释呢？我未能找到信服的答案。

按照其他文献记载，澹台灭明的确很英武，《搜神记·佚文》中载：“澹台子羽赍璧渡河，风波忽起，两龙夹舟。子羽奋剑斩龙，波乃止。登岸，投璧于河，河伯三归之。子羽毁璧而去。”

澹台灭明带着千金之璧渡江，河伯听说后想得到该玉璧。澹台在渡江时有两条蛟龙在他所乘之船的两侧兴风作浪，澹台灭明完全不惧，他挥剑将两龙杀掉，风波立即就平静了。他登岸之后，却将玉璧投入河中，河伯并不接受，反而再三地将玉璧归还给澹台灭明。可能澹台灭明后悔杀了那两条龙，他坚持不拿走玉璧，而是将此璧毁掉后弃之离去。

这个故事同样记载于《博物志·异闻》中，说明该故事流传之广，而此事亦说明澹台灭明非贪财之人，其人品之正，难怪后世感慨孔子失人。《抱朴子外篇·清鉴》中列举多位名人之失误，感叹知人之难，其中就说道了孔子与澹台灭明："陶唐稽古而失任，姬公钦明而谬授。尼父远得崇替于未兆，近失澹台于形骸。延州审清浊于千载之外，而蔽奇士于咫尺之内。知人之难，如此其甚。"

正是因为澹台灭明之贤，他才被列为孔门七十二贤之一，在唐代被封为江伯，宋代改封为金乡侯。从唐开元二十七年（739）起，一直到清末，澹台灭明都作为先贤从祀于孔庙，他的排位列在了大成殿前西庑第二位。

关于澹台灭明的遗迹，郦道元在《水经注》中称："沙水又东南，八里沟水出焉，又东南径陈留县裘氏乡裘氏亭西，又径澹台子羽冢，东与八里沟合。按《陈留风俗传》曰：陈留县裘氏乡，有澹台子羽冢，又有子羽祠，民祈祷焉。京相璠曰：今泰山南武城县，有澹台子羽冢，县人也，未知孰是。"

郦道元说陈留县有澹台灭明墓，并且还有祠堂，他又听说泰山南面的武城县也有澹台灭明墓。究竟哪个为真，郦道元说他也不好给出断语。除以上两处记载外，江西南昌还有一座澹台灭明墓。

这三座墓哪座是真的呢？清王谟所撰《江西考古录》中对此作了辨析，他首先引用了历史文献的记载，然后称：

> 洪刍《豫章职方乘》曰："郡东湖雷堂后有澹台灭明墓。"《史记》虽言灭明居楚，又有渡江斩蛟之事。然豫章非真楚，尚可疑也。程大昌《友教堂记》曰："豫章总持寺之东有澹

> 台子羽墓。”本《图经》，所传为信也。司马迁记子羽从弟子三百人，南游至江；班固又言子羽居楚，友教士大夫。豫章在春秋为楚，则子羽宜有墓。然京相璠记子羽泰山南武城人也，有冢。《水经》陈留裘氏乡又有子羽冢。是一子羽也，而稽之《图》《记》，其墓三出矣。郦氏虽知泰山、陈留必有一误，顾不敢坚决以为孰是。则《豫章图经》其得独为信乎？准此二说，俱在疑信之间，其真伪殆已难辨。

王谟考校群籍，之后给出结论：“大抵子羽墓虽三见，当以豫章为真。陈留在春秋为陈、郑地，子羽未闻居此，不应有墓。且以南游居楚之事观之，则子羽亦未尝首邱武城也。豫章虽非真楚，然已见《春秋传》，为楚东境。而今湖南、北，为真楚地，又不见有子羽墓，其在豫章东湖可无疑也。《阙里志》以豫章进贤门、进贤县为澹台遗迹，而《函史》志澹台子墓，定在豫章，不取武城、陈留，其必有所独见矣。今《通志》亦载此墓‘在南昌府城内东湖上总持院后’。”

王谟明确地说，虽然有三座澹台墓，但南昌的那座更真，他的这个结论为江西学者所认同。朱虹、方志远在《江西历史文化通览》中先谈到了澹台南行的路线：“澹台灭明的南方之行，先入吴，后入楚，在苏州、南昌一带聚众讲学，最终在南昌去世。”而后又提及：“澹台灭明死后，人们为其建祠修墓。在山东澹台灭明老家平邑以及河南的开封，都建有澹台灭明墓。在澹台灭明讲学的苏州，不但有澹台灭明墓，还有澹台灭明湖。但人们普遍认为，关于澹台灭明的最后记载是在江西南昌，所以他应该是在南昌去世并葬于南昌。而其他各处的澹台灭明墓，寄托的是各地士人和官府对道德高尚者的景仰。”

南昌附近现有进贤县，关于该县名称之来由，上文称：“据传澹台灭明是从南昌的东南而来的，所以在南昌的东南，专立一门以示纪念，并将此门命名为‘进贤门’，即贤人由此而进。在南昌东南的县，叫‘进贤县’；进贤县东澹台灭明曾经居住过的山叫‘栖贤山’。”

关于澹台灭明墓的具体位置，杨钢编著的《中国名胜诗词大辞典》中称：“澹台灭明墓，在南昌市东湖总住持寺东侧（今南昌第二中学内）。”该文又说：“南昌当时属楚国东境，澹台灭明也到过南昌，传说他死后葬于南昌。”

此文中也讲到了澹台三墓应以南昌为真之说法：“由于他高尚的德行，后人争相立墓以祀，山东费城（古武城）、河南开封（古城留）和江西南昌（古豫章）三地都有澹台墓。据史学家考证，其墓应在南昌。”但是澹台墓建于何时，杨钢于文中说：“澹台墓始建年代不详，历代屡经修缮，宋时有漕使高过题碑：‘鲁澹台子羽之墓。’明时知府范涞重修，清时学使王思训立石碑，题为‘先贤澹台之墓’。”而后该文中引用了清初万任所写《澹台墓》一诗：

高贤何马鬣，古或葬衣冠。
璧自沉江去，蛟犹畏剑寒。
千秋城几战，七尺土仍完。
是处麒麟冢，谁能此并看。

南昌市第二中学大门

万任认为南昌的澹台墓也可能是衣冠冢，而后他在诗句中歌咏了澹台灭明斩龙沉璧之故事。李才栋在《孔子门人澹台灭明和他在南昌留下的文化遗产》一文中提及：“其墓在东湖以东，原总持寺后，即今南昌二中院内。唐末南平王钟传修城时，曾据长老指正重修，‘更立亭其上以表古迹’。宋绍兴中转运使高述题‘鲁澹台子羽墓’。”同时该文又引用了明正德六年李梦阳任江西提学副使时所写《题澹台墓诗》：

子游昔宰邑，邑有澹台公。非公不见宰，不径垂无穷。
身殁埋豫章，豫章乃城中。长松何寥寥，石墓坚且崇。
旧馆昼常阴，古树多悲风。九九拥墓藤，垂垂网户虫。
喧寂本异感，慨惋当何同。道伸故难灭，瞻睇摇晴虹。

之后李才栋在文中又说：“清康熙末学政王思训立石题名：‘先贤澹台子之墓。’据说该墓毁于五十年代初。”

虽然如此，我还是想到南昌去寻找到澹台灭明墓址。2012年11月30日，我前往南昌探访历史遗迹。根据查到的资料，澹台灭明墓

校门正对西湖

在中山路与苏圃路交叉口的南昌二中内。来到二中门口，正赶上放学，门口的保安仔细地检查着出入者的证件。我担心自己说是来找古人墓，很可能会被拒绝，想了一下，把相机装在书包内，假装家长来接孩子，想混进校园。保安火眼金睛地截住了我，看来我的演技太差，一眼就被他辨识了出来，我只好实话实说，告诉他自己是来找这个古人墓。这个保安出奇和蔼，他告诉我这个墓并不在他们校园内，而是在校园外围的一条胡同里，并且热情地走出校大门，站在大门口给我指明胡同的方位。

谢过这位热情而博识的保安，我沿着他说的这个胡同向里走，走到了尽头也没有看到厕所，因为保安告诉我，看到厕所后继续前行。我问沿路的小朋友，都说不知道我要找的地方，这让我有点不高兴，我觉得那个保安是在糊弄我。转念一想，他没有糊弄我的理由，也许是我走错路了。

我继续向前走，而后从另一条路转进去，前行了100余米，果真看到了一个公厕。公厕的前方是一个小区的大门，门牌上写着苏圃路1号住宅小区。小区的铁栅栏门上着锁，行人通过的小门却敞开着，收发室内没人，这对我当然是极好的消息，于是我大胆地进入小区内。我在里面转了一圈也没有看到墓碑，小区的最里侧是南昌二中的后墙，用铁栅栏围了起来，栅栏上也有一个小门可以出入。如此想来，澹台灭明墓可能以前就在校园内，后来因为区域变化，而改在了校园外，那么这个墓就应当在附近。

我在小区与学校后墙附近寻找，看到了一个百十平方米的小花坛，花坛上面有几块陨石状的石头，看上去有些奇特，其中一块却从中间裂为两半，感觉到不像是人力所堪。地上还横卧着一根条石，从风化程度看至少是几百年前的旧物，似乎是墓葬用的石料，但四周没有说明牌。我向院中的几位妇女打问，她们回答都很一致：不知道。

花坛上的几块石头

旧石件

正彷徨间，有一位妇女领着一个十一二岁的学生经过，我向这位妇女请教澹台灭明的墓。如我所料，妇女摇摇头，没想到那个小学生却反问我："你找的是孔子学生的墓吧？那就是。"他手指的方向就是放着这几块石头的小花坛，他不但知道墓在哪里，还知道澹台灭明是孔子的学生，这个小学生让我刮目相看。

花园的后面就已经是住宅小区的楼房，楼房的墙上挂着的牌子写着"上营坊社区内11号楼"，而花圃的正对面有一间楼房的底层上面写着"上营坊社区党建活动中心"，门的两侧还挂着七个不同的功能牌，但可惜没能挂一块牌子给这个伟人的墓。我只能围着这个石头转来转去，仔细辨认一番未能找到字迹，石头前立着一块告示牌上却写着"家门口请不要停车！谢谢合作"。

覓聖記

下

韦力 著

齊魯書社

澹台灭明（二）：陆沉为湖，祠堂名误

澹台灭明曾到苏州一带讲学，故苏州人给予他很高的评价，苏州市吴中区吴地历史文化研究会编的《名人遗迹　吴地寻踪》一书中收有施晓平所撰《澹台灭明与澹台湖》一文，该文中给他的定位是：“对于苏州最早的教育家，之前一直认为是孔子唯一的江南弟子、常熟人言子（前506—前443）。但言子晚年（据说61岁时，即公元前446年）才返回江南传学。当时孔子已去世30多年，而澹台灭明在苏州讲学是孔子去世前就发生的事，因此，澹台灭明才是苏州可考的最早教育家。”

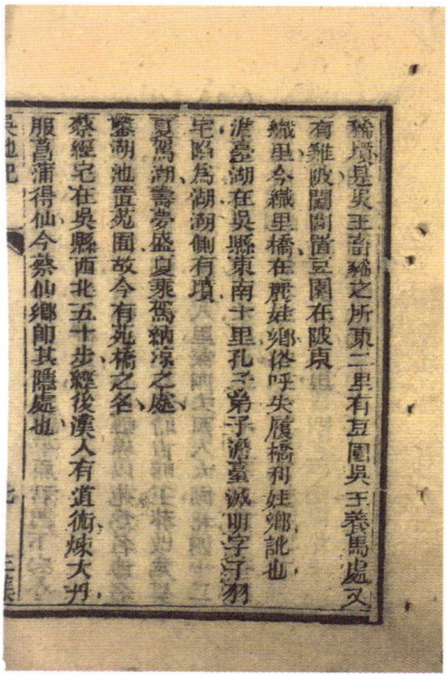

豨墳是吳王畜豨之所東二里有豆園吳王養馬處又

有雞陂鬪鴨欄豆園在陂東

織里今織里橋在麗娃鄉俗呼失履橋刑娃鄉訛也

澹臺湖在吳縣東南十里孔子弟子澹臺滅明字子羽

宅陷為湖湖側有墳

夏駕湖壽夢盛夏乘駕納涼之處

鱉湖池置苑囿故今有苑橋之名

蔡經宅在吳縣西北五十步經後漢人有道術煉大丹

服菖蒲得仙今蔡仙鄉即其隱處也

吳地記

《吴地记》一卷　唐陆广微撰
清刻《唐代丛书》本

澹台灭明在苏州的讲学处即今日的澹台湖，当时这里是一片陆地，澹台灭明于此建起了讲学之所，唐陆广微在其所撰《吴地记》中说：

“澹台湖，在吴县东南十里。孔子弟子澹台灭明，字子羽，宅陷为湖，湖侧有坟。”

看来澹台灭明在这一带建起了住宅，后因地陷，他的住宅变成了一片湖泊，也就是说澹台灭明故宅后来沉入了澹台湖底。陆广微说湖侧有坟，根据其语意，似乎是说澹台灭明去世后葬在了其故居旁。

后世文献沿用了这种说法，比如明代《姑苏志》卷十载：“澹台湖在太湖之东，《史记·仲尼弟子列传》：澹台子羽南游至江。《索隐》注：吴国东南澹台湖即其故址。《吴地记》以为子羽宅所陷。自此东过宝带桥入运河，分流入黄天荡、入陈湖、入金泾淹。”《姑苏志》卷三十四明确地写道：“澹台灭明墓在澹台湖旁，或曰在吴县西南八十里。又传张士诚筑城，于虎丘土中得石刻曰‘澹台灭明

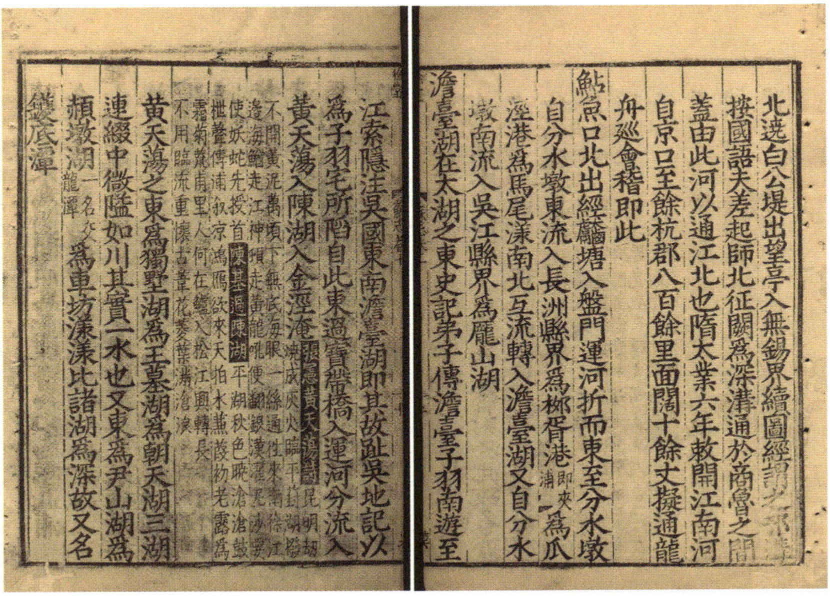
北逃白公堤出望亭入無錫界續圖經謂之[illegible]
接國語夫差起師北征闕爲深溝通於商魯之間
蓋由此河以通江北也隋大業六年敕開江南河
自京口至餘杭郡八百餘里面闊十餘丈擬通龍
舟巡會稽即此
鮎魚口北出經䕶塘入盤門運河折而東至分水墩
自分水墩東流入長洲縣界爲槲胥港（即夾浦）一爲瓜
涇港爲馬尾漾南北互流轉入澹臺湖又自分水
墩南流入吳江縣界爲龎山湖
澹臺湖在太湖之東史記弟子傳澹臺子羽南遊至
江索隱注吳國東南澹臺湖即其故趾吳地記以
爲子羽宅所陷自此東過寳帶橋入運河分流入
黄天蕩入陳湖入金涇淹 張憲黄天蕩詩 [illegible] 陳基過陳湖 [illegible]
黄天蕩之東爲獨墅湖爲王墓湖爲朝天湖三湖
連綴中微隘如川其實一水也又東爲尹山湖爲
䫚墩湖（一名交龍潭）爲車坊漾漾比諸湖爲深故又名
鑊底潭

《姑苏志》六十卷　明王鏊等纂　林世远修　明正德元年刻嘉靖增修本

之墓’。”

看来仅在苏州就有两座澹台灭明墓，一在澹台湖旁，二在虎丘。到如今，这两座墓均已消失，但当地还存有一间澹台灭明的祠堂。

早在南宋时期，苏州就有澹台子祠，民国版《吴县志》载：“澹台子祠在葑门外郭巷镇，旧在尹山巅，祀先贤澹台灭明。宋南渡后尹和靖读书其中，遂以和靖先生祔祀。明练坝设义塾于其中，改名澹台书院。后毁。清康熙中尹山寺僧明宗谋重建而未成，至雍正初始落成焉。乾隆十六年高宗南巡，诏以明姚安太守施悌配享。咸丰十年毁。同治中移建今所。施氏后裔主祭。”

关于澹台子祠后来的情况，施晓平在文中写道：“清末澹台子祠搬到郭巷镇，20世纪30年代被毁。前些年，又有人在宝带桥西北堍重建了澹台子祠，2012年底因环境整治被拆除。不过，2013年3月启动的相关规划设计工作已明确提出，要在适当的地方重建澹台子祠。”

但是，我在网上查得在宝带桥不远处已经建起了一座澹台子祠，同时在大运河边还有一组澹台灭明讲学的雕像。经过一番查证后，我打算前往苏州探看这些遗迹。

2021年4月10日，镇江会议结束后，我请朋友开车送我到苏州，我先去探看澹台子祠，据网文提供的线索，此祠位于太太庙内。我们跟着导航来到石湖东路，车无法驶入旁边的小径，于附近探看一番也没找到停车场。

总体感觉这一带还没有进行商业化开发，只是修好了路。路上车很少，也看不到行人，故我们把车停在了东串河桥上的人行便道上。

澹台子祠和太太庙

我站在原地看了一分钟，无人来干涉，便大胆地跨过桥拐入小巷。

小巷无名，路的左侧围墙上有“太太庙”字样，右侧则是拆迁后的荒地，而今有人在荒地上开垦出小块的田地种蔬菜。因为少有行车，故路的两侧长满了一人多高的杂草。此路的长度300余米，这条水泥路的尽头就是太太庙，其庙门上并列写着澹台子祠和太太庙，墙体涂成了黄色，看来此处是一佛寺。

在太太庙的门口看到一纸告示：“各位香客，有疫情应响，大门不开，请香烛放在门口一起烧。谢谢配合！”读了一遍有点不通，我想了一下，可能是把影响的“影”字写错了。太太庙为了防控疫情，暂时禁止人们入院烧香，然而我看到大门敞开着，便小心走入院内，未见有人阻挡。

此院占地约两亩，有一排房屋，右侧还有配房，正前方有香炉。香炉的对面是河道，且是两河交汇处。我在院内探看一番，没有看到澹台子祠，仅见正殿三间，每间门楣上挂着黑底金字匾额，正中是太太庙，左侧为土地庙，右侧为观音庙。我一一探看，在里面也没有看到澹台灭明塑像。

此时有一位妇女在清扫院落，我走上前向她询问澹台子祠在哪里，她说这里就是，但我疑惑于看不到标牌，妇女说澹台子像就在这间庙内。我转身再入太太庙，端详里面的塑像，正前方一字排开供奉着多尊塑像，这些像前有一层推拉窗式的玻璃罩，因为烧香之故，玻璃蒙了一层浅灰色，拍照颇不清晰。玻璃罩上方分别挂着每一尊塑像的名称，有“宝带桥阿爹”“宝带桥太母”“财神菩萨”等，想来太母就是太太庙名称的来由，阿爹应该是她丈夫，庙名太太，说明在这里妇女的地位比男人高。但我唯独没有找到澹台子，里面有一尊塑像身披蓝色斗篷，上面挂着的牌子上写着“孔老先生”，仔细看，怎么也不像孔子。我趁庙里没人，把玻璃门推开细看各个角落，未找到其他文字。

我担心那位妇女搞错了，转身出来找其确认，她却不知去了哪里，于是我接着去看旁边的观音庙。今日阳光很好，走入庙中眼睛要有几秒钟的光线适应。我刚踏入观音庙，猛然看到玻璃罩内有人在睡觉，瞬间心下一紧，

身披蓝色斗篷

定神细看，原来是一尊佛像。“他”枕着两个软枕头，还盖着被子，后墙上还挂着几件替换的衣服，整体制作太过逼真。

我接着到土地庙内寻找，这里除了供奉土地菩萨，与其并肩而坐的还有一位则是“太太”，但标牌上没有说明这是谁的太太。按照传统的男女授受不亲的观念，土地菩萨旁边的太太应当是夫妻关系，然而我刚才在中间的太太庙内看到了宝带桥太母，难道太太庙供奉的是土地菩萨的太太？但是这位太太没有处在正殿，而太母处在正殿内，故我觉得太太庙的主尊应该是宝带桥太母。

土地庙两侧墙边还有一组小雕像，看样子是土地菩萨手下的几位衙役，其中一位牵着白马手挥长鞭，马前还摆放着几个塑料盆，里面有喂马的青草，不清楚这是表达什么主题。看来只能找知情人去请教。

此时有一个身着环卫服的男人走来，他停在香炉前拿出一些东西，我本以为他是来烧香，香炉内的确有一把香烛和纸叠的金元宝，但还多了几卷机器压制的面条，这些面条一团团地压在金元宝上。供奉太太需要面条，此乃第一次得见，我问此人为什么要烧面条，可惜他浓重的乡音使我未能听明白。

恰好此时那位扫地妇女从配房内走了出来，我马上再向她请问澹台灭明的塑像在哪里，她告诉我就是太太庙内的那位孔老先生。我说孔老先生应当是澹台灭明的老师，他们差着辈分。妇女坚称这就是澹台灭明像，同时告诉我：“挂牌时我知道搞错了，但这是领导安排的，我不敢说话，所以就只能这样了。”

闻其所言，我不知如何回答。此处门楣上明确写着澹台子祠，而今祠堂看不到，名牌也写错了，这给我的寻访带来了不少的困惑。但事实如此，我们也只能期待有关部门能恢复一座真的澹台子祠，而不是跟太太庙里的神仙们杂处在一起。

而后我乘朋友之车前去探看澹台灭明雕像，我从网上查得，该雕像位于大运河边。那一带不能停车，我们把车停在了迎春南路澹台湖大桥桥头，旁边是澹台湖公园。这座大桥的长度超过了一公里，我们沿着桥上的便道一路向前走，走到中段时，看到大运河内的船只川流不息，仍是一片繁忙景象。千年过后，大运河仍然是重要的运输通道，看来一个人的功过是非很难一语而蔽之。

澹台像所处具体位置难以在网上查得，但我从照片上看到这组雕像的背景是河对岸的一排红白相间的楼房，走到运河中间时，果然看到了此楼。移动相机镜头接近对岸，我隐隐看到绿化带中有几尊雕像，那应当就是我要寻找的目标，只是没有想到车停错了方向，我只

一组雕像

能步行跨过运河。走到对岸时沿台阶下行，我在桥下看到了澹台湖大桥的介绍牌，上面称这是苏州第一座精装修大桥，夜间景观照明是一大特色。可惜我来到此处艳阳高照，无法看到这一美景。

我沿着湖边路前行200余米走到雕像旁，旁边的介绍牌果然有澹台灭明介绍文字，上面称："澹台灭明在孔子门下受业后，南下至吴，结庐讲学，弟子从者多达三百人，名扬吴地，影响深远。"这三尊雕像没有标明哪位是澹台灭明，以我的猜测坐在中间的那位是他，此人却是道家装束，似乎与澹台子身份不相符。另外两位长相太过年轻，必非澹台子。我围着雕像仔细查看，雕像身上没有刻字，只能带着疑惑而离去。

我们原路返回，前往公园内寻找澹台湖，在公园门口向保安请问湖在公园的什么位置。他告诉我入园后右转，一路向前走，大约走出一刻钟，看到儿童乐园时就找到了澹台湖。

公园正门前写明澹台湖公园为"健康主题公园""廉洁文化公园"，想来后者应与澹台灭明有关。走在公园内，一路上我看到几块介绍牌，分别有范成大、鱼侃、冯桂芬、王韬，唯独没有找到澹台灭明。

公园呈窄长形，右侧是居住小区，左侧是京杭大运河，河岸垒起了两米高的石围墙，想来是起防洪作用，却遮挡了河边景致。走在这狭长的地带，享受不到河风，才走出几百米，我就出了一身汗。

跨过一座简易的虹桥，公园的面积遽然宽阔了起来，前行不远，我看到运河边有一湖泊，有些人在岸边搭起了帐篷。然而躺在里面不透风还受太阳直射，想来滋味并不好受，但人不受罪就不知道什么叫幸福，所谓休闲起到的就是这样的作用吧。

正在探看时，有一位保安骑电动车路过此地，我马上过去向他询问这里是不是澹台湖，他告诉我这里是玳玳湖，澹台湖需要继续往前走。

澹台湖

继续前行200多米，又见一湖，其面积比玳玳湖大许多，河岸的一侧是儿童乐园，有些家长带着孩子在这里玩耍。我围着湖走了半圈，没有看到与澹台灭明有关的介绍牌。这时那位保安又骑行到我的附近，我再次问他能否找到介绍牌，他明确地说自己在这里任职已近一年，围着这个湖转过无数圈，这里肯定没有介绍牌。保安说知道澹台灭明的事迹，他说澹台子的故宅就在此湖底。故我只能注目湖水，以此来表达我对澹台子的敬意。

樊迟：小人之辩

樊迟姓樊名须，字子迟，按照司马迁的说法，樊迟比孔子小36岁，是孔子晚年的弟子，没有跟随孔子周游列国，然而其为孔门七十二贤之一。

后世对樊迟的评价大多持负面，一是因为孔子骂他是小人，二是有人认为樊迟较为迟钝。但若细考历史记载，这两种说法都值得商榷。

关于孔子骂樊迟为小人之语，是本自《论语·子路》中的一段话：

> 樊迟请学稼。子曰："吾不如老农。"请学为圃。曰："吾不如老圃。"樊迟出，子曰："小人哉，樊须也！上好礼，则民莫敢不敬；上好义，则民莫敢不服；上好信，则民莫敢不用情。夫如是，则四方之民襁负其子而至矣，焉用稼？"

樊迟向孔子请教如何种庄稼，孔子说自己不如老农，樊迟又进一步请教如何种菜，孔子说自己比不过老菜农。樊迟退了出去，孔子就跟其他弟子们说："小人哉，樊迟也！"而后孔子解释说：在上位的人只要注重礼，老百姓自然就会敬畏；在上位的人只要注重义，百姓就不敢不服从；在上位的人只要注重信，老百姓就会用真情实意来对待他。要是能做到这三点，四面八方的百姓就会背着孩子来投奔他，哪里用得着自己去种庄稼？

正是这段话，在中国历史特殊时期被不断引用，以说明孔子轻视劳动人民。但问题是，从孔子早年的经历来看，他也曾做过管农业、畜牧业的小官。《史记·孔子世家》中载："孔子贫且贱。及长，尝为季氏史，料量平；尝为司职吏而畜蕃息。"《孟子·万章下》亦载："孔子尝为委吏矣，曰'会计当而已矣'。尝为乘田矣，曰'牛羊茁壮，长而已矣'。"汉赵岐在《孟子章句》中说："乘田，苑囿之吏也，主六畜之刍牧者也。"

这些都说明了孔子不但管理畜牧业，也从事过畜牧业。所以他回答樊迟的问题时，自称不如老农和老圃，显然不是事实。既然他这么说，自有其用意在，更何况，儒家并不反对稼穑。孔子推崇西周，他曾说："殷已悫，吾从周。"（《礼记·檀弓》）但是西周的天子就很重视农业，《诗经·周

樊子祠中的樊迟像

颂·噫嘻》中有一段：

噫嘻成王，既昭假尔。
率时农夫，播厥百谷。
骏发尔私，终三十里。
亦服尔耕，十千维耦。

可见周成王亲自带领农夫举办籍田典礼，孔子没有理由歧视农民。既然如此，当樊迟向他请教这类问题时，他为什么要骂樊迟是小人呢？更何况，《论语》中记载了多条孔子与樊迟之间的对话，从那些话看来，孔子完全没有贬斥樊迟之意，并且还向樊迟阐述了很多重要的观念。为什么单单在请教农业问题时，孔子把樊迟骂得这么狠。对此，后世也有不少争论，近现代的解释主要是针对孔子轻农，古人解释的着眼点一是探求何为小人，二是探求孔子在“小人哉”之后解释的那段话究竟为何意。

关于前者，毛奇龄在《四书剩言》中说：“古凡习稼事者皆称小人。《尚书·无逸篇》：‘知稼穑艰难’，则‘知小人之依’。又祖甲逃民间，曰‘旧为小人’，高宗与农人习处，曰‘爰暨小人’。《孟子》曰：‘并耕者小人之事。’此从来称名如是。”

毛奇龄认为上古时期从事农业劳动的人均被称为小人，所以小人只是某类人群的代称，并不是骂人的话。如前所引，孔子在年轻的时候也从事过畜牧业，他当时把主家的牛羊养得非常肥壮，说明他在这方面做得很用心。如果小人是骂人的话，孔子岂不是也把自己视为小人。朱熹认为小人是“细民”，孟子所谓“小人之事者”，故小人与大人相对，只是社会分工不同，小人并不是指品性上有什么问题。

张居正在《论语别裁》中说：“盖天下有大人之事，有小人之事，修身齐家以治国平天下，大人之事也，务农种圃以自食其力，小人之事也。樊迟游于圣门，乃不务学为大人，而留心于农圃之事，何其识见浅小，而志意之卑陋哉！故夫子以小人责之，盖将勉之以大人之学也。”

在张居正看来，人有分工不同，管理天下者属于大人之事，务农种菜是小人之事。樊迟既然是孔子的弟子，他应当跟孔子学习治理天下之道，而不是前来学习种粮食种菜。所以樊迟所问令孔子不快，但即使有这样的不快，并不等于孔子认为樊迟在道德方面有什么缺陷。《尚书·无逸》中称：

> 周公曰：“呜呼！君子所，其无逸。先知稼穑之艰难，乃逸，则知小人之依。相小人，厥父母勤劳稼穑，厥子乃不知稼穑之艰难，乃逸乃谚。”

李泽厚在《论语今读》中摘引了《尚书·无逸》中的一句，同时又摘引了《孟子·滕文公》中所言“有大人之事，有小人之事”，此后他在《记》中说“可见小人即老百姓，非道德贬义”，同时他又说道：“中国思想史上一直又有废除劳心劳力区分、由生产者直接管理政务的乌托邦观念。樊迟大概也可算作其中的一位。老师不老说要复古吗？那么干脆回到帝王亲自耕织的‘太平’时代去，岂不更好？于是问学稼学圃。但孔子不以为然。”

其实孔子本人有时也称自己是小人，《荀子·哀公》中记载了鲁哀公向孔子讲述他从小长在深宫，故对宫外之事知之较少。孔子回答：“君之所问，圣君之问也。丘，小人也，何足以知之？”孔子自称小人，是一句谦辞，只是想说明自己处江湖之远，不了解庙堂之事，绝不是说自己道德品行低下。

但问题是，如果翻阅《论语》，其中有不少谈到君子与小人的对比，比如：“子曰：君子成人之美，不成人之恶，小人反是。”“子曰：君子求诸己，小人求诸人。”甚至还有更有名的“子曰：唯女子与小人，为难养也，近之则不孙，远之则怨。”

如此说来，“小人”一词有多解，在某种程度上，小人也代表品性低下。可见完全把小人解释成一种中性词，是带有感情色彩的回护，当然这并不妨碍小人一词的多解。如果联系孔子所言的上下

樊迟墓

句，他骂樊迟小人，似乎更多的是觉得他没有理解自己的主体观念，比如何晏在《论语注疏》中引用包咸注曰："礼义与信，足以成德，何用学稼以教民乎？"

在孔子看来，能够做到礼义与信，方能成为大人，哪里用得着学习种菜。问题是，樊迟不了解老师的思想吗？他为什么要向老师请教这样的问题？樊迟请教这类问题的动机和目的，也是后世重点探求的内容。唐孔颖达认为："此章言礼义忠信为治民之要。樊迟请学稼者，树五谷曰稼。弟子樊须谓于夫子学播种之法，欲以教民也。"（《论语正义》）

看来樊迟学习农业技术是想以此来教导人民。宋吴沆在《论语发微》中也持这类观点："此商治道也。稼圃者，井田之法，一夫百亩，所以为稼；五亩之宅，所以为圃。樊迟欲以井田之法行于天下，后世学者当深究其理，农家者流即出于此。"

看来樊迟学习稼穑是想恢复商周时代的井田制。此乃一种复古思潮，应当与孔子的崇周思想不相悖。

吴沆认为古人的农家派就持这种观点，宋杨时进一步指出："樊迟请学稼学圃，如何？曰：'此亦非为利也。其所愿学，正许子并耕之意，而命之为小人者，盖稼圃乃小人之事，而非君子之所当务也。君子劳心，小人劳力。'"（《龟山集》）

杨时认为樊迟学习稼穑是本自许行的思想。这种说法可能颠倒了顺序，因为根据当代学者的推论，许行大约生于楚宣王至楚怀王时期，约与孟子同一时代，他比樊迟晚了100多年，所以樊迟不可能受许行农学思想的影响。

还有一些学者认为樊迟请教稼穑之事，是有隐名避世思想，刘宝楠持这种观点："当春秋时，世卿持禄，废选举之务，贤者多不在位，无所得禄。故樊迟请夫子学稼学圃，盖讽子以隐也。"（《论语正义》）

但是儒家思想重点讲入世，如果樊迟真的这么想，这当然会令孔子不高兴。朱熹在《论语集注》中引用杨氏言："樊须游圣人之门而问稼圃，志则陋矣，辞而辟之可也。待其出而后言其非，何也？盖于其问也，自谓农圃之不如，则拒之者至矣。须之学疑不及此，而不能问。不能以三隅反矣，故不复。及其既出，则惧其终不喻也，求老农老圃而学焉，则其失愈远矣。故复言之，使知前所言者意有在也。"

樊迟志向低下，令孔子不高兴，所以他干脆用两句不知来回绝。樊迟出去后，孔子又向弟子解释一番，杨氏认为孔子这是担心弟子们不明白他为什么要回绝樊迟。钱穆在《论语新解》中替孔子解释说："亦言为政之事，非自欲为老农老圃以谋生。然时有古今，后世文治日隆，临政者不复能以教稼自务。孔子非不重民食，然学稼学圃，终是小人在下者之事，君子在上临民，于此有所不暇。战国时，有为神农之言者许行，孟子辞则辟之，亦孔子本章之意。"

但是孔子解释的那段话，似乎与他跟樊迟的问答略显脱节，程树德在《论语集释》中说："迟问稼圃，夫子即以上好礼等词为教，何其针锋之不相对，所答非所问。自古注以来，均不得其解。"

答非所问，让后人有很多的疑惑，虽然人们对此有各种各样的解释，但程树德认为各种解释都不圆满。对此，当代学者认为这是因为

《论语》是语录体，当时只记录下对谈者所言，而没有记录下谈话时的背景，故很难还原当时的场景。甚至有人认为“小人哉”一句根本不是在骂樊迟，而是一种亲昵的嗔怪之语。当时没有录音，今天难知孔子说这句话的时候是怎样的口吻，故只能让后世随意猜测了。

从《论语》的记载来看，樊迟向孔子请教的一些问题都很重要，并且孔子回答中有些话是他重要思想的首次表达。《论语·颜渊》中载：

> 樊迟问仁，子曰：“爱人。”问知，子曰：“知人。”樊迟未达。子曰：“举直错诸枉，能使枉者直。”樊迟退，见子夏，曰：“乡也吾见于夫子而问知，子曰：‘举直错诸枉，能使枉者直’，何谓也？”子夏曰：“富哉言乎！舜有天下，选于众，举皋陶，不仁者远矣。汤有天下，选于众，举伊尹，不仁者远矣。”

樊迟请教仁的问题，孔子告诉他仁就是爱护别人。这就是“仁者爱人”这句名言的出处。樊迟又向孔子请教何为智，孔子说智就是认识别人。孔子的回答太过简洁，樊迟一时没有理解这句话所包含的内容。孔子解释：选用正直的人来修正不正直的人，就能使不正直的人也做正直的事。樊迟出来后，还是没理解，他又向子夏请教。子夏说老师说的话寓意很丰富，舜掌天下时，在人群中选拔出了皋陶，于是不仁的人就远离了。汤掌天下时，在人群中把伊尹选拔出来，于是不仁的人就躲开了。

正是樊迟一而再再而三的问题，才使得有些学者认为樊迟反应迟钝。其实反过来，也可看出樊迟喜欢对一个问题刨根问底，他没有不懂装懂，这是一种好品格。

《论语·雍也》中载：

> 樊迟问知，子曰："务民之义，敬鬼神而远之，可谓知矣。"问仁，曰："仁者先难而后获，可谓仁矣。"

樊迟再一次向老师请教何为智，孔子说做符合民意的事，尊重鬼神但要远离他们，这就是智。后世最为熟知的"敬鬼神而远之"一语，就出自此处。樊迟接下来又问仁，孔子说仁者要吃苦在先、享受在后。

《论语·子路》中载：

> 樊迟问仁，子曰："居处恭，执事敬，与人忠。虽之夷狄，不可弃也。"

此乃樊迟第三次问仁，此次孔子的回答是平常在家时要庄重严谨，出外办事要严肃认真，待人要忠心诚恳。哪怕处在偏僻的少数民族之地，也不能背弃这种做法。

樊迟三次请教仁，孔子给出了三个回答，但孔子的第三次回答，更多的是教樊迟如何行仁。所以钱穆怀疑此处的问仁，有可能是问行，因为这两字外形相似，可能发生了错讹。但钱穆又说："或疑此章问仁乃问行字误。然仁者人道，乃人与人相处之道。人道以恭敬忠信为主。夷狄亦人类，故虽至夷狄，此道仍不可弃。则本章明言仁，不必改字。”

看来孔子的回答也是属于仁的问题，所以钱穆认为没必要把仁字改为行字。以上所引樊迟三次问仁两次问智，孔子的回答各不相同。大多数解读者认为，弟子问同而孔子答异，是因为孔子因材施教。但此问题乃一人所问，为什么回答还有这样的差异？钱穆认为：“盖所问之辞本不同，孔子特各就问辞为答。”

《论语·颜渊》载：

> 樊迟从游于舞雩之下，曰：“敢问崇德、修慝、辨惑。”子曰：“善哉问！先事后得，非崇德与？攻其恶，无攻人之恶，非修慝与？一朝之忿，忘其身，以及其亲，非惑与？”

某天樊迟陪孔子在舞雩台下散步，他向老师请教怎样提高个人的品德修养，如何驱除自己的恶念。孔子当即夸赞他问得好，同时说一个人要先考虑如何做事，再想着怎样有收获，这就是提高品德的过程。而驱除恶念的方式，就是专门改掉自己的过错，不攻击别人的过错。至于何为迷惑，孔子说不能赌一时之气，而忘掉自己的安危，以至于牵连到自己的亲人。

孔子于此明确地夸赞樊迟“善哉问”，说明樊迟并不愚钝，只是他更愿意把一些事情搞明白。除此之外，樊迟还是一位敢打敢拼的武将。《孔子家语·正论解》载：

齐国书伐鲁，季康子使冉求率左师御之，樊迟为右。师不逾沟，樊迟曰：“非不能也，不信子，请三刻而逾之。”如之。众从之，师入齐军，齐军遁。冉有用戈，故能入焉。

齐国的国书率领军队攻打鲁国，季康子派冉求率领左军去抵御，派樊迟率领右军。因齐强鲁弱，鲁军不敢跨过壕沟迎战，樊迟跟冉求说：“这不是因为士兵胆怯，主要是因为他们不相信季康子，请您三次申明号令，而后带着冲过壕沟。”冉求听从了樊迟的建议，他挥舞着长戈带众人冲入壕沟，一下就把齐军打败了。

以上都说明了樊迟是一位既认真学习，又勇于做事之人，也就不奇怪他为何能列于孔门七十二贤之中了。

至于樊迟遗迹，我查得在今山东济宁有几处。2020年12月15日夜里，我驱车100多公里，穿越微山湖，因夜色太浓，一点都没有看到这片著名的湖泊。幼年时最喜欢看的电影之一是《铁道游击队》，电影中的插曲名叫《弹起我心爱的土琵琶》，由此我记住了微山湖之名。但那首歌唱的是“西边的太阳快要落山了”，我到之时太阳已经彻底落山，故只能品味“微山湖上静悄悄”了。

我一路上念叨着未能看到微山湖之憾，于是同行的刘玉林先生特地请我吃了当地的一种特色鱼火锅。据说那个火锅店是家网红店，里面食客甚众，我们所点之鱼片四片为一碟，每一片切得薄如纸，故点上几十碟也不容易填饱饿肚皮。那时我正在犯咳嗽，不敢吃海鲜，就点了盘鱼丸。食用完毕后，刘玉林跟我说鱼丸也是鱼肉啊，看来他是在嘲笑我的矫情。

这顿鱼丸没有白吃，因为食用完毕时，我隐隐地看到火锅店对面有一个巨大的广场，广场上有一尊高高的雕像。我觉得那是古人的雕像，故第二天用完早餐，我提议再往此处看看立在广场上的是不是樊迟像。

鱼台县的冬日清晨十分寒冷，我们哆哆嗦嗦地走在广场上，看到旁边的名牌上写着这里叫孝贤广场。我们走到近前，方看到这里立的是闵子骞像，介绍牌上称鱼台县有三贤：闵子骞、樊迟和宓子贱。这三人都是孔子的弟子，且他们都处在方圆五里之内的王鲁镇。在孝贤广场上没有看到樊迟雕像，终究令我有些遗憾，但我还是觉得这个县能出三位孔子高徒，足以令人景仰。

退房之后，我们前去探寻樊迟墓，其墓位于山东济宁市鱼台县王鲁镇武台村。导航上有此地点，开行不到一个小时，我们找到了樊迟墓。墓园四周有围墙，大门上着锁，该墓处在村外，我与刘玉林围着墓墙到处找突破口。走到西侧时，我们发现这里有一侧门，但同样上着锁。

于此处探看一番，没有遇到路人，但侧门是用铁栅栏所做，我觉得能够翻过去。刘玉林觉得这么做不妥，似乎对樊迟不尊重，但我自有歪理在：我们是来朝拜他，总不能远远看一眼就离去，这更是对他的不尊重。

刘玉林嘴里念念叨叨，而后一咬牙用手扶着大铁门，让我先翻入，我觉得他可能是想向樊迟解释，我们翻墙也是一种虔诚。在早期的寻访中，我时常干这种事，自腿受伤后，不敢涉险，今日出于无奈还是翻了过去。到如今还有往日的身手，令我的心情大感愉悦。遗憾的是，刘玉林担心大门倒塌，他全力扶着门，没能拍下我矫健的身姿。而后我扶着摇晃的大门，让刘玉林也翻了过来，他比我年轻，当然翻门比我容易。

樊迟墓园占地面积在20亩以上，四周都是荒草，因为我们到达此处时刚过8点，故里面的枯草上有一层白霜，这更增加了莫名的苍凉感。踏着荒草小心前行，里面坑洼不平，好在我没有摔跟头。

荒草丛生

樊迟墓丘处在墓园的正中，其直径10米左右，墓围不足1米高，下方有方形的平台，墓顶上长满荒草。墓的前方立有十几块碑，我大致浏览一下，大多是新碑。墓前的碑却是一块旧刻，该碑已经碎为几截，为拼合在一起外加碑券，仔细辨认，上面刻着“古迹：先贤樊子迟墓”。碑券的两边还刻着对联，只是墓碑的落款已经辨识不出。

我端详其他几块碑，没有找到记载樊迟墓沿革的文字，其中一块碑额刻着国徽，这在他处从未见到过。文保碑的背面有简介，但此简介是打印在纸上贴在后面的，想来准备予以刊刻，但还未实施。

我们又在墓园内转了一圈，看到角落里躺着几块古碑，可惜碑面朝下，无法看到上面的文字。

断成几截的墓碑

瞻仰完墓园，我们走到正门前，试图从这里出去，但从里面折腾一番还是打不开门，无奈又回到侧门，从那里翻出。接着上李洪武的车，我们前往村内去探看樊子祠。

这个村庄内静悄悄的，遇不到行人，我在村边看到了几个大的水塘，塘边的芦苇已经干枯，寒风吹拂其上，令人心生风萧萧兮易水寒之叹。

我们终于在村内遇到一位大妈，向其请教樊子祠所在，她向我们解释了一番。李洪武记不住她所说的拐来拐去，于是请她上车，然而这位妇女说不远，她径直向前走去，我们开车跟着她慢慢走。

走出不远，来到了一个院落门口，这里完全不像祠堂的模样，敲门后，里面走出一位老先生，他听闻我们要看樊子祠，转身回了屋中。带路的妇女说他去拿钥匙，此时院里又走出一位老太太，她把一个铁盆放在地上，而后用锅倒出一堆方便面，一只狗跑过来闻了闻，似乎不感兴趣，不情愿地掉头离去。那位老太太跟带路人感慨说，家里所养之狗的口味越来越刁，方便面都不吃了。

今日早上的寒风使得我冰冷的身体一直没有缓过来，看到这么热乎乎的面令我羡慕不已。刘玉林看出了我的眼神，而后揶揄说："看看，比你吃得好。"当年我刚参加工作时，流行康师傅方便面，那时能吃一碗是很荣耀的事情，而今狗都不吃了，不知道这是否说明人民的物质生活水平有了极大的提高。

老先生出来后，带领我们前去祠堂，其家距祠堂约有百米。在路上刘玉林与之攀谈，得知老先生名樊德云，是樊迟的七十七代孙，今年恰好77岁。他打开祠堂院门后，我们走入院内，前方有几十米长的甬道，两侧是其他院落的房屋。樊先生解释，这原本都是樊子祠的范围，只是几十年前被大队占了，后来他坚持不懈地打官

樊子祠

司索要，终于要到了一部分，靠樊氏后人捐款，重新修复了樊子祠，而两侧所占之地还没有索要回来。

樊德云先生

甬道前方有几亩地的空地，两边种上了一些柏树以及常青植物，后方就是樊子祠。该祠乃仿古建筑，祠堂处在半米高的台基之上，下方有几块新碑，正门挂着“益都侯殿”匾。

走入祠堂，正前方有樊迟塑像，两旁则为樊於期和樊哙塑像。像后的墙上绘有一些彩绘。樊先生说，这都是他找人绘制的。站在这里观看屋顶，可知该祠堂是钢筋混凝土结构，屋顶还未着彩。樊先生说因为筹集的资金有限，他只能陆续搞建设。

樊先生接着又带我们参观了旁边的樊子研究学会办公室，这里有一些展板，他向我们讲解着这里的变迁。墙上还有樊子祠恢复效果图，看来老先生立志要恢复该祠原有的规制，而此图旁边还有樊迟墓恢复效果图。

樊先生问我们是否要去看樊迟墓，因为钥匙就在他这里。我与刘玉林对望一眼，刘先生期期艾艾地说：“我们刚才去了樊子墓，因为问不到钥匙在哪里，于是我们就进去了。”幸亏老先生没有问我们是怎么进去的，因为他忙着介绍附近大闵村的闵子祠，他说那个祠比樊子祠建得好，令其心中不平。刘玉林顺着他的话说，我们要赶到那里去看闵子祠，随后我们向老先生道谢，匆匆离去。

公冶长：善辨鸟语，因囚成婿

公冶长是孔子的女婿，虽然有这样特殊的身份，然而《论语》一书中仅有一条说道了他，《论语·公冶长》：“子谓公冶长：‘可妻也。虽在缧绁之中，非其罪也。’以其子妻之。”

公冶长因故被抓进了监狱，但孔子认为公冶长是无辜的，所以把女儿嫁给了公冶长。孔子为什么如此欣赏公冶长呢？《孔子家语·七十二弟子解》中的解释是：“公冶长，鲁人，字子长，为人能忍耻，孔子以女妻之。”看来是公冶长隐忍的个性受到了孔子的赏识，于是孔子把女儿嫁给了公冶长。对于孔子的心态，皇侃在《论语义疏》中有这样的解读：“公冶长者，孔子弟子也。此篇明时无明君，贤人获罪者也。所以次前者，言公冶虽在枉滥缧绁，而为圣师证明若不近仁，则曲直难辨，故《公冶》次《里仁》。”

皇侃认为公冶长首先是孔子的弟子，所以孔子对他很了解，认为他入狱是无辜的，而孔子把女儿嫁给一位坐过监狱的人，正表明了孔子所处时代无明君，好人获罪，这让孔子心中不平。皇侃又从《论语》一书的排序来作解读，因为《论语》中的“公冶长篇”排在了

“里仁篇”之后，孔子嫁女儿于公冶长，这种行为正是近仁的具体表现，孔子同时也用实际行动证明了公冶长无罪。故皇侃又明确地称：“冶长贤人，于时经枉滥，在缧绁之中，虽然实非其罪也。”皇侃还在《论语义疏》中引用了范宁之语：“公冶行正获罪，罪非其罪，孔子以女妻之，将以大明衰世用刑之枉滥，劝将来实守正之人也。”

由此可见，前人大多认为孔子把女儿嫁给公冶长，是想通过这样的行为来表达他对公冶长人品的首肯，以及他对社会不公的申诉。但也有人不这么解读，比如王充在《论衡·论孔》中引用了《论语》中的这段话，而后提出了如下疑问：

> 问曰：孔子妻公冶长者，何据见哉？据年三十可妻邪？见其行贤可妻也？如据其年三十，不宜称“在缧绁”；如见其行贤，亦不宜称“在缧绁”。何则？诸入孔子门者，皆有善行，故称备徒役。徒役之中无妻，则妻之耳，不须称也。如徒役之中多无妻，公冶长尤贤，故独妻之，则其称之宜列其行，不宜言其在缧绁也。何则？世间强受非辜者多，未必尽贤人也。恒人见枉，众多非一，必以非辜为孔子所妻，则是孔子不妻贤，妻冤也。案孔子之称公冶长，有非辜之言，无行能之文，实不贤，孔子妻之，非也；实贤，孔子称之不具，亦非也。诚似妻南容云“国有道不废，国无道免于刑戮”，具称之矣。

王充首先问孔子嫁女于公冶长，是看重了公冶长的品行，还是因为感觉公冶长年纪已经过了30岁。如果是品行的话，孔子弟子中品行好的人很多，那么孔子就没必要通过嫁女的方式来单独表彰公冶长。如果孔子嫁女的原因是公冶长无辜被拘禁，那么孔子嫁女不是嫁给品行贤良之人，而是嫁给受冤枉之人。

王充在这里提出了《论语》上那段话的矛盾之处，但后世还是认为孔子所为有其深意，比如刘宝楠在《论语正义》中引用《大戴礼记·保傅》称："谨为子孙娶妻嫁女，必择孝悌世世有行义者。"

看来孔子嫁女的原因有两个，首先是公冶长的人品，其次是孔子想通过这个行动来说明公冶长罪非其罪，以此来谴责鲁国的执政者不辨黑白地制造冤假错案，同时也说明了乱世"用刑之枉滥"。

其实关于公冶长是否为孔子的弟子，也有人提出过疑问，日本学者中井积德在《论语逢源》中称："公冶长，此章之外无所见。其为孔门弟子，无征，恐不必然也。《史记》弟子之籍，安足据哉？且孔子择婿，何必于弟子？"

中井积德根据《论语》中仅有一条记载了公冶长之事，以此来怀疑他可能不是孔门弟子。然而司马迁在《史记·仲尼弟子列传》中把公冶长排在了孔门第十六位，《孔子家语》也将公冶长列为第二十位，虽然中井积德质疑司马迁这种排列弟子的方式没有依据，但同样中井积德也拿不出证据来证明公冶长不是孔子的弟子。公冶长是孔子的女婿，中井积德也承认这一点。

关于公冶长入狱的原因，皇侃在《论语义疏》中引用了《论释》中所载的一个故事：

公冶长从卫还鲁，行至二界上，闻鸟相呼往清溪食死人

> 肉。须臾，见一老妪当道而哭。冶长问之，妪曰：“儿前日出行，于今不反，当是已死亡，不知所在。”冶长曰：“向闻鸟相呼往清溪食肉，恐是妪儿也。”妪往看，即得其儿也，已死。即妪告村司，村司问妪从何得知之，妪曰：“见冶长，道如此。”村官曰：“冶长不杀人，何缘知之？”因录冶长付狱。主问冶长：“何以杀人？”冶长曰：“解鸟语，不杀人。”主曰：“当试之，若必解鸟语，便相放也；若不解，当令偿死。”驻冶长，在狱六十日。卒日，有雀子缘狱栅上相呼，啧啧雀雀，冶长含笑。吏启主：“冶长笑雀语，是似解鸟语。”主教问冶长：“雀何所道而笑之？”冶长曰：“雀鸣啧啧雀雀，白莲水边有车翻，覆黍粟，牡牛折角，收敛不尽，相呼往啄。”狱主未信，遣人往看，果如其言。后又解猪及燕语，屡验，于是得放。

《论释》中说公冶长从卫国返回鲁国时，听到一些鸟互相招呼着前往清溪去吃死人肉。而后他遇到一位老妇人在路上哭，公冶长问老妇何以如何悲伤，对方告诉公冶长，自己儿子前天出门到现在没有回来，有可能死在外面了却不知他死在哪里。公冶长告诉老妇，他刚才听鸟所言，有可能这些鸟到清溪去吃的那个死人就是她的儿子。老妇前去查看，果然就是其子，于是她将此事告诉村官，村官问她何以得到这个消息，老妇称是公冶长告诉。而村官则认为有可能是公冶长杀的人，否则的话，公冶长何以知道得这么明确，于是他将公冶长关入了监狱。管监狱的人审问公冶长为什么要杀人，公冶长说自己只是懂鸟语并未杀人，此人不信要做实验，将公冶长关了两个月。之后有一天有鸟在监狱的栅栏上鸣叫，公冶长闻之而笑，管监狱的人问他笑什么，公冶长说这些鸟提到有一辆车翻了，车上载的稻米洒得到处都是，它们招呼着前往吃食。狱官不相信立即派人去查看，果然看到的情形与公冶长所言完全相符。后来公冶长还向他证实了自己能听懂猪和燕子的语言，狱官知道的确冤枉了公冶长，于是将其释放。

对于这个故事，皇侃也明说“未必可信”，但他同时又称古时有不少文献都记载公冶长懂鸟语之事，而皇侃也不能判断这种说法的真伪，故他还是将此故事转录于此。

如何来理解皇侃在解经时引用这样一个传说，陈寅恪在《〈杨树达论语疏证〉序》中称：

> 天竺佛藏，其论藏别为一类外，如《譬喻》之经，诸宗之律，虽广引圣凡行事，以证释佛说。然其文大抵为神话物语，与此土诂经之法大异……南北朝佛教大行于中国，士大夫治学之法，亦有受其薰习者。寅恪尝谓：裴松之《三国志注》，刘孝标《世说新语注》，郦道元《水经注》，杨衒之《洛阳伽蓝记》等，颇似当日佛典中之合本子注。然此诸书皆属乙部，至经部之著作，其体例则未见有受释氏之影响者。惟皇侃《论语义疏》引《论释》以解《公冶长》章，殊类天竺《譬喻经》之体。殆六朝儒学之士渐染于佛教者至深，亦尝袭用其法，以诂孔氏之书耶？

陈寅恪认为皇侃解经引用传说故事，乃受佛经《譬喻经》的影响，虽然这种做法在后世并不盛行，但通过讲这样的故事来解经，人们读来颇感生动。后世学者对这种做法多不首肯，刘宝楠在《论语正义》中称："邢《疏》斥其不经。愚以《周官》夷隶掌与鸟言，貉隶掌与兽言。则以公冶解鸟语，容或有之，而谓因此获罪，则傅会之过矣。"

邢昺在《论语注疏》中认为这个故事荒诞不经，刘宝楠却认为按照《周官》方面的记载，确实有人懂鸟语，但他同时认为若公冶长是因为懂鸟语之事入狱这种说法不可靠。而崔述在《洙泗考信余录》中也认为这个故事有些荒诞："世传公冶长通于鸟言，有虎负羊于山，鸟告长使取之，丧羊者迹得之，以为窃也，讼之于吏，以此陷于缧绁云云。其说荒诞鄙陋，本不足辩，而好奇之士亦有援以释《论语》者，贻误后学非小也。且使长果如此，是长以口腹故取

公冶长墓园

非其有，以陷于刑，虽非盗窃，亦不得为无罪。孔子何得谓之‘非其罪’乎！学者等诸‘齐东之语’可矣！”

但崔述讲述的故事显然与《论释》中所载有些差异，因为这个故事的主体由死人变成了羊，其所言应当是本自《绎史》卷九五《孔门诸子言行四》中所引《留青日札》之言：

> 公冶长贫而闲居，无以给食，其雀飞鸣其舍，呼之曰："公冶长，公冶长，南山有个虎驮羊，尔食肉，我食肠，当亟取之勿彷徨。”子长如其言，往取食之。及亡羊者迹之，得其角，乃以为偷。讼之鲁君，鲁君不信鸟语，逮系之狱。孔子素知之，为之白于鲁君，亦不解也。于是叹曰："虽在缧绁之中，非其罪也。”
>
> 未几，子长在狱舍，雀复飞鸣其上，呼之曰："公冶长，公冶长，齐人出师侵我疆，沂水上，峄山旁，当亟御之勿彷徨。”子长介狱吏白之鲁君，鲁君亦勿信也。姑如其言往迹之，则齐师果将及矣。急发兵应敌，遂获大胜。因释公冶长而厚赐之，欲爵为大夫，辞不受，盖耻因禽语以得禄也。后世遂废其学。

某个时段公冶长因家中贫穷餐食不继，有只鸟飞到他家，告诉他："南山有只虎咬死了一只羊正在驮着走，你可去夺下那只羊，你吃肉我吃内脏。”公冶长闻言赶到了南山，不知他用什么办法让老虎扔下羊逃走，公冶长得到了这只羊。后来丢羊的人根据血迹找到了公冶长家，在其家中看到了羊角，其认定公冶长偷食了他的羊，于是他到鲁君那里起诉了公冶长。公冶长向鲁君解释自己懂鸟语，但鲁君不信还是将其关入了狱中。孔子了解公冶长之为人，知道他懂鸟语，于是向鲁君解释，显然孔子没能说动鲁君，故孔子说出了那句长叹之语。后来又有鸟飞到了狱舍，告诉公冶长齐人出兵侵略鲁国边境，公冶长通过狱卒把这个消息报告了鲁君。鲁君派人前去探看，果然如公冶长所言，于是鲁君赶快发兵迎敌，战争胜利后鲁君释放了公冶长。

这个故事还有几个版本，这些都说明该故事流传之广，且异人能懂兽语之事古代文献也多有记载，比如《礼记》中称："夷隶，掌役牧人，养牛马，与鸟言。"《唐阙史》卷下"渤海僧通鸟兽言"一条中明确地称："公冶长通鸟语，介葛卢辨牛鸣，著在格言，固非妄矣。"

看来古人的确相信有的人能懂兽语，但是公冶长是从哪里学到这个本领的呢？陈金文在《"公冶长识鸟语"传说浅论》一文中提及这样的传说："公冶长去田间劳动，或去山上砍柴，遇到一条公蛇和一条母蛇'厮混'，他打伤了母蛇。母蛇向其父亲或其丈夫告状，于是其父亲或其丈夫去找公冶长报仇。恰好公冶长正在向母亲讲述白天发生的事。真相大白，母蛇的父亲或丈夫以为公冶长为其维护了'门风'，决定报答公冶长。于是将蛇珠吐给了公冶长，公冶长吞下蛇珠，遂识鸟语。或曰是母蛇的丈夫向公冶长嘴里吐了一口唾液，或云母蛇的父亲或丈夫杀掉了母蛇，将其熬成了汤，让公冶长喝下，说法种种不一。总之，此后公冶长便识了鸟语。"

这些记载都间接地说明了公冶长有可能真的懂鸟语，无论其是否真懂，他蒙冤入狱之事被后世作为名典广泛引用，比如骆宾王在《畴昔》篇中称：“冶长非罪曾缧绁，长孺然灰也经溺。”此上句用的是公冶长入狱之典，下句则为韩安国死灰复燃之典。李白在《上崔相百忧章》中说道：“冶长非罪，尼父无猜。覆盆倘举，应照寒灰。”所用仍是以上两典。刘禹锡在《送华阴尉张苕赴邕府使幕》一诗中亦认为公冶长无罪：“公冶本非罪，潘郎一为民。”

虽然《论语》中对公冶长记载仅一条，但因其是孔子女婿的特殊身份，位列孔门七十二贤之一。唐开元二十七年（739），公冶长被封为莒伯。宋大中祥符二年（1009）追封其为高密侯，宋咸淳三年（1267）以“高密侯”从祀孔子。明嘉靖九年（1530）改封先贤公冶子。

关于公冶长的遗迹，《青州府志》引《博物志》所言：“周公冶长墓在城阳姑幕城东南五里，墓极高。”1992年《诸城市志》载：“公冶长墓，位于市境西部的锡山子东南麓，今先进村东北侧。”从史料上得知，公冶长墓因看墓人长期居住于此，渐渐形成了一个村庄，该村名公冶场村，后来该村并入了近贤村。后来该村根据谐音改名为先进村。

一直想找个机会来探寻公冶长墓，直到2019年4月下旬，我在山东半岛寻访多日。27日这一天，我得以跟随刘玉林先生前往此地探访公冶长墓。这一带的道路车流不息，有些农用三轮车以横冲直撞来形容都不具夸张色彩。总算行驶到了乡间土路，路况虽差，路面上却安静了起来。前行不远就看到了先进村的指示牌，在村边看到一位放羊人，刘玉林立即下车前往问路，那个场景让我想到了元曲中的《山坡羊》。刘玉林返回车上时，我从其脸色看，应该是没有打听到具体的地点。于是我们继续前行，驶上了一个高高的土岗，以我的感觉，此处应当就是锡山子。远远地望过去，山上有些建筑，但建筑风格似乎太过现代，并且土路越走越窄，司机担心继续前行无法掉头，于是我们决定原路返回，重新到先进村内打问。

也许我们来得不是时候，村中静悄悄的，驱车在村内兜了一大圈，终于在一个挂着红灯笼的门前遇到一位蹲在那里晒太阳的老大爷。我们向其了解公冶长墓，他告诉了我们确切的地点。按其所指，在村的另一侧找到了公冶长墓。

墓园前的道路还在整修中，然后方的小广场已经做了铺装，神道前的石狮子和牌坊看得出制作成的时间也就十年八年，牌坊后面就是公冶长墓。墓前的石碑和香炉也是新作，碑额刻制得太过粗糙，上面刻着“春秋”二字，而石碑则被涂成了黑色，中间大字刻着“始祖先贤高密侯公冶子长暨德配圣门孔孺人之墓”，右侧的小字刻着“公元二零零六年岁次丙戌清明榖旦”，左侧刻着“七十五世孙宪钧七十六世孙庆瑶庆云七十七世孙繁信重修”。

公冶长墓

正拍照间，来了两位村民，面色看上去颇为友善。他们问我们

公冶繁友指出自己的名字

三人前来此处何事，刘玉林向其解释："我们就是来朝拜公冶长。"刘玉林又问他本村是否还有公冶长的后人，这两人立即说他们就是。如此巧合，我颇为欣喜，于是立即问他们的大名，其中一位说了几遍我也未能听懂，我看刘玉林也一脸茫然。看来这一带真是十里不同音，于是我灵机一动问他碑前刻的那几个名字是否有他二人，其中年岁大的那位立即走到此碑的背面，他指着第一行的一个名字，我走近细看他指之处有"繁友"二字。原来这位先生名公冶繁友，我立即夸赞了此名之佳。其实想想，复姓读来总是让人有种文雅气。

石碑背面刻着的是"重修墓碑筹备人员名单"，上面刻着上百个名字，我问繁友先生这些人是不是都住在本村，他说本村姓公冶的人很少，名单上的这些人分散在全国各地，他们听闻要修复公冶长墓地，于是纷纷捐款。但是公冶后人做大生意的少，所以捐款额不是很大，因此墓前的道路和旁边的小石桥还因有资金缺口未曾修建完毕。但繁友先生说这些事情不着急，慢慢都会修好的，他同时向我讲述了此墓修缮完毕后公冶后人来此举行仪式时的盛况。

拍照完毕后，我们感谢了公冶繁友先生的告知，而后继续驱车前往城顶山，去那里探访公冶长书院，此书院位于山东省安丘市石埠子镇孟家旺村的城顶山上。前往之路最奇特之处乃道路中间的隔离线画成了彩虹状。在山间盘旋很少遇到车辆，行驶到高处时，可以看到山下巨大的沟壑，其地质结构颇像陕西所特有的塬。在盘山路上行驶了十几公里后，我们来到了山顶，山间之路出现了岔道。我们不知该往哪个方向行驶，于是决定先往左路探访，而此路的顶头位置就是城顶山的顶峰。在这里看到了公冶长书院风景区的指示牌。

感觉与陕西的塬有些相像

这个山顶颇为平整，感觉有几亩地大，上面盖着一些20世纪70年代特有的营房式建筑。于停车处看到了一辆森林消防车，看来这些房屋如今的使用者是森林防火部门。沿着路上的指示牌一路向前走，穿过一片松林，路的顶头位置是一座炮楼，站在这里探望，完全看不到书院的影子。刘玉林走到前方向下探视，看到半山腰上有不少的游客，他感觉书院就在那里，然而我们站在悬崖边找不到向下行驶的道路。此时有两个年轻人停车后也走到了这里，于是我立即上前请教，果然书院就在山的下方。但是前行之路太过陡峭，我担心自己滚落下去，于是想起在山顶上遇到的岔道，问那位年轻人是否从另一条路就可以走到公冶长书院门前。此人告诉我，即使开车沿那条路行驶也无法行驶到书院门前，因为书院处在上下两条道路的中间位置，必须步行才能进入院中。

是从这里走下去还是从下面走上来，这令我颇为纠结。年轻人看出了我的犹豫，他贴心地告诉我，从上面往下走不用买门票，但若从下面往上走除买门票外，同样也要爬山。看来无论从上还是从下，都免不了劳累双腿，但刘玉林还是担心我从这里往下走有危险。于是我们一咬牙重新回到了车上，沿着岔路一路下行，而后驶入了一个村子，在村中了解时方知道我们又走过了，再掉头返回，在一个院落中看到有几人在那里探望，摇下窗打问，对方告诉我们下面有一个停车场。

由此开始登山

我们找到了停车场，交10元停车费后沿着台阶开始爬山。在入口处看到“山东省中小学生研学实践教育基地”的告示牌，果然登山的人都是一些中小学生。这些石台阶颇为陡峭，走不出多远就已气喘吁吁，我们歇了两回才走到了购票处。30元一位的票价买了三张，再加上停车费合计100元，这让我想起年轻人的提醒。

我们买票后继续爬山，一眼望上去，台阶的长度还是望不到头，看来朝拜这位先贤仅靠“心诚则灵”还不行，必须还要加上“腿诚”这一条。我们边走边欣赏两侧的风景，以此来分散自己的劳累感，终于进入了山腰间的一块平台，于此首先看到左侧的院落上书“公冶长国学馆”。我不清楚这是不是我要找的书院，于是进入这个用竹竿围起的院落，里面建造了一排二层楼房，然而楼房的甬道全部用纱网包围了起来，走入其中感觉自己是笼中鸟。这里的每间房屋名称竟然都是四库七阁的阁名，见此我大感亲切。

楼房的中间位置是入口，前厅无人，悬挂着几幅机裱的字画，而另一侧的影壁墙上摆放着一尊不成比例的关公。登梯来到二楼，看到几个教室内坐满了中学生，想来这就是研学。一位导游模样的人正在用话筒向学生们讲解着什么，看来这不是我要找的书院，于是我们重新下楼。而此时我注意到那几幅机裱字画的后面还有壁画，于是请刘玉林和司机将两幅画揭起，墙上所绘果然是我来朝拜的公冶长，只是绘画手段太过现代，与我想象的古人有较大差距。

原路走出，在前方的空地上又看到大批的学生，而那两棵枝繁叶茂的银杏树最为抢眼，学生们都围着那两棵树拍照，我为了画面

缠满红绸布的银杏树

清净，先去拍附近的景致，在银杏树不远处看到一口古井，旁边的石头上刻着“酪泉”二字。介绍牌上说：“古时青云寺里僧人的生活用井，深逾数丈，四时不竭。”上面并未提到公冶长曾饮过此井之水。

学生们陆续散去后，我们来到了两棵大银杏树前，树身上缠满了红绸布，不知寄托着多少学子的期待。树旁立着一块刻石，上面是署名李兰生所作的《银杏树赋》，铭牌的另一侧用花岗岩制作出一个像书本打开状的介绍牌，上面用中英文对照的方式刻着介绍文字，而我最为留意“相传是孔子与公冶长夫妇所植，迄今已有2500余年历史”这句话。刘玉林告诉我，当地一直传说这两棵树一棵是孔子手植，另一棵则是公冶长夫妇所植。于是我立即上前抚摸这两棵树，想沾上一些圣人的灵气。

沿着平台继续向前走，前行50米看到了青云寺的山门，我不清楚公冶长书院是否在此寺之内，于是继续向前走。在此看到了游览示意图，按照上面的标示，书院还在前面，我们又前行20米，再次看到了登山的台阶。虽然腿已酸疼，我还是努力攀登。山上的一块小平地上有一个独立的仿古院落，匾额写着“公冶祠”。门前的草地内有一块刻石，旁边的介绍牌上写着这是古石羊。介绍文字称：“2004年出土于公冶祠后坡，雕刻手法经鉴定为隋唐风格，关于公冶长懂鸟语，因失信于鸟而被捉弄险陷囹圄的传说在唐代已经盛行，专家认为此雕塑是古人为警示‘诚信’而立。”

走入山门，我在侧墙上看到了简介，其第一段称：“公冶祠，位于安邱西南八十里的城顶山中，因昔日公冶长曾在这里读书讲学，故称书院。后来人们为了纪念他，就建造了公冶祠。”如此说来，眼前的这个公冶祠就是俗称的公冶长书院。

书院即祠堂

这里占地约一亩，所修房屋虽是仿古，却手段颇新，只是正房前的两棵塔松颇为粗壮，每棵树前各有一个石制的碑亭，里面竖立着古碑。刘玉林站在碑亭前细细阅读碑文，而我则忙着拍照。

我走到正房前，看到公冶长的雕像端坐在那里，刚举起相机就听到一声断喝："不能拍照！"其声音听上去颇具内力，定神细看，未见人影，我注意到侧厢房的门帘轻轻响了一下，声音应当是从那里传出来的。于是我立即道歉退出祠堂，而后高声问站在门外拍照可以吗？那个声音未再响起，于是我把这理解为默许。

先贤公冶子长读书处

刘玉林的认真也吸引了我，我来到他正在看的碑前，看到此碑正面刻着"先贤公冶子长读书处"的字样，其他的小字却难以看清楚。但想来这就是明成化知县陈文伟所撰《公冶长书院记》，此碑文上写道："成化丁酉前二月壬申，因公务往沂水，道经其地，驻马止宿，往寻其迹，至则四壁俱废，一址独存，遂计匠作工役，不日告成，谢君之心为不负矣。"

陈文伟在任安丘知县之前，他的前任已经备好了物料准备重修公冶长祠，未等其开工就转任了他职。陈文伟在成化十一年(1475)接任安丘知县一职后，用这些物料修起了公冶长祠。余外院中的其他几块碑我无暇细看，继续在院内寻找着可拍摄之处。我注意到侧墙上挂着"感恩堂"的招牌，于是沿着侧旁的石梯登上了祠堂的后

感恩堂内景

方。这块山间小平地盖着一个不大的房屋，走入其中，是现代化的吊顶，上面挂着许多许愿牌。墙上有感恩堂介绍牌，其中一个段落称：“据说道光十二年（1832）正月，李湘棻到公冶祠拜谒公冶长，祈求圣贤保佑会试成功，当年四月，顺利中得进士，钦点翰林院庶吉士。为报谢先贤灵应，于祠后建感恩堂，并亲撰《谢先贤文》，刻碑存念，现石碑原迹犹存。”

看来是公冶长的保佑使其考中了进士，而此室内有一尊不大的公冶长雕像，此雕像的外观与下面公冶祠内的基本相像。我注意到这里无人，于是赶紧拍照。祠堂的另一侧房屋挂着“第一展室”的铭牌，里面悬挂着一些今人写的字画，有一排展板则分明注明是“项目简介”“技艺流程”“传习制度”，其第一个展板上对公冶长有如下介绍：

公冶长（前519—前470），字子长，春秋时齐国人，另一说为鲁国人，是孔子的学生和女婿，他一生中大多时间是在山东省安丘市境内的城顶山度过的，因此，公冶长的传说在安丘尤为广泛，现为山东省第二批非物质文化遗产项目。

传说公冶长吃了蛇王相赠的蛇珠后懂了鸟语。又说公冶长归隐山林，与鸟为友，与鸟为伴，逐渐懂得了鸟的习性而懂鸟语。最为经典的传说是鸟戏公冶长、雁传讯息破敌兵、蝉哑蛙不鸣传说、雀松、种豆得瓜、搁灯山、跪地取火等。

回到祠堂的前院，刘玉林还在那里欣赏古碑，其做事之认真令我叹服，而他特意给我指出在古碑上的发现。听其讲解后，我对公冶长书院的历史又有了进一步的认识。

高柴：善哉为吏，誉传他邦

高柴字子羔，不同文献有子皋、季子皋、子高、季羔等写法，他是孔子的弟子，为七十二贤之一。

关于高柴的身世，《元和姓纂》中说："柴，齐文公子高后，高孙奚以父字为氏。十代孙高柴，仲尼弟子，孙举，又以王父名为柴氏。汉有棘（蒲）侯柴武、柴文，晋末为平阳太守。"

从高柴的孙子开始，他以祖父的名为姓，叫柴举。柴存才、周祖祥主编的《柴姓——源于高柴，根在太康》一书中称："高柴生有九个儿子、二十九个孙子，长孙高举约生于楚惠王十年三月初六，举成人后以祖父高柴之名为姓，始有柴姓。"可见，高柴又是柴姓的始祖。

关于高柴的生卒年，各种文献没有明确记载，《孔子家语》中说高柴比孔子小四十岁，《史记》中则称："少孔子三十岁。"两书中记载孔子弟子的年龄大多会出现这种问题，梁玉绳在《史记志疑》中说："古人'三''四'两字皆积画为之，最易为误。"

古人把三十和四十有时写作"卅"和"卌"，这两个字外形较相似，在传抄的过程中，容易多一竖或少一竖，即使是横着写，四有时候会写成“三”，这同样容易少写一横。故后世学者大多认为高柴应该是比孔子三十岁。孔子生于鲁襄公二十二年（前551），以此后推三十年，高柴应生于鲁昭公二十一年（前521）。

关于高柴的卒年，按照《高氏家谱》所载，他去世于周安王九年，即公元前393年，享年128岁。因此，被后世尊为“寿圣”。

关于高柴的状况，《史记·仲尼弟子列传》中称：“子羔长不盈五尺，受业孔子，孔子以为愚。”可见高柴长得很矮小，孔子对他的评价用一个“愚”字来形容，但何为愚，后世有不同解释。有人说这是耿直之意，也有人说他不聪明，但以前者说法为多。这种说法本自《论语·先进》中孔子对几位弟子的评语：“柴也愚，参也鲁，师也辟，由也喭。”

何晏在《论语集解》中说：“愚，愚直之愚。”刘宝楠在《论语正义》中的解释与之类似：“高柴性愚，直也。”

司马迁在《史记》中转引了《论语》所言，只是前后顺序有些变化：“师也辟，参也鲁，柴也愚，由也喭，回也屡空。赐不受命而货殖焉，亿则屡中。”

相比较而言，《论语·先进》中的所载更早，南怀瑾在《论语别裁》中引用了这段话，而后一一予以分析。他认为孔子的这四位弟子代表了人格的四种类型，故其给这段小节起题目为“儒家四相”，四相中高柴排在最前面。同时他认为高柴照现在话来说就是笨，但并不是我们普通意义上说的笨，朴拙一点，举止比较迟缓就近愚，不完全是笨的意思。

南先生所言，较相近于这句评语的本意。朱熹在《论语集注》中说："愚者，知不足而厚有余。"朱子认为高柴不属于机敏之人，却有仁爱之心，故愚并无愚笨之意，更何况，《论语·公冶长》中载："子曰：'宁武子，邦有道则知，邦无道则愚。'"可见愚是另一种智慧。

在孔门中，相比较而言，高柴与子路关系最为密切，他比子路小21岁，故子路把他视作小兄弟。《论语·先进》载："子路使子羔为费宰。子曰：'贼夫人之子。'子路曰：'有民人焉，有社稷焉，何必读书，然后为学？'子曰：'是故恶夫佞者。'"

高柴墓

鲁定公十二年（前498），子路做了季孙氏的家臣，子路举荐高柴去担任费地的长官，孔子闻听此事说，这简直是害人子弟。可见孔子不同意子路的举荐，子路反驳说，那个地方有老百姓，有土地和五谷，不一定非要读书才算学习。子路的反驳令老师很生气："我讨厌那种花言巧语狡辩的人！"

孔子反对高柴任费宰，想来他觉得高柴那时的能力不胜任这个职务。按照不同的年龄推论，那时的高柴在15岁到25岁之间，即使是25岁，也太年轻了。所以孔子觉得他应当继续学习一段时间再出仕，子路却认为即使年轻也可以边干边学。

按照历史文献所载，子路确实有识人之才，后来高柴担任了一系列职务，比如他任过费宰、郕宰、武城宰，另外他还做过卫国的士师，再加上他很长寿，所以高柴成为孔子弟子中从政时间最长、担任官职最多的一位。

高柴能担任这么多职务，说明他并不是人们所理解的那么愚，《左传·哀公十七年》载：

> 公会齐侯，盟于蒙，孟武伯相。齐侯稽首，公拜。齐人怒，武伯曰："非天子，寡君无所稽首。"武伯问于高柴曰："诸侯盟，谁执牛耳？"季羔曰："鄫衍之役，吴公子姑曹；发阳之役，卫石魋。"武伯曰："然则彘也。"

鲁哀公十七年（前478），哀公与齐平公在蒙邑会盟，鲁国大夫孟武伯带领高柴随行。两国国君见面时，齐平公向鲁哀公行了稽首礼，顾炎武《日知录》中有"拜稽首"一节，该文中称：

> 古人以稽首为敬之至。《周礼·太祝》："辨九拜，一曰稽首。"注："稽首，拜中最重，臣拜君之礼。"

可见，齐平公对鲁哀公十分恭敬，他用了顶级的拜礼，鲁哀公却并没有用稽首礼来回礼，他的做法令齐国大臣很生气。孟武伯替鲁哀公解释：“齐平公又不是天子，我的君主当然没必要用稽首礼。”对于这种说法，顾炎武在文中有如下引用：“《礼记·郊特牲》：大夫之臣不稽首，非尊家臣，以避君也。”

虽然说孟武伯说的有道理，但毕竟齐平公先用稽首礼致意鲁哀公，而哀公不以同样的礼回之，显然有失对等原则。孟武伯的意思是说如果面对齐平公就使稽首之礼，那么等今后觐见周天子时就没有更高的礼可用了。为了得到荣誉，孟武伯进一步问高柴，在诸侯会盟的时候，应该由谁来执牛耳。高柴回答，鄫衍那次会盟，是由吴公子姑曹执牛耳；发阳那次会盟，是由卫石魋执牛耳。孟武伯闻听后觉得执牛耳不是固定的排序，那么我这次来执牛耳也没什么不可以。

高柴与孟武伯一唱一和，两人配合得很好，最终使得鲁哀公成为此次会盟的主角。由此也可看出高柴的智慧。

关于执牛耳的概念，郑玄在《周礼注》中说：“合诸侯者，必割牛耳，取其血，歃之以盟。珠盘以盛牛耳，尸盟者执之。”可见哪个诸侯国手持祭祀用的牛耳，说明他就是某次聚会的主导者。当时齐国比

高柴墓文保碑

鲁国强大，本应是齐国来执牛耳，但孟武伯与高柴巧妙配合，竟然扭转了局势。

《孔子家语·弟子行》中记录了卫国将军文子问：“吾闻孔子之施教也，先之以诗书，而道之以孝悌，说之以仁义，观之以礼乐，然后成之以文德。盖入室升堂者七十有余人，其孰为贤？”

文子想了解孔门弟子中哪些人比较杰出，子贡举出了多位弟子，其中就谈到了高柴：

> 自见孔子，出入于户，未尝越礼。往来过之，足不履影。启蛰不杀，方长不折。执亲之丧，未尝见齿，是高柴之行也。孔子曰：“柴于亲丧，则难能也；启蛰不杀，则顺人道；方长不折，则恕仁也。成汤恭而以恕，是以日跻。”

远观高柴墓

子贡夸赞高柴入孔门后从来不越礼，甚至他走路时都会小心地不踩别人的影子，不去杀害蛰伏刚醒的动物，不折断刚刚长出的枝条，高柴为亲人守丧的阶段绝不会笑一声。这足可见高柴的品行高尚，为此而受到了孔子的夸赞。

子贡同时说他讲到的几位同门的行为都是他亲眼所见，以证其所言不虚。为此，文子感慨："吾闻之也，国有道则贤人兴焉，中人用焉，乃百姓归之。若吾子之论，既富茂矣，一诸侯之相也。抑世未有明君，所以不遇也。"

国家清明时，就会出很多贤人，否则的话，这些贤人不会受到赏识。这就是文子的感慨。春秋末年，虽然礼崩乐坏，但社会的总体传统还没有完全断绝。《礼记·檀弓下》记载了这样一件事："成人有其兄死而不为衰者，闻子皋将为成宰，遂为衰。成人曰：蚕则绩而蟹有匡，范则冠而蝉有緌，兄则死而子皋为之衰。"

某天，郕邑县有一人去世了，他的弟弟却不给哥哥服丧，后来他听闻高柴要做郕邑的行政长官，于是他马上就为哥哥办了隆重的葬礼。此人的所为受到了当地人的嘲笑，有人编了首歌谣来讽刺此事。但这件事也说明了高柴做事之认真，同时人们也知道他是一位至孝之人。

但是，再能干的人也要处在一个好时代，方能实施他的理政方略。显然高柴未能赶上好时代，《史记·仲尼弟子列传》载：

方孔悝作乱，子路在外，闻之而驰往。遇子羔出卫城门，

> 谓子路曰："出公去矣，而门已闭，子可还矣，毋空受其祸。"子路曰："食其食者不避其难。"子羔卒去。有使者入城，城门开，子路随而入。

当年卫灵公宠爱南子，卫灵公的太子蒯聩得罪过南子，他害怕被谋杀就逃到了国外。卫灵公去世后，南子想让公子郢继承王位，但公子郢不接受，他说太子蒯聩虽已逃亡，但太子的儿子辄还在。于是卫国立辄为国君，他就是卫出公。

卫出公继位十二年，其父蒯聩一直在国外，此时子路担任卫国大夫孔悝采邑的长官。蒯聩联合孔悝进行叛乱，他们派人潜入孔悝家而后袭击卫出公，卫出公逃往鲁国，蒯聩得以继位，此为卫庄公。

孔悝作乱时，子路恰好在外办事，他听闻这个消息立即赶回，恰好高柴从卫国都城内跑了出来，他对子路说：卫出公已逃亡，城门也已关闭，你最好不要进去了，不然会受到连累。子路却说：吃人家饭，就要帮人家回避灾难。子路没有听高柴的话而离去，子路进城后，果然被蒯聩杀掉了。

在那危急时刻，高柴是如何逃出城的呢？《孔子家语·致思》中载有细节：

> 季羔为卫之士师，刖人之足。俄而，卫有蒯聩之乱，季羔逃之，走郭门，刖者守门焉。谓季羔曰："彼有缺。"季羔曰："君子不逾。"又曰："彼有窦。"季羔曰："君子不隧。"又

曰："于此有室。"季羔乃入焉。既而追者罢，季羔将去，谓刖者："吾不能亏主之法而亲刖子之足矣，今吾在难，此正子之报怨之时，而逃我者三，何故哉？"

刖者曰："断足，固我之罪，无可奈何。曩者君治臣以法令，先人后臣，欲臣之免也，臣知。狱决罪定，临当论刑，君愀然不乐。见君颜色，臣又知之。君岂私臣哉？天生君子，其道固然。此臣之所以悦君也。"

孔子闻之，曰："善哉为吏！其用法一也。思仁恕则树德，加严暴则树怨。公以行之，其子羔乎。"

高柴曾担任过卫国管理断狱判刑的官吏，曾经行刑下令砍断了某个罪犯的脚。此事不久就发生了蒯聩之乱，高柴准备逃难出城，他跑到外城门口时，守卫城门的人正是那位被他下令砍断双脚的罪犯。此人看高柴跑了过来，立即告诉他城墙那里有个缺口，可以从那里跳出城，高柴说君子怎么能干翻越城墙的事。那人又说另一边的城墙有一个洞，你可以从那里爬出去，高柴说君子绝不会钻地洞。此人又告诉他，附近有一个隐蔽的房子可以到那里躲避，高柴觉得这个可以接受，于是躲进了那间房中。

躲了一段时间后，追捕高柴的人回去了，于是高柴准备离去。他问那位帮助他的人：我当年执行国君的法令，命人把你的双脚砍断，而今我处于危难之中，你完全可以借机报仇雪恨，你却想尽办法来帮助我，这是为什么呢？

那人回答：我是因为犯了法才被砍断了双脚，而您是按照法令来审理我的案子，您在审理的过程中，先去审理其他重要的案子，然后才来判我的案子，您的目的就是让我免于受到重罚。我当然懂得您这么做的目的。在审理我的案子时，罪名判定后，在考虑受什么刑罚时，我看到您脸上显现出忧伤之色，说明您有恻隐之心。您这是故意偏袒我吗？并非如此，您是天生的君子，所以您在危难之时，我才会想尽办法来救您。

对于高柴出逃的原因，《韩非子·外储说左下》中有不同记载："孔子相卫，弟子子皋为狱吏，刖人足，所刖者守门。人有恶孔子于卫君者曰：'尼欲作乱。'卫君欲执孔子。孔子走，弟子皆逃。"

韩非子说这件事发生在孔子在卫国做相时，当时高柴任狱吏，他在执法时砍断了一名犯人的脚，此人后来做了卫国的守门人。当时有人向卫国国君诬告孔子要作乱，于是卫君想抓捕孔子，孔子得信后迅速出走，他的弟子也纷纷逃亡。下面的记载谈论的就是那位被砍脚之人想方设法救高柴的故事。

虽然所记起因不同，但结果是相同的。这些记载都说明了高柴有仁恕之心，即使是他认真执行法律，砍了某人的脚，但对方仍然不怨恨他，反而努力救他于危难之中。可见，他的仁心得到了善报。孔子闻听此事后感叹地说，高柴是位好官，为官要执行法令，但执法的时候也要心怀仁义，这样就不会与更多人结下仇怨。这就是公正执法的重要性。

蒯聩之乱时，高柴在守门人的帮助下得以逃过灾难，就其个人而言，当然是一种幸运。但有人不这么看，比如桓宽在《盐铁论·殊路》中说：

> 子路仕卫，孔悝作乱，不能救君出亡，身菹于卫；子贡、子皋遁逃，不能死其难。食人之禄不能更，处人尊官不能存，何其厚于己而薄于君哉？同门共业，自以为知古今之义，明君臣之礼。或死或亡，二三子殊路，何道之悖也！

蒯聩之乱时，子路被剁成了肉酱，子贡与高柴逃遁不能为国献身。这种说法类似于朝代更迭时，所有大臣都应当为前朝尽忠一样，是没有人性的说法。何况蒯聩之乱只是宫廷内斗，父与子之间的残杀，高柴为什么要为此而死呢？《论语·泰伯》载孔子所言："笃信好学，守死善道。危邦不入，乱邦不居。"显然那时的卫国已经是乱邦，高柴逃离乱邦，恰好符合了儒家观念。

关于高柴的遗迹，《高氏族谱》编委会所编《高氏族谱·北流市乾财公支谱》中载："高柴墓有多处。高柴字子羔。山东峄县东五十里有高子羔墓。山东阳谷县有子羔墓。山东东阿县清水河寺西一里有高柴墓。山东临沂西南有高柴墓。河南省太康县城关西北四十四里有高柴集。相传孔子弟子高柴葬在此集的下大堰沟东岸，现有墓地遗址。"

嘉庆二十年所刻碑碑阳

有这么多座高柴墓存世，我搜索一番，山东省兰陵县兰陵镇东北的刘堡子村那一座墓颇为宏大。据当地人讲，以前高柴墓上竖有100余块碑，现在墓顶上仅存一块墓碑，是清嘉庆二十年（1815）高柴的第七十二代孙柴衍洞和柴兰皋所立。既然其后人有这样的认定，于是我以此作为高柴遗迹的寻访点。

2020年12月15日，由李洪武开车，在刘玉林先生的带领下，我们从济南一路南行，探看了多处历史遗迹。这一天我计划前往刘堡子村瞻仰高柴墓。导航上有刘堡子村，却显现不出高柴墓。行驶到该村附近时，远远看到一座无线信号铁塔，我感觉铁塔立在一个土丘上，这一带是平原，有这样大的凸起，一般说来就是历史遗迹，于是我们就把那个铁塔作为目标。

前行之路并不顺利，我们很快驶入了田间，虽然是冬季，但田里还有些人在劳作，他们在那里摘菜。刘玉林告诉我，兰陵是著名的蔬菜基地，上海的菜大部分是由这里供应的。这一带的田埂很窄，我们颠簸地行驶其中，路边的菜农停下手中的活张望着我们的车。我猜测他们以为我们是前来收菜的，但很快他们就会发现这种猜测不正确，因为驶出不远，前方就是断头路。

经过艰难的掉头，终于驶入村中，在一个小巷内，我们看到了铁塔下的大土堆，这一带已经被挖成了低洼的菜地。经过探看，在土堆的南侧有一座大门，可以把车停到门前。我下车确认这个土堆是不是高柴墓，跟着刘玉林踏入了松软的菜地，请李洪武想办法把车绕到大门前停放。

从侧面看过去，大土堆的直径在50米以上，这么大的封土属于帝王级，但说不定高柴后世子孙对其极其推崇，不断地添土，才会变成这么大的冢。更何况，文献记载，上面立有100多块碑，如果面积不大，也无法立得下。

大冢的西侧已经被挖掉不少，走近细看，刘玉林说，这是人工堆土，因为横断面显现出一些碎砖瓦块。从横断面看到雨水冲刷出的沟壑，好在墓顶上长着一些树丛和杂草，否则这个断崖早就坍塌了。

断崖处无法爬上土冢，沿着下方向南走，我们在西南拐角处看到了高柴墓文保碑。找对了地方，多少令我有些兴奋。文保碑的背面介绍着高柴的生平，并且说保护范围达8100平方米。而今高柴墓的周围围起了砖墙，但感觉其面积达不到文保碑上所言。

断崖

我先沿着高柴墓以逆时针的方向探看一圈，从另一侧看到也有挖土后的断崖，并且有一处有刚刚铲过土的痕迹，由此说明，这个古冢仍然在被削减中。在东南角的位置有一个大坑，这里面有火烧的痕迹，想来这是祭奠高柴时的焚烧处。转到西北角时，看到的就是那座高高的信号塔，我总感觉此塔的存在，使得高柴墓失去了几分庄重感。

重新回到西南角，这一带坡度较缓，在刘玉林和李洪武的边推边拽下，我得以登上墓顶。顶上是一片平地，上面用地膜盖着一垄一垄的土地，看来这里也被开发成了菜地。在地垄间种着一些侧柏，柏树不足手臂粗，估计是近几年所种。另外还有一些小树苗，感觉像是果树。

银杏树

我们在墓顶上小心行走，因为在地上时不时地就能看到有地洞，洞口上长着一些小草，一不小心很容易一脚踏空，刘玉林说这可能是村民保存蔬菜用的。

在平地的正中有一个十几平方米大的土坑，这个土坑里长满了荒草，荒草正中有一块石碑。这就是嘉庆二十年（1815）所刻之碑，但为什么将碑立在坑内？在这里没有遇到村民，我无法打问。

高柴墓的西北角有一棵粗壮的银杏树，银杏树下摆着简单的祭台，上面还有两个塑料箱子。箱子是半透明状，里面似乎无物，箱体上印着“黄金万两”字样。转到另一侧，祭台上摆放着酒杯，从方位看，这个祭台的前方就是那块石碑。

参观完墓顶，两人拉着我小心地慢慢向下走，因为银杏叶落了一地，并且还夹杂着许多银杏果，一不小心很可能滑下去。总算平安地下到了平地，我从正门走出时，方看到大铁门已经掉了半扇。看来是墙体坚实度不够，使得门从连接处拔了出来。

梁鳣：商瞿劝修，塑像宏大

梁鳣为孔门七十二贤之一，但历史资料中记载梁鳣事迹甚少。关于梁鳣的年龄记载，不同书也有着差异，《史记·仲尼弟子列传》中只提及梁鳣比孔子小29岁，但《孔子家语》中则称梁鳣比孔子小39岁。郭海燕在《孔子弟子梁鳣生年考——兼论中国古代的“无子出妻”制》一文中对此进行了详细考证。该文通过梁鳣与商瞿的年龄比较，最终确认《孔子家语》中所记载的年龄是可靠的。

对于梁鳣的生平事迹，最长的一段记录就是本自《孔子家语·七十二弟子解》中如下的一段话：

> 梁鳣，齐人，字叔鱼。少孔子三十九岁。年三十，未有子，欲出其妻。商瞿谓曰：“子未也。昔吾年三十八无子，吾母为吾更取室。夫子使吾之齐，母欲请留吾。夫子曰：‘无忧也，瞿过四十，当有五丈夫。’今果然。吾恐子自晚生耳，未必妻之过。”从之，二年而有子。

梁鳣塑像

梁鳣到30岁时还没有儿子，于是他打算休妻另娶，商瞿劝他不要这么做。商瞿以自己的情况做比喻，商瞿说他38岁还没有儿子，他母亲为他另娶一房。后来老师派他到齐国去，母亲则希望他能留下来。老师说不要为此担忧，商瞿过了40岁将会有五个儿子。后来的情况果然如老师所言。因此，商瞿觉得梁鳣到30岁时还没儿子，不一定是妻子的过错，说不定他命中注定就是要晚生儿子。梁鳣听从了商瞿的话，果然过了两年，其妻就生了儿子。

关于孔子预言商瞿40岁之后有五子之事，可以《史记·仲尼弟子列传》所载为证：

> 孔子既没，弟子思慕，有若状似孔子，弟子相与共立为师，师之如夫子时也。他日，弟子进问曰："昔夫子当行，使弟子持雨具，已而果雨。弟子问曰：'夫子何以知之？'夫子曰：'《诗》不云乎？月离于毕，俾滂沱矣。昨暮月不宿毕乎？'他日，月宿毕，竟不雨。商瞿年长无子，其母为取室。孔子使之齐，瞿母请之。孔子曰：'无忧，瞿年四十后当有五丈夫子。'已而果然。问夫子何以知此？"有若默然无以应。弟子起曰："有子避之，此非子之座也！"

由此可知，孔子确实对商瞿说过这样的预言，证明《孔子家语》中商瞿劝梁鳣之语确有其事。但是前代学者大多认为《孔子家语》一书是伪书，故对其文中所记表示怀疑，比如钱穆在《孔子弟子通考》中谈到商瞿时先引用了叶梦得的所言：“自司马迁以来，学者皆言孔子传《易》商瞿。瞿本非门人高第，略无一言见于《论语》。性与天道，子贡且不得闻，而谓商瞿得之乎？”而后钱穆写出如下按语：“据《列传》，瞿年长于回、赐，其从游当不在后。而孔子晚年喜《易》，瞿得其传，亦当在孔子晚世。则瞿之从学久矣，而顾无一语见于《论语》，又不见于其后群弟子之称述。则其人尚在若有若无间，遑论传《易》之事哉？”

之后，钱穆引用了《史记·仲尼弟子列传》中所载商瞿40岁后生五子之事，钱穆认为这种说法“其语荒诞，不足信”。接着他又引用了《孔子家语》中商瞿劝梁鳣的那段话，钱穆认为这段话“此又袭《史记》而益谬”。

在钱穆看来，《孔子家语》中所载的那段对话是抄袭《史记》中的所载，所以他认为：“据《列传》梁鳣、商瞿同年。瞿有五子，鳣年何得仅三十？即如今《家语》谓鳣年少瞿十岁，则鳣三十，瞿年恰四十，岂得谓夫子五丈夫子之言果然？此殊不足辨，姑举以见伪书之多谬耳。”

但是，近些年所出土的一些文献愈发证明《孔子家语》并非伪书，此书的出现年代早于《史记》，故《孔子家语》抄《史记》一事不能成立。郭海燕认为：“在此，钱穆先生的观点实际上是建立在《家语》伪造说的基础上的。而就目前的研究情况来看，《家语》虽然经过汉代孔安国的整理，但它保存的材料是原始的，是由孔子弟子‘各自记其所问’而成，绝不可能是对《史记》的抄袭。”

同时，钱穆先生通过年龄推论商瞿生五子为不可能之事，郭海燕也认为：“其实，钱穆先生对这段话的理解过于绝对。《家语》中商瞿所云‘今果然’，应是说商瞿此时已生子，孔子的话已经开始应验，未必当时已生五子。”

有意思的是，《史记·仲尼弟子列传》与《孔子家语·七十二弟子解》中所记载孔子弟子的年龄有不少都差了十岁，清梁玉绳在《史记志疑》中谈到言偃的年龄时说：“四十五岁似当依《家语》作‘三十五’为是。古人‘三’‘四’两字皆积画为之，最易讹误。”

古人写二十、三十、四十时分别写成廿、卅、卌，每增加十就多一竖画，梁玉绳认为这种情况最容易出现错讹，这正是《孔子家语》所载与《史记》相差十年的原因所在。由此而推论出《家语》记载的孔子弟子年龄更为正确。所以说，梁鳣应该比孔子小39岁。

关于梁鳣因无子欲休妻之事，是源于中国古代婚姻制度中的“七出”之说。这种说法亦是本自《孔子家语》，此书《本命解》中载：“七出者：不顺父母者，无子者，淫僻者，嫉妒者，恶疾者，多口舌者，窃盗者。”

可见无子是七出之一，七出又是可以休妻的理由，这令一些无赖男人可借此随意休妻，所以《大戴礼记·本命》中又说：“妇有三不去：有所取，无所归，不去；与更三年丧，不去；前贫贱，后富贵，不去。”

此处又规定出“三不去”，以此对随意休妻行为予以限制。虽然这个限制中没有谈到无子者可以不休，但郭海燕在文中引用了《唐律疏议》卷十四中的所载：“问曰：‘妻无子者，听出。未知几年无子，即合出之？’答曰：‘律云：妻年五十以上无子，听立庶以长。即是四十九以下无子，未合出之。’”

此处很多人首先提出疑问，妻无生子可以休之，但是古人没有规定多少年没有生子就可休妻，唐朝的律法对无子的年限做出了规定：妻年五十以上无子方可休之，如果不休亦可通过纳妾解决。以此保证了妇女的权益。

关于梁鱣的遗迹，我从网上查得山东东平梁氏墓园旁修起了梁氏宗祠，宗祠内有梁氏九世祖梁鱣塑像。除此之外，我查不到与梁鱣有关的任何遗迹，于是将此定为寻访目标。

梁氏墓园位于山东省东平县东平湖畔老湖镇梁林村，2021年2月24日，我从北京开车前往该地。因为疫情，近期乘交通工具有一定的危险，为了便于在外地居住，我在出京的前一天先做了核酸检测，然后开车一路南行，行驶约600公里来到了东平湖畔，而后沿着湖边路蜿蜒前行。

行驶到山脚下时，远远看到一处黄瓦红墙的建筑，我本以为这是一处佛寺，展眼望去，却看不到其他标志物。我决定到此寺打听路径，沿着田间窄窄的水泥路开行不远，于此遇到一个岔路口，向北的直行路另有一新做石牌坊，上刻“五侯遗宗”。门柱上刻有对联：“父子状元，千古芳名垂宇宙；祖孙丞相，万年秀气夺山川。”

路遇新牌坊

我回来后查资料，原来这是孔子第六十二代衍圣公孔闻韶所撰之联，此联是夸赞东平梁氏人才济济。牌坊的左侧另有一条水泥小路，此路立有铁制牌坊，上面写着“省级首批历史文化名村，父子状元祖孙丞相永垂芳名”。左边立柱上写有“继承传统”，“传”字不见了，右侧则仅余“扬”与“风”二字，不知道缺的那两个字是不是“弘”和“儒”字。

梁氏宗祠在哪个方向我不确定，此时有一位妇女骑电动车从新牌坊方向迎面驶来，我停下车准备向其打问路径，然而她一转身驶向了老牌坊那条路，我把这视为心理暗示，决定按她所走的路前去碰碰运气。

拐上此路，开行出约500米，该路的右侧是一条小河，左边是田地，那位妇女骑车很快，她跨过一座小桥，驶向了刚才看到的那处寺庙。我也尾随过桥，桥的对面有一长城状门楼。我看到门前是停车场，没承想走到近前时方看到一辆拖拉机停在路口，此车正在卸车，卸车的工作刚开始，无法指望其快速驶离。无奈，我只好原路一点一点往回倒，把车停到了河对岸的路边。

刚一下车，天又下起了雨，我来不及到后备厢翻找雨伞，赶快过桥去追那位妇女，果然看到她跟另外几人在那里卸车。我上前询问梁氏墓园在哪里，因为拖拉机的轰鸣声，众人听不清我讲的话，但看得出他们好奇于我在雨中端着相机。我大声地又说了两遍，几人同时听懂了，纷纷指向那个长城状的门楼。

墓园却上着锁，我只好再问从哪里能找到开门人，众人告诉我，要进村内去打问。站在原地探望一番，附近看不到村庄，墓园旁仅有那座寺院，于是我准备走到那里碰运气。走近时方看明白寺

宗祠门紧锁

院的匾额写着“中华梁氏大宗祠”，原来这就是我要找的梁氏宗祠。此宗祠建造得如此漂亮，在他地少见，可惜宗祠也上着锁。看来只能想办法进村找到拿钥匙的人。

此刻有一辆车停到了宗祠门前，但车内的人并没有下车，原来是前面的拖拉机挡住了去路，这辆车在等候拖拉机卸完货。我跑上前敲敲车窗，玻璃摇下后看到里面坐着一位壮汉，他面无表情地看着我，我连忙解释自己想入宗祠内一看。他问我是哪里来的，有什么事情。我告诉他自己不姓梁，是特意来找孔子弟子梁鳣的遗迹。闻我所言，此人瞥了我一眼，也许是雨水飘进了车窗，他将玻璃摇起，我以为他听到我不姓梁不再愿意理我。我看到他坐在车内打电话，一分钟后又摇下车窗说：“你等着吧。”

看来有戏，我谢过了这位好心人，而此刻卸货的拖拉机让开一条路，那辆车驶离。几位卸车人纷纷向他招手，看来他们是一个村子的。

此时的雨渐渐大了起来，我躲到了旁边的一个高大碑亭内，该碑亭处在一平台之上，全部用青石制作。虽然有了碑亭，但里面的大碑还是用玻璃严严实实地包裹了起来。从下方的赑屃看，这是一块古碑。我回来后查资料，鲁文生等编著的《山东文物

碑亭

从书·遗址》一书中有《梁氏墓地》一文，此文先介绍了墓园的情况："梁氏墓地位于东平县水河镇梁林村西侧，是北宋以来梁氏的家族墓地。墓地北倚凤凰山，西屏黄石崖，南北长约300米，东西宽约200米。墓区内封土、林木、碑碣石刻等多损毁，现此地已经开辟为果园。"

为什么能有这么大的墓园？当然是因为里面葬有重要人物，此文中写道："据《宋史·梁灏传》记载：梁灏，须城人，字太素，中进士第一，累官翰林学士，权知开封府，有文集。梁固，灏子，字仲坚，大中祥符初举服勤词学科，擢甲第，累迁著作郎、直史馆、历户部判官、判户部勾院，著《汉春秋》。梁适，固弟，字仲贤，举进士累官同平章事、加太子太傅。梁彦通，适子，字贯之，累官上柱国。梁子美，彦通弟彦昌之子，字才甫，累迁直龙图阁、河北都转运使，著有《耆英集》。"接着提及这块碑时说："梁氏家族墓地前立北宋宣和七年（1125年）梁子美龟趺螭首神道碑，碑身完好，龟趺头断，碑额落地。碑北50米处有一塌陷坑，可能即梁子美之墓。"

接头赑屃

我回来后细看所拍照片，果然赑屃的头有拼接痕迹，透过玻璃望进去，碑额又安放在了原处，看来这是近些年重新修复的成果。

十几分钟后，从道路的另一侧慢慢走过来一位老人，他远远地问我是不是村支书找来的那个人。我愣了一下，方想起刚才遇到的那位开车人，没想到是村支书，我立即迎上前告诉他正是如此。此人慢慢地走上台阶而后打开了锁，但不知什么缘故，门闩拉不开，他在那里左右摇晃，折腾一番，门闩仅动了半寸。看来是雨水使得木门变形，我很担心老人以门闩拉不开为由不让我入内，于是我把相机挂在脖子上，主动上前帮其拧门闩，但老人固执地不让我动手，他继续在那里慢慢转动，门终于打开了。

进入门廊，里面空无一物，看来这里仍然在待布置中。推开第二道门，眼前是几十亩地大的广场，地面全部做了硬化，正前方即大殿。雨水使得地面十分湿滑，我小心地向前迈步，老人又问我是否姓梁的问题，我依然如实相告。他在雨中掏出了一包烟，问我是否吸烟，我告诉老人自己没有这个嗜好。老人走这么远的路为我来开门，我后悔没有带上一包烟，但他不以我的失礼为忤，继续默默前行。走到大殿前，问我是否要进去，我说当然想看。于是他又掏出了那串钥匙，打开了大殿的门。

这座大殿修建得十分敞阔，正前方的石台上有三尊古人塑像，左右两侧各有七尊体型略小的塑像。我先端详正前方的三尊塑像，正中的那一尊最为高大，牌位上写明这是康伯公，开门人介绍，康伯公是梁氏始祖。回来后我查《安定郡邳州梁氏族谱》，序言中写道："吾氏周封于梁，以国为氏。自黄帝以下，凡四十九传，而及康伯公。"

梁钦主编的《安定郡新安堂梁氏宗谱》中所记如下：

宣王以功分封仲子庄嗣立西垂大夫，享国秦邑，康封于梁。至平王，康公勤王，护驾东迁升封伯侯之国，号梁康，称康伯，梁姓之始。史载：梁姓其先出于伯益之后，与秦氏同族，周平王时伐戎有功，封夏阳少梁之邑，遂以国之姓。夏阳少梁：梁氏得姓始祖康伯封于夏阳少梁，史称梁伯国，立为梁国，成为梁姓最早的姓氏来源和始祖，康伯公享年67岁，有翰、辑、辅、轸四子。

看来梁氏是以国为姓，所以梁氏宗祠中首先祭祀的就是康伯公。康伯公右边的那位是益耳公，梁益耳是晋襄公时期的大将，所以他一身戎装。

康伯公左侧的那位便是梁鳣，他的塑像前摆放着一块木制介绍牌，上面写着："鳣公（前523—前440），夏阳梁氏九世祖，字叔鱼，号以京，谥曰惠，孔子'七十二贤'之一。周贞定王初期，鳣公由曲阜迁郓州，开创东原梁氏之基，宋代追封为千乘侯。生有三子：赎、赠、瑁。"

看来梁鳣才是东原梁氏的开基之祖，但我更看重他七十二贤之一的身份，于此看到这位前贤有着说不出的高兴。从塑像上看，梁鳣一身书生打扮，他手中握着一卷竹简，想来这是孔子著作。

接着我在大殿内寻找其他与梁鳣有关的介绍文字，左右两侧的墙上绘着一些彩绘画，但我未找到与梁鳣有关者，于是向老人请

正前方三尊塑像

教。老人自称叫梁兆祥，他说自己是梁氏第八十三代后人，属鼠，今年73岁了，近些年来都是他一直在管理祠堂。我向他请教如何能进隔壁的墓园，他告诉我说宗祠跟墓园间虽隔一墙，但无门可通，必须从正门进入。

刚才我走到正门时看到那里上着锁，于是问老人是否有钥匙，他说墓园不归他管理，钥匙也不在他这里。我走出宗祠，站在月台上隔墙向墓园内张望，墓园面积巨大，看不到另一侧的围墙，目光所及都是一些新碑。我从网上了解到梁氏墓园内给梁鱣也修了一座墓，但是该墓园创始于北宋时期，距离梁鱣生活的年代相距1500多年，显然这里不可能有他的墓。

我唠里唠叨地说出这些话，老人闻言后并不言语，只是默默地在那里抽烟。此刻的雨渐渐大了起来，我担心老人走回村会把衣服浇透，故提出开车送他回去。老人说不必，他要收拾下祠堂，让我

梁氏墓群文保碑

先走。于是我感谢了他为我开门之事，顺着侧廊向外走。

廊内有长长的捐款碑，上面以捐款金额由多到少排序，排在最前面的台湾彰化梁徽彬捐款额为二百万元，有些港台地区梁氏宗亲会的捐款从十万元到三十万元不等，整个捐款名单列出姓名者在千人以上，可见梁氏后人实力之大。

走出宗祠，我再次来到墓园门前，这里仍然锁着门，几位卸车人员已经离去，旁边有一位耕种者，我向他请教如何找到开门人，他说没有此人的电话，我只能隔着铁栅栏向内张望一番，却无法看到新修的梁鱣墓。

林放：专精礼学，弟子难辨

《论语》中对林放有两处记载，其中一处是他向孔子请教礼的问题，可见他们是同时代人，但他是不是孔子的弟子，后世对此没有统一的回答。钱穆先生说他“或曰孔子弟子”，然而李零在《丧家狗——我读〈论语〉》中说：“‘林放’，鲁人，或以为是孔子的学生，但我们从下文3.6看，他也可能是为季氏掌礼的专家。”

查李零先生所写3.6一节，其是指《论语·八佾》中：

> 季氏旅于泰山。子谓冉有曰：“女弗能救与？”对曰：“不能。”子曰：“呜呼！曾谓泰山不如林放乎？”

对于这段话的解读，黄厚江所著《论语读人——黄厚江老师解读〈论语〉》一书中有《林放——知礼的“编外学生”》一文，该文称：

> 季孙氏去祭祀泰山，孔子对冉有说：“你难道不能劝阻他

吗？”冉有说：“不能。”孔子说：“唉！难道说泰山神还不如林放懂礼（居然接受这不合规矩的祭祀）吗？”

对于此段，李零却有着另外的解读：

“曾谓泰山不如林放乎”，“曾”是难道、竟然的意思。这段话，背景不清楚，前人有各种猜测。我怀疑，“林放”可能是为季氏掌祭礼的官员。古代管山林的官叫林衡，他也可能是以官为氏。这段话，背景可能是，季氏旅泰山，都是林放的馊主意，此举不合于礼，孔子很生气，说你们怎么什么都听林放的，难道泰山还不如林放吗？你们怎么就不想想，泰山之神会接受这样的祭祀吗？你们糊弄谁，也糊弄不了泰山。

究竟如何解读“泰山不如林放”这句话，后世学者有不同看法，这句话却多被后世所引用，因此成为名言，比如王充在《论衡·感类》中说过这样一段话：

又问曰：“鲁季孙赐曾子箦，曾子病而寝之。童子曰：‘华而睆者，大夫之箦。’而曾子感惭，命元易箦。盖礼，大夫之箦，士不得寝也。今周公，人臣也，以天子礼葬，魂而有灵，将安之不也？”应曰：“成王所为，天之所予，何为不安？”难曰：“季孙所赐大夫之箦，岂曾子之所自制乎？何独不安乎？子疾病，子路遣门人为臣。病间，曰：‘久矣哉，由之行诈也！无臣而为有臣。吾谁欺？欺天乎？’孔子罪子路者也。已非人君，子路使门人为臣，非天之心，而妄为之，是欺天也。周公亦非天子也，以孔子之心况周公，周公必不安也。季氏旅于太山，孔子曰：‘曾谓泰山不如林放乎！’以曾子之细，犹却非礼，周公至圣，岂安天子之葬？曾谓周公不如曾子乎？由此原之，周公不安也。大人与天地合德，周公不安，天亦不安，何故为雷雨以责成王乎？”

鲁国的季孙氏赐给曾子一张华丽的席子，曾子病重时躺在了席子上，侍童忍不住赞叹：这席子太漂亮了，当是大夫享用之物。曾子闻言感到惭愧，叫曾元撤换此席。王充借此感慨，周公也是臣子，人们用天子的礼仪安葬他，如果他地下有知，周公会不会也像曾子那样感到心不安呢？但至少孔子不愿意做这种僭越之事，而后他举出了孔子说的那句“泰山不如林放乎”，从这句话的上下语意来看，孔子的这句话确实可以翻译成“竟然认为泰山之神不如林放知礼啊”！因为王充认为周公不在曾子之下，以此推论，周公一定会感到不安的。

《论语》对林放的另一条记载，出自《八佾》篇：“林放问礼之本，子曰：‘大哉问！礼，与其奢也，宁俭；丧，与其易也，宁戚。’”

林放向孔子请教礼的根本问题，孔子闻言，予以大声的赞叹，他认为林放问得太好了，可见孔子特别希望有人向他提问这方面的问题。孔子接着解释，在礼的仪式上，搞得太过奢侈，远不如节俭，丧礼也是如此，与其在仪式上搞得很繁复，远不如内心真正的哀伤。从这段话可知，孔子认为礼的核心并不在于形式，更多的是内心对于礼的理解和尊奉。

对于这段话，南怀瑾在《论语别裁》中有如下解读：

> 林放这个人问孔子，礼的根本是什么？这个问题太大了，我们讲过的，中国文化这个“礼”字，如果谈到根本，是哲学最高的问题，也是宗教哲学最高的问题。宇宙万有怎样来的？哪一天开始的？这个本体论，也就是礼的根本所在。所以林放问礼的根本是什么，孔子说，他这个问题太大了。孔子不跟他谈哲学，不谈文化的精神，只答复他关于礼仪的问题。孔子说礼仪的过分铺张就不合理，宁可简单隆重。办丧事太轻率了也不好，宁可取悲戚的态度。拿我们现在的情形来看，假如孔子现在还活着，处在我们这个社会中，他不知要感慨到什么程度。现在我们的礼恰恰与孔子讲的相反，礼不从简而从奢，越奢侈越有排场，丧事不从悲而从易，家人逝世了，送殡仪馆，火葬过后三天，又在家开舞会了。

从这段话可以看出，礼对社会的重要意义，而这也正是孔子赞赏林放问礼之事，以“大哉问”来形容之的原因。可惜关于林放的事迹，历史资料记载甚少，然而幸运的是，他的墓保留到了今日。我第一次偶遇他的墓是在2012年2月21日，这一天我是前往曲阜市小雪街道寻找原宪的墓，折腾了半天，竟然未找到。这颇

林放墓

让我沮丧，出租车司机小丰却说，他记得在林家村一带有一座古墓，此墓旁有个加油站，某次他加油时看到过。既然如此，我决定到那里看看是不是原宪的墓。

果真离小雪街道不足两公里处在大马路边有一墓园，墓园占地不足100平方米，有济宁市文物保护单位石碑，上书“林放墓（含问礼故址）”，墓前有一圆顶型石碑，上书“先贤长山侯林子放墓”，原来是林子之墓，倒是意外所得。

此墓处在国道边的绿化带上，其另一侧是田地，田地内种着一些小的果树。其正前方就是那个简易的加油站。林放墓孤零零地在大马路边，让人感觉颇为怪异。

回来后，我查资料，张明林主编的《名城史话·曲阜》中有《林放问礼》一文，此文称：“曲阜城南8里有个林家村，林家村北有个林家林。林家林中有座林放墓。林放是孔子的一个弟子，后世称作‘先贤’，据传林家村便是林放的故居。清乾隆四十九年（1784年）曲阜儒学教谕王得厚曾在林家村内立‘问礼故址’石碑一座（此碑现存孔庙第四进院西侧明碑亭内），告诉了人们一个林放问礼的故事。”

文保碑

看来那片果林前方的村庄就是林家村，原本那里矗立“问礼故址”碑，那个地方应当是林放向孔子请教礼问题的原址。乾隆年间有人在那里立了一块碑，可惜这块碑被搬到了孔府的碑亭里去了，所以林放墓的文保碑注明“含问礼故址”，问题是问礼故址具体在哪里呢？上面未曾说明。

关于林家村跟林放墓的关系，钱钧华的《跟孔子周游列国》中提到，他在林家村北一巷22号的林详义家看到了《林氏族谱》，钱钧华向林详义请教林氏家族及林放墓的变迁情况，林详义却告诉他：“林放墓有好几处。林家村林放墓是外迁来的。早期林放墓在邹城尚庄（音）一带。别看林放墓碑碎成几块扔在地头，可得到后代认可的还就是林家村的。”

正是在林详义的带领下，钱钧华来到了104国道西面的林放墓，对于此墓的情况，林详义告诉他："明朝时迁来的。早期林放墓在邹城尚庄老林一带。尚庄是个古村，离这里有35里，是我们的祖籍地。明代时期，邹城尚庄林放后代搬到现在的曲阜城南4里处的林家村，从而把林家祖先的坟墓也挪了过来。另有一支林姓人家搬到济宁汶上县，他们为了祭祖，也做了一个林放墓。林家村的林放墓和汶上县的林放墓，都是后来做的。汶上县的林放墓比林家村的林放墓要晚100年。那是个建立较晚的村。早期林放墓是明朝立的碑。由于历史变迁，现在尚庄也看不到什么古迹了。"

我查不到其他几个林放墓的具体位置，故当我在2019年再次到曲阜周围寻访时，也只能到104国道边再次去探访这座林放墓。

文保碑变为了两块

2019年12月12日下午，这一天我寻访的最后一站就是林放墓，那个加油站还在原处，只是旁边堆放了大量的沙土，看来这里要大兴土木。林放墓侧边的那块林地后方也已盖起了居民楼，好在林放墓依然处在原址。细看之下，与七年前没有变化。此次我留意到林放墓前的墓碑是汉代制式，探看一番文保碑背面的文字，也未给出更多有价值的史料。

侧观林放墓，墓碑是汉代制式

在我围着林放墓拍照之时，旁边有几位施工人员一直盯着我的一举一动，我不明白他们的用意，但想来，可能有另外的问题。于是我站在林放墓的平台上四处张望，发现旁边的果树林变成了垃圾场，而垃圾堆的旁边似乎还有一座坟，我决定前去探看。于是我踩着垃圾小心下脚，穿入了那片林地，来到此墓之前，其墓碑上刻着“祖考署湖广君卫万户府事林公墓”，看来此人也姓林，不清楚是不是林放的后人。

此处的田地已经用金属围挡遮挡起来，不知道后面是否要搞开发，而我的拍照行为也让那些人有了些想法，但他们并不过来过问也不制止，只是远远地望着，不知是何意思。我返回林放墓时，方注意到文保碑背面的介绍文字，其中之一谈到林放墓的保护范围，是以封土中心点为基点，向北46米，向南26米、向西50米，向东至104国道，这样说来，那些菜地当属林放墓的保护范围。

另一块文保碑的背面则有林放简介，简介中明确地说林放是孔子的弟子，并且为七十二贤之一：

> 林放，字子丘，春秋时期鲁国清河（今属山东）人，为比干27世孙，孔子弟子中的七十二贤人之一，现从祀孔庙东庑。林放在周敬王时担任鲁国的大夫，拜为太傅，逝世后葬于此。唐玄宗开元二十七年（739），被赐号为清河伯，宋真宗大中祥符二年（1009），被追封为长山侯。
>
> 赞曰：子丘明哲，道洽素风。问礼之本，为孺所宗。东岳称美，长山表封。云亭告毕，庆泽荐隆。

宓子贱：所得者三，所治者小

宓子贱，名不齐，字子贱，以字行，他是孔门七十二贤之一，司马迁说他比孔子小30岁，《孔子家语》中却说他比孔子小49岁。关于他姓氏的写法和读音，各种史料中有一些不同，黄式三在《论语后案》中称："李涪说不齐姓虙，作'宓'者非。"此种说法本自《颜氏家训》所言："子贱即虙牺之后。"《史记·仲尼弟子列传》中称其为宓不齐。程树德在《论语集释》中认为："密与宓古同字。"他同时又点出《后汉书·伏湛传》的记载，此传称济南伏生即不齐之后，故虙牺字又作伏，"是伏与虙又古字通也"。此种说法应本自《颜氏家训》所言："子贱碑乃云：济南伏生即子贱之后。是'虙'之与'伏'古来通用，字误为'宓'，较可明矣。"《汉书·律历志上》称："宓戏氏之所以顺天地、通神明、类万物之情也。"颜氏注曰："'宓'读与'伏'同。"

由以上可知，那位为了保护《尚书》一书不被秦火所焚的伏生，是宓子贱之后，由此有人推论，宓字当读作"fú"，后世姓氏中也将此字读作"fú"。然而我在寻访的过程中，打听宓子贱墓时，用的也是“fú”音，但无人知道“fú”子贱是谁。反而以“mì”子贱问之，则大多数人能够给我指出方向，不知当地人是把此音读讹了，还是他们当地就是读此字为“mì”。

《论语》中对宓子贱的记载仅如下一则：

子谓子贱：“君子哉若人！鲁无君子者，斯焉取斯？”

孔子评价宓子贱：这位是个真君子！如果鲁国没有君子的话，他的好品德是从哪里学来的呢？此句话的潜台词有两点，一是明言宓子贱是一位真正的君子，第二个则是说宓子贱的君子之风是因为受到了鲁国整体风气的影响。

孔子对宓子贱的评价之语最后一句用到了两个“斯”字，朱熹认为此两字所指不同，他在《论语集注》中称：“上斯，斯此人。下斯，斯此德。”为此，朱子解释说：

子贱盖能尊贤取友以成其德者。故夫子既叹其贤，而又言若鲁无君子，则此人何所取以成此德乎？因以见鲁之多贤也。

因为宓子贱能够尊贤爱友，故其德行高尚，孔子感叹他是贤人。接着孔子又谈到如果鲁国没有君子的话，宓子贱也不能独自成就这么高的德行，孔子是想说明鲁国有很多君子。宋郑汝谐在其所撰《论语意原》对此有另外的解读：

释者谓子贱之贤，非得鲁之君子薰染渐渍，安取其为君子。夫舍其人之善而不称，乃归于他人之渐染，非圣人忠厚之言。盖子贱之为人，必沈厚简默不祈人之知者。自非鲁多君子，孰能取其为君子也？观子贱之为宰，不下堂，弹琴而化，则其气象可知。使其生于他邦，与谋臣说士混然而并处，则子贱之贤亦无以自见于世矣。

郑汝谐说如果夸赞一个人的品行之高，却把这种高尚的行为归属于环境影响，这恐怕不是圣人所说的忠厚之言。从宓子贱的为人来看，他不是喜欢炫耀自己德行之人，但是因为鲁国有很多君子，所以宓子贱能顺利完成任务。看来环境影响人。当年宓子贱任单父宰时，治理其邑很成功，郑汝谐认为其成功的原因是当地有不少的君子。如果换一个地方，让宓子贱去治理，该地若有很多的狡诈之人，那么后世就不可能知道宓子贱治理一方的才能。

程树德在《论语集释》中引用了《论语稽》中所言："然则子贱固君子也，惟君子能取君子，故单父之人，凡为其府史胥徒之属，亦莫非君子。盖十室之邑，必有忠信，视取者何如耳。若使鲁无君子，则子贱虽贤，亦安所取之而化民成俗乎？"

可见《论语稽》的作者赞同郑汝谐的观点，宓子贱能够治理好单父，跟当地的官员风气之正有直接关系。假如当地无君子，那么宓子贱虽然是一位贤人，他也无法治理好单父。

关于宓子贱治理单父很成功之事，早期文献多有记载。而"单父"在有些文献中也写作"亶父"。按照《吕氏春秋》的说法，宓子贱治理单父能够成功，主要是得到了君王的信任：“宓子贱治亶父，恐鲁君之听谗人，而令己不得行其术也。将辞而行，请近吏二人于鲁君，与之俱至于亶父。邑吏皆朝，宓子贱令吏二人书。吏方将书，宓子贱从旁时掣摇其肘，吏书之不善，则宓子贱为之怒。吏甚患之，辞而请归。宓子贱曰：‘子之书甚不善，子勉归矣。’二吏归报于君，曰：‘宓子不可为书。’君曰：‘何故？’吏对曰：‘宓子使臣书，而时掣摇臣之肘，书恶而有甚怒，吏皆笑宓子，此臣所以辞而去也。’鲁君太息而叹曰：‘宓子以此谏寡人之不肖也。寡人之乱子，而令宓子不得行其术，必数有之矣。微二人，寡人几过。’遂发所爱而令之亶父，告宓子曰：‘自今以来，亶父非寡人之有也，子之有也。有便于亶父者，子决为之矣。五岁而言其要。’宓子敬诺，乃得行其术于亶父。”（《吕氏春秋·具备》）

宓子贱墓文保碑

宓子贱被派去治理亶父，他担心鲁国国君听信小人谗言，而无法让自己按照个人想法治理亶父，于是他想出了一个妙招：他辞行之前，向鲁君要求派两位身边的人与他一同前往亶父，到达亶父后，当地的官员来拜见宓子贱，宓子贱让同来的两人做现场记录，但这两人每次要书写时，宓子贱从其旁扯他们的手肘，这使得二人写出的字很难看。

宓子贱看到这样难看的字后就很生气，二人觉得这是宓子贱故意找他们的茬儿，于是就提出要返回，宓子贱说你们的字写得太差了，你们赶快回去吧。

二人回朝后把当时的情况向鲁国国君做了描述，想来他们也会添油加醋地说一番。以正常的理解，鲁国国君会认为宓子贱是用这种办法来打发掉他派去的人，显然这两人在宓子贱身边会把各种情况通过其他渠道偷偷地报告给鲁国国君，也就是说，鲁国国君派两人来，恐怕另有目的，那就是监视宓子贱所为。令那二人未曾想到的是，鲁国国君听完他们的汇报后却感叹：宓子贱是用这种办法来提醒我不要去干涉他的治理方案，令他无法按照自己的想法来治理。于是鲁国国君派人到亶父转达他的意思，他说决不会干涉宓子贱在亶父的管理工作，一切由他本人来决定。宓子贱就等着国君说这番话，而后他按照自己的方式来开展亶父的治理工作。

宓子贱是如何治理单父呢？《吕氏春秋·察贤》的记载是：“宓子贱治单父，弹鸣琴，身不下堂，而单父治。巫马期以星出，以星入，日夜不居，以身亲之，而单父亦治。巫马期问其故于宓子，宓子曰：‘我之谓任人，子之谓任力；任力者故劳，任人者故逸。’宓子则君子矣。逸四肢，全耳目，平心气，而百官以治义矣，任其数而已矣。巫马期则不然，弊生事精，劳手足，烦教诏，虽治犹未至也。”

宓子贱在任单父宰时，他每天只是坐在公堂上弹琴，如此休闲，却能把单父邑治理得井井有条。当年巫马期也任过单父宰，他的治理方式与宓子贱相反，巫马期勤勤恳恳，他在工作时披星戴月、昼夜不得闲，他亲自处理各种政务，把单父治理得也很好。巫马期奇怪于宓子贱为什么这么悠闲就能得到同样的效果，宓子贱回答：我的管理方式重点在使用人才，你的管理方式主要是使用气力。凭一己之力来治理当然很辛劳，安排人才做各自擅长的事，管理者当然很安逸。《吕氏春秋》中有感慨：宓子贱真是一位君子，他能心平气和地处理好各种事务，只是因为他用了正确的方法。

其实这个正确方法也要看所治之地的民风状况，如前所言，正是因为单父君子多，所以宓子贱的治理方案才能显现出效果。但一邑之中必有难办之事，贾谊在《新书·审微》中记载有如下一件事：

> 宓子治亶父，于是齐人攻鲁，道亶父。始，父老请曰："麦已熟矣，今迫齐寇，民人出自艾傅郭者归，可以益食，且不资寇。"三请，宓子弗听。俄而，麦毕资乎齐寇。季孙闻之怒，使人让宓子曰："岂不可哀哉！民乎寒耕热耘，曾弗得食也。弗知犹可，闻或以告，而夫子弗听。"宓子蹴然曰："今年无麦，明年可树。令不耕者得获，是乐有寇也。且一岁之麦，于鲁不加强，丧之不加弱。令民有自取之心，其创必数年不息。"季孙闻之，惭曰："使穴可入，吾岂忍见宓子哉！"

宓子贱做单父宰时，赶上齐国攻打鲁国而路过单父，单父城内的人闻听此事后，向宓子贱请求赶快出城外收割麦子，这么做一者可以增加粮食储备，二者也不会被齐人抢去而支持了这些强盗。然而无论百姓怎么请求，宓子贱都不接受。果然田地里成熟的麦子后来被齐军抢去做了军粮。

宓子贱的领导季孙氏听闻这件事后非常生气，他派人前去指责宓子贱，说百姓太可怜了，他们不分寒暑地劳作却吃不到粮食，你既然听到了百姓的请求，为什么就是不去满足他们？对此，宓子贱解释：虽然今年没有收到粮食，但明年还可以接着种，如果让那些不耕种的人把粮食收割后拿回自己家，这就使得这些人希望天下总有强盗。一年没有收成，对鲁国的财政收入影响不大，如果让那些不耕种的人随意去收获，对他们所产生的社会影响是很久也消除不掉的。季孙氏听到宓子贱的解释后，大感惭愧，他说自己都不好意思见宓子贱了。

不去收割成熟的粮食而以资敌，不但当地的百姓不理解这种做法，同样领导也不理解，可以想象宓子贱当时顶着多大的压力，好在季孙氏听到解释后原谅了他，否则不知会产生怎样的后果。可见治理一地要有超出寻常的理念，更为重要者这个理念必须得到上下认可，否则空有理想难以实施。

宓子贱用自己的方法把单父邑治理得井井有条，孔子听闻后很高兴，特意问宓子贱是用了怎样的治理方式，《孔子家语·辨政》记载了二人的对话：

> 孔子谓宓子贱曰："子治单父，众悦，子何施而得之也？子语丘所以为之者。"
>
> 对曰："不齐之治也，父恤其子，其子恤诸孤而哀丧纪。"

孔子曰："善。小节也，小民附矣，犹未足也。"

曰："不齐所父事者三人，所兄事者五人，所友事者十一人。"

孔子曰："父事三人，可谓教孝矣；兄事五人，可以教悌矣；友事十一人，可以举善矣。中节也，中人附矣，犹未足也。"

曰："此地民有贤于不齐者五人，不齐事之而亶度焉，皆教不齐之道。"

孔子叹曰："其大者乃于此乎有矣！昔尧舜听天下，务求贤以自辅。夫贤者，百福之宗也，神明之主也。惜乎不齐之所以治者小也。"

孔子对宓子贱说：你治理单父很成功，当地百姓很满意，你是怎么做到这一点的呢？子贱回答：我治理单父时，像对待自己的父亲一样对待百姓的父亲，像爱护自己的子女一样爱护百姓的子女，抚恤所有的孤儿并为百姓的丧事而哀痛。孔子说：这么做不错，但只是小节，只是能让百姓归附。子贱接着说：我以父亲之礼来侍奉三个人，以兄长之礼来对待五个人，以朋友之礼来对待十一人。孔子对子贱所讲的三条一一予以了评价，认为这种做法可以教导百姓懂得孝，懂得尊重兄长，同时也能让人懂得友善。这些做法虽然都符合礼节，但这只能让有中等才能和品格的人归附子贱，这么做还不够。

子贱进一步说道：单父百姓中有五个人比我贤德，我很敬奉他们，并且从他们那里学到了道义。孔子听到这句话后感叹：看来治理天下的大道理就在这里呀。过去尧舜治理国家，必定去寻找有才能的人来辅助自己，贤能是幸福的源泉，是神明的主宰。你的观念很好，可惜你的这种大观念来只能用来治理这个小地方。孔子的言外之意，是说如果宓子贱的理想能够治理更多的地方，则天下为之治。

其实当年巫马期曾经怀疑过宓子贱究竟是如何治理单父邑的，他二人是同学，可能在此前，他并不了解宓子贱有这么高的治理才能。更何况，他当年在治理单父时那样勤劳才有了一定的起色，而宓子贱在那里弹琴唱歌，就把困难化解于无形，这多少让巫马期有些不相信，所以他怀疑宓子贱善于理政的说法有可能是传闻，因此他决定秘密返回单父，以便探寻到真实的情况。《淮南子·道应训》载有此事：

宓子贱墓处在这片田地中

季子治亶父三年，而巫马期絻衣短褐，易容貌，往观化焉。见得鱼释之，巫马期问焉，曰："凡子所为鱼者，欲得也。今得而释之，何也？"渔者对曰："季子不欲人取小鱼也。所得者小鱼，是以释之。"巫马期归，以报孔子曰："季子之德至矣。使人暗行，若有严刑在其侧者。季子何以至于此？"孔子曰："丘尝问之以治言曰'诚于此者刑于彼'，季子必行此术也。"故《老子》曰："去彼取此。"

宓子贱治理单父邑三年后，巫马期乔装打扮，穿着平民服装偷偷前往单父观察民情。某天，他看到捕鱼的人捕到鱼后又把一些鱼放回了水中，巫马期问他为何要这样做。捕鱼人说：宓子贱不让我们捕捞没有长成的小鱼，刚才捕到的正是小鱼，所以我就把它们放了回去。巫马期听到此事后返回告诉孔子，他说宓子贱德行已经达到了很高的程度，因为一个人在没人看到的情况下都能严格按照法规办事，这样的境界太难达到了。孔子听闻后也感慨他曾向宓子贱询问过理政的方式，当时宓子贱告诉他，精诚的仁爱之心如果表现在小事方面就能产生深远的影响。看来宓子贱正是用这种办法来让百姓做到在没人的时候，依然能够自觉遵守法律法规。

巫马期返回后马上把他了解到的情况报告给孔子，似乎让人觉得是孔子派巫马期去了解真情。我查得《孔子家语》在《屈节解》中果然写着"三年，孔子使巫马期远观政焉，巫马期阴免衣，衣敝裘，入单父界"。巫马期果然是孔子派去的，这说明孔子起初也不完全相信宓子贱有那么大能力，他想了解实际情况究竟如何。

其实《孔子家语·子路初见》中就载有这样的故事：

孔子兄子有孔篾者，与宓子贱偕仕。孔子往过孔篾，而问之曰：“自汝之仕，何得何亡？”

对曰：“未有所得，而所亡者三：王事若龙，学焉得习，是学不得明也；俸禄少，饘粥不及亲戚，是以骨肉益疏也；公事多急，不得吊死问疾，是朋友之道阙也。其所亡者三，即谓此也。”

孔子不悦，往过子贱，问如孔篾。

对曰：“自来仕者无所亡，其有所得者三。始诵之，今得而行之，是学益明也；俸禄所供，被及亲戚，是骨肉益亲也；虽有公事，而兼以吊死问疾，是朋友笃也。”

孔子喟然谓子贱曰：“君子哉若人。鲁无君子者，则子贱焉取此。”

孔子有个侄子叫孔篾，他与宓子贱一同做官。某次，孔子去探望孔篾时问他：你自从做官后，有什么得失？孔篾回答：没得到什么，却失去了三样：公务太繁忙了，哪有时间去温习经典，这使得耽误了学习；二来所得俸禄太少了，无法资助亲戚们吃饭，以至于一些亲人跟我的关系也疏远了；因为有很多急迫的公务而无法脱身，使得我不能去吊唁死者、探望病人，使得我失去了不少朋友。

孔子听到侄子所言后颇为不高兴，他接着去探望宓子贱，而后问子贱同样的问题，宓子贱回答：我自从当官后，没有失去什么，却得到了三样重要的东西：一是先前所学的知识在这里得到了实践，这使我的所学有了用武之地；二是得到了一些俸禄，我拿出一部分来资助亲戚，使得亲人间的关系更加密切了；三是虽然有公务，但我也能挤出时间来去吊唁死者和探望病人，这使得朋友间的关系更加深厚了。孔子闻听后感叹：子贱真是个君子啊，如果鲁国没有君子，那么子贱从哪里学到了这么好的品质呢。

《说苑》中也同样记载有这个故事，孔子在听闻子贱的三得后的感慨语则为："君子哉若人！君子哉若人！鲁无君子者，斯焉取斯！"

此处记载孔子接连感叹两次宓子贱是君子，可见他多么认可这位弟子所为。那时的宓子贱却很年轻，《孔子家语·七十二弟子解》中载：

> 宓不齐，字子贱，鲁人。少孔子四十九岁。仕为单父宰，有才智，仁爱，百姓不忍欺，孔子大之。

孔子去世时73岁，此时宓子贱24岁，宓子贱治理单父邑三年后，孔子命巫马期去暗访。如此说来，宓子贱任单父宰时的年龄最多不超过21岁。他如此年轻，却有这么成熟的理政理念，确实是一位天才。《孔子家语》夸赞他有才智，同时有仁爱之心，所以百姓不忍欺负这位年轻的管理者，孔子也以有这样的弟子为傲。而司马迁在《史记·滑稽列传》中用了对比的方法来表达宓子贱的伟大：

> 传曰："子产治郑，民不能欺；子贱治单父，民不忍欺；西门豹治邺，民不敢欺。"三子之才能谁最贤哉？辨治者当能别之。

关于宓子贱后来的情况，史料未见记载，对于他的死因，《韩非子》一书中有如下一段话：

> 故文王说纣而纣囚之；翼侯炙；鬼侯腊；比干剖心；梅伯醢；夷吾束缚；而曹羁奔陈；伯里子道乞；傅说转鬻；孙子膑脚于魏；吴起收泣于岸门，痛西河之为秦，卒枝解于楚；公叔痤言国器反为悖，公孙鞅奔秦；关龙逢斩；苌宏分胣；尹子阱于棘；司马子期死而浮于江；田明辜射；宓子贱、西门豹不斗而死人手；董安于死而陈于市；宰予不免于田常；范雎折胁于魏。此十数人者，皆世之仁贤忠良有道术之士也，不幸而遇悖乱暗惑之主而死。

周文王向纣王进言时，纣王囚禁了他，翼侯被烤死；鬼侯被做成了肉干；比干被剖心；梅伯被剁成肉酱；管仲被捆绑；曹羁逃奔陈国；伯里子沿街乞讨；傅说被转卖；孙子在魏遭受膑刑；吴起在岸边拭泪，他痛心于西河将成为秦地，最终被楚国肢解。之后韩非子又谈到了几位著名人物的惨痛遭遇，其中提到了宓子贱和西门豹"不斗而死人手"，说明这些贤良之士均未得好结果。

宓子贱究竟是为什么事被人所杀？又是死于谁人之手？各种文献未见记载，既然韩非子把宓子贱的遭遇与那么多名人的结果并提，想来必有其事。西门豹之死，有历史记载，西门豹治邺是很有名的一段掌故，几十年前该文收于中学课本中。他为了兴修水利，征用大量民工，为此而引起民怨。后来当地官员找机会向魏文侯进谗言陷害他，魏文侯听信谗言，但并未杀西门豹。等魏文侯去世后，魏武侯继位，西门豹最终被杀。韩非子在文中将两人并举，想来宓子贱的死因应当与西门豹相类，说不定也是他的治理方式受到了小人的攻击，最终被人陷害而被杀。

关于宓子贱的葬地，光绪《寿州志》中称："墓在州南六十里铁佛冈。"该地乃今日安徽省淮南市寿县瓦埠镇铁佛村。宓子贱为何葬在了这里？高峰所著《文化寿州丛书之瓦埠湖畔》一书中说：

雨中前行

"孔子弟子七十二人之一的宓子贱，春秋末年，由鲁使吴，途经瓦埠，在此授业，在现在的瓦埠小学的所在地广招贤士，传授儒学，大论儒家之道，授业育人。经年间，一场大病使宓子贱客死异乡，众学子义捐银两，在宓子贱讲学的地方建起了祠堂，称为'宓子祠'，祠堂正中供奉着宓子的石刻像，供后人凭吊，并将宓子厚葬于离瓦埠街道五里之遥的铁佛冈上，'坟高丈余，占地三亩'，并取名'子贱坟'。"该书的解释推动了我出访的进程。

2021年2月26日，趁疫情有所缓解，我准备出外寻访，但虑及乘坐公共交通工具会有诸多不便，于是决定驱车寻访。我开车从北京一路南下，经过河北、山东，而后进入了安徽，之后前往寿县，去寻找宓子贱墓。

整日都在下着小雨，沿途听到不断的鞭炮声，方让我想起今日是元宵节。进入寿县后，看到沿街的商铺门前都有大片的鞭炮纸屑，远远地望过去，像是给道路铺上了红毯。路过瓦埠湖，也许是下雨的原因，湖边杳无人迹，行车也极少。我摇下车窗，尽情地呼吸着清凉的空气，湖边摇曳的干芦苇显现出一种苍凉之色。

我从网上查得，宓子贱坟处在铁佛村村委会对面的卫生室背后，于是把该卫生室定为导航目的地，驶离高速公路后开行近一小时，终于找到了铁佛村卫生室。此处院门敞开着，我冒雨走入院中，每个房间都上着锁，想来当地重视元宵节，可能工作人员都回家过节了，于是我到该卫生院后面去寻找。

走到侧旁，我看到这里有一大坑，无法沿墙走到院后，而后又转到另一侧，看到后面是大片的田地，没有平地上的隆起，我

铁佛村卫生室

开始怀疑网上帖子所言有误。转而走到村委会去打问，我在门口遇到一位工作人员，他告诉我说宓子贱坟在铁佛村下属的祠堂村民组。

导航上却没有这个地点，我只好边走边打问，终于驶上一条小路，开到一很小的村落，但在本村内找不到村名牌。我转念一想这里只是一个组，想来不设村碑。我把车停在村口，沿村东看西看，在一小巷内遇到一位老者，我询问他宓子贱祠堂在哪里，他说祠堂早没了痕迹，仅余下宓子贱坟。看来祠堂与坟应在一处，于是我立即向老人请教坟在哪里，他顺手向村外一指，说在田地里，而后他瞥了一眼我的停车处，说我停车的地方有一座小桥，由小桥右转顺着地埂就能找到坟。我听他也是读“mì”而不读“fú”。

我谢过老人回到车旁，却看到前行之路全是泥水。此趟出行天公不作美，这些天来不是下雪就是下雨，并且范围很大。雨水使得田地泡得松软，走在上面实在困难。老人所指的田间小路侧旁有一条水沟，我小心地试着走了几步，立即感到脚下打滑，这让我很担心滑倒时没有可扶之物，说不定会掉到水沟内。

我踌躇一番又返回村中，那位老人仍然在那里拾掇着什么，我跟他说那条路实在太滑无法前行。老人立即带我从他家院门旁穿过，走到田地的另一侧，他说沿着这条路也能找到宓子贱坟。但是我一眼望去，这里也是稀烂的田埂，令我不知如何下脚。我向老人请教方法，他用手指了一下自己的脚下："你穿胶鞋走就没事了。"老人穿着齐膝的长腿胶鞋，可是我到哪里去找此物呢？

开行上千公里来到宓子贱坟旁，却不能走到坟前，这当然令我不甘心。我估计了一下老人的鞋号，我的大脚不可能塞得进去，于是打消了借鞋的念头。我无意间瞥到墙角堆了一些稻草，瞬间想起

湿滑的路

幼年时的爬山方式，于是我拿起一些稻草拧成松散的绳状，而后将其缠在鞋上。老人在那里看着我所为没有言语，但我从他的眼神中看出了赞许之色。他的眼神鼓励了我，于是我踏着泥泞不堪的田埂小心地向前走，果然感到脚下不那么打滑了。

走出100余米后，看到田地间有一块微微隆起的小高地，我觉得那里应当就是宓子贱坟。又走出一段路，我远远地看到空地上立有一块碑，从形状看，应当是文保碑。见到此物，我心神为之一振，开车的疲劳瞬间消散，脚下的大泥坨也让我不再觉得沉重无比，于是我努力向前。终于来到了文保碑前，上面刻着"祠堂郢（子贱）孤堆墓"。

这块高地不足1米高，面积约200平方米，上面已经没有任何建筑痕迹，我在小高地上东转西看，找不到碎砖瓦，也看不到建筑痕迹，不知宓子贱祠堂毁于何时。按照《寿州志》所载："明御史戴珊奉敕巡视学校，至寿州瓦埠镇……访侯墓于铁佛岗，流潦冲聚，牛马践踏……询乡老志书，咸以侯使吴而没，葬此土。"

戴珊在明弘治二年（1489）任左都御史，看来他是在这个阶段前往瓦埠镇视察学校。唐开元二十七年（739），皇帝追封宓子贱为"单伯"；宋大中祥符二年（1009），加封为"单父侯"。戴珊说他到瓦埠镇来访侯墓，在铁佛冈上看到这里成为养牛马之地，经打听，他了解到这原本是宓子贱坟，于是他命当地知州赵宗修缮宓子贱坟。赵宗在修好坟后，于此还建起了一个院落，而今已看不到院落的任何痕迹，但是这块高地上也看不到养牛马的痕迹。

高峰书中有《驴尿不撒子贱坟》一篇，文中谈及附近有一家农

含苞

户在子贱坟上养驴，而这头驴又踢又闹，等主人松开拴驴绳后，这头驴跑下坟茔又拉又尿。此事传开，再也没人在子贱坟上养牲口放牧了，这说明驴都懂得尊重宓子贱这样的先贤，何况人乎？

而今铁佛冈上有几座新坟，我一一探看墓碑，均不姓宓，可能这是历史遗留问题。但我还是希望相关部门将这座先贤墓祠修建完好，以此让更多的人了解到这位先贤的故事，同时让探访者有可凭吊之处。

展眼四望，宓子贱坟四围种满了油菜花，此时花苞初绽，绿色的叶顶露出微黄，天地浑然一体，空气弥漫着淡淡的花香。虽然很艰难地才走出这片油菜田，我的心境却很舒坦。走到车前时，我还耗费了十多分钟的时间来清理脚底的泥，防止踩刹车时脚底打滑。

此次探访也印证了网上所言的准确与不准确是相对的，如果从准确角度来说，把宓子贱坟定在卫生室背面倒是没错，只是这个背面的范围太广阔了，而这种标识的不正确之处是没有点明宓子贱坟处在祠堂村民组的后方田地里。

闵子骞（一）：深明进退，孝闻天下

闵子骞为孔门十哲之一，按照《孔子家语》上的说法："闵损，鲁人，字子骞，少孔子五十岁。"司马迁在《史记》中却称："闵损，字子骞，少孔子十五岁。"不知道这两处记载哪个将年龄差颠倒了，但是这两处记载都说闵子骞名损字子骞。对于其名和字的来由，清冯云鹓在《圣门十六子书》中解释说："损生而表相奇颖，二气盈成，夫日中则移，月满则亏，字子骞。"

"名损，字子骞"，这在历史上没有疑义，只是孔子称呼他的弟子时基本上是直呼其名，对闵损却是例外，《论语》中基本上称其为闵子骞而不称闵损。对于"闵子不名"的问题，宋洪迈在《容斋随笔》中说："《论语》所记孔子与人语及门弟子并对其人问答，皆斥其名，未有称字者，虽颜、冉高第，亦曰回、曰雍，唯至闵子，独云子骞，终此书无损名。昔贤谓《论语》出于曾子、有子之门人，予意亦出于闵氏。观所言闵子侍侧之辞，与冉有、子贡、子路不同，则可见矣。"

洪迈猜测《论语》一书有可能经过闵子骞门人的整理，他的门人当然不能直呼闵损之名，故改称其字。对此，后世学者还有其他的猜测，但均拿不出很充足的证据，孔子这样称呼他，那么后世直呼他闵子骞也没什么问题。更何况，夫子曾言："德行：颜渊、闵子骞、冉伯牛、仲弓。"孔子将闵子骞列在德行科的第二位，而孔子对颜渊有着无以复加的喜爱，从这个角度来说，亦可窥得孔子对闵子骞人品之认可。

关于闵子骞的出身，后世学者也有两种说法，一是认为闵子骞之父为鲁委吏闵仲滨，还有一种说法是鲁大夫闵子马。对于前者，明张云汉在《闵子世谱》中明确地称："父仲滨，为鲁委吏。"单冬冬在《闵子骞生年及家庭出身考辨》一文中认可这种说法："张云汉《闵子世谱》中关于鲁国委吏闵仲滨系闵子骞之父的说法更为可信。"

然而单冬冬在文中亦称："据《闵氏家乘》、闵兴汶《闵氏修建

闵子骞墓

家祠碑记》《闵子年表》等记载，闵子骞系闵马父之子。”对于这种说法，冯云鹓在《圣门十六子书》中则列出了谱系：“闵氏先祖为鲁闵公之子子鲁，子鲁生泽；泽生伯衍；伯衍生子建；子建生子马父，为鲁国监史大夫；子马父生损。”

然而无论哪一种说法是对的，都说明了闵子骞乃世家出身，可是《韩诗外传》上的如下记载被后世广泛引用：“‘闵子骞始见于夫子，有菜色，后有刍豢之色。’子贡问曰：‘子始有菜色，今有刍豢之色，何也？’，闵子答曰：吾出蒹葭之中，入夫子之门。夫子内切瑳以孝，外为之陈王法，心窃乐之。出见羽盖龙旂，裘旃相随，心又乐之。二者相攻胸中而不能任，是以有菜色也。今被夫子之文浸深，又赖二三子切磋而进之，内明于去就之义，出见羽盖龙旗旃裘相随，视之如坛土矣。是以有刍豢之色。”

闵子骞第一次拜见孔子时，因为营养不良，脸上显现菜色，但后来他脸上又显现出了吃肉后的光鲜之色。子贡很奇怪这种变化，于是问闵子骞怎么回事。闵子骞自称他出生在贫寒之家，拜孔子为师后听到了很多仁孝大义，得到这么多的知识让他为之快乐，后来又看到达官贵人出行时车马服饰十分华丽，他也很想得到这样的享受，于是孔子所讲的大道理与现实中的荣华富贵纠结于心，这让他脸上显现出菜色。后来在老师的耐心教导以及同学们的帮助下，他的心思终于又回到了孔子所讲的大义之上，于是纠结之心得以释然，这让他的脸色也光鲜了起来。

从这段自述可知，闵子骞乃出身贫寒之家，如果这一段自述准确的话，那么他文所记载的出身就出了问题。但是闵子骞的确是能懂老师心思的人，《孔丛子·记义》中载有这样一件事：

> 孔子昼息于室而鼓琴焉。闵子自外闻之，以告曾子曰："向也夫子之音清彻以和，沦入至道，今也更为幽沈之声。幽则利欲之所为发，沈则贪得之所为施。夫子何所感而若是乎？吾从子入而问焉。"曾子曰："诺。"二子入问夫子。夫子曰："然，女言是也，吾有之。向见猫，方取鼠，欲其得之，故为之音也。女二者谁识诸？"曾子对曰："闵子。"夫子曰："可与听音矣。"

孔子在室内弹琴，闵子骞在外面听到了，他跟曾子说以前老师弹琴的声音十分清澈祥和，今天的琴声却有些幽沉，并且这琴声中还有着利欲贪婪之心。这跟他所了解到老师之为人完全不同，于是他跟曾子共同入内问老师是怎么回事。孔子直言闵子骞听得不错，因为孔子看见一只猫正准备抓老鼠，猫的利欲之心让孔子看在了眼里，于是他所弹之琴中自然融入了眼中所见。孔子马上问他们二人究竟谁听出了弦外之音，当他知道是闵子骞时，孔子夸赞说这是真正懂得乐理之人。

从历史记载来看，闵子骞做事确实很细心，《论语》中形容他："闵子侍侧，訚訚如也。"朱熹在《四书章句集注》中引用《说文》将"訚訚"释为"和悦而诤"，而《孟子》在记述他人所言时则说："昔者窃闻之：子夏、子游、子张皆有圣人之一体，冉牛、闵子、颜渊则具体而微。"

以上这些评语都说明了闵子骞言语和善但意志坚定，最能体现他性格的是《论语·雍也》中所载之事："季氏使闵子骞为费宰，闵子骞曰：'善为我辞焉！如有复我者，则吾必在汶上矣。'"

季孙氏聘请闵子骞为费邑的管理者，骞子闵立即回绝，他请人转告季孙氏：如果一定要让我去任此职，我将逃到汶水之上。汶水在齐鲁交界处，闵子骞言外之意就是他将逃离鲁国，可见他不接受季孙氏之任命是何等之坚决。

关于闵子骞为什么坚辞这个出仕的机会，后世有不同的解读。早在季平子当政时期，鲁国君臣交恶，而费邑就成为双方争夺的要地，后来费邑在南蒯与鲁昭公之子公子慭串通背叛鲁国时归于齐，季平子派兵围攻费邑，用了三年时间方将其收复。

季桓子当政期间，费宰是公孙弗扰，而《左传》等史书称其为公山不狃，此人是季孙氏老臣，其为人忠厚，但后来因与季孙氏家臣仲梁怀发生矛盾，之后又受到阳货等人的鼓动，于是他渐生反叛之心。在此期间，公孙弗扰还想拉孔子入伙，当时孔子已动心，但此时赶上鲁定公和季桓子重用孔子，于是孔子放弃了与

济南闵子骞祠堂中闵子骞像

公孙弗扰合作之想法。

孔子任大司寇期间，他向鲁定公提出了“隳三都”计划，而季孙氏之费邑亦在此列，在隳三都过程中公孙弗扰率众反叛，其率兵攻入都城曲阜，将鲁定公和季桓子围困在武子之台，面对危机，孔子指挥若定，最终平定叛乱，公孙弗扰等人逃到了齐国。

平乱之后，季桓子要选择一位新的费宰，那时孔子与季桓子关系密切，《公羊传·定公十二年》中称：“孔子行乎季孙，三月不违。”可见此阶段季桓子对孔子提出的建议一律采纳，而此刻子路也在做季孙氏的家宰。正因为这两层关系，季桓子对闵子骞颇为看重，于是季桓子想请闵子骞来担任这个重要的职位，但他没承想闵子骞听到这个任命后一口回绝。

虽然说费宰级别并不高，其职位却很重要，闵子骞说他宁可投奔到齐国也不任此职，这是怎样的心态呢？司马迁认为：“不仕大夫，不食污君之禄。”（《史记·仲尼弟子列传》）其言外之意是闵子骞不认可季孙氏之为人。季孙氏为鲁国上大夫，其为三桓之首，掌握着鲁国的实权，凌驾公室之上，而费邑乃季孙氏的私邑，闵子骞拒绝接受任命是出于对礼制的坚守。清刘沅在《四书恒解》中就持这种观点：“此章闵子之不为者，费宰耳。费为季氏私邑，家臣屡叛，欲以闵子骞其私家，故力辞之。”程子门人谢显道亦持这种观念：“学者能少知内外之分，皆可以乐道而忘人之势，况闵子得圣人为之依归，彼其视季氏不义之富贵，不啻犬彘，又从而臣之，岂其心哉？”

但毛奇龄在《四书改错》中则有另外的解释，他认为闵子骞拒绝的原因是这个职位不容易做，所以毛奇龄不认可前人所说的闵子骞以仕季孙氏为耻的理由："非可谓圣门必耻事季氏也。"而蔡仁厚在《孔门弟子志行孝述》中则说："闵子看出孔子将不久于位，以是亦不欲为季氏用，而坚决辞谢了费宰的任命。"以此来表明他与师共进退的忠诚。

其实这种猜测从结果看也有其道理，因为此事发生后的转年，即鲁定公十四年（前496），齐国用离间计使得季孙氏不再相信孔子，以至于让孔子想离开鲁国。虽然那时孔子没有说出他周游列国的计划，想来闵子骞看出了当时老师的处境，于是他拒绝了季孙氏之任命。

从孔子对闵子骞的夸赞之语来看，后世最为关注者是《论语·先进》中孔子所说的一句："孝哉闵子骞！人不间于其父母昆弟之言。"

闵子骞在服丧期间将服丧用的麻布扎在腰间，同时从事公务，过后他觉得这种做法不合古制，于是就辞职了。孔子对闵子骞的做法十分赞赏，但是闵子骞在服丧期间毕竟受到了征召而从事了公职，为什么孔子还夸赞他"盖善之也"？对于这一点，何休在《春秋公羊经传解诂》中的解释是："善其服事，外得事君之义；致仕，内不失亲亲之恩。言古者，又孙顺不讪其君也。不言君子者，时贤者多以为非，唯孔子以为是。"

何休认为闵子骞的做法既体现了以国事为重的大局观，做完事后又还禄位于君，退而守丧，这又表现了他的孝心。这种两全的处理方式，正是孔子夸赞闵子骞的原因所在。

对于闵子骞的孝行，刘向所撰《说苑·修文》中载有如下故事：

> 子夏三年之丧毕，见于孔子，孔子与之琴，使之弦，援琴而弦，衎衎而乐，作而曰："先王制礼，不敢不及也。"子曰："君子也。"闵子骞三年之丧毕，见于孔子，孔子与之琴，使之弦，援琴而弦，切切而悲，作而曰："先王制礼，不敢过也。"孔子曰："君子也！"子贡问曰："闵子哀不尽，子曰：'君子也，'子夏哀已尽，子曰'君子也'。赐也惑，敢问何谓？"孔子曰："闵子哀未尽，能断之以礼，故曰'君子也'；子夏哀已尽，能引而致之，故曰：'君子也'。夫三年之丧，固优者之所屈，劣者之所勉。"

子夏守丧三年毕去见孔子，孔子命他弹琴，闵子骞守丧三年毕，见孔子时孔子也让他弹琴，两人的心态完全相反，但孔子都夸赞他二人是君子。这样的夸赞方式让子贡颇为疑惑，孔子对子贡做出的解释为，守丧三年仍不能让闵子骞释怀对父母的哀思，所以孔子夸赞"孝哉闵子骞"。然而对孔子所言的"人不间于其父母昆弟之言"一句如何做出解释，后世有不同的解读。皇侃在《论语义疏》中说："子骞至孝，事父母兄弟尽于美善，故凡人物论，无有非间之言于子骞者也。"

皇侃的意思是说人们对闵子骞的孝行没有非议之言，胡安国认为孔子的这句话是说，人们对闵子骞父母昆弟称其孝的言论没有疑义："父母兄弟称其孝友，人皆信之无异词者，盖其孝友之实，有以积于巾而着于外，故夫子叹而美之。"

而焦循在《论语补疏》中引用了《汉书·杜邺传》所言："昔曾子问从令之义，孔子曰'是何言与'。善闵子骞守礼不苟，从亲所行，无非理者，故无可间也。"以此认为人们对闵子骞父母兄弟没有非议之言。

可见闵子骞之孝很受时人及后世首肯，闵子骞本人对他人的孝行也特别重视，《太平御览》中载有这样一段事：

> 《崔子渡河》者，闵子骞之所作也。崔子早无母，其后母常以其死母名呼之，不应者，后母辄笞之。崔子恶与其母同名，欲自杀，恐扬父恶，又死母名应则逆，非义也。则以能游渡河为辞，系石于腹，入水自沉而死。众人但以为不能游耳，莫知其故自沉，是以父过不扬。闵子骞大其能为父隐，伤痛之，故援琴而鼓之，以美其意，故曰《崔子渡河》。

崔子早年丧母，他的后妈常用他去世之母的名字来称呼他，崔子听到后一律不回应，于是后妈用鞭子抽打他，为此崔子想自杀，但他觉得自杀之后别人会议论他父亲不照顾儿子的恶名。崔子就以游泳渡河为名，在下水前先在腹部绑上了石头，等他走到深水处自溺而亡，听到此事者都以为崔子之死是因为他不会游泳，并不知道他其实是自杀。闵子骞听闻这件事的真相后，颇为赞赏崔子的所为，为此他特地以弹琴的方式来歌颂崔子渡河的故事。

由这个故事可以看到闵子骞对孝行是何等之看重，而他本人在孝方面所做之事更被后世所夸赞。元代郭居敬辑录的《二十四孝》

中就有闵子骞的故事，而早在此之前，闵子骞的故事就已广泛地流传于民间，这个故事被后世称之为“御车失棰”“单衣顺母”“衣芦御车”“鞭打芦花”等。虽然有这么多的称呼方式，其实讲的都是同一个故事。

《艺文类聚》一书中引用了《说苑》中的所载：

> 闵子骞兄弟二人，母死，其父更娶，复有二子。子骞为其父御车，失辔，父持其手，衣甚单。父则归，呼其后母儿，持其手，衣甚厚温，即谓其妇曰：“吾所以娶汝，乃为吾子，今汝欺我，去无留。”子骞前曰：“母在一子单，母去四子寒。”其父默然，故曰：孝哉闵子骞，一言其母还，再言三子温。

闵子骞兄弟二人的母亲病逝了，其父又娶了后妈，后妈又生了两个儿子。闵子骞给父母驾车时，手握不住缰绳，父亲摸其手，又发现他所穿衣服太单薄，后妈的儿子却穿得很厚，这种情况令父亲很生气，于是他想休掉后妻，闵子骞劝父亲不要这样做。然而《太平御览》所引《孝子传》上的说法与以上故事略有不同：

> 闵子骞事后母，絮骞衣以芦花，御车，寒，失纼，父怒笞之，后抚背知衣单，父乃去其妻。骞启父曰：“母在一子寒，母去三子单。”

闵子骞的后妈给其所做冬衣里面没有用棉花，而用的是不保暖的芦花，以至于闵子骞在驾车时冻得抓不住缰绳，父亲生气打了他，后来抚摸其背时方知闵子骞所穿衣服太薄。

这个故事在后世演变得越发得丰满，比如王重民、王庆菽、向达等编的《敦煌变文集》中收录了敦煌写本中的所载：

> 闵子骞，名损，鲁人也。父娶后妻，生二子。骞供养父母，孝敬无怠。后母嫉子，所生亲子，衣加棉絮，子骞与芦花絮衣，其父不知。冬月，遣子御车，骞不堪甚，骞手冻，数失缰靷，父乃责之，骞终不自理。父密察之，知骞有寒色，父以手扶之，见衣甚薄，毁而观之，始知非絮。后妻二子，纯衣以棉。父乃悲叹，遂遣其妻。子骞雨泪前白父言："母在一子寒，母去三子单，愿大人思之。"父惭而止，后母改过，遂以三子均平，衣食如一，得成慈母。孝子闻于天下。

到这里闵子骞的后妈也懂得了改过，这段记载中闵子骞又没了亲兄弟，他的后母对待闵子骞及亲生的两个儿子平等如一，后来成为天下闻名的慈母。这显现出孝道的力量是何等之大。

到了元明时期，闵子骞的故事又被演义为《芦花记》等名称，民国年间董康所作《曲海总目提要》中对《芦花记》有如下介绍：

> 剧因增出子骞弟名，曰闵权、闵华。言子骞父往南庄，以子骞嘱继母，子骞性喜读书，而母使子骞南园种麦，备极艰苦。又使其妻担水绩麻，昼夜不息。弟权辄私代骞耕锄，权

妻又极力保护子骞之妻。而母怒不已，使子骞于雪中衣芦絮之衣，推车迎父还家，密遣佣工赵彪于路要杀。权妻告其夫，趣令往救。权方力扼赵彪，而其车在山中，为盗柳展雄所知，擒二人至山，欲加杀害，兄弟争死，雄感其义，大悟己非，释去二人，率众降鲁。颜路与子骞为异姓兄弟，察其继母之虐长子，以告子骞之父，而幼弟华亦以兄苦况述于父知之，父即作休书逐妻。于是子骞夫妇及权夫妇皆痛哭流涕，乞留其母，母乃得留。为子孝所感，爱如己出。按母无谋杀子骞事，盖欲扬子骞之美而甚言之也。《庄子》载柳跖遇孔子事，因点缀作遇子骞，其弟欲代骞命，又影借卫伋寿及赵孝、赵礼兄弟事。

故事发展到这里，闵子骞的两位同父异母的弟弟又有了名字，他们叫闵权和闵华。闵子骞特别喜欢读书，后妈却让他去干农活，闵权体谅哥哥的辛苦，他帮着闵子骞去耕地，而闵权之妻又努力地保护闵子骞之妻，这种做法令闵子骞后妈颇为恼怒。

某天后妈让闵子骞穿着芦花衣在雪中推车去迎父亲还家，同时后妈私下里安排家中佣人赵彪想办法在路上杀掉闵子骞，闵权之妻听到这件事后立即告诉了丈夫，她催促丈夫赶快去救闵子骞。闵权努力地制止了赵彪所为，闵子骞和闵权却被强盗柳展雄所擒获，柳想杀掉闵氏兄弟，兄弟二人却争着替对方去死，他们的行为感动了柳展雄，于是柳展雄将闵氏兄弟释放，而后率领众强盗投降了鲁君。另一位强盗颜路是闵子骞的异姓兄弟，他了解到闵子骞的后妈对子骞之虐待，于是将这件事告诉了子骞之父，而闵华也把哥哥之

济南闵子骞祠

苦告诉了父亲，闵父一怒之下写了休书，但是闵子骞夫妇及闵权夫妇都极力阻止父亲所为，后妈也为儿子的孝顺所感动。柳展雄将此事报告给了鲁国国君，于是鲁国国君赐闵子骞以爵位。

这是何等圆满的故事，而这个故事在清代杂剧《芦花絮》中又添加了闵子骞之父的姓名，以及继母的姓氏，对于该故事的情节，赵传仁、鲍廷毅在《中国书名释义大辞典》中有如下介绍：

剧叙春秋时鲁国人闵启贤，字思恭。长子名损，前妻所生，次子闵华，三子闵荣，为继室李氏所生。岁暮隆冬，友人邀他观梅赏雪，叫闵损、闵华御车前往，途中闵损身上寒冷，不能行走，启贤以故违父命打他，衣破露出芦花。启贤见妻子如此无义，怒气填胸，回家责问李氏，李氏不肯认错，百般狡辩。启贤请来岳父、岳母，写下休书，请他们把女儿领回。李氏悔断肝肠，无颜面偷生人世，欲自杀。闵损为继母求情说：母在一子寒，母去三子单，以叩首阶前劝父亲收回休书。闵启贤见闵损大孝真诚，将休书付之一炬。李氏拜告启贤亡妻，以后一定同样对待三个孩子。一家和好。

从以上这些故事均可看出中国人是何等喜欢大团圆的结局，这个故事既突出了闵子骞的孝行，同时又突出了他感动了许多人，使恶人也变成了好人的功绩。这正体现了儒家以孝治天下的思想，而闵子骞也成了孝的化身，故他在唐开元二十七年（739）被唐玄宗封为费侯，宋大中祥符元年（1008）被晋封为琅琊公，宋咸淳三年（1267）又被封为费公，明嘉靖九年（1530）其被改称为先贤闵子，并被后世尊奉为孔门十哲之一。

我在网上查到山东济南的闵子骞墓比较有知名度，于是在2019年4月22日到济南去朝拜闵子骞墓，此次行程由刘玉林先生陪同。闵子骞墓位于济南百花公园西邻的济南孝文化博物馆内，我跟随刘玉林先生来到此门前，侧旁的广场上竖着几根高大的石柱，从刻制痕迹可以看出，这是机器所制，不知此柱有着怎样的寓意。进入百花公园的游客

闵子骞墓墓园大门

络绎不绝，走入孝文化博物馆者却寥寥无几，这里免费开放，门楣上悬着“崇孝苑”的匾额。右侧的门板上钉着的一块金属牌上写着“闵子骞墓景区公示牌”，上面仅写明开放日期，并未看到公示的内容，但“全面开放，节假日不休”这句话颇为亲民。

步入景区首先看到了闵子骞墓简介，简介的右上角写明：

> 闵子骞墓位于济南市历城区闵子骞路2号，北纬36° 40′ 32.6″，东经117° 03′ 39.9″，为孔子弟子、孔门十哲之一的闵子骞的衣冠冢。1979年9月3日，被济南市革命委员会公布为第一批市级文物保护单位。

看来这里是衣冠冢，但仍然是市级文保单位，最为难得者，该介绍还标明了卫星定位，这种标示方法颇为谨严。但是介绍牌中又写道：

> 相传闵子骞死后，葬在齐地（即现址）。唐宋之际，因闵子骞墓前“坟而不庙，秩祀不至”，渐渐被人遗忘。时至北宋，人们在此为闵子骞建立了墓冢、祠堂。此后历金、元、明、清各代，对闵子骞墓、祠均有修葺。至20世纪60年代，闵子骞墓尚占地35亩多，周围建有围墙。封土直径约有70余米，高20余米。墓园中有合抱粗的松柏30余株，历代碑刻10余通。祠堂里供有闵子骞塑像，墓、祠均有专人看管。“文革”期间，闵子骞墓遭到严重破坏，祠堂被拆，碑刻被毁，古树被砍伐，封土

> 被挖去烧砖瓦。墓区被缩小至不足十亩。20世纪90年代闵子骞路扩宽改造，墓区西部被占用，墓区范围再次缩小，现占地面积为6300余平方米，墓封土呈圆丘形，高约2.5米，直径4米，底部用块石垒砌成高1米的石墙保护墓封土，墓前立有济南市级文物保护单位保护标志1通。2003年，济南市文物局启动了闵子骞墓修缮保护工程，整修了封土，修建了闵子祠、东侧碑廊、山门及东西两侧厢房等，整理了院内存放的济南城市建设中发现的百余通碑刻等，2004年被修葺后“五一”节正式向社会开放。

如此说来，现在这里的闵子骞墓虽然是衣冠冢，但当年闵子骞去世后，确实就是葬在了此处。既然如此，还不如直接称这是闵子骞墓址。

简介牌的另一面则悬挂着“孝文化基地”的金属牌，然此牌的落款则为“山东电力工程咨询院有限公司”，我不清楚这个单位是此牌的制作者，还是这家咨询院将闵子骞墓定为了孝文化基地。

走入园中，眼前所见是一座小小的建筑，路的两侧摆放着多个体量不小的赑屃，它们驮着的碑却不知放到了哪里。这些赑屃本身已残破不全，它们经历过怎样的灾难，只有它们自己心中最清楚。有些碎成八瓣的赑屃又被黏合在一起，只是修复手段颇显粗糙。

沿着中路走到小庙之前，门楣上的匾额写着“闵子骞祠”，这与大门口的匾同是出自欧阳中石之手，但老先生不知为何都写成了左读。进入祠中，有一尊闵子骞坐像供在了包着围幔的台子上，这

担心下坡时车会将闵子骞撞倒

些围幔的制作手段颇具原汁原味的民族风。其像前有一个透明的功德箱，来此捐献爱心者不在少数。

闵子骞像背后的影壁上写着大大的“孝”字，以此表明他的人生定位，而其像前摆放着几个塑料盘，其中几个是空的，只有一个盘中放了一些豆子，不知是否别有寓意。左右两侧的山墙上一边是闵子骞简介，另一边则用传统的绘画方式绘制出“闵子骞单衣顺母”，画中的闵子骞在前面努力低头拉车，只是其父所乘是双轮车，看上去这样的车不带手刹，如果走到下坡时，该车冲下去岂不会将闵子骞撞倒？他的后母跟在车后带着两个孩子，抱着一个领着一个，看上去也够辛苦的，此画的旁边有一个大展板在介绍着“二十四孝之单衣顺亲”。

祠堂的后方仍然有个大院落，院的右侧陈列着两排古刻石，这些碑石大多字迹已磨泐，看不出这是闵子骞祠堂中的原物，还是相关部门从他处搜集来摆放于此。穿过这排碑来到后院，在这里看到了闵子骞墓。此墓的体量确实比简介中的介绍小了许多，其墓顶完全用青砖包裹了起来，墓前的神道两侧摆放着一些石像生，但从刻制手段来看，这些石像生都是从不同的墓前迁移来的。有些文武俑已经身首异处。

闵子骞墓前没有立墓碑，仅有一方文保碑，文保碑的前面也摆放着大量的残损石件，有一些石件感觉是从墓室内挖出来的。其墓右侧则是长长的碑廊，碑廊的墙上嵌放着一排刻石，其图案是二十四孝，每幅图的下面既有中文注释也有一段英文注释，看来这是为了让外国人也能读懂中国古老故事。在这新刻石的前方，有着长长的水泥台，上面一字排开放着几十方墓志铭，走上近前端详，刘玉林竟然发现了一些明代藩王的墓中物。由此确认了本院中展示的大量刻石确实与闵子骞无关，看来有关部门把这里当成了古刻石存放处。

参观完毕走出院落时，我才看到这里的路牌赫然写着“闵子骞路”，不清楚这个路名已经起了多久，但能以他的大名冠为路名，足以说明济南当地人到如今依然崇敬这位孝子。

闵子骞（二）：孝治天下，鞭打芦花

2020年12月15日晚，我与刘玉林、李洪武住在了鱼台闹市区的一个名叫“华创”的宾馆内。到达时，刘玉林先生请我与李洪武吃鱼火锅。因为这家网红店太火，点餐之后要有一段等候时间，店家会上一些小零食，在咀嚼中望着窗外，我发现有一巨大广场。我隐隐地看到广场的正中有一尊雕像，后来得知那是鱼台县城内最大的休闲广场，名曰“孝贤”，是根据闵子骞的故事建造起来的。

明绘本闵子骞像，台北故宫博物院藏

鱼台王鲁镇有“五里三贤”之说，据说当地在方圆五里范围之内，出了闵子骞、樊迟、宓子贱这三位孔子的弟子。除曲阜外，似乎还没有哪个地方在如此小的范围内出这么多的大贤。鱼台县相关部门能以闵子骞的故事建这样一个大广场，足见孝贤文化在当地影响之深。

我通过之前所做的查询工作，得知王鲁镇仅有闵子骞和樊迟遗迹，宓子贱遗迹在当地已荡然无存。“五里三贤”为此而不能名副其实，我为之遗憾不已。而今意外地看到了这个孝贤广场，虽然与宓子贱无关，但也在我觅圣之旅的范畴内。今日一大早吃完早饭，我请李洪武把我送到孝贤广场上，他再返回宾馆跟刘玉林办退房手续。

昨夜来了寒流，狂风刮了一晚，今早风虽已停歇，但广场上依然清冷异常，我哆哆嗦嗦地走在石板地上，感觉凉气从脚底直冲到了头顶。此时太阳刚刚在天边泛红，但广场上已经有一队人马跳起了广场舞，他们随着音乐在那里律动，人群旁边的大音箱放的则是几十年前的流行歌曲，音乐难跨越时代，闻香识女人，闻音乐男女均识。

清冷的广场

刚走到广场边，猛然听到一声“注意油漆”！我看到一位工作人员正用油漆在刷阻车栏杆。7点就开始工作了，一者见其勤勉，二来也说明当地有关部门在努力地维护孝贤广场的方方面面。我感谢了此人的好心提醒，他低头继续认真地刷着油漆，他在护栏的下方垫着一个塑编袋，想来是因为油漆不怕寒风，有可能会流下来，他担心污染地砖。做事如此认真，应该符合一个“贤”字。

正因为我这低头一看，方留意到广场边缘地面上刻着一些浅浮雕，其中一幅图的形象是一位长者挥鞭打孩子，想来讲述的是鞭打芦花的故事。这个故事在民间流传甚广，原因之一是早在元末，高则诚就将其编为剧作《闵子骞单衣记》。明嘉靖年间，张凤翼也编出了《芦衣记》，明代汪湛溪编了出《孝义记》，可惜这些剧作都失传了。

流传至今最早的相关故事，应该是明万历年间沈璟所撰《衣芦御车》。其实沈璟是写了传奇《十孝记》，而《衣芦御车》为其中一种，但此曲也有残缺。而今最完整者，应当是清康雍乾间唐英所编《芦花絮》，此乃杂剧。有意思的是，这位唐英的正式身份是朝廷派到景德镇去监督窑务的官员，他在中国陶瓷史上有重要地位。他本人有很多的业余爱好，在诗文、戏曲、绘画等领域都有一定的成就。

唐英所编《芦花絮》分为四出，据说这部杂剧的创作是受当时花部戏的影响，因此在声腔唱法和角色安排、科白运用等方面都有创见。正是因为戏曲的传播，闵子骞的故事广为人知，只是不清楚当今的鱼台是否还演与闵子骞有关的戏曲。唐英在《芦花絮》中称闵子骞的父亲闵启贤字思恭，这让我猜想眼前所见的孝贤广场是否与闵父也有点关系。

沿着广场向后走，远远就看到后端有一新修仿古高楼，我料想那里会有相关介绍文字。走到中段时，我看到左面立有雕像，后墙上写着“朱寿昌”。朱寿昌乃宋代著名的孝子，他的父亲朱巽是宋真宗年间的工部侍郎，朱寿昌的母亲刘氏是朱巽之妾，在朱寿昌幼年时，刘氏被弃，自此母子分离。

仿古高楼

朱寿昌长大后，荫父功名出外为官，他做过岳州知州、阆州知州等，然无论到哪里做官，他都非常思念母亲。朱寿昌用了五十多年到处打听母亲的下落，为此，他还做了很多功德事。宋熙宁初年，朱寿昌终于打听到母亲流落在陕西一带，已嫁他人为妻，朱寿昌辞官前去寻母，终于在同州找到生母，此时母亲已七十多岁。刘氏离开朱家后，嫁给党氏，又生下子女数人，朱寿昌将其全部接回家中供养。

朱寿昌弃官寻母之事被人上奏给宋神宗，神宗皇帝受到了感动，将朱寿昌官复原职，当时朝官苏轼、王安石等人纷纷作诗赞赏此事。自此之后，朱寿昌千里寻母的故事广为人知，而今我无意间在此广场上看到他们母子二人的雕像，想来这是孝贤广场的设计者想说明闵子骞的孝行影响千年。

其实《芦花絮》中也有休妻场景，因为后母虐待闵子骞，闵启贤得知真相后十分生气，一怒就要休妻。闵子骞上前劝父，终于使得闵启贤收回了这个想法。可惜当年朱巽身边没有一位这样的孝子，有的话，也用不着朱寿昌穷大半生之力苦苦寻母。

走到仿古楼前，这里立有一尊高大的闵子骞像，此时太阳已经露出了半个脸，恰好光芒照在闵子骞的背上，这给拍照带来了较大的困难，我换了几个角度，都难以拍清楚这位孝子的脸。像前有一块金属介绍牌，上面谈到闵子骞是今日鱼台县大闵村人，为十二哲之首，以孝贤名扬千古，并且夸赞他“对儒家文化的形成发展做出了重要贡献”。

高大的闵子骞像

走到仿古楼前，这里上着锁，我不清楚是因疫情关闭，还是因为我来得太早了，透过玻璃向内张望，看不到里面有什么东西。站在高台上看到左侧有一座仿古廊桥，走近观看，原来这里有一条宽阔的河，不知什么原因，河水没有结冰，但静水如练，如果不是广场舞放出的声音，我会觉得时间在此刻有凝固之感。

倒影

参观完孝贤广场，刘玉林来电话说，他跟李洪武已经赶到了广场旁。开行半个多小时，我们先去瞻仰了樊迟墓和樊子祠，接着又开行几公里前往大闵村。在村口看到张黄镇所立介绍牌，牌上写着一个大大的“孝”字，下面是闵子骞简介，旁边还有闵子骞的剪影，后面则做成了竹简的式样，上面刻着《芦衣顺母》的故事。但这个故事是闵子骞小时候发生的故事，而剪影像上的闵子骞已经长出了胡子并手持佩剑，身后还有一朵云，颇具道家风骨，这似乎与后面的故事不相符。

驶入村中，我看到小片空地上建了一堵仿古墙，上面写着孔子所言的“孝哉！闵子骞”，以及田纪云所书的“孝贤故里”。这块空地上还有用花岗岩仿制的竹简，上面也录了孔子夸赞闵子骞之语，其后方还有一座仿古小亭，我进亭内探看一番，未看到相应字迹，但能感到这处小景观均是为闵子骞所营造。

行驶到村中心，于此看到了闵子祠，门前广场上正进行着施工，而闵子祠上着锁，我看到施工者在祠堂的右侧开了一个口子，那里应当能够穿入祠堂院内。刘玉林看出了我的企图，他担心我掉进施工坑内，于是告诉我，他已经联系了朋友，朋友已找到管祠堂的人，对方让我们于此等候。

祠堂的门楼形成一半封闭空间，有几位村民在里面晒太阳，我走上前与之唠嗑，他们说闵子祠在古代就存在，几十年前祠堂被破

晒太阳的村民

坏了，再次重修时，村民们纷纷捐款。其中一位妇女跟我说，闵子骞太好了，怎么能破坏他的祠堂呢。

说话间来了一位长者，他径直走上门楼开锁，在此晒太阳的几位村民纷纷跟他打招呼，看来他在本村颇具权威。刘玉林走上前自报家门，寒暄过后，他向我介绍这位开门人，此人乃闵子骞后人，名叫闵维君。我感谢他前来为我们开门，闵维君豪爽地说，我们能来看闵子骞他很高兴，只是刚才在外办事，朋友给他打电话后，他又返回家拿钥匙，所以来晚了一会儿。

走入祠堂院中，中轴线两侧种着松柏，长得郁郁葱葱，并且很有树形，可见闵维君在祠堂管理方面颇为用心。今天上午我们先去看了樊子祠，樊子七十七代孙樊德云带我们参观祠堂时，谈到了大闵村的闵子祠，他说那里争取到了更多的费用，这令樊德云脸上显

芦花馆

现出羡慕之色。果然从外观看上去，无论占地面积还是祠堂建设，闵子祠都优于樊子祠。

祠堂的两侧各有一座青色砖楼，闵维君介绍这是民国建筑，右侧是芦花馆，他打开门请我们入内参观。里面悬挂着一圈展板，展板上的图案均为历代与闵子骞有关的故事，比如有一个题目叫“劝父砖雕”，上面注明砖雕为北宋所制，并且列明了此块砖的外观及尺寸，同时讲解画面所呈现的故事：

> 画面上共5人，左右为闵子骞父母，中间为兄弟3人，小弟正牵着母亲的衣角，不欲其离开，大弟独自掩面哭泣，闵子骞躬身拱手，正在劝其父改变主意。

从室内看，这里改成了一层通间，只是在一层、二层之间有一些横梁，这些梁虽然涂上了红漆，却弯弯曲曲。闵维君介绍这些房一度成为村内的小学，所以房屋结构做过改动，但也正因为如此，这些房屋留了下来。

闾阎宫

而后我们又参观了对面的那座砖楼，此楼的门楣上写着“闾阎宫”。这是源于《论语》上形容闵子骞“闵子侍侧，阍阍如也”，里面也是用展板的形式介绍着中国历代孝道的故事。按照孟子的说法“尧舜之道，孝悌而已矣”（《孟子·告子下》），同时他又说帝舜“使契为司徒，教以人伦：父子有亲，君臣有义，夫妇有别，长幼有序，朋友有信。”（《孟子·滕文公上》）

可见在尧舜时代，就已提倡孝。《论语》中出现“孝”字达19次之多，在孔子看来，孝首先体现在对父母生活的关心：“有事，弟子服其劳，有酒食，先生馔。”（《论语·为政》）

仅关心生活起居还是不够的，对父母要讲究敬：“今之孝者，是谓能养。至于犬马，皆能有养。不敬，何以别乎？”（《论语·为政》）

另外，孔子强调孝是忠和仁的根本：“其为人也孝弟，而好犯上者，鲜矣；不好犯上，而好作乱者，未之有也。君子务本，本立而道生。孝弟也者，其为仁之本与！”（《论语·学而》）

孝有这么大的作用，使得此后的帝王多有强调以孝治国，尤其在汉武帝时，皇帝采纳董仲舒的建议，命郡国各举孝廉一名，从此正式实行举孝廉选官制度，也就把做官与孝行联系在了一起。刚推行这种制度时，有些郡国执行得不积极，于是汉武帝下令，如果两千石“不举孝，不奉诏，当以不敬论；不察廉，不胜任也，当免”（《汉书·武帝纪》）。自此，这个制度得以广泛推行，这种做法也对后世有深远影响。

皇帝何以要如此提倡孝道？陆贾在《新语》中说“在朝者忠于君，在家者孝于亲”，将忠君与孝联系在了一起，所以后世称“汉以孝治天下”。汉武帝时设五经博士，五经是指《易》《书》《诗》

笃圣殿

《礼》《春秋》，当时是每经置一博士，后来增加《论语》为六经，之后又增加《孝经》为七经。当时皇帝派人向太子讲授《孝经》，由此把孝道推向了一个新高度。同时，汉朝的皇帝，除刘邦和刘秀外，其他各位都是以孝为谥号，比如汉文帝刘恒，谥号孝文帝；汉景帝刘启，谥号孝景帝；汉武帝刘彻，谥号孝武帝。

接着我们去参观正殿，该殿的门楣上挂着“笃圣殿”的匾额。还没登上台阶，有一人扛着扫把走到大殿门前，开始清扫那里的落叶，不知此人是主动来清理，还是受闵维君安排。但我觉得这不是扫地出门之意，从扫落叶的人脸上可以看到微微的歉意，这样的民风令我起敬。

进入祠堂，精美的神龛内端坐着闵子骞，他的形象被塑成了白胡子老头，余外祠堂内没有其他塑像，只是在三面墙上挂着一些展

梁柱结构

板，以现代手法讲述着闵姓的来源，以及与闵子骞有关的故事。

大殿内的梁柱与其他地方略有区别：横梁均为方木，每根梁都很厚，呈纵长形，全部绘成青色图案，感觉所用原料应当是青金。另外有一部分涂成了浅绿色，上面没有藻井，可直接看到涂成朱色的椽子和盖板。

参观完大殿，原路往回走，我看到有一侧立着多块捐款功德碑，走到门廊时，看到一辆红色两轮车，车壁上写着“徒步两千里，寻根问宗亲”“辽宁本溪县——►山东鱼台县”，旁边还有三个二维码，其中一个写着“弘一户外直播间”。看来这是行为艺术，然而闵维君告诉我，的确是一位本溪县姓闵之人，他推着车从辽宁一直走到了这里，直播结束后，他就把车放在这里离去了。

这倒是一种宣传闵氏文化的好办法，只可惜我没有看过这个直播，不知道有多少人对此感兴趣。在古代时，闵子的故事确实深入人心，比如皇侃在《论语义疏》中引用陈群之注："言闵子骞为人上事父母，下顺兄弟，动静尽善，故人不得有非间之言也。"

可见孝的本意乃孝敬父母，兄弟相亲，但朱熹认为这种解读方式只是指的外在的所为，对于孝，更多的应当是发自内心，他在《论语集注》中引用了胡氏所言："父母兄弟称其孝友，人皆信之无异辞者，盖其孝友之实，有以积于中而著于外，故夫子叹而美之。"

胡氏称真正的孝发自内心而表现于外，这才是孔夫子赞美闵子骞的真实原因。朱熹何以摘取胡氏的这段话？他在《论语或问》中解释："诸说善矣，而于文义皆有未协者，惟胡氏为可通耳。"

在朱熹看来，别人的说法也没错，但相比较而言，胡氏的解读最有道理。王夫之的《四书训义》中有如下一段话：

> 夫子曰：人之有德也，皆可以相信而不待质于群言，而唯孝不然。孝无一定之理，而但有同然之心。吾以此验为人子者，孝哉惟闵子骞乎！吾验之于父母昆弟之言也，而更验之于人也。盖惟无所不当干父母之心者，而后可谓之孝。

看来人的德是不用验证的，但孝不同，因为孝没有一个硬性指标，关键是如何从心中有孝心。以此来论，闵子骞符合这个条件。

南宫适：为人谨慎，兄女妻之

南宫适的生卒年不详，他是春秋末的鲁国人，姓南宫，名适，又名韬，字子容，故亦称其南容，他是孔子的弟子。《论语》中对他的记载有三条，第一条载于《公冶长》篇：

> 子谓南容："邦有道，不废；邦无道，免于刑戮。"以其兄之子妻之。

孔子谈到南宫适时说，国家有道的时候，他就做官；国家无道的时候，他也懂得规避风险。看来南宫适是位识时务之人，孔子对其颇为喜爱，所以他就把哥哥孟皮的女儿嫁给了南宫适。对于此事，《论语·先进》中亦有载："南容三复白圭，孔子以其兄之子妻之。"

这段话称南宫适反复诵读关于"白圭"的诗句，于是孔子就把哥哥的女儿嫁给了他。白圭是指《诗经·大雅·抑》篇中的"慎尔出话，敬尔威仪，无不柔嘉。白圭之玷，尚可磨也，斯言之玷，不可为也”。

珍贵的白圭上面如果有了瑕疵，还可以将它磨掉，但一个人如果说错了言语，就很难收回。其言外之意是，做人要谨言慎行，想来这正是孔子所欣赏的为人方式。正是因为南宫适的这个性格，所以得到了孔子的青睐。

这么一件事，在《论语》中出现两次，可见确有其事。南宫适也就成为孔子侄女婿，孔子的弟子中能有近似待遇者，除了南宫适也就只有公冶长了。

既然孔子对南宫适这么喜爱，孔子想来对他有很多的教导，但不知为什么《论语》中对南宫适的记载那么少，除了以上两条，还有一条记载于《宪问》篇：

南宫适问于孔子曰：“羿善射，奡荡舟，俱不得其死然。禹、稷躬稼而有天下。”夫子不答。南宫适出。子曰：“君子哉若人！尚德哉若人！”

南宫适向孔子请教：羿善于射箭，奡善于水战，然而他们都不得好死，大禹和夏稷都亲自去种庄稼，他们却得到了天下，如何来解读这样的反差呢？难道有特殊本领的人比不过只会种庄稼的人吗？孔子闻听南宫适之问后，不知为什么，他没有予以回答，南宫适看孔子没有说话，于是就出去了。他出去之后，孔子却跟其他弟子夸赞南宫适：此人是真君子，因为他尊重道德。

孔子为什么要这么说呢？因为孔子一向认为以德行治天下，比以武力治天下要好得多，而南宫适能发此之问，显然他有这方面的思索，所以孔子夸赞他。

如果这种解读不错的话，那为什么孔子不当面表扬南宫适呢？孔子很少夸赞弟子是君子，在他的学生中，他只以此来夸赞过两个人，一个是宓子贱，另一个就是南宫适了。孔子把这么高的赞誉不当面说给南宫适听，难道是怕他骄傲吗？也正因为孔子的不当面回答才引起了后世一堆的猜测。比如东汉马融认为孔子不回答的原因是："适意欲以禹、稷比孔子，孔子谦，故不答也。"

马融说这段话的意思是南宫适把禹和稷比喻成孔子，就是因为孔子强调以德治天下，但孔子觉得这种比喻太过高大了，这不符合孔子谦虚为人的态度，所以他不回答。而南宋朱熹在《论语集注》中也持这种观点："适之意盖以羿、奡比当世之有权力者，而以禹、稷比孔子也。故孔子不答。然适之言如此，可谓君子之人，而有尚德之心矣，不可以不与。故俟其出而赞美之。"

虽然当时孔子为了表示谦逊而没有回答，但南宫适出门之后，孔子还是忍不住夸赞他有君子之风，因为他理解了自己以德治天下的主张。清刘宝楠在《论语正义》中也有着同样的解读："'适意欲以禹、稷比孔子'者，言孔子勤行道德，亦当王有天下也。孔子持谦，不敢以己比于禹、稷，故不答其言也。"

然而洪迈在《容斋随笔》中却有另外的解读：

> 南宫适问羿、奡不得其死，禹、稷有天下，言力可贱而德可贵。其义已尽，无所可答，故夫子俟其出而叹其为君子，

奖其尚德，至于再言之，圣人之意斯可见矣。然明道先生云："以禹、稷比孔子，故不答。"范淳父以为禹、稷有天下，故夫子不敢答，弗敢当也。杨龟山云："禹、稷之有天下，不止于躬稼而已，孔子未尽然其言，故不答。然而不正之者，不责备于其言，以沮其尚德之志也，与所谓'雍之言然'则异矣。"予窃谓南宫之问，初无以禹、稷比孔子之意，不知二先生何为有是言？若龟山之语，浅之已甚！独谢显道云："南宫适知以躬行为事，是以谓之君子。知言之要，非尚德者不能，在当时发问间，必有目击而道存，首肯之意，非直不答也。"其说最为切当。

洪迈认为南宫适在问话之前，其实心中已经有了答案，因为他向孔子请教羿、奡不得好死，禹、稷却能得天下，这说明武力远不如道德更重要。他的问话其实已经阐明了观点，所以孔子也就不用回答了。南宫适离开后，孔子大赞他的观点，这就足以说明问题。

然而程颢则认为南宫适将孔子与禹、稷相比，孔子觉得这无法回答。范祖禹认为禹、稷得到了天下，而孔子是布衣，所以他不能与之相比。杨时则认为禹、稷得到天下并不只是靠亲自种庄稼，孔子不认为南宫适所说的话都是对的，所以他不回答。但孔子并没有纠正南宫适话中的错误，其目的是不让南宫适觉得老师对他求全责备，孔子也是为了不让南宫丧失崇高的道德标准。

对于以上人的不同解读，洪迈觉得南宫适的问话原本没有拿禹、稷跟孔子相比的意思，所以他不理解程颢和范祖禹为什么要那样说，同时他认为杨时的话说得太浅陋了。洪迈赞赏谢良佐所言，因为谢良佐认为南宫适懂得身体力行的重要性，所以孔子夸他是君子。他向孔子提出这个问题时，虽然孔子没有说话，但必然跟他进行过眼神交流，以此来表现赞赏之意，所以用眼神来交流并不等于不回答。这种说法很有意思，也算得上是大胆设想，但唯一的问题是难以求证。因为没有证据证明谢良佐是如何知道孔子当时用眼神对南宫适所言表示了赞许。

关于南宫适的墓，朱宁在《邹城历史人物》中写道："南宫适去世后，埋在他的家乡，即今前南宫村前。新中国成立后，南宫适墓所在的南宫林依然保存完好，后遭破坏，林木被伐，坟冢夷为平地。"南宫适之墓现在是否还在，我不得而知，于是决定前去探寻。

2019年12月13日，我驱车前往邹城市中心店镇前南宫村去寻找南宫适墓址。该村处在平原地带，我们围着村子兜了一圈，看不到相应的指示牌。于是请司机小韦把我送到村委会，但村委会内静悄悄的，看不到一个人影。村委会前面的文化广场上坐着一些老人在那里打牌晒太阳，我走上前请教，老人们纷纷说南宫适就是本村人，因为他们的村名就是这么来的。对于南宫适墓址在哪里，他们却说早就扒掉

前南宫村碑

君子文化广场

了，现在很难说出具体的位置。

在问话之时我注意到文化广场分为两部分，隔壁还有一个院落，走到近前，看到侧旁的介绍牌上写明“君子文化广场”。而刚才那个更大的广场则名“安全文化广场”，不知两者有什么区别。介绍牌中有南宫适的生平介绍，其中引用了《山东通志·先贤林墓》中所载：“南宫子子容墓‘在邹县西十里’。”介绍牌中又称墓地上原有享殿、围墙及明清古树数十株，后来被拆除，墓冢也被铲平，现仅存康熙三十五年邹县知县韩峰起立“先贤汝阳侯南宫适之墓”碑一块。

见此介绍我大感兴奋，因为还有古碑在，于是我重新回到安全文化广场，向那几位老人请教古碑现在哪里，其中有一人告诉我，碑在本村的东北角一片田地中。他也说不清具体的方位，但即

前南宫村

便如此，我还是很高兴，于是请小韦开车到村的另一头，我们见人就打问，还是问不明白具体方位。不知什么原因，村中的院落大多关着门，后来终于遇到一个开门的院落，小韦立即下车进院去了解情况。他下车时忘记拉手刹，而此路有一定坡度，车立即开始向后滑行。此时我已打开车门正准备下车，一只脚已经落地，突然感觉站立不稳，我一只手立即抓住车门，把相机往麦田里一扔，而后一提手把手刹拉了起来。这时小韦已经看到车在滑行，他惊呼着往回跑，但已来不及，我们的车与后面所停之车基本上贴在了一起。

院内走出两位妇女立即过来查看，看来车是她们家的，跟小韦刚刚说话的老人也走了出来，他先查看了车况，然后跟那两位妇女说，不碍事，没碰上，还差两厘米。这真是遇到了好人，而这位老人还知道南宫适墓碑的位置，他向小韦指点一番，小韦向他千恩万谢之后，继续载我前去寻找。我把相机捡起来查看，发现没有摔坏，这真是天助我也。

我们开到村的另一侧，这一带没有任何的指示牌，前行不远，又有了岔路，我们任选一条路往下开，越开越觉得不对头，于是掉头回返驶往村子的另一侧。在村边的路上，有一处孤零零的院落，院中的房屋像是乡办工厂的厂房，我本能地觉得这一带就应当是那位老人所说的南宫适墓旧址，于是请小韦前去问话，因为他能用当地方言与对方交流。此次下车前，小韦狠狠地把刹车拉起，我真担心他把手刹拉断了。隔着车窗望过去，那个院中冲出来两条狗，小韦很镇定地招呼着它们。院中走出一位妇女，两人交谈后，妇女指向了院落后方的田地。我瞬间觉得自己猜对了，于是下车，把车锁好后，跟着小韦沿着此院旁边的小路向田地走去。

前行20余米，我走到了地埂边，左转有一条土路，再往前走100余米，田地间有一处房屋，此房门前恰好有一位老汉正在与一位妇女聊天。小韦问他们南宫适墓所在，老人闻言立即用手对前面的田地一比画，他说这里原本都是南宫适墓的范围，后来墓被平了，古树也被砍光了，就变成了今天的田地。

虽然我已知道这样的情形，还是问老人南宫适墓有没有标志。老人指着田地中说，那里有一块碑，井口还有一块碑。按照他的所指，我跟小韦走入

找到了文保碑

田地中，果然在一片地里看到了邹县人民政府所立“全县重点文物保护单位”碑，碑上不知放着个什么物体，老人远远地喊着说，可以拿下来再拍照。保护碑上却没有写明保护的内容，于是我想看第二块碑。小韦说他已问明情况，于是我跟着他前行，穿过这片土地，走入另一条土路。

前行近100米，果然找到了一口井，这口井旁倒放着一块石碑，走近细看，上面刻着“先贤汝阳侯南宫适之墓”，落款为康熙三十五年。我见此大喜，于是围着这块碑拍来拍去，但为什么墓碑会扔在井口旁呢？小韦告诉我，刚才那位老人说此碑原本倒放在田地中，但每次耕种时颇受影响，于是他就找人将此碑搬到了这里。

果然是南宫适墓碑

站在井口向下探望，这口井比平常所见的直径要大得多，小韦说这是农村浇地用的集体井。但我觉得水面距井口也就几米的距离，掉下去后很难爬上来，因为直径太大，手脚无法支撑井壁。小韦感叹，他们没有把这块碑扔到井里，就已经很难得了。我想也是，如果将此碑扔到井里，那南宫适的遗迹的确是在这个世界上彻底消失了。

漆雕开：独开一派，为师亡身

《韩非子·显学》中称自孔子去世后，儒学分为八派，其中一派为“有漆雕氏之儒”。孔门七十二贤中有三位姓漆雕者：漆雕开、漆雕哆、漆雕徒父（漆雕从）。另外，孔门三千弟子中还有一位漆雕凭。究竟漆雕氏之儒指的是其中哪一位，后世基本认定是指漆雕开所传之学。

关于漆雕氏之儒的学术特色，后世学者大多根据王充在《论衡·本性》中的一段话来给出判断：“周人世硕以为人性有善有恶，举人之善性，养而致之则善长；恶性，养而致之则恶长。如此，则性情各有阴阳，善恶在所养焉。故世子作《养（性）书》一篇。宓子贱、漆雕开、公孙尼子之徒，亦论情性，与世子相出入，皆言性有善有恶。”

世硕提出人性有善有恶论，为此，他写有一部《养（性）书》。世硕在此书中论证了人性中包含善、恶两个方面，如果培养人的善性，就能让善发展起来，使之成为好人；如果培养人的恶性，使恶发展起来了，那么他就成了坏人。王充认为孔门中的宓子贱、漆雕开等人本持这种观点，故其将漆雕开所传之儒定性为有善有恶说。

对于漆雕氏之儒，郭沫若在《儒家八派的批判》中予以了论述。他说道：“漆雕究竟是谁呢？孔门弟子中有三漆雕，一为漆雕开，一为漆雕哆，又一为漆雕徒父，但从能构成为一个独立的学派来看，当以漆雕开为合格。他是主张‘人性有善有恶’的人，和宓子贱、公孙尼子、世硕等有同一的见解。”

郭沫若把漆雕氏之儒定性为任侠派，他引用了《韩非子·显学》篇中的一段话，而后称：“这种矜气尚勇的态度和孟子所说的‘北宫黝之养勇也’相仿佛。”

《韩非子·显学》中的这段话原文如下：

> 漆雕之议，不色挠，不目逃，行曲则违于臧获，行直则怒于诸侯，世主以为廉而礼之。宋荣子之议，设不斗争，取不随仇，不羞囹圄，见侮不辱，世主以为宽而礼之。夫是漆雕之廉，将非宋荣之恕也；是宋荣之宽，将非漆雕之暴也。今宽廉、恕暴俱在二子，人主兼而礼之。自愚诬之学、杂反之辞争，而人主俱听之，故海内之士，言无定术，行无常议。夫冰炭不同器而久，寒暑不兼时而至，杂反之学不两立而治，今兼听杂学缪行同异之辞，安得无乱乎？听行如此，其于治人又必然矣。

韩非子认为漆雕氏派中的人脸上从不显露屈服之色，眼睛也敢直视前方绝不逃避；如果自己做错了，即使对方是奴仆也要避让；

如果自己做对了，哪怕对方是诸侯也敢抗争。这种耿直受到了君主的礼敬。宋荣子的主张则是完全不要斗争，绝对不去复仇，哪怕坐监狱也没觉得羞愧，被人欺负同样不觉得耻辱，君主对这样的人也很尊崇。

但是，如果要赞赏漆雕氏的耿直，那么就应当反对宋荣子的随和无原则，如果要赞成宋荣子的宽容，那就应当反对漆雕氏的凶暴。而今宽容与耿直、随和与凶暴两种观念并存于世，君主都要礼敬他们。显然这是不正确的，因为冰和炭不能长久地放在同一个器皿内，寒冷和暑热不能同时到来，如果兼收并蓄各种观念相反的学说，是无法治理好国家的。

当然，韩非子属于法家观念，他是站在法家的立场来评价漆雕氏之儒的特色。而战国时期两大显学分别是儒家和墨家，两派相争，墨家学派对儒家多有批判之语，比如《墨子·非儒下》中称：

> 孔某与其门弟子闲坐，曰："夫舜见瞽叟孰然，此时天下圾乎？周公旦非其人也邪？何为舍其家室而托寓也？"孔某所行，心术所至也。其徒属弟子皆效孔某。子贡、季路，辅孔悝乱乎卫，阳货乱乎齐，佛肸以中牟叛，漆雕刑残，莫大焉！夫为弟子后生，其师必修其言，法其行，力不足，知弗及而后已。今孔某之行如此，儒士则可以疑矣！

某天，孔子与弟子们在一起闲坐，他说：舜见了瞽叟显现出局促不安的样子，这时的天下很危险啊！周公旦恐怕也不是仁义之人，否则他为何舍弃自己的家室而寄居在外呢？在墨子看来，孔子所行，都出于他的心术。他的朋友和弟子都效法他的行为，子贡、季路辅佐孔悝在卫国作乱；阳货在鲁国作乱后流亡到了齐国；佛肸以中牟叛乱；漆雕开因受刑而残。没有比这更大的残暴了。一般来说，弟子会学习孔子的言论，效法他的行为，直到能力不足学不到为止，而今孔子的行为是这样的，那么其他的儒生就更值得怀疑了。

墨家学派的主要思想是兼爱，他们提倡无差别无等级之爱，反对以孔子为代表的儒家所注重的君臣有别的等级之爱。故墨子认为孔子所提倡的礼仪只是嘴上的说法，而实际上是站在统治者的立场来看待问题，他们不管他人的死活，所以才使得漆雕开有致残之说。

针对墨子的这段话，《孔丛子·诘墨》予以了反击："如此言，卫之乱，子贡、季路为之耶？斯不待言而了矣。阳虎欲见孔子，孔子不见，何弟子之有？佛肸以中牟畔，召孔子则有之矣，为孔子弟子未之闻也。且漆雕开形残，非行己之致，何伤于德哉？"

《孔丛子》一书旧题孔鲋撰，孔鲋乃孔子的八世孙，显然《孔丛子》是站在儒家的立场来反击墨家，故该书中提到卫国之乱怎么可能是子贡和子路搞的？同时又提到当时阳虎想见孔子，孔子不见，这跟孔子的弟子有什么关系？佛肸判断时的确想见孔子，但同样跟孔子弟子无丝毫关系。另外，漆雕开身体有残，并不是他行为越轨所致，因而对他高尚的品德并没有伤害。

漆雕开何以致残？各种文献未见记载。既然《孔丛子》一书有

漆雕开墓

这样的反击之语，间接地说明了漆雕开确实是残疾人。

关于漆雕开的名字，史上亦有争议。《汉书·艺文志》著录《漆雕子》一书，班固在此书的后面写道：“孔子弟子漆雕启后。”漆雕启之名在《汉书》中出现过两次，除了《艺文志》上的那句话，在《古今人表》中也有漆雕启之名。既然班固说漆雕启是孔子的弟子，那么有可能漆雕开就是漆雕启。王应麟在《汉书艺文志考证》中持这种观点：“《史记·列传》‘漆雕开，字子开’。盖名启，字子开，《史记》避景帝讳也。《论语》注以‘开’为名。著书者其后也。”

汉景帝名刘启，王应麟认为《史记》为了避景帝讳，于是把漆雕启改名为漆雕开。也有人对此质疑，这是因为漆雕开的原料记载流传太少。班固在小注中说《漆雕子》一书的作者是漆雕启后，于是有人猜测这是漆雕启的弟子或后人所撰之书。清马国翰猜测《漆雕子》的作者是漆雕凭或者是漆雕马人，马国翰认为漆雕凭就是漆雕马人，同时他推论出漆雕凭是漆雕启之子。

但也有人认为“后”字是衍文，杨树达在《汉书管窥》中称：“‘后’字盖衍文。志文顺序谨严，绝非妄列。此条前为《曾子》十八篇，后为《宓子》十六篇，曾宓皆孔子弟子，则漆雕亦当为孔子弟子。若是漆雕启之后，不应置宓子之前。景子似宓子弟子，世子、公孙尼子是七十子之弟子，李克为子夏弟子，则皆次宓子之后。”

遗憾的是，《漆雕子》一书仅记载于《汉书·艺文志》，此后的《隋书·经籍志》《旧唐书》《新唐书》中均无记载，可见该书在汉代之后就失传了。而《论语》中出现漆雕开之名仅一次，《论语·公冶长》载：

子使漆雕开仕，对曰：“吾斯之未能信。”子说。

孔子命漆雕开去做官，他回答：我对此还没有信心。孔子闻言很高兴。这么简单的一句话，却让后世阐述出许多道理，漆雕开何以不愿意出仕，皇侃在《论语义疏》中认为：“言已学业未熟，未能究习，则不为民所信，未堪仕也。”

皇侃说漆雕开推辞的原因，是认为自己学业未达到精熟的程度，如果达不到这种程度，就不能取信于民，所以还不适合出外为官。朱熹在《论语集注》中解释：“斯，指此理而言；信，谓真知其如此而无毫发之疑也。开自言未能如此，未可以治人，故夫子说其笃志。”

朱熹认为漆雕开所说的“斯”字当解释为理，“信”字解释成完全懂得，漆雕开认为自己还达不到这种程度，故不可出外做管理者。同时，朱子引用程子所言“漆雕开已见大意，故夫子说之”。朱子所引程子所言，之前还有“曾点”二字，可见从程子开始，已然将漆雕开与曾子并提。

朱熹很赞赏曾子的观念，《朱子语类》中有多处比较曾点与漆雕开孰优孰劣的文字，比如：“问：漆雕开与曾点孰优劣。曰：旧看皆云曾点高，今看来，却是开着实，点颇动荡。”

此乃弟子问朱子答，朱熹觉得按照前人的观点，当然曾点在孔门中的地位要比漆雕开高，但朱熹认为实际看来，其实漆雕开比曾点踏实。他又说：“如漆雕开见大意则不如点，然却是他肯去做。”

可见漆雕开在大局观上比不过曾点，在做事踏实方面却超过了曾点。因为：“漆雕开想是灰头土面朴实去做工夫，不求人知底人，虽见大意，也学未到。”

对于程子和朱子把漆雕开与曾点并提之事，王夫之在《读四书大全说》中持肯定态度：“除孔子是上下千万年语，自孟子以下，则莫不因时以立言。程子曰‘曾点、漆雕开已见大意’，自程子从儒学、治道晦蒙否塞后作此一语，后人不可苦向上面讨滋味，致堕疑网。盖自秦以后，所谓儒学者，止于记诵词章，所谓治道者，不过权谋术数，而身心之学，反以付之释、老。故程子于此说，吾道中原有此不从事迹上立功名，文字上讨血脉，端居无为而可以立万事万物之本者。为天德、王道大意之存，而二子为能见之也。”

在王船山看来，程子之前的儒学只是在寻章摘句，未能从整体性上来把握儒家思想精髓，而曾点和漆雕开能够踏实地做功夫，所以程子重点表彰这两位。王夫之认为朱熹很能理解程子的这个观念，所以他也看重漆雕开坚持提高个人的素养，不急于出仕的心态。王夫之说："及乎朱子之时，则虽有浙学，而高明者已羞为之，以奔骛于鹅湖，则须直显漆雕开之本旨，以闲程子之言，使不为淫辞之所托，故实指之曰，'"斯"指此理而言'。恐其不然，则将有以'斯'为此心者，抑将有以'斯'为眼前境物、翠竹黄花、灯笼露柱者。以故，朱子于此，有功于程子甚大。"

但是程树德反对王夫之所言，他在《论语集释》中引用了《读四书大全说》中的一段话，而后写下如下按语：

> 船山此论，于朱子所以用理字释斯之故，辩护甚力。其苦心诚可相谅，惟究属曲解圣经以就己说。漆雕开生二千年前，乌知所谓理学者哉？是厚诬古人也。盖朱子误信其师伊川之说，以穷理为入圣之门，其注《四书》到处塞入理字，而最窒碍难通者莫如此章及《知之章》。一部《论语》并无一个理字，岂古圣人所不言者，而后儒乃以为独得之秘耶？

程树德说他能理解王夫之替朱子辩护的良苦用心，但是，漆雕开生在2000多年前，怎么会知道宋代会出现理学观念。所以程树德认为朱子把"斯"字解释为理，是厚诬古人。他认为朱熹误信其师程颐之说，认为穷理是理解圣人思想之门，所以朱子在注《四书》时到处都塞入个"理"字。这让读者很头疼，程树德说整部《论语》中没有一个“理”字，难道说古人不懂理？这反而成了后儒独自发明的秘诀。

且不论宋儒如何往漆雕开的思想里塞入理学家观念，但至少说明漆雕氏之儒有其独特的影响力。关于当年漆雕开主要传承了儒学的哪些思想，《孔子家语·七十二弟子解》中称：“漆雕开，蔡人，字子若，少孔子十一岁，习《尚书》，不乐仕。孔子曰：‘子之齿可以仕矣，时将过。’子若报其书曰：‘吾斯之未能信。’孔子悦焉。”

可见漆雕开主要是传承《尚书》之学。陶渊明在《圣贤群辅录·八儒》中却说：“颜氏传《诗》为道，为讽谏之儒。孟氏传《书》为道，为疏通致远之儒。漆雕氏传《礼》为道，为恭敛庄敬之儒。仲梁氏传《乐》为道，以和阴阳，为移风易俗之儒。乐正氏传《春秋》为道，为属辞比事之儒。公孙氏传《易》为道，为洁净精微之儒。”陶渊明称漆雕开传承的是礼学，他何以知之，可惜其未曾给出依据。

《孔子家语·七十二弟子解》中称漆雕开是蔡国人，而今上蔡县华陂镇确实有漆雕开墓。2021年2月27日，我从北京开车前往河南驻马店一带寻访历史遗迹，此程之重点就是去探看漆雕开墓。从网上查得的资料，均是说漆雕开墓位于鸿隙湖畔，导航上却没有鸿隙湖这个地址，于是我把导航地点定在了华陂镇政府。

我把车停到了镇政府门口后步行入院，逐个房间探看，竟然没看到工作人员，猛然想起今天是周六，故只好走出院去街上打问。我连问过几个商户，竟然没人听说过鸿隙湖，难道该湖改名称了？我在网上也搜不到地名。正在此时，有一中年人开车也停到了镇政府门口，他拿着几页纸下车进院，想来是来此办事。没一分钟他就掉头出来了，看来跟我犯了同样的失误。我马上走上前向他打问，此人竟然知道鸿隙湖在哪里，他看了我手中的寻访单，称：“原来你是找漆雕开的墓，他的墓已经不在鸿隙湖边了，迁到了一里地外。”而后他告诉我如何能找到漆雕开墓。

遇到这么清楚的知情人，真是好运气，我感谢了他的指点，而后上车按其所言慢慢开行。华陂镇面积不大，就在一个十字路口上形成了集镇，这个路口堵车严重，我沿此右转后，向前开行1公里，但是两边仍然是沿路所见的商铺，看不到墓丘。我在路边接着打听，终于问到知情人：“你再往前开500米多，右手有一砂厂，砂厂的对面就是漆雕开墓。”

继续前行，果然看到了一个院落内堆满了砂石，而其对面有一个汽修厂，我将车停到路边，修车厂内走出三人，想来他们是以为我要修车补胎。我向他们解释自己是来找漆雕开之墓，其中一人指着后方说就在那里。我顺其手指一看，果然在田地里看到了一座坟丘，却看不到通往坟丘之路，那位指路人说无路可通，只能沿着汽修厂的外墙穿过去。

从三天前开始，华北地区全部是雨雪天气，我昨日在寻访时把一双鞋踩成了两个泥坨，裤子上也到处是泥。晚上我回到酒店时，把走廊的地毯踩出了一路的泥脚印，所以回到酒店后只能把皮鞋冲洗一番，而后用吹风机吹干。今日穿着变形的皮鞋来到此地，看着田地里松软的泥土，我知道昨晚的辛劳又要毁于一旦了。那位汽修厂的人看出了我的犹豫，他说没办法，只能踏入泥中才能过去。

我沿着汽修厂的外墙慢慢往前走，没承想这里堆起了不知道要做何用的土堆，在雨水的浸泡下土堆变成了泥浆，我每迈出一步都会让脚深陷其中。我很担心自己难以自拔，于是踩着墙边的石块慢慢向前移动。经过艰难的行进，总算走到了麦田中，而今麦苗早已返青，且长出了近20厘米高，为了不让自己滑倒，我只好踏着麦苗试探着往前走。两脚上沾的黄泥压在了麦苗上，我边走边默默地向麦田主人表达自己的歉意。

踏入麦田

汽修厂距那座墓丘100余米，这段路在今日走起来却很漫长，因为麦田也饱饮春雨，一脚踩下去，田地里的水迅速地渗入鞋中，其难受程度难以形容。好在终于走到了墓丘前，我转到另一侧，看到墓碑上确实刻着“漆雕开墓”之字，这令我瞬间忘掉了冰水泡脚的难受。

从外观看过去，漆雕开墓的墓围是用水泥和砖石建造的，上面裸露着墓顶，墓前左右各种了一棵纤细的针叶松，墓的正前方用水泥和砖砌起一个简陋的香炉。我围着墓转了一圈，这里的确没有通向任何方向的小径，难道前来祭拜之人必须要践踏别人家的麦苗？我又想到了旁边的那个土堆，说不定那些土就是用来修通往漆雕开墓之路的，但可惜我此程前来享受不到这个待遇。

我从网上查得，漆雕开墓旁还有两块古碑，走到墓丘前方看到地上躺着两块碑石，划拉开碑石上面的杂草，两块碑石上均刻着“漆雕开墓”字样。我再去细看竖在墓前的那块碑，原来这是一块由上蔡县人民政府立的文保碑，文保碑背面刻着简介，称此墓位于华陂镇北开龚路东。看来刚才驶过的那条主街叫开龚路。上面又谈到漆雕开为孔子弟子七十二贤之一，同时是上蔡六贤之一，并谈到孔子周游列国困于陈、蔡时，漆雕开溺水而死。也许是字数所限，上面没有提到漆雕开为何溺水而亡。

古刻石一

古刻石二

简介中所说的上蔡六贤，《驻马店通史》中称：“在七十二贤中，有今上蔡籍六人，即漆雕开、漆雕从（《史记》作漆雕徒父）、漆雕侈（侈，《史记》作哆）、漆雕凭、曹邺和秦冉，被称为‘孔门六贤’。”

上蔡一地竟然有这么多的贤人列入了七十二贤中，可见当地在儒学史上影响之大。然而查当地的一些文献，在谈到漆雕开与孔子的关系时，讲述的都是一些传说故事，比如2003年8月《天中学刊》刊载了刘九伟所撰《“漆雕氏之儒”论》一文，该文引用了上蔡民间传说故事来说明漆雕开拜孔子为师的细节：

> 孔子周游列国时来到上蔡的华陂大街。车马前行间，青年漆雕开挡在路中玩泥巴修城的游戏。子路向前对他说：“圣人到了，你怎么不让路？”“什么圣人？”漆雕开问。子路回答说，是无所不知的孔子。漆雕开说：“既然无所不知，我就提两个问题吧。”下面就是他和孔子的问答：
>
> “鹅的叫声为什么这样大？”
>
> “因为鹅的脖子长。”
>
> “蝉的脖子短，为什么叫声也大？”
>
> 孔子无以对。
>
> 又问：“你要走，是车绕城呢，还是城绕车呢？”
>
> “自然是车绕城。”
>
> “那好。就请你的车马绕着我用泥巴修的城过去吧。”

孔子很欣赏漆雕开的这种风度和气质，就收了他为弟子。

刚才我在华陂镇上看到那里车来车往，一片繁荣景象，我想象着当年漆雕开有可能就是在那个十字路口上用泥巴修城墙，由此成为孔门弟子。而今我两脚上的泥坨刮下来足可以修建一座城墙模型，我若在那繁忙的十字路口上干这事，定然会被视为精神病。世有伯乐然后有千里马，对漆雕开而言，孔子就是他的伯乐。

此前我从网上查到的照片，均是看到漆雕开墓处在鸿隙湖边，不知何时迁移至此，鸿隙湖是漆雕开去世地，墓建其旁，似乎更符合历史真实。我站在他的墓前展眼四望，天地茫茫，看不到湖的痕迹，故只好再次踏入麦田中，小心地往外走。因为精神全部集中在了脚下，走到修理厂的近前时，我发现走偏了，走入了汽修厂的另一侧。

这个汽修厂没有围墙，大致分成三个部分，我穿入汽修厂中，一位女士迎面走过来，她看到我脚下的两个大泥坨实在沉重，特意从屋内拿出一塑料铲子，让我清理一下。我感谢她给予的照顾，顺嘴问她鸿隙湖在哪里，没承想她却了解实情。她指着麦田的远方说："你沿着前面的小路向前开行，大概不到1公里有一片树林，那里就是鸿隙湖。"

湖畔小树林冬景

按其指点，我向那一带慢慢开行，果然在一片杨树林里看到一水塘。我先探看了四周的环境，除了此湖，剩下都是大片田地，看来这是鸿隙湖无疑。此湖之小远超我的想象，而今湖水的面积超不过1000平方米，并且湖当中有一小堤坝，将此湖分割为左、右两部分。从堤岸的情况看，此湖的深度估计也没有几米，然而漆雕开淹死在此湖中，想来当年该湖又大又深。毕竟2500多年过去了，沧海桑田，能够留下这小小的湖面也是幸运。

关于漆雕开葬身此湖的原因，上蔡县文化馆吴莉新所撰《浅析漆雕开在儒家文化中的地位及其后世影响》一文用几个段落讲到了其中之细节，其首先说：

> 周敬王三十一年（公元前489年），孔子带领弟子周游列国，从叶地至蔡。这天刚来到漆雕开的家乡鸿隙湖村，天空悠然乌云密布，雷鸣电闪，倾盆大雨铺天盖地而来，孔子一行无法前往，便住到漆雕开家。不料这场大雨连绵数日，淅淅沥沥下个不停。漆家本来家底不厚，一下子添了这么多人吃喝，家中存粮很快就被吃完了。漆雕开为不让老师和师兄弟饿肚子，就冒雨出门，赤脚踏着泥水，独自一人到鸿隙湖里采藕。因泥泞路滑水深，不幸落水遇难。当他溺水后，湖水猛涨三尺，狂风大作，三日不息，瓢泼大雨倾泻三昼夜，岸边乡亲一直在鸿隙湖寻捞三天。之后，为了纪念漆雕开，表达对他的哀思和敬慕，于是就在青龙沟北岸的鸿隙湖畔为他建一座坟墓，墓前立着一块刻有“漆雕开之墓”的高大墓碑。

漆雕开对老师很敬重，他不忍让老师挨饿，为老师采藕而遇难。来此湖采藕竟然葬身其中，读来令人感慨不已。据说自从他溺水遇难后，满湖的白莲花都变成了红莲花，而其他地方的莲藕都是白色的，唯有鸿隙湖的莲藕是红色的，然而我来的不是季节，湖面上漂浮着一些杂草，看不到残荷，更别说红莲花了。但此湖水很清，可隐隐看到湖下的水草，不知道这种环境是否适合栽种莲藕。

这里的景致被上蔡人所看重，“鸿隙荷烂”被列为古蔡八景之一。清顺治年间，进士张沐为此写过一首同题诗：

万亩渟泉老不流，际天花草烂云头。
波飘莲瓣烧成暑，市起菖蒲寒入秋。
水利兴时多种稻，渔歌向夜尽撑舟。
居民犹记漆雕开，到处逢人说末周。

看来至少在顺治年间，鸿隙湖还有万亩之大，当地人每到此赏荷时，都会想起漆雕开。我在湖边东看西看，寻找着老照片中漆雕开墓的位置，无意间在湖边看到用青砖砌起的小拱桥，想来这里是当年通往漆雕开墓的必经之桥。而今桥下堆满了垃圾，桥前变成了一条小径，已无法辨识出旧墓的痕迹。

冉耕：德行出众，罹患恶疾

孔门七十二贤中，有五位姓冉，分别为冉耕、冉雍、冉求、冉季和冉孺。五人中的前三位被列入十哲，他姓难比，更为难得者，无论三冉还是五冉均为一家人。

关于五冉间的关系，据山东《冉氏宗谱》引西汉陆贾《冉氏源流考》云："冉氏乃少昊之裔，周文王之后。至曹叔振铎，封曹伯，又封曹侯，都曹，薨，葬陶邱……晋悼公伐戎，洗心奔鲁，鲁公妻之，生鲁子。鲁子业儒，南宫氏以女妻之，生离。鲁有齐祸，离奉南宫逃菏泽之阳。离娶颜氏，景王十年（前535）生耕，十四年生雍。颜氏死，又娶公西氏，生求。三子从母（公西）命，学孔门。"

冉氏是周文王之后，冉耕、冉雍、冉求是三兄弟，他们的父亲叫冉离。对此，《冉氏河南分谱》中的《吾族源流考》进一步写到了细节："鲁子业儒，南公氏以女妻之，生离。鲁有齐祸，离奉南公逃菏泽之阳，家贫，以牧为业，有劝之仕者，离曰：'山川不灵，吾岂其栖。'故人称犁牛氏，其歌曰：'春日阳阳，菏水荡荡。春刍苒苒，所牧拙长。'离娶颜氏，景王十年（前535）生耕，景王十四

冉子祠中的冉求塑像

年（前531）生雍，颜氏死，后又娶公西氏生求。当离娶公西氏时，已四十有四，祷于天曰：‘愿天早赐子以奉公西。’斋宿于坛，夜金冠红袍，执简向公西曰：‘有子冉冉求而得之，有子冉冉学而仕之。’至期年生子，因名求，乃景王二十二年（前523）事也。旋以冉为姓。父卒，公西后闻孔子设教阙里，命三子往从学焉。三子承母公西命从学孔子，虽寒暑晦明，流离患难，皆为依归，各成学而后已。”

冉离带着父亲为避祸逃到了菏泽，因家贫，他们以放牧为业。有人劝冉离出仕，冉离认为时机不到，于是他安心地生活于乡间。后来他娶颜氏为妻，周景王十年（前535），他的长子冉耕出生了，四年后又生了冉雍，此后颜氏去世了。冉离又续娶公西氏，此时冉离已44岁，他担心不能生育，于是祈祷于天，希望能再得一子，果然公西氏一年后生了个儿子，他给此子起名为求。此后，他就以冉为姓，后来冉离去世了，公西氏听闻孔子在曲阜阙里收徒讲课，她就命三个儿子前去拜孔子为师，而后他们各有所成。

后来三人各自娶妻生子，冉耕的两个儿子分别叫冉兴和冉志，冉雍的两个儿子分别叫冉孟和冉季，冉求的三个儿子分别是冉孺、冉魁、冉已。此七子中有两位列入七十二贤：冉雍的次子冉季和冉求的长子冉孺。

从以上情况看，冉耕年岁最大，故其为五冉之首，按照《圣门志》所载，冉耕比孔子小七岁，可见他是孔子早年弟子。《论语·先进》所载四科，冉耕列在德行科，与颜渊、闵子骞及其弟冉雍并列。《孟子·公孙丑上》亦称："冉牛、闵子、颜渊，善言德行。"

冉耕字伯牛，以字行，故各种文献大多称其为冉伯牛，《孟子》中简称其为冉牛，并把他排在了闵子骞和颜渊之前，可见他在德行方面十分出众。

冉耕究竟有哪些德行表现？历史资料阙如，但既然《论语》和《孟子》都认为他德行出众，想必他定有过人之处。黄绍祖在《颜子研究》中说："伯牛列德行之科，获与颜渊齐名，必有过人之行，实非苟然之称也。孟子谓其善言德行，又于圣人之道，能具体而微，即此，亦可想见其人矣。惜其事迹记载不多，诚为憾事。"

这是用比较法来予以说明，既然颜回是孔子最看重的几位弟子之一，且在宋代时颜回之名气可直追孔子，孔、颜相并提，可见冉耕在德行方面的确有极佳的表现。汉王充甚至认为冉耕的德行水平已经接近了成圣的程度："六子在其世，皆有圣人之才，或颇有而不具，或备有而不明，然皆称圣人，圣人可勉成矣！"

王充所说的"六子"是指子夏、子游、子张、冉牛、闵子骞和颜回，虽然是六子并提，却说明了冉耕也占据了那个时代的道德高地，并且为后世广泛歌咏。

虽然冉耕有这么好的名声，但《论语》中仅有两条提到他，一是《论语·先进》中所讲的四科，二者则为《论语·雍也》所载如下一段：

> 伯牛有疾，子问之，自牖执其手，曰：“亡之，命矣夫！斯人也而有斯疾也！斯人也而有斯疾也！”

冉耕生了重病，孔子闻讯后前去探望，孔子从窗外握着冉耕的手，感叹：丧失了这样的人，这真是命中注定啊！接着孔子又连说两遍：这样的好人怎么会得这样的恶病呢！

这段话引起了后儒广泛的讨论，他们首先讨论的问题是伯牛究竟得了什么病，大多数人认为伯牛得的是癞，也就是今人所说的麻风病。这种说法本自《淮南子》：

> 今夫儒者，不本其所以欲，而禁其所欲；不原其所以乐，而闭其所乐；是犹决江河之源，而障之以手也。夫牧民者，犹畜禽兽也，不塞其囿垣，使有野心，系绊其足，以禁其动，而欲修生寿终，岂可得乎？夫颜回、季路、子夏、冉伯牛，孔子之通学也。然颜渊夭死，季路菹于卫，子夏失明，冉伯牛为厉，此皆迫性拂情，而不得其和也。

这段话显然是在批评儒家观点：儒家不探究人们产生欲望的原始原因，只是一味地禁止人们的欲望，不探究人们追求享乐的由来，只是努力地阻止人们享乐，这种做法就如同挖开了江河的源头，却又想用手掌来阻挡江水流淌。管理百姓如果用畜养禽兽作比喻的话，这就如同管理者不去补上围栏的缺口，让禽兽产生逃跑之心，却去捆住禽兽的腿脚不让它们跑，这怎么能让百姓修身养性得以长寿呢？所以，颜回、子路、子夏和冉伯牛尽管都是孔子的高徒，可是颜回早死，子路在卫国被砍成肉酱，子夏因丧子悲哭而导致失明，冉伯牛得了恶疾，他们之所以出现这样的恶果，是因为他们没有顺性而为，损伤了中和之气。

在这里，《淮南子》说冉伯牛“为厉”，清武亿在《群经义证》中说：“厉，癞声相近。”以此说明厉就是癞。关于癞，《史记索隐》中称：“赖，恶疮病也。”但是程树德对这种说法表示怀疑，他在《论语集释》的按语中说：“伯生患癞，汉儒旧说如此。然余不能无疑者。癞惟热带之地有之，今闽广多患此者。冉牛鲁人，地居北方，不应得此疾，一可疑也。患癞不过残废，不必致死。今曰亡之，有当时即死之意。此必患暴病，卒不可救，故作此言。此以语气上观之，而知其决非癞也，二可疑也。癞系一种传染病，患者腥秽触鼻，断无与病人执手之理，三可疑也。”

明绘本冉耕像，台北故宫博物院藏

程树德认为麻风病主要发生在天气炎热之地，比如福建、广东等，冉耕为鲁人，鲁处在北方，他不应当得此病。这是程树德提出的第一个疑问，他所提到的第二个疑问是，即使冉耕传染上了麻风病，就后世的情况看，患此病者主要是致人残疾，而非患此病必死。孔子感叹“亡之”一词，说明孔子认为冉耕马上就要去世了，可见冉耕患的是暴病，已经不可救治，所以孔子才说出这样的话。这样说来，冉耕患的应该不是麻风病，更何况麻风病是一种传染病，患此病之人身上会散发刺鼻的难闻之味，如果是这样的话，孔子不太可能会隔着窗户握他的手。

那么程树德认为冉耕患的是什么病呢？经过他的推论，他认为“伯牛之疾，即冬厉也”。何为“冬厉”？其未解释。

看来冉耕患的不是一种传染性极强的病，既然如此，那为什么孔子不到房间内去探望他，而是隔窗握手呢？何晏在《论语集解》中引用包咸曰：“牛有恶疾，不欲见人，故孔子从牖执其手也。”

包氏认为冉伯牛觉得自己得了恶疾，所以不想见人，看来是他主动不让孔子进屋，所以孔子只能隔着窗户握他的手。对于孔子去看望冉耕何以不进门的缘由，朱熹有另外一番解释，他在《论语集注》中说：“有疾，先儒以为癞也。牖，南牖也。礼，病者居北牖下。君视之，则迁于南牖下，使君得以南面视己。时伯牛家以此礼尊孔子，孔子不敢当，故不入其室，而自牖执其手，盖与之永诀也。命，谓天命。”

朱熹说《论语》这段话中的“牖”字特指南窗，按照礼法上的规定，得病人应当卧于北窗之下，如果君王来探望，病人需要暂卧于南窗之下，以此使君王处在北面的正位。当时冉伯牛的家人就是用君王之礼来推崇孔子，孔子觉得这是越礼的行为，所以他不进入冉伯牛家，只是隔窗握其手与他永别。

其实朱熹所言乃本自皇侃在《论语义疏》中所阐述的观点，只是他又做了进一步的解释。他的这段解释可谓用心良苦，他认为孔子不进门并不是因为担心传染病，而是因为冉耕家人对他太过尊重。孔子是十分讲求礼法的人，他看到这种情况，决不逾礼，故他不进门，只是隔窗与弟子道别。有不少人支持朱熹的这个观点，南宋赵顺孙《论语纂疏》中称："辅氏曰，不入其室以避过奉之礼也。自牖执其手以致永诀之意，仁也，此圣人从容中礼处。"

但也有人认为朱熹的分析没道理，程树德《论语集释》中所引陈天祥《四书辨疑》中称："注文既言'当时伯牛家曾以此礼尊孔子'，必有所据，今不可考。然以人情推之，伯牛纯正之士，必不如此轻率，妄使家人僭以人君之礼过尊孔子也。纵使有之，孔子必正其失，使之更改其位，亦不难为。心知其非，隐而不言，但不入其室，师弟之间，岂宜如此？子路使门人为臣，夫子固已明其为诈，切责之矣。况夫子未尝为君，而伯牛辄以人君之礼尊之，其诈不又甚欤？然夫子于子路则谆谆然以正其非，于伯牛则略无一言以正之何也？伯牛见夫子不敢当而不入，亦竟不改其位，尽从夫子在外，但自牖中出其手与之永诀，又无此理。"

陈天祥揣测朱子有此说，想来有所依据，但可惜朱子没有说出依据是什么。如果以当时的情形来推论，冉伯牛乃德行高士，他不太可能让家人对孔子做逾越君臣之礼的事情，即使其家人做过这样的事，孔子也会当场指正其失。陈天祥举出了子路使门人为臣的掌故，以此说明孔子会纠正弟子的错误。既然如此，那孔子为什么对冉伯牛家人的行为不置一词呢？如果冉伯牛看到孔子因为不合礼法而不敢进其家，那为什么他不改正错误，而只是隔窗与师相别呢？陈天祥认为汉儒谈到冉伯牛患的是癞疾，所以他自惭形秽不想让老师见到，这才是正解。

但这里也有说不通之处：既然孔子知道冉伯牛患了恶疾，他为什么还要握对方的手呢？江声在《论语竢质》中予以的解释是："孔子圣无不通，焉有不知医者？执其手者，切其脉也。既切脉而知其疾不治，故曰：'亡之，命矣夫！'"

江声的解释比较奇特，他认为孔圣人无所不通，当然他也懂得医理，所以孔子当时握着冉伯牛的手，其实他是在给冉伯牛把脉，孔子从脉象上得知冉伯牛患有不治之症，所以他才会发出那样的感慨。

程树德认为孔子确实会给人看病，故其在按语中引用了《论语·乡党》中所言："康子馈药，拜而受之。曰：'丘未达，不敢尝。'"

季康子给孔子送来了药，孔子拜谢后收了下来，然后说：我对这药的功效不了解，还不敢尝用。如果以这句话来推论，说明孔子对其他药了解，所以程树德说"是夫子知医之证"，因此他认为江声给出的切脉说有道理。

早在汉代，伯牛有疾就已经成为重要的论述话题，其原因是冉耕有很好的德行，他却患有恶疾，故后世探讨之重点乃论述好人为什么有恶报的问题。因为这不符合人们所认定的善有善报，恶有恶报。《扬子法言》中有这样一段话：

或问："寿可益乎？"曰："德。"曰："回、牛之行德矣，曷寿之不益也？"曰："德，故尔。如回之残，牛之贼也，焉得尔？"

有人问：如何能延长一个人的寿命，扬雄回答：有道德的人可以延寿。问者称：颜回、冉耕的行为，已经是美德的高标准了，为什么他们的寿命都没有得以延长呢？扬雄说正是因为他们有高道德所以才这样，如果颜回、冉耕做了损害仁义的事，他们哪能是这样呢？

扬雄的意思是说，尽管颜回、冉耕不长寿，如果按照他们的命来说，他们应当更短寿，正是因为二人有如此好的德行，才延长了他们的寿命。也就是说二人去世时的年龄已经长于他们的命。

山东嘉祥县黄垓村冉子祠

没有人能规定生命究竟有多长，但是人们都希望能够长寿，而以短命为不幸。王充在《论衡》中对于伯牛有疾有过多段论述，例如他在《论衡·命义》中称：

> 凡人受命，在父母施气之时，已得吉凶矣。夫性与命异，或性善而命凶，或性恶而命吉。操行善恶者，性也；祸福吉凶者，命也。或行善而得祸，是性善而命凶；或行恶而得福，是性恶而命吉也。性自有善恶，命自有吉凶。使命吉之人，虽不行善，未必无福；凶命之人，虽勉操行，未必无祸。孟子曰："求之有道，得之有命。"性善乃能求之，命善乃能得之。性善命凶，求之不能得也。行恶者祸随而至。而盗跖、庄蹻横行天下，聚党数千，攻夺人物，断斩人身，无道甚矣，宜遇其祸，乃以寿终。夫如是，随命之说，安所验乎？遭命者，行善于内，遭凶于外也。若颜渊、伯牛之徒，如何遭凶？颜渊、伯牛，行善者也，当得随命，福佑随至，何故遭凶？颜渊困于学，以才自杀；伯牛空居而遭恶疾。

王充认为一个人的命和性是两回事，命在母亲受孕之时就定了下来，但性与之不同，因此有人性善，但是命凶，也有人性恶，但是命吉。所以有的人即使行善也会得祸，有的人行恶也可得福。

其实人在困顿之时，都会想到这是不是命运的安排。当年孔子师徒被困在陈、蔡间绝粮七日，孔子也怀疑这是不是他所传之道有了问题："吾道非乎，奚为至于此？"子路听到后不高兴地说：君子是不会被什么东西所困扰的，而今我们有了这样的困境，恐怕是老师的仁德不够所致，所以人们不信任我们；老师的智慧不够，人们才不愿推行我们的主张。更何况老师说过“为善者，天报之以福，为不善者，天报之以祸”（《孔子家语·在厄》）。

孔子闻言后回答：“汝以仁者为必信也，则伯夷、叔齐不饿死首阳；汝以智者为必用也，则王子比干不见剖心；汝以忠者为必报也，则关龙逢不见刑；汝以谏者为必听也，则伍子胥不见杀。夫遇不遇者，时也；贤不肖者，才也。君子博学深谋而不遇时者，众矣，何独丘哉？”

孔子称：你以为有仁德的人就一定会被人相信？如果是那样的话，伯夷和叔齐就不会被饿死在首阳山；你以为有智慧的人就一定会被重用？那么比干就不会被剖心；你以为忠心的人必定会有好报？那么关龙逢就不会被杀；你以为忠言劝谏就一定会被采纳？那么伍子胥就不会被迫自杀。能不能遇到贤明的君主，是时运的问题。个人的贤与不贤，是才能的问题。学识渊博的君子而时运不好的人多了，何止我一个。

如孔子这样一位大贤，都会有困厄之时，看来君子能够做到的只是提高自己的修养，而要把其他的交给命运。《孔子家语·五仪解》中有以下对话：

哀公问于孔子曰：“智者寿乎？仁者寿乎？”孔子对曰：“然！人有三死，而非其命也，行己自取也。夫寝处不时，饮食不节，逸劳过度者，疾共杀之；居下位而上干其君，嗜欲无厌，求索不止者，刑共杀之；以少犯众，以弱侮强，忿怒不类，动不量力，兵共杀之。此三者，死非命也，人自取之。”

鲁哀公问孔子聪明的人能长寿吗？仁义的人能长寿吗？孔子说当然如此，他认为人死有三个原因不属于命：起居没有规律，饮食不加节制，劳逸过度，这种人是疾病夺去了他的命；身居下位而犯上作乱，贪得无厌的人，各种刑罚会夺去他的命；以少犯众，随意发怒的人，也会被人夺去命。这三种死法都不是命中注定，而是咎由自取。

可见孔子也把命与性分开来说，有些事个人可以掌握，有些事是命中注定，这正如徐幹在《中论·爵禄》中所言：

《易》曰：“丰，亨，无咎。王假之，勿忧，宜日中。”身尊居高之谓也。斯事也，圣人之所务也。虽然，求之有道，得之有命。舜、禹、孔子，可谓求之有道矣。舜、禹得之，孔子不得之，可谓有命矣。非惟圣人，贤者亦然。稷、契、伯益、伊尹、傅说，得之者也；颜渊、闵子骞、冉耕、仲弓，不得者也。故良农不患疆场之不修，而患风雨之不节；君子不患道德之不建，而患时世之不遇。《诗》曰：“驾彼四牡，四牡项领，我瞻四方，蹙蹙靡所骋。”伤道之不遇也。岂一世哉，岂一世哉？

此段话中把道与命分开来说，其称舜、禹、孔子均求之有道，但舜和禹求得了道，孔子未能求得，这就是命。贤人中伯益、伊尹等是求得道之人，颜回、冉耕却没有得道。

王充在《论衡》中谈到子夏失明，曾参前去慰问，子夏向他哭诉自己的遭遇，自称“予之无罪也”，曾子却认为他有罪，因为子夏隐退西河时自比孔子，此为罪过之一。余外，曾子又点出子夏的另外两个罪，子夏闻言后承认曾子所言有道理。而后王充引用了《论语》中伯牛有疾后说道：“如伯牛以过致病，天报以恶与子夏同，孔子宜陈其过，若曾子谓子夏之状。今乃言‘命’，命非过也。”

如果按照曾参的逻辑，子夏失明是罪过所致，那么伯牛有疾也同样是罪过所致，既然是因罪致亡，那为何孔子还如此悲伤呢？孔子认为伯牛之死是因为命，也就是说并不是因他后天的过错。为此，王充给出了如下推论：

> 且天之罚人，犹人君罪下也。所罚服罪，人君赦之。子夏服过，拜以自悔，天德至明，宜愈其盲。如非天罪，子夏失明，亦换三罪。且丧明之病，孰与被厉之病？丧明有三罪，被厉有十过乎？颜渊早夭，子路菹醢。早死、菹醢，极祸也。以丧明言之，颜渊、子路有百罪也。由此言之，曾子之言误矣。

上天惩罚有罪之人，就如同君王惩罚臣属，如果被罚之人服罪，那么君王就应当赦免他。按照这个逻辑，子夏既然已知罪，上天就应当让他的眼睛复明。但如果子夏失明不是上天惩罚，那也就证明子夏失明不是曾参所说的三条罪造成的，况且他只是失明，其病严重的程度远远比不上伯牛。如此说来，失明如果是三条罪所致，那么伯牛的癞病就应当有十条罪过，颜渊早亡，子路被剁成肉酱，他们的死法更为惨烈，按照这个逻辑，颜渊、子路就该有百条罪状。如果颜渊、子路没有那么多的罪状，亦可反证曾子所言没道理。

总之，关于伯牛之死与一个人的道德究竟有多大的关联度，后世有不同的说法，但无论哪种说法，都认为冉耕道德高尚与他的死没有多少关联度。这种讨论使得后世更加看重冉耕的品行。

关于冉耕的遗迹，光绪十七年《肥城县志》中载：“在县（今老城）西南二十五里冉家庄，明知县王惟精书冉子故里碑。冉氏聚族而居。雍正十三年设世袭五经博士一员，奉祀生十二名。庄有冉子祠祀五，冉子以东平公居中，后殿祀东平公父母，有明主事张梧碑记，知县周南、乡贡蔡时馨篆额。又有顺治十二年知县袁沛、乾隆五十三年阙里孔毓圻、嘉庆五年、道光十六年等碑。又县西南五十里龙庄（今石横镇隆庄）有冉子先人墓。”

我在网上查得冉家庄有五冉碑，2020年12月18日，在孔帅先生的带领下，我们前往肥城去找肥城市收藏家协会主席李武刚先生，李先生带来四位专家，其中一位是肥城市地方志办公室特约研究员宋福振先生。在宋先生的带领下，我们前往冉家庄探看此碑。等到达此村后，宋先生给当地朋友去电话，而后告诉我，我网上看到的那块五冉碑前一段时间被人在夜里偷走了。

没想到还会发生这样的事，我只好请宋先生问当地朋友冉家庄还有哪些与冉耕有关的遗迹，他问过后告诉我其他的遗迹已经荡然无存，那块碑虽然被偷走了，但是碑座还在。既然如此，也只好去探看这个聊胜于无的遗迹，宋先生给朋友再打电话，问碑座所在地，没承想对方称前几天还看过碑座，但近两天那个碑座也被人偷走了。闻听这段话后，我跟站在那里的一帮朋友顿时面面相觑。

好在前日刘玉林先生带我到山东嘉祥县黄垓乡黄垓村探看了冉子祠，虽然该祠内供奉的不是冉耕，但那里也被称为冉子故里，故寻访冉耕遗迹，只能把那里视为寻访之处。当时我们驱车来到黄垓乡，在大路边就看到了那两棵巨大的古柏，据说这两株柏树乃唐代所种，当年冉子祠内有数百株之多，而今仅余两棵。

这两棵柏树处在一院落内，可能是拓宽马路的原因，该院仅百余平方米，与那两棵巨大的唐柏不成比例。院落的铁栅栏门开着，我跟刘玉林走入其中，柏树后面是祠堂，两树间修有甬道，并且围起了栏杆，看来是不让人入院践踏。站在甬道上可以清晰地看到树身上钉着的标牌，左侧的一棵名为圆柏，

左侧古柏

右侧古柏

被定为国家一级古树名木，上面注明树龄已超过了2000年。如此说来，当地将其视为唐柏，是把它的实际年龄减了一半。不知道当年冉子是否看过此树，但以树龄来论至少要将其称为“秦柏”或“汉柏”。

这棵古柏有一根粗干旁逸斜出伸向了另一方，相关部门担心其倒下，用砖垒起一个方垛支撑其下，这根枝干已经枯死。我跟刘玉林站在树下边观看边感慨，刘兄的感慨之语引来一位老太太的接话，她坐在台阶上大声地说因为院子面积留得太小，所以古柏缺水，后来有关部门为了救活这个枝干，在树根下上了不少化肥，反而把此枝干烧死了。

老太太看上去很和蔼，她正坐在台阶上与另一位妇女聊天，她看我们对这两棵柏树感兴趣，特意走过来讲述了不少相关的故事。我顺便问她祠堂内可否拍照，她说没问题，于是我走进小祠堂观看一番。

祠堂内仅供奉着冉求，侧旁还立着一块先贤冉子纪念碑，冉子龛前的供台上摆放着一些零钱，我摸出五元钱顺手放在供台上。冉子像下摆放着酒瓶和矿泉水瓶，另外还有几个杯子，我凑近闻了一下，未曾闻到酒味。冉子像前摆放的钟表发出响亮的滴答声，以此提醒时光如梭。

我在祠堂内未曾找到与冉耕有关的文字和画像，又走到门外观看一番，院侧仅有三块新刻之碑，向右侧张望时，看到院外有一块随形石上刻着“冉子文化广场”。看来这里要大兴土木，恢复本祠堂当年的壮观，但可惜施工未完，广场入口处拉着围挡，我只能从侧边拍摄几张照片而离去。

冉雍：王佐之才

明绘本冉雍像，台北故宫博物院藏

冉雍字仲弓，他与冉耕、冉求皆在孔门十哲之列，世称“一门三贤”。关于他的出身，《史记·仲尼弟子列传》中说：“仲弓父，贱人。孔子曰：‘犁牛之子骍且角，虽欲勿用，山川其舍诸？’”

司马迁所引乃出自《论语·雍也》，孔子跟冉雍说：耕牛产下的牛犊毛色纯红，并且角也长得很整齐，即使人们不想将它用于祭祀，但山川之神不会忘记它的。

孔子的这段话是什么意思呢？朱熹在《论语集注》中说：“仲弓父贱而行恶，故夫子以此譬之。言父之恶，不能废其子之善，如仲弓之贤，自当见用于世也。然此论仲弓云尔，非与仲弓言也。”

朱子认为仲弓的父亲不仅出身低下，还做过不少的恶事，因此孔子用这样的比喻来说明父亲的恶并不能影响儿子的善。像冉雍这样的人才，世人一定会发现他是大贤。但是朱子认为《论语》上的这段话多了一个“曰”字，他觉得这是孔子评价冉雍的话，而不是当面跟冉雍说的话。

司马迁何以知冉雍之父为贱人？对此，前人多有考证，肯定者、否定者均有。程树德在《论语集释》中引用多家之言，而后有如下按语：

> 仲弓父贱行恶之说，承用虽始于高诱，而其误实始于《史记》。后儒因犁牛之喻，遂以伯牛为仲弓父。然农耕非贱者业，癞疾亦非行恶，辗转附会，至使先贤蒙不白之冤。

且不论冉雍出身如何，孔子很肯定其才能。《论语·雍也》：“子曰：‘雍也可使南面。’”包咸在《论语章句》中说：“可使南面者，言任诸侯，可使治国政也。”

孔子认为冉雍今后一定能做大官，后来他果然当上了季氏宰。当有人质疑冉雍的才能时，孔子立即替冉雍辩解：“或曰：‘雍也仁而不佞。’子曰：‘焉用佞？御人以口给，屡憎于人。不知其仁，焉用佞？’”（《论语·公冶长》）

有人说冉雍这个人有仁德，但缺乏口才。孔子听到后说：为什么一定要有口才呢？伶牙俐齿地跟别人辩论，这种行为遭人讨厌。冉雍未必做到了仁，但何必要那么善辩呢？

在一些观点上，孔子也赞同冉雍的看法，《论语·雍也》载：

> 仲弓问子桑伯子，子曰："可也，简。"仲弓曰："居敬而行简，以临其民，不亦可乎？居简而行简，无乃大简乎？"子曰："雍之言然。"

冉雍向老师请教桑伯子这个人怎么样，孔子说此人还不错，只是为人太简单。冉雍说：我觉得一个人做事有认真之心，而行事不烦琐，以这种态度来理政，不也挺好的吗？如果一个人心思粗疏，办事也粗疏，这才算是太简率了吧。孔子感叹道：你的话很对。

正因冉雍有独特的思想，荀子在几篇文章中都把他与孔子并称。《荀子·非十二子》载：

> 若夫总方略，齐言行，壹统类，而群天下之英杰而告之以大古，教之以至顺；奥窔之间，簟席之上，敛然圣王之文章具焉，佛然平世之俗起焉；六说者不能入也，十二子者不能亲也；无置锥之地，而王公不能与之争名。在一大夫之位，则一君不能独畜，一国不能独容；成名况乎诸侯，莫不愿以为臣。是圣人之不得势者也，仲尼、子弓是也。

在荀子看来，总括治国方略，端正自我言行，统一国家治国纲纪，这样的才能只有孔子和冉雍之类的人具备。其又称：

今夫仁人也，将何务哉？上则法舜、禹之制，下则法仲尼、子弓之义，以务息十二子之说。如是，则天下之害除，仁人之事毕，圣王之迹著矣。

其实当年冉雍的很多思想是从孔子那里继承来的。《论语》中记载了许多他向孔子请教的问题，比如《论语·子路》载：

仲弓为季氏宰，问政。子曰："先有司，赦小过，举贤才。"曰："焉知贤才而举之？"子曰："举尔所知。尔所不知，人其舍诸？"

冉雍在做季氏家宰时向孔子请教为政之道，孔子告诉他：先要

冉子仲弓祠大门

分清楚各个部门的职责，以便使人各司其职，宽赦别人的小过失，举荐有贤才之人。冉雍问孔子：怎么能知道谁是贤才而去举荐他呢？孔子说：你只去举荐你了解的人，你所不了解的人，别人怎么会舍弃这样的贤才呢？

《论语·颜渊》记载了冉雍向孔子请教仁的概念：

> 仲弓问仁。子曰："出门如见大宾，使民如承大祭。己所不欲，勿施于人。在邦无怨，在家无怨。"仲弓曰："雍虽不敏，请事斯语矣。"

孔子跟冉雍说：外出办事对待每一个人要像接待贵宾那样隆重，役使百姓要像举办重大祭祀那样严谨。自己不愿做的事，就不要强加给别人。要做到朝廷上没人怨恨，在卿大夫的封地里也没人怨恨。能做到这些，就叫仁了。冉雍听后回答：我虽然很笨，也一定要按照您说的话去做。

鹤发童颜的冉令汝先生

冉雍是位尊奉老师教导的好学生，《论语·先进》载："德行：颜渊，闵子骞，冉伯牛，仲弓。"冉雍被列在了德行科的第四位。

我在网上查得山东菏泽市有冉子仲弓祠，便计划前往。

2020年12月16日，我前往菏泽市牡丹区张什店村去探看冉子仲弓祠。此前，刘玉林先生已经通过朋友找到了该村的冉新国先生。跟着导航来到了此祠门前，祠堂大门上着锁。刘先生致电冉新国，几分钟后，来了两位年轻人和一位老人，其中一位年轻人就是冉新国先生。他告诉我们那位老人是冉令汝先生，老先生已87岁，对冉雍历史十分了解，故他特意请来老人给我们讲解。

走入祠堂，前面是空旷的院落，中轴线两侧种着几棵柏树，树龄看上去超不过20年。在院落的右侧有一棵古树，冉令汝介绍那是棵楷树，已经有800多年历史。他说这棵树极具名气，因为外形长得像一条虬龙。我却看不出虬龙的模样。老先生说因为遭到了雷劈，这棵楷树断了一枝枝干，我果然在院落里看到了那枝干枯的枝干。

走下台阶，在门厅的左右立着几块碑，右边的是一块古碑，

800 多岁的古楷树

先贤冉仲弓故里碑

虽已断成了几截，但上面的字迹基本完整，上刻“先贤冉仲弓故里”。左侧的几块则是新刻之碑，例如有“冉子仲弓庙维修立坊捐资纪念碑”。

老先生站在这里向我们讲述着冉子仲弓祠的沿革，院内原有几十棵古柏，可惜都被砍掉了，原来的大门比现在要高得多，重修之时并没有按照原来的制式。他说自己幼年时常跟小伙伴在大门的高台上爬来爬去，故对这里的一草一木充满了感情。他讲到当年的破坏时，虽然描绘得很详细，脸上却始终挂着若隐若现的微笑。这份从容淡定，令我感佩不已。老先生鹤发童颜，完全不像年近九十的高龄者，历经风霜仍然有这份淡定，可见其心胸是何等之宽广。

沿着中轴线一路向前走，院落正中即冉子仲弓祠，建筑体量不大，仅三开间，上面的琉璃瓦却覆盖得一丝不苟。门楣上挂着“薛公殿”的匾额，唐开元二十七年（739），皇帝追赠冉雍为薛侯。宋大中符祥二年（1009），冉雍又被追封为“天下邳公”，宋咸淳三年（1267），冉雍又改封为“薛公”。

步入祠堂，正中的神龛内供奉着三尊塑像，中间的那位是冉雍，左侧为冉求，右侧为冉耕。这座神龛前面罩上了玻璃，此玻璃

冉子仲弓祠

像是推拉门扇，故不能同时看到三尊像，我只好从侧旁又拍了另两位先贤的尊容。

祠堂的左、右两侧各有一个神龛，里面供奉着牌位，左侧是冉子孺，右侧为冉子季。余外再看不到他物。

从祠堂出来后，我接着向后方继续探看，后面只是种了一些柏树，在角落里还堆着一些残碑。余外未见他物。我重新走到祠堂正面，在月台前看到一块古碑，刘玉林先生在碑面上仔细辨认一番，在上面未能找到该祠堂的沿革介绍。

冉求：长于政事

冉有，名求，字子有，是孔门十哲之一。《论语·先进》载："德行：颜渊，闵子骞，冉伯牛，仲弓。言语：宰我，子贡。政事：冉有，季路。文学：子游，子夏。"

此为孔门四科，冉有排在政事科的第一位，说明他有很强的办事能力，其能力为孔子所首肯。后世谈到冉有时，都会强调孔子对他的批评，孔子骂他最狠的一段载于《论语·先进》：

> 季氏富于周公，而求也为之聚敛而附益之。子曰："非吾徒也，小子鸣鼓而攻之可也。"

看来老师十分生气，甚至要将他开除弟子籍，孔子同时命弟子要大张旗鼓地攻击冉有。对一位弟子骂得这么狠，似乎孔门中仅有宰予能与之媲美。但有趣的是，冉有和宰予是孔门中最具名气的弟子。既然被老师骂得狗血喷头，那为什么他们还在孔门中有这么大的名气呢？想来这是孔子对他的得意门生寄予厚望，所以他们稍有令老师不满之处，老师就会予以严厉的批评，以便让弟子改过，从而变得更加完美。

因此说，无论《论语》还是其他文献中记载孔子骂弟子的话，都要具体问题具体分析，不能因为孔子骂过这些弟子，后人就认为这些弟子人品和能力是如何之不堪。更何况，孔子对所骂弟子在其他方面还有很多夸赞之语，所以当评价一个人的时候，不应当只说一面而忽略另一面。比如《论语·雍也》中还有如下一段：

季康子问："仲由可使从政也与？"子曰："由也果，于从政乎何有？"曰："赐也可使从政也与？"曰："赐也达，于从政乎何有？"曰："求也可使从政也与？"曰："求也艺，于从政乎何有？"

某天，季康子问孔子："能请你的弟子子路来治理政事吗？"孔子果断地回答："仲由做事果断，治理政事当然没有困难。"季康子接着问端木赐，孔子说："端木赐通达事理，当然治理政事没问题。"季康子又问冉求，孔子同样告诉他："冉求很有才能，治理政事对他来说不困难。"

从这段话得知，孔子在外人面前对冉求很肯定，他在评价冉求时，跟评价子路、子贡是一样的。而这两位是孔门中最受孔子首肯的两位，孔子把冉求与这两位并提，可见在他心目中很看重冉有。更何况，《论语》记载着孔子在很多场合骂过子路，同时也骂过子贡，但他的骂，一点都不影响人们对子路与子贡的高看。为什么单到冉有这里，就用孔子的话来否定冉有的人品呢？

我们先看看孔子因为什么事生冉有的气，先说说上面所引的“季氏富于周公”一段。孔子骂冉有的起因，是冉有的主公季孙氏已经比周公还要富有，但孔子听说即使如此，冉有还在帮着季孙氏搜刮钱财。正是因为这件事，孔子大为恼火。可见，孔子恼火的真正原因是季孙氏的敛财，冉有作为季孙氏的家臣，不但不制止主公的行为，竟然还帮助对方敛财。孔子生气的深层原因，是对季孙氏的不满。

鲁国的三个家臣势力越来越大，他们竟然明目张胆地瓜分鲁国国君的土地和奴隶，当时季孙氏分得三分之一，后来三家又进行二次瓜分，这次季孙氏得到了二分之一。孔子对此事极其反感，冉有是季孙氏的家臣，他帮助季孙氏做此事，孔子当然不高兴。

如果从社会发展规律来说，季孙氏所为是从奴隶制向封建制过渡转变，但孔子不赞同这种转变方式和手段。其实季孙氏在做这样的改革之前，曾命冉有征求过孔子的意见，《左传·哀公十一年》载：

> 季孙欲以田赋，使冉有访诸仲尼。仲尼曰：“丘不识也。”三发，卒曰：“子为国老，待子而行，若之何子之不言也？”仲尼不对。而私于冉有曰：“君子之行也，度于礼，施取其厚，事举其中，敛从其薄。如是则以丘亦足矣。若不度于礼，而贪冒无厌，则虽以田赋，将又不足。且子季孙若欲行而法，则周公之典在。若欲苟而行，又何访焉？”弗听。

季康子打算按田亩来增收田赋，他派冉有去征求孔子的意见。孔子说：我不懂这个。冉有心里明白这是老师不愿意回答，他跟老师说：您是国家德高望重的元老级人物，我的主公等着听您的意见呢，您为什么不给拿主意呢？孔子就是不回答，然而他还是爱冉有，他私下跟冉有说：君子理政，要以礼作为决定一件事的根本。给人钱财要力求丰厚，事情要做得恰如其分，税收也要尽量微薄。如果不以礼来做出发点，那么贪婪之心永远得不到满足。周公当年制定的典章制度就在那里，如果你们不按此执行，又何必来征求我的意见？后来冉有把老师所言转告给了季孙氏，对方当然没有按孔子所言来处理这个问题。

可见有些事，冉有不能替主公拿主意，他只能按主公的吩咐来做事。季孙氏不赞同用周朝的规定来决定当下的征税方式，想来冉有也无奈。孔子看到他的建议起不到作用，当然很生气，可是他不好骂季孙氏，只好骂弟子冉有。以我的理解，他号召弟子们对冉有群起攻之，多少有点指桑骂槐的意味。

明绘本冉求像，台北故宫博物院藏

从孔子所言可以看到，他认为处理任何事都要按周礼的规定，做任何事都要以这个礼为标准。而季孙氏经常做一些逾礼之事，比如《论语·八佾》载：“孔子谓季氏：‘八佾舞于庭，是可忍也，孰不可忍也？’”

按照周礼的规定，古人祭祀时所进行的舞蹈有规模上的严格限定，周天子可以用八佾，诸侯用六佾，卿大夫用四佾，士仅可以用两佾，一佾为八人。可见只有周天子才可以用六十四人的大型舞队，季孙氏的身份是诸侯的家臣，按照这个规定，他只可用四佾，他却在家里用了八佾，这显然是僭越。

那时鲁国由季孙氏、孟孙氏、叔孙氏三家来把持，季孙氏已经不把鲁国国君放在眼里，所以他在家中举办祭祀活动时，其规模不但超过了鲁国国君，甚至达到了周天子所用的规模。孔子听到后，当然觉得“是可忍，孰不可忍”。

孔子对季孙氏早就有很大的不满，可是他并不反对冉有做季孙氏的家臣，想来他是通过冉有来了解季孙氏的一些动向，同时也想通过冉有来实施自己的一些理想。当冉有的所为达不到孔子的预期时，孔子很生气。比如《论语·八佾》载：

> 季氏旅于泰山。子谓冉有曰：“女弗能救与？”对曰：“不能。”子曰：“呜呼！曾谓泰山不如林放乎？”

季孙氏想去祭祀泰山之神，冉有把这个消息透露给孔子，孔子说：你难道不能阻止他的这个行为吗？冉有回答得很干脆：不能！冉有的态度令孔子很生气，孔子拐着弯说：难道泰山神还不如林放懂礼，竟然能接受这不合级别的祭祀？因为按照礼制的规定，只有天子才可以祭泰山，而季孙氏仅是诸侯的家臣，他竟然做这种越礼之事。

如果站在客观的角度来梳理这件事，季孙氏是冉有的老板，冉有为老板做事，当然要忠于其职。冉有如果能够提建议的话，想来他也必然会言之。对于季孙氏心理上的膨胀，冉有应当知道得一清二楚，他怎能逆着老板的意思来做事呢？孔子始终希望通过冉有之口来传达他的思想，但有时冉有做不到，自然会惹老师生气。

季孙氏当然知道冉有是孔子的弟子，有些时候也是通过冉有来给孔子传话，可见此人有他的智慧。《荀子·宥坐》载：

> 孔子为鲁司寇，有父子讼者，孔子拘之，三月不别。其父请止，孔子舍之。季孙闻之，不说，曰："是老也欺予。语予曰：为国家必以孝。今杀一人以戮不孝！又舍之。"冉子以告。孔子慨然叹曰："呜呼！上失之，下杀之，其可乎？不教其民，而听其狱，杀不辜也。三军大败，不可斩也；狱犴不治，不可刑也，罪不在民故也。嫚令谨诛，贼也。今生也有时，敛也无时，暴也；不教而责成功，虐也。已此三者，然后刑可即也。书曰：'义刑义杀，勿庸以即，予维曰未有顺事。'言先教也。"

孔子任鲁司寇时，有一家父子二人打官司，孔子把儿子拘禁了三个月而不判决。为此，儿子的父亲请求撤案，于是孔子就把他儿子释放了。季孙氏听闻此事后很不高兴，他认为这是孔子欺骗他，因为孔子之前说要用孝道来治国，既然如此，那就应当杀掉那个儿子，因

冉求之墓

为儿子跟父亲打官司显然是不孝的行为，孔子却把他释放了。

季孙氏发此牢骚时显然没有回避冉有，冉有把此话转告给了老师。孔子解释：这是当官的错，却要杀百姓，怎么能这样呢？不教育百姓，却要判他们的刑，这是坑害无罪的人。比如军队打了败仗，不能去杀士卒；法律条款在没有制定好之前，就不能乱杀囚犯。这就如同庄稼的产量是一定的，征收的赋税却无限度增加，这就是横征暴敛；对百姓不加教育，而强求他们做出成绩，这就是虐待。只有改变这三方面的做法，才能谈得上实行刑罚。

显然，孔子想从根本上解决社会问题，他认为社会中暴露着一些问题，是国家缺乏教育的结果。如果只是一味地惩罚，这是治标不治本。但季孙氏不听这一套，冉有夹在中间当然有他的为难之处。他一边要听老师的教诲，一边还要按季孙氏的要求办事，当他达不到老师的要求时，自然会受到老师的斥责。比如《论语·子路》中有如下一段：

冉子退朝，子曰："何晏也？"对曰："有政。"子曰："其事也。如有政，虽不吾以，吾其与闻之。"

某天，冉有从季孙氏那里忙完后去看老师，孔子问他今天回来的为什么这么晚。冉有说有政，孔子闻言后略感不快，孔子说不是有政是有事吧。因为在古代，政是国家政治，事是指私事。在孔子看来，议论朝政是天子之事，季孙氏只是个家臣，他哪有资格议政，只是谈事罢了。有意思的是，孔子又说：如果真有政治大事，虽然国君现在不用我了，我同样能够打听得到。

可见孔子不当政时，依然关心国家大事，他有渠道能够打听到朝中正在议论什么新政。孔子严格执行礼的规定，认为国事和家事不能混为一谈，李零先生在《丧家狗——我读〈论语〉》中说："'有政''政'和'事'不同：《左传》昭公二十五年'为政事、庸力、行务，以从四时'，杜预注：'在君为政，在臣为事。'前者是国事，后者是家事。"李零同时还认为："孔门弟子在朝做官，有义务向老师汇报。这次，冉有下班晚了，孔子问，你怎么回来这么晚？冉有说，'有政'，即他在忙国君的公事。孔子说，是'其事'吧？即你忙的是季孙氏家的私事吧？如果真是国君的公事，你不告诉我，我也会打听到的。"

不知道那时有没有为官保密措施，弟子下朝后，把朝中议论之事透露给老师算不算泄密。从孔子与冉有的交谈中，可以看出冉有并没有把他与季孙氏探讨的机密告诉老师。故李零说：“看来，冉有和季氏商谈过什么事，不便泄漏，他没跟老师讲实话，孔子起了疑心。”

看来孔子多少有些吃醋，所以他跟冉有说：你不告诉我，我也能打听到。但也有人认为这句话可以解读为：你们的小朝廷能有什么大事，如果真有的话，我早就听说过了。反过来想，这件事也可看出冉有的人品：忠于职守，不轻易泄露机密。这正说明了他懂得为官之道，所以他才会被列为四科中政事第一。

冉有有这样的操守，使得他在情与理的问题上，更多地站在理的角度来思考问题，这也许是孔子骂他较多的原因吧。因为孔子对他训斥太多，使得他有些事情不敢跟老师直说。《论语·述而》中有如下一段：

> 冉有曰：“夫子为卫君乎？”子贡曰：“诺，吾将问之。”入，曰：“伯夷、叔齐何人也？”曰：“古之贤人也。”曰：“怨乎？”曰：“求仁而得仁，又何怨？”出，曰：“夫子不为也。”

某天，冉有问子贡：老师会不会去辅佐卫国国君？子贡说他也不了解，故他前去问孔子此事。子贡也是位聪明的人，他并不直问，而是向老师请教伯夷、叔齐算什么人，老师告诉子贡，他们当然是古代的贤者。子贡又接着问：伯夷、叔齐共同推让，谁都不愿意做孤竹国的国君，为此二人都跑到了国外，后来他们对这件事有怨恨吗？孔子说：他们二人为了求仁，最终也得到了仁，哪里会有怨恨呢！子贡没再问下去，转身出来后对冉有说：老师不会去辅佐卫君。

通过这段话，我们可以看出无论冉有还是子贡，都是极其聪明之人。他们了解老师的个性，冉有不去问而鼓动子贡去问，子贡所问又完全不着边际，他通过旁敲侧击得到了想知道的答案。

子贡为什么知道老师不会去辅佐卫国国君呢？他所说的卫君应当是指卫灵公的孙子卫出公辄，当年其父蒯聩因谋杀卫灵公的夫人南子而被卫灵公驱逐出国，卫灵公去世后，辄被立为国君，后来其父蒯聩与他争王位。孔子对这种做法很反感，因为其父子所为正好与伯夷、叔齐两兄弟互相让位形成对比。伯夷、叔齐为了推让而不做孤竹国君，还为此都跑到了国外，他们也并没有感到怨恨。由此让子贡了解到孔子绝不会去服务卫出公这样的人。

子贡通过间接的问话而探知了孔子的意思，可见其很懂得如何从老师那里探听消息。冉有却不会这么做，他只能让同学去做这样的事。

有人认为这是冉有的狡猾之处，但是从《论语》来看，这更多是出于冉有性格上的懦弱。《论语·先进》载：

> 子路问："闻斯行诸？"子曰："有父兄在，如之何其闻斯行之？"冉有问："闻斯行诸？"子曰："闻斯行之。"公西华曰："由也问闻斯行诸，子曰'有父兄在'；求也问闻斯行诸，

> 子曰‘闻斯行之’。赤也惑，敢问。”子曰：“求也退，故进之；由也兼人，故退之。”

子路问老师：如果听闻消息，就应当马上行动吗？孔子告诉他：如果家中有父兄在，就不应当这么急匆匆地行动。冉有问了同样的话，孔子却说：听闻有必须行动之事，就应当立即行动起来。公西华听到老师跟两位同学间的对话而有些疑惑，他跟老师说：子路和冉有问的问题都一样，您的答案却是相反的，这是为什么呢？孔子解释说：冉有性格懦弱，所以我要鼓励他；子路英勇过人，所以应当约束他的这种习性。

可见，孔子很了解冉有的性格，其实他不应当责怪冉有不跟季孙氏争辩。但是孔子知道冉有是有底线的，《论语·先进》载：

> 季子然问：“仲由、冉求可谓大臣与？”子曰：“吾以子为异之问，曾由与求之问。所谓大臣者，以道事君，不可则止。今由与求也，可谓具臣矣。”曰：“然则从之者与？”子曰：“弑父与君，亦不从也。”

季子然问孔子：你的学生子路和冉有算不算合格的大臣？孔子说：我以为你问谁呢？你竟然问的是子路和冉有。我认为合格的大臣应当用周公之道来侍奉君主，如果做不到这一点，就应当辞职。如果以这种高标准来要求这两位弟子的话，他们的所为只能算勉强及格。季子然进一步问：这两位弟子会一切都听季孙氏的吗？孔子说：杀父亲杀君主的事，他们绝不会跟着干。

在孔子看来，冉有虽然不能完全贯彻他所崇尚的周公之道，但也绝不会做不仁不义之事，这等于从根本上肯定了冉有在人品上不会有问题。孔子甚至夸冉有属于多才多艺之人，《论语·宪问》中载：

> 子路问成人，子曰："若臧武仲之知、公绰之不欲、卞庄子之勇、冉求之艺，文之以礼乐，亦可以为成人矣。"曰："今之成人者何必然？见利思义，见危授命，久要不忘平生之言，亦可以为成人矣。"

某天，子路向老师请教，怎样做才算一个完美的人。孔子告诉他：完美的人要具备臧武仲的智慧、孟公绰的自制力、卞庄子的勇敢以及冉求的多才多艺，而后再懂得礼乐，这就是完人了。孔子说完这番话，也觉得世上不太可能有完人存在，于是他接着补充说：就当今而言，做完人也不必具备如上所有才能，当一个人见到利益时还能想到义，遇到危险时能够挺身而出，即使长期贫困还不忘平时的誓言，这也可以算是一位完美之人了。

孔子也认为理想中的完美之人不存在，他在举例中却如此夸赞冉有之才，这同样说明孔子并没有认为冉有多么坏。孔子对冉有的批评，更多者是因为某件事引起了他的不快，于是他十分生气地跟弟子们骂冉有。

其实冉有在一些关键时刻，也会表现出异常勇敢的一面。《左传》中载：

> 十一年春，齐为鄎故，国书、高无丕帅师伐我，及清。季孙谓其宰冉求曰："齐师在清，必鲁故也。若之何？"求曰："一子守，二子从公御诸竟。"季孙曰："不能。"求曰："居封疆之间。"季孙告二子，二子不可。求曰："若不可，则君无出。一子帅师，背城而战。不属者，非鲁人也。鲁之群室，众于齐之兵车。一室敌车，优矣。子何患焉？二子之不欲战也宜，政在季氏。当子之身，齐人伐鲁而不能战，子之耻也。大不列于诸侯矣。"

《左传》中的这个故事很长，我仅引了前面的几句话。鲁哀公十一年（前484）春，齐国攻打鲁国，季孙氏跟冉有商量怎么办。在敌强我弱的情况下，冉有说服了众人，而后带兵出战，终于击退了来犯之敌。

由上文可见，冉有的确是一位有勇有谋之人。可惜文献上没有记载孔子听闻冉有取得了这么大的胜利，有没有改变他对冉有的一些看法。不论老师怎样批评他，冉有对老师还是很忠心，只要他有机会，他就会举荐老师。《史记·孔子世家》中载：

> 其明年，冉有为季氏将师，与齐战于郎，克之。季康子曰："子之于军旅，学之乎？性之乎？"冉有曰："学之于孔子。"季康子曰："孔子何如人哉？"对曰："用之有名，播之

百姓，质诸鬼神而无憾。求之至于此道，虽累千社，夫子不利也。”康子曰：“我欲召之，可乎？”对曰：“欲召之，则毋以小人固之，则可矣。”而卫孔文子将攻太叔，问策于仲尼。仲尼辞不知，退而命载而行，曰：“鸟能择木，木岂能择鸟乎！”文子固止。会季康子逐公华、公宾、公林，以币迎孔子，孔子归鲁。

冉有统率军队打败了齐国的入侵之军，这当然令季康子很高兴，他问冉有：你的军事才能是学来的呢，还是天生所具有的？冉有立即说：我是从老师孔子那里学来的。孔子竟然有这样的军事才能，这引起了季康子的好奇，他问冉有：孔子是怎样的一个人？冉有借机宣传孔子的观念，他说：我在军事方面取得的这些小成绩，老师不会看在眼里的，因为老师更在意的是教化百姓。其言外之意是孔子的才能在理政方面，而不在具体指挥战斗上。

冉有所言果然起到了作用，季康子马上想召请孔子，冉有告诉他，召请他的老师当然好，但要防止有些小人从中作梗。

就在此时，卫国的孔文子准备攻打太叔，他向孔子询问策略。孔子说自己不懂，回到住处后他立即离开了卫国。正在此时，季康子驱逐了一些人，而后派人带着礼物来礼聘孔子，于是孔子就回到了鲁国，由此而结束了他14年的周游列国之行。

其实孔子得以返回鲁国，是冉有提出的建议。《孔子家语·儒行解》中写道：

> 孔子在卫，冉求言于季孙曰："国有圣人而不能用，欲以求治，是犹却步而欲求及前人，不可得已。今孔子在卫，卫将用之。已有才而以资邻国，难以言智也，请以重币迎之。"季孙以告哀公，公从之。

孔子在卫国时，冉求跟季孙氏说：国家要想治理得好，必须要用圣贤之才。而今卫国国君准备重用我的老师孔子，我自己却在鲁国做事，这么做不明智，所以你最好用丰厚的礼把我的老师聘回鲁国。季孙氏听从了冉有的建议，而后把此事禀告鲁哀公，于是鲁哀公接受了季孙氏的建议，把孔子请了回来。

冉有不但有才能，还有计谋，他用自己的方法，使老师返回鲁国，这也正是他被后世视为孔门重要弟子的原因所在。我计划前往山东枣庄，以便实地参观冉求墓。

2020年12月15日，由李洪武开车，在刘玉林先生的带领下，我们前去探看冉求墓。行驶约50公里后，我们渐渐进入山区。这一带更像是丘陵，时不时地在平原上出现一座山包，但山体并不小。每行驶到一座山包时，我都会疑惑是否到了我们要前往的奚公山。李洪武很有耐心，他开车不疾不徐，每当我摇下车窗向外探望时，他都会告诉我还未到，别急。

今日要探访的冉求墓是计划中的最后一个点，我担心太阳渐渐西斜，不利于我拍照，故焦急的心情始终不能释然。好在前行之路十分平坦，且这一带车很少，没费太大周折就开到了奚公山下。

而今这一带已经修成了景区，广场却不能停车，我们只好将车停在一个工厂的后院。此时已是下午四点多，冬季每到下午五点天就彻底黑下来了，于是我们快步进入广场。我在广场旁看到一个文保碑，走近一看，是奚公造车遗址。这位奚公是夏朝时的车服大夫，文献记载，马车就是他发明的，所以奚仲被视为车神。我跟李洪武调侃说，见到了祖师爷，你总要拜一拜。李先生笑称，等进他的庙时，一定会拜的。

文保碑的后面写明奚公山上有两座古墓："1981年文物普查时，在奚公山上发现一残碑，碑文为'先贤冉求之墓'，两座墓目前现存有碑座，俗称'奚仲墓'和'冉求墓'。"

奚公造车遗址文保碑

既然知道山上有冉求墓，为什么文保碑上不一并刻上他的大名呢？想来如今绝大多数人都会开车，此地以车神为标榜，更能吸引游客吧。

广场的正中建造了一个西方风车状的建筑物，下方的主体像水塔，上面有四个大车轮，车轮的旁边建造了几座春秋时阙状建筑，阙的中间就是登山的台阶。虽然寻访一天下来双腿已经有些酸胀，但因为担心过一会儿纪念馆会关门，我们只好加快步伐咬紧牙关一步一步向上攀登，刘、李二兄的身体状况比我好，他们每上一段都会停下等候我。

奚仲纪念馆

终于登上了山顶的平台，我们看到了体量颇大的奚仲纪念馆。看来我们还是来晚了，此时大门已上了锁。刘玉林猜测，也许因为疫情，这里就没有开馆。好在我们登上此山是为了探看冉求墓，虽无法入纪念馆一看，也觉得遗憾不大。但李洪武觉得登上此山没能拜见车神，总是一件憾事。

虽然这座纪念馆是新建的，但追溯起来有着上千年的历史。北齐魏收在其所撰《魏书·地形志》中写道："薛有奚公山、奚公庙。"而今，我在山顶上没有看到庙宇，想来这个纪念馆就是在奚公庙旧址之上建起来的。按照唐《元和郡县志》中所载："奚公山在（滕）县东南六十六里。"

可见奚公山就是奚仲发明车的地方，但是按照那个时代的吊装技术，如果在山上做好了车，将其运下山是不容易的一件事。更何况，还要把造车的材料运上山来，故我猜测，奚仲造车之地应该在山下。然而《太平御览》转引阳晔《徐州记》中所言：“奚公山，奚仲造车之所，山上轨辙犹存。”

看来奚仲当年就是在山上造车，并且山上还有车辙在，于是我们三人沿着山顶平台的两侧分别探看。我看到右边的山坡上搭着几个简易棚，走近细看，没有看到车神留下的车辙，只在棚内看到许许多多的瓷制神像。转到纪念馆的后方，我看到树林里也放着一些瓷像，但还是没有找到车辙。

我猛然想起来此地的目的是看冉求墓，站在山顶上探看一番，没有看到墓丘。刘玉林注意到左侧山坡上有石台阶，于是我们三人沿着台阶穿入柏树林中。走出100多米，我们登上另一座山头上的平台，于此看到一座石质碑亭，亭内立有一块大碑，上刻“夏车正奚仲墓”。此刻有一位长者站在亭内仔细读着碑后的介绍文字。

我留意到奚仲墓的西侧还有一块碑，走到正面，看到了碑上刻着四个大字“冉求之墓”。我见此几字，提着的心瞬间放了下来：终于找到了寻访目标。

从直径看，奚仲墓比冉求墓大一倍以上，且冉求墓旁没有其他古刻石，直径三四米大小的墓丘用石条围了起来，裸露的墓丘顶上也长着柏树。

奚仲墓亭

我走到平台之后，

看到下方有水泥制作的一个圆柱体，登上此物之顶，感觉底下是空心的。刘玉林猜测这可能是石塔。我站在塔上可以望到后面的群山，夕阳照在山体上，呈现出一种暖色。在此处能够隐隐地看到奚仲纪念馆的后侧，我沿着一条小径走到这一带，未能找到古代的车辙，也没有看到与冉求有关的文字。

我重新返回山顶，刘玉林告诉我，奚公山下面就是京沪高铁线路。这些年来，我往返最多之地就是北京、上海。因为乘飞机晚点已成了家常便饭，为了能够准时到达，近些年的出行我基本都是乘高铁。如此说来，我在下方的路线上往返过无数回，目测该线路距奚公山不足200米，也就是说，我看到过许多回奚公山，也曾无数次坐在车上向冉求墓行注目礼。而今登临此山，才发现原来我曾经距他的长眠之地如此近。我特地站在山顶的这一侧，用长焦把铁路拉近，几分钟后，果然看到一列高铁呼啸而来。

冉求墓墓丘

李洪武看到高铁飞驰而过也很高兴，他说奚仲如果知道所发明之车已经变成了这个模样，不知道会不会含笑九泉。自奚仲封到此处的薛国，到春秋战国时就已超过了1500年，冉求的墓怎么葬在了奚仲墓旁呢？也许是冉求崇

夕阳西下

拜这位先贤，在去世前特意嘱咐家人要陪葬在奚仲之侧吧。

回到山下时，我们无意间看到停车之处有驾校的广告牌，刘玉林笑着说，在车神脚下办驾校，应该很有信服力。

任不齐：封任城伯，拜任城楷

任不齐为孔门七十二贤之一，然而历史文献中关于他的资料甚少。1992年第8期的《贵州社会科学》中刊载有孙定朝、孙建朝所撰《从〈黎平任氏族谱〉中发现的任不齐生世材料》一文，该文中称："任不齐，字选，桃乡人氏（即山东任城，今山东济宁市地）。父任悝，母南宫氏。任不齐生于周灵王二十七年（前545年）三月，周元王八年（前469年）九月，卒，享年77岁，葬于桃乡。春秋时，任薛先灭于齐，半分于鲁，后鲁亦灭于楚，故任不齐称为楚人。"

对于任不齐拜孔子为师的时间以及相关著述，此文又写道："任不齐在桃乡长大后，游学于曲阜，师事孔子，是孔子升堂入室的弟子之一。他身通六艺，精言诗礼，尤邃于乐。孔子卒后三年，回到桃乡，楚聘不应。著有《任氏诗传》《礼纬注》《乐经》；述孔子之言，作《逸论语》等。楚考烈王伐鲁，兵出桃不下，攻之，子姓逃散，书遂亡，著作俱毁于兵燹。今传《任子遗书》，篇帙不多。所遗《逸论语》剩简，是门人齐东门子高蒯伯仪所节录。"

该说法应是源自《任氏族谱》中如下一段话：

任不齐，字子选，楚之薛邑人……薛定侯封仲子于国之西鄙桃乡，地名任村，故称任仲子。再传至悝，娶鲁南宫氏……遂产不齐，时鲁襄公二十八年，即周灵王之二十七年也（公元前545年）。及长，从游曲阜，师事孔子。身通六艺，精言诗礼，犹邃于乐……孔子没……不齐还桃乡，考《乐经》而注之，于哀公二十五年（公元前470年）卒……及战国末，楚考烈王伐鲁，兵出桃乡，不下，攻屠之。任氏子姓皆遁于四方，不齐著述荡焉不复传，故司马迁于《仲尼弟子列传》止书其名，而遗其事。汉高祖过曲阜以太牢祀孔子，诸弟子从祀，不齐位第十七。唐正孔子南向之位，追封不齐任城伯；宋加封当阳侯；明改称先贤任子……

楚国伐鲁时，任不齐的著作全部失传了，司马迁只能列出任不齐的名和字，而关于任不齐的生平事迹只好付诸阙如。刘邦到曲阜祭祀孔子时，以孔子弟子陪祀，任不齐列在第十七位。唐代时，任不齐被封为任城伯，宋代时，又被加封为当阳侯。清朱彝尊在《孔子弟子考》中说："楚任子不齐，字子选，唐赠任城伯，宋赠当阳侯。"宋理宗在《圣像赞》中夸赞任不齐时写道："任城建伯，其表曰选。淑闻雅驰，才华清远。竞辰力行，爱日黾勉。孔教崇崇，令诸显显。"乾隆皇帝赞誉他说："任子楚产，学于东鲁。力行圣道，动守绳矩。淑问杨休，才华标举。沅芷汀兰，芳生艺圃。"

除此之外，对于任不齐资料介绍较多者，是潘洁主编、任恢宗所著《追寻历史的足迹——中华任奚薛源流考证集萃》一书。该书引用了明陈仁锡在《先贤任子祠序》中所言："其诞自轩辕，著勋于唐虞夏商，得姓唐封者十有九。仲虺奚仲，递发厥祥；而太任开周剖符，居薛六十四世，复于楚丘笃生大贤子选，以光显禺阳，不可谓不深欤！"

任姓的始祖为禺阳，禺阳乃黄帝少子，其传六十四世后有任不齐。可见任不齐为黄帝之后裔。宋邓名世在《今古姓氏书辩证》也持这种说法："（任）出自黄帝少子禺阳，受封于任，以国为姓。"

后世一些任氏族谱大多视任不齐为始祖，例如《福清道头房任氏支谱》中所附《任氏谱系》中说："夫吾任姓之著于天下也，代多传人。自始祖不齐公，家楚而北学于鲁，为圣门弟子。传一十九世至三国时遥公。"

楷树树身

《追寻历史的足迹——中华任奚薛源流考证集萃》中亦称："任姓后代还尊奉先贤任子不齐为山东乐安堂始祖，世人建祠堂于任城东关汶泗坊，任子祠遗址就在今济宁任城区古楷园内，园内那棵有两千四五百年树龄的古楷树是济宁最老的古树，树前立有'古郡任城'石碑，这些都是任不齐是济宁任城古任国人的不朽标志。"

楷树在曲阜孔林独盛，孔子弟子大多会从此地移栽楷树苗到所居之地，不清楚济宁市任城区的这棵古楷树是不是任不齐移栽于此的。《追寻历史的足迹——中华任奚薛源流考证集萃》一书在谈到任城区的沿革时，讲到了该地的归属及名称变化：“济宁市任城区历史悠久，据传是古代东夷族部落的住地，为我国最早风姓古国之一。远在三皇五帝时，系唐虞氏故国、有仍氏繁衍生息之地。夏商为仍国，周为任国、邿国。秦统一中国后，置任城县、亢父县，西汉时属东平国。东汉章帝分东平国置任城国。三国魏置任城郡。西晋复任城国。北朝魏孝明帝神龟元年（518）分高平郡一部，置任城郡，治所由仲浅村移于今济宁市任城路，并为任城郡治，隶兖州。北齐天保七年（556）废亢父县，并入任城县。隋、唐、五代任城县建置名称不变，但隶属有别。五代后周广顺二年（952），设济州于巨野，任城县隶属济州。金天德二年（1150），巨野发生大洪水，遂把济州州治迁至任城。元至元八年（1271），升济州为府，因‘济水南汇泗，北汇汶，州居其中’，地势高而水患不至，取吉祥安宁之义，更府名为‘济宁’，任城县也由此改称济宁县。以后历经明、清至于民国，几经更迭，但‘济宁’之称未变。”

我所查得的任不齐遗迹仅有任城区的这棵古楷树，按照《追寻历史的足迹——中华任奚薛源流考证集萃》一书的记载：“2015年9月25日，2015中国首届任城任子文化论坛暨先贤任不齐诞辰2560周年纪念邮品首发式在山东济宁市举行，成为当年孔子文化节的一个新亮点。”

可见国家相关部门已经认定任城区是任不齐的故里。于是我就将古楷园作为任不齐之遗迹，于2021年2月25日驱车前往济宁市任城区古楷园小区寻访。

前夜下了一场大雪，当日改为雨夹雪，在泥泞的街道上开车颇不容易。导航上显示古楷园是一小区名称，且该小区有四个出入口，想来面积巨大，我猜测这棵古树处在小区内。我从此院的东门驶入，在院中开行一番，完全找不到古树的痕迹，进小商店问过几人，终于有一位明白人告我那棵树不在小区内，而是在小区东门外的一个商业院落内。

我开车前往此处，没承想东门只可入不可出，出口在西门。我只好找到一个车位，将车停在那里，而后步行走出了东门。东门外有一座“L”形的商业大厦，我从其侧旁走入，此处的大门两侧挂着几块招牌，其中之一是“山东恒诚拍卖有限公司”，我倒觉得如果该公司改名为“任不齐”，应该更有号召力。

此院无人看守，正前方院中的门楣上写着“志晟搏击”，其左侧另有一个院落，刚走到院门口，我就看到了那棵古楷树。因为是冬天，这棵树仅剩下枯枝，另外有两根粗枝深入地下。我走到近前方看明白，那是保护者制作的两根水泥桩，以此支撑旁逸斜出的树枝。

新碑

此树处在半亩地大的一块绿地内，周围用石护栏围了起来，其余的空地变成了停车场，我只能穿插在车丛中来拍照。我看到树前立有一块新碑，上刻“古郡任城”，碑前摆放着一个石供台，上面有香炉，另外还有两杯酒，但不知为何，供台、石碑、大树并不在一条中轴线上。

院落的侧墙上挂着一块展板，其题目为《古楷园小区黄连木古树保护简介》，此文的第一段为：

> 古楷园内黄连木，又叫楷木，为漆树科黄连木属植物，距今已有2400余年的历史，是城区树龄最大的古树。古黄连木是大自然的活化石，素有“先有楷子树，后有济宁城”之说。济宁是孔孟之乡，礼仪之邦。传说这里原是为纪念孔子第十七任弟子任不齐而建的任子祠遗址，这株黄连木当时就栽在祠堂前面。经多次历史变革，原祠堂已无踪迹，只留下此树，小区也因此得名“古楷园小区”。

果然这里与任不齐的祠堂有关，这棵树的年龄要比济宁市的历史长得多，而今任子祠已无迹可寻，此树却保留了下来。旁边的小区名称正是以这棵古树来命名的，可见当地的开发商很有文化意识。这个简介中还介绍了任城区园林绿化部门委托北京园林科学研究所的专家对该树进行了复壮保护。真希望这棵树能够长久地活下去。

因为下雨出汗少，我此时很想上厕所，在院内张望一番，未看到洗手间。我于是走到了旁边的楼道内，上电梯随便按了四楼，门打开时，这里是一家公司，前台小姐很有礼貌地问我来办何事，我只好直言想上厕所，她竟然同意我入内使用。在厕所内我无意间看到那棵古树就在窗外，于是我打开窗拍照，得以看到该树的全貌，这真是意外所得。

走出厕所时，我方注意到四楼的这家公司侧墙上挂着一些展板，上面介绍的都是一些文化名人，有朱自清等，却未能看到任不齐。前台小姐看我很好奇地拍照，告诉我公司专搞文化项目，但是很少有人到这里来看这棵古楷树。

这些年来她看着这棵树从叶繁到叶落，不停地有车在此出出入入，但没有看到一位车主在那里端详这棵树。听闻我驱车几百公里跑到这里来就是为了看这棵树时，该女子颇为感动。她邀我到会议室内喝茶聊天，我感谢了她的美意，告诉她我还要寻访其他几地。此女子让我等一下，之后她从另一个房间拿出一瓶瓶装茶让我在路上慢慢喝。

古树全貌

今日路上的雪开始化了，我在院内折腾一番，身体已经冻透了，此刻能得到陌生人的照顾，心里有着说不出的温暖。我将其归功为任不齐宣传儒家文化的教化之功，郑重地向这位女子道谢后离去。

走出院落来到大街上，沿街的一面全部是商业店铺，其中一底商是中信银行，难怪有人在网上发帖子说那棵古楷树处在中信银行后院。其实从中信银行内无法进入该院，必须从其侧旁绕过，这条路名叫“古楷园路”，长度不超过50米。

糖葫芦

此路的右侧有一些小食品店，此时已过午，我站在路边闻到了煎饼果子的香味，于是走上前请老板做一个。老板问我煎饼里面要卷些什么食材，原来这里的煎饼制作方式与天津不同，我不知如何选择，只好让他随便放，他把各种辅料添加于内，而后告诉我六元钱。我在等候他制作的过程中，发现旁边还有一个糖葫芦店。我觉得此物很开胃，于是花两元钱买下一串，吃着煎饼果子就着糖葫芦喝着瓶装茶，瞬间体味到了人间的美好。

荣旂：史料甚罕，启期三乐

2021年2月24日，我从北京开车前往山东、安徽、河南寻访，此程的第一天就赶上了下雨。此时的雨细如蚕丝，然而高速公路上的车速还是慢了下来。一天三处寻访点顺利跑完，令我心情颇为舒畅。当晚住到了东平县，我所住酒店楼下有一家山东菜馆，于是点两个特色菜，就着煎饼大快朵颐一番。可惜这家菜馆供应的大葱质量略差，再加上没有豆瓣酱，煎饼卷大葱这个最佳组合打了不少折扣。

因为这处酒店临街，又处在宽阔的十字路口上，我担心夜晚太过嘈杂，于是向前台提出帮我找一间安静的房间。前台小姐说酒店有几间无窗房，不但价格便宜还听不到店外之声，于是我听从了她的建议，订了这种房间。当晚入睡前我果然体会到了宁静，也体会到了房间内的燥热。

也许是无窗之故，我竟然不知道昨夜下了一场大雪，今早出门时，看到了银装素裹的世界。我做的第一件事就是找硬纸片刮掉车窗上的雪，好在我的坐骑是四轮驱动，并且是标准的越野车而非城市SUV，它壮足了我的胆量，我决定不改变计划，仍然上山去寻找荣旂墓。

地里的雪

按照我所查得的地点，荣旂墓位于汶上县白石乡昙山上。因古墓没有确切的门牌号，只能将导航目的地设定在昙山脚下的一处养鸡场。今日出门的时间不算早，此刻已是八点半，但天仍然阴沉着脸，不清楚还会不会继续下雪。街区内的道路有些泥泞，可能是地温高之故，前车车轮溅起的泥雪糊满了我的车窗，好在我车内带着两大瓶玻璃水，足以应付这种状况。

驶出县城后不久，映入眼帘的是大片的田地，地里的雪完全没有融化，穿过大片杨树林，渐渐驶上了乡道。在一个小路口，我看到了新搭起的防疫简易房，简易房内却空无一人。我在出京的前一天已经做完了核酸检测，就是为了应对这种状况。有备而来，却没能用到，我心中竟然有一丝失落，其实我想看到管理人员的另一个目的，也是想问问前行之路究竟是否正确。因为我在导航中看到三个同样的地名，其实并不清楚哪一个是我的寻访目标。

驶入了西岗村，村边仍然有防疫棚，但里面同样没有人，天气预报说昨晚的一场雪，气温骤降22摄氏度。可能是这个缘故，我在村内兜了一圈，竟然没有遇到一个村民。穿村而过继续前行，路上路过一座武村西桥，桥名牌上立着危桥警示牌，该桥甚窄，我不清楚它已经危险到什么程度。停在那里探看一番，看不到备选路线，我只好硬着头皮缓缓向前开行。此刻迎面驶来一辆车，它丝毫不减速，想来是住在附近的知情人，我观察了一下桥面，没有晃动痕迹，于是在此车驶过后，我也慢慢地开了过去。

我在武村找来找去，好不容易遇到一位妇女，向她打问，她竟然知道荣旂墓所在。妇女仔细向我讲解前行路线，她也提到了那个养鸡场，但她告诉我，养鸡场近期关闭了，但场院还在，门

孤零零的鸟巢

口挂着卖土鸡蛋的招牌，见此牌后左转，看到一条上山的路，一直开行到底就是荣旂墓。我谢过她，按其所言一路上行，在村子内却完全看不到山的痕迹，出村后不久，看到了进入林区的标牌。此处仍然不见山，但我渐渐感到窗外寒气逼人，看来这一带的温度比城里低不少。

回望上山之路

前行之路越来越窄，我到此时，方在蒙蒙雾中看到前方有一座山，眼前的路没有路名牌，只能试着往上开。之前的路坡度不大，开到半山腰时，突然有十几米的大陡坡，下雪之后没有车驶上来，故此条路上不见车辙。雪覆盖了一切，我无法看到雪下面路的状况，但就在这最后十几米时，车突然打滑，无法爬上高坡。

好在我是有30多年车龄的老司机，还算镇定，迅速拉起手刹，然而车还是在微微地滑动。我不敢下车查看，只能换到低速挡，并且摆动方向盘，使车慢慢摆动，同时仔细观察周围情形。因为上山的这条路不是盘山道，而是一条路直道通到底，这是其坡度较大的原因所在，且这条上山路的左右没有岔道，一侧是山体，另一侧是深沟，想掉头已无可能。原路倒车又有危险，看来唯一的办法就是让车冲上去，以我的经验，这种路的尽头一定有一个可掉头的平台。

昙山山顶

既然有这样的认定，于是我将手刹与油门同时使用，并且摆动方向盘，把车轮走成之字形，虽然还是能听到车轮的打滑声，但好在没有向后溜车。我担心刹车片烧糊了，好在时间很短。终于登了上去，果然如我所料，路的尽头是100多平方米大的平台，虽然平台上也落满了雪，但毕竟没有坡度，可以小心地在此掉头。

走下车的一瞬间，我第一次体会到了春雪的寒冷，展眼四望，眼界所及仅有这一座山，虽然昙山不高，但因无其他山比较，所以显得颇为巍峨。我回身看上来的路，成就感油然而生。但也正因没有其他山的阻挡，这里的寒风达到了刺骨的程度，我穿着那件薄薄的羽绒服站在雪里不到半分钟就被冻透了。尤其是端着相机的双手，因为我没有戴手套，很快就冻得生疼麻木。

遗憾的是，在这个平台并没有看到荣旂墓，仅有一块文保碑立于平台侧旁，上面刻着“荣子墓”字样。转到背面看介绍文字，上面首先写到的是荣启期。

文保碑上称："荣启期，字昌伯，春秋之高士。孔子游泰山，遇启期于郕之野，是以有'三乐'问答之圣贤佳对，因道义相合，始拜业于孔子之门。"如此说来，当地人认为荣启期也是孔子弟子，我却未曾查到相关史料。

荣子墓文保碑

关于荣启期与孔子的交往，大多文献会引用《列子·天瑞》篇中的如下一段：

> 孔子游于太山，见荣启期行乎郕之野，鹿裘带索，鼓琴而歌。孔子问曰："先生所以乐，何也？"对曰："吾乐甚多：天生万物，唯人为贵，而吾得为人，是一乐也；男女之别，男尊女卑，故以男为贵，吾既得为男矣，是二乐也；人生有不见日月、不免襁褓者，吾既已行年九十矣，是三乐也。贫者，士之常也；死者，人之终也。处常得终，当何忧哉？"孔子曰："善乎！能自宽者也。"

孔子游泰山时在郕之野见到了荣启期，荣启期穿着鹿皮衣在那里弹琴唱歌，孔子向他请问为什么这么快乐，荣启期说：我快乐的原因很多啊。第一件乐事是天生万物以人为贵，而我恰好是个人；

第二件乐事是人有男女有别、男尊女卑，而我恰好又是个男人；第三件乐事是有的人一生下来就夭折了，我却活到了九十岁。虽然我没什么钱，我却不以为意，人终有一死。我到这个年纪即使死了也是寿终正寝，我有什么值得不快乐的事情呢？孔子闻言后夸赞他真是一个能够自我宽解的智者。

除了这段记载，《淮南子》《水经注》中也载有此事，所记基本相同。从这段对话看，孔子与荣启期是偶遇，并且孔子很赞赏荣启期的人生态度。这段话没有记载荣启期仰慕孔子的思想，但他后来是否有所转变，我未看到相应史料，所以我也不敢说荣启期没有拜孔子为师。既然文保碑上刻有拜师字样，可能是相关部门查到了历史记载。

荣启期的豁达，使得后世把他视为中国最早的隐士，尤其他的“三乐观念”，成为不少人的座右铭。西晋著名文人陆云在朋友那里看到了荣启期图，朋友请他写了篇《赞》，陆云在《赞》中首先称：“荣启期者，周时人也，值衰世之季末，当王道颓陵，遂隐居穷处，遗物求己。诉怀玄妙之门，求意希微之域，天子不得而臣，诸侯不得而友。”

而后陆云引用了《列子》中的那段记载，陆云却说孔子听闻荣启期所谈之曲后“为之三日悲”，不知陆云何以知道孔子为之悲，但陆云赞赏荣启期遁迹山林的豁达心态：“芒芒至道，天启德心。自昔逸民，遁志山林。邈矣先生，如龙之潜。夷明收察，灭迹在阴。”

南北朝时的庾信写过一篇《荣启期三乐赞》，其在此赞中说：

"荣期三乐，惟人与年。夫子相遇，即以为贤。"

既然介绍牌在这里，说明此处也应有荣启期墓，文保碑附近没有墓丘。关于荣启期墓的情况，马兴才所撰《据经作传三乐风高——左丘明与荣启期》一文中写道："荣启期墓在今汶城东二十五里昙山巅，高坟隆起。墓前据传原有秦汉名书法家王次仲所书墓碑，年久风化剥脱残毁后，明代万历中又重立高碑一通，为邑人尚宝寺正卿王命新书。文曰：'唐封雩娄伯宋赠厌次侯先贤荣子之墓。'现此碑亦毁于历次战乱中。断碣亦不知流落何处。笔者童年时犹及见。"

看来荣启期墓已经没有了痕迹，于是我继续探寻荣旂之墓。介绍牌下面的一段写到了荣旂，然其将"旂"写作"旗"字。也许是风雨侵蚀的原因，上面的字迹已经模糊不清。仔细辨认，上面称荣旂是荣氏一世祖，从孔子游杏坛洙泗，贯六艺。删《诗》、赞《易》……定《礼》，共维斯道于不坠，名列七十二贤之中。看来这确实是我要找的孔子弟子荣旂。

但是，荣子墓究竟在哪里，站在这荒山上无人可打问。此前我在网上查得其他人拍摄的荣旂墓照片，从照片中看到荣旂墓是用石块叠起者，墓前有一块碑记。但眼前的这场雪已让我无法辨识石块墓，我只好站在平台上探望四周。我看到平台下方的山坡上有几块墓碑，因为视线不好，尽管我用镜头拉近端详，还是分辨不出是古碑还是新碑，只能小心地前往探看。我找不到羊肠小道，只好凭感觉小心地往下走，但还是踩在了石块上，脚下一滑摔倒在地。

多年的寻访让我养成了首先保护相机的习惯，故摔倒的一瞬间，我把相机抱在了怀里。因所摔之处是向下的斜坡，再加上上面覆盖着没脚深的雪，我一屁股坐地上，摔得并没有想象的疼。在这大山上也没人来看热闹，我只能自己摔倒自己爬起来，而后慢慢地走到了那几块墓碑前，其实走到附近时我已经感到这是新坟新碑，看后确如我的判断。

我只能一脚一滑地再向上爬，回到停车处，站在这块平台上向上望，左侧是一座林场，林场的周围用铁丝隔离开来，沿着这围墙向上望，山顶的位置有一块石碑。我想起马兴才在其文中谈到荣启期墓位于昙山山巅，说不定山顶上的那块墓碑是荣启期墓碑。我隐隐觉得那块碑的外形与网上看到的荣旂墓碑制式相类似，于是决定前去探看。

从平台到墓之间无路可通，也许另外有路被雪覆盖了。我觉得沿着铁丝网慢慢向上爬，至少有可扶之处，但手中的大相机显得有些沉重。我把大相机放在车内，拿出小相机，而后沿着围栏小心地向上走，同时防止铁丝网上的倒刺把手划破。

虽然这些铁丝冰冷异常，却给我以助力，我终于在磕磕绊绊中来到了这座古墓前。我这才看清其实这也是一块新碑，正中刻着“周先贤荣旂之墓”，墓碑的右侧有一行小字，隐隐地看到有“荣氏一世祖，儒圣先师孔子七十二贤弟子”字样，碑的落款是2008年，此碑前有一个金色的香炉，里面落满了雪，墓碑之后就是那个石块堆起的墓丘。

按照张爽所著《姓氏名人故事》一书中所言，荣氏的始祖应当是黄帝座前的大臣荣将，荣将又称为荣授。根据《吕氏春秋》

果然是荣旂墓

记载，荣授曾奉黄帝之命，与伶伦共铸十二钟，以和五音，所以荣授被视为中华民族音乐的始祖，同时也是荣氏后人尊为荣姓的得姓始祖。

关于荣旂为一世祖的问题，张爽在书中说："春秋时，荣旗（古字作旂），字子祺，生于周景王三年（前542），年龄小于孔子九岁，早年到洙水、泗河跟孔子学习，精通六艺，帮助孔子删《诗》、赞《易》、序《书》、定《礼》，'共维斯道于不坠，名列（孔子）七十二子之中'。唐玄宗时封雩娄伯，宋真宗时封厌次侯，明世宗嘉靖年间追称先贤荣子，今曲阜孔庙东庑供奉其牌位，列第二十位。宋朝荣諲（字仲思）第一次修《荣氏宗谱》，即尊荣启期为鼻祖，尊荣旗为一世祖，至荣諲为第四十六世。"

这里提到了宋朝荣諲尊荣启期为鼻祖，荣旂为一世祖，同时讲到荣毅仁先生为荣旂第七十六世孙。几个月前我恰好到无锡梅园探访过荣毅仁读书处，却未曾留意其所列世谱中是否把荣旂视为一世祖。

关于荣旂，史料记载有两条，一是《史记·仲尼弟子列传》中称：“荣旂，字子祈。”另一条记载则是《孔子家语·七十二弟子解》：“荣旂，字子祺。”

与荣旂有关的史料总计就这十个字，如果去掉重复，就仅剩六个字而已。虽然史料如此之少，但他在开元二十七年（739），仍被皇帝封为雩娄伯。宋大中符祥二年（1009），荣旂被加封为厌次侯。明嘉靖九年（1530），改称其为先贤荣子。如此说来，平台所立文保碑上刻“荣子墓”三个字，应当指的是荣旂，不是荣启期。

山顶上风很大，我哆嗦着拍了几张照片后原路下山，小心地扶着铁丝向下走，磕磕绊绊终于到了平台，没有再摔跟头。我站在平台上长舒一口气，而后上车慢慢向下开行。虽然俗语说上山容易下山难，但开车似乎与之相反，我很快就开到了山脚下。我设定好导航，前往另一处寻访点。还未走到养鸡场时，导航把我指向了相反的方向，这条路穿过一个核桃园，又行驶到了昙山脚下，该路比我刚才所走之路要平整许多。

在一个岔口上我看到了昙山和荣子墓标牌，此时我意识到自己刚才的上山路可能有问题，因为这个标牌上标出荣子墓和昙山是两个方向，说不定有另一条路能够直接登上昙山顶，而不必非走那个平台。

沿着这条岔路向下开行，路面的雪已融化，有可能是相关部门喷洒了融雪剂。我在这条路边看到了昙山风景区的标志牌，另外又看到一块游览区示意图，稍作浏览，上面没有标出荣子墓，但让我知道了脚下的路名——旅游大道。

我沿着大道一路下行，而后驶入了夏村，此村村口摆上了查车的路障，因为下雪，无人在此查车。穿过该村，走到一处丁字路口，此时方是山脚下的平地，看来只有从夏村的旅游大道向昙山开行，方是寻找荣子墓的正路。但不知为何，无人在网上标出这条寻访路线。

司马耕：多言而躁，不忧不惧

司马耕是孔子的弟子，为孔门七十二贤之一。他姓司马名耕，字子牛，故后世又称他为司马牛，《孔子家语》称他为司马黎耕。《论语》中记载司马牛之事有三条，在后世引起争论者是《论语·颜渊》中的一段话：

> 司马牛忧曰："人皆有兄弟，我独亡。"子夏曰："商闻之矣：死生由命，富贵在天。君子敬而无失，与人恭而有礼。四海之内，皆兄弟也。君子何患乎无兄弟也？"

司马耕忧伤地说，别人都有兄弟，唯独他没有。子夏闻言后安慰他说：我听古人云，人的生死和富贵都是命中注定的，君子只要严肃认真地做事，与人交往恭敬合乎礼仪，那么天下的人就都是自己的兄弟了，你何必还要为没有兄弟这件事而发愁呢？

根据这段话，人们本能地觉得司马耕是家里的独生子，或者他有兄弟已经不在世了。然而从其他记载来看，情况并非如此，比如

《世本·氏姓》篇中说："司马氏，司马牛是桓魋之弟，以魋为宋司马，故牛遂以司马为氏。"

此处明确称，司马耕是桓魋的弟弟，正是因为桓魋在宋国做司马，所以司马耕才以司马为氏。关于桓魋与司马的情况，《左传·哀公十四年》载："司马牛致其邑与珪焉而适齐。向魋出于卫地，公文氏攻之，求夏后氏之璜焉。与之他玉，而奔齐。陈成子使为次卿，司马牛又致其邑焉，而适吴。吴人恶之，而反。赵简子召之，陈成子亦召之。卒于鲁郭门之外，阬氏葬诸丘舆。"

司马耕把他的封邑和玉珪交出来后就前往齐国，而桓魋逃到了卫国，公文氏去攻打桓魋，向他索要夏后氏的玉璜。桓魋就把玉璜给了公文氏而后逃到了齐国，陈成子让桓魋做了次卿。司马牛闻听此事后，又把得到的封邑交还给齐国，而后去了吴国。但吴国不欢迎他，司马牛只好又回到宋国。晋国的赵简子听闻此事后招呼司马牛来自己这里，齐国的陈成子也请司马牛前往任职。也许是得了病，司马牛竟死在了鲁国国都的外城门外，于是阬氏把他葬在了邱舆。

这段话讲到了桓魋和司马耕，但他们俩是什么关系呢？杜预在《春秋左氏经传集解》中说："牛，桓魋弟也。珪，守邑符信。"可见司马耕是桓魋的弟弟，而他不止有这样一位哥哥在，他们兄弟有五人之多。他的长兄向巢任宋国左师，是宋国的军事统帅，桓魋是老二，司马耕是老三，老四是子颀，老五是子车。

司马耕有这么多兄弟，为什么还说自己没有兄弟呢？这正是后世争论的问题。对于《论语》上的那段记载，朱熹在《论语集

郕舆故城文保碑

注》中一一予以了解答，比如对司马耕没有兄弟这一句，朱熹解释：“牛有兄弟而云然者，忧其为乱而将死也。”朱熹认为司马耕明明有兄弟却说没有，是因为担心桓魋带领子颀、子车去造反，早晚被人杀掉。而对于子夏所说的“商闻之矣”，朱熹说子夏“盖闻之夫子”。对于“死生有命，富贵在天”一句，朱熹的解释是“命禀于有生之初，非今所能移。天莫之为而为，非我所能必，但当顺受而已”。那么如何解释子夏的安慰之语呢？朱熹说：

既安于命，又当修其在己者。故又言苟能持己以敬而不间断，接人以恭而有节文，则天下之人皆爱敬之如兄弟矣。盖子夏欲以宽牛之忧，故为是不得已之辞。读者不以辞害意可也。胡氏曰：“子夏‘四海皆兄弟’之言特以广司马牛之意，意圆而语滞者也。惟圣人则无此病矣。且子夏知此而以哭子丧明，则以蔽于爱而昧于理，是以不能践其言尔。”

按照朱熹所言，子夏的这段话是为了宽慰司马耕。而李零在《丧家狗——我读〈论语〉》中对这段话的理解是：“他说他没有兄弟，其实并不是真的没有。他有四个兄弟，巢、魋（即司马桓魋）、子颀和子车。他之所以这样讲，是因为司马桓魋作乱，他们都参加，他不认这些兄弟为兄弟。”

这种解读前人也已有人说过，宋高宗所写《文宣王及其弟子赞·司马耕》中称：“手足甚亲，志异出处。魋将为乱，子乃脱去。在污能洁，危而有虑。内省若斯，何忧何惧。”

看来司马耕的兄弟人品均很差，以至于让司马耕发出了没有兄弟之叹，而司马耕与那些兄弟不同，因为他拜孔子为师。他的哥哥桓魋却对孔子的态度很不友好，《论语·述而》载：“子曰：‘天生德于予，桓魋其如予何？’”对于这段话，《史记·孔子世家》讲到了这样的细节：“孔子去曹适宋，与弟子习礼大树下。宋司马桓魋欲杀孔子，拔其树。孔子去。弟子曰：‘可以速矣。’孔子曰：‘天生德于予，桓魋其如予何？’”

卞朝宁所著《〈论语〉人物评传》一书中用调侃的语气解释了《史记》中的这段话：“这一日，孔子带着弟子们途经宋国，休息时在大树之下习礼，引起了宋国大夫的高度警惕，因为宋国的‘就业形势’也很严峻，本国大夫的饭碗都难自保，他们当然不欢迎孔子，于是大家一起撺掇司马桓魋去把孔子赶走。桓魋驱赶孔子的方法非常粗鲁，他把大树连根拔起，令孔子不得不带着弟子们离开。”

桓魋对孔子这么不友好，想来司马耕应当知道。如果桓魋知道孔子是弟弟的老师，他还会这么做吗？这件事不好推测，但桓魋的人品确实有问题，当年宋景公很看重桓魋，按照《左传》上的记载，宋景公的庶母弟公子地宠幸一位叫遽富猎的家臣，公子地把家里的财产分为十一份，拿出其中五份来赠送给遽富猎。公子地有四匹非常喜欢的白马，桓魋曾经向他索要，却被公子地拒绝了，宋景公闻听此事后，亲自出面向公子地要来白马，他让人将白马的鬃毛和尾巴涂成红色送给桓魋，可见宋景公对桓魋是何等之恩宠。

然而宋景公的做法让公子地很生气，于是他让人从桓魋手中把马夺了回来，桓魋担心公子地要进一步报复他，因此想出逃躲避。宋景公闻听此事后竟然一个人躲在屋子里伤心落泪，甚至把眼睛都哭肿了。公子地见到这种情况后，也担心受到报复，便出逃了。公子地等人出逃后在郑、宋边界定居了下来。宋景公闻听此事后，派兵讨伐，于是郑国与之交战，在危急时刻，宋景公派桓魋带兵去解围，桓魋却战败了。

这件事反而让宋景公更宠信他，但桓魋恃宠而骄，别人送给他的珠宝，宋景公想要他都不给，为此他跟宋景公之间又有了隔阂。后来桓魋胃口越来越大，宋景公决定除掉桓魋。这些故事都说明桓魋之为人，从这个角度而言，他对孔子不友好也能理解，但桓魋会不会考虑到弟弟司马耕的处境呢？后世学者没有给出令人信服的解释。而杨伯峻认为有可能司马牛跟司马耕不是一个人，他在《论语译注》中说：

但我却认为，孔子的学生司马牛和宋国桓魋的弟弟司马牛可能是两个不同的人，难于混为一谈。第一，《史记·仲尼弟子列传》既不说这一个司马牛是宋人，更没有把《左传》上司马牛的事情记载上去，太史公如果看到了这类史料而不采取，可见他是把两个司马牛作不同的人看待的。第二，说《论语》的司马牛就是《左传》的司马牛者始于孔安国。孔安国又说司马牛名犁，又和《史记·仲尼弟子列传》说司马牛名耕不同。如果孔安国之言有所本，那么，原本就有两个司马牛，一个名耕，孔子弟子；一个名犁，桓魋之弟。但自孔安国以后的若干人却误把名犁的也当作孔子学生了。

究竟司马耕和桓魋是不是兄弟，这只能让学者们继续探讨下去。但孔子的弟子中的确有位司马牛，《论语·颜渊》中有两段他向孔子请教问题的记载，其第一段为：

司马牛问仁。子曰："仁者，其言也讱。"曰："其言也讱，斯谓之仁已乎？"子曰："为之难，言之得无讱乎？"

司马耕向孔子请教仁的问题，老师告诉他，仁人说话要"讱"。何为"讱"？朱熹在《论语集解》中的解释是："讱，忍也，难也。仁者心存而不放，故其言若有所忍而不易发。"

按照朱熹的说法，讱就是在说话前要先忍一忍，也就是慎重之意。司马耕却反问：说话慎重就能算是仁吗？孔子说：做起来很困难，说起来能不慎重吗？《论语·颜渊》中记载司马耕问孔子的另一个问题为：

> 司马牛问君子，子曰："君子不忧不惧。"曰："不忧不惧，斯谓之君子已乎？"子曰："内省不疚，夫何忧何惧？"

司马耕问孔子怎样做才算一个君子，孔子告诉他：君子不忧愁不恐惧。而司马耕又反问孔子：不忧愁不恐惧就能叫作君子吗？孔子回答：一个人做事问心无愧，那还有什么忧愁和恐惧的呢？

从这两段可以看出，司马耕在问老师问题时，总喜欢进一步确认。老师却总是用反问的形式来启发他。虽然说《论语》中对司马耕记载内容不多，但是他仍然是孔子重要的弟子。唐开元二十七年（739），司马耕被封为向伯，到了宋大中祥符二年（1009），他又被加封为楚邱侯。

关于司马耕的去世地，如《左传》所言，他去世在了鲁国城门外，而阬氏把他葬在了邱舆。关于阬氏，杜预在《注》中说他是鲁人，其他情况不为人所知。而关于司马耕的葬地邱舆，《后汉书·郡国志三》中称："南城故属东海，有东阳城。"此句之下的注语为："襄十九年城武城，杜预曰南城县。哀十四年，司马牛葬丘舆，杜预曰县西北有舆城。"光绪《费县志》亦称："司马牛墓：按后汉'南城县'下杜预注曰：'哀公十四年司马牛葬此。'"

可见邱舆城原本归费县，1949年后，此地划归平邑县。故新版的《平邑县志》中称："《左传》载孔子弟子司马牛死后葬于邱舆，现墓葬不可确指。”

关于邱舆故城的情况，平邑县志编纂委员会办公室编纂的《平邑县概况》中介绍：“邱舆故城位于县城西南13.5公里处，在丰阳区南埠庄附近。邱舆为春秋鲁国城邑，《左传》载，孔子弟子司马牛死后葬于邱舆，现在已失墓葬所在。故城遗址呈长方形，分内外两城。外城东西长500米，南北宽350米。内城东西长400米，南北宽300米。内外城墙均由当地黄土夯筑而成。外城西南角残墙最高处约六米，内城墙仅东城墙高出外城两米。城内地面陶片很多，先后发现过白陶鬶足、红陶鬶、蛋壳陶片、残豆柄、云纹圆瓦当等。”

看来司马耕的墓应该在平邑，我决定完成曲阜寻访任务后，就去寻司马耕墓。2019年12月14日，我从曲阜乘出租车前往平邑县，一路东行100余公里到达了该县，之后继续前行，驶入了山区。沿途所见，我感觉该地大多属黄土山，在山间窄路上行驶了20余公

沿途的群山

无意间看到了邱舆故城字样

里，一路上仅遇到一辆车迎面驶过，这条路如此之清静，让我急躁的寻访之心得以安静下来。

穿过山区后驶入一片平地，远远看到一块标牌。我下车前去观看，上面写着“香山前”，并不是我要找的南埠庄。我们又前行10余公里，驶入一个小镇。此时已近中午，我提出请司机小韦吃饭，他说这几天跟我寻访也有些上瘾，还是找到目的地再解决吃饭问题。我们正商议间，看到镇上路口有个不锈钢管制作的牌坊，弧形的横梁上写着“南埠庄欢迎您”，两侧的大字分别是“将军故里”“邱舆故城”。究竟是哪位将军我不知道，但找到了邱舆故城的正确位置却让我很高兴。

沿着牌坊下的路又前行了约2公里，驶上了一座高坡，在坡顶上有一个小村庄。小韦把车停在路边，步行进村内打问。不一会儿他回到车上，开车驶入了一条窄窄的土路，然后我们便在一片田地里看到了躺在地上的“邱舆故城”牌。

将车停下后步行往前走，这片高地上种着一些小树，在树丛里还有三块碑，其中之一是山东省级文保碑，此碑的背面刻着保护范围，其竟然多达291400平方米。另外两块也是文保碑，除此之外，看不到任何古城墙。想一想那是春秋时的城墙，比秦始皇造的万里长城还要早，到如今看不到痕迹也很正常，但既然有这么大的保护范围，想来地下勘探并未进行。

这三块文保碑上都没有谈到司马耕，他的墓究竟在哪里，我还是想得知确切地点。毕竟跑了这么远的路，看不到任何痕迹还是觉得有些遗憾。于是我们上车重回村中，那几位指路人依然站在原处聊天，我跟小韦走过去问司马耕，当地人都知道这位先贤，他们说不少的人来此问过，但他们从来不知道司马耕墓究竟位于何处。既然各种文献都说他葬在了邱舆，想来他应当躺在这片故址的某个地方。

有若：貌似道似，各述其理

有若字子有，他是孔门七十二贤之一，关于他的事迹，《孟子·滕文公上》中的这段话最被后世所关注："昔者孔子没，三年之外，门人治任将归，入揖于子贡，相向而哭，皆失声，然后归。子贡反，筑室于场，独居三年，然后归。他日，子夏、子张、子游以有若似圣人，欲以所事孔子事之，强曾子。曾子曰：'不可。江汉以濯之，秋阳以暴之，皓皓乎不可尚已。'"

孔子去世后，弟子们都很哀伤。六年之后的某天，子夏、子张和子游在一起商议，他们认为应当从同学中选出一位像老师的人，以便弟子们像对待老师那样来对待他。想来他们的意思是让同学们仍然像老师在世那样有心理归属，同时也有尊奉的对象。他们三人觉得有若最像孔子，于是就提议请有若来扮演老师这个角色，此三人将这种想法讲给曾子听，曾子一口回绝。曾子觉得老师的光辉思想有如江河日月，是其他人绝对没有的。

后世关注这段话的原因，是"有若似圣人"，何为"似"，后世有不同的理解。周东娜、裴传永所撰《"有若似孔子"辨析》一文，将前人对“似”字的解释分为四类：一是“状似”；二是“貌似”；三是“言似”；四是“道似”。第一种是说有若的行为举止像老师，第二种则是说容貌像老师，第三种指的是言语的相像，第四种指的是学术思想上的相像。

关于第一种，是本自司马迁在《史记·仲尼弟子列传》中所言：

> 孔子既没，弟子思慕，有若状似孔子，弟子相与共立为师，师之如夫子时也。他日，弟子进问曰：“昔夫子当行，使弟子持雨具，已而果雨。弟子问曰：‘夫子何以知之？’夫子曰：‘诗不云乎？“月离于毕，俾滂沱矣。”昨暮月不宿毕乎？’他日，月宿毕，竟不雨。商瞿年长无子，其母为取室。孔子使之齐，瞿母请之。孔子曰：‘无忧，瞿年四十后当有五丈夫子。’已而果然。问夫子何以知此？”有若默然无以应。弟子起曰：“有子避之，此非子之座也！”

有若墓文保碑

司马迁认为有若是在长相上像孔子，所以弟子们让他来扮演老师的角色。某天有位弟子向有若提出两个问题，这两个问题都是说孔子有预知能力。一是，某天孔子出行，这一天是大晴天，孔子却让弟子们带上雨具，果然不久天就下起了雨。弟子们问老师何以知天要下雨，孔子用《诗经》上的话来回答。还有一件事则是讲商瞿年纪不小了，却没有生儿子，他母亲有些着急，某天商瞿的母亲见到了孔子，她向孔子讲述了自己的担忧，孔子却告诉她不用为此事发愁，商瞿四十岁之后会有五个儿子，后来果然如孔子所料。孔子为什么能这么肯定地预言商瞿有儿子，并且准确地说对数量呢？某弟子把这个问题抛给了有若。有若说不出所以然来，以至于弟子们对他很失望，立即把他轰下了老师的座位，因为他没资格坐在这样的位置上。

从这段话可以看出，有若只是长相上像孔子，而内在的水准则比孔子差得远。对于司马迁所言，王充在《论衡·乱龙》中写道：

> 有若似孔子，孔子死，弟子思慕，共坐有若孔子之座。弟子知有若非孔子也，犹共坐而尊事之。云雨之知，使若诸弟子之知，虽知土龙非真，然犹感动，思类而至。十四也。
>
> 有若，孔子弟子，疑其体象，则谓相似。孝武皇帝幸李夫人，夫人死，思见其形。道士以术为李夫人，夫人步入殿门，武帝望见，知其非也，然犹感动，喜乐近之。使云雨之气如武帝之心，虽知土龙非真，然犹爱好感起而来。十五也。

王充在第一段缩写了《史记》中的那段话，在下一段则评论说有若确实是在形体上像孔子，为此王充举出了一个例子，他在《论衡·讲瑞》中又进一步说：

> 有若在鲁，最似孔子。孔子死，弟子共坐有若，问以道事，有若不能对者，何也？体状似类，实性非也。今五色之鸟，一角之兽，或时似类凤皇、骐驎，其实非真，而说者欲以骨体毛色定凤皇、骐驎，误矣！是故颜渊庶几，不似孔子；有若恒庸，反类圣人。由是言之，或时真凤皇、骐驎，骨体不似，恒庸鸟兽，毛色类真，知之如何？儒者自谓见凤皇、骐驎辄而知之，则是自谓见圣人辄而知之也。

王充认为有若只是外在像孔子，在思想上却比孔子差得很远，为此举出了五色鸟和独角兽的例子，他说这两种动物虽然各自长得像凤凰和麒麟，实际上却比后者差得远。东汉赵岐在《孟子章句》中也持这种观点：

> 有若之貌似孔子。此三子者，思孔子而不可复见，故欲尊有若以作圣人，朝夕奉事之礼如事孔子，以慰思也。曾子不肯，以为圣人之洁白，如濯之江汉，暴之秋阳。秋阳，周之秋，夏之五六月，盛阳也；皓皓，白甚也，何可尚，而乃欲以有若之质于圣人之坐席乎？尊师道，故不肯也。

赵岐认为弟子们思念的是老师的思想，他们认为有若长得像孔子，也可能会有孔子的思想，没想到他却无法回答弟子们的提问，以至于让弟子们将他赶下了师座。梁朝僧顺在《释三破论》中则把有若赶下师座的人点明为曾参：

> 仲尼既卒，三千之徒，永言兴慕。以有若之貌，最似夫子，坐之讲堂之上，令其说法。门徒咨仰，与往日不殊。曾参勃然而言曰："子起，此非子之座！"

对于有若状似孔子的问题，后世有些学者认为这种说法靠不住，顾炎武在《日知录》中明确地说："(孟子)曰'有若似圣人'，《史记》乃云'有若状似孔子'，谬甚。"

清董以宁在《即墨县孔子庙塑像记》中说："若止以形而已，则似孔子者莫如阳虎，当以所事孔子者事阳虎矣，诸弟子然乎哉？"

阳虎是恶人，孔子却长得跟他很像，《孔子集语》引《琴操》中所言：

> 孔子厄者，孔子使颜渊执辔，到匡郭外。颜渊举策指匡穿垣曰："往与阳虎正从此入。"匡人闻其言，孔子貌似阳虎，告匡君曰："往者阳虎，今复来至。"乃率众围孔子，数日不解，弟子皆有饥色。孔子仰天而叹曰："君子固亦穷乎？"子路闻孔子之言悲感，悖然大怒，张目奋剑，声如钟鼓，顾谓二三子曰："使吾有此厄也！"孔子曰："由，来！今汝欲斗名，为戮我于天下。为汝悲歌而感之，汝皆和我。"由等唯唯。孔子乃引琴而歌，音曲甚哀，有暴风击拒，军士僵仆。于是匡人乃知

孔子圣人，瓦解而去。

这段话是说孔子貌似阳虎，匡国人因为痛恨阳虎，误以为周游列国来到匡国的孔子就是阳虎，于是将孔子及弟子们围了起来。后来知道搞错了，事情才得以解决。董以宁就是借这个故事来阐述他的观点，他认为众弟子们将有若以师视之，显然不是因为貌似，否则的话，弟子们为什么不去视阳虎为师呢？想来阳虎的长相更像孔子。

关于有若言似孔子的说法，则是本自《礼记·檀弓上》所载：

有子问于曾子曰："问丧于夫子乎？"曰："闻之矣：'丧欲速贫，死欲速朽。'"有子曰："是非君子之言也。"曾子曰："参也闻诸夫子也。"有子又曰："是非君子之言也。"曾子曰："参也与子游闻之。"有子曰："然。然则夫子有为言之也。"

曾子以斯言告于子游。子游曰："甚哉，有子之言似夫子也！昔者，夫子居于宋，见桓司马自为石椁，三年而不成。夫子曰：'若是其靡也，死不如速朽之愈也。'死之欲速朽，为桓司马言之也。南宫敬叔反，必载宝而朝。夫子曰：'若是其货也，丧不如速贫之愈也。'丧之欲速贫，为敬叔言之也。"

曾子以子游之言告于有子。有子曰："然！吾固曰非夫子之言也。"曾子曰："子何以知之？"有子曰："夫子制于中都：四寸之棺，五寸之椁。以斯知不欲速朽也。昔者夫子失鲁司寇，将之荆，盖先之以子夏，又申之以冉有。以斯知不欲速贫也。”

有若问曾子：你向老师请教过失去官职方面的事情吗？曾子说：听老师讲过，老师说，丢官之后很快贫穷，死后则希望赶快腐朽。有若说：这不像君子说的话。曾子说：这的确是从老师那听来的。但有若还是不相信，于是曾子说老师给他们讲这番话的时候，子游也在场。但有若依然认为即使老师说过，也肯定是另有原因。

后来曾子把这件事讲给子游听，子游感叹：有若所言很像老师啊。当年老师住在宋国时，看到桓司马给自己做石椁，三年都没完工，老师感叹，这等奢靡，还不如死了赶快腐烂掉。所以老师说的那句话是针对桓司马的行为而言。南宫敬叔失去了官职，他回朝廷时一定带上宝物去见国王，老师说与其为这样的事情去行贿，还不如丢掉官职后赶快贫穷，所以丢官并迅速贫穷是针对南宫敬叔说的。

后来曾子又把子游解释的那番话告诉了有若，有若说：对啊，我一直就不认为老师说过你转述的那句话。曾子问他是怎么知道的。有若说：老师在中都时就规定出了相应的礼法，比如棺材用板的厚度要达到四寸，外椁用板的厚度要达到五寸，这么说来，老师不希望人死后就迅速腐烂。以前老师失去鲁司寇的官职时打算前往楚国，他先派子夏去了解情形，而后又让冉有去向对方讲述自己的施政方针，从这些行为可知，老师并不希望失去官职后就迅速贫穷。

从以上的这段记载可知，有若善于体味老师的一些行为，而后从中总结出老师的想法。子游感叹有若言似夫子，而朱熹也认同这种说法，他在《孟子集注》中解释这段话时称："有若似圣人，盖其言行气象有似之者，如《檀弓》所记子游谓'有若之言似夫子'之类是也。"

钱穆也支持有若言似孔子这种说法，他在《孔子传》中称："游、夏、子张、曾子皆当少有子十岁以上。在孔门后辈弟子中，有子年齿较尊。三子者以有子似圣人，则有子平日必有言行过人，而获同门之推信。"

对于有若道似孔子，首倡此说者应是南宋李季可，他在《松窗百说》中称：

> 子游、子夏、子张，以有若似孔子，欲以孔子之道事之，此谓其道似也。《礼记·檀弓》有子之言皆与圣人合，故子游曰："甚哉有子之言似夫子也。"而诸家解孟子，直以谓貌似，此虽今世凡下之士，亦不至是，而谓游、夏、子张如此之陋。

李季可认为有若的思想与老师相似，这才是众弟子把他看作老师的原因所在。而崔述在《洙泗考信余录》中也持这种观点："余按诸弟子所以尊孔子者，以其道大德崇，非以其能知雨不雨也；所以事有若者，以其言行学问几于圣人，非以其能知雨不雨为似圣人也。乌有因其不知雨不雨，遂黜有若者哉？"

如果这种说法不错的话，那么曾子为什么反对另外三位同学让有若扮老师的提议呢？杨义在《〈论语〉早期三次编纂之秘密的发明》中对此进行了分析，他首先注意到了子游为什么推举有若："子游推举有若，还在于他与有若关系密切，了解甚深。《礼记·檀弓下》的记载：'有若之丧，悼公吊焉，子游摈，由左。'又载：'有子与子游立，见孺子慕者，有子谓子游曰'云云，可见子游与有若交往频繁，而且七十子同门中唯有子游为有若的丧礼当傧相。而且鲁悼公也来吊丧，反证出有若曾经主持儒门，才有如此哀荣。"

而后杨义在文中讲到了《论语》一书称呼孔子弟子的方式。因为《论语》中将有若称为有子，另外曾参也被称为曾子，故杨义推断："鲁哀公十八年，有若被推举出来主事儒门事务。"（杨义《论语还原》）

对于《论语》一书只将有若和曾参称为"子"的问题，林安梧在《儒家道德哲学的两个向度：以〈论语〉中"曾子"与"有子"为对比的展开》一文中说："依笔者之考察，孔子殁后，众弟子大体有两大派别，一是'有子派'，另一是'曾子派'，这两派争持不下，后来孔子之徒就散而为八，但仍然是以此两派弟子为核心编纂了《论语》。《论语》一书唯有子、曾子二人称子即可见此状。"

既然有若在孔子弟子中有如此重要的地位，司马迁在《史记》中的那段话显然有些问题，比如洪迈在《容斋随笔》中转引了《史记》那段话后评价说：

> 予谓此两事殆近于星历卜祝之学，何足以为圣人，而谓孔子言之乎？有若不能知，何所加损，而弟子遽以是斥退之乎？

《孟子》称“子夏、子张、子游，以若似圣人，欲以所事孔子事之，曾子不可”，但言“江、汉秋阳不可尚”而已。未尝深诋也。《论语》记诸善言，以有子之言为第二章，在曾子之前；使有避坐之事，弟子肯如是哉？《檀弓》载有子闻曾子“丧欲速贫，死欲速朽”两语，以为“非君子之言”，又以为“夫子有为言之”。子游曰：“甚哉！有子之言似夫子也。”则其为门弟子所敬久矣。太史公之书，于是为失矣。且门人所传者道也，岂应以状貌之似而师之邪？世所图《七十二贤画像》，其画有若遂与孔子略等，此又可笑也。

既然如此，那为什么司马迁还要那样写呢？蒋伯潜在《诸子通考》中认为：“此皆齐东野人之语，为陋儒所艳称传说者耳。”杨义在《论语还原》中则说：“《史记》记录有若不如孔子之上知天文、下测人事，当是战国中后期，即孟子以后儒门神化祖师的传闻。”周海春在《有若及其致思路向》中则认为：“这则材料的真伪其实并不是绝对重要的。重要的是其中反映了孔子后学发展的某种传统，即关注孔子‘先知先觉’的一面。”

看来有若在孔子弟子中的地位确实有特殊之处。顾炎武在《日知录》中称：“愚按《论语》首篇即录有子之言者三，而与曾子并称曰子，门人实欲以二子接孔子之传者。传记言：孔子之卒，哀公诔之；有若之丧，悼公吊焉。其为鲁为所重，又可知矣。”

《论语》中对有若的记载不多，合计有四条。虽然条数少，位置却很重要，比如《论语》第一章第二条即有若之问：

> 其为人也孝弟，而好犯上者，鲜矣；不好犯上，而好作乱者，未之有也。君子务本，本立而道生。孝弟也者，其为仁之本与！

对于这段话，钱穆在《论语新解》中解释说：“作乱：乱，谓逆理反常之事。务本：务，专力也。本，犹根也。”有若所问很重要，孔子以此解释了“仁者爱人”的思想。

《论语·学而》记录了有若第二个观点：

> 有子曰：“礼之用，和为贵。先王之道，斯为美，小大由之。有所不行，知和而和，不以礼节之，亦不可行也。”

有若认为礼的应用最重要的是恰到好处，对此，朱熹在《论语集注》中解释：“礼者，天理之节文，人事之仪则也。和者，从容不迫之意。严而泰，和而节，此理之自然、礼之全体也。毫厘有差，则失其中正。”

朱子认为礼虽然很重要，但必须要适度、恰当。钱穆在《论语新解》中也有相似解释：“礼主敬，若在人群间加以种种分别。实则礼贵和，乃在人群间与以种种调融。斯为美：斯指礼，亦指和。先王之道，以礼为美。和在礼中，亦即以和为美。”

但是有若对于礼的应用也同样讲究变通，比如《礼记·檀弓下》中载：“有子与子游立，见孺子慕者，有子谓子游曰：‘予壹不知夫丧之踊也，予欲去之久矣。情在于斯，其是也夫？’”

“慕”是指小孩失去父母后的痛哭之声，而“踊”则是要求孩子在哭父母之丧时要双脚跳起，以此体现极度悲伤。但有若认为没必要给出这样的规定，由此可见，他在礼制上有变通思想。而有若的人本思想则记载于《论语·颜渊》：

> 哀公问于有若曰：“年饥，用不足，如之何？”有若对曰：“盍彻乎？”曰：“二，吾犹不足，如之何其彻也？”对曰：“百姓足，君孰与不足？百姓不足，君孰与足？”

“彻”是当时的税法制度，就是按百分之十来征税，鲁哀公问有若：现在赶上了饥荒年，朝廷费用不足，将如何解决？有若给出的建议就是按最低的百分之十来征税。鲁哀公说：现在施行的百分之二十税收还不足，那百分之十不就更不够了吗？于是有若说出了被后世广泛引用的名言：百姓富裕了，国君才能富裕；如果百姓都很贫穷，国君怎么可能富裕呢？这就是后世所说的民富则国强，以民为本的思想。

从以上这些记载来看，有若在《论语》中虽然仅出现了四次，他的位置却很重要，故祝捷在《情在于斯，其是也夫——孔门重情派有若思想研究》一文中说：“有若主持孔门事务，现存《论语》中有若的言论虽然比曾子、子游、子夏等弟子少很多，但他有自己的独特性。《论语》中除孔子外称‘子’的人只有有子、曾子，只有弟子对老师才称‘子’，所以可以推断曾子和有子其二人的弟子曾经参与《论语》的编撰。”

关于有若的姓名，蒋伯潜在《诸子通考》中首先称：“有子氏有名若，似无疑问。《路史》谓有氏为有巢氏之后。但有巢氏实上古巢处树上，或发明房屋时代之拟人化，非上古实有此帝王也。即退一步，承认上古真有此有巢氏、则亦当如有熊氏、有娀氏、有扈氏、有苏氏，或有虞、有夏、有殷、有周之类，‘有’字但为发语词耳。”

这段话只是说有若名若，但他姓不姓有，前人对此有争论。蒋伯潜在《诸子通考》中又说：“《家语·弟子解》曰：‘有若，鲁人，字子有。’则名若而字有者也。按《说文》：‘若，择菜也。’‘有’字从又持肉，又即右手。是‘若’为择取之义，‘有’为持有之义，二义相近，故名若而字有；与冉求之名求字有，正复相类。字有名若而称有若者，字名连称，字居名上，犹孔子之父名纥字叔梁而称叔梁纥也。字有而称有子者，犹《左传》哀公十一年称冉有为有子，《孟子·离娄》篇称匡章为章子也。”

对于有若是哪国人，后世也有不同说法，大多数资料说他是鲁国人，但何晏在《论语集解》中引郑玄所言，则称有若是郑国人。对于有若跟孔子的年龄差距，也有不同的说法。司马迁认为有若比孔子小43岁，但也有人考证说，应当是33岁，另外还有小孔子36岁和13岁两种说法。虽然记载上有这么多不确定之处，但不影响有若在孔门中的重要地位。

我从网上查得有若墓位于山东省曲阜城南南泉村东南500米处。2019年12月13日，我乘出租车前往此处寻找有若墓，虽然从网上查得该墓仅剩一块文保碑，但毕竟还有痕迹在。我下载了网上的照片，有若墓处在一片杨树林内，而树林的前方则有一排新盖起的楼房，我将截图出示给司机小韦看，他看到后把我带到了一片杨树林内，果然在那里看到了那排楼房。我在树林里转来转去，却完全看不到有若墓在哪里。

此时有一个开三轮车的人从路边驶过，小韦立即上前将其拦下。他向对方打听有若墓，而此人不知有若是谁，于是我立即将手机截图给他看。此人看后很快说了一番话，他说的方言我却没能听懂。小韦立即让我上车，因为他从中听到了有若墓的具体方位。

我们原路退出，走到了那排楼房的正前方，这一带也有一片杨树林。在此下车，我跟小韦分别向两个方向行进，在这片树林中也能隐隐地看到突起状，但完全看不到墓碑，故无法确认有若墓在哪

楼房前方的杨树林

里。五分钟后，小韦打来了电话，他说找到了地方，于是我立即向他所在的方向走过去。

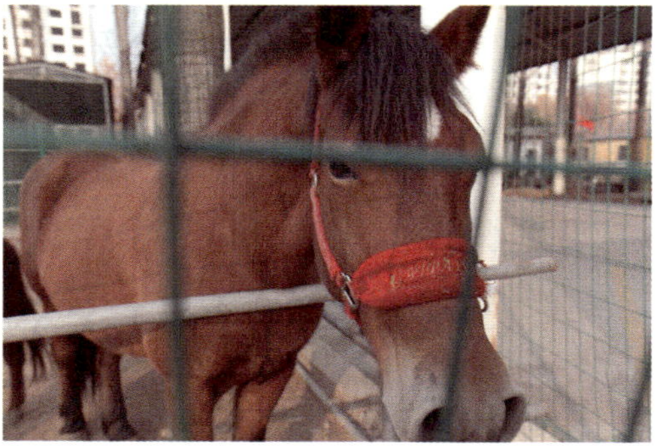

过来打招呼的马

此处像是一个乡办工厂，因其有独立的院落，四周并没有其他的建筑。院落的前方有一个大棚，感觉像是已经被清理过的车间，而大棚的侧旁还有两个小的金属棚，里面养着一些公鸡和一只孔雀。我隔着铁网向里面张望，里面打扫得很干净，说明这肯定不是养殖场，但同样也不像动物园。另外后方的空地上还养着两匹马，真是神奇！可惜我找不到人问问这里是怎么回事，那两匹马很友善，它们走过来向我打招呼。我向四周探望一番，找不到可以喂食的草料，只有郑重地向它们表示了歉意。

就在这个大棚的前方，我找到了有若墓文保碑。文保碑的周围只有一片荒草，另外还有一辆烧毁后的破车残骸。我用脚把落叶划拉开，看到下方有一个较大的石块，我猜测这应当是有若墓上的旧物，然而小韦比我认真。他说网上的图片显示，这个文保碑背对那排楼房，今其位置却转了180度，看来是不久前被挪动过。那么有若墓的真实位置在哪里？我找不到确认人。

按照《曲阜市志》所载："有若墓位于曲阜城东南4公里、南泉村东南500米处。林地面积东西46米，南北47米。有子墓居中偏北处，原封土径5米，高4米，周围用砖砌成八角形，墓前立有‘先贤有子之墓’碑。墓及碑在‘文化大革命’中被毁。1986年公布为曲阜市文物保护单位。”

看来有若墓早已被毁了几十年，今日能有这样一个文保碑立在这里，已然是幸运之事。有若在孔子弟子中有着这等重要的地位，真希望相关部门不只是在这里放一块文保碑，如果能将有若墓恢复起来，定然成为一处孔门的重要遗迹。

原宪：清贫自守，狷者不为

原宪字子思，是孔门七十二贤之一，关于他的事迹，《论语》中有两条记载，《雍也》篇称："原思为之宰，与之粟九百，辞。子曰：'毋！以与尔邻里乡党乎！'"

孔子做鲁司寇的时候，原宪做过老师的家臣，孔子要给他九百户小米的俸禄，原宪推辞不要。孔子劝他不要推辞，如果觉得家中不需要这些粮食，可以分给家乡的邻里。有人据这条记载来论证原宪家并不贫穷。

《论语·宪问》中所载的一条可以分为前后两问，前一问为："宪问耻，子曰：'邦有道，谷；邦无道，谷，耻也。'"原宪向老师请教可耻包括哪些行为，孔子说：国家有道出外为官，拿俸禄没有问题；如果国家无道，仍然做官拿俸禄就是可耻。

《论语·宪问》中后一问为："克、伐、怨、欲不行焉，可以为仁矣？子曰：'可以为难矣，仁则吾不知也。'"原宪问：如果一个人没有好胜、自夸、怨恨和贪欲这四种毛病，算不算做到了仁呢？孔子说：如果真能做到这四点，已经是难能可贵了，至于算不算达到了仁的境界，这不好说。

原宪的这一问，想来是他本人的自我修养要求，他很希望在老师那里得到首肯，看来老师对他的要求更高，希望他能在此基础上进入更高的境界。从这一点可了解到，原宪的关注点是内在修养的提高，他并没有提到以己及人。就这点而言，他与颜回有相似之处。

《孔子家语·七十二弟子解》中载："原宪，宋人，字子思。少孔子三十六岁，清净守节，贫而乐道。孔子为鲁司寇，原宪尝为孔子宰。孔子卒后，原宪退隐，居于卫。"

此处明确地表明原宪的性格是清净守节，虽然家里颇为贫穷，他却能像颜回那样不改其乐。孔子去世后，他像隐士一样隐居在卫国。故王春在其博士论文《孔门弟子思想分化研究》中称："在颜回、曾参那里，已经表现出内圣有余、外王不足的缺陷。如颜回之隐于陌巷，不事王侯而自乐；曾子之戒惧自省，谨于为身，便已肇其端。不过在他们那里，'天下之道'作为一种社会理想仍是不可动摇的目标，因此可谓大本未失。而在原宪那里，为学的个人意义更为突出，而天下国家的宏大命题则已经淡出了他的视野，从而在更彻底的意义上使儒学走向内凹。"

关于原宪的性格，《论语·子路》中载："子曰：'不得中行而与之，必也狂狷乎。狂者进取，狷者有所不为也。'"根据这段话，后世学者把曾点归为狂，原宪归为狷。其实狷者与狂者也有相同之处，那就是两者都有自足性。

关于原宪所追求的仁，《韩诗外传》中将仁分为四种："仁道有四，磏为下。有圣仁者，有智仁者、有德仁者，有磏仁者。”这里明确地称，四种仁中以磏仁最下，而磏是古“廉”字，之后此书中一一讲述了每种仁的定义，又对磏仁有如下详解：“廉洁直方，疾乱不治，恶邪不匡；虽居乡里，若坐涂炭；命入朝廷，如赴汤火；非其民不使，非其食弗尝；疾乱世而轻死，弗顾弟兄，以法度之，比于不详，是磏仁者也。”

韩婴认为磏仁的人只注重自己的修养，他们厌恶混乱的时代，但不去治理它，痛恨淫邪的人，但也不去匡正对方。虽然他们住在乡间，但好像坐在了泥土灰炭上，如果有人让他们入朝为官，他们觉得这样的召唤就像奔赴开水和烈火之中。他们认为没有教化过的人民绝不可驱使，不该吃的饭食也不能品尝，他们痛恨乱世也看轻生命，为此也不顾及兄弟。这些行为如果用礼法来衡量，他们所为并不好。

而后韩婴接着写道：“传曰：山锐则不高，水径则不深，仁磏则其德不厚，志与天地拟者其人不祥。是伯夷、叔齐、卞随、介子推、原宪、鲍焦、袁旌目、申徒狄之行也，其所受天命之度，适至是而亡，弗能改也，虽枯槁弗舍也。《诗》云：‘亦已焉哉！天实为之，谓之何哉？’磏仁虽下，然圣人不废者，匡民隐括，有在是中者也。”

韩婴首先引用古语说，太尖的山就不高峻，太直的水流也不能很深，因此太过廉洁的人德行也就不深厚。而后他举出了伯夷、叔齐、原宪等人的例子，他认为上天给这些人的智慧是有限的，故这些人坚持自己的观念直到消瘦而死也不会放弃。正是这个原因，韩婴认为磏仁是最下等的。既然如此，那么圣人为什么不放弃这种仁呢？韩婴说这是因为磏仁可以作为矫正人们行为的工具。

从具体实施方式来看，原宪的修行可谓苦行，《史记·仲尼弟子列传》中有如下记载：

孔子卒，原宪遂亡在草泽中。子贡相卫，而结驷连骑，排藜藿，入穷阎，过谢原宪。宪摄敝衣冠见子贡。子贡耻之，曰："夫子岂病乎？"原宪曰："吾闻之，无财者谓之贫，学道而不能行者谓之病。若宪，贫也，非病也。"子贡惭，不怿而去，终身耻其言之过也。

孔子去世后，原宪隐居于乡间，子贡到卫国做官时，特意去看望同学原宪，他带了一队人马拨开无人踩踏的草来到一个破屋子前，原宪穿着破烂的衣服出来见子贡。子贡看到同学这副模样，心下颇为不忍，他想帮助原宪，问原宪是否得病了，没想到原宪却回答道：我听说没有财产的人称为贫，学得了道理但不能去实行才叫病，而我原宪此刻是贫，绝非有病。原宪的回答显然是暗讽子贡，他讽刺子贡从孔子那里学得了那么多道理，却不能身体力行。子贡当然能听出原宪的弦外之音，这让子贡大感没面子，于是惭愧地离去了。

这个故事颇具名气，许多文献中都有记载，其所载详略不同，比如《韩诗外传》中所载则为：

原宪居鲁，环堵之室，茨以蒿莱，蓬户瓮牖，揉桑而为

> 枢，上漏下湿，匡坐而弦歌。子贡乘肥马，衣轻裘，中绀而表素，轩车不容巷，而往见之。原宪楮冠黎杖而应门，正冠则缨绝，振襟则肘见，纳履则踵决。子贡曰："嘻！先生何病也？"原宪仰而应之曰："宪闻之，无财之谓贫，学而不能行之谓病。宪贫也，非病也。若夫希世而行，比周而友，学以为人，教以为己，仁义之匿，车马之饰，衣裘之丽，宪不忍为之也。"子贡逡巡，面有惭色，不辞而去。原宪乃徐步曳杖，歌《商颂》而反，声满于天地，如出金石。天子不得而臣也，诸侯不得而友也。故养身者忘家，养志者忘身，身且不爱，孰能忝之。《诗》曰："我心匪石，不可转也；我心匪席，不可卷也。"

这段话说原宪居住在鲁国而非卫国，他所居之屋十分破烂，此房面积很小，并且用茅草来作屋顶，门也是用蓬草编织而成的，还用破瓮来作窗洞，用桑条来作门轴。下雨的时候，屋顶漏雨，地上也变得很潮湿。然而原宪一点都不以之为苦，他依然端坐在那里鼓琴唱歌。

子贡听说后，特意去看原宪，因为子贡很有钱，所以他驾着高头大马，穿着轻暖的衣衫，他的豪华马车太宽大，以至于原宪家所在的小巷都容不下。原宪戴着桦树皮做的帽子拄着拐杖给他开门，因为原宪的衣服太过破旧，他想正一正衣襟，胳膊肘就露出来了，他刚想穿鞋，而脚后跟又撑出了洞。

子贡见到这种情况大感同情，问原宪得了什么病，于是就有了原宪那几句著名的回答之语。但他所答之话，韩婴所记的要比司马迁所记多几句，这几句话是原宪教训子贡的，其意思是说学问才是最重要的，这些锦衣豪车我没有什么兴趣，子贡闻言面露惭愧之色而离去。原宪则拄着拐杖在那里高歌，他边往回走边唱《商颂》。韩婴形容原宪的声音如同金石碰撞一般响亮。韩婴夸赞原宪，天子也不能让原宪成为他的臣子，诸侯也没有办法强迫原宪做朋友，因此修身的人能够忘掉家累，养志的人能忘掉自身，如果一个人连自身都不爱，那么谁还能妨碍他呢？而后韩婴引用了《诗经》上的话，其意为我心不是石头，不可以转动；我心不是席子，也不能卷起来。

如何来评价原宪和子贡的这种处世之道呢?《列子》中载："杨朱曰：'原宪窭于鲁，子贡殖于卫。原宪之窭损生，子贡之殖累身。然则窭亦不可，殖亦不可，其可焉在？'曰：'可在乐生，可在逸身。故善乐生者不窭，善逸身者不殖。'"

杨朱说原宪在鲁国生活十分贫穷，子贡在卫国经商却发了大财。杨朱认为这两种生活状态都有问题，因为贫穷会损害自己的身体，经商也同样能令人精疲力竭。有人问杨朱，贫穷不好，发财也有问题，那应当怎样生活呢？杨朱的回答则是，要让人体会到快乐，要懂得享受生命，不能让贫困伤及身体，同时也要懂得安逸，不要为了赚钱而累垮身体。

以上这些都说明了原宪已经成为追求思想境界而看淡生活之人。虽然杨朱认为原宪的生活方式并不好，但这仅是他一家之言，而许多的文献都在夸赞原宪贫而乐道的思想。比如《潜夫论·论荣》

中称："幽、厉之贵，天子也，而又富有四海；颜、原之贱，匹庶也，而又冻馁屡空。论若必以位，则是两王是为世士，而二处为愚鄙也。论之不可必以位也，又若是焉。"

周幽王、周厉王虽贵为天子，颜回与原宪只是贫穷的百姓，两者在后世所得到的评语却完全与他们的财富相反。李康在《运命论》中也作过类似的对比："故夫达者之算也，亦各有尽矣。曰：凡人之所以奔竞于富贵，何为者哉？若夫立德必须贵乎？则幽、厉之为天子，不如仲尼之为陪臣也。必须势乎？则王莽、董贤之为三公，不如扬雄、仲舒之阒其门也。必须富乎？则齐景之千驷，不如颜回、原宪之约其身也。"

汉代时，原宪的名声甚至可以与伯夷、叔齐相并提，《后汉书·循吏列传》中称："故长陵令张楷行慕原宪，操拟夷、齐，轻贵乐贱，窜迹幽薮，高志确然，独拔群俗。"

原宪故里牌坊

2019年12月13日，我前去寻访孔门遗迹，寻访区域是曲阜的南部地区。在邹城市地界的前行之路上，我无意间看到路的东侧有一个牌坊，直觉告诉我这里颇为重要。于是我请司机停车，原路掉头往回走。走近牌坊，看到上面刻着“原宪故里”字样。

见此，我颇感意外，因为按照原本的寻访计划，我明日将前往曲阜东侧几个县去探访，其中就有平邑县。我本想去那里探看原宪故里，没承想在这里又偶遇一处。我正疑惑于这是不是同名者，就看到石牌坊的立柱上所挂对联刻着“道续孔孟承前启后，地联鲁郡继往开来”，显然这是在说孔子的弟子原宪。

牌坊的右侧还有一个小石亭，亭内立碑一块，上刻“大儒侠原宪碑记”。碑记中谈到了“原宪字子思，或曰原思”，看来这正是我要找的孔门遗迹。碑记中又写道：“至于原宪墓地，《府志》《县志》早□□□□居地不明，据土人之传，长者袭说，加之《镇史》《村史》之记载，原宪殆居于鲁之南鄙，邹之北场。众议即今中心店镇原村一带为其居址。此地民风淳朴、物产丰富、文缘崇尚、仕政清明，犹见原子之风耳……”

此刻石落款为“邹城市中心店镇人民政府”，落款时间为2006年。看来这里确实与原宪有关，只是牌坊及立柱下的两个石狮子刻得颇为粗糙，牌坊的对面是一条长长的高架路，司机告诉我，这是城际铁路。路边的指示牌上写明由此前行0.5公里就是大元村，并且村内还有原宪小学。

上车沿牌坊之路向东行，路牌上显示该路叫青年路，道路很平整，没有两分钟就开到了村边。此处有一个小广场，广场侧旁的小

乐道亭

亭建造得比那个碑亭漂亮许多，上悬匾额“乐道亭”，想来这也是夸赞原宪用语。亭柱上的对联为“蓬户荆篱人乐道，桑枢翁牖志不移”，广场后方有一排平房，上写“大元党群服务中心”。

停车于此，我向坐在门口晒太阳的两人请教原宪墓在哪里。他们告诉我，原宪墓早已没有了痕迹，其位置就在青年路口立碑亭之处。我向他们请教村内还有没有与原宪有关的遗迹，对方告诉我已经没有了。但他旁边的一位大爷想了想，告诉我，他身旁的这个房间内摆放着一些与原宪有关的介绍。我抬头一看，此屋挂着“蓬室”的匾额，想来这也是形容原宪那间漏雨的破屋子。老人称这里锁着门，要入内看必须到村委会去拿钥匙，他又接着说村委成员在走访。另一位老人建议我先去拍摄水渠对面的原宪雕像。

我还是想到村内一探究竟。从介绍牌中得知，本村是中心店镇大元村，想来这个“元”字应当通“原”。从沿街的院门看，大元村人的生活颇为殷实，看来他们没有再坚守原宪住在破房子内的生活状态。

我转身走到水渠对岸，登上一座小桥，站在桥上向两边张望。这个水渠进行过相应的整治，只是我来的季节不对，如今望上去，渠内只是漂着一些枯草。跨桥而过走到对岸，左转前行不足20米，有一个瓷砖铺地的圆形小广场，广场占地约40平方米，正中的位置立有一尊雕像。基座上刻着“原宪”二字，此外未见介绍文字。

端详原宪像，他昂首挺胸，背着一把宝剑，身体魁梧，脸颊丰满，没有破衣烂衫、吃不饱饭的样子。拍照完毕后，我们驱车继续东行，前行300余米，找到了大元村村委会。我在院中看到一座仿古小亭，于亭内探看一番，未找到与原宪有关的介绍文字。此时从一个办公室走出来三个人，我立即迎上去，告诉他们我是来寻找原宪遗迹。其中一人反问我的身份，我赶紧自报家门，他的态度缓和了下来，同时告诉我，村中已经找不到原宪遗迹。我问他党群服务中心的蓬室钥匙是否在这里，他说那里真的没有什么东西，只是一些介绍展板。

原宪像

说话间，此人把我请入他的办公室。之后他找出一本书来，此书介绍了大元村的历史，同时谈到该村与原宪的关系。上面写着："104国道从村西通过。村南有白马河流过。其村附近有孔子弟子原宪墓。"该书的另一个段落则称："宋初，梁、马二姓来此定居于孔子弟子原宪墓旁。原宪一生穷困不堪，但学识渊博。为铭记他蹇涩困顿的一生，故取村名原蹇村。"之后此书则谈到了本村在光绪年间改名为大原家，又演绎为大元。

此处原为阎王庙

能找到该村村名的出处令我大感兴奋，我问此人是不是村支书，他说是本村负责人，未曾提及具体的职务和姓名。我又问他本村是否还有原姓，他说已经没有。我又向他请教村委会中的那个小亭是否与原宪有关。他听到我的问话后笑了起来，他说村委会原本是一座阎王庙，那个小亭子是阎王庙里的建筑。阎王庙在几十年前已经被拆毁了，他们在旧址上盖起了村委会。

转天乘车一路东行，我寻找的原宪故里在平邑县仲村镇南屯村。行驶到南屯村街口时，我看到一块近3米高的观赏石，上刻"原宪屯"三个大字，落款却是"红军书"，这种署款方式容易引起歧义，好在落款的下方还摹刻了印章，细细辨之，原来红军先生姓刘。

观赏石的后面刊刻着“原宪屯简介”，简介的第一句话是“原宪屯，先贤原子所生地也”。刻石的背面虽然略为平整，字迹却模糊不清，即使放大照片，也难将原文照录下来。

刻石旁边有条进村之路，前行10余米，有一座小小的石拱桥，桥头边上还有一座小土地庙，该庙虽然也用琉璃瓦覆顶，但其高度仅半人多高。我隔着香炉向内探望，里面摆放着两尊瓷像，想来这是土地公、土地婆。土地庙的两侧各竖着一块碑，其中一块的碑额为“原子故里”。其碑名为“先贤原子祠堂碑记”，此碑的落款为民国二十二年。此碑高约1米，但感觉上端有被打断的痕迹，其相对的一面则是一块圆头碑，题款为“重修土地庙记”，落款时间为1995年。

进入村中，沿着几条主街走了一圈，我未曾看到与原子有关遗迹，于是来到了村委会，在这里正好遇到村支书送两位客人出来。我向他请教原宪遗迹，他告诉我的还是土地庙前的那块碑。而后我向他提起在邹城市大元村看到的另一处原宪故里，村支书立即说，本村才是真的，因为几百年前的文献都有记载。我又向他讲述了大元村有雕像和牌坊之事，本村却没有相应的标志，村支书又说村口的那块观赏石不算标志吗？我以调侃的口吻跟他讲，那块标志比大元村的差点意思。村支书立即告诉我，本村与相关部门已经制定了规划，将建造面积很大的原宪园，大概一年后建成，等建造完毕后再请我来观看。

子贡：能言善辩，崇师经商

明绘本端木赐像，台北故宫博物院藏

子贡复姓端木，司马迁在《史记》中写作端沐，名赐，字子贡，有的文献也写作子赣。《世本·氏姓》篇中载：“孔子弟子有端木赐，字子贡，卫人。”而后又称：“沐氏，端木赐之后，避难改为沐。”

关于子贡拜孔子为师之前的身份，《尸子·劝学》中有如下一段话：“学不倦，所以治已也；教不厌，所以治人也。夫茧舍而不治则腐蠹，使红女缫之为美锦，大君朝而服之。身者，茧也。舍而不治，则知行腐蠹；使贤者教之以为世士，则天下诸侯莫敢不敬。是故子路卞之野人，子贡卫之贾人，颜涿聚盗也，颛孙师驵也，孔子教之，皆为显士。”

子贡原本以经商为业，在孔子的教导下，子贡成为孔门最著名的弟子之一。《论语·子罕》中称：“子罕言利与命与仁。”虽然孔子对经商之事不感兴趣，但他并没有阻止子贡从事商业活动，后来子贡用积攒下的财富资助孔子及其同门弟子周游列国，故其对儒学的传播作出过重要贡献。不仅如此，子贡的口才还极好，司马迁在《史记·仲尼弟子列传》中称：“端沐赐，卫人，字子贡。少孔子三十一岁。子贡利口巧辞，孔子常黜其辩。”

子贡的口才有时都能超过老师，可见其能言善辩到何等程度。子贡利用自己擅长交际的才能，还鼓励许多人拜孔子为师，以至于孔子感慨：“自吾得赐也，远方之士日至。”

孔子颇为喜爱子贡，也许是这个原因。杨朝明在《上海博物馆竹书〈鲁邦大旱〉管见》一文中写道：“从有关的记载看，孔子能够与子贡讨论各种各样的问题，也对任何事情、对任何人进行评论。在众弟子中，子贡与孔子有一种特殊的感情，子贡格外佩服和崇敬孔子，他对孔子的称赞简直无以复加……种种材料显示，孔子晚年在鲁国的数年中，他与子贡是经常接触的。”

其实子贡最初对孔子的思想了解不多，他甚至觉得在有些方面能够超过老师，王充在《论衡》中说：

> 夫不能知圣，则不能知凤皇与骐䮼。世人名凤皇、骐䮼，何用自谓能之乎？夫上世之名凤皇、骐䮼，闻其鸟兽之奇者耳。毛角有奇，又不妄翔苟游，与鸟兽争饱，则谓之凤皇、骐䮼矣。世人之知圣，亦犹此也。闻圣人人之奇者，身有奇

骨，知能博达，则谓之圣矣。及其知之，非卒见暂闻而辄名之为圣也。与之偃伏，从文受学，然后知之。何以明之？子贡事孔子一年，自谓过孔子；二年，自谓与孔子同；三年，自知不及孔子。当一年、二年之时，未知孔子圣也，三年之后，然乃知之。以子贡知孔子，三年乃定。世儒无子贡之才，其见圣人不从之学，任仓卒之视，无三年之接，自谓知圣，误矣！

看来真正的圣人并不容易被一般人辨识出来。其实子贡拜孔子为师时，并不了解孔子思想是何等伟大，即使他拜师一年之后，还觉得自己的智慧在老师之上，然到了第二年，他渐渐感觉老师的水准不输于自己，到第三年他才明白自己比老师差得远。为此，王充在文中感慨，以子贡的聪明程度都需要三年的时间才能体会出老师的伟大，但现在的人根本无暇三年侍师，以至于他们认为自己是圣人，这是何等的不自知。

子贡聪明过人之处就在于他了解到老师的伟大后，就到处宣讲孔子的思想，同时极力夸赞老师之伟大。《论语·子张》中有三个段落记载了子贡对老师的推崇：

叔孙武叔语大夫于朝曰：“子贡贤于仲尼。”子服景伯以告子贡，子贡曰：“譬之宫墙，赐之墙也及肩，窥见室家之好；夫子之墙数仞，不得其门而入，不见宗庙之美、百官之富。得其门者或寡矣，夫子之云不亦宜乎！”

叔孙武叔毁仲尼，子贡曰：“无以为也，仲尼不可毁也。

他人之贤者，丘陵也，犹可逾也；仲尼，日月也，无得而逾焉。人虽欲自绝，其何伤于日月乎？多见其不知量也。”

陈子禽谓子贡曰：“子为恭也，仲尼岂贤于子乎？”子贡曰：“君子一言以为知，一言以为不知，言不可不慎也。夫子之不可及也，犹天之不可阶而升也。夫子之得邦家者，所谓立之斯立，道之斯行，绥之斯来，动之斯和。其生也荣，其死也哀，如之何其可及也？”

正是因为子贡的能言善辩，有传言子贡比老师还厉害。有人把这句话转述给子贡，子贡却说自己的那点学问完全无法与老师相比。当有人诋毁孔子时，子贡同样站出来予以驳斥，他说孔子就像日月那样永远高悬空中，是别人所诋毁不了的。而子贡对老师的博学也极其敬佩，他认为老师说的每一句话都能一语中的，这正是他人完全比不了的。子贡处处推崇老师，《韩诗外传》有如下一段对话：

齐景公谓子贡曰：“先生何师？”对曰：“鲁仲尼。”曰：“仲尼贤乎？”曰：“圣人也，岂直贤哉！”景公嘻而笑，曰：“其圣何如？”子贡曰：“不知也。”景公勃然作色。曰：“始言圣人，今言不知，何也？”子贡曰：“臣终身戴天，不知天之高也；终身践地，不知地之厚也。若臣之事仲尼，譬犹渴操壶杓，就江海而饮之，腹满而去，又安知江海之深乎？”景公曰：“先生之誉，得无太甚乎？”子贡曰：“臣赐何敢直言，尚虑不及耳。臣誉仲尼，譬犹两手捧土而附泰山，其无益亦明矣。使臣不誉仲尼，譬犹两手把泰山，无损亦明矣。”景公曰：“善，岂其然？岂其然？”

当齐景公知道子贡的老师是孔子时，他问子贡老师为人如何，子贡直言是圣人。齐景公又问子贡，孔子是怎样的圣人，子贡却说他不知道。这个回答令齐景公有些生气，问：既然夸赞老师是圣人为何又说不了解呢？子贡回答：老师太伟大了，而自己从老师那里仅学得了一点皮毛，这就如到江海边饮水，喝足了而离去，喝这点水怎么可能了解到江海之深呢？齐景公认为子贡对老师夸得有些过，而子贡则断然否定这一点，他说自己的夸赞就如同用两手捧着土撒在泰山上，对于泰山之高起不到一丝一毫的作用。孔子有这样好的弟子，怎能不令齐景公为之感叹？

孔子去世后，子贡继续维护老师的声誉，司马迁在《史记·孔子世家》中写道：

哀公诔之曰：“旻天不吊，不慭遗一老，俾屏余一人以在位，茕茕余在疚。呜呼哀哉！尼父，毋自律！”子贡曰：“君其不没于鲁乎！夫子之言曰：‘礼失则昏，名失则愆。失志为昏，失所为愆。’生不能用，死而诔之，非礼也。称‘余一人’，非名也。”

鲁哀公闻听孔子去世了，他特地撰写了诔文，子贡读后认为这篇诔文写得不到位，他批评鲁哀公在诔文中自称“余一人”，这

子贡墓

种称呼方式不合名分。其实子贡只是借此表达他对鲁哀公的不满，其原因是鲁哀公不在孔子生前重用他，而只是在死后写一篇诔文来悼念。

子贡极力维护老师的声誉，同时他也在传播孔子的思想。司马迁在《史记·货殖列传》中写道："子贡结驷连骑，束帛之币以聘享诸侯，所至，国君无不分庭与之抗礼。夫使孔子名布扬于天下者，子贡先后之也。此所谓得势而益彰者乎？"

子贡到各个诸侯国去宣传孔子思想，这使得儒家思想为人们渐渐熟知。故崔述在《洙泗考信余录》中称："子贡之推崇孔子至矣，则孔子之道所以昌明于世者，大率由于子贡。"崔述于此明言，正是因为子贡的大力宣传，儒家思想广为人知。可见子贡在孔门中有着何等重要的地位。子贡并非只是口头上对老师夸赞，他在实际行动中也比其他弟子做得更好。《史记·孔子世家》中写道：“孔子葬鲁城北泗上，弟子皆服三年。三年心丧毕，相诀而去，则哭，各复尽哀；或复留。唯子赣庐于冢上，凡六年，然后去。”

孔子去世后，弟子们皆为老师服丧三年，三年到期时相互间哭一场而离去，但只有子贡一人在孔子墓旁建起一间草庐，他又继续为老师守墓三年方离去。正是他的行为起到了示范作用，后来又有不少的弟子以及鲁国人都跟随他在孔子墓前建房守墓，渐渐这里有了上百间房，还形成了一个村落：“弟子及鲁人往从冢而家者百有余室，因命曰孔里。鲁世世相传以岁时奉祠孔子冢，而诸儒亦讲礼乡饮大射于孔子冢。孔子冢大一顷，故所居堂、弟子内，后世因庙，藏孔子衣冠琴车书，至于汉二百余年不绝。高皇帝过鲁，以太牢祠焉。诸侯卿相至，常先谒然后从政。”从这些都可看出子贡对老师是真心敬服，不仅是口头上的赞誉。

孔子认为子贡善辩并不全是优点，所以孔子在生前经常用一些办法来纠正子贡的这个问题。《史记·仲尼弟子列传》中载：“子贡利口巧辞，孔子常黜其辩。问曰：‘汝与回也孰愈？’对曰：‘赐也何敢望回！回也闻一以知十，赐也闻一以知二。’”

天下人皆知在众弟子中孔子最喜欢颜回，孔子却问子贡：你跟颜回比起来谁更优秀？子贡谦虚地回答说：我哪里比得上颜回！他从您那里听闻一点知识就能领悟到十点，我听闻一点最多能领悟两点。从这点至少看出，子贡在老师面前很谦虚。但孔子为什么要这样发问，这正是王充在《论衡》中探讨的问题，王充首先认为：“是贤颜渊，试以问子贡也。”看来老师心中早有答案，因为孔子听到子贡的回答后感叹说：“弗如也，吾与汝俱不如也。”这句话可以看出，孔子对颜渊是何等之喜爱，他认为自己跟子贡都不如颜渊之贤。但王充还是要抓住这个问题继续来探求孔子为何有此之问：

> 问曰：孔子所以教者，礼让也。子路，为国以礼，其言不让，孔子非之。使子贡实愈颜渊，孔子问之，犹曰不如，使实不及，亦曰不如，非失对欺师，礼让之言宜谦卑也。今孔子出言，欲何趣哉？使孔子知颜渊愈子贡，则不须问子贡。使孔子实不知，以问子贡，子贡谦让亦不能知。使孔子徒欲表善颜渊，称颜渊贤，门人莫及，于名多矣，何须问于子贡？子曰：“贤哉，回也！”又曰：“吾与回言终日，不违如愚。”又曰：“回也，其心三月不违仁。”三章皆直称，不以他人激。至是一章，独以子贡激之，何哉？
>
> 或曰：欲抑子贡也。当此之时，子贡之名凌颜渊之上，孔子恐子贡志骄意溢，故抑之也。夫名在颜渊之上，当时所为，非子贡求胜之也。实子贡之知何如哉？使颜渊才在己上，己自服之，不须抑也。使子贡不能自知，孔子虽言，将谓孔子徒欲抑己。由此言之，问与不问，无能抑扬。

其实这正说明了孔子对子贡之看重，他通过这样的问话，以此来提醒子贡向颜回学习，使子贡的修养更上一层楼。孔子也通过具体事例来阐述自己的思想，子贡陪伴在他的身边，了解到了更多的观念。《论衡·遭虎》写道：

孔子行鲁林中，妇人哭，甚哀，使子贡问之："何以哭之哀也？"曰："去年虎食吾夫，今年食吾子，是以哭哀也。"子贡曰："若此，何不去也？"对曰："吾善其政之不苛，吏之不暴也。"子贡还报孔子。孔子曰："弟子识诸！苛政暴吏，甚于虎也。"

这段记载正是柳宗元写《捕蛇者说》一文的中心思想，而孔子对于苛政的谴责也影响到了子贡。《韩诗外传》载有这样一个事例：

季孙之治鲁也，众杀人而必当其罪，多罚人而必当其过。子贡曰："暴哉治乎！"季孙闻之，曰："吾杀人必当其罪，罚人必当其过，先生以为暴，何也？"子贡曰："夫奚不若子产之治郑？一年而负罚之过者，二年而刑杀之罪亡，三年而库无拘人。故民归之如水就下，爱之如治孝子敬父母。子产病将死，国人皆吁嗟曰：'谁可使代子产死者乎？'及其不免死也，士大夫哭之于庙，商贾哭之于市，农夫哭之于野。哭子产者，皆如丧父母。今窃闻夫子疾之时，则国人喜，活则国人皆骇。以死相贺，以生相恐，非暴而何哉？赐闻之，托法而治谓之暴，不戒致期谓之虐，不教而诛谓之贼，以身胜人谓之责。责者失身，贼者失臣，虐者失政，暴者失民。且赐闻居上位行此四者而不亡者，未之有也。”于是，季孙稽首谢曰：“谨闻命矣。”

季孙氏掌管鲁国时，对犯死罪者该杀必杀，对于所犯之罪不足死刑者该罚必罚，子贡却说他的做法太过残暴。子贡所言令季孙氏不满意，他问子贡为什么要这样来谴责自己。子贡举出了子产治理郑国的方式：子产用三年时间来治郑，第一年他减轻处罚，第二年不再有死罪，第三年监狱中没有了犯人。子产的做法受到了郑国人的爱戴，他去世后，郑国人如丧考妣。可见子贡推崇子产这样以礼教来治理社会的方法，而不是靠严酷的刑罚，他的这些观念显然是受孔子仁政思想的影响。

后世对子贡这种思想的研究，大多是从《论语》“子贡问政”章来着眼，《论语·颜渊》载：

子贡问政，子曰：“足食，足兵，民信之矣。”

子贡曰：“必不得已而去，于斯三者何先？”曰：“去兵。”

子贡曰：“必不得已而去，于斯二者何先？”曰：“去食。自古皆有死，民无信不立。”

如何解读孔子的第一句回答，后世产生了分歧。朱熹认为：“看来此只是因足食、足兵而后民信，本是两项事，子贡却做三项事认了。”（《朱子语类》）

朱熹认为当时子贡没有理解孔子的话，他把孔子回答的“足食，足兵，民信之”当成了三件事。朱熹在《论语或问》中进一步解释：“有是二者，则民以信事其上，而无欺诈离叛之心，所谓民信之者也。”

朱熹认为足食、足兵乃民信之的前提，然而王夫之不赞同朱熹所言，他在《四书笺解》中称：“此明是三件事，注中‘然后’二字，可以不从。”王夫之不认为民信之是足食足兵的结果，他觉得：“‘信之’之字，亦不指上而言。”那么王夫之是如何理解子贡与孔子的这番对话呢？他在《读四书大全说》中称：

> 此“信”字，是尽民之德而言，与《易》言“履信”同。民之所奉上教，而自成其道德之一，风俗之同者，至于信而止矣。孟子所谓“恒心”者是也。“信之”“之”字，固若隐然指君而言，然亦要君之所以教民者而概言之，非专指君身与其所令也。于此不审，则将“自古皆有死”一句，煞认作饿死说，而“民无信不立”，作守死不食言解，则大失圣人之旨矣。

其实本章对话中孔子所强调的“民无信不立”最为重要，而“信”乃人与人相处的基础，故在这方面孔子对子贡多有教育。《吕氏春秋·察微》中载有这样的故事：

> 鲁国之法，鲁人为人臣妾于诸侯，有能赎之者，取其金于府。子贡赎鲁人于诸侯，来而让，不取其金。孔子曰：“赐失

之矣！自今以往，鲁人不赎人矣。取其金则无损于行，不取其金，则不复赎人矣。”

子路拯溺者，其人拜之以牛，子路受之。孔子曰：“鲁人必拯溺者矣。”孔子见之以细，观化远也。

此故事说明孔子通过契约精神来培养子贡的“信”，子贡通过经商致富，也同样说明了正是因为他讲信用才能把生意做得如此之大。时至今日，子贡已被人誉为儒商之祖。他的行为正说明了儒与商的结合是何等重要。后世学者却总是将儒与商对立起来看待，而子贡是孔子最著名的弟子之一，被后世尊为十哲之一，如何来调和这两者之间的矛盾呢？

《论语·先进》载：子曰：“回也，其庶乎？屡空，赐不受命，而货殖焉，亿则屡中。”对于孔子的这段话，朱熹在《论语集注》中解释：“命，谓天命。货殖，货财生殖也。亿，意度也。言子贡不如颜子之安贫乐道，然其才识之明，亦能料事而多中也。”而该集注中又引用了程颐所言：“子贡之货殖，非若后人之丰财，但此心未忘耳。然此亦子贡少时事，至闻性与天道，则不为此矣。”

程颐认为子贡做生意是早年的事情，等他拜孔子为师，真正明白了儒家思想后就不再做生意了。但子贡若不再做生意，他如何资助孔子和同门们周游列国呢？《论衡·骨相》载：“孔子适郑，与弟子相失，孔子独立郭东门。郑人或问子贡曰：‘东门有人，其头颡似尧，其项类皋陶，其肩类子产，然自要以下，不及禹三寸，累累若丧家之狗。’子贡以实告孔子。孔子欣然笑曰：‘形状末也。而谓似丧家之狗，然哉！然哉！’”由此可见当年孔子周游列国是何等之不易。

这段记载说明了孔子在周游列国途中，有一段时间子贡也在身边，这期间，他还能做生意吗？史料未见记载。《论语·学而》中称：

> 子贡曰：“贫而无谄，富而无骄，何如？”子曰：“可也。未若贫而乐，富而好礼者也。”子贡曰：“《诗》云，‘如切如磋！如琢如磨’，其斯之谓与？”子曰：“赐也！始可与言《诗》已矣，告诸往而知来者。”

“富而无骄”正说明了子贡的观念。只是孔子希望通过循循善诱，使子贡的个人修养能够得到进一步提高。但每人的性情终究有差异，孔子的几位大弟子每人都有独特的个性，《韩诗外传》中称：

> 子路曰：“人善我，我亦善之；人不善我，我不善之。”子贡曰：“人善我，我亦善之；人不善我，我则引之进退而已耳。”颜回曰：“人善我，我亦善之；人不善我，我亦善之。”三子所持各异，问于夫子。夫子曰：“由之所持，蛮貊之言也；赐之所言，朋友之言也；回之所言，亲属之言也。”《诗》曰：“人之无良，我以为兄。”

通过孔子的评价可知，子贡最重交友之道，而这也正是他善于交际的明证。

端木坑

为增加对子贡的了解，2013年4月21日，我前往河南去寻找子贡遗迹。我从大伾山景区驶出，不到2公里即来到南街村，按资料记载，子贡的祖宅位于河南省鹤壁市浚县南街村平庄街58号。资料上说子贡祖宅的门口有个大水坑，而此坑就是以子贡的姓氏命名的，叫端木坑。以此作为标志物，我很容易地在村内找到了这个大坑，坑的面积有三四亩地大，已经干涸，里面长着一些杂草，两边倾倒着许多生活垃圾。旁边有几个人往车上装砖头，我向他们问这个坑是不是叫端木坑，几个人均点头说是，看来这个坑在本村十分有名。

坑的正对面有一个院落，门牌号为平庄街58号，此院的门口墙壁上都贴满了淡青色的瓷砖，门楣上挂着“鸿业远图”几个大字。我走进院内，在院中遇到一位妇女，我向她打听子贡故居所在。这位妇女问明了我的来意，带我走进屋内，我在屋内见到一位老先生。老者很热心地接待了我，他说自己是子贡的第七十九代孙，名端木宪堂，今年67岁。

端木宪堂展示旧照片

能遇到子贡的后人当然让我喜出望外，我向他请教子贡后人的情况，他告诉我在山东峄城和江苏南京子贡的后人最多。他同时告诉我，在其家院门口原有康熙五年所立的子贡故里碑，后来被村里人修下水道用了。1978年重新修整时挖了出来，已经碎成了四块。他又说子贡曾亲手种植着一棵楷木，后来这棵树枯死了，树干就放在了村农机公司的院内。1976年农机公司要把这棵古物烧掉，端木宪堂就把它拉了回来。近些年县档案馆又认为这是重要的物件，向他索要，说这是国家的文物。端木老人生气地跟我说："我当然不给，如果不是我几十年前拉回来，早让他们烧了，虽然是文物，但同样也是我们家物啊。这块木头特别沉，当时我找了十几个人才把它抬上车拉走。"

我问能不能看看这个古物，老人说不忙，待会儿带我去，他先让我看一张照片。说话间他从旁边拿出一个两尺见方的镜框，摆在了方桌上，这是一张旧照片的翻拍片，画面是三个长衫装束的老人站在一棵古树之前，照片上的古树枝繁叶茂。端木宪堂跟我说，这张照片照于民国初年，后面的那棵大树就是子贡手植的楷木。

端木宪堂带我走出他家院落，在他家旁边的一个小院内，我看到了那棵楷木树干和子贡故里碑。院落不大，占地一亩多，在靠墙的位置有石棉瓦支起的一个简易侧棚，里面横躺着一截枯干的老树干。老人说这就是照片上的那棵树，老人说这种树很沉，一定让我用手试试，我从一个侧角用尽力气向上搬了搬，果真纹丝不动，我感觉它比一般硬物还要沉许多。

我进院看此木时，在院外装砖的几个人也跟了进来。我在给这棵名贵的古木拍照间，猛然听到了老人的呵斥声："下来，这你也能踩！"他的话吓了我一跳，我不知自己做了什么错事或是让他生气的事。我回头一看，原来他是在训斥其中一位搬砖人，因为此人踩在了断成四截的子贡故里碑上。老人还在指着鼻子教训他，说这块碑不仅是他祖宗的东西，还是中华文化的重要瑰宝。那个人吓得赶快跳了下来。这块碑高约2.5米，宽不足1米，中间一行大字刻着"先贤子贡故里"，余外未见落款。我请老人站在子贡故里碑和楷木之间，想给他照一张相，老人欣然同意。

端木宪堂和古物合照

从院中出来，我向老人打听子贡墓所在，老人告诉我子贡墓在1956年被毁，原来很大，占地约290亩，里面种满了柏树，柏树林比孔子墓的还要大。老人边说边叹息着，他说子贡的墓没有完整保留下来，主要是子贡后人没有做大官的，说话不算数，所以才被拆毁了。我向老人说，哪怕是遗址，我也想去看一看。我问他可否辛苦给我带路，老人欣然同意了。

我请老人上车，驱车出村，前往东张庄村，此村距南街村有五六公里的路程。在东张庄村北一片望不到边的田地中，我看到了巨大的坟丘。老人指着那个坟丘说，那就是子贡墓。他告诉我，当年此处修运河，要把子贡墓全部平掉，因为他三哥找了关系，才保留下了这么一小块，否则今天就没有任何痕迹了。

我在田地的边上看到了浚县重点文物保护单位子贡墓的碑。如雷贯耳的名贤之墓为何仅仅是县级文保单位，这让我匪夷所思。这块1978年刊刻的文保碑断裂成了两截，由文保碑前往坟丘，约有300

田地中的坟丘

子贡文化广场牌坊

米的距离，其间无任何路径，我只好踩进田地中。在这之间有七八块新立的石碑，从姓氏上看均姓端木，看来这都是子贡的后人。子贡坟前有一块横式的碑刻，上面用篆书刻着“先贤端木子贡之墓”，背面刻着子贡的生平介绍，其中说道“一九五八年开挖大公河，墓碑失踪，为保护历史文物，弘扬民族文化，1995年3月修复子贡墓冢，兹立此碑”。

子贡墓丘的外形就是个大土堆，没有任何的砖石，土堆直径十余米，高三米多，上面长满了杂树，未见任何保护痕迹。

在子贡墓拍照完毕，我送端木老人回家，进入浚县县城时看到一座新立的五开间石牌坊，正中刻着“子贡文化广场”字样。石牌坊的后面是一个占地十余亩的广场，广场的正中有一个两米多高的石台，端木老人告诉我这里准备竖起子贡雕像，这个雕像很大，有八米高，现在还没有雕刻好。

子路：尚勇守信，护师理政

仲由，字子路，亦称季路，他是鲁国人。以年岁论，子路是孔门弟子中最年长的一位，他只比孔子小9岁，子路19岁时认识孔子，孔子到30岁时方办学。正是这个原因，后世有人说孔子与子路的关系属于亦师亦友。子路63岁时结缨而死，故他跟孔子交往了44年。

正因为子路与老师有这么长时间的交往，所以《论语》中记载了很多他的事迹，有人统计出子路之名在《论语》中出现了76次，涉及41章。

关于子路第一次见到孔子时的情形，司马迁在《史记·仲尼弟子列传》中写道："子路性鄙，好勇力，志伉直，冠雄鸡，佩豭豚，陵暴孔子。孔子设礼稍诱子路，子路后儒服委质，因门人请为弟子。"

那时的子路性格粗鄙，孔武有力，他戴着鸡冠帽，佩着野猪牙。子路与孔子见面时可能说话不投机，子路竟然向孔子动粗，但孔子并没嫌弃他，而是对他循循善诱，终于让他认识到自己的不足，而后成为孔门弟子。进入孔门后，孔子尽量地疏导子路的性格，《论语·先进》载：

子路问："闻斯行诸？"子曰："有父兄在，如之何其闻斯行之？"

冉有问："闻斯行诸？"子曰："闻斯行之。"

公西华曰："由也问'闻斯行诸'，子曰'有父兄在'；求也问'闻斯行诸'，子曰'闻斯行之'。赤也惑，敢问。"

子曰："求也退，故进之；由也兼人，故退之。"

子路问：听闻什么事情时就要去实行吗？孔子告其不可。冉有问同样的问题，孔子却告诉他可以。公西华听到这些对话后很疑惑，他向老师请教为什么同样的问题，回答却相反。孔子回答：冉有做事总是犹豫不决，所以我鼓励他；子路好勇过人，所以我要让他收敛一些。

但一个人的改变总要有一个过程，在以后的生活中，子路时不时地表现出率真的一面，从《论语》的记载来看，只有他敢顶撞老师。《论语·子路》中有如下一段对话：

子路曰："卫君待子而为政，子将奚先？"

子曰："必也，正名乎！"

子路曰："有是哉，子之迂也！奚其正？"

子曰："野哉由也！君子于其所不知，盖阙如也。名不正，则言不顺。言不顺，则事不成。事不成，则礼乐不兴。礼乐不兴，则刑罚不中。刑罚不中，则民无所措手足。故君子名之必可言也，言之必可行也。君子于其言，无所苟而已矣。”

子路问孔子：卫国国君如果请您去治理国家，您打算从哪里下手？孔子说首先要正名分。子路闻言很不屑地说：哪有这么做的，您的想法也太迂腐了吧！正什么名呢？子路如此顶撞老师，气得孔子训斥他太粗野了，但还是向子路解释了正名分的重要性。

除此之外，子路在不少的问题上都惹得老师不高兴。《论语·阳货》有这样一段话：

佛肸召，子欲往。子路曰：“昔者由也闻诸夫子曰：‘亲于其身为不善者，君子不入也。’佛肸以中牟畔，子之往也，如之何？”子曰：“然，有是言也。不曰坚乎，磨而不磷；不曰白乎，涅而不缁。吾岂匏瓜也哉？焉能系而不食？”

明绘本仲由像，台北故宫博物院藏

佛肸召孔子去他那里做事，孔子动心了准备前往，子路却用老师的话来阻止：以前我听您说过，君子不到坏人那里去做事，现在佛肸在中牟那里反叛，你却要去投奔他，这怎么解释？孔子承认自己说过这样的话，但他用另一个比喻来解释自己的行为。他说坚硬的东西是磨不坏的，洁白的东西也染不黑。其言外之意是即使他到了坏人那里也不会变坏，更何况一个人总要做事，不能始终做无用的摆设。《论语·阳货》中还载有这样一段事：

> 公山弗扰以费畔，召，子欲往。子路不说，曰："末之也已，何必公山氏之之也？"子曰："夫召我者，而岂徒哉？如有用我者，吾其为东周乎！"

公山弗扰也就是公山不狃，他在费邑叛乱，请孔子入伙，孔子动心了。子路听闻这件事后很不高兴，他直截了当地跟孔子说，如果真没有地方可去那也就罢了，何必要到公山弗扰那里去呢？其实孔子知道子路说得对，他只好解释：我去一趟不会无所作为的，如果真让我来治理国家，我就能使周朝的德政得以复兴。

子路跟孔子之间最让后世津津乐道的一件事就是《论语·雍也》中的这段记载："子见南子，子路不说。夫子矢之曰：'予所否者，天厌之！天厌之！'"

孔子去见了南子，子路对此很不高兴。这次孔子倒没有引经据典地来解释他见南子的重大意义，只是在那里指天画地发誓：假如我做了见不得人的事，那就让上天厌弃我吧！厌弃我吧！

《论语》上的这段记载颇为简略，司马迁在《史记·孔子世家》中的所载略微详细：

> 灵公夫人有南子者，使人谓孔子曰："四方之君子不辱欲与寡君为兄弟者，必见寡小君。寡小君愿见。"孔子辞谢，不得已而见之。夫人在绨帷中，孔子入门，北面稽首。夫人自帷中再拜，环佩玉声璆然。孔子曰："吾乡为弗见，见之礼答焉。"子路不说。孔子矢之曰："予所不者，天厌之！天厌之！"

看来是南子召见孔子，南子的理由是：你要想见我丈夫卫灵公，那你必须要先见我，更何况我也想见见你。按司马迁的说法，孔子是不得已才去见南子，南子是垂帘所见。孔子只听到了南子所戴佩饰的叮当之声，并未见到本人，但即便这样还是惹得子路不高兴，以至于急得孔子在那里发誓。

孔子见南子，子路为什么不高兴呢？这跟南子的名声不好有关系，南子本是宋国人，早年就跟宋公子有染，后来她嫁到了卫国，但仍与宋公子私通。孔子当然听过很多事情的细节，既然如此，那他为什么还要去见南子呢？虽然按照司马迁的解释，是南子召见孔子，他不得已而见之，但毕竟孔子对此事还是有些心虚，否则的话，他也用不着语无伦次地向子路发誓。

这件事其实正体现了孔子的权变思想，孔子第二次到卫国，他想再次受到重用来施展自己的抱负。孔子要达到这个目的必须要先过卫灵公夫人南子这一关，为此朱熹专门替孔子辩护，说古礼中有见寡小君之礼，所以孔子是因为尊礼才去见南子。但后世学者经过考证，发现古代并没有见寡小君之礼，以至于清赵翼在《陔余丛考》中提出这样的疑问：

《论语》惟“子见南子”一章最不可解。圣贤师弟之间，相知有素，子路岂以夫子见此淫乱之人为足以相浼而愠于心？即以此相疑，夫子亦何必设誓以自表白，类乎儿女之诅咒者？

博学如赵翼者都认为这一章不可解，可见在这个问题上替孔子回护颇不容易，但这也说明孔子为了实现自己“邦有道”的政治理想，用权变方式来暂时放弃原则。而率直的子路难以用这样的思想来理解老师的心态，所以他才会对老师的这个行为进行斥责。反过来也可看出，他与孔子的关系超乎寻常。

虽然子路对孔子有那么多的阻止与妨碍，孔子却特别喜欢他，《史记·仲尼弟子列传》中载：“孔子曰：自吾得由，恶言不闻于耳。”可见子路身强体壮，他在孔子身边起到了保镖的作用，孔子以前受人欺辱，自从子路来了后，没有人再敢向孔子说难听的话。

孔子54岁时开始周游列国，那时的子路正在做季孙氏家臣，他听闻老师的决定后立即辞职，跟随老师周游列国14年，受了不少的困苦。《荀子·宥坐》中载有这样一个故事：

孔子南适楚，厄于陈、蔡之间，七日不火食，藜羹不糁，弟子皆有饥色。子路进问之曰：“由闻之：为善者天报之以福，为不善者天报之以祸，今夫子累德积义怀美，行之日久矣，奚居之隐也？”孔子曰：“由不识，吾语女。女以知者为必用邪？王子比干不见剖心乎！女以忠者为必用邪？关龙逢不见刑乎！女以谏者为必用邪？吴子胥不磔姑苏东门外乎！夫遇不遇者，时也；贤不肖者，材也；君子博学深谋，不遇时者多矣！由是观之，不遇世者众矣，何独丘也哉！且夫芷兰生于深林，非以无人而不芳。君子之学，非为通也，为穷而不困，忧而意不衰也，知祸福终始而心不惑也。夫贤不肖者，材也；为不为者，人也；遇不遇者，时也；死生者，命也。今有其人，不遇其时，虽贤，其能行乎？苟遇其时，何难之有！故君子博学深谋，修身端行，以俟其时。”

孔子与弟子被人围在陈、蔡之间，七天吃不着一口热饭，众弟子饿得面有饥色，子路说，君子自有天佑，我们为什么遇到这样的困境？于是孔子引经据典地讲出了一大堆的道理，这件事说明子路能跟老师同甘共苦，同时也能直率地提出他心中的疑惑。《墨子·非儒下》却有另一种描绘：

孔某穷于蔡、陈之间，藜羹不糁。十日，子路为享豚，孔某不问肉之所由来而食；号人衣以酤酒，孔某不问酒之所由来而饮。哀公迎孔子，席不端弗坐，割不正弗食。子路进，请曰：“何其与陈、蔡反也？”孔某曰：“来，吾语女：曩与女为苟生，今与女为苟义。”夫饥约，则不辞妄取以活身；嬴饱，则伪行以自饰。污邪诈伪，孰大于此？

子路墓墓丘

如果墨子所言不错的话，孔子与弟子在陈、蔡间被围的第十天，子路弄来了一只小猪蒸了之后给孔子吃，后来还剥了别人的衣服去买酒喝。孔子没有问酒肉的来源就都享用了。后来鲁哀公在迎接孔子的宴会上，因为席摆得不正，孔子不坐，肉切得不正，孔子也不吃。当时子路问孔子：为什么现在的表现与陈、蔡绝粮时完全相反呢？孔子说：当时是为了求生，现在是来取义。对于孔子所为，墨子站在墨家的立场上予以了斥责。如果墨子所讲确有其事的话，这足以说明子路有特殊的本领，同时也说明他对老师的恭敬，只是他始终没有学得老师的权变思想。

正因为子路的直率，他有时也跟同门争宠，《论语·述而》中载：

子谓颜渊曰："用之则行，舍之则藏，惟我与尔有是夫。"

子路曰："子行三军，则谁与？"子曰："暴虎冯河，死而无悔者，吾不与也。必也临事而惧，好谋而成者也。"

孔子跟颜渊说：如果有人重用我，我立即就行动，如果没人重用我，我就隐藏起来，能够做到这点的只有你和我。子路听到这句话后颇不服气，他跟老师说：如果你指挥三军作战，那你将跟谁在一起？子路的潜台词是：若论行军打仗非我莫属，颜回肯定不行。孔子却跟他说：我不需要指挥拼命蛮打的人，我需要的是懂得冷静思考，用计谋来取胜的人。孔子的这句话仍然是劝子路要懂得用头脑做事，而不要一味地蛮干。

想来孔子的劝慰在子路身上起到了一定的作用，《孔子家语·辩证》载有这样一件事：

子路治蒲三年，孔子过之，入其境，曰："善哉由也，恭敬以信矣。"入其邑，曰："善哉由也，忠信而宽矣。"至廷曰："善哉由也，明察以断矣。"子贡执辔而问曰："夫子未见由之政，而三称其善，其善可得闻乎？"孔子曰："吾见其政矣。入其境，田畴尽易，草莱甚辟，沟洫深治，此其恭敬以信，故其民尽力也；入其邑，墙屋完固，树木甚茂，此其忠信以宽，故其民不偷也；至其庭，庭甚清闲，诸下用命，此其言明察以断，故其政不扰也。以此观之，虽三称其善，庸尽其美乎？"

看来在社会治理方面，子路颇具才干，他仅用了三年的时间就将民风彪悍的蒲邑治理得井井有条。前人认为《孔子家语》是一部伪造的古书，近些年的出土文献愈发证明，早在王肃之前这部书就已存世，故认为《孔子家语》乃王肃伪造的说法看来难以成立。况且《荀子·大略》中有这样的说法："齐人欲伐鲁，忌卞庄子，不敢过卞。晋人欲伐卫，畏子路，不敢过蒲。"

晋国想讨伐卫国，但因为子路将蒲邑治理得很好，以至于他们不敢从蒲邑过境，这也说明子路在城市管理方面确实有成就。但子路不懂得功高盖主是历代帝王忌讳之事，《说苑·臣术》中载：

> 子路为蒲令，备水灾，与民春修沟渎，为人烦苦，故予人一箪食，一壶浆。孔子闻之，使子贡复之。子路忿然不悦，往见夫子曰："由也以暴雨将至，恐有水灾，故与人修沟渎以备之，而民多匮于食，故人予一箪食、一壶浆，而夫子使赐止之，何也？夫子止由之行仁也？夫子以仁教而禁其行仁也，由也不受。"子曰："尔以民为饿，何不告于君，发仓廪以给食之；而以尔私馈之，是汝不明君之惠，见汝之德义也。速已则可矣，否则尔之受罪不久矣。"子路心服而退也。

子路在治理蒲邑时为了防备当地发水灾，于是动员民众兴修水利，然而很多百姓只顾眼前利益，以兴修水利为苦。子路为了安抚百姓，给每位参与之人发放吃喝之物。孔子听到这件事后，请子贡转告子路不可这么做。子路听到后颇为生气，他特地见孔子来解释自己所做的目的。孔子却跟子路说，如果百姓吃不饱，你应当将这件事转告国君，让国君下令来给大家分发粮食，你不能私下赠送，你这么做的结果会让百姓对你感恩而不懂得感君恩，这么下去早晚会出问题。

从《说苑》的记载来看，子路听从了孔子的忠告，但听从忠告到主动去做当然还有一定的距离，而子路的性格也决定了其命运。

《论语·乡党》中称："色斯举矣，翔而后集。曰：'山梁雌雉，时哉！时哉！'子路共之。三嗅而作。"

前人多认为这段话是整部《论语》中最难解者，朱熹在《论语集注》中称："言鸟见人之颜色不善，则飞去，回翔审视而后下止。人之见几而作，审择所处，亦当如此。然此上下必有阙文矣。"朱子说《论语》中的这段原话因为有阙文所以难解，然而历代学者还是根据自己的理解来解释。比如皇侃在《论语义疏》中称："此记者记孔子因所见而有叹也，梁者，以木架水上，可践渡水之处也。孔子从山梁间过，见山梁间有此雌雉也。时哉者，言雉逍遥得时所也。所以有叹者，言人遭乱世，翔集不得其所，是失时矣。而不如山梁间之雉，十

濮阳市子路祠中的塑像

步一啄，百步一饮，是得其时，故叹之也。”

从表面字义来说，这段话是讲孔子在山谷中行走，看到了几只野鸡，孔子神色为之一动，而野鸡在空中盘旋一阵后又落了下来，孔子感叹这些野鸡的得时。而子路则向这些鸡拱拱手，于是野鸡飞走了。但孔子为什么感叹呢？

各种解读很多，但大多都认为这是子路未解孔子之意，而将雌雉误解为时物。邢昺在《论语注疏》中就持这种说法：“子路失指，以为夫子云‘时哉’者，言是时物也，故取而共具之。孔子以非已本意，义不苟食，又不可逆子路之情，故但三嗅其气而起也。”钱穆在《论语新解》中亦称此章难解：“此章异解极多，姑参众说，解之如此，读者如有疑，可自寻众说。”但他还是从礼与时的关系上予以阐述：“此章实千古妙文，而《论语》编者置此于《乡党》篇末，更见深义。孔子一生，车辙马迹环于中国，行止久速，无不得乎时中。而终老死于阙里。其处乡党，言行卧起，饮食衣着，一切以礼自守，可谓谨慎之至，不苟且，不卤莽之至。”

看来子路跟随孔子多年，有些时候仍无法揣摩出孔子之意，其一生却坚决维护孔子的权威。正因为他未在孔子那里学得权变，所以在卫国之内讧时而亡。对于子路之死，司马迁在《史记·卫康叔世家》中有详细描绘：

> 十二年，初，孔圉文子取太子蒯聩之姊，生悝。孔氏之竖浑良夫美好，孔文子卒，良夫通于悝母。太子在宿，悝母使良夫于太子。太子与良夫言曰：“苟能入我国，报子以乘轩，免

子三死，毋所与。”与之盟，许以悝母为妻。闰月，良夫与太子入，舍孔氏之外圃。昏，二人蒙衣而乘，宦者罗御，如孔氏。孔氏之老栾甯问之，称姻妾以告。遂入，适伯姬氏。既食，悝母杖戈而先，太子与五人介，舆猳从之。伯姬劫悝于厕，强盟之，遂劫以登台。栾甯将饮酒，炙未熟，闻乱，使告仲由。召护驾乘车，行爵食炙，奉出公辄奔鲁。

仲由将入，遇子羔将出，曰：“门已闭矣。”子路曰：“吾姑至矣。”子羔曰：“不及，莫践其难。”子路曰：“食焉不辟其难。”子羔遂出。子路入，及门，公孙敢阖门，曰：“毋入为也！”子路曰：“是公孙也？求利而逃其难。由不然，利其禄，必救其患。”有使者出，子路乃得入。曰：“太子焉用孔悝？虽杀之，必或继之。”且曰：“太子无勇。若燔台，必舍孔叔。”太子闻之，惧，下石乞、盂黡敌子路，以戈击之，割缨。子路曰：“君子死，冠不免。”结缨而死。孔子闻卫乱，曰：“嗟乎！柴也其来乎？由也其死矣。”孔悝竟立太子蒯聩，是为庄公。

前文提及传闻卫灵公的夫人南子很淫荡，而卫灵公的长子即太子姬蒯聩想杀掉南子，行动未果而逃往宋国。卫灵公去世后，众大臣想立公子郢为新君，公子郢推让说太子的长子姬辄还在，此时也已长大成人，按宗法制度当立姬辄为国君。于是姬蒯聩的儿子姬辄得以继位，他就是卫出公。

但姬辄继位时其父姬蒯聩还在世，卫出公在位12年后，姬蒯聩觉得儿子始终没有迎父亲回国之意，于是他便悄悄潜回卫国，胁迫大夫孔悝发动政变而将卫出公赶走。

子路此时正在孔悝的采邑做总管，为孔悝的家臣。子路听到这件事后十分生气，于是他从采邑赶往城中，此时孔宅门将要关闭，而同门的子羔告诉子路卫出公都已逃跑了，不要进城去白白送死。子路认为这样做不仗义，于是进城去见蒯聩。子路见到蒯聩后请其放掉孔悝，并且说如果蒯聩不放，他就放火烧掉蒯聩所登之台。

子路的行为让蒯聩害怕起来，他派两位武士与子路搏斗，他们砍断了子路系帽子的带子。子路的帽子歪了，他认为这样不合礼仪，于是放下手中的武器来正帽子，结果子路就被杀死了。

子路之死让人感慨，因为帽子不正而被人砍死，不知道这算不算礼教害死了他，但这同样可以理解为子路不懂得变通。《礼记·檀弓上》载："孔子哭子路于中庭，有人吊者，而夫子拜之。既哭，进使者而问其故，使者曰'醢之矣'，遂命覆醢。"孔子闻听子路被杀后十分悲伤，后来他了解到子路被对方剁成了肉酱，于是孔子立即让人把家中的肉酱倒掉，以此可见孔子对子路感情之深，但也同时让人感慨子路死状之惨。孔子曾说过："道不行，乘桴浮于海。从我者，其由与！"孔子觉得，自己的思想无用武之地时他将遨游于世界，而能够跟随他前往的人恐怕就是子路了。这同样可以说明孔子对子路为人之了解。子路为人忠厚、仗义，让我想起了去子路墓祠寻访的经历。

子路墓祠位于河南省濮阳市新市区京开大道南段84号。2013年4月21日，我从鹤壁市乘长途大巴前往濮阳市。大巴票价28元，汽车开出长途站后并不急着上路，一路上慢慢悠悠先围着鹤壁市转了大半圈，路上不断上客。还未出市，一位妇女就取下车上的大堆行李，我不明白她乘这种车的意义在哪里。大巴在市内转悠了一小时左右，才来到了京珠高速入口处，在这里又上了几位乘客。虽然驶上了高速路，可能是因为车况太差，速度很慢，感觉整个车厢都在抖动。我坐在椅子上就如同在使用按摩椅，没多久浑身颠得生疼，车上的大多乘客也在这免费的按摩椅上昏昏欲睡。

刚进入濮阳市界，我在高速路上就看到了戚城遗址的指示牌，然而汽车在此不停。我来到濮阳长途车站，重新打车前往戚城遗址。我印象中戚城遗址离车站很近，打车却走了较远的一条路，进入园区内，我向一位摊主询问子路墓区的位置，他告诉我不在此园内。我按其所指出门左转300米，看到一群摆地摊卖假古董者，一

戚城遗址文保碑

般而言，有这些摆地摊卖假古董的地方应当就是古建筑所在，果然他们的身后就是子路墓祠。

子路祠大门

来到大门口，现实又给我的愉快心情泼了凉水，我看到门口挂着个门牌，上面写着“内部维修，暂停开放”，下面还有一行字叫“敬请谅解”。跑这么远路而来到此地，我真的很难接受这个“敬请”。我用力地将大门推开一条缝向内张望，看到里面离门口不远处有两位老人正在说话，于是我用力地敲击大门。一位老者终于听到了，他走到大门口，从正门看着我，问我有什么事，我向他讲明了自己的来意，没容我讲出什么伟大意义，老人不言语，竟然开了门，示意我进入。

进入园中，开门的老人拿出一串钥匙，他一路走一路向我讲解着每个大殿的名称。走到左侧的一处房屋时，他指着屋檐跟我说，你看，就是这里要塌了，所以要停止接待游客进行维修，老人以此来表明他们关闭祠堂的正当理由。

我在进门处看到了子路墓祠的导览图及介绍文字，上面说：“子路为救孔悝结缨遇难，时年63岁，卫人得其首而葬于此。”看来当地人认为子路之死是为了救孔悝，历史真相如何，我不在现场当然也不清楚，但从该介绍可知，此子路墓所葬者仅是子路的人头。

此墓最早载于北魏郦道元的《水经注》，此导览图中却称“墓祠始建于唐宋时期”，不知其所据。

沿着中路向墓园的深处走去，首先看到的是体量巨大的木石牌坊，上书“正大高明”。牌坊之后是子路的享殿，门口悬匾写着“义气云天”。进入殿内，正中站着子路的近身塑像，子路左手握着宝剑，身体挺直地目视远方，身上披着黄色斗篷遮住了右手。不知道子路是不是左撇子，既然如此雕塑，应该有所出处吧。雕像的两边贴着黄底红字的布幔对联“忠心久著结缨地，孝念长存负米乡”，落款则为“山东仲子后裔奉送”。大殿的三面墙上以连环画形式满绘着子路的生平，只是绘制手法太过先进，完全显现不出古意。我从祠堂出来才注意到，此殿的介绍牌上面写着此享殿始建于宋真宗年间，其后屡毁屡修，现在的享殿是1991年重建的。

正大高明牌坊

子路墓神道

享殿的后面是子路墓所在，墓丘占地面积较大，直径在20米以上，上面长满了荒草，墓的正前方竖着墓碑，上书“仲夫子之墓”。墓的前方有两亩地大的广场，上面种满了柏树，中间有十几座古碑，墓前的石像生已残缺不全，旁边有一排侧殿，门楣上全匾写着“孔子十年居卫壁画”。在此殿前有一个石制的巨大宝瓶，雕刻甚为精美，宝瓶的高度在两米以上，这是我在子路墓前看到的最精美的石刻制品。在墓的两侧还有碑亭，里面矗立的大碑显然是新刻制的。

瞻仰完子路墓原路返回，我向给我开门的好心老先生道谢，在门口无意间才看到了子路墓的文保碑，其文保级别仅是省级，这倒让我略感意外。这块文保碑上还贴着一纸售房的广告，显示着今日的社会风尚。

子夏：弘传《诗》《易》，开讲西阁

卜商，字子夏，为孔门十哲之一。因为年龄的差距，子夏被视为孔子的后期弟子，他在传播儒家文献方面作出了很大的贡献。《后汉书·徐防传》中记载："《诗》《书》《礼》《乐》定于孔子，发明章句，始于子夏。"而清朱彝尊在《文水县卜子祠堂记》中则称："盖自六经删述之后，《诗》《易》俱传自子夏。夫子又称可与言《诗》，《仪礼》则有《丧服传》一篇，又尝与魏文侯言《乐》。郑康成谓《论语》为仲弓、子夏所撰。特《春秋》之作，不赞一词。夫子则曰：春秋属商。其后公羊、穀梁二子，皆子夏之门人。盖文章可得而闻者，子夏无不传之。文章传，性与天道亦传，是则子夏之功大矣。"

以上这些都说明了子夏在传经方面的所为，朱彝尊还特意提到了子夏在诗学方面的重要贡献。自汉初传授《诗经》者有齐、鲁、韩、毛四家，而此四家的所本或多或少都与子夏有关系。《汉书·艺文志》中著录的《诗经》有鲁、齐、韩三家，又有《毛诗》，《毛诗故训传》称："三家皆列于官，又有毛公之学，自谓子夏所传，而河间献王好之。未得立。”

流传于后世的《毛诗》最有争议的是《诗序》问题，郑玄在对亡佚的笙诗的评价中称：“子夏序《诗》，篇义合编，故诗虽亡而义犹在也。毛氏《故训传》各引序冠其篇首，故序存而诗亡。”

最早将《诗序》视为子夏所作者就是郑玄，此后这个观点为汉唐以来的学者所继承，比如王肃在《孔子家语》中说：“子夏叙《诗》义，今之《毛诗序》是。”唐陆德明在《经典释文》中亦称：“孔子最先删录，既取《周诗》上兼《商颂》，凡三百一十一篇以授子夏，子夏遂作《序》焉。”

韩愈却推翻了这种认识，韩愈在《诗序》中说：“善夫，韩愈之议曰：‘子夏不序《诗》之道有三焉：知不，一也；暴扬中冓之私，春秋所不明不道，二也；诸侯犹世不敢以云，三也。’”

自此之后，不少的学者都认为《诗序》并非子夏所作，当然韩愈提出这种观点的目的是重塑儒学权威，他的观念对宋学有深远影响。也有人认为《诗序》虽然非子夏作，但也有其价值在。关于《诗经》中的问题，《论语·八佾》中记载了子夏向老师请教《诗经》中的一段描绘之文。对于如何解读孔子的回答以及子夏对此的阐述，后世有着较大的争论，这段话的原文如下：

> 子夏问曰：“‘巧笑倩兮，美目盼兮，素以为绚兮。’何谓也？”
>
> 子曰：“绘事后素。”
>
> 曰：“礼后乎？”

子曰："起予者商也！始可与言《诗》已矣。"

明绘本卜商像，台北故宫博物院藏

子夏所问的那句话本是《诗经·卫风·硕人》中对卫庄公夫人庄姜的天生丽质的描绘："手如柔荑，肤如凝脂，领如蝤蛴，齿如瓠犀，螓首蛾眉，巧笑倩兮，美目盼兮。"子夏所问的后一句"素以为绚兮"则被学者视为逸诗，而如何理解孔子所说的"绘事后素"，《尚书正义·益稷》中转引了郑玄所言："凡画者为绘，刺者为绣。"《论语集解》中同样引用了郑玄注："绘，画文也。凡绘画，先布众色，然后以素分布其间，以成其文。喻美女虽有倩盼美质，亦须礼以成之。"

但是朱熹对这段话的解读与郑玄不同，他在《论语集注》中称："素，粉地，画之质也。绚，采色，画之饰也。言人有此倩盼之美质，而又加以华彩之饰，如有素地而加采色也。子夏疑其反谓以素为饰，故问之。"朱熹又对"绘事后素"诠释道："绘事，绘画之事也，后素，后于素也。"

在朱熹之前，孔安国曾对"绘事后素"和子夏所说的"礼后乎"进行过阐述。他认为孔子知以素喻礼，所以子夏才说"礼后乎”，为此子夏受到了老师的褒奖。因此子夏在老师的启发下认识到了礼是一种文饰，它是居于第二位的，而仁义为第一位。但朱熹则认为“素”是画的质，也就是说在绘画之前必须要粉素，这与郑玄的解读不同。

虽然后世对此有不同解读，但从孔子的赞赏之语来看，子夏曾就《诗经》问题向老师求证，而孔子赞赏子夏对于《诗经》含义的解读。

除《诗经》外，子夏也向老师请教《尚书》上的问题。《尚书大传·略说》中记载了子夏向孔子请教《尚书》之事：

> 子夏读《书》毕，孔子问曰：“吾子何为于《书》？”子夏曰：“《书》之论事，昭昭若日月焉，所受于夫子者，弗敢忘。退而穷居河济之间，深山之中，壤室蓬户，弹琴瑟以歌先王之风，有人亦乐之，无人亦乐之。上见尧舜之道，下见三王之义，可以忘死生矣。”孔子愀然变容曰：“嘻！子殆可与言《书》矣！虽然，见其表，未见其里；窥其门，未入其中。”

子夏对《易经》也有贡献，《隋书·经籍志》中称：“昔宓羲氏始画八卦，以通神明之德，以类万物之情，盖因而重之为六十四卦。及乎三代，实为三《易》：夏曰《连山》，殷曰《归藏》，周文王作卦辞，谓之《周易》。周公又作爻辞。孔子为《彖》《象》《系辞》《文言》《序卦》《说卦》《杂卦》，而子夏为之传。”而李鼎祚在《周易集解序》中则讲述了从孔子之后到唐代的《易经》流传过程："自卜商入室，亲授微言。传注百家，绵历千古，虽竞有穿凿，犹未测渊深。唯王、郑相沿，颇行于代。郑则多参天象，王乃全释人事。且《易》之为道，岂偏滞于天人者哉。致使后学之徒，纷然淆乱，各修局见，莫辨源流。"

对于子夏向老师请教《易经》的问题，《孔子家语·六本》中有如下记载：

> 孔子读《易》，至于《损》《益》，喟然而叹。子夏避席问曰："夫子何叹焉？"孔子曰："夫自损者必有益之，自益者必有决之，吾是以叹也。"子夏曰："然则学者不可以益乎？"子曰："非道益之谓也。道弥益而身弥损。夫学者损其自多，以虚受人，故能成其满。博哉！天道成而必变。凡持满而能久者，未尝有也……"子夏曰："商请志之，而终身奉行焉。"

然而子夏所作的《易传》在后世失传了，流传于今的《子夏易传》则被研究者视为伪书。

孔子订本的《春秋》，后世分为《左传》《公羊传》《穀梁传》三派，也均与子夏有着直接和间接的关系，《史记·孔子世家》中称："孔子在位听讼，文辞有可与人共者，弗独有也。至于为《春秋》，笔则笔，削则削，子夏之徒不能赞一辞。弟子受《春秋》，孔子曰：'后世知丘者以《春秋》，而罪丘者亦以《春秋》。'"

虽然这里说子夏等弟子不能修改老师所作《春秋》中的任何一个字，但这也间接地说明了孔子作《春秋》后命弟子们仔细校勘。《春秋纬·春秋说题辞》中也说道了这件事："孔子作《春秋》一万八千字，九月而书成，以授游、夏之徒。游、夏之徒不能改一字。"而《孝经纬·孝经钩命诀》中则直接说孔子把《春秋》一书传给了子夏："孔子在庶，德无所施，功无所就，志在《春秋》，行在《孝经》。以《春秋》属商，以《孝经》属参。"

以上是说《春秋》三传中的《公羊传》和《穀梁传》均为子夏所传，而三传中的《左传》也有人认为是子夏和吴起合著。《韩非子·外储说右上》称："吴起者，卫左氏中人也。"可见左氏是卫国的邑名。

关于《诗经》的作者，司马迁明确地称："鲁君子左丘明，惧弟子人人异端，各安其意，失其真，故因孔子史记具论其语，成《左氏春秋》。"（《史记·十二诸侯年表》）

从以上这些都可看出子夏在传经方面的巨大作用，更为重要的则是他在孔子去世后来到了魏国，在那里受到了魏文侯的重视，《后汉书·徐防传》的注引中称："子夏居西河，教弟子三百人。"有人认为他在西河教授的弟子远大于此数，只是因为孔子有弟子三千，而子夏为孔子之弟子，所以

运城子夏墓丘

谈论到他所教授的弟子时数量递减。子夏由此而开创了西河学派，被后世所认可。

关于子夏所教出的著名弟子，《史记·儒林列传》中称："自孔子卒后，七十子之徒散游诸侯，大者为师傅卿相，小者友教士大夫，或隐而不见。故子路居卫，子张居陈，澹台子羽居楚，子夏居西河，子贡终于齐。如田子方、段干木、吴起、禽滑釐之属，皆受业于子夏之伦，为王者师。"

对此段话最后一句中的"之伦"二字，后世有不同的解读。有人认为这句话应当是子夏等人的意思，并不是说田子方、段干木、吴起等人都是子夏的弟子，而《吕氏春秋·当染》中则将这些人归为不同的弟子："子贡、子夏、曾子学于孔子。田子方学于子贡，段干木学于子夏，吴起学于曾子。禽滑釐学于墨子，许犯学于禽滑釐，田系学于许犯。"

可见吴起原本是曾子的弟子，然按《史记·孙子吴起列传》中所言："（吴起）尝学于曾子，事鲁君。"而后吴起母亲病逝，其不归，故被曾子赶出，后来拜子夏为师。

关于子夏成为魏文侯老师的起因，《史记·魏世家》中载有李克跟翟璜的一段对话："且子安得与魏成子比乎？魏成子以食禄千钟，什九在外，什一在内，是以东得卜子夏、田子方、段干木。此三人者，君皆师之。子之所进五人者，君皆臣之。子恶得与魏成子比也？"

看来最早发现子夏师徒者，是魏文侯的弟弟魏成子，魏成子首先拜子夏为师，而后他将子夏推举给了魏文侯，而魏文侯也拜子夏为师。《史记·魏世家》又称："文侯受子夏经艺，客段干木，过其闾，未尝不轼也。秦尝欲伐魏，或曰：'魏君贤人是礼，国人称仁，上下和合，未可图也。'文侯由此得誉于诸侯。"正是子夏的思想使得魏国成就了霸业。

由以上这些都可看出子夏对于传播儒家经典的巨大作用。韩非子在"儒分为八"中却并无"子夏之儒"："自孔子之死也，有子张之儒，有子思之儒，有颜氏之儒，有孟氏之儒，有漆雕氏之儒，有仲良氏之儒，有孙氏之儒，有乐正乐之儒。"

为什么会出现这种情况呢？郭沫若在《十批判书》中认为："这是韩非承认法家出于子夏，也就是自己的宗师，故把他从儒家中剔除了。"

这是很有时代特色的一种推论，子夏有法家倾向，后世学者也大多从《韩非子》一书中寻找这种说法的依据，比如《韩非子·外储说右上》中称：

> 子夏曰："《春秋》之记臣杀君、子杀父者，以十数矣，皆非一日之积也，有渐而以至矣。凡奸者，行久而成积，积成而力多，力多而能杀，故明主蚤绝之。"今田常之为乱，有渐见矣，而君不诛。晏子不使其君禁侵陵之臣，而使其主行惠，故简公受其祸。故子夏曰："善持势者，蚤绝奸之萌。"

子夏主张乱世用重典，通过刑罚手段来加强君主权势，这与法家思想颇为一致。而对于子夏一派，郭沫若又称："李悝、吴起、商鞅都出自儒家的子夏，是所谓‘子夏氏之儒’。”

如果郭沫若所言不误的话，这就可以解释“儒分为八”中为什么没有“子夏之儒”的问题。

关于子夏的身世，历史资料记载很少，《荀子·大略》中载：“子夏家贫，衣若县鹑。人曰：‘子何不仕？’曰：‘诸侯之骄我者，吾不为臣；大夫之骄我者，吾不复见。柳下惠与后门者同衣而不见疑，非一日之闻也。争利如蚤甲而丧其掌。’”可见子夏出身贫寒，穿着很不讲究，却有着儒家的高尚道德情操。

关于其是否做过魏文侯老师的问题，宋洪迈在《容斋随笔》卷二《卜子夏》中通过年龄推论而表示了怀疑：“魏文侯以卜子夏为师。按《史记》所书，子夏少孔子四十四岁，孔子卒时，子夏年二十八矣。是时，周敬王四十一年，后一年元王立，历贞定王、考王，至威烈王二十三年，魏始为侯，去孔子卒时七十五年。文侯为大夫二十二年而为侯，又十六年而卒，姑以始侯之岁计之，则子夏已百三岁矣，方为诸侯师，岂其然乎？”

这段推论貌似很严谨，然而杨朝明在《子夏及其传经之学考论》一文中予以了反驳：“洪迈的理解有所拘泥。案《史记·晋世家》索隐：《纪年》：‘魏文侯初立在敬立十八年。’”

关于孔子对子夏的看法，《孔子家语·六本》中称：

> 孔子曰：“吾死之后，则商也日益，赐也日损。”曾子曰：“何谓也？”子曰：“商也好与贤己者处，赐也好说不若己者。不知其子，视其父；不知其人，视其友；不知其君，视其所

使；不知其地，视其草木。故曰：与善人居，如入芝兰之室，久而不闻其香，即与之化矣；与不善人居，如入鲍鱼之肆，久而不闻其臭，亦与之化矣。丹之所藏者赤，漆之所藏者黑。是以君子必慎其所与处者焉。”

孔子说：我故去后，卜商的长进会越来越大，端木赐却会一点点地倒退。曾参问何以会出现这种情况，孔子说：卜商喜欢跟比自己优秀的人相处，端木赐则相反。也许正是这个原因，使得子夏在传经方面有那么大的成就。然而《论语·先进》中又称："子贡曰：'师与商也孰贤？'子曰：'师也过，商也不及。'曰：'然则师愈与？'子曰：'过犹不及。'"

孔子认为子张做事有些过头，子夏却不足，过头与不足同样有问题。也许是这个原因，使得子张之学后来渐渐演变为其他的味道了。

关于子夏墓，我总计寻得两处，第一处位于山西省运城地区河津市东辛封村。2013年4月15日，我在运城地区寻访。这天前往河津市之前，时间已是近午，我在周村路边吃饸饹面。本以为山西是莜面的产地，这个饭店的饸饹面味道却很不正宗，感觉饸饹里没有多少莜面，基本上是以白面制成，里面掺着一点点莜面而已。这让我想起了白水中兑牛奶的笑话。

饭后我们开车驶上京昆高速，西行180余公里，这一趟行程等于在山西的南部，由东向西来了一个横行的穿越。东辛封村距黄河边还有四五公里的路程，河对岸就是陕西的地界，其实去年前往寻访司马迁墓时，我也经过此村。但因当时查资料不细，不知道子夏墓就在此村内，我为自己的疏忽付出了几百公里的代价。

从河津西下高速前行不到三公里即进入东辛封村，我向在村边摆摊的一位老大爷请教子夏墓的位置，老人很热心，跟我仔细地讲解着左转右转的路径，可惜我完全没听明白他浓重的乡音。老人看到我一脸茫然状，笑呵呵地拍了拍我的肩膀，示意我不用着急，他又用很慢的语调重复了一遍。幸亏司机听懂了他的意思，算是给我的窘迫解了围，于是我谢过老人重新上车，按其所指向村内开去。

司机说，刚才老人讲在村中看到一棵老槐树就向东转。按其所指，这里果真有一棵老槐树，我们却拐进了别人家的院落。恰巧在这棵老槐树下还有几位乘凉的老大爷，这次我直接让司机去问路，原来是先右转一下再左转。我们前行了不到100米，感觉驶出了村，在村北的田地里，有一个新盖的大院落。我刚想下车前往问路，猛然看到门口站着一条巨大的藏獒，正怒视着我等。我从车窗内仔细辨认一番，确认这条大狗拴着铁链，这才放下心来。我小心地下车，眼睛却紧盯着这条大狗的举动。脚刚落地，我就听到了狗的叫声，低头一看，墙根儿下还卧着一条土狗，刚才注意力都在藏獒身上，没注意脚下，差点一脚踏在这条狗的身上。可能是因为我无视它的存在，这条狗以分贝很高的叫声来表达强烈的不满。

在拴狗院落的背面，是一条高坡路的侧墙，它的西侧是一片玉米地。因为覆盖着地膜，玉米已长到了一尺多高，这片玉米地有上百亩大，我在地的中央远远地看到了几块碑。穿过一个小水渠，我走到了碑的近前，第一块碑用青砖制作了碑券，上面刻着“流芳先贤子夏之墓”。

看来我没有找错地方，在这块碑的前方和后方，各聚起一个黄土堆，从土色看应该是近期所为者。细看一番，我没明白这两个土堆的作用，它却给我选择最佳拍摄角度带来了困难。我本想爬上这个土堆，站在顶上给子夏墓区拍个正面的全景，但黄土太过松软，第一脚踏上即没过了半个小腿，鞋里面灌满了黄土。于是我放弃这种念头，走出玉米地远远地给子夏墓拍照。

碑券形制

子夏墓区占地面积不大，约100平方米大，总共立有三块碑，均带有碑券，除了刚才的那块，另两个碑券是新垒制的。碑文模糊不清，刚才看到的子夏墓碑，另有小字刻有上下款，上款为“大清乾隆四十一年丙申季秋榖旦”，下款为“署河津县知县绛州州判马煇敬立”。碑高不过两米，但毕竟还算个故物，整个碑的前面还摆着一张石供桌，供桌下面的石板满刻着高浮雕的螭龙纹。从风化程度看，这肯定是个老物件，不知何人在上面摆了一摞砖头。在这块墓碑的背面不足两米处还有一块齐腰高的小碑，上面仅刻着一个大大的“墓”字，这块小碑的背面有一个直径不足三米的土堆，这应该就是子夏的墓丘了。

到这时我才注意到，自己从玉米地走到墓前是从墓区的后方进入的。以品字形排列的三个碑券中，前面的那两块较新的碑，两碑之间隔着一米多的空隙，从正前方望去即能看到子夏墓碑。如此说来，我这里应当是原有的神道，今天却已看不到任何痕迹，可是在这两个新碑之前，又新起了一个黄土堆。这个土堆是何意，我却不明就里，可惜四周找不到可以请教的人。

另一处子夏墓位于河南省焦作市温县城西5公里黄庄镇林召乡卜杨门村南。2013年4月23日，我前往此处寻找子夏墓。进入卜杨村之前，我在村边的麦田里即看到了子夏墓的纪念牌，上面写着“卜商故里纪念园”。此纪念园占地面积很大，目测在十亩地以上，然而奇怪的是，园中全部种满了麦苗，已丝毫看不到空地。这种节约土地的方式倒是值得赞赏，只是这种做法是否有违对先贤的敬重，

子夏墓

却不好推测。

在麦田的最东侧有一个窄窄的长条，长条的宽度为三四米，沿着侧墙一字排开两条新的碑廊，在碑廊的最前端有个影壁状的介绍牌，大字写着“卜林创建记”，底下的落款是卜商研究联谊会。细看两侧的碑，均是一些歌咏子夏的文字，如“百代垂范”“德功维扬”等。而卜林的顶头是子夏的墓丘，正中刻着“先贤卜子之墓”。其后面的墓丘是用水泥浇铸而不封顶，在左右两侧还各有一个三角形的凸起，若不是墓前有这块石碑，真让我怀疑这是个废弃的碉堡。

我进入卜杨门村，在村边看到了子夏故里的介绍牌。我在村内打听子夏后人的居所，几经寻找来到其家。此院的地形也较为特殊，也是窄长的，仅在尽头建有二层小楼。前面的窄院子还种着几分地，覆盖着地膜，不知道种的是什么作物。我在院中遇到一位年轻女子，我向她询问这里是否是子夏后人的居所，她很热情地告诉我的确是，还把我让进屋内。

屋内有一位男士，女子介绍说这是她的公公，名叫卜范贤。卜范贤称自己今年59岁，属马，是子夏的八十代孙。我问他这里是不是子夏故居的原址，他肯定地告诉我是，并且带我回到院中，指着一块石刻给我看。我这才注意到上面刻着“卜商故里纪念馆”几个字，他又带我转到这块石刻的背面，上面用小字刻着“卜商故里纪念馆创建碑记”。这块碑石上堆着一些废弃的鞋袜及瓶罐，老卜很不好意思，立即跟儿媳妇动手把这些杂物拿开，好让我拍照。他向我解释，因为县里没钱建纪念馆，于是就先把他家当纪念馆来使用。

子夏八十代后人卜范贤先生

其家客厅的面积有20平方米，里面的墙壁上挂着一些展板，介绍着联谊会的活动大事记。正墙上挂着先贤卜公子夏的画像，画像的两侧则是四位卜商的著名学生，画像是以线描的方式绘制。我向他询问子夏画像的出处，卜范贤解释称，是请县里的人画的。我请他站在这个画像前给他拍照，他很是配合地按照我的要求站在了画像前。卜范贤在带着我四处参观的过程中，一直端着一个大瓷碗喝汤，我请他照相时，他把碗递给了儿媳妇，转身要进里屋去换衣服，我马上劝阻了他。卜范贤不好意思地说，因为昨夜下了一场雨，他忙着收拾，所以身上很脏，我看他光脚穿着凉鞋，问他冷不冷，他说习惯了。

展室的东侧另有一间小屋，上面的匾额写着“卜捷昌展室”。卜范贤解释，卜捷昌是子夏在台湾的后人，他喜欢绘画，于是拿了一些他的作品放在这里展览。在展室的另一面侧墙上，摆着三个灵位，这些灵位全部是用塑料压制而成，中间的一个稍大，高约30厘米，正中用隶书写着“圣祖卜公商之位”，两侧的灵位上分别写着“祖宗三代之位”“历代宗亲之位”。这张桌上同样堆着各式各样的杂物，还放着两个简易的防毒面具，我估计是喷农药所用者。

卜范贤向我讲解着子夏故里的一些往事，他说自己家的房子的确是旧址重建，已经几十年了，原来有几进院落，因为没钱逐步卖掉了，仅剩了这一小块。他问我何以跑这么远来寻访子夏之墓，我说孔子三千弟子，七十二贤，十二哲，子夏是排在前面的几个。卜范贤听我讲这些大为高兴，向我讲解着子夏后人中的一些名人，并称在本村内子夏之后仅余其一家，剩下的大部分在广西、湖南、江苏、河南等地。他指着墙上一个介绍牌让我细看，这个牌子名称为各地负责人一览表，“地”与“责”之间已经剥落，我猜应当是一个“负”字，下面列了三四十位地名和人名，所有的姓氏当然都是卜。

拍照完毕后，我从其家走出，老人和儿媳妇一直把我送出院门。我问其儿媳妇对子夏的事迹是否了解，她不好意思地说，自己并不太清楚。我称赞其能够嫁到子夏后人的家中，真是一种福分，她更加不好意思地笑了。在其家门口我才注意到，离院门五米远的地方还有一块文保碑，然文保碑的正面让五颜六色的小广告贴得严严实实，看不到任何字迹。卜范贤立即上前用指甲一块块地扣掉这些小广告，一脸歉意地说太忙了，没有注意到这块牌子什么时候被贴满了。

子游：专精礼学，泽被江南

王肃在《孔子家语》中说："言偃，鲁人，字子游。"孔颖达在《礼记正义》中亦称："姓言名偃，字子游，鲁人也。"以此可知，子游乃言偃之字，他与子夏共同以"文学"并称，故后世以"游夏"来呼之。但从后世的影响力来说，子夏的名声要大于子游，这跟子夏弟子众多有重要关系。

子游被后世视为孔子唯一的南方弟子，但王肃与孔颖达均说子游是山东人，然而更多文献则称言偃为吴国人。最早的记载是出自司马迁《史记·仲尼弟子列传》："言偃，吴人，字子游。"司马贞在《史记索隐》中则称："今吴郡有言偃冢，盖吴郡人为是也。"

唐开元二十七年（739），子游被封为吴侯，宋大中祥符二年（1009）加封为丹阳公，宋咸淳三年（1267）进为吴公。这些都说明言偃为南方人，然而也有人认为这种说法不对，比如钱穆在《先秦诸子系年》中引崔述言称："吴之去鲁远矣，若涉数千里而北学于中国，此不可多得之事。传记所记子游言行多矣，何以皆无一言及之？且孔子没后，有子、曾子、子夏、子张与子游相问答之言甚多。悼公之吊有若也，子游摈。武叔之母死也，子游在鲁，而鲁之县子公叔戌亦皆与子游游。子游之非吴人审矣。其子言思，亦仍居鲁，则固世为鲁人矣。”

崔述认为子游不是吴人的理由有三点：一是吴国去鲁国甚远，言偃跋涉千里北上求学可能性不大；二是各种传记中没有谈到言偃千里求学的壮举，崔述认为在那个时代，这么大的举动应当被人大书特书；三是孔子去世后，言偃和他儿子言思一直生活在鲁国。

曹建国先生在《论传世文献中所见子游及其思想》一文中认为言偃是鲁国人，他注意到当年孔子讲学于洙泗之间，而泗水上游有一地名叫郚城。其文中引用了《左传·文公七年》：“三月甲戌，取须句，遂城郚。”杜预在注中称：“郚，鲁邑也，卞县南有郚城，备邾难。”故而曹建国认为：“子游就是春秋时鲁邑郚城人。郚、吴，古音并属疑母鱼韵，司马迁说‘吴人’，应该是指‘郚人’。”

常熟言子墓

仔细分析崔述所言，似乎他的推论有些牵强，他认为没有史料记载的事情就不存在，这种逻辑显然难以站住脚。如上所引，早在唐代时，就已经有史料记载言偃的墓在吴郡，直到今天，常熟还有言子墓。宋庆元年间，常熟县宰孙应时为子游立祠，并且请朱熹写《记》，该

《记》的前半段为：

> 平江府常熟县学吴公祠者，孔门高第弟子言偃子游之祀也。按太史公记，孔门诸子多东州之士，独公为吴人，而此县有巷名“子游”，有桥名“文学”，相传至今。图经又言，公之故宅在县西北，而旧井存焉，则今虽不复可见，而公为此县之人，盖不诬矣。然自孔子之没，以至于今千有六百余年，郡县之学通祀先圣，公虽以列，得从腏食，而其乡邑乃未有能表其事而出之者。庆元三年七月，知县事、通直郎会稽孙应时乃始即其学官讲堂之东偏，作为此堂，以奉祠事。是岁中冬长日之至，躬率邑之学士大夫及其子弟奠爵释菜，以妥其灵，而以书来，曰愿有记也。

朱熹在这里谈到了言子巷、文学桥，又提到言子故宅内曾存有一口井，但到了宋代，这口井看不到了。总之，因为有这么多的遗迹在，朱熹觉得言偃是吴人这种说法不错。正是因为常熟出了言子这位大儒，所以当地的官员为他修了祠堂，同时他们请朱子为此祠写了这篇《记》。而我前往常熟探访言子遗迹，也是分两次进行的，其中一次是为了寻找吴历故居，因为大画家吴历在常熟居住时，他的居所就在言子故居范围之内。可见在朱熹之后人们又找到了言子井，而吴历居住于此时颇以此为傲，他特意给自己起了个号为墨井道人。

对此，潘天寿在《中国绘画史》中夸赞吴历：“因所居有言子墨井，故又号墨井道人。画法宋、元，多作阴面山，林木蓊翳，溪泉曲折，不仅以仿子久叔明见长。笔力沉郁深秀，高闲奇旷，惬心之作，深得唐子畏神髓。尤能摆脱北宋窠臼，宜在石谷之上。”

关于墨井与言子的关系，政协江苏省常熟市委员会文史资料研究委员会编印的《虞山风光简介》中有如下说法：

> 墨井在城内东言子巷，即言子故居，清初名画家吴渔山，曾寓于此，自号墨井道人。盖言子裔孙也，明时其先人坐事籍没，易姓为吴。中有言子像、言子墓图、言氏一松山房图、言氏复姓碑刻，皆为重要文物，已列入市保护单位。

原来吴历也是言子之后，只是在明代时，吴历的祖上犯了事，于是易姓为吴。而对于墨井的存在，早在唐代陆广微所著的《吴地记》中就有记载：“常熟县北一百九十步有孔子弟子言偃宅，中有圣井，阔三尺，深十丈，傍有盟，盟北百步有浣纱石，可方四丈。”而宋代的范成大在《吴郡志》中又引用了《吴地志》中所言：“宅有井，井边有洗衣石，周四尺，皆其故物。”

直到如今，常熟城内仍有言子巷之名，而言子旧宅所存的那口墨井仍在此巷之中。2018年5月28日，我再一次到常熟寻访，在翁同龢纪念馆馆长王忠良先生和常熟史研究专家曹培根先生的带领下，我们前往言子巷去寻找墨井，而后很幸运地遇到了言子故居的看门人。老人告诉我们，言子故居现存三进院落，政府为了恢复言子故居旧貌，出资把这里的住户都迁了出去。搬迁完毕后还未进行施工，于是有关人员请老人在这里看房。

我们跟着老人一路向内走，在第三进院落看到了那口墨井，果然如资料记载，此井的井圈是一块太湖石，这种状况符合单树模主编的《中国名山大川辞典》中对言子故居和墨井的介绍：

> 在常熟市虞山镇内言子巷15—17号，系两所四合院住宅，为言氏子孙兴居。15号宅原有三进，现仅存第三进后堂，后天井内有长方亭，为墨井亭。亭壁嵌砌言子图像青石碑一通，左侧为一松山房四止石刻，右侧为言子墓图石刻。后堂左侧有乾隆四十七年（1782）遣兵部侍郎珂兴阿瑜祭石刻一通，现砌在陪弄内。17号宅共三进，为四合院民居，保持完整。后进有五开间硬山顶大厅一所。宅内有“言子墨井”。井壁由多种规格

言子故居后院的刻石

砖砌成，井口直径0.4m，侧深5.8m，井栏用天然湖石凿成。井旁竖湖石山子一方，上镌“墨井”二字。

这么多年过去了，我仍能幸运地看到这口墨井，站在井口向内探望，里面倒映出自己晃动的身影，这种感觉颇为奇妙。我想象着这口井滋润着常熟人，而孔子的思想由此而在江南广泛流传，至于言偃究竟是不是江南人，反而变得不是那么重要了。

在《论语》中记载子游事迹总计有8处，但无一处有孔子批评之语，比如《论语·阳货》中载：

> 子之武城，闻弦歌之声。夫子莞尔而笑，曰：“割鸡焉用牛刀？”子游对曰：“昔者偃也闻诸夫子曰：‘君子学道则爱人，小人学道则易使也。’”子曰：“二三子！偃之言是也。前言戏之耳。”

子游治理下的武城颇有升平气象，孔子看后开玩笑说，杀鸡焉用宰牛刀。这句话的潜台词是夸赞子游有大才，如今却只能治理武城这个小地方。对于老师的玩笑之语，子游给予了郑重的回答，他的正经让孔子立即声明刚才自己是在开玩笑。对此，朱熹在《论语集注》中有如下解读：“时子游为武城宰，重礼乐教化，故邑人皆弦歌也。治有大小，而其治必用礼乐，则其为道一也。但众人多不能用，而子游独行之，故夫子骤闻而深喜之，因反其言以戏之，而子游以正对，故复是其言，而自实其戏也。”

虽然城邦有大小，但同样需要礼乐之教，而这种教化大多停留在口头上，而子游能实施于自己管理的区域，故孔子看到后深以为喜。但孔子也是人，他也喜欢跟弟子们开玩笑，孔子的这句玩笑话实际上是赞赏子游的实践精神。

这件事也说明了子游在研究礼和用礼方面下了很大功夫。正因如此，《礼记·礼运》《礼记·檀弓》中记载了不少子游研究礼学，以及阐述他的礼学思想之处。千百年的儒学史中，孔子所言的大同小康思想最为人们所关注。这段论述出自《礼记·礼运》篇首：

> 昔者仲尼与于蜡宾，事毕，出游于观之上，喟然而叹。仲尼之叹，盖叹鲁也。言偃在侧，曰："君子何叹？"孔子曰："大道之行也，与三代之英，丘未之逮也，而有志焉。大道之行也，天下为公。选贤与能，讲信修睦，故人不独亲其亲，不独子其子，使老有所终，壮有所用，幼有所长，矜寡孤独废疾者，皆有所养。男有分，女有归。货恶其弃于地也，不必藏于己；力恶其不出于身也，不必为己。是故谋闭而不兴，盗窃乱贼而不作，故外户而不闭，是谓大同。今大道既隐，天下为家，各亲其亲，各子其子，货力为己，大人世及以为礼，城郭沟池以为固，礼义以为纪；以正君臣，以笃父子，以睦兄弟，以和夫妇，以设制度，以立田里，以贤勇知，以功为己。故谋用是作，而兵由此起。禹、汤、文、武、成王、周公，由此其选也。此六君子者，未有不谨于礼者也。以着其义，以考其信，著有过，刑仁讲让，示民有常。如有不由此者，在势者

去，众以为殃，是谓小康。”

言子井

某次，子游陪孔子出游时，老师发出了一声长叹，子游问老师所叹何事。孔子感慨，自己没有赶上他所向往的三代，而后孔子阐述了何为大同、何为小康。

孔子的这段话虽然名气极大，后世却对此有争议。宋陈澔在《礼记集说》中称：“此篇记帝王礼乐之因革，及阴阳造化流通之理。疑出于子游门人之所记，间有格言。而篇首大同小康之说，则非夫子之言也。”陈澔怀疑这段话是子游门人所记，他甚至认为大同小康思想不是孔子所说的话。而康有为则直称：“著《礼运》者，子游。子思出于子游，非出于曾子。颜子之外，子游第一。”（《南海康先生口说》）

康有为认为《礼运》的作者其实是子游，《礼运》中阐述的大同小康思想也同样是子游的思想。但有学者不赞同这种认定，比如日本学者武内义雄在《礼运考》中认为：“《礼运》之作者不明，固不在言，谓为子游所作，殆不可靠，然而系于子游学派所作，则不难想象也。”那么，武内义雄认为《礼运》是谁作的呢？他的推论是：“孔门中通礼者子游，子游之下有檀弓，其后有荀子，此是儒

言子故居正门

家礼学一派发展之路径，最为明了者也，而荀子后学之作《礼运》篇，托于子游乃极自然之事矣。”

武内义雄猜测，《礼运》是出自荀子之手，而后托名子游。然而这种推论很难在史料中找出确凿的证据。更何况荀子指斥子游氏之儒为“贱儒”，荀子如此贬斥子游，他怎么可能还会写篇文章来托名于子游呢？

当然这也可以说是子游继承了孔子的思想。对此，钱穆作了如下考证：“考孔子年五十一为司寇，子游年六岁，孔子五十五岁去鲁，子游年十岁，孔子与语大同小康，有是理乎。”（钱穆《先秦诸子系年考辨》）

按照钱穆的考证，那时的子游只是个不到10岁的小孩子，孔子怎么可能向他讲述大同小康的概念呢？其实此前早有人怀疑《礼运》不是子游记孔子之言，还有的人甚至认为这种观念不是儒家思想，比如黄震、姚际恒等认为《礼运》是老、庄作品，而伍非百则认为《礼运》是墨家之言。郭沫若在《十批判书·儒家八派的批判》中说：“《礼运》篇毫无疑问，是子游氏之儒的主要经典。那不必一定是子游所记录，就在传授中著诸竹帛也一定是经过了润色附益的。”

按照郭沫若的看法，《礼运》篇虽然不一定是子游亲笔所写，但至少是他所传的“子游氏之儒”的主要经典。对于儒家的分派，前人大多会引述韩非在《韩非子·显学》中所言：“有子张之儒，有子思之儒，有颜氏之儒，有孟氏之儒，有漆雕氏之儒，有仲良氏之儒，有孙氏之儒，有乐正氏之儒。”

这段话中并没有子游氏之儒，《荀子·非十二子》中却有这一派：“弟佗其冠，神禫其辞，禹行而舜趋，是子张氏之贱儒也。正其衣冠，齐其颜色，嗛然而终日不言，是子夏氏之贱儒也。偷儒惮事，无廉耻而耆饮食，必曰君子固不用力，是子游氏之贱儒也。彼君子则不然。佚而不惰，劳而不僈，宗原应变，曲得其宜，如是，然后圣人也。”

虽然说《荀子》的这段话是用贬斥的语言谈到了子张、子夏、子游所传三派，然而这三派韩非子均未提到。但《荀子》的贬斥，至少说明在那个时代已经存在子游氏之儒，而该派传播的当然是子游的儒家思想，故《礼运》篇体现的也是这一派的观念。如果这种推论不错的话，那么后世不断颂扬的大同小康观念则应当是子游的思想了。

关于《礼运》一篇所阐述的整体观念，孙希旦在《礼记集解》中认为：“礼运者，言礼之运行也。盖自礼之本于天地者言之，四时五行，亭毒流播，秩然灿然，而礼制已自然运行于两间矣。然必为人君者体信达顺，然后能则天道，治人情，而礼制达于天下，此又礼之待圣人而后运行者也。周衰礼坏，孔子感之而叹，因子游之间，而为极言礼之运行，圣人所恃以治天下国家者告之。”

看来《礼运》讲述的就是礼的实施细节，而这正是子游在多方面认真探讨的问题。当然，子游在很多方面继承了孔子的观念，不少的文献中都记载了子游向孔子请教礼的问题，但其所问大多为丧礼，比如《礼记·檀弓上》："子游问丧具，夫子曰：'称家之有亡。'子游曰：'有无恶乎齐？'夫子曰：'有，毋过礼。苟亡矣，敛首足形，还葬，县棺而封，人岂有非之者哉？'"

子游向孔子请教丧礼上用的器具，孔子告诉他这要根据家里的财力大小来决定，但子游觉得每家人的财力大小相差很大，如果按照孔子所言，似乎就没有了统一的丧礼标准。于是孔子就向他做了细节上的解释。《礼记·檀弓下》中还有子游对礼道的见解：

> 有子与子游立，见孺子慕者，有子谓子游曰："予壹不知夫丧之踊也，予欲去之久矣。情在于斯，其是也夫？"子游曰："礼有微情者，有以故兴物者。有直情而径行者，戎狄之道也。礼道则不然，人喜则斯陶，陶斯咏，咏斯犹，犹斯舞，舞斯愠，愠斯戚，戚斯叹，叹斯辟，辟斯踊矣。品节斯，斯之谓礼。人死，斯恶之矣，无能也，斯倍之矣。是故制绞衾、设蒌翣，为使人勿恶也。始死，脯醢之奠；将行，遣而行之；既葬而食之，未有见其飨之者也。自上世以来，未之有舍也，为使人勿倍也。故子之所刺于礼者，亦非礼之訾也。"

有子和子游在路边看到一个小孩子哭着寻找父母，对此有子跟子游说，他一向不理解在丧礼中为什么要有顿足的规定，为此他还想废除掉这条规定。因为他觉得孝子的哭丧就该当像这个小孩子一样只要发自内心就可以了，也就是说用真情来哭，不必要做具体的动作规定。但子游不这么认为，他认为礼的规定是有道理的，如果没有统一的规定，那行事就如同野蛮人那样任意而为。接下来子游一步一步地阐述了一个人情绪的递增过程，他认为孝子在丧礼上规定顿足三次，是为了不让情绪失控，以此来防止哀伤过度。

可见子游在礼的规定上区分得十分细腻，为此，他也跟老师孔子有过仔细探讨，《孔子家语·正论解》中载：

> 子游问于孔子曰："夫子之极言子产之惠也，可得闻乎？"孔子曰："谓在爱民而已矣。"子游曰："爱民谓之德教，何翅施惠哉？"孔子曰："夫子产者，犹众人之母也，能食之，而弗能教也。"子游曰："其事可言乎？"孔子曰："子产以所乘之舆济冬涉者，是爱而无教也。"

孔子夸赞子产，子游问为什么，并且一层层地问下去，以此来区分德教与施惠，可见他是一位在学问探讨方面极其认真的人。可惜其所创学派到后世渐渐分化了。荀子在《荀子·非十二子》中说："略法先王而不知其统，犹然而材剧志大，闻见杂博。案往旧造说，谓之五行。甚辟违而无类，幽隐而无说，闭约而无解。案饰其说而祗敬之，曰此真先君子之言也。子思唱之，孟轲和之，世俗之沟犹瞀儒，嚾嚾然不知其所非也，遂受而传之，以为仲尼、子游，为兹厚于后世，是则子思、孟轲之罪也。"

虽然荀子于此所言仍是以自己所传为正，他人所传为非，却将孔子与子游并提，认为子思和孟轲也传承了子游的观念，这也同样说明了子游在儒学史上具有承上启下的作用。更为重要的是，子游把儒学思想传播到了南方，宋袁甫在《常熟县教育言氏诸孙记》中称颂言子说："与他所论礼，皆精人毫发，独圣人之传至于论子游之门人，则谓仅可当洒扫应对进退之末，而本之则无。然则知本斯可谓知礼，此正夫子所以大林放之问而未可以子夏之论小之也。且子游吴人也，太伯端委以治《周礼》，其源流有自来矣！而况讲习于洙泗之间，巍然在四科之列，武城弦歌之风。"而元张起岩在《弦歌书院记》中称："夫以周之长世，列国争雄，功私是尚，以吴人乃能独悦周公之道，北学中国，身通受业为孔门高弟。列于文学之科，又为鲁所器重，委以民社。推引学道爱人之语，以诗书礼乐熏陶其民，弘歌之声复闻于今。"

明洪武年间，太常博士姜渐在《修学记》中极力夸赞言子对南方人的教化："昔三代之有天下，文莫备于周，而泰伯实启之；教莫盛于孔子，而言偃实师之。自泰伯以天下让，而吴为礼仪之邦；自言偃北学于圣人，而吴知有圣贤之教。由周而降，天下未尝无乱也，惟吴无悖义之民；由汉以来，天下未尝无才也，惟吴多名世之士。虽阅千数百载而泰伯、言偃之风，至于今不泯。噫！教化之感人心而善民俗也如此。"

清康熙年间，鲁超在《重修常熟儒学尊经阁记》中讲到了言子对南方文化的重要作用："徘徊瞻顾而叹曰：'勾吴之俗，剃发文身，不兴风教。再孔子教于东鲁，而子游氏崛起南国。虞虽小邑，得为东南风气之首，以有子游氏之儒也。’子游氏以学道爱人，教其君子、小人，而弦歌之声遍闻闾巷。”故康熙年间的马逸姿在《子游祠碑记》中有这样的赞词：“夫子之道，日月同光，子游文学，云汉为章，明德远矣，百世流芳，遗迹今寻，犹在其乡，虞山苍苍，琴水茫茫，君子之学，山高水长。”

二十余年来，我多次前往常熟，因为虞山处在常熟老城的中心，故每次来常熟都路过此山，而言子墓就处在虞山脚下。每当我乘车路过此处时，都能看到山脚下巨大的石牌坊并向这位先贤行注目礼。

我第一次登山去朝拜言子墓是在2012年6月3日。虞山是外地游客来到常熟时的必访之地，当天云淡风轻、风和日丽，故游客人数更胜于往日。

仲雍墓石牌坊

步行到山脚下，我方看清这里实际有两个石牌坊，其一是仲雍，另一个才是言子，这两个牌坊相距约20米。仲雍是周太王之子，他的哥哥是太伯，弟弟是季历，仲雍排行第二。当时父亲想传位给季历，之后又立季历之子姬昌，于是仲雍和太伯主动避让，他们从陕西迁居到了江苏无锡。太伯即位吴国君主，后因其无子而仲雍继位，故而仲雍是吴国第二代君主，仲雍去世后葬在了虞山。如此说来，此墓有3000多年的历史。后来子游去世后，葬在仲雍墓旁。两位历史名人都葬在了虞山，可见此山是风水宝地。

沿着台阶一路上行，我首先瞻仰了仲雍墓，墓的两边有大量的算卦摊，这么密集的同一类摊位在其他地不多见。仲雍墓和言子墓之间未能找到横向穿行之路，我只好沿途下到山脚下，而后走到了言子墓的神道上。于此看到的石牌坊上刻着“南方夫子”，可见他

言子墓石牌坊

墓碑与墓丘相距太近

对江南文化的启蒙为后世所铭记。

登台阶百十余米，我在虞山的山腰找到了言子墓，该墓被围墙包了起来，其墓丘后方所嵌墓碑上刻着“先贤子游言公墓”。因墓与碑之间距离太近，拍照颇为困难，墓的周围却也看不到大量的刻石。

子张：才高意广，务外失中

子张为孔门十哲之一，“十哲”一词本自《论语·先进》：

> 子曰：“从我于陈、蔡者，皆不及门也。”德行：颜渊，闵子骞，冉伯牛，仲弓。言语：宰我，子贡。政事：冉有，季路。文学：子游，子夏。

当时的“十哲”并无子张。唐开元二十七年（739），玄宗下令将颜回列为配享，而后升曾参入十哲之列。到宋咸淳三年（1267），皇帝下令以颜回、曾参、孔伋、孟轲四人配祭孔子，此即后世形成定例的四配。

曾参升为四配之一，故十哲又少了一位，关于谁有资格补入这个空缺，当时出现了争论。南宋黄震在《黄氏日钞》中说：“可知咸淳三年升从祀，以补十哲，众议必有若也。祭酒为书，力诋有若不当升，而升子张，不知《论语》一书孔子未尝深许子张。”

朝中大员认为必定会将有若升为十哲，但当时的祭酒坚决反对，他主张升子张为十哲。皇帝同意了他的意见，于是子张成为十哲之一。

从黄震叙述的语气来看，他不赞成以子张替换有若，其理由是《论语》一书中所载孔子对子张的评价并不高。事实确实如此吗？后面再探讨这个问题。但是子张对传承儒家思想起到过重要作用，《史记·儒林列传》载："自孔子卒后，七十子之徒散游诸侯，大者为师傅卿相，小者友教士大夫，或隐而不见。故子路居卫，子张居陈，澹台子羽居楚，子夏居西河，子贡终于齐。"

孔子去世后，他的七十二位贤徒遍布各地，有的外出为官，有的继续讲学。当时子张来到陈国继续传播儒家思想，他培养出众多弟子，成为儒学最重要的支脉之一。《韩非子·显学》中称："自孔子之死也，有子张之儒，有子思之儒，有颜氏之儒，有孟氏之儒，有漆雕氏之儒，有仲良氏之儒，有孙氏之儒，有乐正乐之儒。自墨子之死也，有相里氏之墨，有相夫氏之墨，有邓陵氏之墨。故孔、墨之后，儒分为八，墨离为三。"

这段话是著名的"儒分为八"的历史命题，子张独创一派，并且列在最前面，可见该派影响力之大。《三国志》中称："自孔氏门徒，大数三千，其见异者七十二人。至于子张、子路、子贡等七十之徒，亚圣之德，然犹各有所短。"陈寿夸赞子张等几位孔门高徒有亚圣之德，可见对其评价之高。

关于子张的情况，《史记·仲尼弟子列传》中称："颛孙师，陈人，字子张。少孔子四十八岁。"

子张乃颛孙师之字，其以字行，司马迁说他是陈国人，但郑玄在《孔子弟子目录》中则称："颛孙师，阳城人。"司马贞在《史记索隐》中则说："阳城，县名，属陈郡。"可见视子张为陈人为大多数说法，但是《吕氏春秋·尊师》中则说："子张，鲁之鄙家也。"该书又称其为鲁人。

子张究竟是哪里人？清崔述在《洙泗考信录》中称："子张乃颛孙之后也，颛孙于庄二十二年自齐奔鲁，历闵、僖、文、宣、成、襄、昭、定，至哀公凡十世，子张之非陈人明矣。盖因其先世出自陈，而传之者遂误以为陈人耳。若子张为陈人，孔子亦将为宋人乎？孔子弟子，鲁人为多；其次则卫、齐、宋，皆邻国也；吴之去鲁远矣，若涉数千里而北学于中国，此不可多得之事。"

可见子张的先世确实是陈人，但后来因陈国发生内乱而来到了鲁国。宋邓名世在《古今姓氏书辩证》中引《风俗通》中所言：

子张墓

“陈公子颛孙仕鲁，因氏焉。其孙颛孙师字子张，为孔子弟子。”此后颛孙在鲁国为官，于是人们将其视之为鲁人。这就如同孔子的先人原是宋国人，但人们依然视孔子为鲁人一样。

关于子张的家世，《吕氏春秋·尊师》中载：“子张，鲁之鄙家也；颜涿聚，梁父之大盗也；学于孔子。段干木，晋国之大驵也，学于子夏。高何、县子石，齐国之暴者也，指于乡曲，学于子墨子。索卢参，东方之巨狡也，学于禽滑黎。此六人者，刑戮死辱之人也。”

子张出生在贫困之家。关于他所从事之职业，《尸子·劝学》中载：“子贡，卫之贾人；颜涿聚，盗也；颛孙师，驵也。”按照《集解》引徐广所言：“驵，马侩也。”也就是说子张在拜孔子为师之前，从事的职业是贩马。

关于子张是哪年拜孔子为师的，传世资料无明确记载，按司马迁所言，子张比孔子小48岁，同时孔子师徒在陈、蔡受困时子张随行。钱穆考证出孔子师徒在陈绝粮的时间应当是鲁哀公六年（前489），此时孔子63岁，以此减去48岁，当时子张年仅15岁。故钱穆在《先秦诸子系年》中说：“前辈者，问学于孔子去鲁之先，后辈则从游于孔子返鲁之后。如子路、冉有、宰我、子贡、颜渊、闵子骞、冉伯牛、仲弓、原宪、子羔、公西华，则孔门之前辈也。游、夏、子张、曾子、有若、樊迟、漆雕开、澹台灭明，则孔门之后辈也。”由此可知，子张乃孔子晚年弟子，所以被视为孔门后辈。

关于孔子对子张的批评之语，《孔子家语·五帝德》中载有如下一段话：

子曰："吾欲以颜状取人也，则于灭明改之矣；吾欲以辞言取人也，则于宰我改之矣；吾欲以容貌取人也，则于子张改之矣。"

孔子感慨，他因为澹台灭明长相丑陋而轻视这位弟子，但后来澹台灭明所做出的成就令孔子反思自己以貌取人的行为。孔子又说自己以往因为言辞而看不上宰予，后来改变了这种态度，同时他又说自己曾经想根据容貌选择人才，但是从子张开始，让他改变了这种做法。

除此之外，《论语·子张》中载："曾子曰：'堂堂乎张也，难与并为仁。'"

曾子也说子张长得堂堂，何为"堂堂"？何晏在《论语集解》引郑玄曰："言子张容仪盛，而于仁道薄也。"曾子认为子张虽然长得一表人才，但是在仁的修养方面与长相不相匹配。这显然是颇负面的一句评价，后世大多以何晏的所解来批评子张，例如皇侃在《论语义疏》说："堂堂，仪容可怜也。言子张虽容貌堂堂，而仁行浅薄，故云难并为仁。"朱子在《论语集注》中引用了曾子所言后评价说："堂堂，容貌之盛。言其务外自高，不可辅而为仁，亦不能有以辅人之仁也。"清毛奇龄在《论语稽求篇》中也赞同这种说法："堂堂，夸大之称，惟夸大不亲切，故难并为仁。"

朱子也认为子张虽然一表人才，但他只注重外在，孔子所强调的核心问题——仁，他未能做到。同时，朱子又引用了范氏所言，来印证他给出的评价："子张外有余而内不足，故门人皆不与其为仁。子曰：‘刚、毅、木、讷，近仁。’宁外不足而内有余，庶可以为仁矣。”

这当然是很重的一句评语，故如何理解曾子所说的“难与并为仁”一句，成为评价子张的关键问题。晚清王闿运对这句话的解读与他人不同，他在《论语训》中说：“亦言子张仁不可及也。难与并，不能比也。曾、张友善如兄弟，非贬其堂堂也。”

王闿运认为曾子的这句话是说子张仁的水平已经超过了他的容貌，曾子的意思是说子张仁的水平高不可及。王闿运认为曾子和子张关系十分密切，他怎么可能说出这样贬斥子张的话来。

王闿运的解读完全推翻了前人的理解，程树德在《论语集释》中肯定了王闿运所言，而后写下如下按语：

> 子张少孔子四十八岁，在诸贤中年最少，他日成就如何虽无可考，而其弟子有公明仪、申详等，皆贤人也。其学派至列为八儒之一，非寂寂无闻者也。《集注》喜贬抑圣门，其言固不可信。如旧注之说，子游、曾子皆以子张为未仁，摈不与友，《鲁论》又何必记之？吾人断不应以后世讲朱陆异同之心理推测古人。况曾子一生最为谨慎，有口不谈人过之风，故知从前解释皆误也。王氏此论虽创解，实确解也。

程树德说子张虽然在孔门时间不长，然而他后来培养出了公明仪等著名的弟子，同时又创建了儒学八大门派之一，他既然有这么高的成就，怎么能说他未能传承孔子所强调的仁呢？既然如此，为什么前人都那样理解曾子的那句话呢？程树德认为《论语集注》一书就喜欢贬抑名家。实际上子张无论人品还是成就都很高，所以他与王闿运的观点一样，认为前人都错误理解了曾子的那句话，而只有王闿运的解读方为正确。

康有为极其推崇子张，故他对曾子所言那句话十分不满，康有为认为前人理解曾子那段话没错，他在《论语注》中说："类叙攻子张之意……曾子守约，与子张相反，故不满之。人之性，金刚水柔，宽严异同，嗜甘忌辛，趣向殊科，宗旨不同则相攻。上章只以为未仁，尚无定论，难与为仁，则过矣。《大戴礼·卫将军文子》篇历论诸子，而孔子谓子张不弊百姓，以其仁为大。又言其业功不伐，贵位不善，不侮可侮，不佚可佚，所谓尊贤容众，嘉善矜不能，仁孰大焉。孔子许子张，几比于颜子，可为定论。"

颛孙子张墓文保碑

康有为从曾子与子张性格上的不同来予以解读，他认为曾子做事谨慎，子张则反之，所以曾子不喜欢子张的性格，故其说子张没有达到仁的程度。在康有为看来，孔子很看重子张，仅在颜回之下。康有为以此批评曾子对子张的贬斥之语，同时他也不满于朱熹太过推崇曾子，使得子张的评价过低："朱子误尊曾子过甚，于是不考，而轻子张为行过高而少诚实恻怛之意，则大误矣。"

按照历史文献记载，孔子的确夸赞过子张的仁，《孔子家语·弟子行》所载子贡的一段话为证："美功不伐，贵位不善，不侮不佚，不傲无告，是颛孙师之行也。孔子言之曰：'其不伐，则犹可能也；其不弊百姓，则仁也。'《诗》云：'恺悌君子，民之父母。'夫子以其仁为大。"

子贡夸赞子张的品行：立大功而不夸耀，处高位而不欣喜，不贪功名，不慕权势，不会在无依无靠的人面前炫耀自己的成就。同时子贡引用了孔子对子张的评价之语：他不夸耀自己的品德，这是他人难以做到的；他能在贫苦人面前不炫耀，这就是仁德的表现。子贡又引用了《诗经》上的一句，此句的意思是，平易近人的君子是百姓的父母。正因为子张能够具备这样的品德，所以老师认为他达到了仁。

从《论语》中的记载看，子张很关注仁，他曾向老师请教这个问题，《论语·阳货》中载：

> 子张问仁于孔子，孔子曰："能行五者于天下为仁矣。""请问之。"曰："恭、宽、信、敏、惠。恭则不侮，宽

> 则得众，信则人任焉，敏则有功，惠则足以使人。”

子张问老师什么叫仁，孔子告诉他：能在天下实行五种品德，可以说就是仁了。子张进一步问具体是哪五种品德。孔子告诉他：恭敬、宽厚、诚信、勤敏、慈惠。同时孔子向子张解释了这五种品德的作用。

其实朱子也不是全面贬斥子张，他夸赞过子张“才高意广”，但他同时说过“子张行过高，而少诚实恻怛之意”。余外，钱穆在《论语新解》中也认为：“子张务为高广，人所难能，但未得为仁道。仁道，乃人与人相处之道，其道平实，人人可能。若心存高广，务求人所难能，即未得谓仁。”

子张为什么受到这么多批评之语呢？其原因之一是《论语》中记载了不少他向老师请教很实际的问题，比如《论语·为政》中载：

> 子张学干禄。子曰：“多闻阙疑，慎言其余，则寡尤；多见阙殆，慎行其余，则寡悔。言寡尤，行寡悔，禄在其中矣。”

子张向老师请教干禄问题。关于何为干禄，清刘宝楠在《论语正义》中引《周官·太宰》注曰：“禄，若今月俸也。位，爵次也。位定然后受禄。”可见禄就是古代官员的工资，然而《论语义疏》中引郑玄的解释是：“干，求也。禄，禄位也。”也就是子张向孔子讨教如何能当官赚钱。按照今人的解读，干禄是指钻营当官，追求利禄，这是后世贬低子张的原因之一。

但是干禄另有一解，按照《说文解字》中所言“禄，福也”，干禄就是求福。从孔子回答子张的所问来看，似乎也应理解为求福，因为孔子告诉子张要多听别人说话，以此来明白一些问题的原因。对于自己不清楚的事情，不要随便讲出评价之语，同时要多看，以了解真相。对看不清楚的问题，不要去做，这样就能减少后悔。如果能做到这两点，自然福在其中了。

从《论语》中的记载看，子张常常能问到一些其他弟子未曾问过的问题，比如《论语·颜渊》载：

> 子张问：“士何如斯可谓之达矣？”子曰：“何哉尔所谓达者？”子张对曰：“在邦必闻，在家必闻。”子曰：“是闻也，非达也。夫达也者，质直而好义，察言而观色，虑以下人。在邦必达，在家必达。夫闻也者，色取仁而行违，居之不疑。在邦必闻，在家必闻。”

子张问老师读书人如何才能做到通达，孔子反问他所说的“通达”指的是什么。子张说：他认为通达就是在诸侯国做官一定要有名声，即使做士大夫的家臣也要有名气。孔子说：你说的“达”其实是指名气，不是真正的通达。真正的通达是指为人质朴，尊崇道义，善于察言观色，以此来揣测对方的心理，同时甘愿居于人下，以此表现谦恭。而所谓的闻人，这种人看上去具有仁德，可是行为举止并不符合仁德，他本人却以仁人自居。这就是你所说的在国为官必有名声，在士大夫家做家臣也能有名气。

这段话所问正说明了子张有一种强烈外求的心理，所以朱子在《论语集注》中评价他："子张务外，夫子盖已知其发问之意。故反诘之，将以发其病而药之也。"

宋钱时在《融堂四书管见》中将以上两个子张所问串起来解读："子张尝问干禄，尝问达，此又问行，大抵皆务外以求遂其所欲，夫子一使反求诸己，就言行上切实用功，正切子张之病而教之也。"

不少的人都评价子张务外。孔子始终强调要反求内心，所以孔子在回答子张达的问题时，才说了那样一番话，可见老师很了解弟子性格上的疵点。《论语·先进》载有孔子对四位弟子给出的精准点评："柴也愚，参也鲁，师也辟，由也喭。"孔子用一个字来概括弟子的性格，他说高柴有些愚笨，曾参有些迟钝，子路有些刚猛，而他在评价子张时用了一个"辟"字。何为辟，后世有不同的解读。

何晏在《论语集解》中引用马氏曰："子张才过人，失在邪僻文过。"其将"辟"字理解为"邪僻"，皇侃的《论语义疏》也赞同这种说法。朱熹在《论语集注》中则称："辟，便辟也。谓习于容止，少诚实也。"清黄式三在《论语后案》中称："辟，读若《左传》'阙西辟'之辟，偏也，以其志过高，而流于一偏也。"

黄式三把"辟"字解读为偏激，此种解读方式为后世广泛接受，可见子张的性格中有偏激的一面。《韩诗外传》中载：

孔子过康子，子张、子夏从。孔子入坐。二子相与论，终日不决。子夏辞气甚隘，颜色甚变。子张曰："子亦闻夫子之议论邪？徐言暗暗，威仪翼翼，后言先默，得之推让，巍巍乎！荡荡乎！道有归矣。小人之论也，专意自是，言人之非，瞋目扼腕，疾言喷喷，口沸目赤。一幸得胜，疾笑嗌嗌。威仪固陋，辞气鄙俗，是以君子贱之也。"

子张与子夏为某个问题争论了起来，两人竟然争论了一整天，子夏被气得脸色都变了，却还在那里侃侃而谈。子张以老师讨论问题时的姿态为例，说老师说话时语气和缓，举止庄严，他会先默默地听别人讲述，然后再发表自己的意见，即使自己占理，也要尽量让着别人；有些小人在讨论问题时，却只是一门心思地维护自己的主张，总批评别人观点不正确，这种人瞪着红眼攥着拳头，一直说得口吐白沫，偶然得胜，马上就会喜形于色，这样的人看上去太丑陋了，所以君子看不上这样的人。

从这段话我们可以了解到子张在性格上的偏激。他用这番话来贬斥子夏，难怪子夏会气成那样。通过这段对话我们也可猜测到，恐怕子张有时也会对其他同学以这种口吻说话，难怪不少的人批评他。《孔子家语》中载："为人有容貌，资质宽冲，博接从容。自务居，不务立于仁义之行，孔子门人友之而弗敬。"子张天分很高，又长得一表人才，所以他被视为才子型人物，故其说话有直接的一面，所以他与一些同学的关系处得不好。而老师也知道他有这样的性格，《论语·先进》载：

子贡问："师与商也孰贤？"子曰："师也过，商也不及。"曰："然则师愈与？"子曰："过犹不及。"

子贡问老师：您认为子张和子夏谁更优秀？孔子说：颛孙师做事有些过头了，卜商做事却达不到程度。子贡接着问：这么说来颛孙师应该比卜商更优秀一些？孔子说：过头和不如同样不好。

可见孔子知道子张性格上的偏激。但也有人认为有其弊也必有其利，比如清汪绂在《四书诠义》中说："有其病则有其善，愚者必厚重，鲁者必诚朴，辟者必才高，喭者性必直，此皆圣门气质有偏而未为习染所坏者。愚者充以学问，鲁者励以敏求，辟者敛以忠信，喭者文以礼乐，只因其好处，克去其偏处，便可至于中庸。"

汪绂认为愚笨的人必然忠厚，迟钝的人必然诚朴，偏激的人必然才高，鲁莽的人必然正直。孔子因材施教，使得每一个弟子学会中庸之道，最终培养出了众多的人才。《孔丛子》中记载了孔子夸赞弟子的一段话："文王得四臣，丘亦得四友焉。自吾得回也，门人加亲，是非胥附邪！自吾得赐也，远方之士日至，是非奔辏邪！自吾得师也，前有辉，后有光，是非先后邪！自吾得由也，恶言不至于门，是非御侮邪！文王有四臣以免虎口，丘亦有四友以御侮。"

周文王有四位名臣，孔子说他有四位优秀的弟子，他们分别是颜回、子贡、子张、子路。他在夸赞子张时用了"前有辉，后有光"来形容之，足见他对子张的认可。

关于子张后来的情况，《堀坊志》中称："孔子没，子张在鲁守丧三年毕，与其友闵子骞同归于萧。厥后，闵子徙宿，子张与子申祥守萧不变。及终，葬于掘坊村。”

孔子去世后，子张来到了萧国，他在此讲学，后去世于此，葬在了堀坊村。后世子孙为了纪念他，将家谱命名为《堀坊志》。子张所葬之地，由于历史变迁，变为今日安徽淮北市朔里镇徐楼村。

2021年2月25日，我从北京开车先往山东寻访，而后继续南下进入安徽。我跟着导航来到了徐楼村。该村很小，感觉只有几十户人家，下雨的原因，街上静悄悄地看不到一个行人。我慢慢开行，一是找人，一是看街景。在我的想象中，子张名气如此之大，想来这个村中一定有相应的介绍展板和壁画。然而我在村内仅看到了一幅粗糙的宣传画，未能找到其他任何与子张有关的图案和文字。

正踌躇间，我看到某个院落内有位老人正准备进屋。我停下车后飞奔过去，向他请教子张墓所在。老人很和蔼地告诉我在村口，还仔细地说见到一条岔路后左转，前行约200米就是子张墓园。

徐楼村牌坊

刚才我就是沿这条路行驶过来的，但没有在路边看到墓园。我谢过老人后掉头往回开，按其所言驶上了一条小路，这条路却斜插向了另一个方向。我在田地内看到了一个方形院子，想来那应该就是子张墓园，但脚下的路无法通往那里。我决定一直开下去，然后再右转，从另一条大道驶往墓园，然而开到交汇处时，地上的两个水泥墩间距太近，我的车无法通过。路的两侧一边是水沟一边是田地，根本无法掉头，无奈我只好慢慢地往回倒车，终于找到安全地带得以掉头返回。

我重新驶入村路，边走边看，距村名牌坊约20米时看到一条小路，我担心驶入后又无法掉头，于是将车停在路口，而后冒雨步行前往。在入口处有一间小房屋，房屋侧旁长了一些葡萄藤，我看到有人在那里劳作。我向他们询问前方是不是子张墓，两人听不懂我的话，我谢过后继续前行。

我走出100余米，这里有一片杨树林，杨树林的东侧有一院落，走到门前，果然看到了子张墓文保碑。终于找到了地方，我长舒一口气。然而我接着就看到墓园的铁栅栏门上着锁，门旁贴有一纸公告，上面写明颛孙子张墓园即将进行二期工程规划，所以社会组织或个人参观或祭拜前要先与文物巡查员联系，经巡查员同意，同时在其陪同下方可进行。上面同时注明“不接受任何非法组织的申请”，我理解为个人申请没问题，于是按上面所列的两个电话拨了过去。对方却告诉我要先给文物部门打报告，经批准后才能来开门。这样的要求无法实现，故我只好围着墓园寻找可拍照之处。

在门口的另一个立柱上我看到一张残损的告示，上面写明子张后裔很感激相关部门能够恢复子张墓，同时他们自愿出资敬立了子张墓碑和功德碑。并且写明：

> 为中华传统习俗的传承弘扬，为子张后裔子孙有序祭拜，保证朔里镇顺利有序验收。颛孙家族自愿安排人员轮流二十四小时守护，以防墓碑遭到人为破坏和自然毁损。

看来这一带有子张后人做守护者，于是我东张西望地寻找。恰在此时沿着水泥路走来了一位中年人，我以为他是子张后人或者文物巡查员，马上迎上去问他能否开门，他却称自己不是，并且说也不知道如何找到开门人。然后他冲我诡异地一笑转身离去，比人的行为举止让我摸不到头脑。看来无法入园，我只能拍摄周

子张墓园围墙外的庄稼

围的情形。

透过栅栏门可看到墓园内有两座大大的土丘，墓碑却在坟丘的另一侧，故从门的角度无法确定哪一座是子张墓。我注意到院墙的另一侧设计了几个花窗，花窗是用拱形瓦叠出的造型，如果从那个角度拍照，就能拍清楚墓碑，于是我沿着田地向内走。因为下雨之故，田地里十分泥泞，刚走出几步，两只鞋已经变成了两个大泥坨，我小心地扶着墙负重前行，终于走到了墓园的另一侧，果然透过花窗看到了里面的墓碑。

花窗

右侧的墓碑刻着“鲁大夫颛孙申详之墓”，申详是子张的儿子。左侧的墓碑刻着“先贤颛孙子张之墓”，两块墓碑同样大小，墓丘的形制也完全相同，墓碑前摆着五石供，墓丘上长满荒草，看上去均为新近修复者。按照清张行言《圣门礼乐统》所载：

> 子张没之日曾子有母之丧，齐衰而往哭之，其殡也，公明仪为之志焉，褚幕丹质，以丹质幕为褚葬覆，不墙不翣，蚁结四隅，画褚之四角，其文如蚁行往来相交错，如蚍蜉也，殷之制则有之殷士也，学于孔子仿殷礼。

子张去世时正赶上曾子母亲去世，但曾子还是来哭祭子张。子张的葬礼由其弟子公明仪来主持，他按照子张的遗嘱进行安葬。对于文中的描绘，胡新生在《周代的礼制》中解释：“子张的丧礼是以四角画有蚂蚁图案的红色大布覆盖棺材，这是商族的士礼。此语隐含此次丧礼的其他方面大多采用了周礼。”

按照《礼记集解》中所言，子张的葬仪是学孔子，“夫子圣人，弟子尊之”，孔子的丧礼是兼用了夏、商、周三代的丧礼，子张则继承了商周之礼。如今已不可能看到子张墓内的情形究竟如何，但能够于此朝拜这位前贤，还是令我有无限的欣慰。

秦祖、壤驷赤：五泉山上三贤祠

2021年3月13日，我乘飞机前往兰州，北京首都国际机场三号航站楼内的乘客比以往少了大半，偌大的候机楼如此清静，让人感觉颇不适应。正点登机后，直到关机舱，飞机内人数也仅有三分之一。不知什么缘故，航空公司把乘客都安排到飞机的前部，有些乘客看到后面空着一大截，纷纷换座位到后方，乘务员立即制止，称疫情期间按照相关规定，乘客不能随意调换座位。既然是防疫要求，为什么在安排座位时不让乘客隔开座位来坐呢？看来相关管理部门思维更加严谨。

也许是疫情的原因，航班减少，我所乘飞机竟然能准点起飞，完全没有了以往排队的过程。更为奇特的是，飞机到达兰州竟然比预定时间提前了40多分钟。我刚一落地就收到王家安先生的微信消息，他已查到我所乘之飞机提前落地，而他与朋友开的车堵在了来机场的路上。王先生让我到机场出口等候，我在那里坐了20多分钟，看到不少的乘客均在附近等候，不知道他们是不是同样因为飞机早到。

中国的航空业发展太快了，各个机场的延误现象已然是司空见惯，而今不但不延误，还能提前到达，这在前些年真不敢想象。疫情改变生活，给人带来许许多多的不便，但同时也能纠正一些痼疾，世上不存在绝对的好和绝对的不好。老子的思想在这里发挥了作用，难怪孔子跑那么远前去向他讨教问题。

兰州机场距市区约80公里，是国内距离市区较远的机场之一。前些年来兰州时，于此打车进市区，沿途所见地貌令我知道为什么把机场建这么远：这一带是塌陷形黄土山，找一块平地建机场真不容易，这也就是我不愿意请朋友来接送之故。之前与王家安联系时，我已告知他不必如此费事，但王先生做事细致认真，他为了节约我的时间，今天下午就已经安排了三个寻访点，所以他从机场接上我不用进市区，可直接奔欲寻访之地。

此次王先生特意请甘肃贡院博物馆馆长贾守雄先生一同前来。几年前我参观过该贡院，在贾馆长的办公室看到他搜集了大量与甘肃科举有关的资料和实物，知道他是一位有心人，今日在机场再次见面，颇有亲切之感。

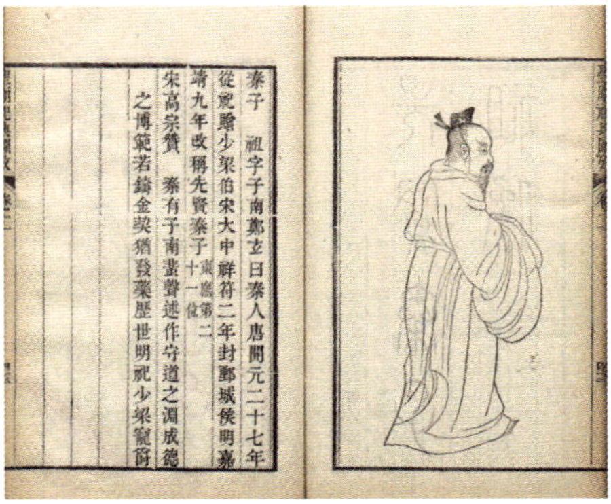

秦祖像，《圣庙祀典图考》五卷　清顾沅编　孔继尧绘图　清道光六年吴门赐砚堂顾氏刻本

在离开机场的路上，我与王家安又商量了寻访次序，我向他强调本次前来主要是为了探看孔子弟子的遗迹，因为我查得在兰州五

泉山景区内有三贤祠，祠中分别供奉着秦祖、壤驷赤和石作蜀，这三位均属孔门七十二贤。甘肃一地之内竟然有此三位前贤，由此更正了我对早期甘肃文化史的偏见。然而不知什么原因，网上一直搜不到三贤祠的照片，我不清楚该祠是否存在，但无论如何，我想到原地去查看。

王家安告诉我，他事先已联系好了五泉山景区的领导，对方告诉他三贤祠仍然存在，只是后来祠堂内的塑像被毁掉了，但近些年重新修复，且该祠堂已经对外开放。闻其所言，我悬着的心放了下来，于是提议先到此处，但王家安说我们要先上山去看皋兰文庙，因为顺路。于是我听从他的安排，先去一家特色餐馆吃了著名的羊肉泡馍，而后前往五泉山。

从地形看，兰州市建在两座山的夹谷内，夹谷中间是黄河，可能正是黄河水冲出了这块平地，于是形成了一座有名的大都市。但也正因如此，兰州土地资源奇缺，故一些文化场所建在了两侧的山上，皋兰文庙与五泉山就分处在两侧的山上。我们一路穿越城区。贾馆长在路上告诉我，兰州市拿不出更多地方来建娱乐场所，故一些活动场所也建在山上，而五泉山公园几乎是兰州市最大的市民活动场

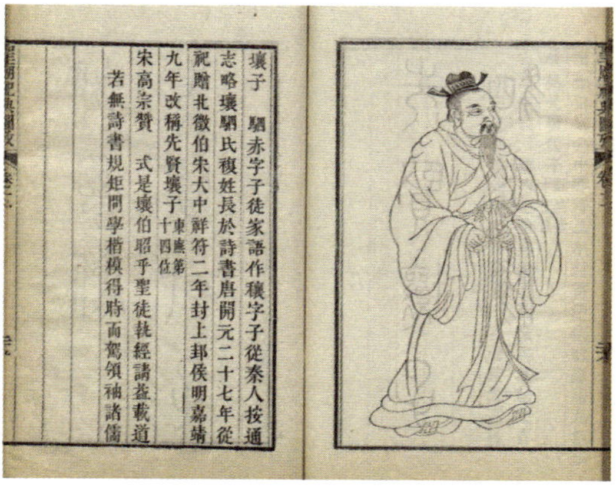
壤子　駟赤字子徒家語作穣字子從秦人按通
志略壤駟氏複姓長於詩書唐開元二十七年從
祀贈北徵伯宋大中祥符二年封上邽侯明嘉靖
九年改稱先賢壤子十四位東廡第
宋高宗贊　式是壤伯昭乎聖徒執經請益載道
若無詩書規矩問學楷模得時而駕領袖諸儒

壤驷赤像，《圣庙祀典图考》五卷　清顾沅编　孔继尧绘图　清道光六年吴门赐砚堂顾氏刻本

所。今天赶上周六，那里一定人山人海。车开到附近时，我果然看到主路上都停满了车辆，想找到车位已不可能，贾馆长把我和王家安放到景区入口附近，而他本人只能开车在周围兜圈子。

五泉山公园前的广场上摆满了摊位，看上去简直就是农村大集。见此景况我有说不出的亲切感。人是矛盾的，既喜欢清静也喜欢热闹，在摩肩接踵的人群中我有说不出的舒适感。因为疫情防控要求，这一年多来我已然习惯与他人保持一定距离，而今看到此情此景，似乎不存在疫情这回事，看来人们都有凑热闹的习惯。广场的正中，在一棵大树之下，有几十位妇女在那里跳广场舞。我看着她们在那儿夸张地跳动着，瞬间有岁月静好的感觉。

我跟随王家安挤到景区入口处，没想到这里需要扫健康码和戴口罩，这瞬间把我拉回了当下。兰州的气温比北京高10摄氏度以上，我的外衣都脱下来放在了车上，现在兜中没有口罩，王家安让我站在原地别动，他前去买口罩。我站在那里观看景区平面图，竟然没有找到祠堂所在，等他买回口罩后我终于得以入园，而在入园前王家安特意向我介绍牌坊的书写者是当地著名文人刘尔炘先生。

四年前我到兰州时，寻访目标之一就是找当地的书院，刘尔炘为书院的建设出了不少的力气。当时王家安向我仔细介绍此人，我得知他是晚清民国间兰州最著名的文人，五泉山景区完全是由刘尔炘操办而成者。我边走边听王家安向我介绍刘尔炘耗尽家财，同时努力劝捐，方建起五泉山景区的故事。而今这里成为兰州最著名的休闲场所，这样的有识之士令人感念。

公园内同样是人海如潮。我们刚入园，王家安让我等在影壁

砖雕牌坊

处，他说请一位当地著名文人带我一起寻访。两分钟后他带来了一位先生，王家安介绍这是甘肃省诗歌创作研究会副会长廖海洋先生。廖先生一脸的文气，寒暄过后，带我向五泉山深处走去。展眼望去，后面横亘着大山，而公园则是沿着山体一路向上修建。

首先我们看到了霍去病雕像，从雕塑技法可看出是今人所为，王家安介绍，当年霍去病抗击匈奴时路过此地，因为缺水，霍去病用宝剑刺向石壁后流出了清泉，因为人多水少，他又到周围刺了四剑，就有了五处泉水，这就是五泉山名称之来由。但是兰州人崇拜霍去病的原因，不是因为他抗击匈奴，而是因为他的名字起得吉利，所以很多人来五泉山摸雕像下的名字，希望可以去病。不知道古人有没有叫去瘟的，如果有的话，他的名字当在今日大放异彩，但若有他的雕像在，估计早被人摸秃了。

登上山间的第一块平台，这里有一座佛寺，王家安建议返回时再参观该寺，于是我们沿着此寺右侧之路继续向山上走。又上了一级平台后看到了孔子像，我感觉应该到了我的寻访之地。我们沿着侧边的台阶继续上行，后方是一个独立的院落，院的右侧用青砖砌起一座石牌坊。穿过牌坊，又进一院，该院落占地约半亩，仅沿山建起一座祠堂。该祠的门楣上挂着“秦子祠”的匾额，廖先生说这就是秦祖祠，他说该祠就是刘尔炘建造的。

从外观看过去，秦子祠的木雕和彩绘均很精美，可见当年祠堂建造时的用心。祠堂门前有回廊，正门前的两根立柱上有抱柱联：“挺身于古雍州，求数千年往圣微言，得之东鲁；赖有此少梁伯，把亿万世斯人命脉，留在西天。”

关于秦祖，《史记·仲尼弟子列传》中称：“秦祖字子南。”《孔子家语·七十二弟子解》中也是这五个字，两部重要史料没有谈到秦祖任何事迹，但这不影响后世对他的崇敬。唐开元二十七年（739），皇帝追封秦祖为少梁伯，对联上说的就是这件事。他在宋大中祥符二年（1009）又被加封为郿城侯，明嘉靖九年（1530）改称为先贤秦子。

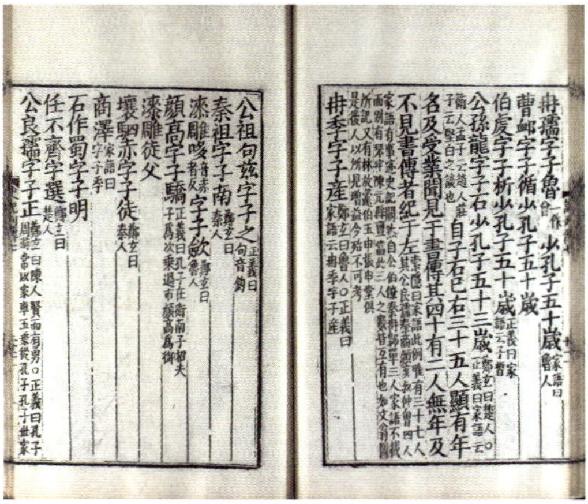
冉孺字子魯 一作曾 少孔子五十歲 家語曰魯人
曹卹字子循 少孔子五十歲
伯虔字子析 少孔子五十歲 正義曰家語云子晳
公孫龍字子石 少孔子五十三歲 鄭玄曰楚人○正義曰家語云衛人孟子云趙人莊子云堅白之談也
自子石已右三十五人顯有年
名及受業聞見于書傳其四十有二人無年及
不見書傳者紀于左
冉季字子產 鄭玄曰魯人○正義曰家語云冉季字子產
公祖句茲字子之 正義曰句音鉤
秦祖字子南 鄭玄曰秦人
漆雕哆 音侈 字子斂 鄭玄曰魯人
顏高字子驕 正義曰孔子在衛南子招夫子為次乘過市顏高為御
漆雕徒父
壤駟赤字子徒 鄭玄曰秦人
商澤 家語曰字子季
石作蜀字子明
任不齊字選 鄭玄曰楚人
公良孺字子正 鄭玄曰陳人賢而有勇○正義曰孔子世家

《史记》一百三十卷　汉司马迁撰　南朝宋裴骃集解　清同治崇文书局刻本

对联中谈到的雍州是古九州之一，即今日甘肃、陕西一带。在2500多年前，秦祖能从这里走到鲁国去拜孔子为师，在那个时代是极难之事。只是我好奇于春秋时期没有便捷的通信工具，秦祖是如何得知鲁国有位名师孔子的，他是如何得知消息又如何拜师等细节，只能任由今人猜测了。祠堂的门前拉着隔离线，王家安把它拿开，称已经跟领导打好招呼，可以入内拍照。我们进入祠堂内，正前方有一个一米高的平台，上面有秦祖站像，像前有介绍牌，上面称秦祖是今日甘肃省天水市秦州区人，是孔门七十二贤之一。余外看不到更多的介绍材料，塑像的身后有一屏风，屏风上挂一匾，上刻“守道成德”。

秦祖像

祠堂的两侧各挂七块木匾，我本以为上面会刻一些介绍秦祖事迹的资料，浏览一遍，介绍的竟然都是古代甘肃前贤。没有与秦祖有关的文字，好在屏风两侧还各有一块屏风，上面用现代笔法绘制着场景图，两块屏风没有介绍牌，感觉应当是孔子在给几位弟子讲课，但是讲话的白衣人看上去很年轻，说不定此图只是描绘秦祖与同学们在一起探讨学问的场景。另一块屏风上仅绘两个人，此两人站在岩石上，下方是滔滔的江水，想来这是描绘“子在川上曰”的场景，站在前面的应当是孔子，孔子侧旁的那位想来就是秦祖，这幅画表达了秦祖对孔子的尊敬。

余外，祠堂内未见他物，塑像、屏风、挂匾等都是新物，但是从里面看过去，门扇和窗扇是当年的旧物，只是做过一些修补。修理者没有用油漆覆盖历史痕迹，这种做法令人赞赏。

我从资料上查得，历代不少文人都做过歌咏秦祖的对联，比如元朝人乔宗亮作过一首《秦子南赞》：“秦有子南，赞赞述作。守道之渊，成德之博。范若铸金，契犹发药。历世明祀，少梁宠爵。”

参观完秦祖祠，沿着祠堂右侧的台阶继续向上攀登，在上面的一截平台上并列着两座祠堂，祠堂的左侧有一块空地，上面摆放着一个碑额及一块石碑。廖海洋和王家安走到碑前仔细辨认，我也凑近看了看，上面的文字一大半已经磨泐了，于是转身看祠堂。从外观看过去，这两座祠堂与刚才看的秦子祠体量相当并且建造手法完全一样，只是回廊的木柱更显旧味。

左边的祠堂上悬“壤驷子祠”匾，门口抱柱联是刘尔炘所撰：“任人间倒海翻江，逐宇宙新潮，正学莫忘宣圣统；愿我辈横山范水，趁春秋佳日，大家来拜上邽侯。”

王家安向我简述了该联之佳，他本人是甘肃省楹联协会秘书长，在撰写对联方面很有成就。没承想我来甘肃寻访三贤，查到的史料也基本是古今人为三贤所撰对联，看来当地撰写对联有着悠久的传统。

关于壤驷赤资料，《世本·氏姓》篇中说：“壤驷氏，秦壤驷

回廊

赤。”可见他复姓壤驷，名赤。《史记·仲尼弟子列传》中对他的记载为：“壤驷赤字子徒。”而《孔子家语·七十二弟子解》中则说：“壤驷赤，字子从。”繁体的“从”字作“從”，该字与“徒”字相近，想来是字形之讹，但究竟是《史记》对还是《孔子家语》对，难以寻得史料来旁证。但是《左传》中记载有如下一大段史实：

> 秋，二子及齐师复围郈，弗克。叔孙谓郈工师驷赤曰：“郈非唯叔孙氏之忧，社稷之患也。将若之何？”对曰：“臣之业，在《扬水》卒章之四言矣。”叔孙稽首。驷赤谓侯犯曰：“居齐、鲁之际而无事，必不可矣。子盍求事于齐以临民？不然，将叛。”侯犯从之。齐使至，驷赤与郈人为之宣言于郈中，曰：“侯犯将以郈易于齐，齐人将迁郈民。”众凶惧。驷赤谓侯

犯曰："众言异矣。子不如易于齐，与其死也。犹是郈也，而得纾焉，何必此？齐人欲以此逼鲁，必倍与子地。且盍多舍甲于子之门，以备不虞？"侯犯曰："诺。"乃多舍甲焉。侯犯请易于齐，齐有司观郈，将至。驷赤使周走呼曰："齐师至矣！"郈人大骇，介侯犯之门甲，以围侯犯。驷赤将射之。侯犯止之，曰："谋免我。"侯犯请行，许之。驷赤先如宿，侯犯殿。每出一门，郈人闭之。及郭门，止之，曰："子以叔孙氏之甲出，有司若诛之，群臣惧死。"驷赤曰："叔孙氏之甲有物，吾未敢以出。"犯谓驷赤曰："子止而与之数。"驷赤止而纳鲁人。侯犯奔齐，齐人乃致郈。

秋季，武叔和公南二人与齐军再次包围郈地，但没有攻下。武叔对郈地的工匠官驷赤说：郈地不仅是叔孙氏的忧虑，而且是国家的祸患，这应该怎么办？驷赤回答：我的事业在《诗经·唐风·扬之水》这首诗的最后一章的四个字上。他所说的四个字是"我闻有命"，驷赤之意是接受叔孙之命。叔孙闻言向驷赤叩谢，驷赤对侯犯说：处在齐鲁两国之间，不侍奉其中一国必定不行，您为什么不请求侍奉齐国来统治百姓，否则的话，他们将会叛变。侯犯听从了驷赤所言，等齐国的使者来到时，驷赤和郈地人宣布：侯犯准备把郈地与齐国做交换，齐国人准备迁走郈地的百姓。郈地人听到这个消息后都很害怕，驷赤又对侯犯说：众人与您意见不同，您不如把郈地跟齐国人交换，齐国人想借此逼迫鲁国，必然会加倍给您土地。同时他提醒侯犯，要多准备一些皮甲武器，以防意外。侯犯听从驷赤所言，就将一些皮甲放在门里。等齐国官员到达郈地后，驷赤派人私下散布齐国的军队到了，郈地人十分害怕，他们拿起侯犯准备好的皮甲包围了侯犯所居之处。后来侯犯逃到了齐国，而齐国人就把郈地送还给了鲁国。

从这段史实来看，驷赤很有计谋，但他是不是孔子的弟子壤驷赤呢？后世有不同说法，既然《左传》中把他称为驷赤，而《世本》中则称孔子的那位弟子复姓壤驷，如此说来，这两者不是一个人。真相如何，也只能任人猜测了。而此祠被称为壤驷子祠，可见亦是认为他姓壤驷名赤。

壤驷赤塑像

走入祠堂内，里面的格局与秦子祠完全相同：正前方有壤驷赤塑像，其塑造手法亦与秦子祠相同，只是壤驷赤手中拿着一卷竹简，塑像前亦有介绍牌，上面写道："唐开元二十七年追封壤驷赤为'北征伯'，明嘉靖九年，改封为'先贤壤子'，清又改称为'壤驷子'。"如果按照明代的改封方式，似乎他姓壤名驷赤，这种解读不错的话，可以证明《左传》中所载那段故事说的就是他。

此祠的左右两侧各有一块屏风，右边画的也像是孔子讲课场景，左侧则是周游列国行进途中，孔子坐在两轮牛车上，众弟子步

三贤祠背面

行。那时的车没有减震，也无橡胶轮胎，坐车需要好身体，否则会被颠散架。他们步行翻越崇山峻岭，那时的山体不可能打隧道，翻山是极困难的事情，想来孔门弟子能够跟随老师周游列国者，各个身体倍儿棒。因为他们不仅要徒步前行，估计还要不断地帮着推车，这需要多大的定力才能坚持走下去。

壤驷子祠右边的祠堂则为石作子祠，此乃石作蜀的祠堂，他是春秋时冀县人，即今甘肃甘谷县。我从网上查得，甘谷县有石作蜀雕像，已经与王家安约定好，明天将前往甘谷去寻访石作蜀遗迹。于此见到了他的祠堂，当然要入内观览一番。

石作子祠内的情形与另外两座祠堂的格局完全相同，这个塑像也是手持一卷竹简，但他是右手持简。这与壤驷赤正相反，不知道他二人谁是左撇子。石作蜀像前还摆放着几盆塑料花，另外两座祠堂内却没有，如此说来，三贤中的石作蜀更受当地人待见。

我参观完这三座祠堂，由此而了解到整个布局：三贤祠各为一座，呈倒品字形排列，均为刘尔炘所建。我从他的文集中查到，他称其为三子祠，他还为三子祠撰过两副对联：

从东鲁圣人悟易象春秋诗书礼乐所传，为儒门要道；
俾西方佛地知格致诚正修齐治平之说，是天下大经。

随德行言语政事文学四科，分西州道统；
抱孝弟忠信礼义廉耻八字，为北地儒宗。

可见刘尔炘认为三子从孔子那里学成之后，把儒家思想传播到秦地，所以此三子是北地儒宗。

我参观完三贤祠，继续向上走，后面则是伏羲殿，此殿的前门扇未上油漆。我用力推了推未能推开，只能隔窗向内张望，看到里面有几尊塑像。王家安认为伏羲塑造得太年轻，廖海洋认为应该就是这副模样。其实这就如同刚才看过的三子塑像，那时又没有照片，今人不可能知道他们长什么模样，而我看过一些画像，所绘三子形象与刚才的塑像开脸完全不同，究竟谁是谁非，没人能给出有依据性的结论。所以对先贤的崇敬，存乎其心即可，至于他们长什么样，每个人可以在心里予以不同的描绘。

伏羲殿的右侧有一座高阁，王家安介绍，此阁原本处在城内，后来因为残破，被刘尔炘花巨资迁移到了此处，而今这里作为刘尔炘纪念室。我到甘肃能够看到三贤祠，当然要感念这位刘尔炘，于是跟随王家安东穿西绕前往此阁。

穿过回廊，走到此阁门前，门楣上嵌“望来堂”三字，左右两侧的对联是：“正学废兴关世运，斯文绝续在人才。”未等两位先生张口，我就念起了这副对联，真可谓“近朱者赤”。王家安和廖海洋均为撰联高手，他二人看我吟诵此联也笑了起来，王家安介绍匾额和对联均是出自刘尔炘之手，有意思的是，阁上的另两层还有另外的名称。

望来堂

望来堂的门前依然有“游客止步”的告示，王家安顺手拉开，带我走入其中。一楼大堂颇为敞阔，已经做了现代化改造，正前方摆着刘尔炘半身像，周围则是一些字画作品。两侧有十余块展板介绍着刘尔炘的生平业绩，每一展板的题目均为八字句，比如第一块为“以工代赈，重修五泉”。上面用几百字来介绍刘尔炘是如何修

刘尔炘法书

复五泉山景区的。

另一侧有一块展板的题目是“师承理学，不落窠臼”，王家安特意向我介绍刘尔炘是理学大家，可惜因其书名太高，少有人关注这一点。为此，王家安又带我走到此阁的对面一侧，这里有一半廊式建筑，其名“万源阁”，墙上嵌着刘尔炘所书“兰州五泉太昊宫记”。王家安说刘尔炘书法兼善多体，此为隶书代表作品。此碑刊刻得颇为传神，其字体应是本自《爨宝子碑》，但是又略微融入了清道人的颤笔。

走到这里，我很想歇息一下发软的腿，但有一人在这里舞剑，他的一招一式特别投入，我很担心他万一失手会砍到我的相机，于是没有歇息，就跟着两位先生继续下行。此次是从另一侧向下走，穿过一个侧门，进入了佛寺内，此侧门的内侧上书“必归于儒”，左右两侧的对联则是：“遗世任谈罗汉果，匡时须入圣人门。”王家安特意向我讲解了这副对联，他说刘尔炘修建五泉山时，同时也修复了该寺。

从寺庙内穿行，我看到香炉上写着“濬源寺”，大雄宝殿门前有不少年轻人在那里跪拜，香炉前也有几位在上香。我看到此情此景，有一种说不出的感觉。王家安瞬间窥得我的心理，他笑着说，说不定他们只是来求金榜题名，因为年轻人根本不管这教那教，有用就好。而这正是我无事多忧之处，这种做法正表达了年轻人的功利心，一切都务实，很少有人在意理想，如果我能在三子祠看到有年轻人在那里祭拜，想来就没有这些无事之忧了。

施之常：德高言寡，裔居惠山

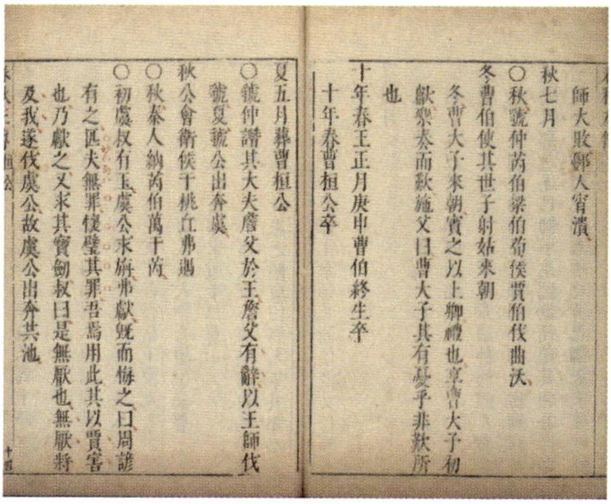
師大敗鄭人宵潰
秋七月
○秋虢仲芮伯梁伯荀侯賈伯伐曲沃
冬曹伯使其世子射姑來朝
冬曹大子來朝賓之以上卿禮也享曹大子初
獻樂奏而歎施父曰曹大子其有憂乎非歎所
也
十年春王正月庚申曹伯終生卒
十年春曹桓公卒
夏五月葬曹桓公
○虢仲譖其大夫詹父於王詹父有辭以王師伐
虢夏虢公出奔虞
秋公會衛侯于桃丘弗遇
○秋秦人納芮伯萬于芮
○初虞叔有玉虞公求旃弗獻既而悔之曰周諺
有之匹夫無罪懷璧其罪吾焉用此其以賈害
也乃獻之又求其寶劍叔曰是無厭也無厭將
及我遂伐虞公故虞公出奔共池

《春秋左传》十五卷　明孙月峰批点　明万历四十四年闵齐伋刻朱墨套印本

大约公元前1042年—前1040年，周公姬旦为了巩固周王朝，平定了三监及武庚的叛乱，此即周公东征。此前周公受封鲁国，因周成王年幼，周公旦没有前往封地，而是留在镐京辅佐成王，他派长子伯禽代替他受封鲁国。于是伯禽成为鲁国的开国国君，建都于曲阜。

周公嫡传第八世为弗湟，他是鲁国十三任君主鲁惠公。鲁惠公有三个儿子，其中三子名姬尾字施父，他被人称为公子尾。公子尾是鲁国大夫，《左传·桓公九年》中载：

冬，曹大子来朝，宾之以上卿，礼也。享曹大子，初献，乐奏而叹。施父曰："曹大子其有忧乎，非叹所也。"

可见公子尾对列国形势有着清醒的认识，后世将其视为鲁国名臣。公子尾五世之后，就以他的字为姓，《元和姓纂》中称："鲁惠公子施父尾生施伯，伯孙倾叔生孝叔，惠公五代孙也，因氏焉，汉有博士雠。"故公子尾被视为施姓始祖。唐韩愈在《施先生墓铭》中说："先生之祖，氏自施父，其后施常，事孔子以彰。雠为博士，延为太尉，太尉之孙，始为吴人。"

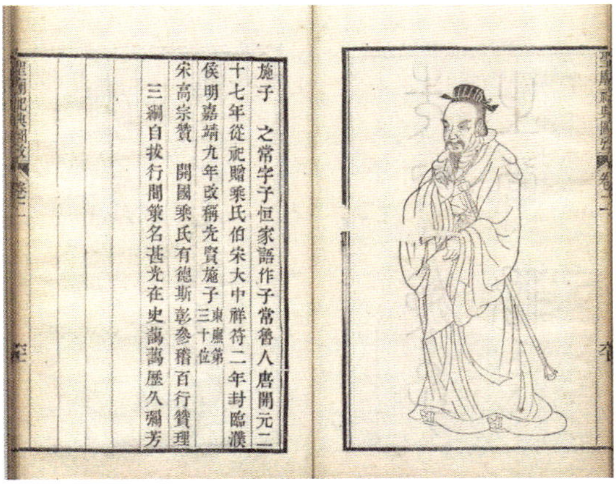

施之常像，《圣庙祀典图考》五卷 清顾沅编 孔继尧绘图 清道光六年吴门赐砚堂顾氏刻本

韩愈所说的施常是孔子弟子施之常，其为孔门七十二贤之一，是鲁惠公的八世孙。施之常跟孔子是亲戚关系，孙晓芬主编的《麻城祖籍寻根谱牒姓氏研究》中谈到施氏姓氏源流时说："施氏源于姬姓。周公旦后裔惠公生施父尾。周朝赐姓，施父尾以名为姓。传六世施恺，生女耀英，为孔子嫡母。"另外，《浙江余姚大施巷施氏宗谱》中说得更为详细："恺，生二子，直、端，才貌如一，莫能辨，名长施氏、少施氏，女名耀英，适叔梁纥，为仲尼嫡母，生九女而无子。"

孔子的父亲叔梁纥所娶正妻为施耀英，她虽非孔子的生母，却是孔子嫡母。施恺有两男一女，长子施直、次子施端，按照《浙江余姚大施巷施氏宗谱》所言：“七世端，即少施氏，生子之常。”那么以此论来，孔子与施之常是表兄弟关系。

施之常敬佩于孔子之才学，故他拜孔子为师，因其学有所成，得列七十二贤。宫衍兴、王政玉编著的《孔庙诸神考·孔庙塑像资料编》中介绍说：

> 施之常姓施，名之常，字子恒，春秋末年鲁国（今山东西南部）人。一说为齐国人，其生卒年月不详。作为孔门弟子之一，从东汉永平十五年（72年）明帝刘庄东巡，驾幸曲阜孔子故宅祭祀孔子及七十二弟子开始，就不断受到历代官府的祭祀和封赐。唐开元八年（720年）画像从祀于孔子庙堂。开元二十七年（739年）追封为“乘氏伯”。北宋大中祥符二年（1009年）加封为“临濮侯”。明嘉靖九年（1530年）更正祀典，改称为“先贤施子”。民国八年（1919年）列西庑先贤第三十一位。

施之常在宋代被加封为临濮侯时，太常寺博士王随撰《施之常字子恒鲁人赠乘氏伯今进封临濮侯赞》：“懿彼施常，学深雅儒。鲁国上贤，孔堂达者。迹晦名彰，德高言寡。侯封是邦，昭锡纯嘏。”

确如王随所言，虽然施之常是七十二贤之一，但是他迹晦名彰，德高言寡。关于他的生平事迹及言行，史料中均未见载，《史记·仲尼弟子列传》仅称：“施之常字子恒。”余外再无一字。《孔子家语·七十二弟子解》则说：“施之常，字子常。”两书仅差一字。王随说施之常言寡，想来也是猜测，因为没有史料记载王随何以知之。

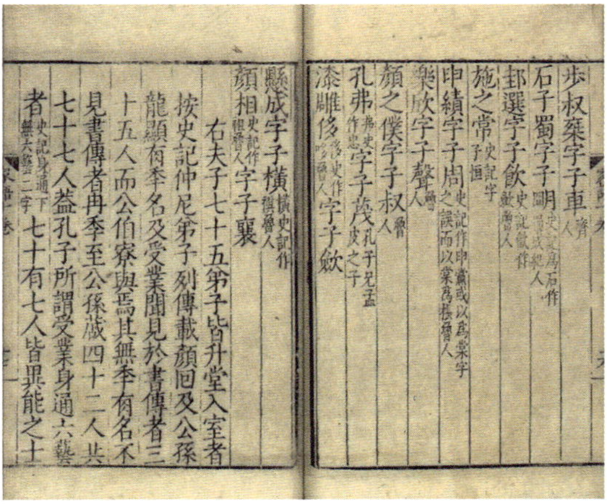
步叔乘字子車 齊人
石子蜀字子明
邽選字子斂 史記
施之常 子恒 史記字
申績字子周 史記作申黨或以為棠字 之誤而以棠為長魯人
樂欣字子聲 魯人
顏之僕字子叔 魯人
孔弗字子蔑 孔子兄孟皮之子
漆雕侈字子斂 史作 魯人
縣成字子橫 史記作 魯人
顏相字子襄 史記作 魯人
右夫子七十五弟子皆升堂入室者
按史記仲尼弟子列傳載顏回及公孫
龍顓有季名及受業聞見於書傳者三
十五人而公伯寮與焉其無季有名不
見書傳者冉季至公孫蔵四十二人共
七十七人蓋孔子所謂受業身通六藝
者 史記身通下 七十有七人皆異能之士

《孔子家语》十卷　魏王肃注　明隆庆六年徐祚锡长洲刻本

关于施之常的遗迹，我仅搜得在江苏省无锡市的惠山古镇有施之常的祠堂，因为没有史料记载，无法确认他是否离开过鲁国和齐国，惠山的施之常祠堂很大的可能是施氏后裔所建。我从网上查得2015年10月25日《江南晚报》刊有《孔门弟子施之常和他无锡后裔的故事》一文，此文中称：“北宋哲宗元祐元年（1086），施垌的父亲南康公，徙居无锡许舍山窑窝里，于是，施垌成为施氏迁锡始祖。”

关于施垌的情况，淡泊所著《中华万姓谱》中说：“施垌字林宗，北宋常州武进人。施大任长子。宋徽宗时，进士及第。官江东提刑，移守信州，累迁礼部侍郎，敷文阁待制。”施垌的父亲为施大任，为何不以施大任为无锡后裔之始祖？马晓燕在《忠孝之间：宋代官员养亲方式探析》一文中引用宋葛胜忠于《朝议大夫施公墓志铭》中的所言，其中谈到施垌“以学识议论蒙擢序”，先任命为

惠山镇祠堂文保碑

“提举河北路学事”，然而他在入对时，“以亲春秋高，恳易近乡一官”，于是皇帝下诏“特改淮东路”，于是施垧将父亲迎到官所奉养。可见施垧在社会上的名气也高于其父施大任，也许是这个缘故，无锡施氏将施垧视为施氏迁徙始祖。

自施垧之后，无锡是否就有了施氏祠堂，我未查得相应史料，惠山古镇上的确有一座先贤施子祠，只是该祠堂的建造时间较晚，孙士良等人整理的《惠山祠堂群楹联》一书中收有许国凤为先贤施子祠所撰楹联：“其地与廉子祠并寿，名山水木湛清华，孔教文明思高弟；本朝有靖海侯立功，异岛云仍多才俊，夏风孱弱望强宗。”

此联的注释中称：“先贤施子祠，又名施公祠，祀圣门弟子、先贤施恒，在秀嶂街，今惠山直街28—30号。清同治十二年（1873年）裔孙施建烈等请建。现尚存面北4间，1间为民居，另3间已作惠山百货公司用房。”

按司马迁所言，施之常字子恒，想来惠山后裔称其为施恒。施之常后裔施建烈是当地有名的文士，乔晓军编著的《中国美术家人名辞典·补遗一编》中称：“施建烈字叔愚。清末金匮优贡。七岁能书楹联，有神童之目，比长诗文书法益进，为苏府掌文书。中丞裕谦见其禀牍，大加叹赏，延司笺奏，由是名重公卿。后久客李文忠鸿章幕，铨授华亭教谕。著有《六有书斋诗文集》。"

可见施建烈是一位神童，书法文采兼佳，得以入李鸿章幕。正是这个阶段，他在家乡创建了先贤施子祠。

关于此祠后来的情况，1924年9月21日的《无锡新报》刊载的《红会消息汇志》中说："本邑红十字分会第三救济队队长方文卿，于昨日由宜兴运回避灾居民五十余人，下午由施襄臣君收养于惠山施子祠。"

灾荒时期，无锡红十字会把施子祠暂作为安置灾民之所，说明那时祠堂仍在，且有一定的规模。而今惠山古镇已经成为著名的旅游景点，有的资料上说古镇上有100余家祠堂，是中国古代祠堂最集中的地方。既然我找不到与施之常有关的其他痕迹，只能前往此祠堂探看。

2021年4月10日，我在镇江开完会后，由朋友开车直接把我送到惠山古镇。前几年我两次来过该古镇，当时寻访的是其他遗迹，并未留意这里有施子祠。让我印象深刻的，是古镇入口处人山人海，买票十分困难且无处停车。今日前来，我在导航上定位惠山古镇停车场，在停车场门口汽车

施子祠祠堂大门

先贤施子祠匾额

就排起了长队，也许是疫情暂缓之故，再加上今日是周六，两者叠加，赶上这样的时候，我只能硬着头皮排队等候。

20分钟后我们终于开进了停车场，转来转去找车位，总算把车停了下来。走出停车场大门，我沿马路边走边找，但越走越觉得不对头。我在路边向一位大巴司机打问，他回手一指："你走出的停车场里面可以穿行到惠山古镇。"此时我已走出200多米，我佩服这位司机的洞察力：他竟然猜到我是从停车场走出来的，难道只有我一个人这么傻？

我谢过大巴司机后重新走回停车场，一路向深处走去。果然看到一个仿古大门内走出一群一群的游客，此门名惠山浜。尤为奇怪的是，几乎所有的游客都迎面走来，除了我跟朋友，几乎无人顺行，我怀疑这里只是出口。但朋友说此刻已是下午3点多，这是团队游客参观完毕的时间。我觉得他说的话有道理，于是我们与这些游客逆向而行，犹如"虽千万人吾往矣"。

从一座大桥上穿过，走出200余米，我看到了"惠山古镇"字样，但之前的两次我从未走到过这一带。我沿着河边小路边走边探看，河的两岸看到了十几座宗祠，这些宗祠大多不开门，这让我担忧起来。

既来之则看之，开不开门都要看个究竟，手机导航上显示施子祠与停车场有一公里多的路程。这段路一直沿河向内延伸，河的两岸摆满了休闲桌椅，这里座无虚席，很多游客在那里嗑瓜子打扑克。这些事在家里都能做，我不明白他们为什么要跑这么远来挤在人群中。朋友说这是疫情把人们憋坏了，这就是网上所说的“报复性旅游”。

小桥流水

我在河的转弯处看到一座巨大的石牌坊，终于找到了熟悉的地标，此即惠山古镇的标志物之一——人杰地灵坊。介绍牌中称此坊建造于明万历年间，后损毁，2008年修复古镇时在原址上挖出牌坊残件，又补配了新的石构件，重新竖起此坊。

由人杰地灵坊左转，这一带是惠山古镇主游览区，游人更为稠密，每走一步几乎都会碰到他人。我努力穿行到唐经幢旁，由此左转，走进一个月亮门，进门右手第一间就是先贤施子祠。很遗憾，大门上着锁，我只能在四周探看，寻找突破口。

这时有一位保洁员在清扫地面，她不管不顾地努力挥动扫把，致使这一带灰尘四起，再加上门洞的抽风作用，路人纷纷回避。我担心眯眼及镜头进灰，走到她跟前问她可否过一会儿再扫，此人完全不理会我，反而扫得更起劲了。无奈，我只好走到她身后，先去看其他的地方。

施子祠斜对面有无锡公安局警务工作站，恰好有位警察站在门口，我走上前向他询问如何能进入施子祠。警察很有耐心地告诉我，惠山古镇的祠堂如果是对外开放的自然会开着门，如果大门上着锁，则说明这里是家祠，只有在家族祭祀时才会打开。

闻其所言颇为沮丧，谢过他的指点，我继续前行。在同一侧看到了南京先锋书店办的惠山书局，从门口路过的游客甚众，我在门口站了几分钟，竟然没有一人走入书局内，这真令人叹息。

继续向前看到了范文正公祠，我走入祠堂内，拜见了这位大文

没有一人走进惠山书局

二楼外观

豪，而后又参观了倪云林先生祠。这条祠堂街上的大多数祠堂都开放，为何我却无法进入施子祠呢？于是我掉头回返，再次走到施子祠门前，那个妇女依然在那里扬尘，我尽量避开灰尘的势头，观看着该祠堂的细节。

从外观看上去，这里是二层建筑，门窗的雕花颇为精美，一楼门窗玻璃在雕花之内，二楼则相反，不知有何寓意。但二楼每个窗户上都有小篆体的“施”字，大门两侧各有一块介绍牌，其中一块为“无锡慈善文化展示馆”，几十年过去了，这里仍在讲述当年的慈善故事。既然如此，这里应该是对外开放的区域，为何却上着锁呢？

另一侧的介绍牌则为“先贤施子祠”，上面也提到该祠是在同治十年（1871）由裔孙施建烈等建，并且明确称这里“主祀圣门弟子施恒”，但是介绍牌上又说“施恒（前546—？），又名树德”，读

手持红梅的古装女子

到这句话，我怀疑这个施恒与施之常非一人。好在介绍牌上又说：“《孔子家语》作‘字子常’”，看来这里祭祀的是施之常，确定无疑。

我用力地推门，希望能推开一条门缝，可惜这里的锁太紧固，我的企图无法实现，只好失望离去。在施子祠斜对面，我猛然看到一位女子穿着古装，蒙着面纱，手持一束红梅，我真想从她手中夺过来，将其献到施子祠前。

石作蜀：奔回旧址的雕像

2021年3月14日，我继续在甘肃境内寻访孔门弟子遗迹，今天的主要寻访目标是孔门七十二贤之一的石作蜀，与他有关的遗迹主要位于天水市甘谷县十里铺。从北京出发前，我已查过出行方式，从兰州前往甘谷县既无高铁也无动车，只有绿皮火车，最快的一趟也需要近三个半小时，以公里里程计，两者之间约280公里。这样算下来，绿皮车的速度也不算慢，更何况，我已多年未乘坐这种交通工具，说不定在这晃晃悠悠的列车上，还能够发生一段令人回味的邂逅，于是我提前订了一张时间合适的火车票。

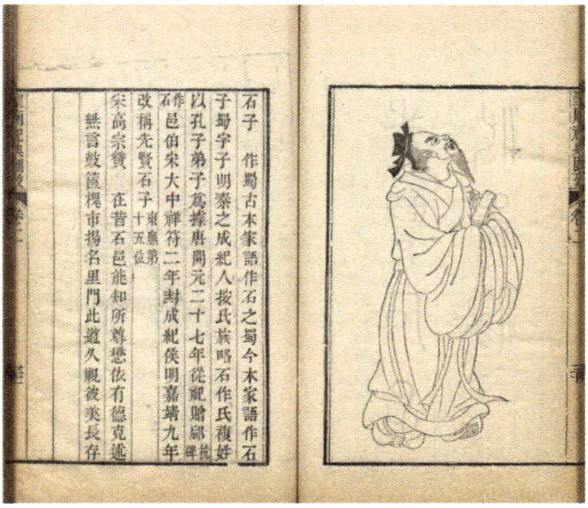

石作蜀像，《圣庙祀典图考》五卷　清顾沅编　孔继尧绘图　清道光六年吴门赐砚堂顾氏刻本

到达兰州后，王

家安先生与我商量寻访路线，他对甘肃地理很熟悉。看到我的寻访单中有定西市的几个寻访地点，他告诉我定西处在兰州与甘谷之间，如果中途中转，慢车的车次很少，我一天下来也访不了几个点。他果断地让我退掉车票，而后安排朋友开车，以便我在沿途能够一一看到寻访目标。

早8点在酒店楼下我就看到了王家安等候在那里，结账之后，他带我吃当地有名的兰州拉面，那个店食客众多，王家安说这是有名的老字号，其味道和吃法与开遍天下的兰州拉面馆不同。王家安说外地开的兰州拉面馆其实与兰州一点关系都没有。

我在餐馆内见到了兰州贡院博物馆馆长贾守雄先生，贾先生昨日到机场接我后，已经带我在市内转了三个寻访点。因为周末人多，哪个地方都找不到车位，均是有劳他在附近开着车兜来兜去，他今日仍然要辛苦陪我寻访一整天。也许是为了减少我的歉疚感，他和王家安陪我在车上聊天。

早餐过后，开车出城，我们先去北部探看了楚王墓，而后掉头一路南行，先奔定西市陇西县，于此见到王家安的多位朋友，他告诉我说这些人均是楹联学会的会员，并且在创作楹联方面多有成就。陪同者大多是70岁以上的老先生，王家安仅三十出头，他却与这些人十分熟络，可见他情商极高。在朋友的盛情邀请下，我们还是先在陇西县吃了顿丰盛的午餐，之后接着南行，在下午4点前赶到了甘谷。

一路上听王家安讲解全国各地的楹联组织，原来这也是个很大的“江湖”。昨日我在兰州寻访时，每到一处他都能告诉我哪副对联是谁创作的，可见甘肃楹联创作风气之盛。经他的启发，我对此有了新想法，并且与他聊出一个新题目，这虽然仅是个构想，却让我二人聊得兴奋不已，看来有希望比实现希望要快乐得多。

同时，我也向贾守雄请教各地贡院的情况，他们也有一个联盟，并且每年在其中一个贡院举办年会，去年的举办地就是兰州。在兰州贡院内我向他请教了不少细节问题，因为近来我在写一本关于科举的书，贾馆长以为我说的是写各地的文庙和孔庙，但我所写更为具体。也正因如此，我需要搞清楚更多的细节，比如各地的考棚面积是否全都一样大，在这么窄小的空间内基本无法容身，学子们在这里几天几夜如何睡觉等细节。贾馆长都能一一予以准确的回答。

一路上听他二人普及各自的专业知识，不知不觉中我们就驶下高速公路来到了甘谷县。王家安的朋友已经等候在高速公路口，经其介绍，我得以结识甘谷县作协副主席李来子、甘谷县地方志学会副会长张梓林等七八位当地文人，我们寒暄过后，分乘几辆车前去看石作蜀纪念馆。

这个纪念馆距高速公路出口开车不到10分钟的路程，感觉其位于某个村的边缘。几辆车驶入一个大院，院门没有匾额，院的

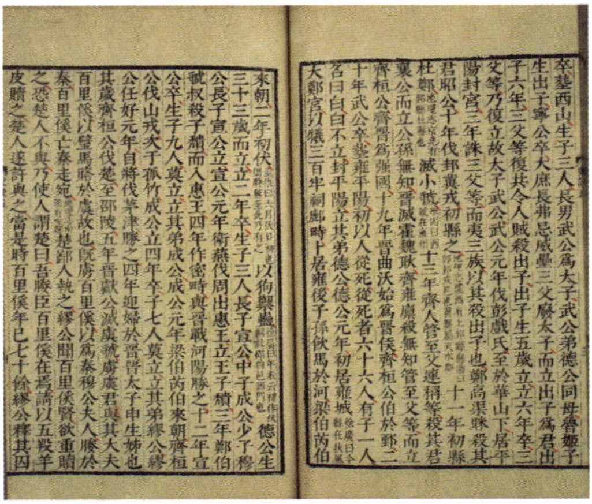

《史记》一百三十卷　汉司马迁撰　南朝宋裴骃集解　明汲古阁刻本

正中是篮球场，有些学生在那里欢快地打球。院的右侧有一个舞台，上面也没有标示村名。几位当地的先生纷纷向我介绍当地的情况，原来这里就是十里铺，本是甘谷县县治所在，后来县治迁到了十里之外，这里就叫十里铺了。

在路上，王家安告诉我甘谷原本叫冀县，是秦国最早设立的县之一。我回来后查《史记·秦本纪》果然看到“昭公十年，伐邽、冀戎，初县之”的记载，为何先封此县？王家安调侃，也许是这里离秦地近，秦王就由近及远而封之。我在这里已经看不到那个时代的旧物，但这种说法也不准确。因为到达甘谷后，给我印象最深刻的是一座巍峨的大山，山体如刀削般屹立于此。在高速公路上，我就在拍摄此山，可惜车速太快，始终难以拍到清晰的照片，而没承想，石作蜀纪念馆就是位于此山之下。如此想来，当年秦王封冀县时，此山就屹立于此，石作蜀从孔子那里学成之后返乡讲学，也一

纪念馆建在大山下

定无数次地观览过此山。

纪念馆是院中院构造，建在靠山的一侧，从外观看过去，此馆占地约两亩。此处有道铁栅栏门，一位看上去60多岁的男士从里面迎了出来，李来子介绍这是石作蜀纪念馆馆长石永林先生。我想到他们都姓石，于是问石先生是不是石作蜀的后人，石馆长称正是如此，但他已说不清是石作蜀的多少代孙。

于此能够见到石子的后人，还是令我有些兴奋。我担心太阳西下后拍照不方便，于是向石永林打招呼后赶快去拍照。

纪念馆门前的左侧摆放着石作蜀故里碑，从石色看，这是一块旧石，但上面的文字似乎是新刻。右侧有块圆头古碑，上面的字已模糊不清，我隐隐觉得应当是“邑侯雷公功德碑”几个字。此碑的碑座上刻有介绍文字，上称：邑侯雷公名光甸，字雨农，宣统三年任伏羌知县期间，捐款修复先贤石作蜀祠，当年所刻功德碑后被砸烂。这块碑是怎么回事，我未能看明白。

纪念馆的门柱上贴着一副红纸黑字的对联：“杏坛明圣教，春风化雨；梓里昌文华，铎韵矜扬。”其下联的上角遮挡住了门牌号，有门牌号则说明纪念馆是个正式地点，我很想看村名，于是小心地揭开对联的上角，但上面用透明胶带粘贴得很牢固，几次未揭开。王家安上前助阵，他撕掉上角，我看到门牌号是“史家村官道33”，这下村名和路名都知道了。

走入院中，正前方是一堵新砌的影壁，对着门的一面嵌有一块刻石，上刻“贤风颂”。上面一句一行地夸赞着石作蜀对古冀文明的贡献，同时列明唐开元二十年（732）玄宗封赠石子为石邑伯，宋大中祥符二年(1009)晋封石子为成纪侯等史实。

左侧的院墙上嵌着十几块圆头碑，我走近细看，一律是功德碑，列在最前面的是县财政捐款人民币八万元、县文化馆捐旧建筑全部木石砖瓦。如此说来，眼前所见的纪念馆是由旧料重新搭建而成。捐款碑中还有石永林捐款一万元的记录。这些碑的落款大多为2012年，想来这是纪念馆建成的时间。但是把功德碑做成圆头墓碑状，此种做法我第一次见到，也许这是当地的一种风俗。

院落右侧的刻石是寻常所见的长方形，所刻是一些书法作品，有对联也有诗。对联均刻成了龙门对，例如："数千里远望圣屋有这个先生，莫恨西秦不到；五百年遥成道统问谁非后死，能教东鲁犹新。"也有的直接书写"仰之弥高"，总体看上去，书写者大多有书法功底，可见当地文人均以石子为傲。

祠堂处在院落的正中靠后，盖在近两米高的平台上，台下左右两侧各种一棵侧柏，树下有圆形水泥坛，每个坛上立着十几块随形石，细看之下，每块石头上都写着几个字，可惜字迹褪色，已经辨识不出内容，但这种做法在他处未曾见到过。

登上台阶，门楣上所挂匾额上书"德泽陇右"，匾额下方列出几十位敬献人，细看之下没有一位姓石。祠堂前有廊，廊的两侧各有一块碑记，左侧为《修建先贤石作蜀纪念馆大殿记》，右侧为《古冀先贤石作蜀简介》，简介中谈到石作蜀"学成返乡宣传儒家学说、传播西周文化"，同时也说道"可惜石夫子生平与著述因年代久远已湮没无存"。

确实如此简介所言，与石作蜀相关的历史资料甚少，《史记·仲

德泽陇右门匾

尼弟子列传》中说：“石作蜀，字子明。”《孔子家语·七十二弟子解》中称：“石子蜀，字子明。”两者仅一字之差，即使仅几个字的史料，后世也有不同的说法，有人认为他复姓石作，名蜀，字子明。也有的人认为他姓石，名作蜀。从此纪念馆的称呼来看，似乎他单姓石名作蜀，但是《孔子家语》中说他叫石子蜀，故称石子有可能是复姓，如果是这样的话，总不能尊称他为石子子，故只能简称石子。究竟如何，难有确论。

步入祠堂，正前方是新塑的石作蜀像，该像处在铝合金框的玻璃罩内，这给拍照带来困难。我细看玻璃罩，无活动门，故打消了请馆长开罩拍照的想法。石作蜀像后是一幅现代风格的山水画，上书“山高水长”，像的左右两侧摆放着花篮，花篮的彩带上写着“古迹先贤石夫子诞辰二千五百四十周年纪念”，每个花篮有不同的敬献者留名。

塑像前有红木供桌，正中摆放着根雕，从造型上看，像是一只鸟，想来有什么特殊的寓意。玻璃罩的内侧下方摆放着三个镜框，正中是孔子像，但显然是复制品；右侧为石作蜀画像，从下面的题款看，是从山东曲阜取来的；左侧则为先贤石作蜀神位照片，亦称是从曲阜取来的。

石作蜀开脸像

仔细瞻仰石作蜀像，此像制作得颇为精细，显然是石子年轻时的形象，他静默地目视前方，手中拿着一卷竹简。我细看之下，那竟然是一卷实物，隐隐地看到上面有书写的字迹，看字体应当是秦简。

祠堂左右两侧的墙上各有一大幅连环画，每一面有18幅图案，每图下有说明文字。石作蜀史料如此奇缺，于此却能发现这么多，于是我走近端详，每幅图用两个字作为图名，比如生地、生年、序曲等，题目后面的小字均为一首七绝，比如《生年》：“群山环抱渭流东，巍巍朱山壮古风。雷泽古地鸣石鼓，春秋暮岁生子明。”

我本以为撰写者考证出了石作蜀的出生年月，没承想仅是一首不着边际的诗作。图案是一位妇女坐在床上抱着孩子，一位男士在那里烧水做饭。其他图案所配之诗也是如此，比如《志东》一图，所配之诗为：“石火迸发壮年志，东鲁征人决计行。告别家人与乡老，指天为证拜孔门。”图案描绘的是石作蜀与乡亲们告别，准备前往鲁国去拜孔子为师的场景。那个时代出远门是一件大事，他郑重地与乡亲们道别，定然会有此场景，但他何时离开家乡，出于什么原因要去拜孔子为师，这一切都得不到答案，看来要搞清楚石作蜀的生平绝非易事。

参观完纪念馆，眼前所见一切均为新物，总是有一种意犹未尽之感。之前我在网上查得伏羌文庙门前立有一尊石作蜀雕像，另外查得当地十里铺小学院内也有一尊雕像，刚才在简介上看到刻有：“石作蜀故乡甘谷县西十里铺原有石子祠和石子墓，祠为学校，墓今无存，甘谷县人民政府于一九八九年在十里铺小学院内立有石作蜀先贤祠旧遗址碑，二零零四年和二零一零年在甘谷县城文庙广场大成殿前和十里铺小学院内又分别立汉白玉精雕石作蜀像各一尊，供人敬仰。”看来网上所查信息不虚，于是我向李来子先生提出前去一看。

李先生告诉我，小学就在附近，文庙处在城里，所以他先带我去参观学校。我正准备上车，李先生说很近，不如步行，于是跟随他走出纪念馆，沿着一条路一直向镇上走去。没承想这段路至少走了十几分钟，看来当地人认为的远近跟我的感受有较大差异。

在镇中心看到一所黄色楼房，墙体上有“十里铺小学”字样，可能因为今天是周日，所以学校大门关闭着，李先生不由分说就把门拉开了。众人走入院中，眼前所见是口字形建筑：四周均是教学楼，正中是硬化的操场，一棵古树孤立在跑道上，树下留出很小的方框，不知道他们如何补水，我感同身受地觉得它立在那里很难受。

石作蜀先贤祠旧址碑

树的左侧立有石作蜀先贤祠旧址碑，一同前来的张梓林先生向我讲解这里的变迁。经他考证，石作蜀墓原本位于此处，祠堂在墓的前面。而今无论祠与墓都没有了痕迹，仅立这块旧址碑来说明情况。此前我查得清道光年间，甘肃文化名人吴可读任伏羌教谕时撰写过《石子墓记》，该记称：“（石作蜀）墓在伏羌，又有秦祖、壤驷赤，孔门七十二徒，陇得三人，墓今荒芜不堪，仅存墓址。”

唐武德三年（620），冀城县改为伏羌县，这个名称沿用了1300多年，直到民国十八年，才把伏羌县改名为甘谷县。吴可读在《石子墓记》中说他所看到的石作蜀墓已经荒芜不堪，说明那个时候墓还在。另外我查得清末伏羌县令雷光甸在重修石子祠时题联：“勿谓秦无人，曾向杏坛沾化育；至今关有学，同来梓里拜灵祠。”

我想到刚才在纪念馆门前看到的那块碑石，至少说明到清朝的最后一年时，石作蜀墓祠还在。遗憾的是，到今日已无任何痕迹。

我的这个说法也不准确，因为在十里铺小学正楼崇文楼前的花坛上有一尊石作蜀的雕像，此雕像用汉白玉制作，刻得颇为精细，尤其石作蜀长衫下摆上的几朵花都雕刻得栩栩如生。雕像的基座上刻着石作蜀的生平，然而上面没有介绍石子墓和祠的历史变迁过程。

走出校园前，我看到临街的一幢楼叫思贤楼，看来所思之贤指的就是石作蜀，楼门上方挂有绿色校徽，校徽的正中正是这座石作蜀雕像。

十里铺小学石作蜀雕像

参观完小学，跟随众人步行返回纪念馆，我提出前往文庙去探看，李来子说在大像山景区建有崇文苑，这是专为石作蜀修建的。此前王家安给我发过大像山公园照片，但当时他忘记拍摄崇文苑，于是我跟随众人驱车前往此地。

我原本以为大像山处在甘谷郊外，没承想这座山就屹立在甘谷县城边。而今大像山已经修成了面积巨大的公园，停车场建造得很标准，站在这里可以看到那座巍峨的大山，在山顶的悬崖上显现出一个凹槽，李来子介绍，那里面有一尊大佛像，山名就是由此得来。若在他地，这座山肯定会起名为大佛山，可见当地起名方式与他处不同。

关于那座大佛像的情况，清同治九年（1870）刘伯龙所书《重建大像山碑记》中称：

> 大像山者，邑城西南山古佛也。山开陡出石像，高百二十余尺，覆以重楼数层。肇于宋嘉祐三年，迄今八百余岁，地方于以庇神庥焉。

同治初，经兵燹，佛楼被焚，露立八载，无复起宇者。任于庚午正莅斯邑，议重建之。其工巨，需数千缗，募之各统戎，慨然诺。任督其事，率会首等，越五月而工乃成，非敢侈言焕然，亦聊以蔽风雨云。是为记。

《天水文史资料》上载有该碑文，同时在小注中称："大像山（上的大佛像）是伏羌县城西边南山上的一座古佛。山体裂开后突然现出石像。"

这种说法太过神奇，想来应该和其他地方的石窟一样是人工开凿而成，此后有人在石佛前建有楼阁予以覆盖。同治年间，楼阁因兵火被焚。同治九年（1870），强任任伏羌县知县，他决定修复此阁。这位强知县努力筹资，终于将该阁恢复了起来。

崇文苑内的高浮雕墙

高大的石作蜀雕像

然而我站在山下仰望这尊石佛时已经看不到楼阁，李来子告诉我，这是全国最高的大佛，十分难得，建议我上去看一看。我看到大佛处在山巅间，仅远望就觉得腿软，于是谢绝了他的美意，仅请他带我去参观崇文苑。回来后查资料，我方得知大佛像西栈道上嵌有一块“圣门石子故里”碑。此程未拍摄此碑，是一遗憾，不过崇文苑内的景致弥补了我的遗憾。

崇文苑处在山脚下的平地上，占地有几十亩，三面建有仿古的亭台楼阁，另一侧为湖面。走入其中，首先看到的是石作蜀像，而后在右墙上看到一组高浮雕，上面以雕像的形式讲述着石作蜀拜师苦学，返乡后传播儒学思想的全过程，且制作得颇为精细。

崇文苑的正中立有一尊高大的石雕像，下方以麻石雕造了一些场景，上面站立的是石作蜀，显然这是他晚年的形象。《甘谷县志》载：“自幼好学，闻孔子聚徒讲学，跋涉万里，就学孔门。从删述，受诗书，终为孔子弟子中‘受业身通者七十有二’之一。”正是因为石作蜀在孔门中的贡献，他才从祀于孔庙两庑，而石作蜀排在了第三十二位。

拍摄完崇文苑，我提出前往伏羌文庙，众人纷纷告诉我那里正在施工，环境有些杂乱。我想到那里还有一尊石作蜀像，知其在而不访总觉得不圆满，李来子等几位先生为了满足我的想法，分乘两辆车在前面带路，我们前去探看文庙。走到近前时，文庙果然被围挡包了起来，然而我从网上看到过照片：大成殿前的广场上立有一尊石作蜀雕像，故还是想进入院内。

一同前来的甘谷县财政局黄觉群先生带我绕到了文庙的施工口，我们由此得以入院，然而没承想文庙大成殿前的那尊石作蜀像不见了。我马上问李来子像去了哪里，他告诉我，就是之前在十里铺小学院内看到的那一尊。既然是同一尊雕像，为什么能够跑到了十几里地之外，李来子说因为这里施工，要在文庙广场建地下停车场，那尊雕像没地方放置，于是拉到了学校里。网上的照片不标时间，这让我误以为两处各有一尊雕像，如果不实地勘察，就予以认定，定然会出错。

想一想雕像能够迁到它应该在的地方，也是一种幸运。虽然记载石作蜀相关的史料极少，但他为儒学所作的贡献被后人所铭记。我在兰州五泉山石子祠门前看到的刘尔炘撰写的一副对联，那副对联概括了石作蜀的伟绩：

是成纪数千年灵秀所钟，能傍尼山拜日月；

倘孔门二三子渊源不绝，庶几中国有乾坤。

巫马施：坚守师教，勤勉理政

巫马施为孔门七十二贤之一，《世本·氏姓》称：“巫马氏，有巫马施，字子期，鲁人，仲尼弟子。”由此可知他姓巫马名施，字子期，为鲁国人。然而《孔子家语·七十二弟子解》又说他是陈人，并称他比孔子小30岁。就年龄而论，《史记·仲尼弟子列传》中所载与之相同，只是司马迁说“巫马施字子旗”，另外，《孔子家语》称他叫巫马期而非巫马施。《汉书·古今人表》中也说他叫巫马期。

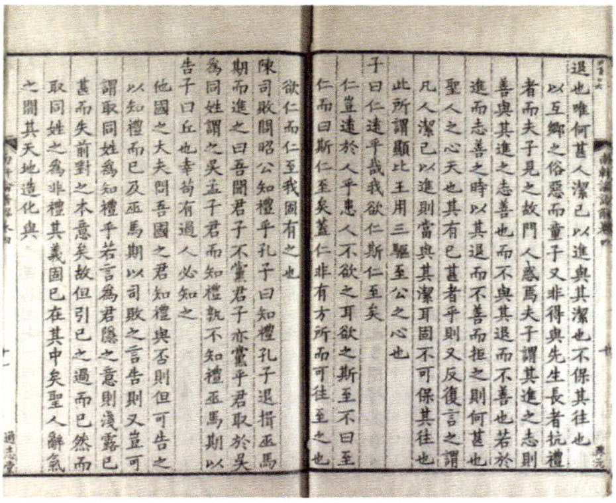
退也唯何甚人潔己以進與其潔也不保其往也
以互鄉之俗惡而童子又非得與先生長者抗禮
者而夫子見之故門人惑焉夫子謂其進之志則
善與其進之志善也而不與其退而不善也若於
進而志善之時以其退而不善而拒之則何甚也
聖人之心天也其有已甚者乎則又反復言之謂
凡人潔己以進則當與其潔耳固不可保其往也
此所謂顯比王用三驅至公之心也
子曰仁遠乎哉我欲仁斯仁至矣
仁豈遠於人乎患人不欲之耳欲之斯至不曰至
仁而曰斯仁至矣蓋仁非有方所而可往至之也
欲仁而仁至我固有之也
陳司敗問昭公知禮乎孔子曰知禮孔子退揖巫馬
期而進之曰吾聞君子不黨君子亦黨乎君取於吳
為同姓謂之吳孟子君而知禮孰不知禮巫馬期以
告子曰丘也幸苟有過人必知之
他國之大夫問吾國之君知禮與否則但可告之
以知禮而已及巫馬期以司敗之言告則又豈可
謂取同姓為知禮乎若言為君隱之意則淺露已
甚而失前對之本意矣故但引己之過而已然而
取同姓之為非禮其義固已在其中矣聖人辭氣
之間其天地造化與

《南轩先生论语十卷》　宋张栻撰　清康熙刻通志堂经解本

《论语》中对于巫马施的记载仅有一条，出自《述而》篇：

陈司败问：“昭公知礼乎？”孔子曰：“知礼。”孔子退，揖巫马期而进之，曰：“吾闻君子不党，君子亦党乎？君取于吴，为同姓，谓之吴孟子。君而知礼，孰不知礼？”巫马期以告，子曰：“丘也幸，苟有过，人必知之。”

朱熹在《论语集注》中解释：“陈，国名。司败，官名，即司寇也。昭公，鲁君，名裯。习于威仪之节，当时以为知礼，故司败以为问，而孔子答之如此。”

按照朱子的说法，陈司败解释为陈国的司寇。唐陆德明在《经典释文》中引郑《注》云：“司败，人名，齐大夫。”此处又称司败为人名。后世基本持这两种说法，此处姑且视之为人名。

某天，陈司败问孔子：鲁昭公懂礼吗？孔子说：他当然懂得。孔子离开后，陈司败向巫马期行礼，而后他说：我听闻君子不会偏袒与自己关系亲近的人，难道君子也有偏袒之心吗？鲁国国君从吴国娶了位夫人，此夫人与鲁君同姓，于是人们称她为吴孟子。这说明了鲁人不懂礼。不知当时巫马期如何回答陈司败，只是此后他把陈司败所言转告老师，孔子闻听后感慨：我真幸运呀，如果犯了什么错误，别人一定会指出来让我知道。

陈司败为什么说这番话呢？按照《礼记·曲礼上》的规定“取妻不取同姓”，古“取”同“娶”，古代鲁、吴俱属姬姓，故鲁昭公违反了不娶同姓之礼。显然陈司败知道鲁昭公所为，他故意问孔子，孔子却回答鲁昭公懂礼，于是陈司败跟巫马期说了那番话，他以此来批评孔子不说实话。当孔子听闻巫马期的转述后，也觉得陈司败批评得有道理。

孔子为什么要那样说呢？传统的解释表明孔子为尊者讳，以此来维护君臣之礼，但是孔子又是维护礼制之人，他对鲁昭公的偏袒，使得自已陷入了两难。当陈司败指出此事时，他又承认了自己的错误，可见在孔子心中，礼法高于主君。

从上面话的语境来看，陈司败早已知道鲁国国君娶同姓夫人，然而他故意问孔子，以便将孔子陷入两难之地。他这么做的目的是什么呢?《四书翼注论文》一书给出的解释是："特时值是事，故意暴昭公之短以谄季氏，无行之尤者也。臣不可贬君，自无答不知礼之理，然使不答，即坠其局矣。亟答之曰知礼，挫其气也。陈司败知夫子见其肺肝，不敢措辞，揖巫马期以泄其忿。使夫子别致一辞以自表其失言，又坠其局矣。惟欣然曰'丘也幸'，则司败之技穷。使知君臣大伦根于天性，昭公失国，一再传矣，孔子犹乐为之任过，则季氏恐鹰鹯之逐鸟雀，不敢动于恶矣。"

《四书翼注论文》认为陈司败是故意揭鲁昭公之短，他的目的是谄害季孙氏。按照礼节，为臣者不可以贬损其君，孔子闻听此问后可以不回答，但若不回答，就等于默认其君之事，陷入陈司败之阴谋。所以孔子回答鲁昭公懂礼，其目的是绕开陈司败的圈套。陈司败闻言后不敢争辩，反而跟巫马期说一番话，以此来表达他的不满。孔子闻言后承认自已之失，仍然不说鲁昭公之失，可见其为了维护礼教，是何等用心良苦。

这段话仅说明巫马期原原本本向孔子转告陈司败所言，并未说明巫马期对这件事的态度，但他对老师的忠诚跃然纸上。同样《孔子家语》中的一段记载也显现了巫马期的烘云托月的作用：

> 孔子将近行，命从者皆持盖。已而，果雨。巫马期问曰：“旦无云，既日出，而夫子命持雨具，敢问何以知之？”孔子曰：“昨暮月宿毕，《诗》不云乎：‘月离于毕，俾滂沱矣。’以此知之。”

某天，孔子要出行于近处，他嘱咐跟随者每人都带上伞，果然不久就下起了雨。巫马期请教老师：清晨天上没有云，后来太阳也出来了，一点都没有要下雨的意思，您却让我们都带上雨具，请问您是怎么知道天要下雨的？孔子回答：昨夜我看到月亮靠近毕宿星座，《诗经》上说月亮靠近毕星，滂沱大雨会跟随而来。所以我知道天要下雨。

这段话表明巫马期善于观察老师的身教，事后他会勇于问问题，以便了解其中的道理。当他明白一些道理后，会坚守师教。《韩诗外传》中载有如下之事：

> 子路与巫马期薪于韫丘之下。陈之富人有处师氏者。脂车百乘，觞于韫丘之七。子路与巫马期曰：“使子无忘子之所知，亦无进子之所能，得此富，终身无复见夫子，子为之乎？”巫马期喟然仰天而叹，闟然投镰于地，曰：“吾尝闻之夫子：‘勇士不忘丧其元，志士仁人不忘在沟壑。’子不知予与？试予与？意者其志与？”

某天，子路与巫马期一起到韫丘之下砍柴，陈国有位处师氏是当地的富豪，这天处师氏在韫丘之上停了上百辆车，这些人在一起聚会饮酒，场面十分豪华。子路看到后心生感慨，他跟巫马期说：假如不让你忘记自己已有的知识，也不增加才能，却能得到这样的财富，到死也不再见我们的老师，这种事情你干不干？巫马期闻言长叹一声，把砍刀摔在了地上，他跟子路说：我从老师那里听闻勇敢的人时刻准备赴死，坚持高尚道德理想的人要时刻准备着死无葬身之地，你竟然说这样的话，是不了解我呢，还是试探我？或者说刚才那番话其实是你自己的愿望？

子路听闻巫马期的这番话后感到很惭愧，于是他默默地背起柴先回去了。孔子看到子路后问他为什么没有跟巫马期一起回来，于是子路讲述了刚才他跟巫马期的那番对话。孔子闻言后有如下举动：

> 孔子援琴而弹："《诗》曰：'肃肃鸨羽，集于苞栩。王事靡盬，不能蓺稷黍。父母何怙？悠悠苍天，曷其有所？'予道不行邪，使汝愿者。"

子路是孔子最看重的弟子之一，他竟然也经不住财富的诱惑。孔子没有直接批评子路，而是弹起了琴，他弹奏的是《诗经·唐风·鸨羽》，此诗是行役之人无法养父母而写的刺时之作。孔子在感慨他奔走于列国，颠沛流离，备尝艰险，就如同行役之人一般。弹完之后，他跟子路说：难道是我的学说行不通吗？致使你向往处师氏的富贵。

其实孔子并不是单纯反对财富，他曾言“不义而富且贵，于我如浮云”，可见他反对的是行不义而得财富，但并不反对行义而得到的财富。看来在孔子眼中，处师氏的财富是不义而得的，所以他才会发出这样的感慨。

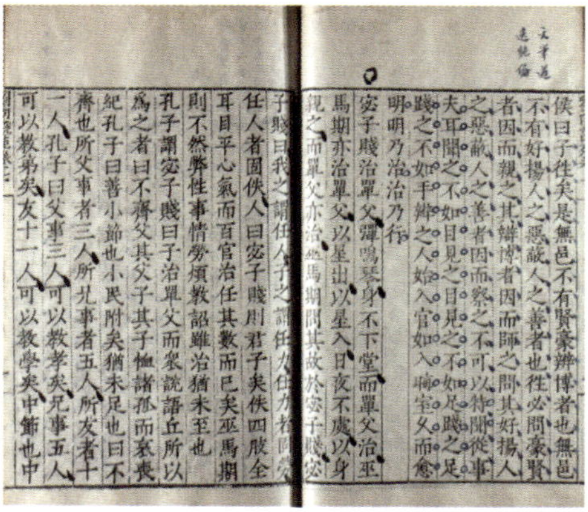
侯曰子往矣是無邑不有賢豪辯博者也無邑不有好揚人之惡蔽人之善者也往必問豪賢者因而親之其辯博者因而師之問其好揚人之惡蔽人之善者因而察之不可以特聞從事夫耳聞之不如目見之目見之不如足踐之足踐之不如手辨之人始入官如入晦室久而愈明明乃治治乃行

宓子賤治單父彈鳴琴身不下堂而單父治巫馬期亦治單父以星出以星入日夜不處以身親之而單父亦治巫馬期問其故於宓子賤宓子賤曰我之謂任人子之謂任力任力者固勞任人者固佚人曰宓子賤則君子矣佚四肢全耳目平心氣而百官治任其數而已矣巫馬期則不然弊性事情勞煩教詔雖治猶未至也

孔子謂宓子賤曰子治單父而衆說語丘所以為之者曰不齊父其父子其子恤諸孤而哀喪紀孔子曰善小節也小民附矣猶未足也曰不齊也所父事者三人所兄事者五人所友者十一人孔子曰父事三人可以教孝矣兄事五人可以教弟矣友十一人可以教學矣中節也中

《说苑》二十卷　汉刘向撰　明刻本

虽然孔子没有表彰巫马期坚守师道，但这段话衬托出巫马期能够深层次地理解老师的教导。巫马期做事虽然勤勤恳恳，有时却缺乏变通，《韩诗外传》《淮南子》《说苑》《孔子家语》等文献上都记载他任单父宰的故事，并且这些故事都将巫马期与宓子贱做对比，《说苑·政理》所载如下：

宓子贱治单父，弹鸣琴，身不下堂，而单父治。巫马期亦治单父，以星出，以星入，日夜不处，以身亲之，而单父亦治。巫马期问其故于宓子贱，宓子贱曰：“我之谓任人，子之谓任力。任力者固劳，任人者固佚。”人曰：“宓子贱则君子矣，佚四肢，全耳目，平心气而百官治，任其数而已矣。巫马期则不然，弊性事情，劳烦教诏，虽治犹未至也。”

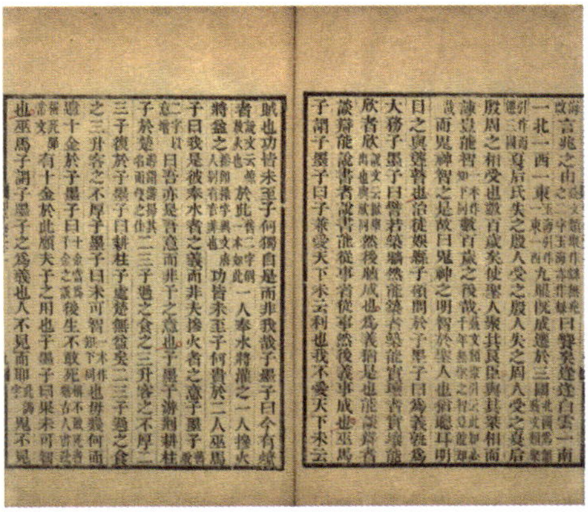

《墨子》十五卷　清毕沅校注　清乾隆四十九年灵岩山馆刻本

宓子贱治理单父时，貌似不费什么气力，他坐在屋中弹着琴就能将辖区治理得很好。巫马期在单父任职期间，可谓披星戴月日夜操劳不已，也把单父邑治理得不错。巫马期羡慕宓子贱的治理方式，于是他问宓子贱有什么秘诀。宓子贱回答，他主要是依靠贤良的人来理政，而巫马期则是任何劳作都冲在前面。虽然巫马期辛勤劳作也能把政事办好，但拼的只是一个人的力量；而动用他人能发挥出更多人的智慧。因此，大多数人认为宓子贱的治理方式更高明。巫马期虽然很辛苦，却没有达到这种境界。

巫马期在当时还是有着重要的影响力，《墨子》一书中有多段巫马期跟墨子探讨观念的记载，比如《墨子·耕柱》中载：

> 巫马子谓子墨子曰：“子兼爱天下，未云利也；我不爱天下，未云贼也。功皆未至，子何独自是而非我哉？”子墨子曰：“今有燎者于此，一人奉水将灌之，一人掺火将益之，功皆未至，子何贵于二人？”巫马子曰：“我是彼奉水者之意，而非夫掺火者之意。”子墨子曰：“吾亦是吾意，而非子之意也。”

墨家的主体观念就是兼爱，巫马期对此提出了不同看法，他说墨子兼爱天下，没有人得到实际利益，而儒家不主张兼爱，也没人为此受害，既然如此，你墨子为什么要批评儒家呢?

墨子闻言后做出了如下比喻：现在有人在这里放火，有一个人端水来想扑灭火，另一个人拿火把来想增添火势，他们两人都没有达到预期目的。那么在这两人中，你认为谁做得对呢?

巫马期说：那肯定要赞赏送水来的人，因为拿火把来的人肯定心思不正。墨子回答：这正是我认为自己的观念是对的，而认为你的观念不对的原因所在。

除此之外，《墨子》一书中所载均是巫马期问而墨子予以反驳之语，显然这是墨家所言，他们通过这样的反驳来阐述墨家对儒家的批判思想。既然墨子选巫马期为标靶，从一个侧面也说明了巫马期坚持儒家学说，不予变通。

在此后的年月里，巫马期受到了推崇，唐开元二十七年(739)，皇帝下令赠封其为邓伯。宋大中符祥二年(1009)，朝廷又封巫马期为东阿侯，同时命画家赵昌为巫马期画像并作赞：

英英子施，受天和气。
名登鲁堂，位沉周季。
犹勤戴星，庇民为治。
让德进封，垂芳永世。

南宋初年，高宗赵构对巫马期画像又题赞语如下：

天清日明，密雨曷有？
师命持盖，子亦善扣。
惟夫子博，三才允究。
学者之乐，所得遂茂。

关于巫马期的葬地，康熙《内乡县志》载：“先贤巫马期墓在县北二十里。”而今内乡县属于河南省南阳市，内乡县地名办公室编纂的《河南省内乡县地名志》中记载了巫马期墓的具体位置：“巫马期遗址位于县城北10公里的赵店乡袁寨村委会李南村东南侧。东临湍河，西距长城河约200米。因巫马期墓坐落于遗址中部，故名。”另外，1994年版的《内乡县志》中所载又谈到了此墓后来的状况：“巫马期墓位于县城北10公里处赵店乡袁寨村东南侧巫马期遗址上，东临湍河，西临长城河约200米。原封土堆高约3米，1967年因平整土地，将地表封土平掉，后袁寨村又在其周围建起一座公墓群。1982年7月公布为县级文物保护单位。”

巫马期为什么葬在了内乡？冯玉周所著的《晚羊杂记·大爱无声》中谈到鲁哀公十六年即周敬王四十一年（前479），在巫马期四十三岁时，他的老师孔子去世了，这令巫马期很难受，他再也无心继续做官从政，于是就开始游学：

巫马期离开官场之后，他就游学来到河南，在楚之析邑，

> 即今内乡县赵店乡袁寨村李家营附近，见风光秀丽，极宜居住和讲学，就在此停留居住下来，直至老死，埋葬这里。以后由于孔子的地位越来越高，越来越神圣，孔子的学生们也成了人们崇拜的对象；再加上巫马期为人师表、品德高尚和“治单”的名望，大家就把那个村庄叫作“巫马期庄”，他埋葬的地方，被称为“巫马期”。

看来巫马期的葬地被当地人称呼为巫马期，这说明了其声名之大以至成为地名。我从网上查得了这个地址并于2021年3月25日，从南阳乘车前往此处瞻仰这位前贤的遗迹。此次的南阳之行长达5天时间，这些天均是由南阳市建筑设计院副院长刘宛伟先生安排行程。

今日一早，由小王开车，在刘宛伟的带领下，我们从南阳走高速公路来到了内乡县，下高速后，继续行驶10多公里来到了赵店乡。在路上刘先生给赵店乡小学校长黄进饶先生打电话，我们约定了一个见面的地点，黄先生上车后带我们继续前行。又驶出了约10公里，车拐入了窄窄的巷道，而后停到了袁寨村。

在路上，黄校长谈到他曾帮助袁寨村编过村史，所以对巫马期墓颇为了解，他说该村出了不少教师，可见巫马期教化之功泽被后世。

此时，前往之路变成了窄窄的土路，小王说车开不进去，于是黄校长带领我三人步行走入田地之中。我在田间看到一些妇女在集体耕作，此种景致于今极为难见。大片田地里的麦苗已经高过膝盖，绿油油的一片喜人景色。刘宛伟说内乡是著名的农业县，已经有十几年连续丰收，看来今年仍是一个丰收年。

集体耕作

我顺着小路走到了顶头位置，前方是一片树林，而树林之前是宽阔的河道，看来这就是湍河。湍河边上种着成片的油菜花，此时正是开花的季节，一眼望去，金灿灿的一片。此时有几个人站在那里赏花，当我们走近时，其中一位中年男士跟黄校长打招呼。没想到在此还遇到了熟人，此人听闻我们来探看巫马期墓，他讲述了幼年时的经历。他说当年的巫马期墓占地面积很大，墓的周围长满了大树，他们到林子里玩耍时总有一种害怕的感觉，但后来墓被平了，墓前的祠堂也被拆掉了，之后有些村民在墓址之上修坟，很少有人再来这里玩耍。

在听他讲述之时，我看到田地里有一块文保碑，本能地觉得这是巫马期墓文保碑，我走到近前观看，上面却刻着“李南村遗址”。转到背面，后面刻着简介，称有关部门曾在此进行了三次堪察，但未进行挖掘，从发现的古器物看，这里属于仰韶、屈家岭文化遗存。能够追溯到的这个时代，当然比巫马期的时代要遥远得多，只可惜上面没有一个字提到巫马期。

树林即巫马期墓址

好在攀谈的中年男士向田地里的一片树林一指，说：“那里就是巫马期墓。”但是此处没有通向墓址的路，甚至连小径都没有，于是我们在一片果树林中穿行，这些果树的枝条被接在了一起，形成了长长的拱门状，众人弯着腰从中穿过。好在今天没下雨，地面不算泥泞，这样穿行了约100米，我们终于来到了那片树林前。

树林下长着很多丛生植物，因为担心枝条划伤脸，我们绕着这片丛林找穿入之口。终于转到了这片丛林的另一侧，于此我看到不少新坟。在黄进饶的带领下，我们一路向内走，东绕西绕，终于进入了这片树林的中心地带。所见仍然是一些新的坟丘，但是我在树丛下看到了一些古砖，不知道是否与巫马期墓祠有关。我想起冯玉周曾在一篇文章中写道：

弯腰穿行于拱门下

> “巫马期”早在“五八年‘大跃进’”时，近一丈高的墓堆被平掉了，一院房子也拆了，眼下留在村子里有一块墓碑，撂在村西饭场里。其他事，可到县城南关去问那个守墓人。那守墓人家在李家营，现住县城他儿子那里。我依照乡亲们的指点，先到村西看墓碑。我三步并成两步赶到亲友们说的那个饭场，果见一约有1米多高、半米多宽、正面朝上、阴刻楷书“巫马期墓”的红岩石碑，平放在两块石头上，供人们坐或蹲其上吃饭或聊天。

而今看来，当年拆得很干净，在这片丛林中已然找不到任何痕迹。黄校长说袁寨村的村民稍微上点年纪的能详细讲述当年平掉巫马期墓的情形，但是那块墓碑去了哪里，他在本村编村志时未曾看到。我不死心，继续问他那块碑会不会在村委会，黄校长说不了解，但同意过一会儿带我到村委会去探看。

我等四人围着这个墓址兜了一圈，未能找到文保碑，也没有看到与巫马期有关的刻石文字，却找到了一条离开此墓址的田间小径。沿着小径一路往外走，我们在路上遇到一位拄着拐杖前来的老太太，她看到我们后笑着问我们是不是来看巫马期遗迹。黄校长走上前与之攀谈，老人又讲述了一番当年的情景，从她的眼神中能够看到惋惜之情。我问黄校长当地为什么不把这位前贤的墓保护起来，黄校长说多年前本村就商议过此事，他们想给墓盖起围墙，建一所祠堂，但由于墓址之上增添了不少新坟，这些坟

回看巫马期墓址

大多是本村村民的先人，想迁掉这些墓难度很大，所以商讨几次后不了了之。

沿着田埂走回袁寨村，我在一户人家的门牌上看到了“袁寨村李南”字样，黄校长说李南是袁寨村下属的自然村。如此说来，巫马期墓的具体地址是李南自然村村北300米的田地中。

我们上车后驶往村委会，在路边看到一个大土堆，土堆前有一块刻石，上面有“福隆寨”三个大字，不清楚是何意，见此让我感慨巫马期墓缺少这样一块标牌。如果不是黄校长带我等来寻找，恐怕很难找到那片树林。虽然上年纪的村民都了解相关故事，但随着时代的推移，恐怕少有人能够指出此墓址了。我真想掏钱刻一块巫马期墓址碑立在树林前，刘宛伟闻言后，马上说如果我有这个意愿，他想办法去操办。

跟着黄校长来到了袁寨村村委，我在院落内没有看到古碑，黄校长走入办公室，他与这里的人都很熟，寒暄过后，他拿出寻访单问对方，那块巫马期墓碑在哪里。几人看后，均称不了解情况。无奈，我们只好表谢意后离去。

燕伋：念师心切，垒土造台

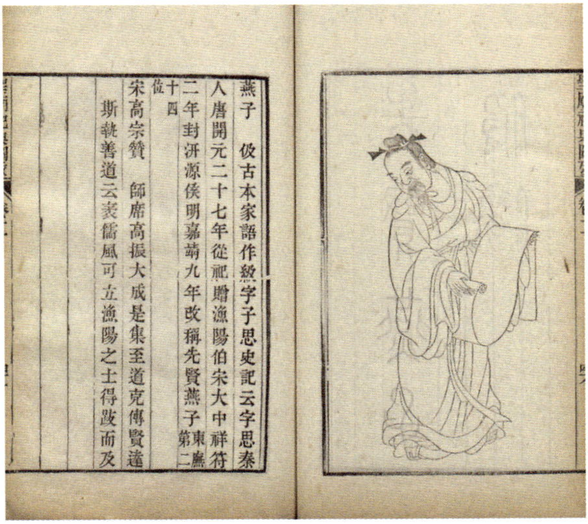

燕汲像，《圣庙祀典图考》五卷　清顾沅编　孔继尧绘图　清道光六年吴门赐砚堂顾氏刻本

燕伋是孔门七十二贤之一，孔庙两庑奉祀先贤六十九人，燕伋位列第五十，早期史料对他的记载极其有限，《史记·仲尼弟子列传》中称：“燕伋字思。”《孔子家语·七十二弟子解》中称：“燕伋，字子思。”两者相较，仅多一字。唐开元二十七年（739），燕伋被追封为渔阳伯，宋大中符祥二年（1009），皇帝加封其为汧源侯，明嘉靖九年（1530）改称为先贤燕子。

其封号中的渔阳是今日陕西宝鸡千阳县，汧源也是古邑，在今陕西陇县。

关于燕伋的籍贯，有鲁人说和秦人说。根据封号来看，他应当是秦人，且今日千阳县曾有燕伋墓，而今仍然得见燕伋所建的望鲁台，于是我将这里定为寻访燕伋遗迹之处。

2021年3月中旬的几天，我进行了陕甘遗迹寻踪之旅，此程的最后一天为3月15日。这天一早我先去参观了秦安孔庙，该孔庙位于甘肃境内。昨晚我住到了甘肃天水市，蒙甘肃省诗歌创作研究会副会长廖海洋先生安排，由他天水的朋友王二刚先生开车从天水把我送到秦安。在那里费了一些周折，我终于看到了该孔庙。拍照完毕后，王先生把我送到高铁站，一个小时后我到达宝鸡。

秦安高铁站很小，也许是受疫情影响，里面的乘客也不多。我所乘的高铁是前往北京西站，列车员严格按照要求检查每一位前往北京乘客的七天有效核酸证明，所以乘客进站速度很慢。其实昨天我已经看到了北京相关部门公布的消息：从16号零点开始取消进京核酸检测。距规定的结束时间还不到半天，但这里的工作人员依然严格执行原规定，这份认真值得夸赞。

高铁上的乘客不多，有人随意调换座位，列车员称疫情期间不能换座，但还是有人趁列车员不注意换来换去，遵守规矩何其难。

到达宝鸡站后，我排队等出租车，这里的出租车也是黄色，但中间偶尔也夹杂有蓝色的车。我正要上一辆黄车时，管理人员却让我上另一排的蓝车。坐定之后，我把寻访单拿给司机看，告诉他今天我分别要去凤翔县和千阳县，并称自己不懂当地的规矩，不知道乘出租车是打表还是一口价。我告诉他对他而言哪样合适就按哪样算。他看过寻访单后，认为可以去，称出站后再商议价钱。他将车停在一个安全的地方，仔细看了我的寻访地点后告诉我包车半天对我更合适，包车300元远比打表要划算。我同意他的报价，并且说走高速公路过路费另算。

司机姓赵，看上去40多岁，人很爽快，一路上与他聊天颇不寂寞。我问他的出租车颜色为何与大多数不同，他说这是电动车，在市内运行得很少。闻其所言，我担心往返路途太长，此车的电力难以支撑。赵先生说他已计算过，肯定没问题。他坚持要走普通公路，告诉我走高速公路绕路太多。我估计他可能是有节约电能的意思，于是同意了他的建议。

从宝鸡前往千阳，始终行驶在山区，这一带的大山颇为巍峨，是秦岭之余脉，但是行驶在公路上的车很少。赵先生告诉我，因为这一带有千阳湖，该湖是宝鸡等几个市县重要的水源地，所以从前些年就做了保护措施。原本这条公路十分破烂，因为有大量拉煤的

千阳湖

车把路面压烂了，而今这一带已经禁止采煤，并且不让大车行驶。果然前行不远，我就在马路上看到几块大水泥块，每一块都几米见方，且以品字形排列在路当中，赵先生娴熟地从中拐来拐去穿插而过，他说大车根本开不过去。

一路上我们确实没有遇到任何大型车，无论货车还是客车，但同时也很难遇到小车。赵先生说，那些车都去走高速公路了，以他的经验，走的人越多越堵车，这是他喜欢走普通公路的原因。

一路上静悄悄地行驶，电动车本来声音就小，再加上路面平整，虽然在山间公路绕来绕去，时而驶向山巅，时而冲下来，但我仍能悠闲地欣赏两边的景致。此地今日气温24摄氏度，比北京高不少，在路的两边时常看到一树树怒放的桃花，如此美景无人欣赏，不知道它们是否觉得寂寞。

驶入湖区时，我在路边就能看到湖水清澈见底，赵先生感慨住在湖边的人是何等幸福，他觉得这里的人平均寿命要比宝鸡市高十岁。住在这大山之中，想来有诸多的不便，但谁人不想鱼和熊掌兼得呢？

下午3点，车开入了千阳县城，赵先生说因为没有特色产品，千阳是个穷县。从县城的街景看过去，确实难见现代化的大厦。我们跟着导航一路来到了一座牌坊前，牌坊的匾额上刻着“望鲁台”三个字，这正是我的寻访目标。赵先生去找停车的地方，我于此下车，拍照时方发现这里仅此一座石牌坊，周围并没有我在网上看到的景致。

而今牌坊下方成为集市，其前方有围挡，我担心望鲁台景区被封起来进行扩建维修，但没有看到相关告示。我沿着牌坊相反的方向望过去，后面有一条道路通向城区外的一座山，路两边仅是居民房，没有看到相应的招牌。我向一位路人打问，此人告诉我要沿牌坊前的路左转，走出几百米就能看到燕伋文化广场了。看来牌坊与广场不在一中轴线上，这种设计方式颇为独特。

此时我接到赵先生电话，他说看到了那个广场，我按其所说的方向一路走过去，果然有一巨大的广场建在山前。在广场的入口处我看到有一宣传牌上写着“燕伋故里传雅韵，艺术盛会迎嘉宾”，还有“第九届陕西省艺术节”几个字。千阳县能够承办省级大会，可见他们在努力宣传燕伋故里。

广场的地面全部做了硬化，两侧竖着几十面彩旗，彩旗为黄底红字，中间印着大大的“师”字，不知有什么讲法。彩旗的下方则有几十个展板，我本以为是介绍燕伋的故事，然而上面全部都是历

燕伋文化广场

燕伋雕像

代名人家规。广场的中后方立有一尊燕伋雕像，燕伋双手捧着竹简目视前方，想来是在宣传孔子思想。

雕像的后方是登山的石台阶，台阶入口处有一堵墙，上面用不同字体写着“师”字，我猜测这应当是尊师重教之意。隔着这堵墙一眼望过去，长长的台阶瞬间让我腿发软。今日天气晴好，虽然有些微风，但走在这巨大的广场之上，我还是觉得浑身燥热。既来之则上之，于是我咬着牙沿着台阶一步步向上走。

走到一半处有一个平台，平台右侧有望鲁台遗址文保碑，左侧则通向一处新建的商品房小区，不清楚是不是开发商捐资修复遗址，所以他们才能在那里搞商业开发。台阶的两侧各立着几十块展板，每块展板上的内容都是摘取《论语》中的名句，并且展板的边框上方均用小篆写着“中华尊师第一台”。看来我刚才的猜测没错。

歇脚三次后，我终于登上了土山顶，于此看到一组仿古建筑，门楣写着“燕伋望鲁台”。这是一个独立的院落，从正门进入。院的中间也立着一尊燕伋像，作读书沉思状，此像手持的竹简展开了，后方还有一座大殿，上书“燕伋祠”。祠堂正中有一尊燕伋坐像，他依然手持展开的竹简，但有人在竹简之上蒙上了红绸布，想来是担心他看书太累伤眼。

祠堂两侧的墙上绘制着一些现代风格的漫画，题目是“燕伋行迹图”，分别用几组图案表达了燕伋的事迹。另一侧则为“孔子圣迹图”。

关于燕伋拜师情况，宝鸡市地方志办公室编的《宝鸡简史》中有如下一段说法：

燕伋（前541—前476），亦作子思，生于今千阳县寨子村。自小聪颖，胸怀大志。22岁时，遵父命，负笈千里，抵

燕伋祠

鲁国从学于孔子，对德行、言语、政事、文学等学问广泛涉猎。第二年，与南宫敬叔、仲由等随孔子赴周“问礼”，曾见老聃。5年后，他27岁，学成归里。35岁时又赴鲁国，滞留5年，曾随孔子瞻仰鲁桓公庙。40岁时，已成孔门七十二大贤之一，载誉归里，从此设教渔阳（今千阳县西关村裴家台）18年，传道授业。期间思念恩师心切，用衣襟撩土垫足，日积月累，便形成了高约10米的土台，其登高台以望鲁，人称“望鲁台”。

这里把燕伋的生卒年、出生地、个人性格都说得很明确，且点明他是在22岁时尊奉父亲之命前往鲁国拜孔子为师，并且他还跟随孔子到洛阳见过老子。这些明确的数字与事迹，我却查不到。

从燕伋祠转出，后面仍然是一个高台，台阶下方嵌着“中华尊师第一台”字样，此乃《宝鸡简史》中提到的望鲁台。对于此台的来由，佳雨、和风所编著的《宝鸡旅游文化大观》一书中也有类似说法：“相传燕伋在渔阳设教18年，因思念恩师（孔子）心切，每天用衣襟撩土，为的是垫足登高望鲁，日积月累而形成高台。台高10余米，底部直径30多米。形不大而灵秀，景不奇而意深。它是燕伋尊师重教之象征。虽说此台经过两千余年的沧桑变迁、风雨侵蚀和兵燹匪患的掘损，然而至今依然耸立。”

虽然腿软头昏，我还是咬牙继续向上攀登，登台之后，却发现上面空无一物。站在这里望下去，我只能看见千阳县城，县城之外则是重重大山，根本不可能看到宝鸡，也就更不可能看到千里之外

中华尊师第一台

的鲁国。但是燕伋每天用衣襟兜起一点土来垒此台，想来还要做夯土的工作，否则，一场雨岂不把土堆变成了泥石流？更何况他真的想望到鲁国，不如登上巍峨的秦岭，即使是秦岭上普通一座小山，都要比他搭起的土台高出不知多少倍，他何必要费这么多工夫来搭土台。

燕伋是孔门著名的七十二贤之一，能从三千弟子中脱颖而出，说明他智力不凡，不太可能做这等功大果小之事。更何况，《宝鸡简史》中还记载他曾第三次前往鲁国之事："秦悼公七年（前484），燕伋58岁，闻伯鱼去世，遂第三次去鲁。吊唁之后，又留鲁四年。孔子逝世，他为恩师守灵三年，后回归故里，两年后逝世，享年66岁，葬于千水南鲁家村（今千阳县寨子村）。其祖父公胜，父公滕，母嬴氏，娶妻壤驷氏，生子子策、子笃。"

所以我觉得如果燕伋真搭起了这样一座土台，更多的是一种象征意义，他在用身教的方式让他的弟子们明白什么才叫尊师。难怪后人将此台称为中华尊师第一台，所以“尊”字方为此台的最重要注脚。

关于燕伋的后裔，《宝鸡社会科学》2008年第3期上刊载有李勤真所撰《燕伋后裔考述》一文，该文引用了《燕氏家谱》所载，谈到燕伋的两个儿子燕子策和燕子笃，李勤真说燕伋去世后，至汉朝以前，其后裔情况未能查到记载，根据清光绪《增续·千阳县志》卷十三收录的《燕氏族谱》所载，在汉代时，燕氏后裔中有三位举为茂才：燕君、燕应祚、燕马。晋朝时，燕登中进士。唐宋之间，又有多位燕氏后裔中进士。

对于燕氏后裔在清代的情况，乾隆二年《孔门先贤燕公墓碑记》中记载有燕伋七十一代孙燕源清、燕溢清等人。李勤真还写道：“民国三十六年十二月千阳县参议会召开大会，确定燕岁娃为燕伋第七十八代孙。”该文同时提到至今仍有燕伋后裔住在本县：“第七十九代孙燕来存（生于1944年），现居住在水沟镇裕华村。”

《水浒传》中的燕青是我所熟悉的燕氏历史名人，他是否为燕伋之后，李勤真在文章中没有提及。虽然燕青名气不小，但毕竟入水泊梁山为寇，如果他真是燕伋后裔的话，似乎也影响其祖上之盛名。

参观完望鲁台，我看到有一块指示牌，指示牌上写着“燕伋塾坛”，想来那应当是燕伋授徒处。沿着脚下之路一路走，走到土山的半山腰时我看到一处院落，门楣上写着“燕伋塾坛”。门两侧的对联为：“先贤积厚土立论立德，后人临圣坛沐神沐心。”

燕伋塾坛

在窄长平地的院后侧沿着山崖建起几孔窑洞，外立面做成了城墙状，每个窑洞都有单独的名称。我走到最右侧，看到这里还有一孔未曾修复的窑洞，可惜这里关着门。于是我先走入第一孔开放的窑洞，此洞内供奉的却是文昌帝君、魁斗星君和财神菩萨。前两者与文教有关，后者似乎只管发财，为何将他们三位并列供在这里，我一时未搞清相关逻辑。

窑洞颇为低矮，走在里面有压迫感，我小心地在里面查看，于侧墙上看到一块介绍牌上写着“文财洞”，上称：“学而优则仕。金榜题名、财运亨通一直是人们追求的理想生活。文昌、魁星、财神分别是掌管功名禄位、文运、财运的三位尊神。”所以景区管理部门邀请民间工艺美术大师制作了这三尊塑像，“以满足人们祈求文运通达、财源广进的迫切愿望”。

没想到此景区管理者如此体贴游客。有意思的是在此窑洞的入口处挂着一块金属牌，上书“破除封建迷信，文明健康旅游”。看来这仍然需要脑筋急转弯：供奉这三位尊神究竟算不算迷信呢？更为奇特的是，这块告示牌的下方不足30厘米处，有水泥制作的一个小龛，上书“土地堂”，下面挂着一幅土地神的画像。

三孔窑洞

文财洞旁边的一孔窑洞则为群贤宫，窑洞内两侧的墙上绘制着孔门七十二贤像，正前方则是孔子教导弟子的图案，画像旁挂有对联，其下联是“燕伋德范贯三秦”。这说明画像中绘制的弟子就是燕伋。

而后我又一一参观了尊师祠、尚德宫等，每一孔窑洞的格局相同，只是绘画内容有区别。我在一孔窑洞内看到了“登台望鲁”图，燕伋站在台上正在远望，而其下方有四位童子在投土修台，这种绘制方式是想说明在燕伋的言传身教下，千阳当地人也开始为此台垒土。然而这种夸赞方式似乎不如燕伋独自一人堆土更能体现尊师之意。

商瞿：弘传《易经》，蜀学之先

《孔子家语·七十二弟子解》中称："商瞿，鲁人，字子木。少孔子二十九岁，特好《易》，孔子传之，志焉。"

此处明确点出商瞿最喜欢研究《易经》，这是孔子传授给他的本领。商瞿对《易经》的研究很有成就，他甚至推算出了老师在哪个时辰离世，王充在《论衡·别通》中写道：

> 孔子病，商瞿卜期日中。孔子曰："取书来，比至日中何事乎？"圣人之好学也，且死不休，念在经书，不以临死之故，弃忘道艺，其为百世之圣，师法祖修，盖不虚矣。自孔子以下，至汉之际，有才能之称者，非有饱食终日无所用心也，不说五经则读书传。书传文大，难以备之。卜卦占射凶吉，皆文、武之道。昔有商瞿，能占爻卦，末有东方朔、翼少君能达占射覆：道虽小，亦圣人之术也，曾又不知。

孔子病重时，商瞿给老师算了一卦，他算出老师在今天中午就

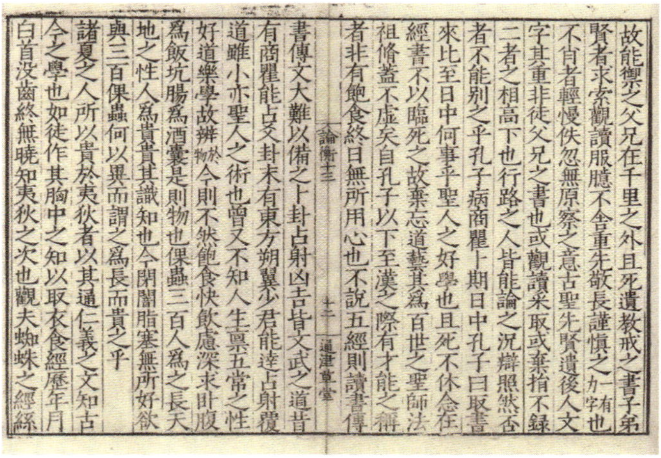
故能禦之父兄在千里之外且死遺教戒之書子弟
賢者求索觀讀服臆不舍重先敬長謹慎之（一有力字）也
不肖者輕慢佚忽無原察之意古聖先賢遺後人文
字其重非徒父兄之書也或觀讀采取或棄捐不録
二者之相高下也行路之人皆能論之況辯照然否
者不能別之乎孔子病商瞿卜期日中孔子曰取書
來比至日中何事乎聖人之好學也且死不休念在
經書不以臨死之故棄忘道藝其爲百世之聖師法
祖脩蓋不虛矣自孔子以下至漢之際有才能之稱
者非有飽食終日無所用心也不說五經則讀書傳
論衡十三　十二　通津草堂
書傳文大難以備之卜卦占射凶吉皆文武之道昔
有商瞿能占爻卦末有東方朔翼少君能達占射覆
道雖小亦聖人之術也曾又不知人生稟五常之性
好道樂學故辨（於物）今則不然飽食快飲慮深求臥腹
爲飯坑腸爲酒囊是則物也倮蟲三百人爲之長天
地之性人爲貴貴其識知也今閉闇脂塞無所好欲
與三百倮蟲何以異而謂之爲長而貴之乎
諸夏之人所以貴於夷狄者以其通仁義之文知古
今之學也如徒作其胸中之知以取衣食經歷年月
白首没齒終無曉知夷狄之次也觀夫蜘蛛之經絲

《论衡》三十卷　汉王充撰　明嘉靖十四年苏献可通津草堂刻本

要离世了。他把这个不幸的消息直接告诉了老师，没想到孔子说：快把书给我拿来，不然到中午之前没事干了。为此，王充感慨：圣人的好学真令人感叹，快去世了都不休息，仍然惦记着读书，这正是圣人值得称颂的地方。王充同时感慨商瞿算卦如此之准，并且说用算卦来推测吉凶是周文王、周武王用过的办法，可惜当世人少有会此技艺者。

关于易学的传承，《史记·仲尼弟子列传》给出的排序是：“孔子传《易》于瞿，瞿传楚人馯臂子弘，弘传江东人矫子庸疵，疵传燕人周子家竖，竖传淳于人光子乘羽，羽传齐人田子庄何，何传东武人王子中同，同传菑川人杨何。何元朔中以治《易》为汉中大夫。”

司马迁在此明确地称孔子把《易经》传给了商瞿，商瞿又传给了楚人馯臂子弘，之后又一路传了下来。在《史记·儒林列传》中，司马迁又再一次强调了这样的传承：“自鲁商瞿受《易》孔子，

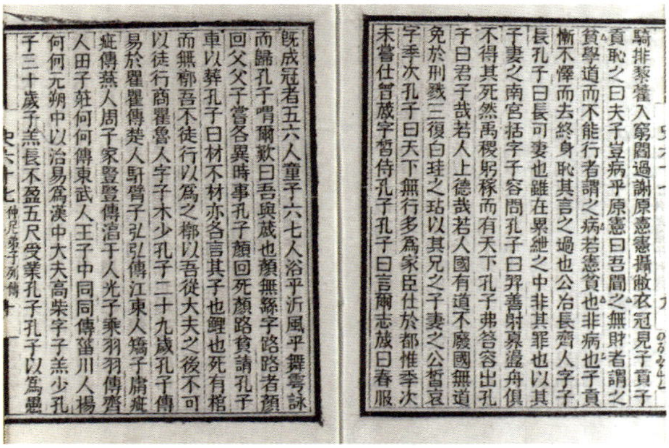

騎排藜藿入窮閻過謝原憲憲攝敝衣冠見子貢子貢恥之曰夫子豈病乎原憲曰吾聞之無財者謂之貧學道而不能行者謂之病若憲貧也非病也子貢慚不懌而去終身恥其言之過也公冶長齊人字子長孔子曰長可妻也雖在累紲之中非其罪也以其子妻之南宮括字子容問孔子曰羿善射奡盪舟俱不得其死然禹稷躬稼而有天下孔子弗答容出孔子曰君子哉若人上德哉若人國有道不廢國無道免於刑戮三復白珪之玷以其兄之子妻之公晳哀字季次孔子曰天下無行多爲家臣仕於都惟季次未嘗仕曾蒧字晳侍孔子孔子曰言爾志蒧曰春服

既成冠者五六人童子六七人浴乎沂風乎舞雩詠而歸孔子喟爾歎曰吾與蒧也顏無繇字路路者顏回父父子嘗各異時事孔子顏回死顏路貧請孔子車以葬孔子曰材不材亦各言其子也鯉也死有棺而無槨吾不徒行以爲之槨以吾從大夫之後不可以徒行商瞿魯人字子木少孔子二十九歲孔子傳易於瞿瞿傳楚人馯臂子弘弘傳江東人矯子庸疵疵傳燕人周子家豎豎傳淳于人光子乘羽羽傳齊人田子莊何何傳東武人王子中同同傳菑川人楊何何元朔中以治易爲漢中大夫高柴字子羔少孔子三十歲子羔長不盈五尺受業孔子孔子以爲愚

史六十七 仲尼弟子列傳 十

《史记》一百三十卷 汉司马迁撰 明归有光评点 清光绪二年武昌张裕钊刻本

孔子卒，商瞿传《易》，六世至齐人田何，字子庄，而汉兴。田何传东武人王同子仲，子仲传菑川人杨何。何以《易》，元光元年征，官至中大夫。齐人即墨成以《易》至城阳相。广川人孟但以《易》为太子门大夫。鲁人周霸，莒人衡胡，临菑人主父偃，皆以《易》至二千石。然要言《易》者本于杨何之家。”

对此，班固在《汉书》中也有类似的记载：“自鲁商瞿子木受《易》孔子，以授鲁桥庇子庸。子庸授江东馯臂子弓。子弓授燕周丑子家。子家授东武孙虞子乘。子乘授齐田何子装。及秦禁学，《易》为筮卜之书，独不禁，故传受者不绝也。汉兴，田何以齐田徙杜陵，号杜田生，授东武王同子中、雒阳周王孙、丁宽、齐服生，皆著《易传》数篇。同授淄川杨何，字叔元，元光中征为大中大夫。齐即墨成，至城阳相。广川孟但，为太子门大夫。鲁周霸、莒衡胡、临淄主父偃，皆以《易》至大官。要言《易》者本之田何。”

司马迁与班固的叙述顺序略有差异，用字上也有出入，他们的相同点是均承认孔子传《易》于商瞿，不同点则是：司马迁认为商瞿将《易》传给了馯臂，此人字子弘，而班固则说商瞿传给了鲁桥庇子庸，子庸又传给了馯臂，中间隔了一人。另外司马迁说馯臂字子弘，班固说馯臂字子弓。究竟孰对孰错，后世有过不少的争论。《荀子·非十二子》中称：“无置锥之地，而王公不能与之争名；在一大夫之位，则一君不能独畜，一国不能独容；成名况乎诸侯，莫不愿以为臣；是圣人之不得势者也，仲尼、子弓是也。”《荀子·儒效》中亦称：“通则一天下，穷则独立贵名，天不能死，地不能埋，桀、跖之世不能污，非大儒莫之能立，仲尼、子弓是也。”

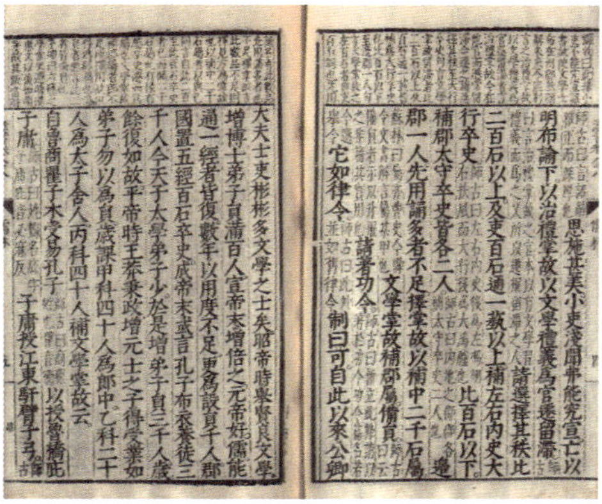
思施甚美小吏淺聞弗能究宣亡以
明布諭下以治禮掌故以文學禮義爲官遷留滯
請選擇其秩比
二百石以上及吏百石通一藝以上補左右內史大
行卒史 比百石以下
補郡太守卒史皆各二人 邊
郡一人先用誦多者不足擇掌故以補中二千石屬
文學掌故補郡屬備員
請著功令
它如律令 制曰可自此以來公卿
大夫士吏彬彬多文學之士矣昭帝時舉賢良文學
增博士弟子員滿百人宣帝末增倍之元帝好儒能
通一經者皆復數年以用度不足更爲設員千人郡
國置五經百石卒史成帝末或言孔子布衣養徒三
千人今天子太學弟子少於是增弟子員三千人歲
餘復如故平帝時王莽秉政增元士之子得受業如
弟子勿以爲員歲課甲科四十人爲郎中乙科二十
人爲太子舍人丙科四十人補文學掌故云
自魯商瞿子木受易孔子 以授魯橋庇
子庸 子庸授江東馯臂子弓

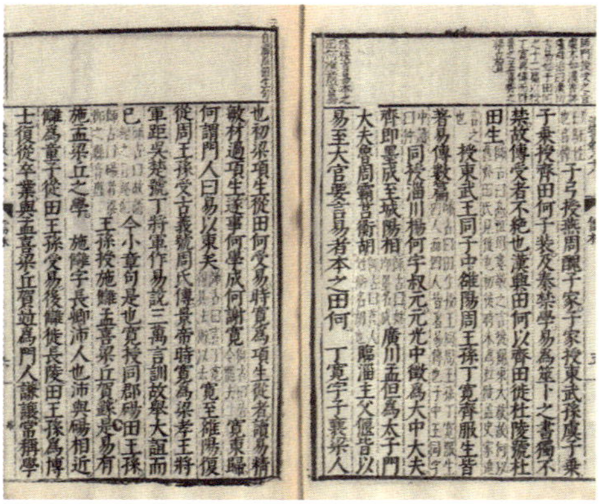
子弓授燕周醜子家子家授東武孫虞子乘
子乘授齊田何子裝及秦禁學易爲筮卜之書獨不
禁故傳受者不絕也漢興田何以齊田徙杜陵號杜
田生
授東武王同子中雒陽周王孫丁寬齊服生皆
著易傳數篇
同授淄川楊何字叔元元光中徵爲大中大夫
齊即墨成至城陽相 廣川孟但爲太子門
大夫魯周霸莒衡胡 臨淄主父偃皆以
易至大官要言易者本之田何 丁寬字子襄梁人
也初梁項生從田何受易時寬爲項生從者讀易精
敏材過項生遂事何學成何謝寬 寬東歸
何謂門人曰易以東矣 寬至雒陽復
從周王孫受古義號周氏傳景帝時寬爲梁孝王將
軍距吳楚號丁將軍作易說三萬言訓故舉大誼而
已 今小章句是也寬授同郡碭田王孫
王孫授施讎孟喜梁丘賀繇是易有
施孟梁丘之學 施讎字長卿沛人也沛與碭相近
讎爲童子從田王孫受易後讎徙長陵田王孫爲博
士復從卒業與孟喜梁丘賀並爲門人謙讓常稱學

《汉书评林》一百卷　汉班固撰　明凌稚隆辑评　明万历九年吴兴凌氏刻本

荀子把子弓和孔子相提并论，认为他们都是大儒，可见子弓当时的名气不在孔子之下。为此，唐杨倞在注《荀子》时提出了疑问：“子弓盖仲弓也。言子者，著其为师也。《汉书·儒林传》：馯臂字子弓，江东人，受《易》者也。然馯臂传《易》之外更无所闻，荀卿论说常与仲尼相配，必非馯臂也。”

杨倞认为馯臂除了传《易》，未见有其他成就，而孔子对易学

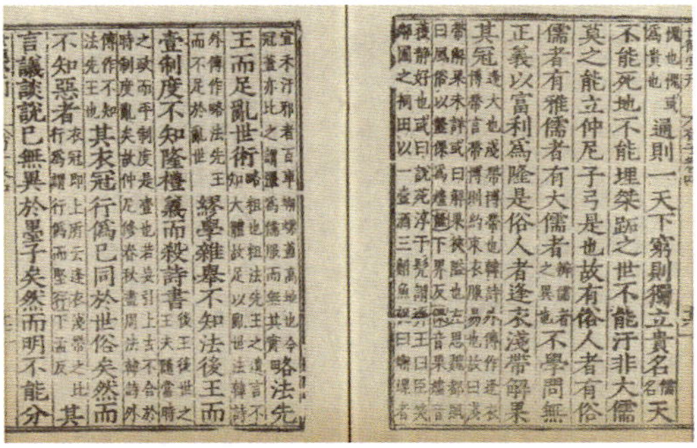

《荀子》二十卷　唐杨倞注　明嘉靖顾氏世德堂刻《六子全书》本

的研究成就，只是他多个成就中的一部分而已，荀子将子弓和孔子并提，正说明了荀子说所的子弓并非馯臂。对此，宋叶适在《习学记言》中认为：“（子弓）既无立言行事可以考其是非，使非荀卿之妄，则或者子弓仲尼之别名，不然，姑假立名字以自况尔。”

叶适猜测子弓可能是孔子的别名，也有可能是荀子本人假托的名字。然而李学勤又在《周易溯源》中说：“这位荀子尊称为圣人、大儒的子弓，应该就是馯臂。”

如何解释荀子把馯臂子弓与孔子并称之事呢？郭沫若在《青铜时代》中的解读是：“子弓自然就是馯臂子弓；有人说是仲弓，那是错误了的。但馯臂子弓如果只是第三代的一位传《易》者，那他值不得受荀子那样超级的称赞。所以在以上种种推定之外，在这儿更可以得到一个坚确的证据，使我们相信子弓定然是《易》的创造者。子弓生于楚，游学于北方，曾为商瞿的弟子，孔子的再传弟子。这些当然是事实，但是《易》的传统更由他突出而上溯到了商瞿和孔子，那一定是后学们所闹出来的玩意。”

郭沫若怀疑孔子给商瞿传《易经》之事，他认为《易》的作者结合了老子和孔子的思想，是后起的概念，他甚至认为馯臂子弓就是《易》的作者。这等于从根本上否定了孔子传《易》之事。为此，陈梦家在《郭沫若〈周易的构成时代〉书后》中反驳说："《易》无成于春秋中叶以后的确证。而《史》《汉》所叙传《易》系统中的馯臂子弓亦自无理由认为作《易》者。"

以上争论皆是关于商瞿弟子馯臂的问题，这个问题于此不再展开进一步探讨。单说孔子传《易》给商瞿的问题，其实也有争议。钱穆在《先秦诸子系年》中说：

> 《易纬·乾坤凿度》曰："仲尼生不知《易》本，偶筮其命，得《旅》，请益于商瞿氏。"则谓商瞿乃孔子前辈，孔子向之请益，决非少孔子二十九岁之弟子。二说乖僢，同为无根，可疑一也。孔子晚年治《易》，既所重视，（其实此说亦不足信。）传之商瞿，则瞿亦孔门高足。其年事长于回、赐，于游、夏为前辈，何以姓名独不一见于《论语》？孔子没后，诸弟子论学，亦绝不及商瞿，可疑二也。（石林叶氏云："自司马迁以来，学者皆言孔子传《易》商瞿，瞿本非门人高第，略无一言见于《论语》。性与天道，子贡且不得闻，而谓商瞿得之乎？"则前人已疑之。）

按照《易纬》上的说法，孔子曾向商瞿请教卦象的问题，故钱穆怀疑商瞿是孔子的前辈，不可能像《孔子家语》或《史记》中所载，商瞿是比孔子小29岁的弟子。更何况，不少文献记载孔子晚年下很大功夫研究《易》。他把自己重要的研究成果传授给一位弟子，说明那位弟子应该是孔子极其重视的，既然如此，为什么商瞿之名没有出现在《论语》中。孔子去世后，众位弟子讨论学问时也没有提到商瞿。为此，钱穆还特意引用了叶适所提出的疑问。

既然如此，如何解释《孔子家语》《史记》和《汉书》中均记载孔子传《易》于商瞿之事呢？前人的论断似乎没能圆满地解答这个问题。按照相关文献记载，孔子去世后商瞿来到了蜀地，于此传承易学，故商瞿被视为巴蜀易学的源头。然而历史上对此也有激烈的争论，王泽枋在《瞿上·商瞿·商瞿墓》一文中说："最早把商瞿说成是蜀人的是宋代端明殿大学士宋祁，他在仁宗嘉祐三年（1058）出知益州，下车伊始，为纪念文翁在蜀创建学校功绩，在成都石室之西立文翁祠堂。祠堂落成后，为蜀中先贤画像，与文翁配祀，宋祁还亲自为之作赞。所画九人中就有商瞿。包括文翁塑像，一共十人。这就成了以后许多文献上所载的'文翁祠堂画像十赞'，或称'成都先贤赞'，简称'先贤赞'。始作俑者宋祁这位郡守大人把商瞿拉为蜀人，加之有宋一代程朱理学作为官学，在蜀中盛极一时，成为对全国极具影响的'蜀学'。《易》为六经之首，孔子的嫡传弟子、易学专家商瞿都是蜀人，遑论其他。成都街头连箍桶匠都在与人喋喋不休谈论《易经》，其普及的程度就可想而知。上有商瞿作偶像，下有箍桶匠力行，'自古易学在蜀'的宏论，不胫而走，蜚声全国。"

从整体立意看，王泽枋此文是否定商瞿为蜀人，认为这种说法是宋祁乱搭配，文中也提到明杨慎认定商瞿为蜀人事，《升庵集》卷四十八《蜀志遗事》中载："孔子弟子商瞿，《世本》作'商瞿上'，《文翁石室图》亦作'商瞿上'。宋景文公（宋祁）作《成都先贤赞》，以商瞿上为蜀人。考之《路史》及《舆地纪》，瞿上城在双流。"明曹学佺在《蜀中名胜记》卷五中亦称："双流县有商瞿里，本志云：治东十里瞿上乡，有孔子弟子商瞿上墓，时有锦鸡、白鹏见焉，文明之德未艾也。"

杨慎认为商瞿就是有些文献中所载的"商瞿上"，因为成都附近有瞿上城，以此说明商瞿与该地的关系，但是清张澍在《蜀典》中一一予以了反驳：

> 按《史记》弟子传：商瞿传《易》于馯臂子弘，子弘传江东人矫子庸疵。《汉书》：商瞿授鲁桥庇子庸，子庸授江东馯臂子弓。二者不同。然司马迁、范晔、王肃等均以商瞿为鲁人。盖商，姓也；瞿，名也；字曰子木。司马贞、颜籀以为复姓，误矣。而宋祁《成都先贤赞》以为蜀人；杨慎遂谓为蜀之瞿上人，且云《世本》作"商瞿上"。《世本》今虽不传，然诸书所引俱在，并无"商瞿上"之文。《文翁石室图》亦未尝作"商瞿上"；近人引《（文翁）石室图》作"商瞿上"者，误从杨（慎）氏，非原文也。《路史》"国名记"云："商罡有瞿父，鼎有商瞿氏，宜为瞿上。"罗（泌）之言，盖谓商有瞿氏，以地为氏，宜出于瞿上也；犹言淳姓出于淳于，钟姓出于钟离。其以商瞿为复姓，又沿"索引"师古之说。杨氏不知，直言商瞿名上，谬甚。近人作《双流（县）志》，遂云瞿生瞿上乡，卒亦葬瞿上，墓在县南五十里之应天山。夫因瞿上而谓商瞿为是

地人，岂言偃是偃师人，卜商是商丘人乎？必不然矣。曹学佺《名胜志》：“瞿受《易》夫子，时有锦鸡白鹏，为文明之象。”抑何附会之耶！

王泽枋在文中转引了顾颉刚《古代巴蜀与中原的关系说及其批判》一文中所言，顾先生在此文中先引用了杨慎的说法，又谈到了张澍的反驳，他说杨慎举出三个证据，张澍反驳了其中两点，对于第三点，顾先生给出的反驳理由是：“宋祁的《景文集》今有两本，一是日本天瀑山人据宋刻残本复刻的，在《佚存丛书》，一是清四库馆从《永乐大典》辑录的，在《武英殿聚珍版丛书》。这两本都是不全本，里边没有《成都先贤赞》，情有可原。杨慎是看到这篇赞的，《全蜀艺文志》是他亲手编纂的，志中搜录蜀中掌故文字多至六十四卷，材料可谓丰富。然而《赞》的一部分却没有宋氏这一篇，那就奇怪。宋氏所作的赞文，《艺文志》里也有，然而是《学府文翁祠堂画像十赞》，赞的是文翁、司马相如、王褒、庄遵、何武、扬雄……而不是商瞿上！他看见了这篇文章而不编入，引据了这篇文章而不摘录其辞，这是什么道理？”

接下来顾先生又提及杨慎有其他作伪问题，以此证明杨慎在商瞿问题上也没有说实话：“杨慎本是伪作《岣嵝碑》和《杂事秘辛》的人，他的话不可据为典要，商瞿这一个问题也不值得讨论了。”

然而顾颉刚的结论也遭到了一些人的否认，比如熊德成在《商瞿是鲁人还是蜀之瞿上人》中谈道：“前辈顾颉刚在批驳杨慎商瞿蜀人之说后，对此也心存疑虑。于是，民国二十九年（1940年）12

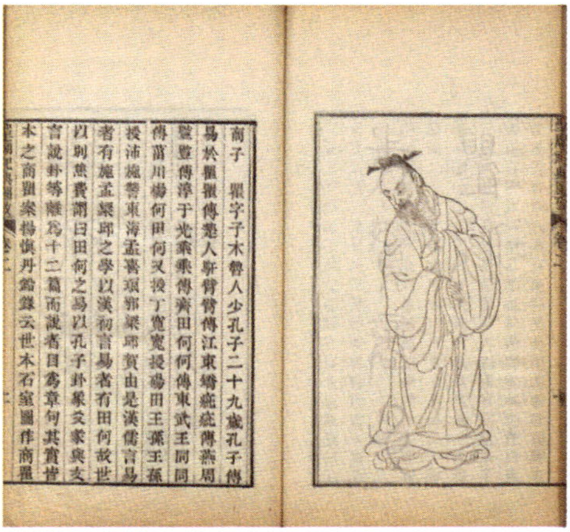

商瞿像，《圣庙祀典图考》五卷　清顾沅编　孔继尧绘　清道光六年吴门赐砚堂顾氏刻本

月，他到蜀地考察时，专门到了牧马山考察瞿上城和商瞿墓，当时是双流文献委员会张湘泉先生接待和陪同的他。路上，张湘泉对顾颉刚说，他不想为双流县多拉一位有名的古人，原因是‘那时蜀道还没有给秦人开辟，一个蜀国青年怎能远迢迢到东海边上鲁国去留学？’顾颉刚将此情况在他的一篇《川西游记》中作了记述。”

但是熊德成不能认同张湘泉所言：“虽然鲁国与蜀国相距很远，那时蜀道秦人没有建成，但并不能说明商瞿没有办法去鲁国求学，或蜀道没建成商瞿就不是双流瞿上人。我们都知道，三星堆遗址的发掘，已经证明蚕丛王之前的嫘祖早就与中原地区有着频繁的贸易往来。那么，他们当时又是怎样越过崇山峻岭到达中原的？显然以此为由否定商瞿是双流人是立不住脚的。”

关于商瞿墓，王泽枋在文中说：“笔者于1979年初秋，曾随成都市文物普查工作队去了一趟牧马山，原来商瞿墓的墓碑早已不复存在，高耸的坟茔封土已夷为平地，墓基上已修建了学校；山坡上尚能看到一些残砖断碣和石灰凝块，显然是墓被破坏后的残余。作为文物，遭到破坏，这是令人惋惜的。我们在附近访问了一位名叫黄子清的农民，60岁，世代都住在夫子坟侧。虽然墓已铲平，但王泽枋还是从黄子清那里听到了一些细节：‘三洞椁砖拆了不少，学校拿去砌了教室讲台，其余部分被附近社员搬回家修了猪圈或砌了墙壁。’他一面说一面引我们去看他所拾墓砖砌的墙壁。”

经过仔细观察，王泽枋得出的结论是：“从墓葬椁砖券拱大量使用石灰合缝来看，无疑是唐墓而不是汉墓。因为汉代虽然也有券拱砖墓，但石灰的应用鲜少见到，券拱椁砖多用楔形砖而罕有用石灰合缝的。这就使我们忽然明白：从宋至明闹了八九百年的春秋商瞿墓，原来是一座中唐时期的三人合葬墓。”

虽然有这些论证，但是双流当地人还是以商瞿故里为傲。比如乾隆《双流县志》载：“双流旧名广都，为商夫子笃生地，固先贤梓里也。”且《双流县志·乡贤》中明确地说：“商瞿，字子木，孔子弟子。孔子传《易》于瞿，瞿生于瞿上乡，卒亦葬瞿上。”

虽然文献中所说的商瞿墓已无痕迹，但我还是想到原址一探究竟。2021年5月9日，我前往四川寻访，乘飞机到达成都后，乘出租车先在周围探访，第一个探访点就是商瞿墓。关于商瞿墓的真实所在，清刘沅在《薰风楼记》中说：

圣朝之必有奎阁，从斯义也。顾圣人不世出，而文教之昌尤非仅词章科举可尽。广都旧为商瞿故里，盖夫子殁而七十子多周游，萍梗飘残，逝于斯地。今（牧马）山南犹有墓田，则宋景文（祁）之言良不诬矣，而前人多疑之。考《史记》诸书，虽载为鲁人，然不详卒葬，安知越险探奇不与陆通？尸佼同滋泛宅……南关之廛，上奉奎星，下勒“商瞿故里”，一举而三善备焉，非以为名，盖以为实也。

刘沅称商瞿墓位于牧马山南，他认为宋祁等人所说商瞿是蜀人真实无误，而今成都双流仍有叫牧马山的地方，其具体位置在成都市双流区胜利镇云华村。成都机场就设在双流，导航上显示从机场到云华村不足4公里。想来出租车司机肯定不愿意去，于是我向一位司机解释接下来我将跑三个寻访点。事实上，因为这一带正在修路，行车绕来绕去，实际到达云华村行驶了10余公里。

赶到云华村时，眼前所见是大片的工地。此时已是中午，施工人员纷纷在小摊上买饭，我下车向他们询问商瞿墓在哪里，众人均称不知，有位工头走过来说这里是工地禁止拍照。眼前所见除了大片的脚手架，剩下全是黄土地，已经看不到墓的任何痕迹，实在没有拍照的价值。

无法看到商瞿墓址，我想起在网上查得棠湖公园有商瞿雕塑以及壁画墙，于是请司机开入双流城内的棠湖公园。车行驶到市区后远远看到一块绿地，我请司机沿着公园旁边的路慢慢向前开行，果真在路边的花坛看到一组雕像，下车细看，正是我要找的商瞿。

这组雕像有三个人物，商瞿左手拿竹简，右手指着书向两个人讲解，尽管雕像手持的竹简上没有刻上文字，想来其所讲内容应是《易经》。商瞿雕像侧旁有一块随形石，上刻“商瞿讲学”的介绍文字，文中称商瞿是春秋时期鲁人孔子弟子，并未提及商瞿是鲁人还是蜀人。上面介绍了商瞿传《易》的重要作用，同时说

商瞿雕像

“商瞿是蜀之瞿上人，生于双流，卒亦葬双流”，这等于承认商瞿是蜀人。

我从网上查得棠湖公园另有商瞿讲学壁画，决定到公园内寻找。此处的入口是一座仿古小亭，其名薰风桥，亭内坐一位工作人员要求入亭需测体温戴口罩，看来当地的防疫要求仍未放松。

在进入公园时，我先看了一下导览图，上面没有标明文化墙在哪里，但旁边有瞿上堂，该堂大门紧闭，我只好继续沿着游览路线向内探访。公园占地面积不小，一大半都是水面，今日阴天，无阳光也无风，公园内游客甚少，我得以静静欣赏湖中的倒影。公园内种植了大量的竹子，一丛丛地长在那里，完全感受不到疫情对它们的影响。

我一直走到了公园尽头，穿过一座石拱桥，在拱桥对岸有几个长凳，多位游客坐此休憩。我向众人询问文化墙在哪里，无一人知道，我只好沿着公园的另一侧兜圈子，直到入口处也未能找到。无奈我登亭向那位工作人员请教，他告诉我，就在刚才我出去的后门附近，而我实在没有力气原路返回。于是我重新上车请司机沿着公园外围兜半圈前往后门，果然在后门旁我看到了几十米长的文化墙，此墙距我刚才走到的门口不足10米远。

这面文化墙长约百米，近似于棠湖公园的一堵围墙，墙前有细长的水塘，感觉像是护城河，河边有栏杆，我只能隔水观赏此墙。该墙是用四川特有的红砂石雕造，墙上图案讲述的是四川古代史，每一段历史并无分割线。商瞿在哪里一眼无法看到，我只好沿着墙慢慢观赏。

我在浮雕画上慢慢找，果然找到了商瞿讲学那一段。商瞿坐在一块席子上，周围有十几位弟子听他讲课，他和弟子们都是一脸的严肃，估计在探讨卦象。这组浮雕上有一段介绍文字，其前几句称："孔子的弟子商瞿，早在春秋时期就远道来蜀中传授《易经》。"细品此话，似乎又说商瞿不是双流本地人，但文中又说商瞿"死后葬于牧马山"。

商瞿浮雕

而今商瞿墓已无痕迹，仅余棠湖公园的雕像和文化墙这些印迹。商瞿的传《易》之功受到后世肯定，宋高宗赵构在其所撰

《文宣王及其弟子赞》中谈到商瞿时说：“易之为书，弥合天地。五十乃学，师则有是。子能受授，洗心传世。知机其神，宜被厥祀。”

既然商瞿有这么大的功劳在，真希望当地有关部门能恢复商瞿墓祠，以便让寻访者来此时看到更多与商瞿有关的纪念地。

覓聖記

附编

左丘明：以《传》传经，难辨友弟

关于左丘明与孔子之间的关系，后世有两大争议的话题：左丘明究竟是孔子的弟子，还是孔子的朋友或者先贤；左丘明撰写的《春秋左氏传》究竟是不是为孔子所作《春秋》一书写的《传》。从整体而言，这两者之间有关联性。凡是谈论这个议题的学者，都会引用《论语·公冶长》中的一段：

> 子曰："巧言、令色、足恭，左丘明耻之，丘亦耻之。匿怨而友其人，左丘明耻之，丘亦耻之。"

孔子说他与左丘明一样对那些花言巧语、假笑、假恭顺之人感到可耻，对那些内心藏着怨恨表面上又讨好对方的行为感到可耻。也就是说，孔子与左丘明都厌恶伪君子。

唐赵匡根据孔子说这句话的语气，断定左丘明是孔子之前的贤人，陆淳在《春秋集传纂例·赵氏损益义》中转引了赵匡所言："且夫子自比，皆引往人，故曰'窃比于我老彭'。又说伯夷等六人，云‘我则异于是’，并非同时人也。丘明者，盖夫子以前贤人，如史佚、迟任之流，见称于当时耳。”

赵匡认为孔子在这句话中用左丘明来印证自己观念的正确性，这就如同他把自己比作彭祖一样。朱熹赞同赵匡所言，他在《论语集注》中说：

> 程子曰：“左丘明，古之闻人也。”谢氏曰：“二者之可耻，有甚于穿窬也。左丘明耻之，其所养可知矣。夫子自言‘丘亦耻之’，盖‘窃比老彭’之意。又以深戒学者，使察乎此而立心以直也。”

今人杨伯峻亦持这种观点，他在《论语译注》中说“因为孔子这段语言把左丘明放在自己之前，而且引以自重”，所以他认为左丘明出生一定早于孔子。

如果这种说法成立的话，那么《左传》跟《春秋》之间的关系就有了大问题，《春秋》一书乃孔子所撰，按照《史记·孔子世家》中所言：

> 子曰：“弗乎弗乎，君子病没世而名不称焉。吾道不行矣，吾何以自见于后世哉？”乃因史记作《春秋》，上至隐公，下讫哀公十四年，十二公。据鲁，亲周，故殷，运之三代。约其文辞而指博。故吴楚之君自称王，而《春秋》贬之曰“子”；践土之会实召周天子，而《春秋》讳之曰“天王狩于河阳”：

> 推此类以绳当世。贬损之义，后有王者举而开之。《春秋》之义行，则天下乱臣贼子惧焉。

孔子又把《春秋》一书传给弟子："弟子受《春秋》，孔子曰：'后世知丘者以《春秋》，而罪丘者亦以《春秋》。'"

可见孔子晚年精力所粹就在《春秋》一书上。但因为《春秋》一书写得太过简略，为了能够读懂《春秋》，后世有许多解经家，最有名的解经三大流派就是《春秋公羊传》《春秋穀梁传》和《春秋左氏传》。后者就是左丘明的作品，人们借"《春秋》三传"得以读懂《春秋》原经，其重要地位自不待言。《公羊传》和《穀梁传》代表今文经学派，《左传》代表古文经学派，这更加凸显出《左传》一书是何等之重要。

但是，如果左丘明是孔子之前的贤人，他就不可能为孔子晚年所作《春秋》一书作传，今文学家正是通过这个逻辑来证明《春秋左氏传》跟孔子的《春秋》没关系，只是记录春秋史的另一部史书而已。如果《左传》不是解经之作，只是普通的一部史书，那么它将被排除于经部而入史部，其重要性大打折扣。古文经学家认定这是今文经学家的阴谋，为此他们展开了2000余年的大争论。

四库馆臣在为《春秋左传正义》所写提要中点明了今文学家的目的："自刘向、刘歆、桓谭、班固，皆以《春秋传》出左丘明，左丘明受经于孔子，魏晋以来儒者，更无异议。至唐赵匡，始谓左氏非丘明。盖欲攻传之不合经，必先攻作传之人非受经于孔子，与王柏欲攻《毛诗》，先攻《毛诗》不传于子夏，其智一也。"

因为刘向、班固等人均认为《左传》是出自左丘明之手，他们同时认定左丘明是孔子的弟子。左丘明得到了孔子所传《春秋》一书，他为了让读者能够了解鲁国春秋的本末，而撰写出《春秋左氏传》。他们于此明确地称《左传》就是为《春秋》所写之传，在魏晋之前，儒家对此无异议。自从唐赵匡提出异议后，今文学家大多引用这句话来攻击《左传》一书。四库馆臣还做了个比喻，王柏为了推翻《毛诗》的正统性，他先要提出《毛诗》不是子夏所传。

查魏晋前的相关文献，确如馆臣所说，学者基本赞同《左传》是解经之作。比如司马迁在《史记·十二诸侯年表》中写道：

> 是以孔子明王道，干七十余君，莫能用，故西观周室，论史记旧闻，兴于鲁而次《春秋》，上记隐，下至哀之获麟，约其辞文，去其烦重，以制义法，王道备，人事浃。七十子之徒口受其传指，为有所刺讥褒讳挹损之文辞不可以书见也。鲁君子左丘明惧弟子人人异端，各安其意，失其真，故因孔子史记具论其语，成《左氏春秋》。

司马迁明确地称，左丘明就是根据孔子传给他的《春秋》一书写出的《传》，他写《传》是担心孔门弟子对《春秋》理解不同，所以他要写出一部正统的解经之作。《汉书·司马迁传》也持这种说法："及孔子因鲁史记而作《春秋》，而左丘明论辑其本事，以为之传，又纂异同为《国语》。"唐孔颖达在《左传注疏》中引用沈文阿所言："《严氏春秋》引《观周篇》云：'孔子将修春秋，与左丘明乘，如周，观书于周史，归而修《春秋》之《经》，丘明为之《传》，共为表里。’”

《左传》与《春秋》之书共为表里，是那个时代人们的通识，但达到这个通识的前提是必须要说明左丘明是孔子同时代或者稍晚的人，如果他早于孔子，此事就难以成立。于是对此持怀疑态度的人提出了另一种否定方式，历史上有两个左丘明，一是早于孔子者，另一位则是孔子的弟子。宋叶梦得在《春秋考·统论》中说：“今《春秋》终哀十四年，而孔子卒；《传》终二十七年，后孔子卒十三年。辞及韩、魏、知伯、赵襄子之事，而名鲁悼公、楚惠王。夫以《春秋》为经，而续之，知孔子者固不敢为是矣。以年考之，楚惠王卒，去孔子四十七年；鲁悼公卒，去孔子四十八年；赵襄子

左丘明墓

卒，去孔子五十三年。察其辞，仅以哀公孙于越尽其一世之事，为经终。泛及后事，赵襄子为最远，而非止于襄子，不知左氏后襄子复几何时。岂有与孔子同时，非弟子，而如是其久者乎？”

叶梦得所言是今文经学家的观点，他们注意到《左传》一书记载鲁哀公十六年（前479）“夏四月己丑，孔丘卒”，如果《左传》是根据《春秋》写成的，而《春秋》一书终结于鲁哀公十四年（前481），孔子不可能写其身后事，也不能在《春秋》中写明自己去世于哪年。叶梦得说，点明《左传》一书终于鲁哀公二十七年（前468），记述了孔子去世十余年之后的事，这些都不可能是孔子所持者。他又考证出《左传》一书记载的其他几个问题，而后他得出的结论是（《左传》一书的作者）：“殆战国周、秦之间人无疑也。”

朱熹也认为《左传》是后来人所作之书，他在《朱子语类》中称：“《左传》是后来人做，如见陈氏有齐，所以言‘八世之后，莫之与京’！见三家分晋，所以言‘公侯子孙，必复其始’。”

清崔述在《洙泗考信余录》中说：“《左传》终于智伯之亡，系以悼公之谥，上距孔子之卒已数十年，而所称书法不合经意者亦往往有之，必非亲炙于孔子者明甚，不得以《论语》之左丘明当之也。”

崔述是从时代和撰写体例两个方面来说明撰写《左传》一书的作者不是孔子的弟子，他接着又猜测：“且《史记》但以《传》为左丘明所作，不言为何时人，而亦未有亲见孔子之文，不知二人姓名之偶同邪？抑相传为《左氏春秋》，而司马氏遂意料之以为《论语》之左丘明邪？”

崔述不怀疑孔子有位弟子叫左丘明，但他认为《左传》的作者是另外一位左丘明，此人跟孔子没关系，而他的怀疑方式是《春秋》三传的署名方式：“说《论语》者以左丘为复姓，与公羊、穀梁正同。乃传经者云公羊氏《春秋》、穀梁氏《春秋》，而此独云左氏《春秋》，不云左丘氏，又似作《传》者左氏而非左丘氏也者。然则传《春秋》者，其姓名果为左丘明与否，固未可定。”

崔述是从《左传》一书作者的姓氏上提出了疑问，左丘明究竟是姓左还是姓左丘，这也是后世争论不休的话题。司马迁在《报任安书》中说：“古者富贵而名磨灭，不可胜记，唯倜傥非常之人称焉。盖文王拘而演《周易》；仲尼厄而作《春秋》；屈原放逐，乃赋《离骚》；左丘失明，厥有《国语》；孙子膑脚，《兵法》修列；不韦迁蜀，世传《吕览》；韩非囚秦，《说难》《孤愤》。”

这段话中提到了屈原、孙膑、吕不韦、韩非，同时也提到了左丘明，司马迁提到左丘明时，把“左丘”二字并用，为此后世认为他复姓左丘，名明。崔述针对这种说法，提出了公羊高所撰《春秋》名《公羊传》，穀梁赤所撰《春秋》名《穀梁传》。如果按这种起名方式的话，那么左丘明所撰《春秋》应当叫《左丘传》，但后世没人这么称呼，一律称《春秋左氏传》，简称《左传》。如果左丘明姓左而非姓左丘，这种简称方式才能成立。

清代今文经学家刘逢禄也持这个观念：“《论语》之左丘明，好恶与圣人同，其亲见夫子，或在夫子前，俱不可知。若为《左氏春秋》者，则当时夫子弟子传说已异，且鲁悼已称谥，必非《论语》之左丘，其好恶亦大异圣人，知为失明之丘明。”（《左氏春秋考证》）

刘逢禄谈到了《论语·公冶长》中孔子所说的那段话，他认为孔子提到的左丘明也许是孔子同时代人，也许是在孔子之前，因为资料缺乏，难以得出结论。但是《左传》一书肯定不是《论语》中提到的那位左丘明所写，因为《左传》中的一些观点与孔子不同，所以刘逢禄持有两个左丘明的观点。

对于这种说法，古文经学家章太炎予以了反驳，他在《春秋左传读叙录》中说："以《论语》之左丘明非失明之左丘明，啖、赵辈始为此说，而宋儒祖述之，非有明据。果如刘秀、刘散之有二，何以《古今人表》但有一左丘明邪？纵令误信子骏，认为一人，然他书别见者，子骏不能尽改，岂孟坚皆未见乎？若他书亦不言有二左丘明，则啖、赵之说为冯臆妄造明矣。且异人同名者，未有相沿不辨之事。"

左丘明墓牌坊

太炎先生认为如果历史上真的有两个左丘明，何以那么多的前辈没有写明此事？更何况像左丘明这么大名气的人，早就有学者会区分出来。但是因为《左传》一书是刘歆发现的，并且做过相应的整理，于是有人认为是刘歆把《左传》一书的作者安在了左丘明头上。章太炎认为这种说法靠不住，因为左丘明作《左传》一书，其他书也有记载，刘歆不可能把所有记载都篡改掉，班固也不可能看不到其他的记载。

其实章太炎的驳斥之语，也是针对时人的一些观点，当时康有为在《新学伪经考》中认定《左传》一书完全是刘歆伪造的，并且点明刘歆是割裂《国语》一书造出的《左传》。后来顾颉刚先生在1930年发表了《五德终始说下的政治和历史》一文，进一步指出刘歆伪造《左传》具体分为七个步骤。此后蒙文通在《论〈国语〉〈家语〉皆为〈春秋〉》一文中也认为《左传》是割裂《国语》而成。

后来刘师培对这种说法予以了回击，钱穆在其所作《刘向歆父子年谱》中对于“刘歆伪作”一说提出了28条质疑，同时点明伪作说在时间上不能成立。当代出土的马王堆帛书中有《春秋事语》一篇，李学勤先生将《春秋事语》与《左传》进行了核对，认为该书是根据《左传》简括归并而成。他给出的结论是：“帛书《春秋事语》的发现，为《左传》非刘歆所伪增加了有力的证据。”（李学勤《失落的文明》）

即使从内容上而言，也能印证《左传》是根据《春秋》立传，因为《左传》一书有很多省略，尤其在月日、盟会之人等方面多有省略现象。比如鲁僖公时：“夏，会于咸，淮夷病杞故，且谋王室也。”

如果只读这段话，不知是哪些诸侯国会盟，如果对照《春秋》来读，就能接续上相关的缺失，这说明《左传》在撰写的时候是参考《春秋》，凡是《春秋》点明的事情，它就略写。至于到《左传》为什么记载了孔子去世后的事情，后世学者认为这部分应当是孔门弟子的续作，也有人猜测是刘歆在整理《左传》时不小心把续作也作为《左传》的一部分抄入正文中。总之，大多学者认为《左传》是《春秋》之后出现的书。

那么如何解释《左传》作者姓左还是姓左丘的问题，前人分为两派，一部分人认为作者姓左，这种说法源于《汉书·刘歆传》：“《春秋》，左氏丘明所修。”唐《元和姓纂》中亦称：“左氏，齐公侯，有左右公子，因以氏焉。鲁左丘明。”清代的朱彝尊则认为作者姓左丘，但是这需要解释为什么那部书被称为《春秋左氏传》，而不称《春秋左丘传》的问题，他在《经义考》中解释：“司马迁《报任少卿书》‘左丘失明，厥有国语’；应劭《风俗通》‘丘姓，鲁左丘明之后’，然则左丘为复姓甚明。孔子作《春秋》，明为作传。《春秋》止获麟，传乃详书孔子卒。孔子既卒，‘周人以讳事神，名终将讳之’。为弟子者，当讳师之名。此第称《左氏传》而不书左丘也。”

朱彝尊认为这部书不称“春秋左丘传”正说明了左丘明是孔子的弟子，因为弟子要回避老师之名，孔子名丘，所以那部书只能称《左氏传》或者《左传》。俞正燮却指出：“《广韵》四十四复姓独无左丘。”（俞正燮《左丘明子孙姓氏论》）

俞正燮以《广韵》中所记载的四十四个复姓中没有左丘之姓来反驳朱彝尊所言。另外，邓名世又提出“《论语》左丘明姓左，作《左传》者姓左丘”，这又是两个左丘明说。俞正燮对邓名世所言又予以了驳斥，他认为“左”是指左史官，不是姓氏，同时他提到了左丘明的后裔姓丘的问题。如果是这样的话，那为什么该书名《左传》呢？俞正燮以司马迁所写史书称为《史记》来比喻，他承认《公羊传》和《穀梁传》是用姓氏来命名，这就如同《毛诗》和《韩诗》一样，而《左传》不提姓，就如同《齐诗》和《鲁诗》一样。

关于左丘明的姓氏问题，明末在肥城出现了一部《左传精舍志》。清嘉庆年间，山东巡抚提请将肥城邱氏立为五经博士，由此引发了一场大争议。这场争议涉及左丘明的姓氏、故里、墓葬等很多问题，著名学者刘凤诰、纪昀、段玉裁等人都参与其中，甚至嘉庆皇帝也发表了看法，而俞正燮也参加了这场论战。

《左传精舍志》卷五有《姓谱》一篇，此文谈到了丘姓的来由：“左子先世系出姜姓。太公封于营丘，嫡子丁公立为诸侯，其支子印遂以丘为姓……（印六世孙）嘉因杀胡公，恐后及难，遂奔楚，世为楚左史官，生子均……（周景王）十有六年，楚公子比弑其君虔于乾溪。相之子（成）避国乱遂适鲁，为鲁太史官。（成）生丘明，世为鲁左史官。故自迁楚以来，因以左为姓氏。其后裔十五代孙名起者，工文学，王莽征召不就，恐及于祸，又去左袭丘，隐居陶阳，复以丘为姓氏。”

从这段叙述看，左丘明为齐国姜太公之后裔，姜太公封于营丘，他的嫡子丁公伋立为诸侯，支子印别居以丘为姓。丁公传五世而生内乱，莒丘丘氏族人娄嘉参与了齐献公杀胡公的内乱，并杀死了胡公。后来娄嘉担心此事连累到自己，于是逃到了楚国，他在楚任左史官，其后裔就以左为姓。倚相为娄嘉的第十二世，倚相之子成避国乱来到鲁国，他做了鲁太史官，后来成生了丘明。可见左丘明是楚左史倚相之孙，左丘明的先人原本是以丘为姓，到左丘明出生时改为以左为姓。后来左丘明的十五世孙因为惧王莽之召而担心惹祸：“又去左袭丘，隐居陶阳，复以丘为姓氏。”为此他又由左姓改为了丘姓。由此可证，左丘明的确姓左，而其祖上则是姓丘。

关于左丘明与孔子的关系，《左传精舍志》中有一幅《荐圣图》，其解说文中谈到了左丘明举荐孔子入仕之事，以此说明两者是同时代人。既然如此，何以解释《论语·公冶长》中孔子的言语中有推崇左丘明之意？刘宗贤主编的《鲁文化研究》中对此有如下解释：

> 依年龄而论，左丘明约小孔子二十二岁；若依在当时的社会影响而论，左丘明大约并不晚于孔子。孔子五十一岁为中都宰，前此，则身为“布衣”，即平民百姓。当时其学问虽大有影响，甚至被视为“圣人”，但其人并无官位，仍身居下层。在孔子五十岁时，左丘明已为二十八九岁的成人了，既“世为鲁左史官”，此时的左丘明早已身居鲁君左右，成为鲁国最有影响的人物之一。丘明又特以德行品格著称，几乎鲁国内外皆称为“君子”。此时，作为身居下层的布衣孔子，引太史左丘明以自重，显然合于世情事理。

由以上的论述可见，前人对孔子与左丘明的关系有各种各样的说法，李启谦、王式伦所编《孔子弟子资料汇编》一书中列有左丘明，同时在左丘明资料之前提到了历史上有两个左丘明的说法，且不论这种说法是否正确，但至少说明如果有两个左丘明的话，必有一位为孔子弟子。这也是我将其列为孔门的原因所在。

关于左丘明的墓，历史资料记载有不同说法，究竟哪一座是真是的，俞正燮在《左丘明墓考》一文中列出肥城、东平、峄、曹四处，他经过相应梳理，认为肥城的左丘明墓是真的。俞正燮在文中列出的证据有：

> 《元史·地理志·济宁路·肥城》云："至元十二年，以平阴辛镇寨东北十五里古城，改设今县"是也。《水经·汶水注》云："泌水西南流，经肥城县故城南。"泌即今城南肥水，今县城即汉城，元人盖据《水经》知之。《水经注》又云："泌水自肥城故城，又西南过富城。"则魏富城治，在今治西南，魏富城本汉肥城地。《魏书·地形志》东平郡富城注云："有富平城、卞城、武强城、左丘明冢。"魏富城为今肥城，丘明冢见古籍者，以魏书为始，冢在肥城，佳证一矣。

而后俞正燮引用清代方志中的记载，举出了另外两个证据，通过这三个证据来印证他的判断。余外，《大清一统志·泰安府·陵墓》中载："左丘明墓，在肥城县西南五十里肥河乡都君庄。"光绪《肥城县乡土志》中亦载："左子墓，在县西南五十里衡鱼。"我从网上搜得左丘明墓址位于山东省肥城市石横镇东衡鱼村东，以此印证了《肥城乡土志》中的所载。

2020年12月18日，在孔帅先生的带领下，我们前往肥城探访。经其介绍，我得以结识肥城市收藏家协会主席李武刚、肥城市地方志办公室特约研究员宋福振及其妻刘春香，另外还有左丘明文化研究院研究员孔庆珍。在众人的带领下，我再一次前去瞻仰左丘明墓。2012年我曾来过此地，当时是那天寻访的最后一站，因为走错了路，直到天黑才赶到墓前，致使所拍照片模糊不清，故此次前来，是为了补上当年的这个遗憾。

因为这次来是白天，我能够清楚地看到左丘明墓处在大片田地之中，专门有一条水泥路通往此处，上次来时是一条土路。孔庆珍介绍，当地为保护左丘明墓不遗余力，一直在进行维修。虽然墓前已经修出了几百米长的水泥路，但与前方衔接之处还是有些坑洼，想来是修成结实的水泥路需要投入的资金有些大。

我们于接口处下车，步行走到左丘明墓前，其实这也是对前贤的尊重。我在路边还看到一条小河，河面结了薄冰，两岸的荒草显现出萧瑟之色。水泥路的两边立着几块新碑，石牌坊也是新刻的。

2012年来此地时，既无此门也无围墙。而今墓园前盖起了围墙，并且有很大的铁栅栏门，好在前来之人带着钥匙，我们得以入内。走入墓园，左丘明墓处在墓园的正中，其墓墙和墓顶都做过全新的维护。其中一块上刻着"鲁左史丘明公之墓"，这等于点明了左丘明姓氏之来由。园中还有一块"丘(邱)氏谱碑"，正中的墓碑

墓旁小河显萧瑟

用大字刻着“鲁史左丘明祖墓”，另外还有一块祖墓碑。

我围着左丘明墓转了一圈，看到四围有村庄，墓园内除新种的一些松柏外，没有其他物体，即使现有的也均为新修。我回来后查耿天勤所撰《左丘明故里在肥城衡鱼考——兼驳非肥城诸说》一文，从中看到如下段落：

> 左丘明墓在“文化大革命”中被毁。衡鱼中年以上乡人尚存记忆，述云：时左丘明墓在东衡鱼村东，为石圈墓，前有碑，高八尺，宽二尺一寸，上刻“鲁太史左丘明墓”，为明天启年间知县王惟精题。碑前有供桌、香炉，往前十二丈为墓门坊，上刻“鲁先儒左丘明墓”，为明代所立，坊前两边各立一石狮。今石狮已经找到，墓碑、坊表正在查访中。

墓围

但是，我所看到的墓碑是新雕工，已经不是此文所说的天启碑。耿天勤的这篇文章写于2000年，不清楚文中的那块碑如今去了哪里，我在现场唠叨着于此看不到古物。李武刚先生告诉我，其实左丘明墓原本处在一里地外的另一侧，后来迁移于此。其所言令我兴奋，我问他还有什么遗迹在。他指着东边的一个村庄说，那里有一棵银杏树，传说是左丘明手植的，于是我马上提出要前往一看。

众人纷纷上车，沿着道路行驶出一个“U”形，来到银杏树前。树前有齐鲁千年古树保护碑，还有县级文保碑，这棵大树被铁栅栏保护了起来。我转到另一侧，看到三块碑，虽然都是新碑，但上面的字迹被糊上了一层泥，难以辨识。

文保碑的背面介绍银杏树位于大寺村西北角，古代这里有一座正觉寺，该村因寺而得名。同时注明了该树的树高与树径，并称“相传为左丘明手植”。即使有“相传”二字，也让我兴奋不已，文保碑提到的正觉寺却没有踪影。耿天勤在文中谈到了这个问题，北宋末年，平阴人王去非写有《题左丘明墓》诗两首，其第二首为：

寺压古坟坟已摧，坟前古木亦凋衰。

未能迁寺还封树，每到都君一泪垂。

对于左丘明与大银杏树的关系问题，《鲁文化研究》中称："肥城市石横镇都君庄确有左丘明墓，墓东'一箭之地'（一二里地）有一棵二三千年之银杏树（俗称白果树）。相传，此树为左丘明晚年告老还乡时（约公元前470年）亲手所植，故当地百姓盛传：'先有白果树，后有丘明墓。'据此，丘明晚年归居之地，当在今肥城市石横镇。或以肥城市原文庙，即据左丘明撰修《左传》之'左传精舍'遗址而建。"

看完大银杏树，宋福振先生告诉我，石横镇上的石横中学内有左丘明文化展馆，问我是否想前去参观，我说当然想去。于是宋先生联系了该校的校长，得到允许后，众人上车，而后一并来到了石横中学。因为是疫情期间，外人入校管理很严格，我们在这里不但要戴上口罩，还要测体温及检查随身携带之

银杏树全貌

孔子像

物。登记后我们见到了校长，寒暄过后，他带领众人前往求真楼。我在操场上看到了孔子雕像，像前用石子拼成了大大的“礼”字和“温良恭俭让”等字，由此也说明了孔子文化对当地影响至深。

文化展馆是由一楼教室改造而成，展板的前言上写着“史圣左丘明文化展馆”字样。这直接把《左传》一书降到了史部，可能这是今人观点吧。展馆的四周挂满了展板，上面介绍着左丘明的家世渊源以及他的思想。校长特意解释了《邱氏族谱》中所载的相关内容，同时也提到了《左传精舍志》。其中一块展板专门讲述了左丘明与孔子之间的关系，在另一块展板上我还看到了左丘明陵园规划图。由此了解到我所看到的左丘明墓是规划中完成的很小的一部分，不知道何时能够看到这座规模宏大的陵园。

展室中间以展台的形式摆放着一些出土的陶器，校长解释说，这是他们陆续征集来的。展柜内还摆放着一些旧匾，校长说这些匾上的词句都与儒家有关。遗憾的是，我在这个展室内没有看到一件与左丘明有关的物件。他是2000多年前的人物，能够找到与他有关的物证太难了。但人总要有所期待，这样一所中学，竟然拿出两间教室来作为左丘明文化展室，可见他们对这位前贤的敬重。校长说，该校的学生都会来参观这些展室。我想其普及作用一定很大。

子思：刚毅好大，承志安贫

明绘本孔伋像，台北故宫博物院藏

孔伋字子思，以字行，他是孔子的嫡孙。尽管他算不上是孔子的弟子，然而他跟随孔子参加过一些活动，并亲承孔子教诲，同时他的思想直接继承于孔子，所以子思被视为孔子重要传人。元至顺元年（1330），子思被封为“沂国述圣公”，明嘉靖八年（1529），改称“述圣”。

关于子思是否亲承孔子一事，后世争论不休，出现争论的原因是司马迁在《史记》中所载子思年龄有问题。《史记·孔子世家》称：“孔子生鲤，字伯鱼。伯鱼年五十，先孔子死。伯鱼生伋，字子思，年六十二。尝困于宋。子思作《中庸》。”

《孔子家语·本姓解》中称：“孔子三岁而叔梁纥卒，葬于防。

至十九，娶于宋之亓官氏，一岁而生伯鱼。鱼之生也，鲁昭公以鲤鱼赐孔子。荣君之贶，故因以名曰鲤，而字伯鱼。鱼年五十，先孔子卒。”

按照这段话可推出，孔子70岁时，孔鲤去世了。《孔子家语·七十二弟子解》中记载，颜回比孔子小30岁，他去世时是31岁，故颜回去世时孔子是61岁，如此算来颜回比孔鲤去世早九年。但是《论语·先进》中称：

> 颜渊死，颜路请子之车以为之椁。子曰：“才不才，亦各言其子也。鲤也死，有棺而无椁，吾不徒行以为之椁。”

颜回去世时，其父亲向孔子提出希望孔子能卖掉自己所乘之车，为他喜爱的弟子颜回买椁。孔子没有同意，并且说自己的儿子孔鲤去世时也是有棺而无椁。如此说来，孔鲤是先于颜回去世。后世学者大多是根据孔鲤的卒年来推断孔伋的年龄，以此算出他是否能够受到孔子亲炙。

按照钱穆的观点，他推论出子思至迟生于公元前483年，卒年为公元前402年，给出这种结论的根据是：“伯鱼之卒，在周敬王三十七年。或谓遗腹生子思，则子思生，至迟亦在周敬王三十七年也。《檀弓》：‘子思之哭嫂也为位，妇人倡踊。’是子思有嫂也。子思既有嫂，则知其有兄矣。伯鱼早卒，而子思有兄，则子思之生不能甚前。”（钱穆《先秦诸子系年》）

钱穆认为子思是伯鱼的遗腹子，并且根据《檀弓》的记载，得知子思至少有一位嫂子，既然有嫂子，则说明子思有兄。既然孔鲤去世得早，他又有一位哥哥，那说明子思出生得晚。所以钱穆认为孔子去世时，子思仅有三四岁，那么他就不太可能受到孔子深刻的教导。《孔丛子》上却记载了许多孔子教导子思，以及跟他探讨观念之事，例如如下一段：

> 夫子闲居，喟然而叹。子思再拜请曰："意子孙不修，将忝祖乎？羡尧、舜之道，恨不及乎？"夫子曰："尔孺子，安知吾志？"子思对曰："伋于进膳，亟闻夫子之教:其父析薪，其子弗克负荷，是谓不肖。伋每思之，所以大恐而不懈也。"夫子忻然笑曰："然乎，吾无忧矣。世不废业，其克昌乎？"

某天，孔子闲坐时长叹了一口气，子思听到了，赶快过来拜见爷爷，他问爷爷是不是担心子孙不学无术，辱没家门，同时又羡慕尧舜之道，却遗憾自己赶不上那个好时代。孔子闻听孙子所言后说：你年纪轻轻的，何以能懂得我的志向？孔伋说：我从学习吃饭的时候，就听您的教导了，如果一个父亲在那里劈柴，儿子不懂得将其收拾好背回来，这就是不孝。我每想到这个问题时，都会加倍努力不敢松懈。孔子闻言后大感欣慰，说自己不必担心后继无人的问题了。

当然这也可能是子思早慧，他在几岁的时候就能说出这么成熟的话，然而《孔丛子·记问》中的如下一段话显然不是孩子能说出来的：

子思问于仲尼曰："伋闻夫子之诏，正俗化民之政，莫善于礼乐也。管子任法以治齐，而天下称仁焉，是法与礼乐异用而同功也，何必但礼乐哉？"子曰："尧、舜之化，百世不辍，仁义之风远也。管仲任法，身死则法息，严而寡恩也。若管仲之知，足以定法。材非管仲而专任法，终必乱成矣。"

某天，子思问孔子：我多次听闻您的告诫，说端正社会风气、教化百姓的施政方法，最重要的是实行礼乐之教，管仲却用法家的办法而非礼乐之教来治理齐国，然而世人都夸赞他的治理很成功，这说明法治与礼乐虽然方法不同，却都能达到同样的效果，既然如此，我们为什么只强调礼乐之教呢？孔子说尧舜时代的礼

孔伋墓正面

乐之教，历经百代而未中断，可见礼乐之教对社会的影响源远流长。而管仲以法治国，他所实行的治国理政方式，到他一死就结束了。这是因为刑法太严苛，缺少人情味。以管仲的高才，方能真正实行法治，而才智比不过管仲的人，仅凭酷法来治国，最终会导致天下大乱。

子思跟孔子探讨德化和法治孰优孰劣问题，显然这不是小孩子能有的思维。《孔丛子》一书被不少的学者质疑为伪书，也有人认为该书虽伪，但书中所载必是以真书为依据。黄以周就持这种观点，因为《子思子》一书失传了，黄以周想办法从历史资料中辑出《子思子》七卷，他在此辑本的序言中写道："《孔丛子》虽赝书，而售赝者必参以真其术方行，若概以赝，不能售也。魏晋时《子思子》具存，作伪者欲援以为重，录其真者必多。"

黄以周认为《孔丛子》即使是一部伪书，但伪造之人不可能凭空编出那么多事，他一定是参考了某部书，而后据此演义出来的。如果全书的内容都是伪造的，这就不可能得到学者的认可，因为其伪造的痕迹必会很容易被人识破。到魏晋时期，《子思子》一书的真本还存在，黄以周认为后世作伪之人就是根据那个真本摘录出一些内容而成者。同时，他又说："王肃《家语》，其故智矣，若尽摈之，不已矫乎！"

后世学者大多认为《孔子家语》一书是王肃所伪造，但研究儒学之人明知其伪，也多有引用《孔子家语》中的内容，其道理与《孔丛子》一样，就是《孔子家语》一书必然根据很多史实编出来的。更何况，经近代学者研究，以及出土文献的佐证，已然证明

《孔子家语》并非伪书。以此来推之，《孔丛子》一书也难说真伪，所以当代学者研究子思时还是会重点参考《孔丛子》。

但若《孔丛子》一书不伪的话，那么子思在年龄上跟孔子有一定差距。钱穆先生在《先秦诸子系年》中说："孟子记鲁缪公尊礼子思。《汉书·艺文志》'《子思》二十三篇'，班氏云：'为鲁缪公师。'余考缪公元年，在周威烈王十一年，去孔子之卒六十四年。若子思年六十二，无缘值鲁缪。或谓六十二，乃困于宋作《中庸》之岁，或谓六十二乃八十二之误。"

历史文献中记载，鲁缪公曾跟子思探讨问题，但钱穆推算出鲁缪公即位时孔子已去世多年，且子思在62岁时就去世了，他不可能见到鲁缪公。所以有人提出《史记》中记载子思享年62岁恐怕是82岁之讹。钱穆又在小注中称这种说法本自王草堂《复礼辨》

孔伋墓前石翁仲

和孔继汾《阙里文献考》。毛奇龄也这么认为，其中孔继汾的推论是：“《史记》称子思年六十二岁，今考先圣卒于鲁哀公十六年，又六十九年而鲁穆公始立，子思生于先圣未卒之先，而受敬礼于穆公即位之后，核之年岁不相合，或以六十二为八十二之误，意者其或然乎？”

确如钱穆所言，《孟子·公孙丑》《韩非子·难三》《礼记·檀弓》《论衡·非韩》及《汉书·艺文志》中都记载子思做过鲁缪公的老师。更何况，近年出土的郭店楚简中整理出一篇《鲁缪公问子思》，郭店楚简被认为是战国中期所书之简，以此坐实了子思的确是鲁缪公之师的历史传闻。

历史文献将鲁缪公又写作“鲁穆公”，因为古代缪、穆读音相同，《孔丛子·杂训》载：“鲁穆公访于子思，曰：‘寡人不德，嗣先君之业三年矣，未知所以为令名者，且欲掩先君之恶以扬先君之善，使谈者有述焉，为之若何？愿先生教之也。’”

鲁穆公三年（前408），穆公仍然向子思请教问题，说明那时子思仍健在。从《孔丛子》的记载来看，子思受教于孔子的时间不可能太短，更何况《孔丛子》中说：“孔子卒，子思为丧主，四方来观礼。”孔子去世时由子思主持葬礼，显然那时他已经不是个孩子。周广业《孟子四考·孟子出处时地考》引用《詹氏小辩》中《子思孟子考》说：“伯鱼先孔子五年卒，孔子卒，子思为丧主，知其时年已长矣。”

接下来的问题则要探讨子思的师承关系，按照《孟子外书·性善辩》中所言：“孟子曰：‘鲁有圣人曰孔子，曾子学于孔子，子思学于曾子。’”

此处称孟子说，孔子的弟子是曾子，曾子的弟子是子思。但是赵岐怀疑《孟子外书》是伪书。韩愈在《原道》中为了列出儒家道统，开始承认子思乃曾子的弟子。宋儒也承认这种说法，比如朱熹在《中庸章句序》中说：“然当是时，见而知之者，惟颜氏、曾氏之传得其宗。及曾氏之再传，而复得夫子之孙子思，则去圣远而异端起矣。”

持这种说法者，大多以《礼记·檀弓上》为证：

> 曾子谓子思曰：“伋，吾执亲之丧也，水浆不入于口者七日。”子思曰：“先王之制礼也，过之者俯而就之，不至焉者，跂而及之。故君子之执亲之丧也，水浆不入于口者三日，杖而后能起。”

曾子告诉子思：伋，我为父亲守丧七天没喝一口水、一口米汤。子思回答：先王制定的礼仪，就是要让做得过分的人委屈自己来迁就它，让那些做不到的人努力来达到它。所以君子为亲人守丧时，只要三天不喝水、汤，扶着丧杖才能站起来。

对于这段话，章太炎在《征信论》中指出：“《檀弓》篇记曾子呼伋，古者言质，长者呼后生则斥其名，微生亩亦呼孔子曰丘，非师弟子之征也。”

章太炎注意到曾子直接称呼子思之名，并不能说明曾子就是子思的老师，因为那个时代人们“语质”，所以章太炎不认为曾子与子思是师生关系。钱穆也持这种观点。

关于子思的另一个问题，是他是否为孟子的老师。《汉书·艺文志》中著录《孟子》十一篇，在小注中说："名轲，邹人，子思弟子。有《列传》。"刘向和班固都认为孟子是子思的弟子，但是按照司马迁的说法，孟轲"受业子思之门人"，也就是说孟子是子思门人的弟子，他与子思隔了一辈。但张舜徽在《汉书艺文志通释》中说："《史记》列传言孟轲'受业子思之门人'。《索隐》引王劭说，以'人'为衍文，则轲实受业于孔伋，与班说合。汉人书中，如赵岐《孟子题辞》、应劭《风俗通·穷通》篇，皆谓孟子尝师事子思，则固承仲尼之传以张大其绪者也。轲于仲尼，虽相距百数十年，然轲老寿，年至八十有四，意其幼时犹及见仲尼之孙而师事之，亦事之所宜有也。"

如果认定司马迁所言中的"人"字是衍文，则可说明孟子乃子思的弟子。但有人注意到两人的年龄相差太远，比如梁玉绳在《史记质疑》中说："而赧王元年齐伐燕，孟子尤及见之，其去子思之卒九十五年，孟子寿百余岁方与子思相接，恐孟子未必如是长年，则安得登子思之门而亲为授受哉！"

可能是这个原因，有些学者认为子思去世的年龄不是62岁，也不是82岁，而应当是92岁。郭沂在《孟子车非孟子考：思孟关系考实》一文中持这种观点："六字字形与八字显然不同，而与九字十分接近，容易混淆。另外，子思年八十二之说亦与子思之经历不符。所以，我以为《史记》原文当作九十二，今本的六十二乃九十二之误，也就是说子思的年寿为九十二岁。"

无论这些师承关系如何，子思的思想显然是继承了孔子的主要观念，历史文献记载《中庸》是出自子思之手，《孔丛子·居卫》载：“子思曰：‘文王困于羑里，作《周易》。祖君困于陈、蔡，作《春秋》。吾困于宋，可无作乎？’于是撰《中庸》四十九篇。”

可见子思志向远大，他说周文王困于羑里城时写出了《周易》，他祖父困于陈、蔡之后写出了《春秋》，而今他困于宋国，怎么可能不写出一部重要著作，于是他撰写出了《中庸》四十九篇。

那么子思所撰之书的内容中多谈到了孔子所言，这是他亲耳听到祖父告诉他的吗？《孔丛子·公仪》中载有如下故事：

> 穆公谓子思曰：“子之书所记夫子之言，或者以谓子之辞。”子思曰：“臣所记臣祖之言，或亲闻之者，有闻之于人者，虽非其正辞，然犹不失其意焉。且君之所疑者何？”公曰：“于事无非。”子思曰：“无非，所以得臣祖之意也。就如君言，以为臣之辞。臣之辞无非，则亦所宜贵矣。事既不然，又何疑焉？”

鲁穆公提到了一个问题，子思说他所记录下的祖父所言，有的是亲耳听到的，有的是别人转述告诉他的。虽然是转述之词，但他觉得基本保持了祖父所说的主体思想。

按照今人研究，后世所看到的《中庸》不是子思所作四十九篇原貌，有人认为今人所见《中庸》很可能是当时原书中的第一篇。刘向著录《汉书·艺文书》时《子思》一书剩余二十三篇。再后来，这二十三篇也失传了。到南宋时，汪晫编了《子思子》一书，但是汪晫在编此书时对其所见之文做了改编，已非原貌。

子思在继承孔子思想的同时，又逐渐产生他独特的见解，经过孟轲的大力提倡，而后形成了思孟学派。对于这一派的概念，《荀子·非十二子》中说："略法先王而不知其统，犹然而犹材剧志大，闻见杂博。案往旧造说，谓之五行。"

关于子思所秉持的五行是什么，《荀子》没有提到，故后世对此有各种各样的猜测，比如唐杨倞认为五行就是五常，而五常为仁、义、礼、智、信。章太炎则认为五行就是五伦，郭沫若认为五行是仁、义、礼、智、诚，顾颉刚认为五行是金、木、水、火、土。

1973年长沙马王堆出土一批帛书，其中有五行，庞朴经过研究，认为五行是仁、义、礼、智、圣。1993年，湖北荆门郭店出土的楚简中也有《五行》篇，由此而印证了庞朴的推论是正确的。郭店出土的《五行》篇载有子思多段论述，例如："德之行五和谓之德，四行和谓之善。善，人道也。德，天道也。"

子思在此提出了人道之善和天道之德的问题，这显然是继承孔子观念，同时他在《中庸》中重点阐述孔子的中庸思想，这种思想被学者总结为中和论。《广雅·释古》称："庸，和也。"但是子思的中和思想已经比孔子的中庸观念在范畴上有所扩大，他将中和视为万事万物之根本："中也者，天下之大本也；和也者，天下之达道也。"

虽然子思强调中和，但其性格在先秦诸子中显得颇为独特。《朱子语类》载朱熹评价说："惟曾子独得其传。到子思也恁地刚毅。”按照郭店楚简《鲁穆公问子思》中的所载，子思“恒称其君之恶者”，可见子思敢于直指君主之失。《孔丛子·抗志》载：

> 齐王谓子思曰：“先生名高于海内，吐言则天下之士莫不属耳目。今寡人欲相梁起，起也名少，愿先生谈说之也。”子思曰：“天下之士所以属耳目者，以伋之言是非当也。今君使伋虚谈于起，则天下之士必改耳目矣。耳目既改，又无益于起，是两有丧也，故不敢承命。”齐君曰：“起之不善，何也？”子思曰：“君岂未之知乎？厚于财色必薄于德，自然之道也。今起以贪成富，闻于诸侯，而无救施之惠焉。以好色闻于齐国，而无男女之别焉。有一于此，犹受其咎，而起二之，能无累乎？”王曰：“寡人之言实过，愿先生赦焉。”

齐王对子思说：您的名气很大，您的言论也为天下人所关注，我现在想起用梁起为相，但他没有什么名气，我希望您能帮着宣传宣传。子思回答：天下人之所以关注我的言论，是因为我评价公正，而今您凭空让我来替梁起说好话，那天下人就没人再相信我的话了，如果我不被相信，那么梁起也得不到什么好处，这种两相失的做法，我不能接受。齐王问：梁起有什么缺点？子思说：难道您看不到吗？一个人如果贪财好色，必然缺乏道德，而梁起靠贪婪致富，各国诸侯都知道，此人虽然富有，却从不施舍给穷人，他的好色对象不论男女。贪财和好色只要有一条，就应受到谴责，梁起两样都占。齐王闻言后承认自己提的要求不对。

从这段记载可见，子思确实敢反驳君主的要求，他的这个性格令其不被诸侯所用，虽然他也像祖父那样周游过几个国家，却没有被重用的迹象。故而，他的生活也过得颇为困顿。

《说苑·立节》中载："子思居于卫，缊袍无表，二旬而九食。田子方闻之，使人遗狐白之裘，恐其不受，因谓之曰：'吾假人，遂忘之；吾与人也，如弃之。'子思辞而不受，子方曰：'我有子无，何故不受？'子思曰：'伋闻之，妄与不如遗弃物于沟壑。伋虽贫也，不忍以身为沟壑，是以不敢当也。'"

子思住在卫国时，衣着很破烂，在20天的时间内他只吃到了9顿饭。田子方闻讯后给他送来了一件裘皮大衣，他怕子思不接受，就婉转地说：我借东西给别人，很快就忘记了，所以我送给别人东西就像丢掉了一样。子思不肯接受田子方的馈赠，田子方问他为什么，子思说：我听前人言，随便送人东西，还不如把东西丢到沟壑里，虽然我很贫穷，但也不愿意把自己当作沟壑，所以我不能接受。

这段话说明子思是一位安贫乐道之人，然而他并不排斥富贵，《孔丛子·抗志》载："子思曰：'吾之富贵甚易，而人犹弗能。夫不取于人谓之富，不辱于人谓之贵。不取、不辱，其于富贵庶矣哉！'"

子思说他要想富贵其实很容易，别人做到这点却并不容易。他解释自己所说的"富"是指不向别人索取，所谓的"贵"就是不被别人侮辱，达到这两点就等于实现了富贵。可见子思所说的富贵与凡夫俗子所理解有很大差异，他认为保持高贵的人格就是富贵。

子思的另一个性格，被当代学者概括为“好大”，然而这种评语并不是指子思好高骛远。《孔丛子·公仪》中载：“胡毋豹谓子思曰：‘子好大，世莫能容子也。盍亦随时乎？’子思曰：‘大非所病，所病不大也。凡所以求容于世，为行道也。毁道以求容，道何行焉？大不见容，命也。毁大而求容，罪也。吾弗改矣。’”

胡毋豹明确地说子思喜好宏大的东西，但社会上不接受这种思想，他劝子思应当随俗。子思却说：喜欢宏大并不是错，不够宏大才是问题。这正如人们所推行的大道，如果大道不被社会接纳，此乃天命，但若通过毁其大道来求得社会容纳，这就是罪过，所以我不会改变自己的想法。

关于子思的遗迹，最著名的就是曲阜的孔林了。2012年2月21日，我前往曲阜寻访，当时买的是“三孔”通票，第三站就来到了孔林。沿着游览路线一路向前走，得以找到孔伋墓。此墓处在孔子墓的前方，其外观与孔子墓相同，墓前摆着介绍牌。上面提及孟子受他的影响，形成了思孟学派，而孔氏族人尊奉孔伋为三世祖。

孔伋墓左侧是其父孔鲤的墓，祖孙三人的墓丘呈品字形，这给后人祭祀带来不少的便利。明张岱在《陶庵梦忆》中说：“享殿后有子贡手植楷。楷大小千余本，鲁人取为材、为棋枰。享殿正对伯鱼墓，圣人葬其子得中气。由伯鱼墓折而右，为宣圣墓。去数丈，案一小山，小山之南，为子思墓。数百武之内，父、子、孙三墓在焉。”可见这种葬法有特殊的讲究。

而今的孔伋墓前仅有新竖的墓碑，上刻“沂国述圣公之墓”，坟的左右两侧各立一石像生，余外未见古碑。但是按照历史文献记载，子思墓前原本有西汉时孺子婴居摄二年（7）刻制的《祝其卿坟坛刻石》，此刻石早在雍正十年（1732）就被林庙守卫百户陈曰翀移入孔庙西斋宿，现在那块刻石藏于汉魏碑刻陈列馆。真希望相关部门能够复制一块该碑，摆放在子思墓原位置上，以还原历史原貌。

2019年12月11日，我再次前往至圣林去拜谒孔伋墓。虽然已到了快下班的时间，但走入孔林的游客还是不少，可见人们越来越敬重葬在孔林内的前贤。与上次前来的时间相隔多年，我已忘记如何找到孔伋墓。在孔林内遇到一些导游，这些导游基本是当地的中年妇女，她们的揽客行为使得我无法尽享孔林的宁静，但还是有一位热心的导游告诉我如何能找到孔伋墓。

孔林门楼

此次前行线路显然与上次不同，因为我在丛林内看到了不少新碑和古碑，并且意外地走入了两个独立的四合院，这均是我上次没有看到的景致。我从介绍牌上得知这里是思堂，思堂始建于东汉时期，其原本为斋厅，是祭祀孔子前三日主祭官和陪祭官沐浴更衣之处。古人祭孔如此郑重，而今我一天跑下来，尘土满面地来拜祭前贤，想想都觉得惭愧。

寂静的孔林

从祠堂穿入一个院落，方看清我是从祭孔中轴线中间位置穿过来的，一路走下去，森森古柏令人顿有肃穆之情。穿过享堂，我在此看到了子贡手植楷。继续前行100余米，首先看到了孔伋墓，但墓前的那个介绍牌不知去了哪里。这块大墓碑的后面还有一块小碑，上刻“三世祖墓”，只是两块碑贴得太近，难以看清后一块碑的正面。

我在子思墓前鞠了一躬，而后又走到孔鲤墓前鞠躬，接着到孔子墓前三鞠躬。也许是快到关门的时间，这一带静悄悄的，没有游客，这种感觉最令人惬意。

孟府：缘孔崇梦，因教被毁

宋景祐四年（1037），孔道辅任兖州知府时在四基山之阳访得孟子墓，后又找到孟子第四十五代孙孟宁。孔道辅将孟宁荐于朝，授迪功郎，主邹县簿，奉祀祖庙。孟氏后裔称孟宁为中兴祖。

金大安三年（1211），孟子第四十八代孙孟润任邹县令，他主持续修了《孟子家谱》，并在序言中说过这样一段话：

> 自始祖亚圣邹国公而下千有余年，奕世相传，愈久而益显，盖其深仁厚德有不泯者然也。宋景德初，兵革浩荡，四十四代公齐公藏谱于屋壁，携妻子逃难东山而终焉。后家人莫知家谱所在，先世言行咸沦没而不著，可胜惜哉！
>
> 迨仁宗景祐四年，孔公道辅守兖州，访亚圣坟茔于四基山之阳，得其四十五代甯公荐于朝，授迪功郎，邹县主簿，公重修故宅，拆毁屋壁，乃得家谱。岁久，鼠啮虫蠹，蚀磨减断缺，失次二三。公披阅群书，证以见闻，重加编次，复成完本，以贻后世宗族。相传迄今二百余载，未尝失坠，皆迪功继

志述事之力也。

润庸夫鄙学，猥蒙祖荫。恐久有失昭穆之次，重加考订。并纪历代碑刻，文图以林庙居里遗事，列于卷端，用广流传，以备观览。

按照孟润所言，孟子之后，家族谱系搞得很清楚，看来这缘于孟家有家谱记载。宋景德初年，赶上了战争，孟子第四十三代孙孟公济（齐）逃难之时把家谱藏在了家中房屋的墙壁内，而后带家人隐藏在东山。后来孟公济（齐）去世于东山，故孟家后人不知道家谱去了哪里。

到宋景祐四年（1037），孔道辅访得孟子之墓，同时将孟宁推荐给朝廷，孟宁得以授职。于是孟宁开始修建家中的房屋，他无意间在墙壁里找到了家谱，但因为鼠咬虫蛀，家谱有些损坏。孟宁对家谱进行了仔细的修补，并且重新编订，使之成为完本。这部家谱传了两百年后，孟润将其再次修订刊行。

孟子的居所早已没有踪迹，只是到了宋代，在孟宁被孔道辅找到后才引起了朝廷的重视，于是孟宁翻修居所。从这个角度来说，孟宁原来住的房屋是已知最早的孟府，但此府原在哪里，今日已不可知。

宋宣和三年（1121），迁建孟庙，孟府也随之搬迁到了孟庙侧旁，而后孟府一直在这里翻修扩建，直至今日，依然屹立于此。但在此过程中，孟府也经历了几毁几建。自宋代之后，孟府遭到两次大的损坏，一是明天启年间，孟府受到闻香教起义军的破坏；二是清康熙七年（1668），因地震受到破坏。

明天启二年（1622），山东南部发生了白莲教、闻香教等农民起义，起义军先后占领了郓城、邹县、滕县等地，并攻打兖州、曲阜。当时农民军主要就是以邹县为根据地，在此与官军作战，前后达五个多月之久，这次战争使孟府彻底被毁。

关于闻香教的起源，清康熙十三年（1674）所修的《邹县志》中载："初，万历年间，江南丰县有高姓者，宵行，于草泽中遇妖狐，授以符法。斋持七日，则闻有异香满室。遂阴蓄逆谋，合党与巨野人徐鸿儒、兰陵人沈智、宿州人张东白、内卫人陈邦泰、邹之故县村人侯五，皆得其术，布散惑人。自称闻香教，即白莲教之异名也。其术能使人目见金山、银山、麦山、米山、油泉、酒井。谓有皈依之者，终身不贫。愚民听其煽惑，争先附之。辛亥年，知县胡继先捕侯五，以妖魔拟罪。哀祈悔过，乃当堂啖以酒肉释去，妖党稍戢者数载。"

此处称，江南丰县有个姓高的人在荒野遇到了妖狐，那只妖狐授给他密法，他斋戒七日后，家中充满了奇异的香味，此人觉得自己有了法力，于是纠集乌合之众共同练法，因为他们所练之法有香味，所以自称"闻香教"。但《邹县志》称闻香教其实就是白莲教，他们的"法术"能够吸引许多人加入，修此法的人一旦入道，眼前就展现出金山银山等大批财宝，教主告诉信徒们，如果相信此教，一辈子都有花不完的钱。这种文辞最具煽动性，于是有不少人都加入了此教。

然而对此教的来源，《明史·赵彦列传》中有另外的说法："蓟州人王森得妖狐异香，倡白莲教，自称闻香教主。其徒有大小传头及会主诸号，蔓延畿辅、山东、山西、河南，陕西、四川。森居滦州石佛庄，徒党输金钱称朝贡，飞竹筹报机事，一日数百里。万历二十三年，有司捕系森，论死，用贿得释。乃入京师，结外戚中官，行教自如。后森徒李国用别立教，用符咒召鬼，两教相仇，事尽露。四十二年，森复为有司所摄。越五岁，毙于狱。其子好贤及巨野徐鸿儒、武邑于弘志辈踵其教，徒党益众。”

此处称蓟州人王森得到了妖狐的异香，于是接续上了白莲教，自称闻香教主。王森虽然在万历二十三年被抓捕入狱，并且被判了死刑，但此前因为收徒聚集了大量财富，所以他用钱财贿赂当权者得以出狱。王森来到京城，结交一些外戚与宦官，继续传教，后来因为内讧，王森再次入狱，死于狱中。王森死后，他的儿子王好贤和巨野人徐鸿儒继续传教。

孟府大门

关于王森创造闻香教一事，连立昌、秦宝琦合著的《中国秘密社会·元明教门》中有记载，该书称："闻香教是原名，后改称'大乘教'，因已有吕尼之大乘教在前，故人称'东大乘教'。弘通教、红封教、大成教，都是其门徒支流自立门户的变名。闻香教是个庞大的教门组织，其影响一直延续到清中期以后。"

从此文中了解到，王森原本是位皮匠，关于其得道之事，岳和声所撰《餐微子集》收录的《护解妖首到京疏》中记录了王森同党阎福寿的供词："王森于先年间曾路遇妖狐，被鹰搏击，口作人言求救。王森收抱回家，遂断尾相谢，传下异香妖术，后称为闻香教主，又创白莲教，为大乘弘通教，即弘封教。"

王森所创之教发展十分迅速，明谈迁在《北游录》中转引了康海的记录：

> 《康对山集》云："咸阳、醴泉、三原、三水、淳化、高陵处处有之，但不若泾阳之多耳！此教风行二十余年，妖师所至，家家事若祖考，惟其所命，极意奉承。一饮一馔，妖师方下箸入口，其家长幼大小即便跪请留福，夺去自食。至于退处空室，则使处女少娟次第问安，倘蒙留侍枕席，即为大幸有福云云。"按今闻香教，即狐妖也。

万历四十七年（1619），顺天巡抚刘曰梧"恐妖术蔓延，密授署滦州事永平府薛同知，勒令自缢身死"（《护解妖首到京疏》）。故王森死于狱中。王森死后三年，徐鸿儒率大乘教起义，徐鸿儒本名徐诵，早年参加白莲教，后来成为王森的弟子。天启二年（1622）初，王森之子王好贤听说后金占领了辽东，明军与后金作战，而后方空虚，于是他与徐鸿儒商议，秘密串通各地教徒同时起义。由于密谋泄漏，徐鸿儒就于五月十一日提前起事，起兵之后，他自号“中兴福烈帝”，并且改年号为“大乘兴胜”。

两天之后，徐鸿儒攻占了郓城，山东巡抚赵彦派兵镇压，未能战胜，而闻香教的张东白、侯五等趁机攻占邹县。五月二十四日，闻香教起义军以邹县为根据地去攻打兖州，未能攻克，后来又攻打曲阜、郯城，也未能攻克。于是起义军开始坚守邹县县城，明军将县城包围。

七月十七日，都司杨国栋率官军攻打邹县南门，而南门外约300米处就是孟府，当时孟府的主人是亚圣六十代孙孟承光，探听到情况后，他率领长子孟弘略及家丁20余人协助官军攻城。但是官军未能攻破县城而撤兵。

这件事令起义军十分生气，转天，他们就冲入孟府杀死孟弘略，并将孟承光及其母孔氏绑走，同时抢劫财产、焚烧孟府。《重修孟夫子庙碑记》中载：“白莲、闻香等教突然沸起，盘踞邹、滕者半载。孟子庙及子思、子张、断机诸祠悉罹兵燹，一切殿庑墉垣无不残毁，孟博士宅为平地矣。”

看来孟府被彻底损毁，孟府中人各自逃生。后来起义军将孟承光与其母“俱戮于岗山营内，尸骨无踪”（清雍正《三迁志》）。

后来官军用围魏救赵之法，消灭了盘踞在其他地方的起义军，使得邹县孤立无援，不到三个月，县城内粮草用尽，徐鸿儒想从城中逃走，最终被擒拿。《明史》中载："国栋又大破贼沙河，乃筑长围以攻邹。鸿儒抗守三月，食尽，贼党尽出降。鸿儒单骑走，被擒。抚其众四万七千余人。彦乃纪绩，告庙献俘，磔鸿儒于市。"

对于徐鸿儒被俘的原因，朱承山、刘玉平主编的《济宁古代简史》中则另有说法："在大兵压境的情况下，农民军队伍中出现了叛徒，都督侯五、总兵魏七绑了徐鸿儒，打开城门向官军投降。"

关于孟承光之死，刘培桂在《明末白莲教据邹县与孟府惨祸》一文中说了这样一段话："令人痛心并催人深省的是，孟氏后裔也为此付出了三代人的三条生命以及家丁席天寿等人的生命，还有孟府被焚劫一空，夷为平地。从时间上推断，教军五月十八日占据邹城，至七月十八日孟府遭遇惨祸，相距两个月，其间是相互不扰的。只是在'臣父亦率应袭、兄弘略同家丁席天寿等二十余人协力剿贼'之后，教军方突出城来报复。孟承光身为朝廷赐世袭翰林院

孟府院落

五经博士，当教军据邹，官军兵临城下，他夹于两者之间，似别无选择。然教军对其本无犯意。兵部职方清吏司主事孙元化在《照例题复五经博士孟弘誉奏》中追述：'推厥原始，逆贼亦知圣人，戒徒勿犯。顾以攻城殒什开衅，速亡其生。'况且，农民起义军不毁孟庙、不犯孟氏后裔早有先例。据孟氏《三迁志》记载：'明正德辛壬间，流贼大起，其犯邹邑者为赵鐩，故儒生也。鐩至，则谒孟庙，遇孟氏子孙及儒生皆释不杀，以故庙得无毁焉。'"

但是，对于亚圣之后，当然不能接受起义军对邹县的长期占领，因为这跟他们的主体观念有不可调和的冲突。这也就是孟承光被俘后"骂不绝口"的原因，他决不可能屈从于起义军。

如前所言，孟子后裔被重视，跟孔子后裔有直接的关系，孔孟之道并称，而孔府与孟府之间也有特别的关系。朱松美在《孔府与孟府关系发微》中予以了详细的探讨，此文写道："自北宋仁宗至和二年（1055）封孔子四十六代孙孔宗愿为衍圣公以来，金、元、明、清代代相沿。孔氏家族的政治地位和权力在历朝对儒学的不断重视与提倡中不断提升，其权力行使范围也由主持衍圣公府奉祀事、管理孔氏族人，逐渐扩展到对颜、孟、思、曾、仲等十三氏后裔的管理和统领。"

朱松美在文中谈到两点，一是孔府统领孟府嫡长孙翰林院五经博士的袭封和任命。该文以《孔府档案》中的《至圣庙衍圣公府属官额缺册》为证："孟氏世袭翰林院五经博士，顺治九年，吏部核准，颜、曾、思、孟、仲世袭五经博士，由嫡派子孙承袭，令衍圣公咨送题补。”

第二点则为：“孔府统领孟府与帝王的政治往来。在类似万寿圣节、帝王视学等活动中，孟府的赴京朝贺，均由衍圣公保举、推荐和率领。”朱松美举出的力证为《亚圣五十七代孙世袭翰林院五经博士长伯孟公墓志铭》中的所载：“遇万寿圣节，必随圣公暨五家博士诣阙拜贺。朝廷赐宴礼部，以宠嘉之。逮至正统元年、嘉靖七年两朝临雍大典，诏取四氏子孙陪祀，俱宴于礼部，赐锦衣一袭，长皆伯躬逢之。”

对于家族后裔的辈分排序，孔子第五十七代孙孔讷在明初时看到家族子孙数量繁多，为了长幼有序，以定尊卑，提出要确定行辈用字，他先定出八个字“公彦承弘闻贞尚胤”。其家族又上溯到五十六代孔希学，第五十七代孔讷，但因孔讷名字仅一字，故用孔讷字言伯中的“言”字，因在此八字前又加了“希言”二字，之后又上报朝廷，而后于洪武二年（1369）正式实行。

对于此事，孔府颁布了《孔氏行辈告示》：“立行辈所以分尊卑，定表字所以别长幼。迩来我族人满数万丁，居连数百里。岂唯目不能遍识，而且耳不能遍闻。若无行辈则昭穆易紊，无表字则称谓不伦。在前业经奉旨更定。今依所列吉字开列于后，凡我族人俱当遵照后开行辈，取名训字。有不钦依世次随意妄呼者，不准入谱。明太祖所赐行辈共八字，加之原有三字，共计十字。曰‘希、言、公、彦、承、弘、闻、贞、尚、胤’。”（转引自刘瑞林《孔氏家族》）

到明天启年间，朝廷批准的这十个行辈字已用完，于是孔子五十六代孙孔胤植又排出十个字，经朝廷批准，于明崇祯二年

（1629）颁布实行。后来孔子七十五代衍圣公孔祥珂再立十字，排出第七十六代到八十五代的行辈字，此十字在同治二年（1863）得到朝廷的批准。到清末时，七十六代孙孔令贻又排出二十个字，规定出了第八十六代至一百零五代的辈分排序，经北洋政府内务部批准，于民国八年颁布实施。对于此事，清徐珂在《清稗类钞》中有载："曲阜孔氏为孔子之后，命名皆有字派，其迁徙他郡县者，但系孔子嫡传，亦必同一字派。盖自元代之五十四代衍圣公名思晦者起，于是凡五十四代孙，均以思字为派。思字下为克字派，克字以下，则为希、言、公、彦、承、弘、闻、贞、尚、衍十派，再次则为兴、毓、传、继、广、昭、宪、庆、繁、祥十派，又次则为令、德、维、垂、佑、钦、绍、念、显、扬十派。"

从明初开始，孟氏家族的辈分排序也仿照孔氏完全相同的排了下来，起初用字并不严格，从五十八代"希"字辈开始，两个家族

孟府古柏

的行辈完全一致。朱松美在文中说："孟氏不但行辈依仿孔氏，其家族谱牒修成后也要报孔府衍圣公备案。在这一点上，也充分体现出孔、孟家族在家族事务上统辖的关系。"

2012年2月22日，我第一次来到邹城参观了孟庙，虽然孟府在隔壁，但因为急着赶往下一个景点，故未来得及参观孟府。

2019年12月13日，我再次来到邹城，参观完孟庙之后，接着去看旁边的孟府。关于孟府的规模，刘旭光在其专著《孟子家族的记忆——孟府档案管理研究》一书中称："孟府府第坐北初南呈长方形，南北长226米，东西宽99米，总面积60余亩。从南到北共有7进院落，楼、堂、阁、室共148间。以主体建筑大堂为界，前为官街，后为内宅。"

其实孟府与孟庙一路之隔，我从孟庙西侧的一个小门穿出，这里有一条中等宽度的大街，街的入口处有一座牌坊，上书"亚圣"

正堂

世恩堂内景

二字。由此右转，西行20余米，即孟府的大门。此处的门牌号为“亚圣府街44”，此次我买的是通票，故直接检票入内，而后沿中轴线一路向北走。

穿过两进院落，我来到了亚圣府大堂，里面的摆设跟孔府几乎完全一样。我从大堂右侧的掖门继续向后走，在这里看到了世恩堂。介绍牌上称，这里是世袭翰林院五经博士居住之处，并且现在陈列依然保持着孟子七十四代孙孟繁骥及其夫人王淑芳当年居住时的原貌。

进入其中，正堂之外，两边是厢房，里面的规制基本保持完整，添加之物应当是中厅内的摄像头。为了表示礼貌，我向摄像头招了招手。

我一路向前走到了最后一进院落，这里有一座二层楼房，门楣

感恩堂

上挂着“赐书楼”的匾额，这里是孟府藏书之处。

在另一个院落内也看到了一座二层楼房，此处新挂之匾名“孟府感恩堂”，介绍牌上称此处原名亚圣府小学楼，是孟子七十四代孙孟繁骥于1943年创建，这里是孟氏家学。为什么改成了感恩堂？介绍牌上说，因为这里的展览主题是“感恩母亲、回报社会”。

走入其中，里面墙上挂着一些老母亲的照片，同时还有卖旅游纪念品的柜台，余外不知所以然。侧旁摆着一个告示牌，上面有一个大大的组合字，我感觉应当是将“学好孔孟”合并成了一个字。在此堂的前方还有一个院落，此院内布置成了射箭之处。见此手痒，我连喊几句“有人吗？”，结果没人来招呼。我不敢贸然弯弓射箭，因为对自己的技术没信心，担心万一突然闯进一位游客被我射中，只好张望一番而离去。

孟庙：由山迁城，历朝祀之

最早的孟子庙建在孟子的墓旁，那一带的地理环境不好，庙宇经常被雨水冲毁，于是有人提议将孟庙移到邹城城内。此事记载于北宋宣和四年（1122）监察御史孙傅所撰《先师邹国公孟子庙记》，此碑现存孟庙亚圣殿内，而释读之文转自李彬、郑建芳、侯新建主编的《孟庙孟府孟林碑刻集》中，孙傅在此《记》中写道：

> 孟子葬邹之四基山，旁冢为庙，岁久弗治。政和四年，部使者以闻，赐钱三百万新之，列一品戟于门，又赐田百亩以给守者。而庙距城三十余里。先是尝别营庙于邑之东郭，以便礼谒。元丰六年，诏封邹国公。明年，又诏配食孔子庙，又诏更新庙貌，而地颇湫隘。宣和三年，县令、宣教郎、邵武朱缶，叹其土圮木摧，不称虔恭尊师之义，欲出己俸完之。县士徐铍曰：“庙濒水亟坏，不四十年凡五更修矣。若许改卜爽垲，则诸生愿任其事，不以累公私也。”令许之。铍遂以私钱二百万，徙庙于南门之外道左，乡人资之钱者又数十万，而后庙成。总

四十二楹。中为殿，安神栖，绘群弟子像于两序。又为孟氏家庙于其东。以扬雄、韩愈尝推尊孟子，故又为祠于其西。重门夹庑，壮丽闳伟，与山中之庙轮奂相辉矣。于是求文以记之。

宋政和四年（1114），朝廷赐钱三百万重新修整了四基山孟墓旁的祭祀之庙，同时还赐田百亩作为看墓、庙人员的费用。但四基山孟庙距县城30余里，于是有人在县城东边建起一座孟庙。宋元丰六年（1083），孟子被皇帝封为邹国公，转年又下诏孟子陪祀孔子。孟子地位提高，孟庙也要作相应的配套整修，然而移建后的孟庙地理环境依然不好。宋宣和三年（1121），邹县县令朱缶感叹孟庙之破败，这与孟子在社会上崇高的地位不相符，他想拿出自己的一部分俸禄将孟庙整修如新。

邹县有位叫徐韨的人，他说移建后的孟庙离水太近，正是这个原因，四十年来孟庙被毁坏了五次，所以他建议应当换一处干爽之地来重新建造孟庙。徐韨自称，他不需要公家的费用，愿独自承担兴建孟庙之资。这样的建议当然得到了县令的同意，于是徐韨拿出二百万钱把孟庙搬迁到了县城南门外路的左旁。当地的有识之士看到此事后，也纷纷捐钱，合计又捐出几十万钱，这些钱加在一起，终于建起了新的孟庙。

孟庙的改建当然要上报朝廷，因为孟子已被追封为邹国公，与之相关之事需要经皇帝批准，现孟庙致敬门内有一块名为《礼部太常寺文》的刻石记载了此事，该石也刻于宣和四年（1122）。刻石中刊有如下文字：

伏睹邹国公孟子传孔子之道，隆仁义，尊尧舜，距杨墨，功不在禹下。国家用其书副六经以取天下士。元丰末，朝廷赐庙额，以公爵封之。政和初，又并与其门人乐正子、万章之徒而侯伯之。可谓崇且重矣。何独于其父母而阙焉？况传记所载，三迁之教，实系贤母。绂等已自备材木工力，迁建庙宇于宽平显明之地。比旧增修三倍，计屋四十二间。并已功毕。东为堂三间六架，见行塑邹国公父母。乞依仙源县至圣文宣王庙例，公私不得诸般居占。

这段文字首先讲述孟子的伟大功绩，而后谈到朝廷对孟子封爵以及赐庙额之事，并且说在政和初年，孟子的门人乐正子、万章之

孟庙甬道

徒等亦被一并封之。既然弟子也被封为侯伯，那么孟子的父母也应当封爵，更何况孟母三迁有名于世，所以徐钹原意出一笔钱把孟母庙也迁建在孟子庙之内。他的要求得到了朝廷的批准：

> 七月二十八日，奉圣旨，依右札付，袭庆府照会符县须至晓示者，右出榜，令有司就拨庙子二十五户，优免差税，常川洒扫邹国公庙。晓示仰详前项，符内备到圣旨指挥，恭依施行。各令知委。

皇帝下令由25户人家专门负责维护孟庙，他们可以免去差役和纳税。进入金代，孟庙又有些残破，故再次得到维修，现存于孟庙启圣殿院东的《重修邹国公庙记》碑石上记载了这件事：

> 孔子生于鲁，于曲阜则林庙之奉尊崇显奕，历代有加而无替。距邹仅一舍，在四基亦有孟茔之旧祠宇严立。于县之南，就文明之地而庙复建。列高弟公孙丑、万章之徒，其尊信犹在鲁矣。磨以岁月，上栋下宇久则斯弊。泰和八年夏六月，王公瑀来知是邑。视事之初，敬谒祠下，徘徊瞻视，议遽新之。方思政利民力，未暇给。越明年，吏民洽和，皆服其教。不待劝率，而富者相与出其资，巧者相与献其技，辩者以言，壮者以力，咸乐经营，作新其庙。

此记为兖州管内观察副使赵伯成所撰，邹县县令王瑀立石，该记中也讲到了迁建孟庙之事。金泰和八年（1208），王瑀来邹县做知县，他到任之初首先去拜谒孟庙，他看到孟庙有些破败，想出钱修之，但刚到一地，主要精力用在梳理民政方面，没有来得及修孟庙。两年后，当地政通人和，有钱人纷纷出资，于是孟庙为之一新。对于整修后孟庙的状况，该《记》中描绘说：

> 正殿奕奕，廊庑延接，四回而周，外达通衢，重门以辟，增其宏丽。又东北别立其室，以尊考妣，慈训宛然如在。

由于众人的提议，再加上孟子地位的提升，孟子父母当然应该与有荣焉，更何况孟母教子有方为世人所知，故进入元代，皇帝给孟子的父母予以了封号，现孟庙启圣殿院西立有《圣诏褒崇孟父孟母封号之碑》，该碑文曰：

> 上天眷命，皇帝圣旨：
>
> 朕惟由孔子至于孟子，百有余岁，而道统之传独得其正。虽命世亚圣之才，亦资父母教养之力也。其父夙丧，母以三迁之教励天下后世。推原所自，功莫大焉。稽诸往代，实阙褒崇。夫功大而位不酬，实著而名不正，岂朕所以致怀贤之意哉？肆颁宠命，永贲神休。可追封其父为邾国公，母为邾国宣献夫人。
>
> 主者施行。
>
> 延祐三年七月日

孟庙中与孟母有关的碑刻

皇帝下旨追封孟子的父亲为邾国公，孟子的母亲为邾国宣献夫人。追封之后，当地的一些官员立即为此刻了一块大碑，此碑立于元延祐四年（1317），其背阴所刻之文有一段为：

邹国公奉崇以人君之礼者何？岂非以圣德继道统之传乎？虽曰生有淑质，非母三迁之教能臻斯乎？《春秋》之法，母以子贵，而况于父乎？今其子封以公矣，犹以庶人之礼祭其父母，可乎？《传》曰："父为士，子为大夫，葬以士，祭以大夫；父为大夫，子为士，葬以大夫，祭以士。"此礼也，何旷世无闻乎？庙故处东北陬，自邹国公新庙成，造其父母神像于故殿，盖已有年。今既加封，欲创建宫室东南隙地。时未暇，乃即故基而更其制。冠以冕旒，服以五彩。危危峨峨，煌煌烨烨，俨然南面。春秋祭祀一同其子，非止为当世荣观，实邹国公欲报之德，昊天罔极之心也。孝子之事亲，仁人之事天也。父母之心，天地之心也。

这段话以设问的形式讲述了孟母的功绩，同时说按照《春秋》中的礼法，母以子贵，同样父也应当以子贵，有人在孟子庙院内的一座殿内为孟子父母造像，现在既然得到皇帝赐的封号，有人就重新修建了一座孟子父母庙，并将孟子父母塑像加彩。孟子的父母叫什么，他父亲有什么事迹，后人皆不知。孟母断机杼激励孩子的事迹却广为人知。孟庙启圣殿院东所藏《邾国公祠堂记》上记载了这个故事：

考诸方册，邾国公言行无从可征，夫人姓氏亦不知所自。惟臧仓有孟子“后丧逾前丧”之语。后丧，母丧也。孟子早失所怙，惟夫人是依。三迁其居以示训，使之邻学宫而后定，以有知而教以信，断其机而劝之学，所以勉以义而淑其行者多矣。故孟子独绍孔子之传而得其宗，集义养气性善之论，功被万世，夫人之力也。然则公之平日仪刑其家者，从可知已。非公无以成夫人之懿范，非夫人无以成孟子之大才。此圣代所以褒崇旧德，追封于千七百载之后，而邹邑吏士久而弥敬，增修庙祀，汲汲焉若子孙之事祖祢者也。

虽然孟庙受到了皇帝的重视，但也曾因战火损坏，每次损坏后都有人出资重建。孟庙启圣殿院甬道东侧立着的《孟子庙资田记》石碑上写道：

邹故有庙，贞祐毁于兵。国朝至元间，孟氏德昌规构正殿。元贞初，县尹司居敬创左右庑。大德中，县尹宋彰建神门。延祐丙辰，熠兴文治，搜辑遗典，诏封其父为邹国公，母邾国宣献夫人。今监县帖哥更修新祠，像而事之。呜呼！褒荣至矣，庙制完矣，秩祀之礼尚阙如也。

为了使修建好的孟庙能有长期的维护费用，当地的一些儒生捐钱后拿去生息，所得之息用来维护孟庙：

儒者李俨、马亨、宁成章、许嗣构、胡凤仪、李元彬协议，请割子思书院羡钱万五千贯，月取赢利以给时祀及经葺费。袭封衍圣公思晦亦屡为言宪府，可其议。仍命耆儒、孟氏各一人司其出纳。

因中国建筑的特性，这些庙宇即使没有受到战争和自然灾害的损毁，过几十年后也同样会破败。到了元至元三年（1337），孟子庙又进行了大修，孔克钦所撰《邹国亚圣公庙兴造记》中载：

亚圣公生乎邹，传先圣道，垂训万世。累代钦崇，官为设祠，俾子孙守之，修奉祀礼也。圣朝奄有海宇，诞修文教，以淑生民，所崇其祠宇，以上公爵，应图合礼，缔构严备。然历岁滋久，陵风震雨，不无损缺。曲阜张君铨尹邹之明年，实至元二年也。以兴修为己任，乃与僚属议曰：“补弊起废，所司之责，矧亚圣乎？可发庙帑羡资，以举是役。”众皆悦从。于是，首舆巨石，镌至顺元年加封语诏文，以谂无穷。即庀工贸材，旬月之间，品料毕集。撤弊易朽，载登载筑，既苫既覆，且涂且垩。所重立而新之者，两庑及神门二重。室以楹计者二十；资以缗计者三千三百有奇；米以石计者六十有一；工以数计者四千一百。凡八阅月而讫功。灵星扉木冒雨数朽，三军春又崇起宇庇之。其壮丽深严，益可观仰。又于通衢立石，以表祠所。

元末的战火使孟庙再次受到损毁，邹县丞邓原忠所撰《拜谒邹国亚圣公庙记》撰写于明洪武四年（1371），此记中写道：

暨至邹邑，谒拜邹国亚圣公庙，见其毁于兵燹，缔构未完。问于孟氏宗子思谅，则曰：“此子孙以先祖无栖神之地，黾勉为之。资力不足，是以中辍。”余曰：“上无盖瓦，风雨震凌，栋宇其将朽腐乎？”乃尽然以伤，思赞成之力弗胜任，遂恧然以惭，因思曰：“读其书而仰其德，则七篇之旨既得以私淑其身矣。今也触于目而动于中，则报本之诚岂得已其情于废兴之际乎？薄捐己俸，以石计者一十有五，少助苟完，亦所以补其小者尔。若乃翼之以廊庑，涂之以丹雘，而成就乎其大者，则有待于群公焉。”

邓原忠说自己能到邹县任职特别高兴，因为他原本就十分崇敬孟子。他在邹县看到的孟子庙有部分毁于兵火，于是找来孟子之后孟思谅，问他为什么不将祖上之庙修好。孟思谅家族人已经出钱来修了，可惜资金不足，所以修到一半就停工了。邓原忠认为这样下去的话，在风雨之下，庙宇内的木料将会腐朽，于是邓捐出自己的俸禄把孟庙修补完好。

其实孟思谅所言也是实情，因为在战争时期，孟子后裔也是颠沛流离，明洪武四年（1371）所刻的《孟氏宗支之记》中载有此事：

> 我邹国亚圣公五十三代孙之训，世守宗祧。值前元兵乱，携家避兵，游于关、陕、秦、晋间，殆十五余年，卒于乱时。嫡子思谅尚幼。及治稍平，思谅方弱冠，侍母氏归邹。至正间

孟庙亚圣殿

任本县主簿，守引祀事。祖庭毁颓荒芜，止存遗基。丰祀之礼阙如也。

元末兵乱时，孟子第五十三代孙孟之训带领家族人员逃难于多地，前后长达十五年时间。孟之训竟然于战争之时去世，那时孟思谅还年幼，等到其渐渐长大之后，他陪着母亲回到了邹县。他们所见到的状况，就是破败的祖庙。明朝建立后，孟思谅作为孟子传人，受到了皇帝的召见，由此也确定孟思谅为孟子第五十四代嫡孙。

明正统八年（1443），孟庙又进行了大修，此后每过若干年，都有大修孟庙之举。到明万历十四年（1586），孟庙得以扩建，王湘所撰《增修孟夫子庙记》中记载了万历九年（1581）到万历十一年（1583）间增修孟庙的情况：

邹邑，孟夫子里也。县治南有庙旧矣。为吾道重者时尝修之。但岁时历久，圮坏相继。庚辰岁许公来尹兹邑。瞻拜顷，恻然曰："圣贤重地，胡可坏弗修，缺弗备？"即出俸金理葺。尚歉其绌而未盈，日夜谋思其财用工役之费。旧例，孟氏族以不差发故，因为寄庄种田者出白地银以准差发。公曰："是乌可。因为寄庄者乎，何若以其族之所出藉之以修其祖之庙？"请于抚台何公，公甚可。乃择其族之贤者孟彦朋氏司其出纳，兼董其役。未尝费郪一钱，今焕然矣。计其工，新创者十之五，而坚固鲜丽视前百倍。如钟灵门是也。始于万历九年春，落成于十一年冬。

当时的不少官员都以能到邹县任职为荣，明万历三十六年（1608），戴章甫所撰《邹县重修孟庙碑记》中载有这样的趣事：

> 余乡人广汉胡君继先，以进士上铨曹。梦儿坐盂中，愚语之曰："儿，子也；盂，皿也。子在皿上，卜此行当与孟氏遭。"越次日，果选得邹令。异哉！非精神意气有默相感召者乎？胡君既至，拜亚圣祠下，徘回瞻视，愀然有感。退曰："有学士大夫于此而环堵不蔽风雨，有司者犹以为耻，矧亚圣栖神之庙乎？"居数月，会宗子博士以庙状请抚治。少司马黄公移其议于司府，相与咨度，而属之宰邑者约以费不病民，役不扰下，乃议经始。

戴章甫说，他的同乡胡继先考中进士后等待分配工作，某天，胡继先做了一个梦，他梦到自己儿子坐在盂中，他把梦境讲给戴章甫听，戴替他解梦说：儿就是子，而盂是一种器皿，子在器皿之上，就是一个"孟"字，如此说来，你可能要到孟子的家乡任职。果然两天之后，有关部门安排胡继先前往邹县做县令。

胡继先到任后，先去拜孟庙，看到孟庙有些破败，他请孟子之后以及相关人士商议修复之事，经过筹措资金，孟庙又焕然一新。

进入清朝，历代皇帝仍然对孟子十分推崇。康熙二十六年（1687），皇帝撰写了《孟子庙碑》，这块御碑现立于孟庙碑亭内，该碑首先强调了孟子对儒学的重大贡献：

> 自王迹熄于春秋，圣人之道或几于泯灭。卒之晦而复明，历千百世而不敝者，恃有孔子也。孔子没百有余年，浸假及于战国，杨墨塞路，祸尤烈于曩时。子舆氏起而辟之，于是天下之人始知诵法孔子，率由仁义。斯道之有传，至于今赖之。是以后世学者如韩愈、苏轼之徒，咸推其功以配大禹，而闽、洛之儒益尊为正学之宗传。呜呼，盛矣！夫洪水之祸止于人身已尔，杨墨之祸隐然直中于人心。不有孟子，使杨墨滥觞于前，释老推波于后，后之人虽欲从千载之下探尼山之遗绪，其孰从而求之。

康熙皇帝说正是因为有孔子的存在，才使得圣道不绝。孔子去世百余年后，杨朱、墨翟思想横行天下，孟子挺身而出，弘扬孔子

孟庙第一进院落

思想，这使得儒家道统接续了下来，以至于韩愈、苏轼都夸赞孟子之功不在大禹之下。宋代理学也把孟子视为儒学正传，但康熙皇帝说，洪水之祸只是伤人，杨墨之祸却是伤人心，假如没有孟子，杨墨的思想才就会传天下，而佛教和道教也在杨墨之后推波助澜，如果没有孟子在，孔子之道将难以延续。

在此之前的康熙七年（1668），邹城发生了大地震，震中是郯城，而郯城距邹城仅150余里，这次地震对孟庙损坏很大。关于这次地震的震级，国家地震局地球物理研究所和复旦大学中国历史地理研究所共同编纂的《中国历史地震图集》中有记载："近代地震专家根据考证，确认该地震震级为8.5级。此次地震是我国东部惟一一次8.5级地震，也是中国3次8.5级地震之一。"

8.5级地震真是令人惊骇，我幼年时经历的唐山大地震也才7.8级，汶川地震则为8.0级，故这次地震对山东当地影响巨大。康熙十一年（1672）的《郯城县志》对地震时的状况有如下描绘：

> 康熙七年六月十七日戌时地震，有声自西北来，一时楼房树木皆前俯后仰，以顶至地者连二三次，逐一颠即倾，城楼垛口、官舍、民房并村落、寺观一时俱倒塌如平地……其时地裂、泉涌，上喷二三丈高，遍地流水，沟浍皆盈，移时即化为乌有，人立地上如履圆石，辗转摇晃，不能站立，势时即陷，移时方定，阖邑震塌房屋约数十万间，其地裂处或缝宽不可越，或深不敢视，其陷处皆如阶级，有层次，裂缝两岸皆有淤泥细沙，其所陷深浅阔狭形状难以备述，真为旷古奇灾。

这场地震对于孟庙的损坏情况，刘芳躅在《重修亚圣庙碑》中写道："于康熙戊申之六月，地变大震，倾圮滋甚。呜呼！以圣贤宫墙其不至叹为丘墟者，仅如线耳。"

此次大地震在过了四年之后，当地依然有余震，乾隆九年（1744），方鸣球撰写的《亚圣庙重修天震井诗以代记》中写了这样一件事：

> 世传三氏皆有井，惟孟独无。至康熙十一年春，忽闻雷声起殿前，视之有井陷出，目名"天震"，与三氏井将说类机祥神怪者。邹鲁诸贤圣息息相传心源道脉，岂必藉此一勺水哉！

孟庙内没有井，一直是孟子后人遗憾之事。康熙十一年（1672），孟庙内有个地方突然地面塌陷，于是出现了一口井，这口井的出现令人很欣喜。

天震井

正是出于对孟子的推崇，到了康熙五十五年（1716），孟庙又得以大修，为此娄一均撰写了《重修孟庙碑记》，此文首先形容了孟庙当时的状况：

孟庙之屹然峙于城南也，广可二十亩。周缭以垣，树林蓊郁，桧柏参差，离奇挺秀。自戟门而递进，穹碑夹道，世远者皆模糊剥蚀，络以苍藤，莫能识也。历阶抠谒孟子，凝旒端拱，和蔼矜庄，俨然备四时之气。惟利国侯乐正子侍坐于堂之东偏。余及门弟子以及有功圣教者，位序两庑而祀焉。殿后为寝庙。庙之左为邾国公、宣献夫人栖神之所。庙之右致敬有门，致严有堂。凡家庙斋厨仓库以次备列。

孟庙中的宋柏

看来那场大地震并未使孟庙内的大树全部倒伏，院中的碑倒伏之后可以再竖起，庙宇损坏后也可再建，而大树倒伏却难修复。康熙二十三年（1684）时皇帝曾拨下一笔公款修复了因地震而毁的孟庙，但三十多年过后，孟庙又出现了破败，于是有了此次之修：

> 夫庙之徙建于兹也，昉于宋宣和四年，迄今六百余载。其间升沉兴废，历历可稽。自我皇上于甲子岁发帑遣官修葺，始规制闳丽，峻宇苞基，丹楹碧瓦，阙里而外罕有媲美者。三十年来，墙颓屋圮，诚司土者之责。余于乙未秋捐资庀材，相继缮治，聊以告对越之虔。

1935年，南京政府恢复祭孔祭孟大典，同时改“世袭翰林院五经博士”为“亚圣奉祀官”。1937年10月，日军入侵山东，一年后山东全境沦陷。日伪时期，为了消除反日情绪，相关部门对孟庙采取了保护措施。1941年前后孟庙曾进行大修。中华人民共和国成立后，直到今日，对孟庙进行了二十余次维修。1988年孟庙和孟府成为第三批全国文物重点保护单位。

孟子的思想几乎均收录于《孟子》一书中，我在中学时于课本中学到了孟子的那篇《鱼我所欲也》，此文的前半段如下：

> 鱼，我所欲也；熊掌，亦我所欲也，二者不可得兼，舍鱼而取熊掌者也。生亦我所欲也；义亦我所欲也。二者不可得兼，舍生而取义者也。生亦我所欲，所欲有甚于生者，故不为苟得也。死亦我所恶，所恶有甚于死者，故患有所不辟也。如使人之所欲莫甚于生，则凡可以得生者，何不用也？使人之所恶莫甚于死者，则凡可以辟患者，何不为也？由是则生而有不用也，由是则可以辟患而有不为也。是故所欲有甚于生者，所

> 恶有甚于死者。非独贤者有是心也，人皆有之，贤者能勿丧耳。一箪食，一豆羹，得之则生，弗得则死。呼尔而与之，行道之人弗受；蹴尔而与之，乞人不屑也。万钟则不辩礼义而受之，万钟于我何加焉！

这段话用了一系列的排比句，来讲述舍生取义的伟大意义。孟子那雄辩的口才令人叹服，而我一直疑惑于孟子为什么这么能说，他距孔子仅百年时间，而《论语》中的话那样质朴简洁，完全没有这样层层递进的排比句。长大后读到《孟子》原文，方知课本中所选省略了后面的几句：

> 为宫室之美、妻妾之奉，所识穷乏者得我与？乡为身死而不受，今为宫室之美为之；乡为身死而不受，今为妻妾之奉为之；乡为身死而不受，今为所识穷乏者得我而为之，是亦不可以已乎？此之谓失其本心。

看来老师不好向学生们解释妻妾的问题，所以我们在课本中只能读到“洁本”。对于孟子雄辩的口才，当时就有人对他提出疑问，《孟子·滕文公下》中载：“公都子曰：‘外人皆称夫子好辩，敢问何也？’孟子曰：‘予岂好辩哉？予不得已也。’”

按照赵岐在《注》中所言，公都子是“孟子弟子也”，看来孟子好辩的名声在外头叫得很响，于是传到了公都子的耳中，他把这句闲话转告给老师，同时问老师为什么这么善辩。孟子解释：我怎么喜好辩论呢，我是不得已啊。接下来他又大段大段地阐述自己的观念，以此来证明他与人辩论的道理所在。其中一段谈到的就是对于杨朱、墨翟之言横行天下之事：

> 圣王不作，诸侯放恣，处士横议，杨朱、墨翟之言盈天下。天下之言不归杨，则归墨。杨氏为我，是无君也；墨氏兼爱，是无父也。无父无君，是禽兽也。公明仪曰："庖有肥肉，厩有肥马，民有饥色，野有饿莩，此率兽而食人也。"杨墨之道不息，孔子之道不著，是邪说诬民，充塞仁义也。仁义充塞，则率兽食人，人将相食。吾为此惧。闲先圣之道，距杨墨，放淫辞，邪说者不得作。作于其心，害于其事；作于其事，害于其政。圣人复起，不易吾言矣。

孟子说自从社会衰微之后没有再出现过圣王，于是诸侯变得无所顾忌，一些士大夫也开始乱发议论，杨墨学说充斥天下，他们两家成为社会的主要思潮。杨朱主张自私，这就否定了对君王的效忠；墨翟主张兼爱，天下人不分亲疏，这就否定了对父母的孝。这种无君无父观念，不就是禽兽吗，所以杨墨思想不消灭，孔子思想就无法发扬。杨墨思想欺骗了世人，阻塞了仁义之路，早晚会出现互相残杀的局面。孟子对此深感担忧，这正是他要与这些人坚决斗争的原因所在。

而后孟子又说出这样一段话：

昔者禹抑洪水而天下平，周公兼夷狄、驱猛兽而百姓宁，孔子成《春秋》而乱臣贼子惧。《诗》云：“戎狄是膺，荆舒是惩，则莫我敢承。”无父无君，是周公所膺也。我亦欲正人心，息邪说，距诐行，放淫辞，以承三圣者。岂好辩哉？予不得已也。能言距杨墨者，圣人之徒也。

孟子说：以前大禹治水才使得天下太平，周公兼并了夷狄、赶跑了猛兽，百姓才得以安宁，孔子写出了《春秋》一书，方让那些恶人害怕起来。面对这种局面，我要站出来与他们辩论，以此来继承大禹、周公、孔子三位圣人的事业，这难道说是我喜欢辩论吗，我的确是不得已啊。

由这段话可以看出，孟子把孔子视为接续大禹、周公的人物，而他要挺身而出，要维护这种体系。他直言自己是圣人之徒，也就是他要接续孔子的传统来继续弘扬。孟子极力推崇孔子的言论，在后世影响最大的一段话乃出自《孟子·万章下》：

孟子曰：“伯夷，圣之清者也；伊尹，圣之任者也；柳下惠，圣之和者也；孔子，圣之时者也。孔子之谓集大成。集大成也者，金声而玉振之也。金声也者，始条理也；玉振之也者，终条理也。始条理者，智之事也；终条理者，圣之事也。智，譬则巧也；圣，譬则力也。由射于百步之外也，其至，尔力也；其中，非尔力也。”

孟子认为伯夷是圣人中的清高者，伊尹是圣人中有责任心的人，柳下惠是圣人中随和者，而孔子则是圣人中识时务的人，所以孔子是集大成的人。此后的“金声玉振”一词就专门用来形容孔子的伟大。正是孟子的极力推崇，孔子的思想才在后世越发地受到重视。

2012年2月22日，我到山东邹城寻访。孟庙和孟府位于邹城城南。我从四基山驶入邹城市区，去城南拜访孟庙和孟府，门票也是30元，孟庙里也有我喜欢的森森松柏，在林间有一铭牌，说明孟府、孟庙内的古树最早栽种于北宋宣和年间，距今已有九百多年的树龄，而树种则除了我认识的松柏和侧柏，还有流苏、君迁子等名木。

2012年的棂星门

2019年12月13日，我再次来到山东地区寻访孔门遗迹，这一天也是先去瞻仰了孟林而后驶入邹城市区，再次去参观孟庙。此次前来同样不是旅游旺季，孟庙门前的停车场空空荡荡，购票进入院内，我依然喜欢这种寂静的氛围。

穿过棂星门，院落的两边各有一个木牌坊，东边为继往圣坊，西边为开来学坊。明代原坊已毁，现存两坊为清同治十二年（1873）

重建者，坊额题字出自山东巡抚丁宝桢之手。沿中轴线前行，看到了亚圣庙石坊，此坊为明嘉靖四十一年（1562）知县章时鸾所建。

明代石坊

走到泰山气象门前，两边的银杏树落叶金黄满地，工作人员特意留下这个美景让游客欣赏。此门乃第三进院落的大门，金、元时期称神门，明礼时改名仪门，清代则称其为泰山气象门。想来这是出自程颢所言的：“仲尼天地也，颜子和风庆云也，孟子泰山之岩岩气象也。”

进入此院落后看到了御碑亭，不知为何赑屃的嘴前扔着不少硬币和小面额的纸币，想来这是游客想将其投喂到赑屃嘴中。碑亭的后方一字排开列着一些古碑，其中有“孟母断机杼”和“孟母三迁祠”，不知道这些碑是不是由他处移来者。在这个院落的另一侧，还摆放着一些条凳，看样子这里是临时讲学之处。在大冬天里露天讲学，这需要强大的毅力，而抗冻能力也是必要条件。今日偌大的孟庙内几乎看不到游客。我坐在这条凳上，想象着老师讲课的样子。

穿过承恩门进入第四进院落，在这个院落内看到了那口著名的天震井，关于此井的情况，清金埴在《巾箱说》中也有记载：

> 埴考《三氏志》，孔子井在尼山，曾子井在徐州，颜子井在陋巷，独孟子无井以传。皇清康熙十一年壬子春，邹县孟庙前演剧，忽日中声震如雷，众环顾失色。见阶前地陷，有甃甓圆痕，孰视之则居然井也。次年修庙，遂用此水。乃砌以甓，环以石，而题额之曰“天震井”。噫！异矣！

泰山气象门前金黄满地

孟子像

而今井口用铁篦子封了起来，我向内望了望，里面不深处就能看到水的影子。旁边的说明牌则讲述天震井的来由，其中提到孔庙故宅有井，颜庙陋巷有井，曾庙有涌泉井，唯独孟庙没井，于是上天有此之赐。

天震井的后面就是孟庙的主殿亚圣殿，从外观看上去，亚圣殿的建筑格局与大成殿相类似，只是环围的廊柱没有刻成浮雕式的龙，但上面也有浅雕的花饰。进入亚圣殿，孟子坐在神龛内，其塑像的形态有点像动画片《大闹天宫》中的太上老君。

继续向后走，后面的一座大殿是“孟子生平事迹陈列”展室，里面以图片的形式介绍着孟子的生平，以及各地的孟子遗迹。中厅的一个玻璃柜内陈列着一些古人和今人研究孟子之书。

走到后端右转，这里有个院落是启圣寝殿，实则就是孟母殿。此殿不大，神龛内仅供奉着孟母的牌位。此殿内有一尊汉白玉雕像，感觉制式较古，不知是不是孟子父亲的雕像。在另一个院落内又看到了启圣殿，里面供奉着孟父的塑像，跟那尊汉白玉雕像看上去长得颇为不同。这个院落有长长的甬道，甬道两边立着许多古刻石，有一些刻石仅剩碑帽，不知是不是从他处移来者。

孟林：弘扬孔学，得封亚圣

第一篇记载孟子生平的文字出自司马迁《史记·孟子荀卿列传》中载：“孟轲，驺人也。受业子思之门人。道既通，游事齐宣王，宣王不能用。适梁，梁惠王不果所言，则见以为迂远而阔于事情。当是之时，秦用商君，富国强兵；楚、魏用吴起，战胜弱敌；齐威王、宣王用孙子、田忌之徒，而诸侯东面朝齐。天下方务于合从连衡，以攻伐为贤，而孟轲乃述唐、虞、三代之德，是以所如者不合。退而与万章之徒，序《诗》《书》，述仲尼之意，作《孟子》七篇。”

按照这段话中所言，孟子并非孔子的弟子，因为他“受业子思之门人”，子思乃孔子的孙子，而孟子是子思门人的弟子。这样说来，他与孔子隔着三层，但是他极力弘扬孔子思想，他在《孟子·离娄下》中说：“予未得为孔子徒也，予私淑诸人也。”可见，他自视为孔子的私淑弟子。正是在他的努力弘扬下，孔子思想得以发扬光大。

正是这个原因，历代对孟子都推崇有加，比如西汉扬雄在

明绘本孟轲像，台北故宫博物院藏

《法言·吾子》篇中说："古者杨墨塞路，孟子辞而辟之，廓如也。"孟子所处的时代，杨朱思想和墨子思想风行天下，这使得儒家思想衰落下来，孟子挺身而出，力辟杨墨，宣讲周孔之道。在他的努力下，儒家思想渐渐受到了人们的重视，而孟子也就成为继孔子之后，第二位对儒学有重大贡献之人，故他被后世尊奉为"亚圣"。

首次将孟子称为"亚圣"者，是东汉的赵岐，他在《孟子题辞》中说："著书七篇，二百六十一章，三万四千六百八十五字，包罗天地，揆叙万类，仁义道德，性命祸福，粲然靡所不载。帝王公侯遵之，则可以致隆平、颂清庙；卿大夫士蹈之，则可以尊君父、立忠信；守志厉操者仪之，则可以崇高节、抗浮云。有风人之托物，二雅之正言，可谓直而不倨，曲而不屈，命世亚圣之大才者也。"

赵岐说《孟子》一书流传后世者有七篇，包罗万象，历代帝王都重视该书，因为这部书讲述的都是儒家理念。正因为如此，他尊称孟子为"亚圣"。

东晋时期，虽然玄学盛行，但还是有人尊奉儒学。东晋咸康三年（337），国子监祭酒袁瓌与太常冯怀共同给皇帝上了《上疏请建国学》：

> 臣闻先王之教也，崇典训以弘远代，明礼学以示后生，所以导万物之性，畅为善之道也。宗周既兴，文史载焕，端委治于南蛮，颂声溢于四海。故延州入聘，闻《雅》音而嗟咨；韩起适鲁，观《易》象而叹息。何者？立人之道，于斯为首也。孔子恂恂，道化洙泗；孟轲皇皇，诲诱无倦。是以仁义之声于今犹存，礼让之节千载未泯。

这段话将孔子与孟子并称。对于孟子的推崇，到唐代韩愈那里达到了极致，他在《原道》中说："尧以是传之舜，舜以是传之禹，禹以是传之汤，汤以是传之文、武、周公，文、武、周公传之孔子，孔子传之孟轲；轲之死，不得其传焉。"

韩愈的这段话从尧、舜的递传，一直讲到了周文王、周武王及周公，而后称周公传孔子，孔子传孟子，以此构建起儒家的道统。虽然孟子比孔子晚100多年，他也并未见过孔子，但韩愈将其视为得真传之人。韩愈甚至说，孟子故去后，儒家的文脉就断了。

对于孟子的师承，韩愈在《送王秀才埙序》中又有这样的说法："孟轲师子思，子思之学，盖出曾子。自孔子没，群弟子莫不有书，独孟轲氏之传得其宗，故吾少而乐观焉。"虽然韩愈不再说孔子传孟子，但他依然把孟子的老师视为子思，他并不介意司马迁说孟子的老师其实是子思的弟子。韩愈依然强调孔子之后得其正传者是孟子，所以他认为："故学者必慎其所道，道于杨墨老庄佛之学，而欲之圣人之道，犹航断港绝潢以望至于海也。故求观圣人之道，必自孟子始。”

对于孟子弘扬儒学的巨大功劳，朱熹在《孟子序说》中又转引了韩愈的评语：“然向无孟氏，则皆服左衽而言侏离矣。故愈尝推尊孟氏，以为功不在禹下者，为此也。”

按照韩愈的说法，如果没有孟子弘扬儒学，儒脉将会断，而人民也就变成了野蛮人。韩愈说他极力推崇孟子的原因，是孟子对儒学的功劳可以与大禹治水相媲美。

对于孟子弘扬孔子思想的问题，朱熹在《孟子序说》中又多处引用程颐所言，其中之一为：“孟子有功于圣门，不可胜言。仲尼只说一个‘仁’字，孟子开口便说仁义。仲尼只说一个‘志’，孟子便说许多养气出来。只此二字，其功甚多。”

五代时期，孟昶主持刊刻的《蜀刻十一经》，其去掉了《孝经》与《尔雅》，增入了《孟子》，这是首次将《孟子》一书由子书升为经书。自此之后，刊刻的十三经均将《孟子》一书列入，由此而使得《孟子》成为儒学的重要经典之一。后来朱熹将《论语》《孟子》《大学》《中庸》合在一起，将其定名为“四书”。从元代开始，“四书”成为科举考试的必考内容。

正是在元代，皇帝对孟子的封敕达到顶峰。延祐三年（1316），皇帝诏封孟子之父为邾国公、孟子之母为邾国宣献夫人。至顺元年（1330），加封孟子为邹国亚圣公。至顺二年（1331）刊刻的《加封孟子为邹国亚圣公圣旨碑》中称：

上天眷命，皇帝圣旨：

孟子，百世之师也。方战国之纵横，异端之充塞，不有君子，孰任斯文？观夫七篇之书，惓惓乎致君泽民之心，凛凛乎拔本塞源之论。黜霸功而行王道，距诐行而放淫辞。可谓有功圣门，追配神禹者矣。朕若稽圣学，祗服格言，乃著新称，以彰渥典。于戏！诵《诗》《书》而尚友，缅怀邹鲁之风；非仁义则不陈，期底唐虞之治。英风千载，蔚有耿光，可加封邹国亚圣公。

主者施行。

至顺二年九月日

加封孟子为邹国亚圣公圣旨碑

至此，亚圣之称被朝廷所认可。进入明代，朱元璋仍尊奉前代之规，以孟子配享孔子，但在洪武二年（1369），朱元璋下诏要求孔庙的春秋释奠只在曲阜举行，其他地方的孔庙不必再进行祭祀。为此，刑部尚书钱唐认为：“孔子垂教万世，天下共尊其教，故天下得通祀孔子，报本之礼不可废。”（《明史》）侍郎程徐也持此观点，认为“使世愈降而人极不坠者，孔子力也”（《明史》）。但朱元璋不听这些人的建议，后来觉得反对这种举措的声音太多，于是又同意天下祭孔之事。

朱元璋在某次看《孟子》时发现了问题，为此又引起一场风波。《明史》中载：“帝尝览《孟子》，至‘草芥’‘寇雠’语，谓非臣子所宜言，议罢其配享，诏有谏者以大不敬论。唐抗疏入谏曰：‘臣为孟轲死，死有余荣。’时廷臣无不为唐危。帝鉴其诚恳，不之罪。孟子配享亦旋复。然卒命儒臣修《孟子节文》云。”

2012 年看到的孟林牌坊

某天，朱元璋读《孟子》一书，他看到：“君之视臣如手足，则臣视君如腹心；君之视臣如犬马，则臣视君如国人；君之视臣如土芥，则臣视君如寇雠。”这段话让朱元璋大感不爽，他认为皇帝对臣属无论好和坏，臣属都应当忠心于他，而孟子则把君臣关系视为对等，这当然令朱元璋不高兴。因为朱元璋觉得这不是忠臣应当说的话，于是他下令孟子不能再配享孔子。钱唐坚决反对这个决定，他冒死入见，并明确地跟皇帝说：如果皇帝为这件事处死我，那么我为孟子而死也是光荣的。钱唐如此大胆，令朝臣都为他捏一把汗，但他的这种勇敢竟然打动了朱元璋，皇帝并未治罪。过了不久，皇帝又下令孟子继续配享孔子。

有人为此冒死抗争，这件事足可见孟子在人们心中的崇高地位。自此之后，孟子在孔门的地位不可动摇，他与颜回、曾子、孔伋共同在孔庙内陪祀孔子，他们分别被称为“复圣”“宗圣”“述圣”和“亚圣”，而一并被称为“四配”。

关于孟子的思想观，后世将其总结为性善论，而性善论的提出，首先源于他所强调的良心。此词最早出现于《孟子·告子上》：“虽存乎人者，岂无仁义之心哉？其所以放其良心者，亦犹斧斤之于木也，旦旦而伐之，可以为美乎？”

由此段话可知，孟子所说的良心即仁义之心，而对于何为仁义，孟子的解释是：“仁，人心也；义，人路也。舍其路而弗由，放其心而不知求，哀哉！人有鸡犬放，则知求之；有放心，而不知求。学问之道无他，求其放心而已矣。”

孟子的这段话是直接把儒家的求仁之心视为人心所本有：“非独贤者有是心也，人皆有之，贤者能勿丧耳。”他同时认为仁义不来自外在：“恻隐之心，人皆有之；羞恶之心，人皆有之；恭敬之心，人皆有之；是非之心，人皆有之。恻隐之心，仁也；羞恶之心，义也；恭敬之心，礼也；是非之心，智也。仁义礼智，非由外铄我也，我固有之也，弗思耳矣。”

何为恻隐之心？孟子在《公孙丑上》中说：“人皆有不忍之心也。”而后他解释何为不忍之心：“所以谓人皆有不忍人之心者，今人乍见孺子将入于井，皆有怵惕恻隐之心。非所以内交于孺子之父母也，非所以要誉于乡党朋友也，非恶其声而然也。由是观之，无恻隐之心，非人也；无羞恶之心，非人也；无辞让之心，非人也；

无是非之心，非人也。恻隐之心，仁之端也；羞恶之心，义之端也；辞让之心，礼之端也；是非之心，智之端也。人之有是四端也，犹其有四体也。”

为了解释不忍之心，孟子先做了一个比喻，他说当人们看到一个小孩子将要掉入井中时，每个人的心都提了起来，而这个人也许跟小孩子的父母没有任何关系。他去救这个孩子也不是想跟孩子的父母攀上交情，同时也不是为了在乡里朋友之间博得好名声，当然他也不是因为讨厌那个孩子的哭声才去救他，他救孩子的本能这就是不忍之心。

接着，孟子继续阐述他的观点。他认为没有恻隐之心的人根本不配做人，以此推开来想，不懂得谦虚、推让，没有是非之心，这同样不是人。因为恻隐之心是仁的萌芽，羞耻之心是义的萌芽，推让之心是礼的萌芽，是非之心是智的萌芽，而人有这四种萌芽，就如同人有四肢一样，这是不可或缺的。

从以上这些即可看出，孟子强调人人天生就有恻隐之心，而恻隐之心是善的本质。《孟子·告子上》中载：

> 公都子曰：“告子曰：‘性无善无不善也。’或曰：‘性可以为善，可以为不善；是故文、武兴，则民好善；幽、厉兴，则民好暴。’或曰：‘有性善，有性不善；是故以尧为君而有象；以瞽瞍为父而有舜；以纣为兄之子，且以为君，而有微子启、王子比干。’”

可见告子主张性无善、无不善，于是孟子与告子展开了论辩。经过大段大段的论辩，孟子详细地阐述了他关于性善论的观念，而这种观念为后世社会所继承，故著名的《三字经》起首即“人之初，性本善”，就是孟子的观点。

孟子的另一个重要观念则是仁政，《孟子·离娄上》中载孟子所言：“三代之得天下也以仁，其失天下也以不仁。国之所以废兴存亡者亦然。天子不仁，不保四海；诸侯不仁，不保社稷；卿大夫不仁，不保宗庙；士庶人不仁，不保四体。今恶死亡而乐不仁，是犹恶醉而强酒。”

孟子说夏、商、周三代能够得到天下，是因为管理者有仁心，而他们丧失天下，则由于后世之不仁，所以国家的兴起与灭亡都跟天子的仁与不仁有直接的关系。因此推广来说，诸侯不仁就不能保住自己的国家，大夫不仁就不能保住祖庙，士子和百姓不仁便不能保全自己的身体。如今有些人害怕死亡，却不乐于仁，这就如同害怕喝醉却一定要喝酒一样。孟子进一步强调：“桀纣之失天下也，失其民也；失其民者，失其心也。得天下有道：得其民，斯得天下矣；得其民有道：得其心，斯得民矣；得其心有道：所欲与之聚之，所恶勿施，尔也。民之归仁也，犹水之就下、兽之走圹也。”

桀和纣丧失天下，是因为失去了百姓的支持，失去百姓支持的原因，是失去了民心。反过来说，唯有获得民心才能保住国家。百姓对于仁政的向往，就如同水一定向下流，野兽一定向旷野中奔跑一样，人们的向往之心是不可遏制的。

虽然孟子对儒学作出这么大的贡献，他去世后的千年却颇为寂寞。直到北宋年间，他的思想再次被发扬光大，同时他的墓也找到了，孟子再次得到了祭祀。这件事记载于北宋景祐四年（1037）刊刻的《新建孟子庙记》，此碑为宋初三先生之一的孙复所撰，此文收录于李彬、郑建芳、侯建新主编的《孟庙孟府孟林碑刻集》，孙复在《兖州邹县建孟子庙记》中首先讲述了孟子的伟大之处：

孔子既没，千古之下，驾邪怪之说，肆奇险之行，侵轶我圣人之道者众矣，而杨墨为之魁，故其罪剧。孔子既没，千古之下，攘邪怪之说，夷奇险之行，夹辅我圣人之道者多矣，而孟子为之首，故其功巨。昔者二竖去孔子之世未百年也，以无父无君之教行于天下，天下惑而归之。嗟乎！君君、臣臣、父父、子子，邦国之大经也，人伦之大本也，不可斯须而去矣。而彼皆无之，是驱天下之民舍中国而之夷狄也，祸孰甚焉？非孟子孰能救之？故孟子慨然奋起，大陈尧、舜、禹、汤、文、武、周公、孔子之法，驱除之以绝其后。拔天下之民于夷狄之中，而复置之中国。俾我圣人之道炳焉而不坠。故扬子云有言曰："古者杨墨塞路，孟子辞而辟之，廓如也。"韩退之有言曰："孟子之功，余以为不在禹下。"然子云述孟子之功，不若退之之言深且至也。何哉？洚水横流，大禹不作，则天下之民鱼鳖矣；杨墨暴行，孟

新建孟子庙记碑

子不作，则天下之民禽兽矣，谓诸此也。

孙复提到孔子去世后，杨朱和墨翟思想横行天下，孟子奋力批驳这些异端思想，终于使得儒家思想归为正统，所以韩愈才给予他那么高的评价。但在唐朝之前，人们只是关心孟子的思想，对孟子本身并没有特别的照顾。孙复在《兖州邹县建孟子记》中又写道：

景祐丁丑岁夕，拜龙图学士孔公为东鲁之二年也。公圣人之后，以恢张大教、兴复斯文为己任。常谓：诸儒之有大功于圣门者，无先于孟子。孟子力平二竖之祸，而不得血食于后，兹其缺也甚矣。《祭法》曰："能御大灾则祀之，能捍大患则祀之。"孟子可谓能御大灾、捍大患者也。且邹昔为孟子之里，今为所治之属邑。吾当访其墓而表之，新其祠而祀之，以旌其烈。于是符下，俾其官吏博求之，果于邑之东北三十里有山曰四基，四基之阳得其墓焉。遂命去其榛莽，肇其堂宇。以公孙丑、万章之徒配。越明年春，庙成。俾泰山孙复文而志之，复学孔而希孟者也。

宋仁宗景祐四年（1037），孔子第四十五代孙孔道辅做兖州太守，他以弘扬儒家思想为己任，并且认为孟子对儒学有重大贡献，而兖州下属的邹县是孟子故里，于是他开始寻访孟子之墓。孔道辅终于在邹县东北的四基山之阳找到了孟子墓，他将此墓予以维修，同时在墓前建起了一座祭祀孟子之庙。自此之后，人们有了祭奠孟子之处，可见对于孟子墓的发现，孔道辅功劳甚巨。

自此之后，孟子墓得到了历代帝王的保护和维修，比如孟子墓前的祭祀之庙被称为邹国公庙，现今孟庙致敬门内院东壁上所立《重修邹国公庙奏请牒》，记录的是北宋元祐元年（1086）兖州地方官李梴给皇帝所上重修孟子祠堂之文：

> 伏睹本州孟子庙，近因前京东西路安抚使曾孝宽札子，奏乞褒封，载于祀典。礼部以谓后世宗师，非诸子之比，奉敕特封邹国公。此若非右文之世，陛下能推尊圣贤，固未有此国公之号，使千载之上彰轲之道愈光，四方学者传轲之书益重，诚由陛下旌褒尊显之至也。臣窃守是邦，闻其庙在邹镇东北隅，制度极陋，栋宇已坏，仅存其名。遂下仙源县，勘会到，共有屋七间，内三间倒塌，四间破漏。其塑像服色，亦只是乡民随意装造，无所稽据。今朝廷既已旌封，则庙貌亦当完具。至于冕服之类，皆须与爵命相称。臣契勘本州昨修文宣王庙有剩钱一千七百余贯，内除七百九十余贯，系州司再修在城文宣王庙准度充用外，今欲乞于其余尚有破使不尽剩钱内，支钱三百贯文，委自本州郡官增修孟子庙。所有合衣冕服等，并乞从礼部检定降下，以凭遵依施行。

如前所言，孟子墓前的孟庙首次修建于北宋景祐四年，即公元1037年，而到北宋元祐元年，即公元1086年时，孟子祭祀之庙已经遭损坏。于是李梴经过奏请之后，将此庙重新修建了起来。

重修邹国公庙奏请牒

《孟府孟庙孟林碑刻集》一书收录了元元贞二年（1296）刊刻的《孟子墓碑》，此碑现存孟林享殿内，撰写碑文者是张䇓，此碑文首先称："有宋景祐四年，岁在丁丑，孔公道辅守兖州，访孟子墓得于邹县东北三十里四基山之阳，即其地庙而祀之。泰山先生孙复为记。以辟杨墨事著孟子之功，可谓识其大者。后二百五十有九年乙未，是为元贞元年，东阳司居敬尹邹。度爽垲以新学官，复故宅以建精舍。导江张䇓为述养浩之旨，称命世之才，叙传心之要。来游来歌，有所兴起。既而葺孟子墓、斋庐，琢石为危坐像，冠章甫衣逢掖，俾观者有考乎古。谓䇓曰：'子三刻石，于孟子之学、之志、之才论撰至矣。孟子出处大概，史传不详，盍考焉，以表诸墓。'䇓以孙先生在前，固让不敢。司侯请曰：'子无所称述，记载犹有缺焉。'䇓不得谢，乃稽诸载籍。"而后张䇓在该碑中以很长的一个段落来叙述孟子的重大贡献以及后世文献对孟子的褒奖之语。

到元至元三年（1266）时，孟子墓前的祭祀庙再一次进行了维修，维修完毕后，由郑质写了篇《思本堂记》，此文称：

> 四基山右麓，邹国亚圣公墓前祭堂，岁久摧毁。至正二年春，五十二代孙、族长孟惟让，出庙帑楮币千余缗重建。基坚柱矮，桷匝甍辏，墙皆用甓，不事华饰，务阅攸久。其制四楹，不壁中室。置巨石鼎，以陈俎豆。春秋展省，虽值风雨亦不妨祀事，为甚便也。邑之判簿般溪王君履信实董斯役。至五月工毕，履信以少牢告祭。

随着岁月的递延，孟子墓前的享堂又损坏了，孟子五十二代孙孟惟拿出一笔族款维修。维修完毕后，孟惟请郑质给享堂题匾，他希望用两个字就能概括本堂的内涵，于是郑质就想到了“思本”二字。为什么会用这两个字呢？郑质在文中解释：

> 凡物莫不有本，人本乎祖，惟于本有不思，故其心德凿而入于薄也。夫吾在万形，所以贵其躯者，祖之遗也；所以淑其性者，祖之德也；或寿富康宁，禄显享诸庆幸者，皆祖之贶也。盖源深者流衍，根盛者枝茂。凡子孙所居所有，莫不由祖先发，其可不致思而报乎？矧亚圣之为祖，上继群圣，力拯时弊，开示天心，以淑人性，功侔神禹，万世永赖。其有国家者，崇其祠而祀之，爵其子孙而育之。在彝宪，复其徭役累世无所与，又岂他姓之祖可比？思报之心，宜如何哉？后凡登是堂者，睹是名，味是语，宁无怵于中？报祀之礼，虔恳之心，

容有少懈耶？又吾学圣人之门，沐圣人之泽者，视此亦当知所勉矣。

为了使孟墓及思本堂能够有长期的维修费用，历代皇帝都会赐一些祭田给孟氏家族，比如孟林享殿内有一块刻石为《增置四基山孟夫子墓陵祭田记》，此碑立于明万历三十六年（1608），其中讲到了邹县的风景地貌人杰地灵，以及家族人捐钱购置祭田之事：

山峙邹东北，南面凫峄，北屏岱岳，层峦叠嶂，环拱交错。远接洙泗之水，近联岗峰之崿。真灵气所间钟也，最胜哉！暇日，余复从长者肩舆往谒之。问其岁祀，无有也。诘其前令之若章、若王所置祭田，岁久且湮没也。余为之太息曰："吾夫子辟杨墨，闲圣道，提几希以觉人，著柒篇而醒世，岁祀时享即与四基山并垂悠久可也，何缺不补为？"爰捐俸廿余金，托其族之贤者孟闻钲等谋置祭田叁拾伍亩。又搜得其先贰令所置共伍拾亩，归其本族，酌为叁祭。除春秋庙祭外，祭以伍月之伍日，柒月之望日，玖月之玖日。典制有经，贤灵有据，始与母祠、公庙并

增置四基山孟夫子墓陵祭田记

行不悖，余私心亦爽然自失矣。

进入清朝，孟子之墓及享殿继续得到维护，孟子墓东南侧立有一块《重修圣祖林墓享殿碑》，此碑立于清雍正十年（1732），碑文首先写了元、明、清三代官员维修孟子墓及享殿之事：

昔我圣祖当众异争鸣之会，独持正道以挽陷溺之人心，功垂天壤，至今炳然。千百世后，凡有血气者，莫不尊而礼之，以尽崇报之诚。故林墓之修，自宋景祐四年，兖州守孔道辅始访而修建焉。迨厥后元元贞二年，县尹司公居敬，明宣德九年鲁惠王，嘉靖四十一年邑令章公时鸾，万历十四年县令许公守

享殿

> 恩，万历三十五年县令胡公继先，皇清康熙三十六年通政使司吴公涵，俱各捐资修葺。规模因以宏阔，殿堂益加壮丽之。数公者，非好为邀誉也，总以伸崇德报功之意于无穷耳。夫以数公者，或系守土，或系宦游，尚输诚之靡已，矧在后裔世世蒙其休泽者乎？

但是，这些建筑在风雨的摧残下又出现了破损情况。孟子家族之人却拿不出维修费用，于是他们将孟林中的朽木变卖以此来筹集维修费用：

> 忆自吴公重新之后，迄今三十余年矣。虽享殿犹在，而风雨摧折，门墙倾圮，仅存败瓦颓垣而已。泰叨承其祖荫，忝居主鬯。每值瞻拜之下，不胜风木之□悲，欲兴重修之举，难强心力之违。无奈于壬子之春商之族众，何计设处。族众公议，将林中干朽之木命工估计，变卖价值，重行修葺。

从这个记载可以了解到，孟氏家族在明末时期并不富裕，竟然靠卖出朽木来筹集修复费用。这种状况持续了很久一段时间，孟林大门内立有清嘉庆四年刊刻的《重修亚圣林享殿记》，该碑的侧面刻有这样一段文字：

> 先大父国模公，于嘉庆己未倡率族众重修享殿，泐碑垂示后人。近以年久倾圮东北隅，先君子照亭公，屡欲修葺。因道

光庚寅有司勘估林庙工程详报须时，有志未逮。今年春，坟山以内有枯柏贰株，估价京蚨叁拾缗。族绅衍镛出资购去。因用其资作刷刊墓碑之费。敬遵制书，重为镌泐。计石工用钱贰拾伍缗，犒工钱贰缗，运脚钱拾伍缗。除衍镛柏价不敷工费，均捐输钱拾贰缗。又修补享殿东北隅，工料一切复用钱陆拾缗，亦均所捐。

此碑侧所刻文字已经是道光时所补刻，当时的维修费用竟然主要是由出售两棵枯死的古柏而来。看到这样的景况，真令人感慨。

2012年2月22日，我前往山东济宁市邹城四基山西南麓去探访孟子墓。在山脚下就看到了“亚圣林”石牌坊，再往前只能步行，路的两侧古柏森森，穿过享殿，我在后面见到了孟子墓。孟林之

2012 年的孟子墓

大，同样是一眼望不到边，然里面静悄悄的，看不到任何游客。而孟子墓则是一片山体，看不到墓丘的形状，只是在新砌的墓围前立着一块碑。

新牌坊和汉鲁王墓文保碑

2019年12月13日，我再次前往孟林，此次乘司机小韦的车。小韦对这一带很熟悉，也许是为了让我少走些路，他开车绕过了前面长长的神道，从侧边直接停在了孟林入口处。而今这里多了一个新牌坊，其旁边则立起了“汉鲁王墓”的文保碑。与之相对的左侧则是孟林文保碑，这两处均为国家级文保单位。上次来邹城时，我已经看过汉鲁王墓，但那时景区还未修整完毕，我根本没有找到汉鲁王墓的具体位置。

我在入口处遇到一位游客，她在向门口的两位老人家请教孟林的一些历史沿革问题，不知什么原因，两位老人对她的问话有些不耐烦。这位女士看起来20多岁，不知她是如何走到了孟林门前，她看我跟小韦走进门内，马上跟过来说，能不能一同去看孟子墓。我说没问题，而后问她为什么喜欢一同参观。她说自己进入墓区总是有些胆小，我说既然如此，为何还要来看孟子墓。她说孟子很伟大，并边走边不停地问与孟子有关的问题。

我沿着神道一路向前走，边走边应付着那位女士的问话。看来

道光年间所立孟子墓碑

她对传统文化充满好奇心，但她很多问话都能把不同朝代的人穿插在一起，搞得像脑筋急转弯一样。我仔细听她的问题，然后斟词酌句想着应当怎样回答为恰当，而这个过程反而让我忽略了长长的坡道给我的腿带来的不适感。

再次走到享殿，这里依然不开门，我隔着窗户也看不清里面的状况，故只好从旁边的小门绕到后院。几年过去了，这里基本上没有变化，只是墓前多了块中、日、韩、英四种文字的介绍牌，上面称墓前所立的亚圣孟子墓碑是清道光十四年（1834）孟子七十四代孙孟广均所立。

万章：孟门高弟，辨难独多

万章为孟子的弟子，司马迁在《史记·孟荀列传》中载："孟轲……当是之时，秦用商君，富国强兵；楚、魏用吴起，战胜弱敌；齐威王、宣王用孙子、田忌之徒，而诸侯东面朝齐。天下方务于合从连衡，以攻伐为贤，而孟轲乃述唐、虞三代之德，是以所如者不合。退而与万章之徒序诗书，述仲尼之意，作《孟子》七篇。"

孟轲推行自己的思想不顺利，于是他效仿孔子，返回家乡进行著述，帮助他完成著作的是他的门人万章等人。万章是孟子最重要的弟子之一，流传至今的《孟子》一书能够完成，也有万章的功劳。《孟子》七篇中，其中一篇就是以万章的名字命名的。

关于万章的情况，历史记载资料很少，唐司马贞在《史记索隐》的注语中称："孟子有万章、公明高等，盖并轲之门人也。万姓，章名。"

清焦循在《孟子正义》的注中称："万章者，万姓，章名，孟子弟子也。万章问舜孝，犹《论语》颜渊问仁，因以题篇。"这段话说的是《孟子》一书中"万章篇"的来由，而焦循在"疏"中有如下摘引：

> 正义曰：《齐乘》云：“万章，滕州南万村有墓，齐人，孟子弟子。”赵氏佑《温故录》云：“《万章》上卷，皆以类相从，论次古帝王圣贤遗事。盖自仲尼没而微言绝，七十子丧而大义乖，《诗》《书》传记之称述，或失其指归，帝王圣贤之行事，徒便于依托，放恣横议，而讹传悠缪之谈以滋。孟子独得圣人之传，深窥古人之心，与其徒相发明而是正之。万子尤孟门高弟，故其辨难独多。然则孟子诚不在禹下，而万章之功亦伟矣。”

按照《温故录》中的说法，万章是孟子的高徒，所以《孟子》一书中记载他所提的问题最多。孟子传播孔子思想功劳甚大，而万章传播孟子思想同样居功甚伟。

关于万章的思想，张光明、许志光在《万章墓与万章思想考述》一文中总结说：“孟子死后，他的学生将其言论编成《孟子》一书。《孟子》：梁惠王、公孙丑、滕文公章、离娄、万章、告子、尽心七篇十四卷；其中有万章章句上、下两卷。皆依托尧、舜、禹等古代圣贤之王，以题辞万章与孟子对曰的形式，述‘学、仁、礼、义’之道。现《万章》通卷，以仁义孝道为其核心，所言至理，实为时之孟氏儒学为一体，故万章其学术思想属战国中期正统孟氏儒学学派，且是春秋孔子所创儒学之继承和发展。”

历史文献中却并未记载万章对一些问题的观点，查《孟子》一书，万章基本上是通过提问的方式来听孟子阐述相应观念，想来他问的问题正是他觉得重要的话题，并且他对这些话题有过相应的思索。关于万章关心的话题，王博在其专著《中国儒学史·先秦卷》中认为："道与历史之间的紧密联系决定了孟子对于历史的兴趣是解释性的。在孟子的弟子中，万章似乎对于历史有着特别的兴趣。《万章》上下记载了大量他和孟子之间关于历史的对话，孟子在对话中表现出了明显的以道释史、以道正史的特点。"

万章在问话时，常会提到战国时期的一些传闻。有趣的是，凡是万章提问的问题，孟子都以一个"否"字来否定之，而后再用大段大段的话来阐述否定的理由。比如下面的一段对话：

> 万章曰："尧以天下与舜，有诸？"
>
> 孟子曰："否。天子不能以天下与人。"
>
> "然则舜有天下也，孰与之？"
>
> 曰："天与之。"
>
> "天与之者，谆谆然命之乎？"
>
> 曰："否。天不言，以行与事示之而已矣。"
>
> 曰："以行与事示之者如之何？"
>
> 曰："天子能荐人于天，不能使天与之天下；诸侯能荐人于天子，不能使天子与之诸侯；大夫能荐人于诸侯，不能使诸侯与之大夫。昔者尧荐舜于天而天受之，暴之于民而民受之，故曰：天不言，以行与事示之而已矣。"
>
> 曰："敢问荐之于天而天受之，暴之于民而民受之，如

何？”

曰：“使之主祭，而百神享之，是天受之；使之主事，而事治，百姓安之，是民受之也。天与之，人与之，故曰：天子不能以天下与人。舜相尧二十有八载，非人之所能为也，天也。尧崩，三年之丧毕，舜避尧之子于南河之南。天下诸侯朝觐者，不之尧之子而之舜；讼狱者，不之尧之子而之舜；讴歌者，不讴歌尧之子而讴歌舜，故曰天也。夫然后之中国，践天子位焉。而居尧之宫，逼尧之子，是篡也，非天与也。《太誓》曰：‘天视自我民视，天听自我民听。’此之谓也。”

万章问孟子：尧把天下赠给了舜，有这么回事吗？孟子说：没有，天子不可以拿天下赠予他人。万章又问：既然如此，舜得到天

万章墓丘

下是谁给他的呢？孟子说是天给的。万章接着问：上天把天下给了舜，仔细教导过他吗？孟子说：没有，因为天不说话，只是用行动来表示应当怎样做。万章接着问：天是怎样拿行动来示范的呢？孟子告诉他，作为天子只能向上天推荐继承人，但他不能强迫上天把天下给了那位被推荐者，这就如同诸侯可以向天子推荐人，却不能强迫天子把诸侯的职位给予他。大夫的情况也是这样，他只能向诸侯推荐人选，却不能强迫诸侯赠予职位。因此，尧向上天推荐了舜，天接受了，而后尧又把舜介绍给百姓，百姓也接受了，这就证明天不说话，只是用行动来表示。

对于老师的回答，万章还是觉得不满意，他觉得没有理解透，于是他接着问：为什么推荐给天，天就接受了，推荐给百姓，百姓就接受了呢？孟子只好不厌其烦地又解释一番。他说：尧让舜去主持祭祀，而所有的神灵都来享受，这说明天接受了舜。舜主持工作，百姓对他的工作也很满意，这就说明百姓也接受了他，这两点都说明是天将天下授予舜，而舜帮助尧治理天下长达二十八年之久，这些都说明是天意。尧去世后三年丧毕，舜为了让尧的儿子继承天下，于是就逃避到偏远的地方躲了起来，可是天下诸侯朝见天子时，不去见尧的儿子，而是去见舜，打官司时也同样如此。人们歌颂舜但并不歌颂尧的儿子，这些都说明是天意。如果舜回到朝廷逼迫尧的儿子让位给自己，这就属于篡夺了，这同样也不是天授。

对于这件事，万章还是拿社会传说来向老师求证，他说：有人称到禹的时代，社会道德就败坏了，因为天下不是传给圣贤，而是传给自己的儿子，请问老师这种说法有问题吗？

对于此问，孟子回答得很坚决："否，不然也。"虽然孟子不承认这种说法，但他如何解释禹把天子之位传给他的儿子启呢？为此，他又说了一大段话，我节选其中一段：

> 天与贤，则与贤；天与子，则与子。昔者，舜荐禹于天，十有七年，舜崩。三年之丧毕，禹避舜之子于阳城。天下之民从之，若尧崩之后，不从尧之子而从舜也。禹荐益于天，七年，禹崩。三年之丧毕，益避禹之子于箕山之阴。朝觐讼狱者不之益而之启，曰："吾君之子也。"讴歌者不讴歌益而讴歌启，曰："吾君之子也。"丹朱之不肖，舜之子亦不肖。舜之相尧，禹之相舜也，历年多，施泽于民久。启贤，能敬承继禹之道。益之相禹也，历年少，施泽于民未久。舜、禹、益相去久远，其子之贤不肖，皆天也，非人之所能为也。莫之为而为者，天也；莫之致而至者，命也。

孟子认为天把天下授予圣贤的人，如果圣贤的儿子也是圣贤，那当然可以授给圣贤的儿子。为此，孟子又举出了例子，他说舜把禹推荐给天，过了十七年，舜去世了，三年丧毕，禹为了让位给舜的儿子，于是他躲避到了阳城。但天下的百姓还是跑到了禹的身边，这就如同尧去世后人们不跟着尧的儿子而跟着舜一样。禹把益推荐给天，七年后，禹故去了，三年丧毕，益又让位给禹的儿子，自己躲到了箕山之北。但当时人们到启那里，人们说因为启是天子的儿子，故人们不再歌颂益而歌颂启。然而尧的儿子丹朱人品不好，舜的儿子也不好，但是人们认同舜助尧，禹助舜，人们认可启但不认可益，这是因为益帮助禹的时间较短，故给老百姓的恩泽也少。然而舜、禹、益之间相距时间的长短以及他们儿子的好坏，这都是天意，人力做不到的。

看来要把前贤这些关系阐述清楚，确实不容易，但孟子总能用他那雄辩的口才讲出一番道理来。正是万章之问，孟子才能有机会阐述他的观念，而孟子最为推崇孔子思想，凡是有人提到对孔子稍有不利的话，孟子都要仔细解释。比如万章问："或谓孔子于卫主痈疽，于齐主侍人瘠环，有诸乎？"

万章讲：有人说孔子在卫国时住在了宦官痈疽家里，而痈疽当时被卫灵公所宠信，孔子在齐国时则住在宦官瘠环家里，请问老师有没有这回事呀？孟子坚决地回答："否，不然也，好事者为之

万章陵园神道

也。”孟子说这种说法肯定不对，这是好事之徒编造出来的，为此他又给出了这样一段解释：

> 于卫主颜仇由。弥子之妻与子路之妻，兄弟也。弥子谓子路曰：“孔子主我，卫卿可得也。”子路以告。孔子曰：“有命。”孔子进以礼，退以义，得之不得曰“有命”。而主痈疽与侍人瘠环，是无义无命也。孔子不悦于鲁卫，遭宋桓司马将要而杀之，微服而过宋。是时孔子当厄，主司城贞子，为陈侯周臣。吾闻观近臣，以其所为主；观远臣，以其所主。若孔子主痈疽与侍人瘠环，何以为孔子？

孟子说孔子在卫国时，是住在颜仇由家里，弥子瑕之妻和子路之妻是姐妹，弥子瑕当时跟子路说：孔子住在我家里，容易得到卫国卿相之位。子路把弥子瑕所言告诉了孔子，孔子说这件事只能听从天命，所以孟子认为孔子是依礼而进，依道而退，能否得到官位，这是由命运来决定的。如果孔子住在了宦官家中，那这种做法就不是义和命了。有一个时段，孔子在鲁国和卫国都不受欢迎，并且还遭到了桓魋的拦截和追杀，孔子只能偷偷地经过宋国，而后住在了司城贞子家中。孟子以此说明孔子不可能住在宦官家里，否则的话，孔子就不是孔子了。

但是万章如果向孟子请教的问题不是社会传说，而是他想了解的观念时，孟子就不会先持否定态度，他会耐心地阐述自己的观念。比如万章向老师请教交友的原则，孟子又说了一大段话，他首先称："不挟长，不挟贵，不挟兄弟而友。友也者，友其德也，不可以有挟也。"

孟子认为真正够朋友的人不会倚老卖老，不会凭借自己地位高，也不靠家族的富贵，唯有这样的人才值得与他交朋友，因为交友最重要的是品德。而后他又举出了多个古人的例子，《孟子·万章下》中还有一段孟子对万章所言的交友之道：

> 一乡之善士，斯友一乡之善士；一国之善士，斯友一国之善士；天下之善士，斯友天下之善士。以友天下之善士为未足，又尚论古之人。颂其诗，读其书，不知其人，可乎？是以论其世也。是尚友也。

孟子跟万章说，某乡中的优秀人物要与本乡的同类人物交朋友，全国性的优秀人物同样要交同级的朋友，天下的优秀人物都是这个道理。如果这样还不满足，那就应当读古人的著作，但是读他们的著作，当然要了解他们的为人，只有这样做，才能与古人交朋友。

除此之外，《孟子》一书中还有十余段万章向老师请教问题的记载，可见万章是一位善于思索的人，对弄不明白的问题，他就会跟老师去求教。而他的提问也使得孟子有机会阐述自己的思想，这就是万章对弘扬孟子思想的重要所在。

关于万章墓的情况，历史资料记载有三处，嘉庆《长山县志》载："战国先贤万章墓地在卫固镇西南六里，在万盛庄西北三里，其墓甚大。国朝初年，有山贼劫矿，创土至椁，土虽合，而成坎……万章冢一在滕州，一在邹县西南十里，一在本县。”民国二十二年重修《新城县志·人物志》载：“先贤万子，名章，齐人。孟子弟子，宋景祐中立孟庙，以万章配享；政和五年封博兴伯，清雍正二年从祀孔子庙庭。按万子墓在邑东南曹村东山中，而《长山志》亦载之，盖新城地本长山所分属。长山分县后则属新城矣。”

关于这三处万章墓，哪处更可能是真的呢？张光明、许志光在文中经过一番梳理，而后称：“知文献和方志所载的三处万章墓除滕州万章墓与文物实地调查不符外，余张店、邹县两处均现存有高大封土之墓。滕州万章墓方志记载均出《齐乘》所记，今考查所见不仅未见‘万村’之村名，亦不见万章墓所存，且清康熙五十六年以后重修《滕县志》也不见万章墓的记述，是证《齐乘》所载‘万章、滕州南万村有墓’的记载不确，此可证文献所载之误。”

如此说来，山东邹县后万村的万章墓更接近于真实。孟子去世后，葬在邹县，故该文认为“万章从师孟轲，虽为齐人，其卒后建墓配从其师葬于邹县也完全有其可能”。

对于邹县的万章墓，据清康熙十二年（1673年）朱承命、陈紫芝纂修的《邹县志》载：“万章墓，在城南十里，有万村。成化十八年知县张泰立碑，至今祀之。”

邹县（今山东邹城）万章墓位于城区西南北宿镇后万村东，2019年12月13日，我从曲阜打出租车前往此地寻访万章墓。车开到后万村村边时，我在田野中看到一个独立的院落，因为道路的路基高出四围的田地，故远远地能看到那个院落中有几棵古树。我本能地觉得那就是万章墓。我请司机小韦开到附近，院门上果然悬挂着“万章陵园”的匾额。这个匾额制作得太过现代，是用喷绘粘在一个木框上，并且是左读。我眼前的大门却上着锁。在门的左右墙壁上探看一番，未找到开门人的电话，无奈我只好踏上小桥的石护栏，隔着墙向院内拍照。

万章陵园大门

万章陵园有五六亩地，院的中间有一座小小的享殿，因为享殿的遮挡，看不到后面的墓丘。跑了这么远的路，却不能拍到实况，多少有些不甘心，然而我的腿已很难翻墙越户。小韦自告奋勇，他蹬着桥的护栏准备翻入院内，然而从外面翻进去很容易，想出来却难得多，因为里面相对低洼，墙体较高。我让小韦不要造次，先扒到墙上观看一番。我在墙角上看到一些旧砖，于是决定翻进院中后再用旧砖在里面垒起来，应该能够翻出。

探看完毕后，小韦爬上墙准备往前挪动几步，找可跳下之处。正在此时，我远远地听到一声大喊：“不要跳！我来开门！”掉头回望，有一人骑着车子向万章墓驶来，他边蹬车边向我们挥手。看来遇到了管理者，我马上扶着小韦下来，同时脑子飞转，想象着受到此人训斥时能找出怎样像样的托词。

他骑到近前下了车，而后把车子倚靠在桥护栏上。此人看上去60多岁年纪，面部较为和善，这让我悬着的心放下来一半，他接着问道：“你们是想参观万章墓吧，不要跳墙，容易摔倒，我来给你们开门。”说着他掏出钥匙走到门前开锁，而后用力把两扇门推到最大，示意我们入院参观。

遇到这样的好心人，我二人大感惊喜，小韦问他是不是万章后代，他说不是。小韦又问他是不是万章陵园的管理者，此人露出不好意思的表情，说自己在陵园内种了一些菜，所以他拿着这里的钥匙。我向他询问他是如何知道我们要入陵园内参观，他笑着说：“我站在村口看到你们扒墙，猜到你们想跳进去，墙太高了，跳进去容易伤着，我喊了你们几次，你们没听到，于是我赶紧找了辆自行车骑到这里开门。”如此心善之人，让我大感温暖。

万章墓是一个矩形的院落，四周的围墙涂成了砖红色，神道的左侧有一些老的柏树，而右侧的树则是新种的树苗。开门人告诉我，原来陵园内全是古树，后来被砍掉了一大半，现在这些补种的树苗是万氏后人来祭祖时栽下的。

我们边说边走到了享殿前，然而享殿的大门上着锁，老人说他没有享殿的钥匙。我只能隔着木栅栏窗户向内张望，看到里面堆放着不少白菜，余外看不到他物。

转过享殿，后面几米处就是万章墓。然墓丘之小出乎意料，老人说万章墓以前被刨平了，这是万氏后人重新修好的。我问他这是不是万章墓的原址，他说肯定是。而后他告诉我，多年前有盗墓贼偷偷地在享殿内挖地道，一直挖到了万章墓，据说挖到了一些东西，是什么东西他就不清楚了。而后老人把我带到享殿的西墙，我果然看到墙上有修补过的痕迹，老人说这就是盗墓贼当年进入享殿的位置。

享殿西墙上的盗洞

万章墓的周围也未看到古代的刻石，只是后院中还残存几棵古树。老人告诉我，原来这里有好多的石碑，后来被村里的人拉走做建桥的基石，墓园前方右侧的一座桥就是用万章墓园里面的石碑建造的。但老人又称，这些年相关部门开始重视古碑，在修路时挖到的几块碑都运了院里，之后他把我带到院的墙角，我果然在那里看到躺着的三块碑。我细看上面的字迹，其中一块上刻“大元”二字，接下来两行则是官衔，显然这与万章无关。余外的两块也看不出与万章有关，看来万章陵园内的古刻石仍然在某座桥下做基石。

拍照完毕后，走出院落，我向老人询问这些石头从哪个桥挖

道别

出来的，他向前一指。原来那座小桥距陵园门口不足20米，如此说来，这一带田地中应当有不少的古碑，不知何时能够挖掘出来，再次立在万章陵园之内。我们向老人道别，他边向我们挥手边叮嘱："等万氏祭祖的时候你们来吧，这里可热闹呢。"

荀子：性之善恶，殊途同归

荀子名况，是战国时代儒家学派的代表人物，他因传播和整理六经而功劳甚巨，故其被称为“后圣”。这个称誉源于章太炎的《后圣——荀子》一文，该文起首即称：“自仲尼而后，孰为后圣？曰：水精既绝，制作不绍，浸寻二百年，以踵相接者，惟荀卿足以称是。”而后章太炎在该文中详述荀子传播儒学以及传承六经的功劳，他在文末总结说：“同乎荀卿者与孔子同，异乎荀卿者与孔子异。”

按照章太炎的说法，荀子才是孔子的正传。但是荀子出生时，距孔子亡故已经过了160多年，就这点而言，荀子与孟子相同，他们都没有见过孔子，都是孔子的私淑弟子。司马迁在《史记》中将其二人并入一传——《孟子荀卿列传》。可见，就思想性质而言，他二人是一类的。

后世把孟子视为性善论的代表，把荀子视为性恶论的代表，但是荀子所处的时代比孟子晚几十年，故而性恶论主要是荀子对孟子性善观念的批判。孟子认为人性本善，《孟子·告子上》有如下一段对话：

告子曰："性犹湍水也，决诸东方则东流，决诸西方则西流。人性之无分于善不善也，犹水之无分于东西也。"

孟子曰："水信无分于东西，无分于上下乎？人性之善也，犹水之就下也。人无有不善，水无有不下。今夫水，搏而跃之，可使过颡；激而行之，可使在山。是岂水之性哉？其势则然也。人之可使为不善，其性亦犹是也。"

告子认为人性就像湍急的流水，哪里有决口就会向哪个方向流。所以在告子看来，人性没有善与不善之分。

但孟子不这么看，他也承认水没有固定的流向，却有向上或向下的趋势，人性本善就如同水一定要向下流。如果拍打水，它就能溅得很高，甚至高过额头。如果用戽斗来汲取水，就能把水引上高山。但这种引导不是水的本性，其言外之意：人的不善是引导的结果，人的本性是善的。

但是荀子不这么认为，《荀子·性恶》篇有如下一段：

孟子曰："人之学者，其性善。"

曰：是不然。是不及知人之性，而不察乎人之性伪之分者也。凡性者，天之就也，不可学，不可事。礼义者，圣人之所生也，人之所学而能，所事而成者也。不可学，不可事，而在人者，谓之性；可学而能，可事而成之在人者，谓之伪。是性伪之分也。今人之性，目可以见，耳可以听；夫可以见之明不离目，可以听之聪不离耳，目明而耳聪，不可学明矣。

荀子先引用孟子所言，而后予以反驳。荀子明确地称孟子的观点是不对的，他认为性善论是不了解人的本性，这主要是因为孟子不了解人的先天本性和后天人为的区别。荀子也认为人的本性是天生的，是不能可能从学习中得到的，而礼义才是圣人创建的，礼义才是人们通过努力能够学到的。他再次强调人不可能学到的东西才是本性，能够学到、通过努力能够做到的，应该称之为“伪”。

荀子所说的“伪”，不是后世理解的虚伪之意，其意是人为。荀子说眼睛用来看东西，耳朵用来听东西，这就是人的本性。但是人的视力和听力不是通过后天的学习而做到的，而是先天所具有的。

后圣殿

荀子在文中每引孟子的几句话，而后就展开大段的批驳，以此来阐述他的性恶论，而他在《荀子·性恶》起首一段就已作出了结论：

> 人之性恶，其善者伪也。今人之性，生而有好利焉，顺是，故争夺生而辞让亡焉；生而有疾恶焉，顺是，故残贼生而忠信亡焉；生而有耳目之欲，有好声色焉，顺是，故淫乱生而礼义文理亡焉。然则从人之性，顺人之情，必出于争夺，合于犯分乱理，而归于暴。故必将有师法之化，礼义之道，然后出于辞让，合于文理，而归于治。用此观之，然则人之性恶明矣，其善者伪也。

荀子明确地说，人的本性是邪恶的，而人所表现出的善良是刻意而为之的，这是因为人一生下来就喜欢财利。根据这种本性，就会有掠夺财富的行为，这么做就使得推辞谦让消失了。人一生下来就有妒忌、憎恶心理，如果顺由这种心理，就会产生残杀陷害，于是忠诚守信就消失了。人一生下来耳朵就喜欢听音乐，眼睛就喜欢看美色，如果任由这种人性发展，礼义法度就会消灭。如此说来，放纵人的本性，就会出现争抢掠夺，社会最终走向混乱。因此，一定要有老师的教导和法度的约束，只有这样，才能让人懂得谦让，遵守礼法，最终出现安定太平的社会。为此，荀子的结论是：人的本性是邪恶的，他们表现出的善良是后天教导的结果。

基于这种认定，荀子主张通过礼法来养欲，他在《荀子·礼论》篇中说：“刍豢稻粱，五味调香，所以养口也；椒兰芬苾，所以养

临沂兰陵荀子讲堂

鼻也；雕琢刻镂，黼黻文章，所以养目也；钟鼓管磬，琴瑟竽笙，所以养耳也。疏房、檖貌、越席、床笫、几筵，所以养体也。故礼者，养也。”

人的五官需要养，人的习性也要养，只有这样才能达到节制欲望、积习成善。他同时认为善的积累需要有一个时段：不积跬步，无以至千里；不积小流，无以成江海。只有点滴的积累，才能形成汪洋如海的思想。

由以上可以看出，荀子不同意孟子所认定的人天生就具备善的本性这个观念，他明确地说：“凡人之欲为善者，为性恶也。”也就是说，人们想行善，是基于性本恶的缘故。他认为善是礼义教化的结果。为此，荀子着重探讨了礼的起源：“礼有三本：天地者，生之本也；先祖者，类之本也；君师者，治之本也。无天地，恶生？

无先祖，恶出？无君师，恶治？三者偏亡，焉无安人。故礼，上事天，下事地，尊先祖而隆君师。是礼之三本也。”（《荀子·礼论》）

在荀子看来，礼有三个根本：天地是生存的根本，祖先是种族的根本，君长是政治的根本。如果缺失了这三点，社会上的人就得不到安宁。由此而凸显后天教化的重要性。

从本质上说，孟子和荀子均为儒家代表人物，冯友兰在《中国哲学史》中说：“孟子尊孔子，荀子亦尊孔子。”从大的方向上来说，两人没有区别，两人观点不同之处，是对于人先天本性的认识。因为认识的不同，产生了两大派别，冯友兰在其专著中做出如下比喻：

> 詹姆士谓：哲学家，可依其气质，分为硬心的及软心的两派。柏拉图即软心派之代表；亚里士多德即硬心派之代表也。孟子乃软心的哲学家，其哲学有唯心论的倾向。荀子为硬心的哲学家，其哲学有唯物论的倾向。

这是用外国的哲学派别来予以比较，那么以中国派别又如何来比喻之呢？冯友兰的答案是：“战国时儒家中有孟荀二学派之争，亦犹宋明时代新儒家中有程朱、陆王二学派之争也。”

在唐代时，韩愈为了建立儒统，将孟子地位大为提高，就大体而言，他并不否认荀子在弘扬儒学上的重要作用。他在《读荀》中首先称：“始吾读孟轲书，然后知孔子之道尊，圣人之道易行，王易王，霸易霸也，以为孔子之徒没，尊圣人者，孟氏而已。晚得扬雄书，益尊信孟氏，因雄书而孟氏益尊，则雄者亦圣人之徒欤？”

韩愈在读到孟子之书时，得以了解孟子传承的是孔子之道。他本以为只有孟子一位正传，接下来得到扬雄的书，韩愈更坚信孟子之纯，后来：“及得荀氏书，于是又知有荀氏者也。考其辞，时若不粹；要其归，与孔子异者鲜矣。抑犹在轲、雄之间乎？”

韩愈读到荀子之书时，认为荀子的一些观点虽然不如孟子纯粹，但总体而言，荀子传承的也是孔子思想。如何评价孟子与荀子的区别呢？韩愈的结论是：“孟氏，醇乎醇者也；荀与扬，大醇而小疵。”

韩愈认为荀子和扬子虽然不能像孟子那样纯粹，但总体观念上是没有区别的。既然如此，那么后世为什么更多地关注孟子而少有人提及荀子呢？从后儒的观念来看，荀子受到冷落的原因有二。一是荀子是韩非和李斯的老师，韩非是法家的代表人物，而法家反对儒家观念。李斯是秦始皇的丞相，秦朝焚书坑儒跟李斯有直接关系，这场运动同样是针对儒家的，所以人们将韩非、李斯所为追溯到荀子头上。人们对荀子批判的第二个原因，正是正统的儒家认为人性本善，而荀子公开反对这一点，他从多个角度批评了孟子思想。孟子被后世视为孔子的正传，荀子对他展开批判，当然令持儒学正统观的人不满。尤其在宋代时，程朱理学对荀子观念多有批判。比如程颢、程颐认为韩愈所言不对：“韩退之言孟子醇乎醇，此言极好，非见得孟子意，亦道不到。其言荀、扬大醇小疵则非也。荀子极偏驳，只一句性恶，大本已失。”（《二程遗书·论荀》）

在二程看来，不管荀子如何传承了儒学思想，仅凭他说了性恶这一句，就证明他比孟子差得远。对于荀子所犯的错误，二程继续说道：“荀卿才高学陋，以礼为伪，以性为恶，不见圣贤，虽曰遵子弓，然而时相去甚远。圣人之道至卿不传。”

二程认为荀子是高才，只是思想观念有问题，他的主要问题就是强调礼对人的教化作用，由此而否定性本善的本体。虽然荀子遵循孔子的弟子子弓思想，但是他比子弓的学问差得远。二程甚至说孔子之道正是到了荀子这里而断绝。

子弓即仲弓也就是冉雍，他是孔门七十二贤之一，并且是孔子所言“四科”中的“德行”代表人物，他的品德为孔门所推崇。荀子把冉雍看得很高：“天不能死，地不能埋，桀、跖之世不能污，非大儒莫之能立，仲尼、子弓是也。”（《荀子·儒效》）

临沂兰陵荀子像

荀子将冉雍与孔子相并提，故后世学者认为荀子是冉雍的私淑弟子，但有的文献上说，荀子曾师事过宋钘。然荀子撰有《非十二子》，这十二子中就有宋钘及子思、孟轲，荀子说他撰写《非十二子》一文的目的是“务息十二子说”。这么说来，他似乎又不是宋钘的弟子。关于他师承于谁，历史文献未见记载，他的《非十二子》受到了二程的批判："荀子，悖圣人者也，故列孟子于十二子。"

朱熹继承二程观念，对荀子多有贬斥："不须理会荀卿，且理会孟子性善。渠分明不识道理。如天下之物，有黑有白，此是黑，彼是白，又何须辨？荀、扬不惟说性不是，从头到底皆不识。当时未有明道之士，被他说用于世千余年。"（《朱子语类》）

朱熹让弟子们不要理会荀子的观念，只去体味孟子的性善。他用天下之物有黑白之分，来比喻荀子与孟子，甚至说荀况和扬雄不但在人的本性上说得不对，他们的观念从头到尾都不对，只是没有明眼人，所以才让荀子、扬子观念流传千年。

其实朱熹讨厌荀子的原因只有一个："荀子只性恶一句，诸事坏了，是源头已错，末流无一是处。"

二程和朱熹都认为荀子的主要错误观念就是性恶论，但有些宋儒不赞同二程和朱熹的观念。比如金华学派代表人物唐仲友认为："自战国争富强，儒道绌。孟子学孔子，言王可反掌致，卒不见用。卿后孟子，亦尊孔氏。子思作《中庸》，孟子述之，道性善。至卿，以为人性恶，故非子思、孟轲。扬雄以为同门异户。孟子与告子言性，卒绌告子。惜卿不见孟子，不免异说。方说士徼时好，卿独守儒议。兵以仁义，富以儒术，强以道德之威，旨意与孟子同。"（唐仲友《唐杨倞注荀子后序》）

在唐仲友看来，荀子的主要观念其实与孟子没什么区别，后世对荀子的贬斥主要是因为他的弟子李斯与韩非。明代李贽也这么认为："宋人谓卿之学不醇，故一传于李斯，即有坑儒焚书之祸。夫

弟子为恶而罪及师，有是理乎？若李斯可以累荀卿，则吴起亦可以累曾子矣。”（李贽《宋人讥荀卿》）

李卓吾反问弟子的罪恶算在老师头上，哪里有这种道理？如果坚持这么认为，那么吴起岂不连累了曾子？曾子是大儒，吴起是他的弟子，当年吴起在卫国杀人逃到了鲁国，在此拜曾子为师。后来吴起母亲去世了，他却不奔丧，这令曾子很厌恶他，与他断了师徒关系。吴起弃儒学兵，成为著名的军事家，但他所为并不影响曾子的伟大。

其实早在汉代，就有人把孟子与荀子一并视为孔子思想的正传，刘向在《孙卿新书叙录》中说：“惟孟轲、孙卿为能尊仲尼。”司马迁在《史记·儒林列传》中亦称：“孟子、荀卿之列，咸遵夫子之业而润色之，以学显于当世。”

清代朴学派继承汉儒观念，多有肯定荀子观念处，比如钱大昕在《〈荀子笺释〉跋》中说：“孟言性善，欲人之尽性而乐于善；荀言性恶，欲人之化性而勉于善。立言虽殊，其教人以善则一也。”

在钱大昕看来，孟子言善，荀子言恶，表面看两人观点针锋相对，就其本意而言都是一样的。到了清末时，有些思想家和学者又对荀子展开了批判，比如谭嗣同在《仁学》中认为孔子之后，儒学分为两个支派，一是曾子到思、孟；另一派则是子夏到田子方、庄子：

不幸此两支皆绝不传，荀乃乘间冒孔之名，以败孔之道。曰“法后王，尊君统”，以倾孔学也；曰“有治人，无治法”，阴防后人之变其法也。又喜言礼乐政刑之属，惟恐钳制束缚之具之不繁也。

在谭嗣同看来，这两个支派都失传了，于是荀子得以崛起，但荀子只是假冒传承孔子儒学之名，来败坏儒学之道。他认为自秦汉以后的历代帝王，都是利用荀子之术“以尊君卑臣愚黔首”，而历代的臣子则是利用荀子之术“公然为卑谄侧媚奴颜婢膝”。谭嗣同认为：“二千年来之政，秦政也，皆大盗也；二千年来之学，荀学也，皆乡愿也。惟大盗利用乡愿，惟乡愿工媚大盗。”

梁启超对荀子亦多有批判，但他在《读〈孟子〉界说》中说：“汉兴，群经皆传自荀子，十四博士，大半属荀子。东汉以后，又遭窜乱。六朝及唐，日益破碎。无论是非得失，皆从荀学中之一派

后圣殿前的巨大广场

讨生活矣。二千年以来，无有知尊孟子者。”

梁启超也不认可荀子的一些观念，但他承认荀子传承群经有功，如果没有荀子，后世研究经学就成为无根之水。可见，对于荀子无论怎样批判，他在中国儒学史上都有重要地位。正如清汪中在《荀卿子通论》中所言：“荀卿之学出于孔氏，而尤有功于诸经。”汪中又说：“自七十子之徒既殁，汉诸儒未兴，中更战国暴秦之乱，六艺之传赖以不绝者，荀卿也。”虽然荀子不是孔子的亲炙弟子，但正是荀子的存在而使得经学不亡，这说明荀子在文化传承方面是功不可没的。

2020年12月15日，齐鲁书社的刘玉林、李洪武两位先生带我寻访荀子遗迹。这天我们来到了位于临沂市兰陵县兰陵镇的荀子墓，在路上刘先生吟诵出李白的《客中行》：

兰陵美酒郁金香，玉碗盛来琥珀光。

但使主人能醉客，不知何处是他乡。

果然我们沿途看到多块兰陵酒广告牌，刘先生告诉我，而今这里成为著名的大蒜之乡。到达停车场时，我看到了熟悉的牌坊。2012年5月29日我第一次前来此地朝拜荀子时，这个牌坊就已矗立在天地间。当时还没有停车场，地面只是硬化的黄土，一眼望过去，周围是一望无际的田野。

而今在入口处有一座水榭，悬匾“荀子讲堂”，此时是冬季，湖水已结了冰，周围的绿化树仅余枯叶，在这肃杀的冬季，使得我

2012 年的牌坊

有了落寞之感。

也许是冬季的原因，偌大的停车场上仅有我们一辆车，刘先生已经给朋友打了电话，我们走到入口处时，看门的老者打开铁栅栏门挥手让我等进入。上次前来时，周围没有围墙，也没有这些新近移栽的树。经过几年的建设，景区内的设施也趋于完善。

我们沿中轴线一路向前走，跨过一座石拱桥。前方按照古墓的方式摆放了一对对的石像生。每过一个院落都有一座大牌坊，只是院落的周围没有更多的设施，我只能一路向下走。大约穿过三个院落，方走到了后圣殿前。

当年我来此处时，荀子墓前已经有了后圣殿，并且在殿的两侧建有回廊，回廊内砌起了一人高的砖墙，那时不明白用途，而今方看到回廊里陈列了几百块新刻石。刘先生看后说，这些刻石是要把

《荀子》全文都刊刻了出来。

我走进后圣殿，殿正中有荀子铜雕像，其身后悬匾“周孔之绍”，以此表明他在儒学史上的重要地位。荀子坐在神龛内，神龛一侧另有韩非和李斯雕像，将其二人供奉在后圣殿内，不知道荀子乐不乐意。另一侧还有经学大家张苍和浮丘伯。

这座大殿建造得宽敞开阔，里面有荀子介绍板，同时还有些浮雕。今日风很大，寒风吹入大殿中发出呜呜的鸣叫声，使得这里多了几分悲情色彩。

参观完后圣殿，我们前去朝拜荀子墓。而今其墓前建起了平台，同时在祭台的两侧各摆放了一个文俑，这两个俑原本应该处在前一个院落的神道两侧，将其二人孤零零地摆放在这里，颇显落寞。

2020 年的荀子墓

墓前仍是那两块用玻璃罩保护起的古碑，这两块碑立的时间都很晚，西边的一块是清道光辛丑年增广生王鲁楷等人所立，另一块则是光绪三十年山东巡抚周馥所立。前一块碑文中谈到了荀子在儒学史上的贡献，以及《史记》对荀子的记载：“荀子疾群否之害，正大道之不明也，爰述儒者道德之旨，著数万言以鸣于世。当秦汉时，其书家传户诵，与孟子并称，此太史公作《史记》，所以合孟荀为列传也。虽后世多刻核之论，究何伤其硕儒之量！”

这块碑文同时提及：“独其墓上之庙，碑载修于宋政和六年，迄今七百余岁，兵燹风霜，销毁已尽。道光辛丑春，余同兰陵王氏诸君子游览其地，见有断碣卧于荒烟蔓草之中，摩挲审视，唯存篆额‘修兰陵伯庙记’与政和年号十数字，其余皆漫灭不可复辨，因慨然于昌黎伯之言曰：‘莫之为前，虽美弗彰；莫之为后，虽盛不传。’古者孟荀并重，今孟子之庙，赫奕若彼，荀子之墓，荒灭若此，非‘莫为之后，虽盛不传’之故乎？侪等学识谫陋，何敢妄议高深，但当此际而听先贤古迹湮没不彰，亦一方士大夫之羞也！”

看来当年荀子墓上有一座庙，庙内有宋政和六年款的石碑，那块碑已磨泐不清。道光年间，王鲁楷与几位朋友前来瞻仰荀子墓时看到这里荒草一片，只有几块断碑躺在那里，他们想到了孟子与荀子并重，而孟子墓修建得十分完好，孟子庙也十分宏大。这让他们替荀子不平，于是他们共同修复了荀子墓。

在上次瞻仰荀子墓时，我有着同样的感慨：荀子在儒学史上有着重大贡献，他的墓却荒凉一片，并且没有荀子庙。虽然说荀子墓的封土很大，但看上去只是新堆起来的一个大土堆，以至于让我怀疑这是新建的假古董。但司马迁在《史记》中明确地说荀子“因葬兰陵”,《魏书·地形志》中称:“兰陵郡，晋置，后罢。武定五年复，治承城，领县四。……兰陵，二汉、晋属东海，后属。有兰陵山、石孤山、荀卿冢。”

可见在2000多年前，荀子墓就在兰陵。周馥所立的那块碑则谈到了宋徽宗政和年间，皇帝下令整修过荀子墓，同时下令造荀子庙。可惜疏于管理，到明代时这里已经是荒凉一片了。明朝时人李华前来拜谒荀子墓后写了一首诗:

古冢萧萧鞠狐兔，路人指点荀卿墓。
当时文采凌星虹，此日荒凉卧烟雾。
卧烟雾，愁黄昏，苍苍荆棘如云屯。
野花发尽无人到，惟有蛛丝罗墓门。

此时的荀子墓仅是一座古冢，诗中没有提到这里还有荀子庙。

民国五年所修的《临沂县志》中称:“兰陵有荀卿冢。故城东南二里，环墓皆祭田，近为人侵蚀殆尽。”

当时的荀子墓已经处于任人宰割的程度，关于该墓后来的情况，王爱民、王树栋所撰《兰陵荀子墓》一文中写道:“荀子墓在‘文化大革命’中险遭破坏，封土中心扒一南北深沟，发现一洞穴，无人敢进，后又填死，保存完好。”

而今我再次站在荀子墓前时，只可得见墓丘上枯黄的草，已无可能看到那个洞穴了。墓丘上突然响起的鸣叫声划破了墓园的宁静，我定睛一看树顶上站着一只鸟，刘先生说这是喜鹊，想来预示着今日寻访之顺利。

荀子墓碑

其实人们对荀子的了解颇为有限，他到底姓荀还是姓孙就争论了几百年。这是源于司马迁在《史记》中说荀子姓孙，有人认为恐怕是司马迁说错了，廖名春在《〈荀子〉新探》中认为："司马迁是龙门人，地属今陕西韩城县，隔黄河与山西河津相望，与临猗、绛县相去不远，紧邻原魏国的'河东'故地，因而对'河东'地区的大族荀氏，自比对远在千里之外的卫国故地（今河南东北部）的孙氏熟悉。而且韩城、河津间'孙'读如'荀'，古音留存，至今犹然。司马迁生于其地，口语既然如此，就很有可能将远地的孙氏与近处的荀氏视为一家，误'孙'为'荀'。"

但也有人指出《史记》中不仅有《孟荀列传》，另外还有《孙吴列传》，说明司马迁能够分清"孙"和"荀"读音不同。当然这只是涉及与荀子有关的小问题，还有太多的大问题值得后人深入探讨下去，期待着今后能读到更多的相关研究文章，以便让更多的人了解到荀子的伟大。

后　记

多年来的寻访得到过朋友们许许多多的帮助，与孔子、孔门有关的遗迹，有不少处在山东。我几次到山东寻访相关遗迹时，都得到了刘玉林先生的大力帮助。刘先生是出版名家，在文物部门有许多相识的朋友，故几次寻访均由他带路，一路上他会联络当地朋友，为我的寻访带来了太多的便利，在此郑重表达我的谢意。

本书的名称也是由刘玉林先生所起，他认为这个名称最能表达孔子的伟大。

其他提供帮助的朋友，我也一一写入了文中，还有一些朋友做好事不愿留名，但我不能忘怀他们所给予我的帮助。

为了尽量减少错误，我想到了请相应学者帮助核对文本，经朋友提醒，我打扰了杜泽逊先生。杜老师主持的尼山学堂在业界有着很好的口碑，我希望他能推荐一位弟子帮我核对稿件，杜老师经过斟酌，推荐了他的博士生孙天琪先生。杜老师介绍，孙先生参加过古籍普查，各种知识认知颇为全面，于是我与孙先生取得了联系。本书稿中的“孔门”部分由孙先生校对，在此感谢杜老师的推荐和孙天琪先生的费心。

因为疫情耽误，该稿的修订时间被大幅压缩，为了能够赶上与孔子有关的重要节点，本书的责任编辑孔帅先生和昝婷婷女史在收到书稿后放下手头的其他工作，全副精力用在了本稿的编辑校对工作上，对我的行文之误多有改正。他们虑及在电话中沟通可能有些事情难以说清楚，故而在刘玉林先生的带领下，两位编辑一同来京，当面核稿，为了不耽误下一步的工作，核完后他们又连夜赶回济南，这种连续奋战的精神令我感佩，故在此郑重表达我的谢意。